Curso de HERMENÊUTICA dos DIREITOS HUMANOS

Fernando Antônio de LIMA

Curso de HERMENÊUTICA dos DIREITOS HUMANOS

2ª edição
Revista e atualizada

2025

EDITORA JusPODIVM
www.editorajuspodivm.com.br

EDITORA *Jus*PODIVM
www.editorajuspodivm.com.br

Rua Canuto Saraiva, 131 – Mooca – CEP: 03113-010 – São Paulo – São Paulo
Tel: (11) 3582.5757
• Contato: https://www.editorajuspodivm.com.br/central-de-relacionamento

Diagramação: Isabella Giordano

Capa: Marcelo S. Brandão *(santibrando@gmail.com)*

Imagem: www.shutterstock.com – *2171458247*

L732c Lima, Fernando Antônio de
Curso de Hermenêutica dos Direitos Humanos / Fernando Antônio de Lima – 2.ed., rev., atual. e ampl. - São Paulo: Editora JusPodivm, 2025.

608 p.

ISBN: 978-85-442-5561-2.

1. Direito Internacional. 2. Direitos Humanos. I. Lima, Fernando Antônio de. II. Título.

CDD 341.16

BIBLIOTECÁRIA RESPONSÁVEL

Ana Carolina Ribeiro Mois – CRB7 – RJ 007348/0

À Dri (esposa), ao Marley, ao Théo, à Minnie,
à Julie, ao Tito e à Arya (filhos).

Ao Abmael (pai), à Sônia (mãe),
à Laura (avó) e à Ana Paula (irmã).

"Não queira ser Juíza ou Juiz, se a bondade não for o norte; a caridade, o meio; e a justiça, o fim" – Fernando Antônio de Lima. *Sentimentos em frases.*

NOTA À SEGUNDA EDIÇÃO

Em minhas andanças virtuais e de carro pelo Brasil, nos diversos cursos nos quais tenho ministrado aulas e palestras, tenho notado uma revolução silenciosa operando no Direito brasileiro. É que tem crescido a preocupação da comunidade jurídica com o desenvolvimento de estudos e práticas voltadas à concretização dos direitos humanos.

Para se ter um exemplo, em um curso *on-line* que coordeno na Escola Paulista da Magistratura (EPM), denominado "Estudos Avançados sobre a Jurisprudência da Corte Interamericana de Direitos Humanos", com início em 2024 e fim projetado para 2026, as 700 vagas foram esgotadas bastantes dias antes de encerrado o prazo de inscrição. A qualidade das exposições das professoras e professores tem se somado à qualidade das intervenções das pessoas inscritas – um público espalhado por todo o Brasil, compreendendo carreiras jurídicas de diversas áreas do Direito (Magistratura, Advocacia, Defensoria, Ministério Público, entre outras) e fora do Direito (incluindo pessoas da Psicologia, Assistentes Sociais).

Nas aulas que ministro na Escola Nacional de Aperfeiçoamento e Formação de Magistrados (ENFAM), observo que a nova geração de juízas e de juízes surge com uma formação muito mais sólida em direitos humanos.

Somado a isso, nas palestras em comissões de direitos humanos da Ordem dos Advogados do Brasil, verifico quão notável tem sido o empenho da Advocacia brasileira em conhecer a sistemática interamericana de proteção aos direitos humanos.

Em um terreno antes monopolizado pelas Defensorias Públicas, sempre na vanguarda em termos de conhecimento e prática do sistema interamericano de direitos humanos, outras carreiras jurídicas começam a se abrir, cada vez mais, para esse ambiente protetivo da pessoa humana.

Nesta 2ª edição, o livro Curso de Hermenêutica dos Direitos Humanos traz algumas novidades. Não obstante bastante estudado nos últimos anos, o controle de convencionalidade ainda é um tema muito novo em nosso Direito. Sem dizer que fazia controle de convencionalidade, a Corte Interamericana promoveu esse controle, sobre a lei de anistia peruana, no Caso Barrios Altos vs. Peru em 2001. Apenas em 2006, contudo, foi que a Corte Interamericana, no Caso Almonacid Arellano e outros vs. Peru, desenvolveu, com maior vigor, a doutrina do controle de convencionalidade.

É importante destacar que a Recomendação nº 123, de 7 de janeiro de 2022 e o Pacto Nacional do Judiciário pelos Direitos Humanos – ambos do Conselho Nacional de Justiça (CNJ) – enfatizaram a necessidade de o Poder Judiciário brasileiro realizar o controle de convencionalidade.

Em razão disso é que resolvi acrescentar um capítulo próprio sobre o controle de convencionalidade, com destaque para diversos pontos essenciais discutidos na doutrina nacional e estrangeira, com reflexos na jurisprudência nacional e na jurisprudência da Corte Interamericana. São os seguintes pontos desenvolvidos, entre outros: paradigmas ou parâmetros inferiores e superiores do controle de convencionalidade; bloco de convencionalidade; planos de vigência, de validade e eficácia e a invalidade da lei contrária a tratados internacionais de direitos humanos; devido processo convencional; controle de convencionalidade compulsório; efeitos negativo e positivo do controle de convencionalidade; controle preventivo de convencionalidade; controles de convencionalidade normativo e fático; entre outros pontos.

Por sua vez, quando trato do princípio da preservação dos órgãos e instituições garantidores dos direitos humanos, acrescento comentários a uma nova sentença em que a Corte Interamericana de Direitos Humanos reconheceu, pela primeira vez, de forma explícita, a **responsabilidade internacional do Estado por violação ao direito de defender direitos humanos** (CORTE INTERAMERICANA DE DIREITOS HUMANOS. *Caso Membros da Corporação Coletiva de Advogados "José Alvear Restrepo" vs. Colômbia*. Sentença de 18 de outubro de 2023. Exceções Preliminares, Mérito, Reparações e Custas).

Por meio dessa sentença, fortaleceu-se o papel das instituições públicas e privadas que atuam na defesa dos direitos humanos. Nisso se inclui, naturalmente, a proteção convencional à prerrogativa da Advocacia brasileira.

Além disso, ao tratar do princípio da preservação dos órgãos e instituições garantidores dos direitos humanos, acrescentei alguns comentários sobre decisões recentes do Supremo Tribunal Federal, por meio das quais foram reconhecidas prerrogativas processuais importantes de atuação da Defensoria Pública.

A arte, consciente de seu papel, não desconhece a terra e o ser humano, nem se faz abstrata e desatenta aos problemas concretos do povo. Trata-se de uma linguagem literária nova, revolucionária, na forma e no conteúdo (Jorge Amado, *Tieta do Agreste*, pág. 33. São Paulo: Companhia das Letras, 2009).

É o que se há de passar com uma Hermenêutica dos Direitos Humanos. Ela não pode desconhecer os problemas reais e concretos de seu povo. Ela deve superar as tradicionais hierarquias jurídicas, fazendo-se militante no respeito e garantia dos direitos humanos dos grupos vulnerabilizados. Ela deve ser nova, revolucionária, assim na forma como no conteúdo. Na forma, com institutos, princípios, métodos, olhares que superem as arcaicas estruturas jurídicas. No conteúdo, para que as frutas, distribuídas em diversas propriedades como sais minerais, carboidratos, fibras, sejam direitos de diversos matizes distribuídos à nossa gente.

É o que se espera de uma Hermenêutica dos Direitos Humanos. Uma adocicada brisa, vinda do mar, que a tarde traz para refrescar a alma entristecida, injustiçada e esquecida de uma legião de seres humanos aos quais ainda não se abriu a porta do Direito e para os quais se mantêm fechadas as comportas dos direitos humanos. Uma nova brisa, que sopre sonhos e anuncie as ondas do mar como um salto alegre de esperança.

Esperança para as comunidades indígenas e quilombolas. Esperança para as mulheres. Esperança para as mulheres e homens negros. Esperança para o meio ambiente. Esperança para os grupos LGBTQUIA+. Esperança para a nossa democracia, essa mulher que sonha com todas as outras esperanças. Esperança é o que a Mulher Hermenêutica veio para anunciar.

APRESENTAÇÃO

Karoline Bezerra Maia

É com grande alegria e profunda honra que aceitei o convite para redigir esta apresentação. É a primeira vez que assumo tal responsabilidade, o que torna esta experiência ainda mais especial. Como promotora de justiça e mulher quilombola, sinto-me particularmente conectada à temática dos direitos humanos, que está intrinsecamente ligada à minha trajetória pessoal e profissional. Este convite representa um reconhecimento não apenas do meu trabalho, mas também da luta de muitas comunidades quilombolas pelo reconhecimento e pela garantia de seus direitos fundamentais.

O caminho até aqui foi marcado por desafios e conquistas, e ser convidada a escrever o prefácio desta obra é uma forma de reafirmar meu compromisso com a defesa dos direitos humanos e com a justiça social. É também um lembrete da importância de usar nossas vozes e posições para promover a equidade, especialmente para as comunidades mais vulneráveis, como as quilombolas. O exercício da promotoria, em especial nas áreas relacionadas aos direitos humanos, exige uma atuação ética e comprometida com a transformação social, e é nesse contexto que vejo a relevância desta obra para profissionais do Direito e para a sociedade como um todo.

Os direitos humanos, conforme explorados neste livro, não são apenas uma disciplina jurídica, mas um campo vivo de lutas e reivindicações que se conectam diretamente à realidade das populações marginalizadas. A relação entre a hermenêutica e os direitos humanos, conforme abordada no curso desta obra, evidencia a necessidade de uma interpretação do Direito que vá além das normas frias e estáticas, integrando valores éticos, históricos e sociais.

É o autor deste livro, no entanto, quem compartilha o saber de maneira generosa e transformadora, ampliando o horizonte dos que têm a oportunidade de estudar este texto. Parafraseando Negro Bispo: "Quando você compartilha o saber, o saber só cresce. É como as águas que 'confluenciam'. Quando o rio encontra o outro rio, ele não deixa de ser rio. Ele passa a ser um rio maior". Ao compartilhar seu conhecimento, o autor transforma o entendimento jurídico dos direitos humanos em um rio maior, fortalecendo e ampliando os caminhos para a justiça e a igualdade.

A atuação em defesa das comunidades quilombolas e a minha vivência como mulher quilombola me colocam em uma posição privilegiada para entender a importância da interpretação e da aplicação dos direitos humanos de maneira eficaz e inclusiva. Este livro, ao abordar a hermenêutica aplicada aos direitos humanos, reflete sobre a necessidade de interpretar as normas jurídicas de forma a garantir a proteção integral das pessoas e, principalmente, das minorias étnicas e raciais que ainda enfrentam desafios significativos para o acesso à justiça. Afinal, os direitos humanos tratam da pessoa cujos direitos não são obra mais de propriedade exclusiva das soberanias internas, mas um assopro avassalador das grandes aspirações éticas que governam as comunidades internacionais.

Neste sentido, lembro as palavras da escritora Conceição Evaristo, que afirmou: "O importante não é ser o primeiro ou a primeira. O importante é abrir caminhos". Este livro, e o saber compartilhado por seu autor, abre caminhos essenciais para o conhecimento, a justiça e a igualdade. O Direito, quando comprometido com os direitos humanos, torna-se uma ferramenta não apenas de regulamentação, mas de transformação social e de construção de uma sociedade mais justa e inclusiva.

Por fim, é com imensa gratidão que escrevo estas palavras, celebrando não apenas a obra em si, mas também o compromisso que ela representa com uma justiça mais inclusiva e transformadora. Que esta leitura inspire a todos que, como eu, acreditam no poder do Direito como instrumento de mudança social e defesa dos direitos humanos, abrindo caminhos e ampliando o rio do saber.

Karoline Bezerra Maia

1ª Promotora de Justiça Quilombola no Brasil

APRESENTAÇÃO

Isabel Penido de Campos Machado

É com grande entusiasmo que tenho o privilégio de introduzir o "Curso de Hermenêutica de Direito Internacional dos Direitos Humanos", escrito de forma meticulosa e detalhada, oferecendo uma perspectiva original e *insights* valiosos para os profissionais e estudantes do Direito. O autor Fernando Antônio de Lima é professor e juiz de direito, com conhecida trajetória no campo jurídico. Atualmente, está em fase de Doutoramento em Direito pela Universidade Nove de Julho (Uninove), demonstrando sua busca incessante pelo conhecimento e pela expertise acadêmica.

Pessoalmente, testemunhei o papel de liderança que o autor vem desempenhando para promover a formação continuada em direitos humanos no âmbito da magistratura paulista. Tivemos a honra de aprender com a sua relevante palestra sobre "Controle de Convencionalidade", proferida no Curso de Capacitação da Escola Paulista da Magistratura, ENFAM e CNJ, no ano de 2022, contando com a presença de juízes e juízas da Corte Interamericana de Direitos Humanos, membros da Comissão Interamericana e apoio do Instituto Max Planck. O referido curso foi o projeto piloto em um dos eixos da implementação do paradigmático Pacto Nacional do Judiciário pelos Direitos Humanos, promovido pela Unidade de Monitoramento e Fiscalização das Decisões da Corte Interamericana de Direitos Humanos, do Conselho Nacional de Justiça (CNJ). O pacto representa um compromisso das instituições judiciárias brasileiras com a defesa e promoção dos direitos humanos em todas as suas dimensões, incentivando que os juízes e juízas se apropriem e difundam os parâmetros interamericanos no exercício da judicatura, além de participarem da promoção de uma cultura para a diversidade e direitos humanos.

A presente obra é um exemplo, no campo da educação para os direitos, de um trabalho comprometido e integrado aos propósitos acima ditados. Nesse sentido, observa-se que a presente produção acadêmica representa o florescimento das sementes que vêm sendo plantadas e mobilizadas por uma geração de magistrados e magistradas, da qual Fernando Antônio de Lima é parte integrante, que busca ressignificar o papel contemporâneo da magistratura brasileira, após a Constituição de 1988, a ratificação da convenção americana e a submissão do Brasil à competência contenciosa da Corte Interamericana de Direitos Humanos. Com a expansão da jurisprudência internacional dos direitos humanos, é imperativo compreender e aplicar os princípios da hermenêutica jurídica de maneira a garantir a proteção efetiva dos direitos humanos. Lima, com sua expertise, oferece uma análise abrangente sobre o tema, nos conduzindo através dos labirintos da hermenêutica.

O capítulo inaugural analisa os métodos interpretativos necessários para a proteção efetiva dos direitos fundamentais em nível nacional e internacional. O autor parte da Hermenêutica Jurídica tradicional e passa a apontar as suas limitações, propondo uma abordagem específica para os direitos humanos. A Hermenêutica dos Direitos Humanos é então apresentada, propondo método, teorias e princípios adaptados às demandas desse campo. Ao longo do texto, de forma a perfazer um carácter didático e que envolva o leitor, o livro aponta exemplos práticos da aplicação desses conceitos na demarcação das terras indígenas, destacando a interrelação entre as normas constitucionais brasileiras e a Convenção Americana sobre Direitos Humanos, bem como o diálogo de cortes entre o Supremo Tribunal Federal e a Corte Interamericana de Direitos Humanos.

Nos capítulos subsequentes, o autor aponta que os princípios instrumentais discutidos abrangem uma gama de diretrizes fundamentais para a proteção e interpretação dos direitos humanos, destacando a importância da integração normativa e valorativa. O princípio da integração normativa enfatiza a harmonização entre normas nacionais e internacionais, exemplificado pelo caso *Valada Matos das Neves vs. Portugal.* Já o princípio da integração valorativa destaca a combinação de elementos jurídicos na proteção dos direitos humanos, ilustrado pelo caso paradigmático dos *Empregados e empregadas da fábrica de fogos de Santo Antônio de Jesus vs. Brasil.* Sobre o ponto, destaco que me senti impactada ao constatar como os casos interamericanos vão sendo incorporados na doutrina nacional. No último ano, venho laborando com a implementação das sentenças brasileiras no âmbito da Assessoria Especial de Assuntos Internacionais do Ministério de Direitos Humanos e Cidadania. Registro, para os leitores, que, por trás de toda interpretação que consta naquela sentença, ecoam as vozes do Movimento Onze de Dezembro, liderado por mulheres aguerridas, sendo composto pelo coletivo da associação de vítimas, que teve um papel fundamental na construção de uma nova abordagem aos direitos consagrados na Convenção Americana sobre Direitos Humanos. O mesmo ocorre com cada uma das demais sentenças, medidas provisórias interamericanas e relatórios da Comissão.

Em relação aos princípios substantivos, há um destaque a pontos relevantes, como a evolução progressiva dos direitos econômicos, sociais e culturais, enfatizando sua justiciabilidade direta e a competência da Corte Interamericana para analisar violações a esses direitos. Além disso, destacam-se princípios como a reparação integral do dano, incluindo danos ao projeto de vida, e a garantia da segurança jurídica em questões de direitos humanos. O princípio do devido processo, tanto internacional quanto interno, é crucial, especialmente em processos não criminais, enquanto o princípio da igualdade ou não discriminação é abordado detalhadamente, incluindo critérios para identificação de discriminação e categorias jurídicas de proteção. O diálogo jurisdicional interamericano é também ressaltado como fundamental para a aplicação efetiva desses princípios.

Nesta oportunidade, ao me valer da honrosa tarefa de apresentar a presente obra "Curso de Hermenêutica dos Direitos Humanos", proponho que o leitor se sinta motivado a navegar pelas várias provocações ao longo do texto e se sinta motivado à aplicação dos princípios e técnicas ali expostos, conforme os respectivos campos de atuação. Que uma boa e produtiva leitura inspire o campo jurídico ao firme enfrentamento ao extremismo, à prevenção e reparação às violências e arbitrariedades observadas na realidade contemporânea, à promoção de uma cultura de diversidade e acesso à justiça.

Isabel Penido de Campos Machado

Defensora Pública Federal, atualmente na função de Coordenadora-Geral dos Sistemas Internacionais de Proteção dos Direitos Humanos na Assessoria Especial de Assuntos Internacionais do Ministério de Direitos Humanos e Cidadania. Doutora em Direito Internacional pela Faculdade de Direito do Largo de São Francisco da Universidade de São Paulo.

APRESENTAÇÃO

André de Carvalho Ramos

A hermenêutica jurídica, em sua evolução histórica e metodológica, reflete a própria trajetória da humanidade na busca por justiça, igualdade e dignidade. Este livro, "Curso de Hermenêutica dos Direitos Humanos", surge como uma bela contribuição do seu Autor, Fernando Antônio de Lima (Doutor, Juiz de Direito e estudioso sério e crítico da temática dos direitos humanos), o qual buscou resposta necessária e contemporânea a essa jornada, oferecendo um olhar aprofundado sobre como os direitos humanos transformam e enriquecem a interpretação do direito.

Desde seus primórdios, a hermenêutica jurídica teve como foco principal a interpretação das normas. A Hermenêutica Tradicional, enraizada no positivismo jurídico do século XIX, buscava interpretar o texto legal através de métodos gramaticais, históricos, sistemáticos e teleológicos. Esse enfoque, embora essencial para a compreensão inicial das normas, revelava-se limitado frente às complexas realidades sociais e aos valores éticos emergentes. Afinal, a interpretação é uma atividade de cunho constitutivo (e não meramente declaratório), que *constrói* a norma a ser a aplicada ao caso concreto, a partir do *amálgama* entre o *texto normativo* e os *dados da realidade social* que incidem sobre esse texto.

Especialmente com o advento da Hermenêutica Constitucional, a partir da segunda metade do século XX, a interpretação do direito ganhou novos horizontes. Ao colocar a Constituição no centro da análise, abriu-se espaço para a inclusão de princípios éticos e políticos na tarefa interpretativa. Esse movimento representou um avanço significativo, permitindo que o direito respirasse os ares da realidade social e dos valores que fundamentam o Estado Constitucional. Princípios como a supremacia da Constituição, a interpretação conforme a Constituição e a razoabilidade e proporcionalidade tornaram-se pilares dessa nova abordagem.

No entanto, foi a devastação e os horrores da Segunda Guerra Mundial que impuseram a necessidade de uma virada jurídica mais profunda, com a internacionalização dos direitos humanos. A soberania nacional, que até então havia sido pouco questionada, mostrou-se capaz de produzir atrocidades incomensuráveis. A criação da Organização das Nações Unidas e o desenvolvimento de sistemas universais e regionais de proteção aos direitos humanos marcaram o início de uma nova era. As normas jurídicas internas dos Estados passaram a ser obrigadas a se conformar às normas e aos princípios internacionais de promoção dos direitos humanos, inaugurando a Hermenêutica dos Direitos Humanos.

Os direitos humanos assumiram uma centralidade no ordenamento jurídico, cuja consequência é a aceitação da *vinculação* de todos os Poderes Públicos e agentes privados *ao conteúdo desses direitos*. Assim, em um caso concreto, deve ser averiguado se determinada norma a ser aplicada está *conforme* os *direitos humanos*. Essa interpretação conforme os direitos humanos é consequência da adoção da *interpretação conforme a Constituição*, que consiste no instrumento hermenêutico pelo qual é escolhida a interpretação de uma norma que "se revele compatível com a Constituição, suspendendo, em consequência, variações interpretativas conflitantes com a ordem constitucional" (voto do Ministro Celso de Mello, ADPF 187, sobre a "Marcha da Maconha" – j. 15-6-2011, *DJe* 29-5-2014). No caso da "*interpretação conforme os direitos humanos*" busca-se o mesmo: deve o intérprete escolher, quando a norma impugnada admite várias interpretações possíveis, uma que a compatibilize com os direitos humanos.

Com base na interpretação conforme os direitos humanos, esses influem em todo o Direito e nos atos dos agentes públicos e privados, concretizando seu *efeito irradiante* que os transformam no centro dos valores de um ordenamento.

Ocorre que a interpretação conforme os direitos humanos é complexa, fruto da *interdependência e indivisibilidade* desses próprios direitos. A indivisibilidade e interdependência impedem que se analise uma norma de direitos humanos de modo isolado dos demais direitos. Pelo contrário, a compreensão e aplicação de uma norma de direitos humanos é sempre feita levando-se em consideração os demais direitos atingidos, que igualmente são relevantes e indispensáveis a uma vida digna.

Por isso, reproduzem-se, na seara dos direitos humanos, as dificuldades da interpretação da Constituição como um todo, pois, em nome da unidade da Constituição, não se pode aplicar isoladamente uma norma constitucional violando outros dispositivos da mesma Constituição. No caso dos direitos humanos, todo o conjunto de direitos deve ser levado em consideração. Por isso, os direitos humanos são direitos *prima facie*, ou seja, direitos que asseguram em um primeiro momento posições jurídicas, que, em um segundo momento, podem sofrer restrições pela *incidência* de direitos titularizados por *outros* indivíduos. A dignidade humana deve ser assegurada em uma constante busca de harmonia na aplicação prática dos direitos humanos, que se irradiam por todo o ordenamento e orientam as ações dos agentes públicos e privados.

A Hermenêutica dos Direitos Humanos não apenas acolhe os avanços das suas predecessoras, mas também as transcende ao integrar princípios e normas internacionais no seio do direito interno. Este livro destaca como essa integração é fundamental para a proteção da pessoa humana em um mundo cada vez mais interconectado e globalizado. As Constituições modernas, com suas cláusulas de abertura aos direitos humanos, e a jurisprudência de tribunais internacionais, como a Corte Interamericana de Direitos Humanos, são exemplos claros dessa interligação.

No contexto brasileiro, a necessidade de harmonizar o direito interno com os padrões internacionais de direitos humanos é cada vez mais premente. A criação da Unidade de Fiscalização e Monitoramento das decisões do Sistema Interamericano de Direitos Humanos pelo Conselho Nacional de Justiça e a incorporação dessas diretrizes pelo Tribunal de Justiça de São Paulo demonstram um compromisso concreto com essa integração.

O livro está estruturado de maneira a oferecer uma compreensão abrangente e detalhada do campo. No Capítulo 1, são apresentados os fundamentos da Hermenêutica dos Direitos Humanos, comparando-a com a Hermenêutica Tradicional e Constitucional, e propondo métodos, teorias e princípios específicos. Exemplos práticos, como a questão da demarcação das terras indígenas, ilustram a aplicação dessas teorias na prática.

O Capítulo 2 explora a inter-relação entre o Direito Internacional dos Direitos Humanos e o Direito Constitucional, destacando a abertura da Constituição Federal de 1988 a esses princípios internacionais. Este capítulo também discute o dever do Poder Judiciário brasileiro de promover o controle de convencionalidade e o papel da Corte Interamericana de Direitos Humanos como um tribunal constitucional.

O Capítulo 3 apresenta os sistemas internacionais de proteção aos direitos humanos, diferenciando entre os sistemas universal, europeu, interamericano e africano, e destacando o processo histórico de lutas que levaram à efetiva proteção jurídica dos direitos humanos.

No Capítulo 4, a evolução do sistema regional interamericano é detalhada, desde a criação da OEA até a aprovação da Convenção Americana sobre

Direitos Humanos e a criação da Corte Interamericana de Direitos Humanos. São discutidos os subsistemas convencional e não convencional (também chamados extraconvencionais), além do mecanismo da Carta Democrática Interamericana.

Os Capítulos 5 e 6 se concentram na estrutura e nos padrões interpretativos da Organização dos Estados Americanos (OEA) e na Convenção Americana sobre Direitos Humanos, respectivamente, abordando a natureza jurídica e a aprovação desses instrumentos, bem como a responsabilidade das empresas na proteção dos direitos humanos.

O Capítulo 7 aborda os parâmetros interpretativos interamericanos para o respeito e a garantia aos direitos humanos no âmbito privado, com exemplos de casos emblemáticos julgados pela Corte Interamericana de Direitos Humanos.

O Capítulo 8 discute um novo modelo de normatividade hierárquica, introduzindo a Norma Fundamental de Direitos Humanos e a Constituição Transnacional Interamericana de Direitos Humanos, propondo um sistema jurídico que integra normas internas e internacionais.

No Capítulo 9, são analisados os atributos e a substância da Norma Fundamental de Direitos Humanos, destacando a importância da igualdade e da justiça na construção de um sistema jurídico inclusivo e protetivo.

O Capítulo 10 explora a interação entre as ordens jurídicas nacional e internacional, discutindo a prevalência da Constituição Transnacional Interamericana de Direitos Humanos sobre as constituições nacionais e a importância das cláusulas de reenvio.

Os Capítulos 11 e 12 apresentam teorias para o diálogo jurisdicional entre a Corte Interamericana de Direitos Humanos e o Poder Judiciário brasileiro, e delineiam os princípios de Hermenêutica dos Direitos Humanos, divididos entre princípios instrumentais e substanciais, proporcionando um quadro sinótico dos métodos e princípios de interpretação.

A Hermenêutica dos Direitos Humanos é, portanto, a ciência da nossa era, uma ciência que reconhece que o direito não pode ser um mundo à parte, mas deve estar intrinsecamente ligado aos valores de justiça, liberdade, igualdade e dignidade.

Este livro é um convite (ímpar e precioso) ao leitor para embarcar nessa jornada interpretativa, onde o direito interno e o direito internacional de direitos humanos se encontram e se complementam, garantindo que atrocidades passadas não se repitam e que os direitos humanos sejam uma realidade para todos.

Que este "Curso de Hermenêutica dos Direitos Humanos" inspire juristas, estudantes e todos os interessados na construção de um mundo mais justo e humano, onde as palavras de Carolina de Jesus (lembradas, de modo preciso, pelo Autor) não mais ressoem com a dor da escassez, mas sim com a promessa de um futuro de abundância e dignidade para todos.

São Paulo, maio de 2024.

André de Carvalho Ramos

Professor da Faculdade de Direito da Universidade de São Paulo (Largo São Francisco). Professor Titular de Pós-Graduação Stricto Sensu e Coordenador de Mestrado da Alfa Educação. Doutor e Livre-Docente em direito internacional (USP). Procurador Regional da República. Primeiro Secretário de Direitos Humanos da Procuradoria-Geral da República (2017-2019). Representante do Ministério Público Federal no Comitê Nacional para os Refugiados (CONARE; 2020 - presente)

PREFÁCIO

Princípios para Pilotar o Sistema Interamericano nos Textos e na Vida

Siddharta Legale

Todos os juízes oriundos dos Estados que ratificaram a Convenção Americana sobre Direitos Humanos são também juízes interamericanos. Contudo, alguns se destacam de maneira especial. Considero Fernando de Antônio Lima um desses juízes, em razão de seu valioso trabalho nas sentenças, nos cursos/palestras organizados por ele e na disseminação de ideias originais por meio de seus artigos e livros. Sua atuação tornou-se um catalisador do processo de interamericanização do direito, preocupado em buscar fontes jurídicas e interpretações mais favoráveis e protetivas dos direitos humanos fundamentais.

Em primeiro lugar, no âmbito profissional, suas decisões têm se pautado consistentemente pelos padrões mais elevados de proteção dos direitos humanos. Por exemplo, no contexto da pandemia de COVID-19, decidiu pela possibilidade de vacinação antecipada dos oficiais de justiça, no âmbito de uma tutela de urgência, com base na justiciabilidade do artigo 26 da CADH, concebida como parte de uma Constituição Interamericana e em conformidade com os padrões estabelecidos pela Corte Interamericana de Direitos Humanos em casos como *Poblete Vilches vs. Chile* e *Yakye Axa vs. Paraguai*. A sentença destacou que tais medidas são instrumentos essenciais para a concretização do acesso à justiça, sendo que o *home office* é impraticável; assim, a antecipação não implica violação ao princípio da igualdade. Ao contrário, há uma justificativa razoável e objetiva, conforme bem decidiu o magistrado paulista[1].

---

1. Processo nº: 1002389-88.2021.8.26.0297, Classe – Assunto Procedimento do Juizado Especial Cível – Obrigação de Fazer / Não Fazer Requerente: Luís Thomaz Pizziguini e outros Requerido: Prefeitura Municipal de Jales e outro.

Em segundo lugar, em relação aos cursos organizados e às palestras proferidas por Fernando, destaco o impactante "*Curso de Estudos Avançados sobre a Jurisprudência da Corte Interamericana de Direitos Humanos*"[2], que vem ocorrendo na modalidade *online* no segundo semestre de 2024, alcançando um recorde de inscrições com mais de 700 alunos. O corpo docente é formado por professores que dedicaram suas vidas à temática, como Isabel Penido, Carolina Cyrillo, Flávia Piovesan e André de Carvalho Ramos. Trata-se de uma iniciativa, sob a égide da Escola de Magistratura Paulista, que dá vida à Recomendação nº 123/22 do Conselho Nacional de Justiça (CNJ) e ao Pacto Nacional do Judiciário pelos Direitos Humanos. Afinal, não bastam tratados e decisões; é imprescindível que seus significados se integrem a uma cultura jurídica e social que valorize os direitos humanos. A primeira dimensão do acesso à justiça é o conhecimento e a educação sobre e para os direitos humanos.

Em terceiro lugar, é preciso destacar a importância da obra que tenho a honra e o prazer de prefaciar, intitulada "*Curso de Hermenêutica dos Direitos Humanos*", que oferece uma contribuição original e aprofundada sobre os princípios de interpretação que envolvem o sistema interamericano de proteção dos direitos humanos. Acredito que a principal contribuição deste livro e sua originalidade residem no trabalho exaustivo que aborda a dicotomia entre (i) os princípios instrumentais (como a integração normativa, a integração valorativa, a ressignificação conceitual-funcional dos direitos humanos, o princípio *pro persona*, a integração funcional, o *estoppel*, a margem de apreciação, o *pacta sunt servanda*, entre outros); e (ii) os princípios substantivos (como o princípio da progressividade dos DESCA, a reparação integral, a segurança jurídica, o devido processo convencional, a igualdade e o diálogo jurisdicional).

É inegável que existem diversas ideias interessantes que nos unem, como o bloco de convencionalidade e a Constituição interamericana, o controle de convencionalidade, a Comissão Interamericana de Direitos Humanos como *Defensoria del Pueblo* e a Corte Interamericana de Direitos Humanos como Tribunal Constitucional. Temos algumas divergências e convergências sobre esses temas. Ainda assim, são tópicos que têm sido objeto de sistemática e abundante atenção por parte da literatura acadêmica especializada na área. Neste breve prefácio, cabe dedicar atenção ao ponto em que a obra avança, inova e contribui para que todos nós, interamericanistas, possamos ser melhores do que somos hoje. Esse ponto reside na inovadora construção de uma hermenêutica interamericana, diversa e complementar à hermenêutica

2. https://epm.tjsp.jus.br/Noticias/Noticia/100957.

constitucional predominante nos manuais e livros específicos de direito constitucional.

Nesse sentido, a proposta de uma dicotomia entre princípios instrumentais e substantivos, acompanhada de uma lista exaustiva de normas que possam ser consideradas princípios de uma interpretação interamericana, realiza uma relevante radiografia de um tema que, de fato, aguardava um autor. Esse é seu mérito, sua força, e também suas fraquezas, limites e possibilidades. Portanto, com o intuito de tensionar seus pontos mais sensíveis para que possamos continuar a avançar, apresento, tal como uma "divergência" de família. Mais de família do que uma divergência.

A primeira diz respeito à sustentação da dicotomia entre princípios instrumentais e substantivos. Por exemplo, o princípio *pro persona* está elencado como um princípio instrumental. Contudo, até que ponto a escolha da fonte mais protetiva e da interpretação mais favorável não resulta também em uma proteção substantiva, ao ensejar, por exemplo, um *in dubio pro reo*, um *in dubio pro operario*, a proteção do melhor interesse da criança ou um julgamento com perspectiva de gênero. Em outras palavras, até que ponto é instrumental o artigo 29 da CADH na prática? Até que ponto ele não se converteu em um *in dubio pro vulnerável* em termos substantivos quando se observa com calma a jurisprudência?

A segunda crítica diz respeito ao perigo da panprincipologização do sistema interamericano, tanto em uma dimensão institucional quanto pedagógica. No que se refere à dimensão institucional, se tudo é princípio, há o risco de que os agentes do sistema de justiça se sintam menos vinculados, o que é delicado em um contexto no qual ainda se luta para difundir o básico: que o sistema interamericano não é direito comparado, mas sim direito internacional. Os tratados são direito positivo vigente, como costuma dizer a professora Carolina Cyrillo. Portanto, os Estados estão obrigados. Descumprir a CADH é tão grave quanto descumprir a Constituição de 1988. Descumprir uma sentença da Corte IDH é tão inadmissível quanto descumprir uma decisão do Supremo Tribunal Federal. Em um contexto no qual até isso que é óbvio se torna objeto de crítica e resistência, optar por uma hermenêutica que amplifique o número e a extensão dos princípios pode ser arriscado e ter um efeito contrário ao pretendido pelo autor.

Por outro lado, em termos pedagógicos, a repetição de princípios já presentes na hermenêutica constitucional ou de um número excessivo de princípios tende a criar uma barreira cognitiva para novos estudantes que desejam se dedicar ao tema. Menos é mais. Creio, por isso, que o foco e a ênfase em princípios estratégicos, que são mais originais, como: (i) o controle de convencionalidade; (ii) o princípio *pro persona*; (iii) a margem de apreciação nacional; e (iv) o desenvolvimento progressivo, são mais importantes do que a quantidade de princípios apresentados.

Creio que esses quatro princípios formam, em forma de metáfora, uma espécie de manual de direção para pilotar esse "veículo" de proteção dos direitos humanos que é o sistema interamericano em diálogo com o sistema nacional de proteção, de modo coordenado e harmônico, tendo em vista o objetivo principal de proteger e promover os direitos humanos fundamentais de todos. Todos estão presentes na "hermenêutica interamericana" de Fernando com a qual pretendo estabelecer um diálogo em forma de prefácio (ou um prefácio em forma de diálogo).

Seguindo a metáfora que propomos para tanto, o controle de convencionalidade pode ser descrito como uma chave de ignição do sistema de proteção, tanto no plano regional quanto no âmbito do sistema nacional. Esta obra contribui para dar densidade a ambas as dimensões, tanto por esclarecer e detalhar o controle de convencionalidade na literatura clássica sobre o tema e nos principais precedentes, quanto por descrever e atuar em uma experiência pioneira: a UMF/TJSP, ou seja, a Unidade de Monitoramento e Fiscalização de Decisões do Sistema Interamericano de Direitos Humanos no Tribunal de Justiça do Estado de São Paulo. O autor destaca que se trata do primeiro tribunal do Brasil a implementar tal iniciativa, essencial para aprimorar o controle difuso de convencionalidade e difundir a mentalidade de que cada juiz estadual ou federal, da justiça comum ou especializada, é um guardião do bloco de convencionalidade, tanto em termos destrutivos de leis incompatíveis quanto construtivos em relação ao deferimento de direitos e políticas públicas que implementem a obrigação de respeitar os direitos do artigo 1 da CADH.

Em segundo lugar, o artigo 29 da CADH é o fundamento normativo para o princípio *pro persona*, funcionando como uma espécie de acelerador do diálogo e do respeito mútuo entre os sistemas nacionais com o regional e vice-versa. Aqui, há uma breve divergência com o autor. Sua "hermenêutica interamericana" parece conceber um sistema de hierarquia rígida entre a CADH como a "Constituição" interamericana e a Corte IDH como a última instância. Creio que o sistema interamericano possui uma posição privilegiada, pois decide posteriormente ao sistema nacional, estando, assim, em melhores condições de decidir em prol da norma mais favorável ao indivíduo e da interpretação também mais favorável. Contudo, essa norma de interpretação positivada na CADH torna a hierarquia dinâmica. Afinal, não importa qual é a fonte ou qual a instituição a decidir, formalmente, por último. O que importa é a proteção dos direitos à vida, integridade, liberdade, propriedade, saúde etc., e quem possui a melhor capacidade institucional de decidir e garantir essa proteção. As interpretações resultantes de sua aplicação poderão, portanto, ora conduzir a uma deferência ao sistema nacional, ora ao sistema regional de proteção, desde que respeitada a centralidade da dignidade da pessoa humana. Por isso, não compartilho a visão de que, embora o princípio *pro persona* tenha uma acentuada dimensão instrumental, ele deva restringir-se a essa dimensão. Pelo contrário, ele é a dignidade humana em forma de princípio. O *pro persona* é o impulso substantivo à proteção dos direitos humanos. É o cerne de todo o sistema de proteção dos direitos humanos.

Em terceiro lugar, a metáfora não estaria completa sem o "freio". Afinal, não é possível caminhar apenas acelerando, sob pena de o sistema interamericano de proteção dos direitos humanos colidir e estraçalhar o sistema nacional. Reconheço que há críticas contundentes a esse princípio. Um dos maiores interamericanistas de todos os tempos, o professor Antônio Augusto Cançado Trindade, costumava dizer que não há margem de apreciação onde não há Estado de Direito. De fato, ele está correto quando afirma que não há margem para que o Estado transija com a tortura ou a escravidão. Em termos simbólicos, o sistema não pode avançar apenas freando. No entanto, é preciso relativizar e observar esse princípio com cautela, na medida em que doses de deferência ao sistema nacional de proteção, quando não há uma violação evidente aos direitos humanos, podem servir para ampliar o respeito à Democracia, ao Estado de Direito e ao pluralismo em nossa região, que é tão rica e diversa. Assim, se não houver violação clara aos direitos humanos, essa deferência pode permitir diferentes modos de conformação desses direitos, considerando a diversidade cultural, econômica e política. Metaforicamente, frear um pouco em uma curva acentuada pode ser uma maneira de nos mantermos em uma estrada de proteção e promoção dos direitos humanos. O exemplo do Parecer Consultivo n. 04, que a própria Corte IDH reconhece ao permitir diferentes tempos para naturalização, desde que não se adote critérios discriminatórios, ilustra bem a questão da margem de apreciação do Estado sobre o direito à naturalização, respeitando o princípio da igualdade e não discriminação.

Por fim, há o princípio da progressividade ou do desenvolvimento progressivo. Este princípio, positivado no artigo 26 da CADH, por um lado, reconhece a justiciabilidade dos direitos sociais perante o Sistema Interamericano de Direitos Humanos (SIDH) e, por outro, exige uma otimização do sistema de proteção dos direitos humanos fundamentais. Note-se que aqui também se manifesta a nossa divergência acadêmica. Um princípio que é eminentemente substantivo, e que Fernando elenca como tal, torna-se também um princípio instrumental. Não à toa, na maioria das vezes em que esse princípio é citado pela Corte IDH, especialmente ao longo dos anos 90 e início dos 2000, antes da mudança jurisprudencial que possibilitou a judicialização de direitos sociais com base no artigo 26, no caso *Lagos del*

Campo vs. Peru (2016), ele é mencionado ao lado do princípio *pro persona*, que possui uma forte dimensão instrumental, embora eu o veja com uma significativa dimensão substantiva. Assim como os carros com câmbio manual possuem uma embreagem que transfere mais ou menos força para permitir, por exemplo, que subam ladeiras, o princípio do desenvolvimento progressivo demanda que se atente para as condições econômicas, sociais, pedagógicas, científicas e culturais dos Estados, considerando os recursos disponíveis. É imprescindível superar uma cultura de resistência que menospreza os DESCA, mas isso deve ser feito com pragmatismo e eficiência.

Em suma, esses princípios, para mim, constituem os pilares de uma hermenêutica dos direitos humanos, como escrevi no livro "*Curso de teoria constitucional interamericana*", sendo que cada um deles possui dimensões tanto instrumentais, quanto substantivas. Sem dúvida, essa abordagem proposta em nosso diálogo é mais reduzida e compacta do que a extensa, criativa, exaustiva e potente "hermenêutica interamericana" proposta por Fernando. Ainda assim, apesar das nossas divergências acadêmicas e teóricas pontuais, é fato que compartilhamos do principal: somos nós coletivamente enquanto povo e sociedade os responsáveis, cada um em sua visão, profissão e atuação, por construir um mundo com mais direitos para mais pessoas. Um mundo em que a interpretação mais favorável se aplique não apenas nas sentenças e acórdãos, mas também, e principalmente, em uma vida com mais direitos. O *pro persona* deve se aplicar na vida e não apenas nos textos jurídicos.

Rio de Janeiro, 30 de setembro de 2024.

Siddharta Legale

Professor de Direito Constitucional e Direitos Humanos da Faculdade Nacional de Direito da UFRJ. Coordenador do Núcleo Interamericano de Direitos Humanos. Advogado. Pós-doutor e Doutor em Direito Internacional pela UERJ. Mestre em Direito Constitucional e Bacharel pela UFF. Contato: siddhartalegale@hotmail.com

PREFÁCIO

Flávia Piovesan

É com muita honra, alegria e esperança que aceitei o especial convite de prefaciar a 2ª edição da primorosa obra *"Hermenêutica dos Direitos Humanos"* elaborada por Fernando Antônio Lima, professor e Juiz de Direito, com destacada trajetória no campo dos direitos humanos. Por iniciativa do autor, tenho participado de relevantes cursos em controle de convencionalidade e direitos humanos, na Escola da Magistratura do Estado de São Paulo, o que, por si só, revela o seu firme compromisso com a causa emancipatória dos direitos humanos, a partir de sua reflexão, ação e visão transformadora. Na qualidade ainda de Coordenadora Científica da Unidade de Monitoramento e Fiscalização das Decisões do Sistema Interamericano (UMF/CNJ) e no marco do Pacto Nacional do Judiciário para os Direitos Humanos, expresso o meu maior reconhecimento pela atuação exemplar do autor, simbolizando as qualidades de Juiz nacional e Juiz interamericano.

Estruturado em 13 capítulos, o livro adota como ponto de partida o enfoque da hermenêutica dos direitos humanos, para, então, analisar a proteção dos direitos humanos por meio da inter-relação entre o Direito Internacional dos Direitos Humanos e o Direito Constitucional, com ênfase na cláusula de abertura constitucional, na pavimentação de um *Ius Constitutionale Commune* na América Latina (ICCAL) e no dever do poder Judiciário de realizar o controle de convencionalidade. Passa-se, assim, ao estudo do Direito Internacional dos Direitos Humanos e de seus sistemas protetivos, com o destaque ao sistema interamericano de proteção dos direitos humanos, à Organização dos Estados Americanos (OEA), à Convenção Americana de Direitos Humanos, aos parâmetros interpretativos interamericanos e à chamada "Constituição Transnacional Interamericana de Direitos Humanos". Por fim, são examinados a filtragem material para a construção da norma fundamental de direitos humanos, com a abertura aos princípios de justiça emancipatórios dos grupos vulnerabilizados; a Constituição Transnacional Interamericana dos Direitos Humanos e a interação entre as ordens jurídicas nacional e internacional; as teorias para o diálogo jurisdicional a envolver a Corte Interamericana e o poder Judiciário brasileiro; e os princípios hermenêuticos dos direitos humanos, culminando com a detida análise do controle de convencionalidade.

O controle de convencionalidade aponta à emergência de um novo paradigma jurídico pautado no sistema jurídico multinível, dotado de permeabilidades mediante a estatalidade aberta, em que diálogos, empréstimos e interações se movem sob a inspiração do princípio maior da dignidade humana.

A partir da Constituição Federal de 1988 intensifica-se a interação e conjugação do Direito internacional e do Direito interno, que fortalecem a sistemática de proteção dos direitos humanos, com uma principiologia e lógica próprias, fundadas no princípio da primazia dos direitos humanos. Ao processo de constitucionalização do Direito Internacional conjuga-se o processo de internacionalização do Direito Constitucional. Somam-se, ainda, os processos de humanização do Direito Internacional e internacionalização dos direitos humanos.

A potencialidade de avançar nos diálogos jurisdicionais há de ser compreendida à luz do controle de convencionalidade e da emergência de um novo paradigma jurídico pautado no sistema jurídico multinível, dotado de permeabilidades, mediante a estatalidade aberta, em que diálogos, empréstimos e interações se movem sob a inspiração do princípio maior da dignidade humana, a compor o que o autor denomina de "Constituição Transnacional Interamericana de Direitos Humanos".

Na qualidade de princípio fundamental da ordem constitucional de 1988, o valor da dignidade humana está a permear, a nortear e a inspirar todos estes avanços, conferindo sentido ao constitucionalismo contemporâneo, bem como à consolidação de um Estado Constitucional e Convencional de Direito.

Se a proteção dos direitos é uma dimensão indissociável do constitucionalismo, a potencialidade dos diálogos jurisdicionais permite alimentar o horizonte prospectivo da consolidação e do fortalecimento de direitos humanos, pautado no sistema jurídico multinível, em que diálogos, empréstimos e interações se movem sob a inspiração do princípio maior da dignidade humana, como paradigma estruturante do constitucionalismo contemporâneo.

Sob a perspectiva multinível, o primoroso curso de "Hermenêutica dos Direitos Humanos" oferece extraordinária contribuição à literatura jurídica nacional, ao propor uma hermenêutica própria voltada aos direitos humanos. Fortalece a consolidação de uma cultura radicada nos direitos humanos e no controle de convencionalidade, sendo um convite para fomentar o diálogo nacional-regional-global, visando a fortalecer a efetividade da "Constituição Transnacional Interamericana de Direitos Humanos" e seu mandato transformador, sempre tendo por centralidade as vítimas, com a vocação de proteger direitos e transformar realidades, tendo como inspiração maior a prevalência da dignidade humana.

Flávia Piovesan

Professora doutora em Direito Constitucional e Direitos Humanos da PUC-SP; Professora dos Programas de Graduação e Pós Graduação da PUC-SP; visiting fellow do Human Rights Program da Harvard Law School (1995 e 2000); visiting fellow do Centre for Brazilian Studies da University of Oxford (2005); visiting fellow do Max Planck Institute for Comparative Public Law and International Law (Heidelberg - 2007; 2008; 2015-2024); Humboldt Foundation Georg Forster Research Fellow no Max Planck Institute (Heidelberg - 2009-2014); e Lemman visiting scholar do David Rockefeller Center for Latin America Studies da Harvard University (2018). Foi membro da UN High Level Task force for the implementatiton of the right to development e do OAS Working Group para o monitoramento do Protocolo de San Salvador em matéria de direitos econômicos, sociais e culturais. Foi membro da Comissão Interamericana de Direitos Humanos (2018 a 2021) e ex Vice-presidente da Comissão Interamericana (2020-2021). Em 2022 recebeu o Georg Forster Humboldt Research Award. É Coordenadora Científica da Unidade de Monitoramento e Fiscalização das Decisões da Corte Interamericana no Conselho Nacional de Justiça (UMF/CNJ).

SUMÁRIO

SEÇÃO II

PRINCÍPIOS INSTRUMENTAIS

SEÇÃO III

PRINCÍPIOS SUBSTANCIAIS

INTRODUÇÃO

Há várias maneiras de encarar a Hermenêutica Jurídica. Olhando-a pelo objeto, é possível dividi-la em: Hermenêutica Tradicional, Hermenêutica Constitucional e Hermenêutica dos Direitos Humanos.

A Hermenêutica Tradicional é aquela que busca interpretar a lei. Trata-se de um enfoque predominantemente positivista. Desenvolvida particularmente no século XIX, a Hermenêutica Tradicional se vale dos seguintes métodos de interpretação: gramatical, histórico, sistemático e teleológico. São da Hermenêutica Tradicional, também, os seguintes métodos de integração: costumes e analogia.

Até então, o objeto é a lei, com pequena ou nenhuma abertura à realidade e aos valores.

Num segundo momento, surge a Hermenêutica Constitucional, com desenvolvimentos mais profundos a partir da segunda metade do século XX. O objeto da interpretação, agora, não é mais a lei, mas a Constituição. Como os textos constitucionais são mais fluidos e mais abertos, a tarefa interpretativa inclina-se mais para a Ética, quando não para a Política. O juspositivismo estrito cede a um mergulho maior à realidade e aos valores.

A Hermenêutica Constitucional trouxe largo avanço no modo de interpretar o Direito. A tarefa intelectiva passou a respirar novos ares, em profundo mergulho na realidade social e nos valores que legitimam a existência do Estado Constitucional.

Houve, ainda, no seio da Hermenêutica Constitucional, o desenvolvimento de princípios próprios, peculiares a uma interpretação dirigida ao texto constitucional. Podemos citar alguns desses princípios: princípio da supremacia da Constituição; princípio da presunção de constitucionalidade das leis e dos atos do Público; princípio da interpretação conforme a Constituição; princípio da unidade da Constituição; princípio da razoabilidade e da proporcionalidade; princípio da efetividade.

Se a Hermenêutica Tradicional focaliza a lei, a Hermenêutica Constitucional volta-se à Constituição. Ambas estão comprometidas em interpretar as normas jurídicas internas, produzidas pelos Estados nacionais.

Quase na metade do século XX, contudo, a Segunda Guerra Mundial demonstrou um poder de destruição e discriminação que provocaram drásticas alterações no modo de interpretar o Direito.

Percebeu-se, então, que a soberania nacional absoluta produziu atrocidades semelhantes às que os séculos anteriores viram com o colonialismo e o tráfico negreiro.

Era necessária uma virada jurídica rigorosa. Não poderia deixar-se apenas aos Estados a tarefa de criar e interpretar o direito. O nazismo e o fascismo, escondidos na ideia de supremacia estatal, demonstraram que a soberania estatal deveria submeter-se a princípios comuns de justiça e humanidade.

Com o surgimento da Organização das Nações Unidas, consolida-se o sistema universal ou geral de proteção aos direitos humanos. Os Estados nacionais devem adequar suas práticas e normas internas aos princípios internacionais de direitos humanos.

Em paralelo ao sistema universal, desenvolveram-se os sistemas regionais de direitos humanos. Nas Américas, em torno da Organização dos Estados Americanos, consolidou-se o sistema regional interamericano de direitos humanos.

Portanto, ao lado das instituições e normas estatais, o mundo passou a contar com instituições e normas jurídicas internacionais. O objetivo foi o de engajar os Estados na obrigação de respeitar e garantir os direitos humanos.

Nota-se que a soberania estatal não é eliminada. As instituições estatais continuam existindo. O mesmo se diz das normas jurídicas produzidas internamente.

No entanto, os órgãos e poderes estatais e as normas jurídicas internas devem conformar-se aos padrões normativos e interpretativos assinalados por normas, órgãos e instituições internacionais de direitos humanos.

A tarefa de interpretar o Direito, então, não se submete mais a um enfoque exclusivo sobre as leis (Hermenêutica Tradicional). Também não basta um olhar reservado à Constituição.

É preciso, isto sim, descobrir como combinar a soberania estatal com os sistemas internacionais de proteção aos direitos humanos. O Estado não é desfeito, nem silenciado, muito menos sufocado. Mas o Estado deve assimilar a entrada definitiva dos direitos humanos na interpretação do Direito.

Com a aprovação de tratados internacionais de direitos humanos, de declarações de direitos humanos e de outros instrumentos internacionais protetivos, normas jurídicas internacionais ingressam na corrente sanguínea dos ordenamentos jurídicos internacionais.

Constituições modernas, com suas cláusulas de abertura ou de simpatia aos direitos, abraçam a ordem jurídica internacional de direitos humanos. O sistema jurídico nacional deixa de ser um conglomerado exclusivo de normas jurídicas produzidas internamente.

Nesse processo, também as decisões tomadas por tribunais internacionais de direitos humanos passam a ganhar dignidade e força jurídica dentro do Estado nacional. No caso do Brasil, por exemplo, no que se refere ao sistema regional interamericano, as decisões da Corte Interamericana tornam-se parte do sistema jurídico nacional. São decisões que vinculam nas condenações ao Estado brasileiro e na jurisprudência que firmam sobre determinada matéria.

Daí não bastar, mais, apenas a Hermenêutica Jurídica Tradicional, que aborda métodos de interpretação da lei, nem a Hermenêutica Constitucional, que se presta exclusivamente a interpretar a Constituição.

Entra em cena, então, a Hermenêutica dos Direitos Humanos. São teorias, método[1] e princípios próprios[2] que permitem combinar o direito interno e o Direito Internacional dos Direitos Humanos.

Não se desconsideram as conquistas que a Hermenêutica Tradicional e a Hermenêutica Constitucional introduziram no terreno da interpretação jurídica. A Hermenêutica dos Direitos Humanos não abandona os desenvolvimentos superiores das irmãs mais velhas, mas as atualiza como filha dos novos tempos.

Os novos tempos são os tempos da proteção da pessoa. Da pessoa cujos direitos não são obra mais de propriedade exclusiva das soberanias internas, mas um assopro avassalador das grandes aspirações éticas que governam as comunidades internacionais.

Eis a atualidade da Hermenêutica dos Direitos Humanos: como aconchegar os mais próximos elementos jurídicos do direito interno com os não menos distantes princípios comuns a toda a humanidade? Como harmonizar o Direito Constitucional com os princípios e padrões interpretativos que brotam do Direito Internacional dos Direitos Humanos?

A propósito, está na ordem do dia, no direito brasileiro, a necessidade de abertura ao Direito Internacional dos Direitos Humanos – mais particularmente ao Sistema Interamericano de Direitos Humanos (SIDH).

---

1. Quanto aos métodos e teorias típicos da Hermenêutica dos Direitos Humanos, este livro cuidará, entre outros, do seguinte: controle de transconvencionalidade ou de transconstitucionalidade; transconstitucionalismo; teoria do controle integrado ou agregador; Ius Constitutionale Commune na América Latina; Constitucionalismo Multinível, Fertilização Cruzada; Norma Fundamental de Direitos Humanos; Constituição Transnacional Interamericana de Direitos Humanos.
2. Confiram-se, no Capítulo 12, os princípios instrumentais e os princípios substanciais próprios da Hermenêutica dos Direitos Humanos.

Não bastou a aprovação da Constituição Federal de 1988, que se convergiu à ordem jurídica internacional de direitos humanos (CF/88, art. 4º, II e IX, e parágrafo único; art. 5º, § 2º, entre outros). Não bastou a aprovação da Convenção Americana sobre Direitos Humanos pelo Brasil em 1992. Não bastou a submissão do Brasil à jurisdição contenciosa da Corte Interamericana de Direitos Humanos em 1998. Não bastou tudo isso, e os anos de 2021 a 2024 acrescentaram ainda novos ingredientes para a abertura do Estado brasileiro à ordem jurídica interamericana de proteção aos direitos humanos.

É que, em 2021, por meio da Resolução CNJ nº 364, de 12 de janeiro de 2021, o Conselho Nacional de Justiça criou a Unidade de Fiscalização e Monitoramento das decisões do Sistema Interamericano de Direitos Humanos (UMF/CNJ).

Essa Unidade é responsável pelo seguinte: estabelecer diretrizes para o cumprimento de determinações do Sistema Interamericano de Direitos Humanos; acompanhar a implementação de parâmetros de direitos fundamentais estabelecidos por decisões do Sistema Interamericano de Direitos Humanos; difundir os tratados internacionais de direitos humanos e os pronunciamentos dos órgãos do Sistema Interamericano e da ONU; fomentar a cultura dos direitos humanos e o controle de convencionalidade em todas as instâncias do Poder Judiciário.

Nesse mesmo sentido, o Conselho Nacional de Justiça editou a Recomendação nº 123, de 7 de janeiro de 2022. Segundo esse ato normativo, o Poder Judiciário brasileiro deverá: observar os tratados internacionais de direitos humanos em vigor no Brasil; fazer uso da jurisprudência da Corte Interamericana de Direitos Humanos; realizar o controle de convencionalidade das leis internas.

Em 2024, o primeiro Tribunal de Justiça do Brasil incorporou essas diretrizes assinaladas pelo Conselho Nacional de Justiça.

Nesse sentido, por meio da Portaria TJSP nº 10.380/2024, sob a Presidência do eminente Desembargador Fernando Antonio Torres Garcia, o Tribunal de Justiça do Estado de São Paulo criou a Unidade de Monitoramento e Fiscalização de decisões do Sistema Interamericano de Direitos Humanos no âmbito desse tribunal (UMF/TJSP).

Compete à UMF/TJSP, entre outras coisas: disseminar, na Justiça Paulista, as decisões da Corte Interamericana de Direitos Humanos; difundir, na cultura jurídica da Justiça de São Paulo, maior consciência em matéria de direitos humanos; fortalecer o controle de convencionalidade dos atos normativos domésticos incompatíveis com o Sistema Interamericano de Direitos Humanos.

Por isso, combinar o direito interno e o direito internacional de direitos humanos, dentro da mesma casa do sistema jurídico brasileiro, é o empreendimento jurídico do momento.

As atrocidades do momento passado não nos assombrarão mais.

Os direitos humanos se espalharão para todas e todos, contra as desigualdades estruturais de gênero, raça e classe social.

Não teremos mais de escutar a Carolina de Jesus, a escritora negra que morava na favela, dizer: "Como é horrível ver um filho comer e perguntar: 'Tem mais?' Esta palavra 'tem mais' fica oscilando dentro do cérebro de uma mãe que olha as panelas e não tem mais"[3].

Direitos humanos é encher as panelas da nossa gente. Direitos humanos é dar o direito às mães e aos pais para dizer aos filhos que, sim, "tem mais". Direitos humanos é não se divorciar dos legítimos direitos – só uma sólida democracia consegue distribuir com abundância.

Direitos Humanos, esse o grande objeto da Hermenêutica dos Direitos Humanos – como uma demonstração de que a ciência, como parte do mundo, jamais pode ser um mundo à parte[4], de que a ciência jurídica é um acúmulo de conhecimentos que só ganha sabor se for temperada com a justiça, a liberdade, a igualdade e a dignidade dos seres humanos[5].

---

3. Carolina de Jesus. *Quarto de despejo*, pág. 38. 10ª ed. 10ª reimpressão. São Paulo: Ática, 2014.
4. Fernando Antônio de Lima. *Sentimentos em frases*, pág. 45. 1ª ed. Lagoa Santa, Minas Gerais: Editora Brunsmarck, 2023.
5. Fernando Antônio de Lima. *Sentimentos em frases*, pág. 45. 1ª ed. Lagoa Santa, Minas Gerais: Editora Brunsmarck, 2023.

1

HERMENÊUTICA DOS DIREITOS HUMANOS

1. HERMENÊUTICA JURÍDICA

Hermenêutica jurídica é a ciência de interpretação sobre os elementos de materialização do Direito[1]. O objeto da Hermenêutica Jurídica, portanto, é bastante amplo, pois envolve diversas manifestações com reflexos sobre o Direito – ou seja, não só leis, Constituição, documentos jurídicos internacionais, mas, também, decisões judiciais, documentos normativos produzidos por organizações internacionais, atos administrativos, condutas praticadas por empresas e por particulares em geral com reflexos sobre o Direito.

Em termos de evolução histórica, a Hermenêutica Jurídica se subdivide em: a) *Hermenêutica Tradicional*: é a ciência que busca interpretar as leis, com base em um enfoque juspositivista restrito, desenvolvida nos séculos XVIII e XIV; b) *Hermenêutica do Direito Constitucional*: é a ciência que visa a interpretar a Constituição – desenvolvida a partir da primeira metade do século XX; c) *Hermenêutica dos Direitos Humanos*: é a ciência que visa a interpretar, integrar e aplicar as normas jurídicas nacionais e internacionais, as decisões judiciais nacionais e internacionais, em matéria de direitos humanos. A Hermenêutica dos Direitos Humanos tem sido desenvolvida principalmente a partir da segunda metade do século XX e conta, ainda, com um grande vácuo teórico a ser preenchido.

A *Hermenêutica Tradicional* desenvolveu métodos próprios (lógico, gramatical, sistemático e teleológico). Trata-se de uma abordagem juspositivista, preponderante nos séculos XVIII e XIX, em que o intérprete buscava ou a

1. A Hermenêutica Jurídica não se propõe a interpretar apenas normas jurídicas, mas também, a própria produção judicial dos Tribunais e do Poder Judiciário em geral (Óscar José Dueñas Ruiz *Lecciones de herméutica jurídica*, pág. 15).

vontade da lei (*mens legis*) ou a vontade do legislador (*mens legislatoris*). O Magistrado era apenas a boca da lei, ou seja, alguém que deveria apenas reproduzir aquilo que foi dito pela lei, sem acrescentar ou modificar nada. Interpretar era extrair o que disse a lei.

A *Hermenêutica Constitucional*, por sua vez, é a ciência da interpretação da Constituição. Sem desprezar os métodos clássicos da Hermenêutica Tradicional, a *Hermenêutica Constitucional* fornece princípios instrumentais e teorias que avançam para uma maior aproximação entre o Direito e a Ética, o Direito e a Política. Incorporam-se elementos do constitucionalismo social, de modo que a legitimidade jurídica do Estado de Direito reside na proteção dos direitos individuais, sociais e, já na segunda metade do século XX, também na proteção dos direitos metaindividuais.

É certo que a *Hermenêutica Constitucional* produz uma grande transformação no modo de interpretação do Direito. O enfoque exclusivista sobre a lei, próprio da Hermenêutica Tradicional, cede lugar a padrões normativo-valorativos que devem ser observados pelo Estado.

O problema é que a *Hermenêutica Constitucional* ainda trabalha com o mito da superioridade intrínseca da Constituição e com uma soberania estatal ainda bastante poderosa. Em um momento histórico de totalitarismos de toda a ordem, percebidos tão logo encerrada a 2ª Guerra Mundial, com avanços significativos sobre o século XXI, nota-se que a proteção dos seres humanos e dos direitos da natureza não podem ficar a cargo apenas dos Estados.

Os direitos humanos, então, tornam-se tema de preocupação internacional, de forma que instituições internacionais passam a estabelecer padrões normativos vinculantes aos Estados em matéria de respeito e garantia aos direitos humanos.

No que se refere especificamente ao Brasil, a formação e consolidação do sistema universal e do sistema regional interamericano de direitos humanos, durante a segunda metade do século XX, e já com forte impacto no século XXI, implicam a existência de várias fontes normativas que devem ser observadas por quem pretende interpretar o sistema jurídico brasileiro.

À luz da proteção dos direitos humanos, não basta mais olhar apenas para a Constituição. A Constituição, veremos, pode, em algumas situações, colidir com normas internacionais mais favoráveis à proteção do ser humano – embora os valores incorporados pela Constituição, muitas das vezes, coincidam com os valores revelados pela ordem jurídica internacional.

Nasce, então, a *Hermenêutica dos Direitos Humanos*, isto é, a ciência que busca interpretar, de forma harmônica e conjugada, os elementos jurídicos internos e internacionais, com o objetivo de se alcançar a máxima efetividade na proteção aos direitos humanos.

É importante esclarecer que a **Hermenêutica dos Direitos Humanos** é um conjunto de teorias, métodos e princípios que buscam conferir dinâmica interpretativa ao **Direito Internacional dos Direitos Humanos.**

Anote-se que o **Direito Internacional dos Direitos Humanos** possui o seu arcabouço principiológico próprio, embora o tema ainda seja pouco explorado pela doutrina brasileira[2]. Daí a necessidade de uma **Hermenêutica dos Direitos Humanos**, para suprir a lacuna no direito brasileiro.

É certo que a Convenção de Viena sobre Direitos dos Tratados de 1969 traz algumas regras básicas de Direito Internacional no que se refere à interpretação dos tratados. Essas regras básicas, inclusive, podem servir de orientação para a doutrina e a jurisprudência internacional de direitos humanos[3].

Mas referidas regras, embora contribuam para a interpretação no âmbito do Direito Internacional dos Direitos Humanos, restringem-se à interpretação de tratados internacionais.

Em termos de Hermenêutica dos Direitos Humanos, é preciso que as regras, métodos, princípios e teorias de interpretação não se restrinjam aos tratados. É preciso ir muito além. Há, nessa matéria, uma conjugação e combinação intensa entre diversos elementos jurídicos internos e internacionais. Isso vai exigir um objeto de interpretação bastante próprio, que será desenvolvido neste Curso de Hermenêutico de Direitos Humanos.

2. HERMENÊUTICA TRADICIONAL E HERMENÊUTICA CONSTITUCIONAL: MÉTODOS E PRINCÍPIOS IMPORTANTES, MAS POR SI SÓ INSUFICIENTES PARA A INTEGRAÇÃO DA ORDEM JURÍDICA NACIONAL E INTERNACIONAL NA PROTEÇÃO DOS DIREITOS HUMANOS

A Hermenêutica Jurídica Tradicional é aquela que se baseia numa perspectiva *juspositivista.* Seja sob uma base analítica reducionista, em que o Direito se reduz à norma, sem nenhuma abertura à realidade social (*positivismo estrito*), seja sob uma abordagem que mescla a norma jurídica e algumas razões extra-estatais (*juspositivismo eclético*), o *juspositivismo* tem como característica essencial focar a interpretação fundamentalmente na norma jurídica[4].

O Magistrado não formula o Direito, *interpreta-o* apenas, embora nessa tarefa interpretativa possa o Magistrado abrandar a rigidez das fórmulas

2. Caio Paiva e Thimotie Aragon. *Jurisprudência Internacional de Direitos Humanos*, pág. 183. 3ª ed. 2020.
3. Confira-se: André de Carvalho Ramos. *Teoria Geral dos Direitos Humanos na Ordem Internacional*, pág. 132. 7ª ed. 2019.
4. Alysson Leandro Mascaro. *Filosofia do Direito*, págs. 311 a 314 e 320 a 322. 2010.

legais[5]. Nesse terreno da *Hermenêutica Jurídica Tradicional*, casada com o juspositivismo eclético, ganham espaço os métodos de interpretação gramatical, lógico, sistemático e teleológico, a analogia, o costume, a equidade. Embora haja uma certa abertura à realidade social, o Poder Judiciário ainda se encontra preso aos limites estritamente jurídicos da norma legal.

A partir da segunda metade do século XX, contudo, o Direito não mais cabia no positivismo jurídico. Daí o recurso ao constitucionalismo moderno, que permite uma aproximação entre ética e Direito, de modo que os valores compartilhados pela comunidade passam a compor o mundo jurídico. Esses valores materializam-se em *princípios*. Os princípios constitucionais, portanto, passam a ser a síntese dos valores abrigada no ordenamento jurídico[6].

Nesse ambiente de comunicação entre ética e Direito, fundado no constitucionalismo moderno, surgem princípios específicos de interpretação constitucional – os *princípios instrumentais de Hermenêutica Constitucional*: princípio da supremacia da Constituição, princípio da presunção de constitucionalidade das leis e atos do Poder Público, princípio da interpretação conforme a Constituição, princípio da razoabilidade ou da proporcionalidade, princípio da efetividade[7]. Há, também, os *princípios constitucionais materiais*, os quais, em vez de revelar diretamente métodos de interpretação, corporificam verdadeiros direitos fundamentais, como a liberdade, a igualdade, o princípio republicano.

Não obstante a importância da Hermenêutica Tradicional e da Hermenêutica Constitucionais, ambas não dão conta, sozinhas, da interpretação integrativa entre a ordem jurídica interna e internacional de proteção aos direitos humanos. É o que veremos logo a seguir.

3. A HERMENÊUTICA DOS DIREITOS HUMANOS

Os *princípios de Hermenêutica Constitucional* promoveram uma grande abertura do Direito aos valores e à realidade social e continuam importantes para a interpretação de problemas que dizem respeito exclusivamente ao direito interno, particularmente à Constituição.

No entanto, tais princípios não bastam para a interpretação dos *direitos humanos*, os quais, dadas as atrocidades cometidas por Estados e particulares, não são mais assuntos de preocupação exclusivamente estatal.

---

5. Carlos Maximiliano. *Hermenêutica e aplicação do Direito*, págs. 48 e 49. 2022.
6. Luís Roberto Barroso. *Interpretação e aplicação da Constituição*, págs. 325 a 327. 6ª ed. 4ª tiragem. 2008.
7. Luís Roberto Barroso. *O novo Direito Constitucional brasileiro. Contribuições para a construção teórica e prática da jurisdição constitucional no Brasil*, pág. 161. 1ª reimpressão. 2013.

Tanto é verdade que, segundo a Declaração Universal dos Direitos Humanos, os direitos humanos passam a ser reconhecidos *universalmente*, não se limitando à esfera estreita das jurisdições nacionais. Não é mais possível um juízo discricionário estatal, baseado apenas na soberania, o que reclama uma tutela internacional de direitos[8].

Por sua vez, conforme será visto no decorrer deste livro, a jurisprudência da Corte Interamericana de Direitos Humanos não se limita a apropriar-se apenas das fontes internacionais. O direito interno dos Estados é também levado em conta na construção jurídica do âmbito de proteção dos direitos humanos. Daí que a Hermenêutica Constitucional não deixa de existir; ela apenas se abre para um movimento maior de proteção aos direitos humanos, devendo-se integrar com os princípios, método e teorias propostas pela Hermenêutica dos Direitos Humanos.

Não satisfaz mais, portanto, uma visão estereotipada que se baseie exclusivamente no direito interno, mesmo que com o uso mais avançado da Hermenêutica Constitucional. A construção jurídica dos direitos humanos reclama uma integração entre elementos jurídicos internos e internacionais.

A Constituição assegura uma unidade do ordenamento jurídico essencialmente sobre a base de uma ordem de valores materiais expressos nela[9].

Não obstante, depois da 2ª Guerra Mundial, convivemos com a formação de um novo ramo do Direito Internacional - o Direito Internacional dos Direitos Humanos. O Direito Internacional dos Direitos Humanos destina-se a estabelecer uma espécie de ordem pública entre os Estados em benefício da pessoa humana[10].

Por isso, é preciso que exista uma construção jurídica que seja capaz de envolver os sistemas interno e internacional, de modo que se alcance uma proteção multinível dos direitos humanos[11].

Há, claro, uma retroalimentação das experiências constitucionais dos Estados, mas sempre com o aporte do direito internacional de direitos humanos. Esse intercâmbio entre direito interno e direito internacional na proteção dos direitos humanos exige a construção de *princípios hermenêuticos próprios*, teorias e métodos capazes de edificar uma verdadeira *Hermenêutica dos Direitos Humanos.*

8. Celso Lafer. *Direito Internacional. Um Percurso no Direito no Século XXI*, volume 2, pág. 17. 2015.
9. Eduardo García de Enterría. Hernenêutica e supremacia constitucional. El principio de la interpretación conforme a la Constitución de todo el ordenamento. *In*: Doutrinas Essenciais Direito Constitucional, volume 1, pág. 831.
10. Carolina Loayza Tamayo. Aplicaclón de la normatividade protectora de los derechos humanos em el ordenamento interno. *In*: Doutrinas Essenciais Direitos Humanos, volume 1, pág. 40.
11. Michele Carducci e Valerio de Oliveira Mazzuoli. *Teoria tridimensional das integrações supranacionais*, pág. 14. 2014.

Os princípios da Hermenêutica Constitucional servem para interpretar as normas constitucionais, mas não para promover a integração interpretativa do direito interno e do direito internacional.

Em matéria de direitos humanos, concorrem normas jurídicas internas e internacionais, decisões judiciais nacionais e internacionais, produções normativas nacionais e práticas de organizações internacionais.

Após a 2ª Guerra Mundial, com a drástica experiência dos governos totalitários da Alemanha e da Itália, percebeu-se uma grande tendência de expansão de normas internacionais de proteção aos direitos humanos. Essas normas internacionais foram reconhecidas e incorporadas pelo direito interno. Isso gerou inúmeros questionamentos sobre o possível conflito entre preceitos internacionais e as normas de direito interno, especialmente quando estas últimas possuam caráter constitucional[12].

A Hermenêutica Constitucional, ao ter por objeto a interpretação das normas constitucionais, não tem condições de interpretar tratados internacionais de direitos humanos, tampouco consegue integrar as normas jurídicas produzidas pelo Estado e as normas internacionais em vigor nesse Estado.

Ao conhecermos apenas a Hermenêutica Constitucional, corremos o sério risco de deixar de aplicar os tratados internacionais de direitos humanos. Isso pode ensejar a responsabilidade internacional do Estado brasileiro por violação aos direitos humanos.

Nos termos do art. 26 da Convenção de Viena sobre o Direito dos Tratados (1969), "todo tratado em vigor obriga as partes e deve ser cumprido por elas de boa-fé". O Estado brasileiro, portanto, deve cumprir de boa-fé os tratados internacionais de direitos humanos. A obrigação de cumprir os tratados é um princípio de direito internacional público. Descumprir esse princípio implica descurar a segurança das relações entre os povos e a própria paz internacional[13].

Além da obrigação que o Estado tem de cumprir os tratados, é importante observar que, nos termos do art. 27 da Convenção de Viena sobre o Direito dos Tratados, "uma parte não pode invocar as disposições do direito interno para justificar o inadimplemento de um tratado".

Nesse sentido, ao lado do dever geral de cumprir, de boa-fé, os tratados internacionais, o Estado não pode invocar nenhuma disposição do direito interno – nem mesmo uma norma constitucional –, para deixar de cumprir a obrigação derivada do tratado internacional.

---

12. Héctor Fix. Samudio. La evolucion del Derecho Internacional de los Direitos Humanos em las Constituciones Latinoamericanas, pág. 226.
13. Valerio de Oliveira Mazzuoli. *Controle Jurisdicional da Convencionalidade das leis*, pág. 59. 5ª ed. 2018.

Os tratados internacionais de direitos humanos, aliás, devido às cláusulas de abertura ou de reenvio ou de simpatia previstas na CF/88[14], incorporam-se ao próprio sistema jurídico brasileiro. Deixar de aplicar os tratados significa, portanto, além de descumprir obrigações internacionais, desrespeitar o próprio sistema jurídico constitucional brasileiro.

Se um problema jurídico puder ser resolvido mediante a aplicação apenas das normas constitucionais, nada impede que o intérprete se valha apenas dos princípios fornecidos pela Hermenêutica Constitucional.

Acontece, porém, que os problemas relacionados aos direitos humanos em geral exigem a integração entre normas internas e normas internacionais, entre interpretações dadas pelo Poder Judiciário nacional e a Corte Interamericana de Direitos Humanos.

Daí surge a necessidade de se pensar em princípios, teorias e métodos[15] que façam dialogar os elementos jurídicos internos e internacionais, considerando-se, sempre, que o sistema jurídico brasileiro é composto não só de elementos jurídicos nacionais, mas, também, internacionais.

É certo que muitas normas jurídicas internas de direitos humanos estão situadas na CF/88. E, para interpretar as normas constitucionais, já temos *princípios instrumentais de interpretação constitucional*, como o princípio da supremacia da Constituição, o princípio da presunção de constitucionalidade das leis e dos atos do Poder Público, o princípio da interpretação conforme a Constituição, o princípio da unidade da Constituição, o princípio da razoabilidade ou da proporcionalidade, o princípio da efetividade.

Esses *princípios instrumentais de interpretação constitucional*, embora essenciais para se conhecer existencialmente a Constituição, podem não bastar para delinear a proteção jurídica integral dos direitos humanos.

É que a *proteção jurídica integral dos direitos humanos* requer a articulação de normas jurídicas internas e internacionais, o que envolve, até mesmo, e muitas vezes, uma sistematização metodológica toda própria para se estabelecer um diálogo fértil entre o Poder Judiciário brasileiro e a Corte Interamericana de Direitos Humanos.

Surge, então, a *Hermenêutica dos Direitos Humanos*, que é o conjunto de métodos, teorias e princípios responsáveis por articular elementos jurídicos

---

14. Nos termos do art. 5º, § 2º, da Constituição Federal brasileira de 1988, "os direitos e garantias expressos nesta Constituição não excluem outros decorrentes do regime e dos princípios por ela adotados, ou dos tratados internacionais em que a República Federativa do Brasil seja parte". Esse dispositivo constitucional é uma cláusula de abertura, de modo que o sistema jurídico interno se expande, para abranger os direitos humanos previstos na esfera internacional.
15. Estas teorias, métodos e princípios serão mencionados nos próximos subitens e serão explorados no decorrer deste trabalho.

internos e internacionais, com o objetivo de se alcançar a máxima proteção jurídica aos direitos humanos.

Alguns desses métodos, teorias e princípios já constavam da bibliografia nacional e internacional. Outros, porém, foram por nós criados neste livro. É importante assinalar, de qualquer forma, que a sistematização (e eventual criação) do método, teorias e princípios da Hermenêutica dos Direitos Humanos partiu, seguramente, não só de uma análise doutrinária, mas também, e principalmente, de como a jurisprudência da Corte Interamericana de Direitos Humanos vem estabelecendo a integração, aplicação e interpretação dos elementos jurídicos internos e internacionais de proteção aos direitos humanos.

Portanto, a construção de uma Hermenêutica dos Direitos Humanos dependeu muito de uma criteriosa análise e observação das decisões proferidas pela Corte Interamericana de Direitos Humanos, cuja jurisdição contenciosa obriga o Estado brasileiro desde 1998.

Essa Hermenêutica dos Direitos Humanos, com seu método, teorias e princípios próprios, servirá para resolver qualquer problema jurídico relacionado aos direitos humanos, mesmo nas relações jurídicas particulares e privadas.

3.1. Método proposto pela Hermenêutica dos Direitos Humanos

Método é o caminho pelo qual se chega a um objetivo[16]. A Hermenêutica dos Direitos Humanos percorre um caminho para alcançar a maior proteção possível aos direitos humanos.

Esse caminho nada mais é do que uma observação. Observaremos como a Corte Interamericana de Direitos Humanos produz a argumentação em torno da proteção e respeito aos direitos humanos.

Nos Capítulos 7 a 10, verificaremos que, a partir da jurisprudência da Corte Interamericana de Direitos Humanos, o sistema jurídico brasileiro há de ser reconstruído em termos teóricos. Reconfigurar esse sistema é o objetivo; o caminho é a observação sobre a jurisprudência da Cote Interamericana. O método da Hermenêutica dos Direitos Humanos será, então, o de observar como a jurisprudência da Corte Interamericana (caminho) chega ao objetivo de reconstrução teórica do sistema jurídico brasileiro, engajando, este último, na efetiva proteção e respeito aos direitos humanos.

Nesse sentido, resumindo o *método* da Hermenêutica dos Direitos Humanos, veremos que há uma norma fundamental de direitos humanos, que

---

16. Aurélio Buarque de Holanda. *Novo Dicionário Aurélio da Língua Portuguesa*, pág. 1128. 2ª ed. 30ª reimpressão. 1986.

é o pressuposto de validade para todos os elementos jurídicos internos e internacionais que pertencem ao sistema jurídico brasileiro.

Essa norma fundamental de direitos humanos cria um lugar próprio dentro do sistema. Esse lugar próprio situa-se em uma posição hierárquica superior e é chamado de Constituição Transnacional Interamericana de Direitos Humanos.

É interessante que, na Constituição Transnacional Interamericana de Direitos Humanos, estão elementos jurídicos internos e elementos jurídicos internacionais. Os elementos jurídicos internos não são apenas as normas jurídicas nacionais, mas, também, decisões judiciais produzidas pelo Poder Judiciário nacional, principalmente pelos órgãos judiciais de cúpula. Os elementos jurídicos internacionais não são apenas tratados internacionais de direitos humanos, mas, também, decisões judiciais e opiniões consultivas da Corte Interamericana de Direitos Humanos e práticas de organizações internacionais. Esses elementos jurídicos internos e internacionais comporão a Constituição Transnacional Interamericana de Direitos Humanos, caso tenham a força e dignidade normativa para a proteção efetiva dos direitos humanos.

Os elementos da Constituição Transnacional Interamericana de Direitos Humana formarão o bloco de transconstitucionalidade ou de transconvencionalidade e servirão de parâmetro superior de controle de transconstitucionalidade ou de transconvencionalidade. Assim, toda norma doméstica, conduta de entidades privadas e particulares em geral, tudo o que for produzido juridicamente no âmbito do Estado há de observar a Constituição Transnacional Interamericana de Direitos Humanos, há de observar os elementos jurídicos internos e internacionais (de proteção aos direitos humanos) contidos no sistema jurídico brasileiro.

Nota-se que esse novo *método*, da Hermenêutica dos Direitos Humanos, produz uma verdadeira reconfiguração teórica do sistema jurídico-normativo brasileiro. Tudo isso será visto, em maiores detalhes, nos Capítulos 7 a 10.

3.2. Teorias propostas pela Hermenêutica dos Direitos Humanos

A *Hermenêutica dos Direitos Humanos* é dotada de teorias próprias, capazes de permitir uma articulação e integração entre a ordem jurídica nacional e internacional em tema de direitos humanos.

Neste trabalho, consideramos que o sistema jurídico brasileiro é composto não apenas do direito interno, isto é, do direito produzido nacionalmente, mas, também, de normas, práticas e decisões internacionais em matéria de direitos humanos.

As *teorias* da Hermenêutica dos Direitos Humanos, ao permitir a articulação entre normas nacionais e internacionais, acabam por auxiliar o diálogo jurisdicional entre a Corte Interamericana de Direitos Humanos, cuja jurisdição contenciosa é obrigatória ao Brasil, e o Poder Judiciário nacional.

As *teorias* examinadas neste trabalho serão as seguintes: Transconstitucionalismo, *Ius Constitutionale Commune* nas Américas, Teoria da Transconstitucionalidade ou da Transconvencionalidade e Constituição Transnacional Interamericana de Direitos Humanos[17]; Constitucionalismo Multinível; Fertilização cruzada (*cross-fertilization*); Modelos de interação entre o Poder Judiciário brasileiro e a Corte Interamericana de Direitos Humanos. Referidas teorias serão examinadas no Capítulo 11.

3.3. Princípios propostos pela Hermenêutica dos Direitos Humanos

Assim como a Hermenêutica Constitucional possui seus próprios princípios, a Hermenêutica dos Direitos Humanos é dotada de princípios instrumentais e de princípios substanciais próprios, que serão analisados no Capítulo 11.

Esses princípios ajudarão a auxiliar na integração dos elementos jurídicos internos e internacionais, promovendo um importante papel na interpretação jurídica dos direitos humanos.

No Capítulo 2, analisaremos como essa interação entre a ordens jurídicas nacional e internacional, ambas componentes do sistema jurídico brasileiro, nada mais é do que uma inter-relação entre o Direito Constitucional e o Direito Internacional dos Direitos Humanos. Por ora, no próximo item, verifiquemos, em termos práticos, como pode ocorrer essa interação.

4. EXEMPLO DE APLICAÇÃO PRÁTICA DA HERMENÊUTICA DOS DIREITOS HUMANOS NA QUESTÃO DA DEMARCAÇÃO DAS TERRAS INDÍGENAS: Inter-relação entre normas constitucionais brasileiras e a Convenção Americana sobre Direitos Humanos e intercâmbio judicial entre o Supremo Tribunal Federal e a Corte Interamericana de Direitos Humanos – propriedade privada X propriedade coletiva das terras indígenas

Nada impede que, em matéria de direitos humanos, sejam empregados os métodos e princípios da Hermenêutica Tradicional e da Hermenêutica Constitucional.

No entanto, em grande parte das vezes, quando a interpretação se volta à análise de normas relacionadas aos direitos humanos, é indispensável o recurso também à Hermenêutica dos Direitos Humanos.

17. Esta teoria foi concebida por nós neste livro.

Tomemos como exemplo o *direito dos povos indígenas às terras tradicionais*. Segundo o art. 20, XI, da CF/88, as terras tradicionalmente ocupadas pelos indígenas são *bens da União*.

Ao interpretar esse dispositivo da CF/88, o Supremo Tribunal Federal entende que as *terras tradicionalmente ocupadas pelos indígenas* (CF/88, art. 20, XI) não abrangem aquelas ocupadas pelos indígenas em um período remoto. As terras tradicionais protegidas pela Constituição seriam só aquelas que já vinham sendo ocupadas pelos indígenas quando da promulgação da CF/88. Eis a *teoria do marco temporal*: a CF/88 é o marco temporal para definir se a terra é, ou não, ocupada tradicionalmente pelos indígenas[18].

Nota-se que o Supremo Tribunal Federal adota uma visão privatista sobre posse ou propriedade. E essa interpretação é exclusivamente nacionalista sobre um assunto de cobertura normativa também internacional. Delinear o conteúdo jurídico dos direitos humanos requer uma integração entre normas jurídicas internas e internacionais. Os direitos humanos são um assunto que transcende as fronteiras do Estado.

A *interpretação internacionalista* não despreza as normas jurídicas internas, mas requer uma criteriosa conjugação entre as normas jurídicas internas e internacionais em matéria de direitos humanos.

Nesse sentido, não basta olhar fixamente só para a CF/88, mediante o uso dos tradicionais princípios de interpretação constitucional, como o princípio da supremacia da Constituição e o princípio da interpretação conforme a Constituição, entre outros.

É preciso, isto sim, buscar *novos princípios* que possam implementar a integração entre elementos jurídicos internos e internacionais de direitos humanos, já que todos esses elementos - e não só a CF/88 - compõem o sistema jurídico brasileiro.

Assim, como *princípio instrumental de Hermenêutica Jurídica dos Direitos Humanos*, temos o *princípio da prevalência ou primazia da norma mais favorável à pessoa*. Segundo o art. 29 da Convenção Americana de Direitos Humanos (CADH), que veicula *normas de interpretação*, o que vale é a norma mais protetiva aos direitos humanos, não importa se essa norma seja produzida pelo direito interno ou pelo direito internacional.

Seguindo esse raciocínio, além do art. 20, XI, da CF/88, que prevê como bens da União as terras tradicionalmente ocupadas pelos povos indígenas, é preciso olhar, também, para o art. 21 da CADH.

18. STF, 2ª Turma, ARE 803462 AgR, Relator Ministro TEORI ZAVASKI, julgamento no dia 9/12/2014.

O art. 21 da CADH consagra o *direito à propriedade privada*. Entre os povos indígenas e tribais, há uma tradição de *posse comunal sobre a propriedade coletiva da terra*. Dessa maneira, a propriedade sobre a terra não é centrada no indivíduo, mas na coletividade, no grupo. A terra tem íntima ligação com as crenças e costumes, servindo para definir a identidade cultural e garantir a própria sobrevivência dos indígenas[19].

Assim, em termos de direitos dos povos indígenas à terra, o art. 21 da CADH protege também a *propriedade coletiva*. Como essa propriedade coletiva liga-se à sobrevivência e identidade indígena, trata-se de um direito ancestral, anterior à existência do Estado, já que os povos indígenas estavam na terra antes mesmo da criação do Estado e da promulgação da Constituição.

Por isso, o direito dos povos indígenas não exige que esses povos estivessem nas terras quando da promulgação da CF/88, ao contrário do que proclama a *teoria do marco temporal*. Trata-se de um *direito ancestral*, anterior à existência do Estado e da CF/88. Eis a *teoria do Indigenato*, segundo a qual os indígenas têm direito ancestral, originário sobre as terras tradicionalmente ocupadas, *ainda que os indígenas não estivessem mais na posse por ocasião da CF/88*. A propósito, muitos indígenas não mais se encontravam em 1998 na posse das terras, porque foram expulsos, ou porque a formação de latifúndios ilegais produziu pobreza e obrigou os indígenas a empregos precários nas fazendas.

Nesse sentido, a literalidade do art. 20, XI, da CF/88, que estipula a propriedade da União sobre as terras tradicionais, é uma abordagem constitucional privatista, deixando de levar em conta a identidade, os costumes e até a sobrevivência dos povos indígenas que a terra protege.

Já o art. 21 da CADH, nos termos em que interpretado pela Corte Interamericana, protege a *propriedade coletiva dos povos indígenas como um direito ancestral*, anterior à existência do Estado e, consequentemente, anterior à própria CF/88.

Para interpretar corretamente os *direitos humanos dos povos indígenas à propriedade coletiva sobre as terras tradicionais*, não basta valer-se apenas dos tradicionais princípios instrumentais de Hermenêutica Constitucional.

Como a matéria é de direitos humanos e, por isso, transpassa as fronteiras do Estado, é preciso invocar o *princípio da prevalência ou primazia da norma mais favorável aos direitos humanos* previsto no art. 29 da Convenção Americana de Direitos Humanos (CADH). Trata-se de um *princípio instrumental de Hermenêutica dos Direitos Humanos*.

19. Corte Interamericana de Direitos Humanos. *Caso Povo Indígena Xucuru e seus membros vs. Brasil*. Sentença de 5 de fevereiro de 2018, § 115.

Na hipótese, a norma mais favorável aos direitos humanos dos povos indígenas é o art. 21 da CADH, em detrimento da análise literal do art. 20, XI, da CF/88. Assim, segundo o *princípio da prevalência ou primazia da norma mais favorável aos direitos humanos*, o tema exige a aplicação da *teoria do Indigenato*, e não da *teoria do marco temporal*.

Aliás, sobre o tema, podemos aplicar mais um princípio instrumental de Hermenêutica de Direitos Humanos: o *princípio da ressignificação conceitual-funcional por força dos direitos humanos*. Assim, o direito de propriedade, visto de forma privatista pelo Supremo Tribunal Federal, em tema de direito dos indígenas às terras tradicionais, adquire um novo *significado* em termos conceituais e funcionais. Tal direito acaba sendo reconfigurado em seu conceito e em sua função. Em seu conceito, pois perde as vestes individualistas e se cobre com uma vestimenta coletiva; em sua função, porque passa a servir à proteção da sobrevivência, da identidade e dos costumes dos povos indígenas, deixando de ter a função exclusiva de assegurar o patrimônio de particulares.

2

INTER-RELAÇÃO ENTRE O DIREITO INTERNACIONAL DOS DIREITOS HUMANOS E O DIREITO CONSTITUCIONAL, NA PROTEÇÃO DOS DIREITOS HUMANOS

1. OBJETO, CONTEÚDO E CONCEITO DO DIREITO CONSTITUCIONAL: ENTENDENDO O DIREITO CONSTITUCIONAL PARA ENTENDER O DIREITO INTERNACIONAL DOS DIREITOS HUMANOS

O **Direito Constitucional** estuda problemas jurídicos que gravitam em torno do **Estado** e dos **direitos fundamentais**, a partir de **finalidades públicas** definidas pelo sistema constitucional.

Portanto, examinar, do ponto de vista jurídico, o **Estado** e os **direitos fundamentais** segundo as **finalidades públicas constitucionais** é o grande objeto do Direito Constitucional.

Muitas regras e princípios sobre o Estado, os direitos fundamentais e as finalidades públicas constitucionais encontram-se presentes na Constituição. Por isso, o Direito Constitucional é o estudo sistematizado da Constituição.

Contudo, o Direito Constitucional não se limita a examinar a Constituição. Isso porque há questões jurídicas - sobre o Estado e sobre os direitos fundamentais - que são tratadas **fora** da Constituição.

Por exemplo: a Constituição Federal de 1988 dedica-se, em vários dispositivos, ao Poder Judiciário - poder fundamental do Estado. Mas o Poder Judiciário é objeto de atenção, também, da Lei Orgânica da Magistratura Nacional[1].

---

1. Lei Complementar nº 35, de 14 de março de 1979.

Outro exemplo: a Constituição Federal de 1988 cuida dos direitos fundamentais das mulheres, ao prever, por exemplo, no art. 5º, I, a igualdade entre homens e mulheres. Todavia, é a Lei nº 14.192, de 4 de agosto de 2021, que estabelece importantes regras jurídicas para prevenir, reprimir e combater a violência política contra as mulheres.

Podemos, desde já, afirmar que o **objeto** do Direito Constitucional é o estudo jurídico criterioso sobre dois aspectos muito importantes: a) a **estrutura, a organização e o funcionamento do Estado**; b) os **direitos fundamentais**. Esses dois aspectos devem estar afinados com as **finalidades públicas constitucionais.**

No Direito Constitucional brasileiro, as **finalidades públicas constitucionais** são os **princípios fundamentais** previstos no art. 1º da CF/88 e os **objetivos fundamentais da República** previstos no art. 3º da CF/88. Isso significa que o estudo a respeito dos dois objetos do Direito Constitucional (Estado e direitos fundamentais) deve levar em conta: a) os princípios fundamentais, como, por exemplo, a dignidade humana (CF/88, art. 1º, III); b) os objetivos fundamentais da República, como, por exemplo, a construção de uma sociedade livre, justa e solidária (CF/88, art. 3º, I).

OBJETO DO DIREITO CONSTITUCIONAL		
Estrutura, organização e funcionamento do Estado	Direitos fundamentais	A partir das finalidades públicas constitucionais (princípios fundamentais e objetivos fundamentais)

Vamos a um exemplo, para entendermos bem o objeto do Direito Constitucional.

Esse exemplo diz respeito à competência dos entes federativos (União, Estados, Distrito Federal e Municípios) para estabelecer medidas de prevenção e combate à Covid-19. Discutiu-se, no Brasil, se essa competência é apenas da União, ou de todos os entes.

Nota-se que a discussão diz respeito à estrutura, à organização e ao funcionamento do Estado brasileiro – um dos objetos do Direito Constitucional. Lembremos que os objetos do Direito Constitucional devem ser examinados a partir das finalidades públicas delineadas pelo sistema constitucional. Por isso, o estudo do Direito Constitucional não é um estudo isolado sobre os objetos (Estado e direitos fundamentais). Tal estudo mira os objetos a partir das finalidades públicas constitucionais.

Sabemos, por sua vez, que o Estado brasileiro é **estruturado e organizado** sob o formato de um Estado Federal (ou Federação). Estado Federal é aquele no qual o poder político se distribui, geograficamente, dentro do território, num ente central, dotado de soberania[2], e em entes regionais[3], dotados de autonomia. Cada um desses entes tem suas próprias funções **(funcionamento)**.

Essa **estrutura, organização e funcionamento** do Estado deve ser analisada a partir das **finalidades públicas constitucionais.** Em outras palavras, o Estado brasileiro deve ser colocado para atender aos princípios fundamentais – como a dignidade humana (CF/88, art. 1º, III) – e aos objetivos constitucionais – como a promoção dos bem-estar de todas as pessoas (CF/88, art. 3º, IV).

A partir disso, o Supremo Tribunal Federal decidiu que cabe a todos os entes da Federação adotar medidas restritivas, como isolamento social, para conter a pandemia da Covid-19. Essa competência, portanto, não é só da União, mas também dos Estados, do Distrito Federal e dos Municípios[4].

Essa discussão jurídica, que chegou ao Supremo Tribunal Federal, sobre as funções de cada ente federativo em tema saúde pública, define os contornos da nossa Federação, o papel de cada ente federativo na prevenção e combate à Covid-19. Trata-se de um tema relacionado à estrutura, à organização e ao funcionamento do Estado brasileiro, porque cuida das atribuições de cada ente federativo. Tema que constitui objeto do Direito Constitucional.

Observa-se que o Supremo Tribunal Federal definiu que todos os entes federativos devem atuar na prevenção e combate à Covid-19. Isso porque todos os entes federativos têm o seu papel na proteção da saúde pública. Proteger a saúde pública é efetivar o princípio fundamental da dignidade humana (CF/88, art. 1º, III) e o objetivo constitucional de promover o bem de todas as pessoas (CF/88, art. 3º, IV).

Em outras palavras, ao atribuir a todos os entes federativos a tarefa de prevenir e combater a Covid-19, o STF definiu como o Estado brasileiro deve-se estruturar e funcionar segundo finalidades públicas constitucionais a serem alcançadas.

É interessante que o Direito Constitucional estuda as instituições essenciais de uma comunidade e os direitos mais importantes. Por isso é que o Direito Constitucional influencia e domina todos os demais ramos do Direito interno. O Direito Civil, o Direito Penal, o Direito Administrativo, o Direito Processual, o Direito Empresarial, o Direito do Trabalho, enfim, todos os demais ramos do Direito interno se submetem ao Direito Constitucional.

Podemos, então, assim conceituar o **Direito Constitucional:**

2. A União.
3. Estados, Distrito Federal e Municípios.
4. STF, Plenário, ADPF 672 MC-Ref, Relator Ministro Alexandre de Moraes, julgamento no dia 13/10/2020.

Direito Constitucional é o ramo superior do Direito interno que estuda, juridicamente, a estrutura, a organização e o funcionamento do Estado e, também, os direitos fundamentais – tudo a partir das finalidades públicas constitucionais a serem alcançadas.

2. DIREITO CONSTITUCIONAL E DIREITO INTERNACIONAL DOS DIREITOS HUMANOS: POSSÍVEL DIÁLOGO A PARTIR DA AFINIDADE ENTRE OS OBJETOS

O **Direito Constitucional** tem como **objeto** analisar juridicamente o **Estado** e os **direitos fundamentais**, a partir das finalidades públicas constitucionais. O Estado, portanto, deve mobilizar-se para que os direitos fundamentais sejam concretizados, de modo que os grandes objetivos constitucionais e os princípios fundamentais sejam alcançados.

Estado e **direitos fundamentais** são, portanto, elementos centrais para o Direito Constitucional.

O **Direito Internacional dos Direitos Humanos**, por sua vez, é o ramo do Direito Internacional Público que cuida da proteção normativa dos **direitos humanos**. Em geral, as instituições internacionais de proteção dos direitos humanos atuam quando os Estados soberanos falharem na proteção dos direitos humanos.

Segundo uma visão tradicional, **direitos fundamentais** são aqueles previstos em normas jurídicas internas. Já os **direitos humanos** são aqueles previstos em normas jurídicas internacionais. O que é comum aos dois é a **proteção do ser humano**.

Já se nota, aí, uma grande proximidade entre os objetos do Direito Constitucional e do Direito Internacional dos Direitos Humanos. No primeiro, os **direitos fundamentais**; no segundo, os **direitos humanos**. Em ambos, a **proteção comum do ser humano**. A diferença se dá, apenas, no lugar onde se situam as normas protetivas do ser humano; no primeiro, normas internas; no segundo, normas internacionais.

O ponto de contato entre Direito Constitucional e Direito Internacional dos Direitos Humanos não se limita aos direitos fundamentais e aos direitos humanos. Em ambas as disciplinas, há uma preocupação extraordinária sobre o **Estado.** No Direito Constitucional, o **Estado** deve-se voltar à proteção dos direitos fundamentais, segundo princípios fundamentais – como a dignidade humana – e objetivos constitucionais, como a construção de uma sociedade livre, justa e solidária e que promova o bem-estar de todas as pessoas. No Direito Internacional dos Direitos Humanos, o **Estado** atua para a proteção do ser humano, sob pena de responsabilidade internacional.

Portanto, há dois elementos que conduzem a uma grande afinidade de objetos entre o Direito Constitucional e o Direito Internacional dos Direitos Humanos: o **Estado** e a **proteção do ser humano**.

Em termos ainda mais particulares: os institutos do nosso Direito Constitucional devem ser integrados com o sistema regional interamericano de proteção dos direitos humanos, naquilo que denominaremos, no decorrer deste livro, de teoria do controle integrado ou agregador[5].

É que, em termos de Direito Internacional dos Direitos Humanos, o Brasil se submete à estrutura normativa do **sistema internacional de proteção dos direitos humanos.** O **sistema internacional de proteção dos direitos humanos**, por sua vez, subdivide-se em: **a) sistema universal, global ou onusiano:** são os instrumentos jurídicos internacionais pertencentes à Organização das Nações Unidas (ONU); **b) sistema regional interamericano:** é aquele que tem como instrumento fundamental de proteção a **Convenção Americana de Direitos Humanos (CADH)** e como tribunal fundamental a **Corte Interamericana de Direitos Humanos.**

Ora, o **sistema regional interamericano de direitos humanos** tem repercutido intensamente no nosso Direito Constitucional. A Convenção Americana de Direitos Humanos e outros tratados internacionais de direitos humanos têm sido analisados em conjunto com a Constituição Federal de 1988 na solução de problemas jurídicos relevantes. As sentenças da Corte Interamericana de Direitos Humanos têm inspirado o Poder Judiciário brasileiro, a tal ponto de o próprio Supremo Tribunal Federal promover um diálogo jurisprudencial com essa Corte na proteção dos direitos fundamentais e dos direitos humanos.

Iremos, agora, demonstrar a correlação profunda entre o **Direito Constitucional e o Direito Internacional dos Direitos Humanos,** particularmente, quanto a este último, o **sistema regional interamericano de proteção dos Direitos Humanos**. Demonstrar essa correlação é um primeiro passo importante para, em um momento seguinte, estabelecer, de forma mais sistematizada, como os elementos jurídicos internos e internacionais se integram na proteção dos direitos humanos.

3. ABERTURA DA CF/88 AO DIREITO INTERNACIONAL DOS DIREITOS HUMANOS

O Direito Constitucional se ocupa do Estado e dos direitos fundamentais, temas que se encontram juridicamente dissecados pela Constituição Federal de 1988. Por isso é correto afirmar que o Direito Constitucional cuida, entre outros pontos, da Constituição brasileira de 1988.

A CF/88, por sua vez, abre-se também ao Direito Internacional dos Direitos Humanos. Daí ser insuficiente, hoje, o estudo do Direito Constitucional sem alguns aportes do Direito Internacional dos Direitos Humanos.

5. Confira-se o capítulo 10.

Alguns dispositivos constitucionais revelam essa abertura do texto constitucional brasileiro ao sistema internacional de proteção dos direitos humanos.

Com efeito, a República Federativa do Brasil, que tem como princípio fundamental a dignidade da pessoa humana (CF/88, art. 1º, III), rege-se, nas **relações internacionais**, pelo **princípio da prevalência dos direitos humanos** (CF/88, art. 4º, II).

Por sua vez, os direitos e garantias expressos na CF/88 não excluem os direitos previstos nos tratados internacionais de direitos humanos em que a República Federativa do Brasil seja parte (CF/88, art. 5º, § 2º).

Não bastasse isso, os tratados e convenções internacionais de direitos humanos podem ser incorporados ao Brasil com o *status* de norma constitucional. Basta que tais tratados e convenções sejam aprovados, em cada casa do Congresso Nacional, em dois turnos e mediante 3/5 dos respectivos membros (CF/88, art. 5º, § 3º).

Nota-se, portanto, que a CF/88 abriu-se ao sistema internacional de direitos humanos, fazendo aproximar o Direito Constitucional ao Direito Internacional dos Direitos Humanos[6].

Essa abertura é fruto de um discurso de universalização dos direitos humanos, deflagrado após a 2ª Segunda Guerra Mundial. Esse conflito mundial introduziu na comunidade internacional a concepção de que os direitos humanos constituem tema de preocupação internacional. As atrocidades do nazismo e do fascismo[7], praticadas por Estados totalitários, mostraram que os direitos humanos devem ser uma preocupação que transcende e extrapola o domínio reservado aos Estados[8].

4. DIREITO CONSTITUCIONAL INTERNACIONAL: DIREITO CONSTITUCIONAL + DIREITO INTERNACIONAL DOS DIREITOS HUMANOS E O *IUS CONSTITUTIONALE COMMUNE NA AMÉRICA LATINA (ICCAL)*

Vimos que a CF/88 promoveu uma abertura ao sistema internacional de proteção dos direitos humanos. É do próprio texto constitucional a obrigatoriedade de se estabelecer um diálogo entre o Direito Constitucional e o Direito Internacional dos Direitos Humanos.

---

6. Essa abertura do Direito Constitucional ao Direito Internacional de Direitos Humanos se materializa, portanto, pelas chamadas cláusulas de abertura ou de reenvio ou de simpatia aos direitos. Essas cláusulas, que serão examinadas mais detidamente no capítulo 10, nada mais são do que dispositivos contidos na Constituição que permitem a incorporação de dispositivos jurídicos de direitos humanos ao sistema jurídico brasileiro.
7. Às quais acrescento as atrocidades provocadas pelo socialismo praticado por Stalin na antiga União Soviética, as atrocidades praticadas por regimes totalitários na América Latina, as atrocidades provocadas pelo colonialismo europeu e norte-americano, incluindo aqui a escravidão e o racismo.
8. Flávia Piovesan. *Direitos Humanos e o Direito Constitucional Internacional*, págs. 86 e 87. 19ª ed. 2021.

Nessa ordem de ideias, fala-se, atualmente, em **Direito Constitucional Internacional**, que é o ramo do Direito que estuda a fusão e a interação entre **Direito Constitucional e Direito Internacional dos Direitos Humanos**. Como estes dois últimos se assentam sob uma mesma base – a proteção do ser humano –, a proteção normativa internacional vem para reforçar os direitos fundamentais já protegidos pela Constituição Federal[9].

Assim, temos:

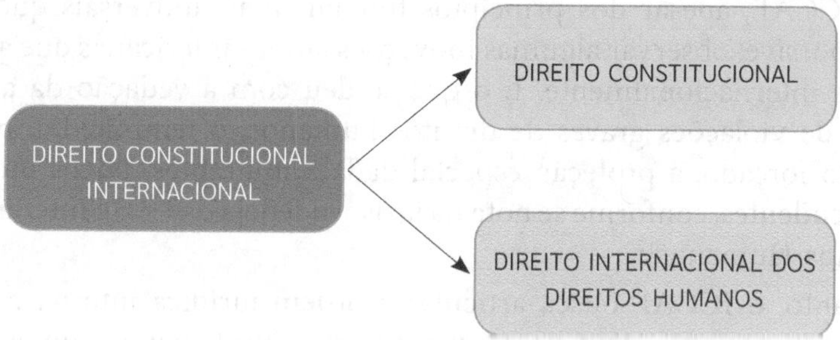

Registre-se que o presente trabalho não analisa isoladamente o **Direito Constitucional** brasileiro, mas, sim, a interação com o **Direito Internacional dos Direitos Humanos.** Essa interação, por isso, reunirá aportes teóricos do **Direito Constitucional Internacional**. O objetivo, sempre, será o de intensificar a proteção dos direitos, de modo que a proteção obtida com o sistema constitucional interno seja tonificada com a proteção normativa internacional dos direitos humanos.

Essa aproximação entre Direito Internacional dos Direitos Humanos e Direito Constitucional encontra terreno fértil na América Latina, região marcada por intensa exclusão social. Assim, articulam-se os direitos humanos, a democracia e o Estado de Direito, no lugar do liberalismo, do conservadorismo e do radicalismo que têm marcado os países dessa região. Trata-se de um enfoque conhecido como ***Ius Constitutionale Commune* (ICCAL)**, em que se combina a dogmática do direito nacional e do direito internacional público, com base em princípios, na centralidade dos direitos e na estratégia de se alcançar transformações graduais na realidade social. O Direito Constitucional e o Direito Internacional dos Direitos Humanos, em vez de observarem o enfoque tradicional de um estudo em separado das duais disciplinas, abrem-se em busca de fortalecimento mútuo, com o objetivo de assegurar com maior força os direitos fundamentais[10].

---

9. Flávia Piovesan. *Direitos Humanos e o Direito Constitucional Internacional*, págs. 98 e 99. 19ª ed. 2021.
10. Armin von Bogdandy. *Ius Constitutionale Commune* na América Latina. Uma reflexão sobre um constitucionalismo transformador. *In*: *Ius Constitucionale Commune na América Latina. Marco Conceptual,*

Assim, no ***Ius Constitutionale Commune (ICCAL)***, temos princípios fundamentais universais ligados à proteção dos direitos humanos, do Estado de Direito e da Democracia. Esses princípios, porém, não são abstratos, mas são colocados para revolver problemas concretos que afetam a América Latina. Daí que o ICCAL é colocado para tornar reais as promessas das Constituições latino-americanas, que foram aprovadas depois da era dos governos autoritários[11].

No ICCAL, apesar dos princípios fundamentais universais que os norteiam, é possível observar algumas inovações latino-americanas que acabaram acolhidas internacionalmente. É o que se deu com a vedação da anistia na hipótese de violações graves de direitos humanos, o feminicídio, o desaparecimento forçado, a proteção especial dada a migrantes, povos indígenas e afrodescendentes, conforme se nota na jurisprudência da Corte Interamericana de Direitos Humanos[12].

Portanto, o ICCAL busca articular a ordem jurídica interna e a ordem jurídica internacional, com base em princípios fundamentais universais (direitos humanos, democracia e Estado de Direito), de modo que as promessas das Constituições democráticas sejam alcançadas na América Latina.

O ICCAL é uma típica aproximação do Direito Constitucional com o Direito Internacional dos Direitos Humanos, com aplicação prática na América Latina, esta última um terreno fértil para a exclusão social, a violência e a violação estrutural dos direitos humanos.

5. A RECOMENDAÇÃO Nº 123, DE 7 DE JANEIRO DE 2022, DO CONSELHO NACIONAL DE JUSTIÇA (CNJ): OBRIGATORIEDADE DE O PODER JUDICIÁRIO NACIONAL OBSERVAR TRATADOS INTERNACIONAIS DE DIREITOS HUMANOS E A JURISPRUDÊNCIA DA CORTE INTERNAMERICANA DE DIREITOS HUMANOS

Todo o ordenamento jurídico (nacional e internacional) é dotado de **princípios fundamentais.** Esses princípios fundamentais revelam os valores que inspiram a ordem jurídica nacional e internacional e conferem coesão, coerência e legitimidade às normas jurídicas[13].

págs. 16, 17 e 18. Armin vo Bogdandy, Mariela Morales Antoniazzi e Flávia Piovesan.

11. Armin von Bogdandy. *Ius Constitutionale Commune* na América Latina. Uma reflexão sobre um constitucionalismo transformador. *In*: *Ius Constitucionale Commune na América Latina. Marco Conceptual*, págs. 23. Armin vo Bogdandy, Mariela Morales Antoniazzi e Flávia Piovesan.

12. Armin von Bogdandy. *Ius Constitutionale Commune* na América Latina. Uma reflexão sobre um constitucionalismo transformador, ob. cit., págs. 24 e 25.

13. Antônio Augusto Cançado Trindade. *A Humanização do Direito Internacional*, págs. 19 e 20. 2ª ed. 2015; Antônio Augusto Cançado Trindade, Voto Concordante no Parecer n. 16, da Corte Interamericana de

Há, portanto, uma tábua de valores comuns que ilumina tanto o Direito Constitucional quanto o Direito Internacional dos Direitos Humanos. Essa tábua de valores comuns é a proteção do ser humano.

Todo o aparato doutrinário do Direito Constitucional e a jurisprudência do Supremo Tribunal Federal são, por isso, insuficientes para a solução dos graves problemas constitucionais que assolam o Brasil.

O constitucionalista precisa olhar para a Constituição e para as demais normas internas do País a partir de uma leitura dos instrumentos jurídicos internacionais de direitos humanos e da jurisprudência da Corte Interamericana de Direitos. Não basta estudar a jurisprudência do Supremo Tribunal Federal nem simplesmente examinar os dispositivos e princípios da Constituição Federal, quando a interpretação se volta aos direitos humanos.

No âmbito do sistema regional interamericano de proteção dos direitos humanos, o principal tratado internacional é a Convenção Americana de Direitos Humanos (CADH). Esse tratado internacional de direitos humanos foi promulgado pelo Brasil por meio do Decreto nº 678, de 6 de novembro de 1992, e é conhecido como Pacto de San Jose da Costa Rica.

Nos termos do art. 68.1 da CADH, os Estados partes se obrigam a cumprir as decisões da Corte Interamericana em todos os casos em que tais Estados forem parte. Além disso, os Estados partes da CADH e que aceitaram a jurisdição contenciosa da Corte Interamericana devem observar a jurisprudência da Corte Interamericana[14].

É por isso que, no Brasil, o Conselho Nacional de Justiça (CNJ) editou a Recomendação nº 123, de 7 de janeiro de 2022. Por meio dessa recomendação, o Poder Judiciário nacional deverá observar os tratados internacionais de direitos humanos e a jurisprudência da Corte Interamericana de Direitos Humanos[15].

Caso o Brasil, por quaisquer de seus poderes, órgãos e instituições estatais, não observe os tratados internacionais de direitos humanos, o País poderá ser responsabilizado internacionalmente.

Portanto, o referido ato normativo do CNJ estipula o dever jurídico de o Poder Judiciário nacional integrar a ordem jurídica nacional e internacional, no que se refere à análise de problemas jurídicos relacionados aos direitos humanos.

Direitos Humanos, sobre o *Direito à Informação sobre a Assistência Consular no Âmbito das Garantias do Devido Processo Legal* (1999).

14. O Brasil aceitou a jurisdição contenciosa da Corte Interamericana em 1988.
15. Confira-se o princípio da segurança jurídica em matéria de direitos humanos, desenvolvido no capítulo 12.

6. NEM MESMO A CF/88 PODE VIOLAR A CADH; NEM MESMO O STF PODE DESRESPEITAR A JURISPRUDÊNCIA DA CORTE INTERAMERICANA DE DIREITOS HUMANOS – CASO "A ÚLTIMA TENTAÇÃO DE CRISTO" (OLMEDO BUSTOS VS. CHILE), JULGADO PELA CORTE IDH

A Convenção de Viena sobre o Direito dos Tratados, de 23 de maio de 1969, foi promulgada pelo Brasil por meio do Decreto nº 7.030, de 14 de dezembro de 2009. Segundo o art. 27 dessa Convenção, "uma parte não pode invocar as disposições de seu direito interno para justificar o inadimplemento de um tratado". Nem mesmo a Constituição pode ser invocada para o descumprimento de um tratado internacional de direitos humanos.

Vejamos um caso interessantíssimo, em que se debateram os direitos fundamentais/humanos à liberdade de expressão e à liberdade religiosa. O Chile proibiu a exibição do filme "A Última Tentação de Cristo". A Suprema Corte chilena entendeu que a Constituição do Chile admite a censura prévia para proteger valores religiosos.

Note-se que a censura promovida pelo órgão de cúpula do Poder Judiciário chileno baseou-se na Constituição chilena. Se a análise sobre os direitos fundamentais de liberdade de expressão e de religião parassem no Direito Constitucional, a solução para o caso seria a censura judicial.

Porém, os graves problemas de direitos humanos não se fecham à visão interna do Direito Constitucional. Nem mesmo a Constituição pode ser invocada para legitimar o desprezo aos direitos fundamentais.

Em razão disso, decidiu a Corte Interamericana que o Estado chileno deve modificar a legislação interna, com o objetivo de que se proteja o direito à liberdade de expressão[16].

Entendeu-se, a propósito, que o direito à liberdade expressão e de pensamento não admite **censura prévia**, nos termos do que dispõe o art. 13.2 da Convenção Americana de Direitos Humanos[17].

Nota-se que não é a Convenção Americana de Direitos Humanos (CADH) que deve adaptar-se à Constituição e às demais leis internas dos Países. É, isto sim, a legislação interna dos Países que deve adaptar-se à CADH. Isso significa que nem mesmo as Constituições estão autorizadas a diminuir a proteção dos direitos humanos conferida pela CADH. Toda a legislação interna, que seja menos protetiva aos direitos humanos e colida com a CADH, deve ser

---

16. Corte Interamericana de Direitos Humanos. Caso "A Última Tentação de Cristo" (Olmedo Bustos e outros) vs. Chile. Sentença de 5.2.2001 (Mérito, Reparações e Custas), § 97.
17. Corte Interamericana de Direitos Humanos. Caso "A Última Tentação de Cristo" (Olmedo Bustos e outros) vs. Chile. Sentença de 5.2.2001 (Mérito, Reparações e Custas), § 63.

anulada ou revogada. A CADH serve para aperfeiçoar a legislação interna com o objetivo de conferir maior proteção aos direitos humanos[18].

A sentença da Corte Interamericana de Direitos Humanos e a Convenção Americana sobre Direitos Humanos adotaram um posicionamento oposto ao adotado pela Suprema Corte do Chile e pela Constituição chilena. Um conflito tradicional entre direitos fundamentais - liberdade de expressão X liberdade de religião - recebeu um tratamento diverso a partir dos aportes do Direito Internacional dos Direitos Humanos.

É interessante notar que, a partir desse julgamento pela Corte Interamericana de Direitos Humanos, o Chile retirou a censura judicial ao filme "A Última Tentação de Cristo". Além disso, o Estado chileno modificou a Constituição, para eliminar a censura prévia[19].

Eis a demonstração clara de que os graves conflitos entre direitos fundamentais não podem ser analisados a partir da ótica exclusiva do Direito Constitucional. Este último deve fazer um intercâmbio com o Direito Internacional dos Direitos Humanos, para que se alcance a maior proteção possível aos direitos humanos.

A propósito, segundo a Diretriz estratégica de 2016, aprovada pelo Conselho Nacional de Justiça (CNJ), "é diretriz estratégica do Poder Judiciário o compromisso de todos os tribunais brasileiros dar concretude aos direitos previstos em tratados, convenções e demais instrumentos internacionais sobre a proteção dos direitos humanos".

7. DEVER DE O PODER JUDICIÁRIO NACIONAL PROMOVER, ALÉM DO CONTROLE DE CONSTITUCIONALIDADE, O CONTROLE DE CONVENCIONALIDADE

O Direito Constitucional compartilha com o Direito Internacional dos Direitos Humanos a preocupação de que valores essenciais à humanidade sejam alcançados. Os Estados soberanos devem prestar-se à concretização da dignidade humana, que é uma pauta de atuação estatal com base nos grandes valores compartilhados pela comunidade internacional.

A sociedade internacional está conformada pelo relacionamento entre sociedades nacionais. As metas que orientam a sociedade internacional são as mesmas metas gerais que devem orientar as sociedades nacionais. Toda a luta da comunidade internacional pressupõe que os Estados soberanos se reúnam

18. Antônio Augusto Cançado Trindade. Voto concorrente no Caso "A Última Tentação de Cristo" (Olmedo Bustos e outros) vs. Chile. Sentença de 5.2.2001 (Mérito, Reparações e Custas), § 4º do voto.

19. Caio Paiva e Thimotie Aragon Heemann. *Jurisprudência Internacional de Direitos Humanos*, págs. 99 e 100. 3ª ed. 2020.

com o objetivo de assegurar valores embutidos na consciência coletiva, como a dignidade humana, os direitos humanos, a democracia e o respeito à lei[20].

A propósito, as graves perturbações sociais surgidas de conflitos mundiais desencadeados no século XX marcaram o constitucionalismo desse século. Os Estados constitucionais se formaram a partir da perspectiva de que os planos jurídicos interno e internacional orientaram a formação e devem orientar o funcionamento desses mesmos Estados constitucionais[21].

Aí retornamos à orientação, que será observada em todo este trabalho, de que, na relação entre Estados e direitos, os Estados nacionais juntam a ordem jurídica interna e a ordem jurídica internacional, a fim de reforçar a proteção dos direitos humanos.

No que se refere especificamente ao Poder Judiciário nacional, as juízas e juízes nacionais devem, sim, promover o já conhecido **controle de constitucionalidade.** É preciso, portanto, examinar se os atos normativos e leis internas obedecem à Constituição Federal de 1988.

Isso não basta.

O Poder Judiciário nacional tem o dever, atualmente, de promover, também, o **controle de convencionalidade**. Isso significa que os juízes e juízas nacionais devem verificar se os atos normativos internos, as condutas estatais internas obedecem aos tratados e outros instrumentos jurídicos internacionais de direitos humanos.

É a **teoria do duplo controle:** os atos normativos internos e as condutas internas devem ser examinados não apenas à luz da CF/88, mas, também, segundo os tratados internacionais de direitos humanos. Aperfeiçoaremos a teoria do duplo controle mediante o desenvolvimento da *teoria do controle integrado ou agregador*[22].

Daí a importância da Recomendação nº 123/2022 do Conselho Nacional de Justiça (CNJ). Os juízes e juízas nacionais devem verificar se as leis internas respeitam os tratados de direitos humanos, aplicando, para tanto, a jurisprudência da Corte Interamericana de Direitos Humanos (art. 1º, I).

Isso não significa diminuir a atuação dos Estados e rebaixar o papel das leis e da Constituição brasileiras. O Estado continua sendo o principal responsável na concretização dos direitos humanos. Apenas se o Estado se omitir ou falhar na proteção dos direitos humanos é que poderá atuar a Corte Interamericana de Direitos Humanos.

---

20. Pietro de Jesús Lora Alarcón. Constituição, relações internacionais e prevalência dos direitos humanos. *In*: *Doutrinas Essenciais Direitos Humanos*, volume VI, pág. 456. Proteção Internacional dos Direitos Humanos. Flávia Piovesan e Maria Garcia (organizadoras). 2011.
21. Pietro de Jesús Lora Alarcón, ob. cit., pág. 459.
22. Confira-se o Capítulo 10.

Por isso, a proteção internacional dos direitos humanos é **coadjuvante, complementar, subsidiária ou secundária.** A atuação da Corte Interamericana depende da omissão ou falha do Estado na proteção dos direitos humanos[23].

Embora o Judiciário nacional tenha o dever de fazer os controles de constitucionalidade e convencionalidade ao mesmo tempo, o Estado continua como o agente primário, o principal responsável na proteção do ser humano.

Os juízes e juízas nacionais, assim, continuam com o dever de **comportar-se constitucionalmente**, de **resistir constitucionalmente**. Comportar-se constitucionalmente é compreender existencialmente nossa Constituição, é fazer da Constituição parte de nosso cotidiano, parte da nossa atividade jurídica. É promover frequentes juízos acerca da (in)constitucionalidade de qualquer ato que desfrute de relação jurídico-social[24].

Mas os juízes e juízas nacional devem, também, **comportar-se convencionalmente, resistir convencionalmente.** Eles têm o dever de mobilizar todo o aparato jurídico internacional como medida de apoio à Constituição na tarefa difícil de proteger o ser humano.

O **controle de convencionalidade** não é uma superação do tradicional **controle de constitucionalidade**. Ambos estão num mesmo baile que precisa de um par - de um par que dança inspirado na beleza vocal da dignidade humana.

Afinal, a dignidade da pessoa humana é tão importante, que eu a considero um elemento insculpido na alma da nossa Constituição e no coração dos tratados internacionais de direitos humanos. É uma matéria-prima cuja lapidação exige a união de forças da ordem jurídica nacional e da ordem jurídica internacional. Daí a necessária, indispensável e fundamental mobilização do controle de constitucionalidade e do controle de convencionalidade - duas ferramentas que não devem escapar das mãos dos constitucionalistas preocupados com a efetivação de uma ordem jurídica humana, justa e solidária.

8. CORTE INTERAMERICANA DE DIREITOS HUMANOS COMO UM TRIBUNAL CONSTITUCIONAL

No Brasil, o Supremo Tribunal Federal tem várias funções. A principal é a de guardião da Constituição. Nesse aspecto, o STF é um **Tribunal Constitucional.**

---

23. Confira-se: Segundo Considerando da Convenção Americana de Direitos Humanos; Corte Interamericana de Direitos Humanos, Caso Cabreira García e Montiel Flores vs. México, sentença de 26 de novembro de 2016, Exceção Preliminar, Mérito, Reparações e Custas, § 16.
24. Lenio Luiz Streck. *Verdade e Consenso*, pág. 260. 4ª ed. 2ª tiragem. 2012.

Para guardar a Constituição, o STF se vale de todo um discurso constitucional. Assim se fala em controle de constitucionalidade, controle difuso de constitucionalidade, interpretação conforme a Constituição, supremacia da Constituição etc.

O que faz o STF, nessa situação, é verificar se os atos normativos e leis internas obedecem à CF/88.

A Corte Interamericana de Direitos Humanos, por sua vez, faz algo muito parecido. Ela verifica se a legislação e conduta internas dos Países obedecem à Convenção Americana sobre Direitos Humanos (CADH) – um tratado internacional de direitos humanos do sistema regional interamericano.

Sai a CF/88 e entra a CADH. Sai o STF e entra a Corte Interamericana. Mas os mecanismos utilizados para o controle – de constitucionalidade, na primeira hipótese; de convencionalidade, na segunda – são muito parecidos.

Por isso se diz que a **Corte Interamericana de Direitos Humanos** é um verdadeiro **Tribunal Constitucional.** A propósito, há em curso um processo de constitucionalização da CADH, com a adoção, pela Corte Interamericana, de um discurso muito parecido com o discurso constitucional – como controle de convencionalidade[25], bloco de convencionalidade[26], supremacia da CADH[27].

Em razão desse discurso próprio ao de uma Corte Constitucional, pode-se dizer que a Corte Interamericana de Direitos Humanos é um verdadeiro **Tribunal Constitucional.** Esse discurso foi adotado pela Corte Interamericana, entre outros, nos casos Barrios Altos vs Peru (2001, Almonacid Arellano vs Chile (2006, Cabrera Garcia e Montiel Flores (2010) e Gelman vs Uruguai (2011)[28].

Como o Supremo Tribunal Federal, no Brasil, e a Corte Interamericana de Direitos Humanos, no sistema regional interamericano, são verdadeiros Tribunais Constitucionais, não há como supor o estudo do Direito Constitucional sem o aporte teórico do Direito Internacional dos Direitos Humanos.

Fala-se, atualmente, em um **direito constitucional comum latino-americano, baseado nos direitos fundamentais, a partir de um diálogo entre a Corte Interamericana de Direitos Humanos e as Cortes Constitucionais da América Latina.** Trata-se de um **constitucionalismo transformador**, em que, por meio de casos concretos, busca-se solucionar problemas estruturais por que passa a América Latina na área da habitação e dos direitos sociais em geral[29].

---

25. No Direito Constitucional, temos o controle de constitucionalidade.
26. No Direito Constitucional, temos o bloco de constitucionalidade.
27. No Direito Constitucional, temos o princípio da supremacia da Constituição.
28. Siddarta Legale. *A Corte Interamericana de Direitos Humanos como Tribunal Constitucional*. Exposição e análise crítica dos principais casos, pág. 1. 2ª ed. 2020.
29. Armin Von Bogdandy. O Mandato Transformador do Sistema Interamericano de Direitos Humanos. Palestra proferida em 7 de novembro de 2022, no Supremo Tribunal Federal, inaugurando-se o

9. POSSÍVEL DIÁLOGO ENTRE A CORTE INTERAMERICANA DE DIREITOS HUMANOS E O PODER JUDICIÁRIO NACIONAL E ENTRE A ORDEM JURÍDICA INTERNA E A ORDEM JURÍDICA INTERNACIONAL – COMO FAZÊ-LO

O ponto de contato entre o Direito Constitucional e o Direito Internacional dos Direitos Humanos exigirá, do estudioso do Direito Constitucional, o domínio de métodos interpretativos que promovam o diálogo entre as duas disciplinas.

É preciso, portanto, conhecer como se dá a inter-relação entre a jurisprudência da Corte Interamericana de Direitos e a jurisprudência do Poder Judiciário nacional. O intérprete deve aprender a articular a ordem jurídica interna e a ordem jurídica internacional.

Temos, aí, um **diálogo transconstitucional**, porque é algo que não despreza a Constituição, mas que vai além dela. Trata-se de um sistema de níveis múltiplos, em que diversas ordens jurídicas se articulam a fim de se solucionar problemas constitucionais de direitos humanos[30].

Eis, então, o **transconstitucionalismo pluridimensional dos direitos humanos**, por meio do qual não se afasta o Direito Constitucional clássico do Estado, vinculado a um texto constitucional. Na verdade, o constitucionalismo abre-se para esferas que vão além do Estado. Assim, ordens jurídicas diversas são usadas, proveitosamente, e de forma entrelaçada, para melhor resolver os problemas de direitos humanos[31].

Como, então, operar o diálogo entre a Corte Interamericana e o Poder Judiciário nacional, entre a ordem jurídica nacional e a ordem jurídica internacional?

Estudaremos teorias, método e princípios. Por ora, podemos anunciar um – dos vários – princípios que criamos.

Assim, segundo o **princípio da ressignificação conceitual-funcional por força dos direitos fundamentais ou humanos**, certos conceitos ou institutos jurídicos, já sedimentados, reconfiguram-se, com o objetivo de maior proteção dos direitos humanos.

A seguir, trabalharemos com casos reais de possível diálogo estabelecimento entre a ordem jurídica interna e a ordem jurídica internacional, entre o STF e a Corte Interamericana. Em alguns desses casos, demonstraremos como se aplica o princípio da ressignificação conceitual-funcional por força dos direitos fundamentais ou humanos.

---

projeto "Diálogos com o Supremo". Disponível em: https://portal.stf.jus.br/noticias/verNoticiaDetalhe.asp?idConteudo=497057&ori=1.

30. Marcelo Neves. *Transconstitucionalismo*, pág. 263. 2009.

31. Marcelo Neves. *Transconstitucionalismo*, pág. 264. 2009.

9.1. Diálogo estabelecido pelo STF na ADPF nº 749/DF: configuração do direito fundamental a um meio ambiente ecologicamente equilibrado

O então Presidente da República Federativa do Brasil, Jair Messias Bolsonaro, revogou algumas resoluções do Conselho Nacional do Meio Ambiente (Conama). Assim, dispensou-se o licenciamento ambiental aos empreendimentos de irrigação. Além disso, as normas revogadas estabeleciam parâmetros, definições e limites das áreas de preservação permanente.

Segundo o **Supremo Tribunal Federal**, a revogação desses atos normativos viola o **direito ao meio ambiente equilibrado**[32]. É interessante que, para construir juridicamente o **direito fundamental ao meio ambiente ecologicamente equilibrado,** o STF articulou a CF/88, leis brasileiras, tratados internacionais e outras normas jurídicas internacionais de proteção ao meio ambiente[33].

Além disso, o STF, além de se valer da própria jurisprudência, serviu-se da **jurisprudência da Corte Interamericana de Direitos Humanas, no ponto em que esta última retira o direito humano ao meio ambiente ecologicamente equilibrado do art. 26 da CADH.** Relembremos que o art. 26 da CADH prevê o direito ao desenvolvimento progressivo dos direitos econômicos, sociais e culturais (DESCAs). Nessa linha, ainda segundo o STF, a Corte Interamericana entendeu que os Estados têm a obrigação de criar mecanismos para supervisionar e fiscalizar algumas atividades, para proteger os direitos humanos contra ações provindas do Poder Público e de agentes privados[34].

Para completar, o STF se valeu do art. 11 do Protocolo de San Salvador[35]. Esse dispositivo contempla, expressamente, o direito ao meio ambiente sadio.

É interessante notar que o STF se utilizou, também, do Parecer Consultivo OC nº 23-17. Nessa Opinião Consultiva, solicitada pela República da Colômbia, a Corte Interamericana interpretou os direitos humanos previstos na CADH, na hipótese de danos ao meio ambiente marinho na construção de obras de infraestrutura no Mar do Caribe.

Na referida OC nº 23/17, a Corte Interamericana entendeu que o **direito humano a um ambiente sadio** possui uma **dimensão coletiva** e uma **dimensão individual.** Por meio da dimensão coletiva, o meio ambiente sadio se liga a um interesse universal, que é o de concretizar esse direito humano tanto

32. STF, Plenário, ADPF nº 749, Relatora Ministra ROSA WEBER, julgamento no dia 14/12/2021.

33. Convenção da Biodiversidade (1992), Convenção de Ramsar (1971), Convenção de Washington (1940) e compromissos assumidos na Declaração do Rio de Janeiro (1992).

34. O caso julgado pela Corte Interamericana – e citado pelo STF – é o Caso *Comunidades Indígenas membros da Associação Lakha Honhat (Nossa Terra) vs. Argentina, sentença de 6 de fevereiro de 2020.*

35. O "Protocolo de San Salvador" é o Protocolo Adicional à Convenção Americana Sobre Direitos Humanos em Matéria de Direitos Econômicos, Sociais e Culturais.

para as gerações presentes quanto para as gerações futuras. Já, na dimensão individual, esse direito humano visa a proteger, direta ou indiretamente, a saúde, a vida e a integridade pessoal dos seres humanos[36]. Degradar o meio ambiente pode, então, trazer danos irreparáveis às pessoas, de modo que estamos diante de um **direito fundamental à existência da humanidade.**

Nos termos do **princípio da ressignificação conceitual-funcional por força dos direitos fundamentais ou humanos**, institutos jurídicos são reconfigurados, com o objetivo de se obter uma proteção mais efetiva dos direitos humanos ou dos direitos fundamentais.

Na **ADPF nº 749/DF**, o Supremo Tribunal Federal articulou a ordem jurídica interna e a ordem jurídica internacional, a jurisprudência do próprio STF e a jurisprudência da Corte Interamericana de Direitos Humanos. Com essa riqueza de fontes jurídicas, o STF reconfigurou profundamente o **direito humano ao meio ambiente sadio e equilibrado.**

Eis um belo exemplar, colhido de um julgamento do STF, em que o Direito Constitucional e o Direito Internacional dos Direitos Humanos se irmanaram com o objetivo de obter uma maior proteção aos direitos fundamentais e aos direitos humanos.

9.2. O significado da expressão "grave violação dos direitos humanos" (CF/88, art. 109, § 5º) a partir da jurisprudência da Corte Interamericana de Direitos Humanos – segundo decidiu o STF

O STF, no controle concentrado de constitucionalidade, apreciou uma medida cautelar importantíssima. O caso se refere à omissão do Poder Público na adoção de medidas para a redução da letalidade policial[37].

Segundo o Supremo Tribunal Federal, a violação generalizada aos direitos humanos pode ser uma decorrência da omissão estrutural por parte de todos os poderes estatais. Essa violação generalizada resulta em **grave violação dos direitos humanos** – expressão contida no art. 109, § 5º, da CF/88.

O constituinte, ao se valer da expressão **grave violação dos direitos humanos**, exige que o significado dessa expressão seja descoberto à luz da **jurisprudência das organizações internacionais de direitos humanos**. Assim, a solução complexa dessa grave violação deve ser buscada na **jurisprudência da Corte Interamericana**, principalmente em casos envolvendo uma condenação específica do Brasil[38].

---

36. Os fundamentos jurídicos para a configuração do direito fundamental ao meio ambiente sadio constam do voto da Ministra ROSA WEBER, nesta ação de controle concentrado julgada pelo STF: STF, Plenário, ADPF nº 749, Relatora Ministra ROSA WEBER, julgamento no dia 14/12/2021.
37. STF, Plenário, ADPF nº 635 MC – TPI/RJ, Relator Ministro EDSON FACHIN, julgamento no dia 18/8/2020.
38. STF, Plenário, ADPF nº 635 MC – TPI/RJ, Relator Ministro EDSON FACHIN, julgamento no dia 18/8/2020.

Observa-se que o art. 109, § 5º, da CF/88 permite que o (a) Procurador(a)-Geral da República suscite o incidente de deslocamento de competência (IDC). Caso o Superior Tribunal de Justiça entenda que houve grave violação dos humanos, a causa, que tramitava na Justiça Estadual por exemplo, poderá ser remetida para a Justiça Federal.

É importante destacar que o IDC só é cabível se houver **grave violação dos direitos humanos.** Grave violação dos direitos humanos é expressão prevista no art. 109, § 5º, da CF/88.

Um olhar restrito ao texto constitucional poderia nos conduzir a um certo significado acerca dessa expressão. Mas o STF quer mais: a expressão deve ser lida a partir da jurisprudência da Corte Interamericana de Direitos Humanos. Assim, conferimos um novo significado, uma outra configuração do instituto jurídico. Eis mais uma aplicação do princípio da ressignificação conceitual-funcional por força dos direitos fundamentais ou humanos. Eis mais um exemplo da articulação entre a ordem jurídica interna e internacional[39], o STF e a Corte Interamericana, com o objetivo de efetivar os direitos humanos.

O IDC, instituto previsto na CF/88, visa a evitar a responsabilização internacional do Estado brasileiro, na hipótese de grave violação aos direitos humanos[40].

Em suma, temos um instituto do Direito Constitucional – o IDC – cujo requisito básico (grave violação aos direitos humanos) foi reconstruído a partir do diálogo com o Direito Internacional dos Direitos Humanos. As duas disciplinas, portanto, não podem mais ser estudadas isoladamente.

9.3. A reconfiguração do direito à propriedade privada a partir da Convenção Americana de Direitos Humanos analisada pela Corte Interamericana de Direitos Humanos: o direito à propriedade coletiva dos povos indígenas

O art. 21 da CADH estabelece o **direito à propriedade privada.** Entre os povos indígenas e tribais, existe uma tradição comunitária de uma posse comunal da propriedade coletiva da terra. Isso significa que a propriedade sobre a terra não é centrada no indivíduo, mas na coletividade, no grupo[41].

Segundo a Corte Interamericana de Direitos Humanos, essa noção é diferente da noção clássica de propriedade, mas merece igual proteção pelo

39. Os princípios de interpretação dos direitos humanos serão desenvolvidos no Capítulo 12.

40. Bruno Del Preti e Paulo Lépore. *Manual de Direitos Humanos*, pág. 175. 2020.

41. Corte Interamericana de Direitos Humanos. *Caso Povo Indígena Xucuru e seus membros vs. Brasil.* Sentença de 5 de fevereiro de 2018 (Exceções Preliminares, Mérito, Reparações e Custas), § 115. Disponível em: https://www.corteidh.or.cr/docs/casos/articulos/seriec_346_por.pdf. Acesso: 9/11/2022. Nessa sentença, a Corte Interamericana de Direitos Humanos entendeu que o Brasil é responsável internacionalmente pela demora na demarcação das terras do Povo Indígena Xucuru.

art. 21 da CADH. Isso porque há de ser reconhecido o uso e gozo de bens a partir das crenças, cultura, costumes de cada povo. É preciso reconhecer o direito ancestral dos povos indígenas sobre os próprios territórios, sob pena de se violar o direito à identidade cultural e à sobrevivência dos indígenas[42].

Entendeu a Corte Interamericana de Direitos Humanos que existe todo um **corpus juris** que protege o direito à propriedade coletiva dos povos indígenas. Esse **corpus juris** é formado pelo próprio art. 21 da CADH, que prevê o direito à propriedade privada, em conjunto com outras normas extraídas da ordem jurídica internacional e do próprio ordenamento jurídico interno dos países[43].

Assim, o direito de propriedade dos povos indígenas, que deriva do art. 21 da CADH, deve ser extraído a partir: a) das normas da Convenção 169 da OIT (sobre Povos Indígenas e Tribais); b) da Declaração das Nações Unidas sobre os Direitos dos Povos Indígenas; c) dos direitos reconhecidos pelos Estados nas respectivas leis internas; d) dos direitos reconhecidos em outros instrumentos jurídicos internacionais; e) dos direitos reconhecidos em decisões internacionais[44].

Nota-se que a Corte Interamericana de Direitos Humanos **reconfigurou** o direito à propriedade, que tradicionalmente é visto pelos Estados focando no indivíduo, ainda que atualmente muitos Estados exijam da propriedade privada o cumprimento da função social.

Eis o nosso **princípio da ressignificação conceitual-funcional por força dos direitos fundamentais ou humanos**, por meio do qual a proteção jurídica dos direitos humanos envolve, muitas vezes, uma nova configuração dos institutos jurídicos tradicionais.

Nota-se que a Corte Interamericana entendeu que os povos indígenas mantêm o direito de propriedade sobre as terras. Esse direito continua a existir: a) ainda que a perda da propriedade se der por causas alheias à vontade dos povos indígenas; b) se os indígenas não tiverem título legal sobre a terra; c) se a terra tiver sido transferida a terceiros de boa-fé. Nesse sentido, o Estado tem o dever de demarcar e delimitar as terras indígenas, concedendo o título coletivo de propriedade sobre referidas terras[45].

42. Corte Interamericana de Direitos Humanos. *Caso Povo Indígena Xucuru e seus membros vs. Brasil.* Sentença de 5 de fevereiro de 2018 (Exceções Preliminares, Mérito, Reparações e Custas), § 115.

43. Corte Interamericana de Direitos Humanos. *Caso Povo Indígena Xucuru e seus membros vs. Brasil.* Sentença de 5 de fevereiro de 2018 (Exceções Preliminares, Mérito, Reparações e Custas), § 116.

44. Corte Interamericana de Direitos Humanos. *Caso Povo Indígena Xucuru e seus membros vs. Brasil.* Sentença de 5 de fevereiro de 2018 (Exceções Preliminares, Mérito, Reparações e Custas), § 116.

45. Corte Interamericana de Direitos Humanos. *Caso Povo Indígena Xucuru e seus membros vs. Brasil.* Sentença de 5 de fevereiro de 2018 (Exceções Preliminares, Mérito, Reparações e Custas), § 116.

Esse entendimento da Corte Interamericana vincula o Brasil, de tal modo que o STF deverá alterar posicionamento contrário que venha a ser adotado em tema de demarcação de terras indígenas. É o que veremos no próximo subtópico. É importante estabelecer a influência que o Direito Internacional dos Direitos Humanos produz em nosso Direito Constitucional.

9.4. Direito à propriedade coletiva dos povos indígenas, segundo a Corte Interamericana e a possível influência sobre o tema "Demarcação das Terras Indígenas", em julgamento no STF

No Brasil, há uma discussão muito importante sobre o momento em que surge o direito à posse/propriedade coletiva dos indígenas sobre as terras tradicionalmente ocupadas. Para uns, trata-se de um direito originário, anterior à existência do próprio Estado brasileiro. Para outros, esse direito depende de que os indígenas estivessem ocupando as terras quando foi promulgada a CF/88. Sem essa ocupação nessa data, os indígenas não teriam direito à terra.

O tema encontra-se regulamentado no art. 231, *caput*, da CF/88, segundo o qual "são reconhecidos aos indígenas "(...) os direitos originários sobre as terras que tradicionalmente ocupam, competindo à União demarcá-las, proteger e fazer respeitar todos os seus bens".

Segundo a **teoria do Indigenato,** os indígenas têm direito originário, congênito sobre as terras tradicionalmente ocupadas. Por isso, esse direito existe antes mesmo da existência do Estado brasileiro. É, portanto, dever de a União demarcar as terras tradicionais, ainda que os indígenas não mais ocupassem as terras no momento da promulgação da CF/88.

Já, para a **teoria do fato indígena ou do marco temporal,** os indígenas só têm direito à posse coletiva das terras que eles, indígenas, ocupassem no momento da promulgação da CF/88.

No **Caso "Raposa Serra do Sol",** o STF adotou a teoria do marco temporal ou fato indígena. O fato indígena é o marco temporal consistente na promulgação da CF/88. Indígenas que não estivessem na posse dessas terras nesse momento não têm direito à demarcação[46].

Embora tenha acolhido a teoria do marco temporal, o STF tem admitido a demarcação em algumas situações em que os indígenas não estivessem na posse física das terras quando da promulgação da CF/88. Essas hipóteses giram em torno do chamado **renitente esbulho.** Renitente é algo que persiste. Renitente esbulho é um esbulho que continua existindo. Os indígenas poderiam demonstrar que a não ocupação das terras na promulgação da CF/88 se dera por esbulho.

46. STF, Plenário, Pet. 3.388, Relator Ministro AYRES BRITTO, julgamento no dia 19.3.2009.

Assim, os indígenas têm que demonstrar a existência de uma disputa pela terra, ainda que essa disputa seja anterior à CF/88. Esse conflito pode-se dar por uma circunstância de fato que caracterize o esbulho, como a resistência física dos indígenas contra a ocupação particular, ou, mesmo, pela resistência jurídica, isto é, pela propositura de demanda judicial com o objetivo de os indígenas recuperarem a posse coletiva da terra[47].

Isso significa que, segundo o STF, se os indígenas não ocupassem a terra no momento da promulgação da CF/88, não há direito à demarcação das terras. Esse direito só surge se houver prova de que havia resistência física ou jurídica contra a ocupação pelos particulares.

Em geral, porém, não é possível produzir essas provas. Muitos indígenas, por situação de miséria, são obrigados a vender as terras e depois serem empregados dos compradores. Esses indígenas não conseguem demonstrar a resistência física ou jurídica exigida pelo STF.

O STF tem reiterado esse entendimento pela teoria do marco temporal ou fato indígena, como o fez no caso da Terra Guyrároka, da Comunidade Indígena Guarani Kaiowá[48].

O problema é que a Corte Interamericana de Direitos Humanos, ao interpretar o art. 21 da CADH, reconheceu o direito dos indígenas à propriedade coletiva das terras.

Entendeu-se que esse direito se liga aos costumes, à cultura e à crença, dizendo respeito à identidade e, mesmo, à sobrevivência desses povos.

Percebe-se que é indiferente, para a Corte Interamericana, o fato de os indígenas estarem ou não na posse das terras quando da promulgação da CF/88. Havendo, por exemplo, estudos antropológicos que liguem os indígenas às terras, está demonstrado o direito coletivo à propriedade dos territórios tradicionalmente ocupados pelos indígenas.

Como a terra prende-se à existência física e cultural dos povos indígenas, temos, aí, um direito ancestral, congênito, que não depende da previsão nem mesmo na Constituição. É um direito anterior à criação do próprio Estado. Por isso, a Corte Interamericana adota a **teoria do Indigenato.**

O STF reformulou seu entendimento sobre o marco temporal e passou a aplicar a teoria do indigenato. Contudo, a Corte Suprema brasileira passou a admitir algumas hipóteses de indenização aos terceiros de boa-fé[49].

Foi, então, aprovada a Lei nº 14.701, de 20 de outubro de 2023, que restabeleceu a exigência de marco temporal na demarcação das terras indígenas.

47. STF, ARE nº 803.462-AgR-MS, Relator Ministro Teori Zavascki, julgamento no dia 9-12-2014.
48. STF, 2ª Turma, RMS 29.087, Rel. p/ acórdão Ministro Gilmar Mendes, Dje de 14/10/2014.
49. STF, Plenário, RE 1017365, Relator Ministro Edson Fachin, julgamento no dia 27 de setembro de 2023.

Contra referida lei já foram propostas ações diretas de inconstitucionalidade, como, por exemplo, as ADIs nºs 782 e 783. Também foi proposta uma ação declaratória de constitucionalidade – a ADC nº 87.

O STF deve promover o controle de convencionalidade concentrado interno e declarar que essa nova lei viola a Constituição Federal e instrumentos internacionais de direitos humanos. Se não o fizer, o Brasil poderá sofrer mais uma condenação da Corte Interamericana de Direitos Humanos.

10. DIREITOS HUMANOS: TERMINOLOGIA QUE PERMITE A APROXIMAÇÃO ENTRE O DIREITO CONSTITUCIONAL E O DIREITO INTERNACIONAL DOS DIREITOS HUMANOS

Várias são as terminologias que, no decorrer dos tempos, foram utilizadas para expressar aqueles direitos essenciais à dignidade humana.

Esses termos aparecem seja em normas jurídicas de direito interno, bem assim em normas jurídicas internacionais. Isso mostra que a proteção dos direitos humanos é matéria tanto do sistema nacional como do sistema internacional.

A seguir, apontaremos cada uma delas, com os apontamentos e críticas que cada uma delas merece.

Desde já, é importante esclarecer que, no século XXI, as expressões que vêm sendo utilizados, com maior frequência, são **direitos humanos** e **direitos fundamentais**.

10.1. Direitos do homem e direitos fundamentais do homem

Direitos do homem configura expressão que aparece na **Declaração dos Direitos do Homem e do Cidadão (1789)**. Essa declaração, marcada pelo racionalismo liberal, propunha uma hipotética igualdade entre todos os seres humanos.

Há uma marca jusnaturalista na expressão **direitos do homem**, quando as revoluções liberais se põem a lutar contra o absolutismo estatal, afirmando aqueles direitos inerentes à natureza.

Contudo, o movimento que reivindicava os direitos das mulheres na época já defendia a ideia de que a expressão **direitos do homem** revelava a intenção, da Revolução Francesa, de negar voz e participação no espaço público às mulheres. Olimpe de Gouges foi a redatora da Declaração dos Direitos da Mulher e da Cidadã (1791). Essa mulher foi guilhotinada, sob a acusação de que desejava ser um homem de Estado, esquecendo-se das virtudes próprias do sexo masculino[50].

50. Zuleika Alambert. Mulher: uma Trajetória Épica. *Apud* Carlos Weis. *Direitos humanos contemporâneos*, pág. 25. 3ª ed. 14ª ed.

Portanto, a locução **direitos do homem** é inegavelmente machista, escondendo uma profunda discriminação contra as mulheres, cujos direitos acabam por ser desconsiderados, na medida em que os direitos só diriam respeito aos homens.

Direitos fundamentais do homem é uma locução que aparece, também, no **preâmbulo da Declaração Universal de Direitos Humanos (1948)** e comporta a mesma crítica que fizemos à locução **direitos do homem**.

10.2. Liberdades fundamentais

Essa expressão aparece no art. 55, alínea *c*, da Carta da ONU.

10.3. Liberdades públicas, direitos públicos subjetivos e direitos individuais

Trata-se de locução provinda da França. A crítica que se faz é que **liberdades públicas** envolvem apenas os direitos de natureza individual, em que se exige do Estado um dever de abstenção. Ficam de fora os chamados direitos sociais e econômicos, que exigem uma postura ativa do Estado na concretização desses direitos.

No direito alemão, temos os **direitos públicos subjetivos**. O sentido, aqui, é muito semelhante às liberdades públicas, comportando, então, a mesma crítica.

Liberdades públicas, direitos públicos subjetivos e direitos individuais são expressões que podem ser tidas como sinônimas.

10.4. Direitos humanos e direitos fundamentais

Direitos humanos e direitos fundamentais são expressões costumeiramente utilizadas no século XXI, para designar aqueles direitos essenciais à dignidade humana.

Não obstante, há uma grande confusão no emprego dos dois termos, os quais se distinguem pelo **lugar onde os direitos estão previstos** e pela **exigibilidade judicial** desses direitos.

Assim, quanto ao **lugar onde os direitos estão previstos**, os **direitos humanos** encontram-se em **normas jurídicas internacionais**. Já os **direitos fundamentais** estão previstos em **normas jurídicas de direito interno**, especialmente nas Constituições.

A Constituição brasileira parece ter adotado essa distinção. Em três passagens podemos observar isso.

Assim, segundo o art. 5º, § 1º, "as normas definidoras dos *direitos* e garantias *fundamentais* têm aplicação imediata". Nesse caso, a Constituição alude aos direitos previstos na própria Constituição: os *direitos fundamentais*.

Já, no art. 5º, § 3º, está escrito o seguinte: "os tratados e convenções internacionais sobre *direitos humanos* que forem aprovados, em cada Casa do Congresso Nacional, em dois turnos, por três quintos dos votos dos respectivos membros, serão equivalentes às emendas constitucionais". Nota-se que, nessa passagem, a Constituição brasileira vincula os *direitos humanos* à ideia de tratados e convenções internacionais.

Por sua vez, dispõe o art. 5º, § 2º: "os direitos e garantais expressos nesta Constituição não excluem outros decorrentes do regime e dos princípios por ela adotados, ou dos tratados internacionais em que a República Federativa do Brasil seja parte". Na primeira parte do dispositivo – *direitos expressos nesta Constituição* – o legislador, sem citar o nome, refere-se aos direitos fundamentais. Na segunda parte, quando alude aos tratados internacionais, o legislador, também sem citar o nome, está-se referindo aos direitos humanos.

Assim, o art. 5º, § 2º, da Constituição brasileira se refere, indistintamente, aos direitos previstos na ordem interna e na ordem internacional. Por isso, não fez menção expressa aos *direitos fundamentais* e aos *direitos humanos*.

Em suma, nos § § 1º a 3º, do art. 5º, a Constituição da República Federativa do Brasil adotou o entendimento de que os *direitos fundamentais* são aqueles positivados na Constituição, ao passo que os *direitos humanos* são aqueles previstos em normas jurídicas internacionais[51].

Quanto à **exigibilidade judicial dos direitos**, os **direitos humanos,** previstos no direito internacional, não podem ser exigíveis internamente, tendo em conta que tais direitos constituem, quando muito, realizações de direito natural, e não direitos protegidos pelo direito interno. Já os **direitos fundamentais**, por virem previstos em normas constitucionais, são passíveis de exigibilidade judicial.

Embora adotadas em provas de concursos públicos, é preciso esclarecer que ambas as distinções têm se diluído nos atuais sistemas nacionais e internacionais de proteção de direitos.

Quanto ao **lugar onde os direitos estão previstos**, nota-se que vários direitos são encontrados, ao mesmo tempo, em normas jurídicas de direito interno e de direito internacional. Em razão disso, não é possível dizer se o direito tutelado constitui apenas um direito fundamental ou somente um direito humano.

51. Valerio de Oliveira Mazzuoli. *Curso de Direitos Humanos*, págs. 28 e 29. 8ª ed. 2021.

Tomemos como exemplo os seguintes direitos, previstos tanto em normas internacionais quanto em normas nacionais brasileiras: **a) direito à vida:** art. III da Declaração dos Direitos Humanos (DUDH) e no art. 5º, *caput*, da Constituição da República Federativa do Brasil (CRFB); **b) acesso à justiça:** previsto no art. 25 da Convenção Americana de Direitos Humanos (CADH) e no art. 5º, inciso XXXV, da CRFB; **c) direito à liberdade:** arts. I e III, da DUDH e art. 5º, *caput*, da CRFB; **d) direito à propriedade:** DUDH, art. XVII; CFRB, art. 5º, *caput*; **e) direito à saúde:** DUDH, art. XXV; CRFB, arts. 6º e 7º; **f) direito ao meio ambiente:** (Pacto Internacional dos Direitos Civis e Políticos - PIDCP, art. 1º, item 2; CRFB, art. 225[52].

Não bastasse isso, é possível verificar que diplomas jurídicos internacionais fazem menção aos **direitos fundamentais**, ao passo que o direito nacional também se refere aos **direitos humanos**. Exemplo do primeiro caso é a Carta dos Direitos Fundamentais da União Europeia; do segundo, o art. 4º, inciso II, e o art. 109, § 5º, da Constituição da República Federativa do Brasil[53].

Em suma, no que se refere ao **lugar onde estão previstos os direitos**, é possível chegar a duas conclusões: a) há direitos previstos, ao mesmo tempo, em normas internacionais e em normas nacionais; b) há normas internacionais que fazem alusão aos direitos fundamentais, ao passo que há normas nacionais que aludem aos direitos humanos.

Por sua vez, quanto ao segundo aspecto de distinção, ou seja, a **possibilidade de exigibilidade judicial**, não parece correto afirmar que apenas os direitos fundamentais sejam passíveis de proteção judicial. Isso porque, no caso de falha estatal na proteção de direitos previstos internacionalmente, é possível, no Brasil, que a proteção judicial seja feita pela Corte Interamericana de Direitos Humanos.

Isso porque o Brasil se submete à jurisdição da Corte Interamericana, a cuja sentença, que é definitiva e inapelável[54], todos os órgãos estatais brasileiros devem-se sujeitar. É que, segundo o art. 68.1 da Convenção Americana de Direitos Humanos (CADH), "os Estados Partes na Convenção comprometem-se a cumprir a decisão da Corte em todos os casos em que forem partes".

Assim, em havendo inexistência ou insuficiência de proteção judicial no Brasil, o direito essencial à dignidade humana pode vir a ser protegido pela Corte Interamericana de Direitos Humanos.

Essa proteção judicial interamericana revela que os direitos, previstos na Convenção Americana de Direitos Humanos, isto é, os **direitos humanos**,

52. Bruno Del Preti e Paulo Lépore. *Manual de Direitos Humanos*, págs. 32 e 33. 2020.
53. Bruno Del Preti e Paulo Lépore, ob. cit., pág. 33.
54. Segundo o art. 67, primeira parte, da CADH, "a sentença da Corte será definitiva e inapelável".

caso não protegidos internamente, poderão ser exigidos, judicialmente, na esfera internacional.

Daí ser incorreto dizer que os **direitos humanos** sejam carentes de proteção judicial – não o são. Se a proteção judicial no plano interno for insuficiente ou inexistente, é possível que a proteção judicial seja alcançada no plano internacional[55].

Em resumo, quanto aos direitos humanos e aos direitos fundamentais: a) são expressões encontradas tanto no direito interno quanto no direito internacional, caindo por terra a classificação que os tomam, respectivamente, como direitos objeto de normas internacionais e direitos objeto de normas internas; b) não só os direitos fundamentais, mas, também, os direitos humanos são passíveis de exigibilidade judicial.

Não bastasse isso, há mais um dado que aproxima os direitos humanos e os direitos fundamentais. Segundo o art. 5º, § 2º, da Constituição brasileira, *os direitos e garantias expressos nesta Constituição não excluem outros decorrentes do regime e dos princípios por ela elaborados, ou dos tratados internacionais em que a República Federativa do Brasil seja parte.*

Quando a Constituição fala em *direitos e garantias expressos nesta Constituição*, ela está fazendo referência aos **direitos fundamentais**. Logo depois, a mesma Constituição estipula que os direitos e garantias expressos na Constituição, isto é, os **direitos fundamentais** não excluem *outros decorrentes dos tratados internacionais em que a República Federativa do Brasil seja parte*, isto é, os **direitos humanos.**

Em outras palavras, os **direitos fundamentais** não excluem a existência dos **direitos humanos**. Foi bem isso o que quis dizer a Constituição brasileira de 1988.

Mais do que isso.

A mesma Constituição, no art. 5º, § 3º, estabeleceu que *os tratados e convenções internacionais de direitos humanos que forem aprovados, em cada Casa do Congresso Nacional, em dois turnos, por três quintos dos votos dos respectivos membros, serão equivalentes às emendas constitucionais.*

Por esse raciocínio, os *direitos humanos*, que estão em normas internacionais, passarão a fazer parte da Constituição brasileira, desde que se observe o rito de aprovação previsto na referida norma.

---

55. Confira-se: 2º Considerando da Convenção Interamericana de Direitos Humanos; Corte Interamericana de Direitos Humanos, Caso Almonacid Arellano e outros vs. Chile, Exceções Preliminares, Mérito, Reparação e Custas, sentença de 26 de setembro de 2006, Série C, nº 154, § 124; Corte Interamericana de Direitos Humanos, Caso Cabrera García e Montíel Flores vs. México, Exceções Preliminares, Mérito, Reparação e Custas, sentença de 26 de setembro de 2010, Série C, nº 220, § § 225-233.

Isso significa que os **direitos humanos**, depois de incorporados como normas constitucionais, transformam-se em **direitos fundamentais. De qualquer forma, por continuarem ainda previstos em normas internacionais, esses direitos, transformados em direitos fundamentais, não perdem a natureza de direitos humanos.**

Assim, pela conjugação dos § § 2º e 3º do art. 5º da Constituição, há uma grande aproximação entre os direitos humanos e os direitos fundamentais: a) os direitos fundamentais não excluem os direitos humanos (§ 2º); b) os direitos humanos, desde que aprovados pelo rito das emendas constitucionais, transformam-se em direitos fundamentais (§ 3º).

Nesse sentido, podemos estabelecer 4 (quatro) motivos de intensa aproximação entre os direitos humanos e os direitos fundamentais, o que praticamente dissolve a diferenciação que se promove entre os dois institutos: a) ambos estão previstos em normas jurídicas nacionais e internacionais; b) ambos são passíveis de proteção judicial; c) os direitos fundamentais não excluem os direitos humanos; d) os direitos humanos, desde que aprovados sob o rito das emendas constitucionais, podem se transformar em direitos fundamentais.

Vejamos o quadro a seguir, que resume as distinções e aproximações entre direitos humanos e direitos fundamentais:

DIREITOS HUMANOS E DIREITOS FUNDAMENTAIS (DIFERENÇAS)	
DIREITOS HUMANOS	**DIREITOS FUNDAMENTAIS**
1ª) Quanto ao lugar de proteção: normas internacionais; 2ª) Quanto à exigibilidade judicial: não exigíveis judicialmente, porque revelam, apenas, direitos de inspiração jusnaturalista, de vocação universalista, mas sem previsão no direito interno.	1ª) Quanto ao lugar de proteção: normas nacionais, principalmente normas constitucionais; 2ª) Quanto à exigibilidade judicial: por virem previstos no Direito nacional, principalmente na Constituição, os direitos fundamentais podem ser exigidos judicialmente.

4 (QUATRO) CRÍTICAS À DIFERENÇA ENTRE DIREITOS HUMANOS E DIREITOS FUNDAMENTAIS – INSTITUTOS QUE NÃO SE DIFERENCIAM, MAS QUE SE APROXIMAM E SE CONFUNDEM
1ª CRÍTICA: há vários direitos que são previstos ao mesmo tempo em normas de direito interno e em normas internacionais. Logo, o critério "lugar de proteção" é insuficiente para distinguir ambos os institutos. **2ª CRÍTICA:** não só os direitos fundamentais são exigíveis judicialmente. É possível que um direito humano, se houver insuficiência ou inexistência na exigibilidade judicial interna, seja exigível, no caso do Brasil por exemplo, pela Corte Interamericana de Direitos Humanos. Logo, cai por terra a diferenciação relacionada ao critério de exigibilidade judicial.

3ª CRÍTICA: segundo o art. 5º, § 2º, da Constituição brasileira, os direitos fundamentais não excluem os direitos humanos.

4ª CRÍTICA: segundo o art. 5º, § 3º, da Constituição brasileira, os direitos humanos, se aprovados sob o rito das emendas constitucionais, passam a incorporar ao sistema jurídico interno do Brasil, sob a natureza de norma constitucional. Logo, um direito humano se transforma em um direito fundamental, sem, contudo, deixar de ser direito humano, porque continua previsto, também, em normas internacionais.

10.4.1. Terminologia utilizada na Europa

No plano da **União Europeia**, a expressão **direitos fundamentais** tem servido para designar os direitos protegidos na esfera internacional regional europeia.

Assim, em termos de União Europeia, o instrumento protetivo de direitos é a chamada **Carta dos Direitos Fundamentais da União Europeia.**

Sabe-se que a União Europeia é composta atualmente por 27 países – depois da saída do Reino Unido, no dia 31 de janeiro de 2020.

Já o **Conselho da Europa** abrange *todos* os países europeus, e não apenas os 27 que fazem parte da União Europeia. No âmbito do Conselho da Europa, o instrumento protetivo de direitos é denominado de **Convenção Europeia de Direitos Humanos**. Aqui se nota que a expressão **direitos humanos** se liga a um diploma normativo de direito internacional.

Se, na União Europeia, temos a Carta dos Direitos Fundamentais da União Europeia, no âmbito do Conselho da Europa, o instrumento protetivo dos direitos é a Convenção Europeia de Direitos Humanos.

10.5. Direitos humanos e direitos de cidadania

Os **direitos humanos** são os direitos do ser humano enquanto tal. Já os **direitos de cidadania** são aqueles direitos do ser humano enquanto pertencente a uma sociedade, isto é, enquanto ser social.

Essa diferença advém da Declaração francesa de Direitos, de 1789, denominada de *Declaração dos Direitos do Homem e do Cidadão*. Nota-se, aí, uma diferença entre direitos do homem (ou direitos humanos) e direitos do cidadão (ou direitos de cidadania)[56].

56. Sobre a diferença entre "direitos do homem" – que preferimos chamar "direitos humanos" – e "direitos do cidadão" – que preferimos chamar "direitos de cidadania", confira-se: J. J. Gomes Canotilho. *Direito Constitucional e Teoria da Constituição*, pág. 393. 7ª ed. 6ª reimpressão. Almedina. 1997.

Nota-se, portanto, que os **direitos humanos** são aqueles direitos que pertencem a todas as pessoas. Por isso, são direitos universais e naturais.

Já os **direitos de cidadania** se referem aos naturais de um país, possuindo, assim, um alcance mais restrito que os direitos humanos.

DIFERENÇA ENTRE DIREITOS HUMANOS E DIREITOS DE CIDADANIA	
DIREITOS HUMANOS	**DIREITOS DE CIDADANIA**
– São os direitos pertencentes a todas as pessoas. – São direitos universais e naturais.	– São direitos das pessoas pertencentes a uma comunidade, a um país. – São direitos mais restritos.

10.6. Terminologia utilizada pela Constituição brasileira

A Constituição da República Federativa do Brasil utiliza-se de várias terminologias, para ser referir aos direitos essenciais à dignidade do ser humano.

No art. 4º, inciso II, a Constituição alude aos **direitos humanos**. No caso, o legislador constituinte adotou aquele entendimento segundo o qual os direitos humanos são aqueles direitos protegidos por normas jurídicas internacionais. Isso porque, nos termos do referido dispositivo constitucional, a prevalência dos direitos humanos foi tida como princípio prevalente nas relações internacionais em que toma parte a República Federativa do Brasil.

No Título II, a Constituição se utilizou da expressão **direitos e garantias fundamentais**. Como, no decorrer do Título II, há um elenco de vários direitos, o legislador adotou aquele entendimento segundo o qual os **direitos fundamentais** revelam aqueles direitos positivados na Constituição.

Já, no art. 5º, inciso XLI, a Constituição empregou a expressão **direitos e liberdades fundamentais**, ao determinar que a lei deverá punir qualquer discriminação atentatória desses direitos e liberdades fundamentais.

Já, no art. 5º, inciso LXXI, ao prever o mandado de injunção, o legislador constitucional referiu-se aos **direitos e liberdades constitucionais**.

O art. 5º, § 1º, faz referência aos **direitos e garantias fundamentais**, ao passo que o art. 17 fala em **direitos fundamentais da pessoa humana,** e o art. 34, inciso VII, alínea *b*, em **direitos fundamentais da pessoa humana**.

Quando o legislador constitucional disciplina a intervenção federal, a escolha é por **direitos da personalidade humana** (CRFB, art. 34, inciso VII, alínea *b*).

Já, no tema das cláusulas pétreas, a expressão utilizada foi **direitos e garantias individuais** (CRFB, art. 6º, § 4º).

No art. 7º do Ato das Disposições Constitucionais Transitórias (ADCT), o legislador constituinte fez menção a um **tribunal internacional dos direitos humanos.**

Em suma, a Constituição brasileira faz uso de várias expressões para se referir aos direitos essenciais à vida digna.

No entanto, quando emprega **direitos humanos e direitos fundamentais**, o legislador constituinte parte do pressuposto de que os primeiros são aqueles direitos assegurados internacionalmente, ao passo que os segundos são os direitos previstos na Constituição.

11. DIGNIDADE HUMANA COMO ELEMENTO VALORATIVO AGREGADOR DAS ORDENS JURÍDICAS NACIONAL E INTERNACIONAL DE PROTEÇÃO AOS DIREITOS HUMANOS

A humanidade pode ser vista a partir de fenômenos biológicos e culturais. O ser humano se realiza segundo o casamento entre os aspectos físicos e os aspectos que ele, ser humano, recolhe na relação com outras pessoas.

Em termos biológicos, há várias disciplinas capazes de estudar o ser humano – a Medicina, a Psicologia, a Neurofisiologia, a Antropologia Física, a Genética etc.

Em termos culturais, os esforços são reunidos em torno da Sociologia, da Economia, do Direito, da Antropologia Social, da Psicologia Social etc.

Por isso, se biologicamente o ser humano possui heranças genéticas que o prendem fisicamente a outros membros da família humana, culturalmente o ser humano apreende valores e padrões de comportamento a partir do grupo social em que se encontra inserido.

Se, no aspecto físico, a Genética estuda como as características biológicas são passadas de geração para geração, no aspecto cultural temos, por exemplo, a Antropologia Cultural, que busca compreender o comportamento humano nas sociedades passadas, presentes e futuras.

Se, em termos físicos, o ser humano encontra-se geneticamente pré-determinado, culturalmente o ser humano comporta-se conforme a aprendizagem e a comunicação recolhidos do grupo. No primeiro caso, o indivíduo encontra-se predeterminado à sua própria herança genética; no segundo caso, não há uma herança predeterminada, mas, sim, uma apreensão de elementos que provêm da cultura, da relação com outros seres humanos do grupo.

Quanto ao segundo aspecto, por isso, é correto afirmar que "cultura é o sistema integrado de padrões de comportamento apreendidos, os quais são características dos membros de uma sociedade e não o resultado de herança biológica"[57].

---

57. E. Adamson Hoebel e Everett L. Frost. *Antropologia Cultural e Social*, pág. 4. 1ª ed. 8ª reimpressão. 2006.

Assim, a *identidade* do ser humano se constrói a partir de aspectos físicos e biológicos e, também, de aspectos sociais e culturais.

No conhecido poema *Morte e Vida Severina*, de João Cabral de Melo Neto tenta definir quem é o Severino: *O meu nome é Severino,/ não tenho outro de pia.* Até aqui, temos o aspecto físico, biológico, do Severino. Pia é batismo.

Mas o poema avança: *Como há muitos Severinos,/que é santo de romaria,/ deram então de me chamar Severino de Maria;/ como há muitos Severinos/ com mães chamadas Maria,/ fiquei sendo o da Maria do finado Zacarias....*

Nota-se que o Severino anterior, pessoal, identificável, confunde-se com vários outros Severinos que existem na realidade social do Nordeste brasileiro. A cultura, no caso, faz apagar a *identidade* do Severino, esquecido nas relações econômicas e sociais dessa região do Brasil.

De forma magistral, João Cabral de Melo Neto tenta recuperar a *identidade* do Severino. Para tanto, é preciso que o interlocutor, ou seja, a cultura, o grupo social, acolha Severino. Tanto é verdade que, ao final, para se saber a história de Severino, é preciso que a presença de Severino *emigre* para o interlocutor: *Mas, para que me conheçam/ melhor Vossas Senhorias? E melhor possam seguir/ a história de minha vida/ passo a ser o Severino/ que em vossa presença emigra.*

Daí se pode dizer que a **identidade** do ser humano se constrói da conjugação de aspectos físicos, biológicos e psicológicos com o contexto social em que o ser humano esteja inserido[58].

Dignidade provém do latim *dignitas*, isto é, daquilo que tem valor, e do latim *dignus*, isto é, daquilo que é valioso, valoroso.

Quando se fala em **dignidade humana,** deve-se reportar àquilo que é **valoroso, valioso no ser humano.**

Ora, aquilo que vale, que é valioso no ser humano é exatamente aquilo que define o ser humano, aquilo que constitui a própria essência do humano, isto é, a **identidade do ser humano.**

Daí que a descoberta da **dignidade humana** pressupõe saber como se constrói a **identidade da pessoa.**

Isso nos põe na difícil tarefa de compatibilizar os aspectos físicos, biológicos e psicológicos do ser humano, com o contexto social, político e cultural.

Em razão disso, pode-se conceituar o **princípio da dignidade humana** como a contribuição normativo-valorativa do Direito na preservação dos

58. Ana Mercês Bahia Bock, Odair Furtado e Maria de Lourdes Trassi Teixeira. *Psicologias. Uma Introdução ao Estudo da Psicologia*, pág. 203 a 207. 13ª ed. 14ª tiragem. 1999.

caracteres físicos, biológicos e psicológicos do ser humano, dentro de (e por meio de) um contexto social, político e cultural.

Decompondo o conceito, notamos a presença das seguintes partes: a) **contribuição normativo-valorativa:** o princípio da dignidade humana emana **normas,** isto é, preceitos de observância obrigatória; **valores**, isto é, algo que vale em relação a alguma coisa, um princípio que tem por objetivo a proteção do ser humano; b) **preservação dos caracteres físicos, biológicos e psicológicos do ser humano, dentro de (e por meio de) um contexto social, político e cultural:** o princípio da dignidade humana impõe que o Direito se engaje em interferir na realidade normativa-social, para que essa realidade preserve a identidade, a essência do ser humano. Quando se fala em interferir na realidade normativo-social, está-se afirmando que o princípio da dignidade humana produz reflexos nas demais normas do sistema jurídico e, também, na realidade social, econômica, política.

Nota-se desse conceito que, a partir do princípio da dignidade humana, o Direito torna-se um centro irradiador de normas e valores. Assim, as normas jurídicas devem engajar-se para preservar a identidade física, biológica e psicológica do ser humano no interior da cultura.

Nesse cenário, caso a cultura, isto é, a sociedade, nos aspectos sociais, políticos e econômicos, oprima o ser humano, o Direito entra para, dentro das possibilidades normativas, contribuir para que o cultural respeite o individual.

Em outras palavras, para o Direito, o social existe para a promoção do ser humano, e as grandes balizas normativas que visam a alcançar esse objetivo estão reunidas no princípio da dignidade humana.

Tomemos como exemplo a situação da mulher. Estudiosos revelam que a **cultura ocidental** é responsável pelo genocídio das mulheres[59]. O **princípio da dignidade humana** vem, então, como o epicentro do sistema jurídico,

59. "Primeiro, é preciso constatar, quando se fala de feminicídio hoje, que a Renascença, a flor da cultura ocidental entre os séculos XV e XVIII, matou por volta de cem mil mulheres na Europa toda, torturadas, enforcadas ou queimadas simplesmente porque elas eram um pouco diferentes e certamente um pouco mais autônomas do que os vilarejos em que viviam estavam dispostos a aguentar. Esse é um fenômeno que realmente não pode ser esquecido. Foi quase um projeto de genocídio de gênero, por assim dizer. "Segundo, a misoginia entra na cultura ocidental por duas grandes figuras: Pandora, na mitologia grega, e depois Eva. <Pandora> foi a primeira mulher que existiu, segundo a mitologia grega, e que, por sua curiosidade, deixou escapar todos os males do mundo. Nossa cultura é construída, então, em cima da ideia de que a mulher é a representante do mal (ou a amiga do demônio). Tudo o que o homem tenta, eventualmente, proibir em si mesmo, inclusive o desejo sexual, é encarnado pela mulher, como grande tentadora. Na cultura ocidental, a figura feminina é uma projeção dos desejos que o home não conseguiria controlar. Ou seja, é graças a ela que o home pode justificar o mal que tem em si. E, então, ele domina, enfia no porão, tortura, queima, enforca, afoga, mata a mulher. A cultura ocidental – não é piada – funcionou assim" (Contador Calligaris. *In*: Maria Homem e Contador Calligaris. *Coisa de menina? Uma conversa sobre gênero, sexualidade, maternidade e feminismo*, págs. 16 e 17. 2019.

engajar todas as normas jurídicas com o objetivo de, dentro das possibilidades do Direito, alterar a realidade social que oprime a mulher.

Como o princípio da dignidade humana está no epicentro, no núcleo do sistema jurídico, esse princípio serve de orientação e fundamento de validade para todas as normas jurídicas, assim nacionais como internacionais.

Nota-se que o **princípio da dignidade humana** reúne as normas jurídicas nacionais e internacionais para a proteção do ser humano. As normas jurídicas que cumprem com esse papel são constitucionais e convencionais, isto é, respeitam a Constituição brasileira e os tratados de direitos humanos pertinentes à matéria em debate.

Vejamos um caso bem interessante. Em havendo **risco à integridade física ou psicológica da mulher em situação de violência doméstica e familiar**, a **Lei Maria da Penha** permite, em determinadas situações, que o **Delegado de Polícia**[60] ou, mesmo, **outro Policial**[61] **afaste, imediatamente, do lar o agressor**. O (a) juiz (a) deverá ser comunicado no prazo máximo de 24 horas, para decidir sobre a manutenção ou revogação da medida aplicada, devendo dar ciência concomitantemente ao Ministério Público[62].

A Associação dos Magistrados Brasileiros (AMB) ajuizou, no Supremo Tribunal Federal, uma Ação Direta de Inconstitucionalidade. O argumento principal foi de que o tema envolve **reserva de jurisdição**. Logo, só os Magistrados, e não os membros da Polícia, podem determinar que o agressor se afaste do lar.

O **Supremo Tribunal Federal** entendeu, porém, que os dispositivos legais não violam a Constituição, ao contrário, respeitam e protegem a **dignidade da mulher**. Como o caso deve ser levado, em até 24 horas, ao conhecimento do Magistrado, não há ofensa à clausula de reserva de jurisdição[63].

---

60. Quando o Município não for sede de comarca.

61. Quando o Município não for sede de comarca e não houver Delegado de Polícia disponível no momento da informação sobre a violência.

62. Confira-se o art. 12-C, incisos II e III, e § 1º, da Lei Maria da Penha (Lei nº 11.340/2006): Art. 12-C. Verificada a existência de risco atual ou iminente à vida ou à integridade física ou psicológica da mulher em situação de violência doméstica e familiar, ou de seus dependentes, o agressor será imediatamente afastado do lar, domicílio ou local de convivência com a ofendida: (Redação dada pela Lei nº 14.188, de 2021): I – pela autoridade judicial; (Incluído pela Lei nº 13.827, de 2019): II – pelo delegado de polícia, quando o Município não for sede de comarca; ou (Incluído pela Lei nº 13.827, de 2019): III – pelo policial, quando o Município não for sede de comarca e não houver delegado disponível no momento da denúncia. (Incluído pela Lei nº 13.827, de 2019); § 1º Nas hipóteses dos incisos II e III do **caput** deste artigo, o juiz será comunicado no prazo máximo de 24 (vinte e quatro) horas e decidirá, em igual prazo, sobre a manutenção ou a revogação da medida aplicada, devendo dar ciência ao Ministério Público concomitantemente. (Incluído pela Lei nº 13.827, de 2019).

63. STF, ADI 6138, Plenário, Relator Ministro ALEXANDRE DE MORAES, julgamento em 23/3/2022.

O Ministro Relator, Alexandre de Moraes, entendeu que a medida é razoável, proporcional e se compatibiliza com os **compromissos internacionais assumidos pelo Brasil no que se refere à proteção da mulher.**

Já o Ministro André Mendonça explicou que o dispositivo legal não afeta a reserva de jurisdição. Isso porque o Poder Judiciário deve ser comunicado no prazo de 24 horas a respeito do afastamento[64].

É importante notar que o Ministro Alexandre de Moraes sustenta que o dispositivo legal obedece a compromissos internacionais assumidos pelo Brasil, em matéria de proteção da mulher.

Observa-se, aí, um diálogo entre uma norma jurídica interna e normas jurídicas internacionais – todas destinadas à proteção do ser humano.

Assim, o **princípio da dignidade humana** unifica a normatividade interna e internacional, conferindo **unidade** ao sistema normativo.

A propósito, veremos que o sistema jurídico nacional brasileiro é composto por um conjunto de normas jurídicas internas e internacionais. O fundamento de validade dessas normas é aquilo que denominamos **norma fundamental dos direitos humanos.** É dessa norma fundamental que todas as normas jurídicas, incluindo o próprio princípio da dignidade humana, recebe o fundamento de validade[65].

Uma questão de muita importância prática e teórica consiste em saber se apenas o **Policial Civil**, ou se também o **Policial Militar** poderá determinar o afastamento do agressor.

Para uma **primeira corrente**, apenas o Policial Civil poderá determinar o afastamento. Isso porque é a Polícia Civil que recebeu da Constituição a tarefa investigatória. Assim, o Policial Militar não reúne em suas atribuições a prerrogativa de reunir provas, de modo que ele, Policial Militar, não detêm os elementos probatórios para saber se, no caso, a mulher está sendo vítima de violência.

Em abono à primeira corrente, podemos afirmar, ainda, que o art. 12-C, inciso II, reportou-se ao Delegado de Polícia, para, só depois, no inciso III, fazer menção a Policial. Policial, então, seria alguém subordinado ao Delegado de Polícia.

Já, para uma **segunda corrente,** configura dever da Polícia Militar, na atividade de prevenir crimes, determinar o afastamento do lar, conferindo densidade à normativa nacional e internacional de proteção da mulher.

---

64. O resumo dos argumentos dos Ministros do Supremo Tribunal Federal foi feito por: Sérgio Rodas. Violência Doméstica. Supremo valida possibilidade de policial conceder medida protetiva a mulher. *In*: Consultor Jurídico. 23/3/2022. Disponível em: https://www.conjur.com.br/2022-mar-23/stf-valida-possibilidade-policiais-concederem-medidas-protetivas. Acesso: 25/3/2022.

65. Confiram-se os capítulos 8 e 9.

Entendemos que, a rigor, é ao Policial Civil que se entrega, em regra, o dever de afastar do lar o agressor. Apenas a Polícia Civil detém as informações necessárias para concluir pela existência de violência contra a mulher.

Essa regra deve ser observada, no caso de **violência moral ou psicológica** contra a mulher. Isso porque a verificação dessa espécie de violência exige uma apuração mais detalhada, não possuindo a Polícia Militar, em geral, formação técnica para exercer a atividade investigatória.

Só será possível que a Polícia Militar retire do lar o agressor no caso de **violência física**, quando, então, não será preciso aprofundar-se sobre o material probatório. A hipótese exige atuação rápida e firme, o que demanda atuação da Polícia Militar, que está presente no calor dos fatos e no momento da agressão física.

Em um possível **diálogo jurisdicional, a Corte Interamericana de Direitos Humanos poderia complementar o julgamento do Supremo Tribunal Federal,** permitindo-se, assim, ainda que em hipótese excepcional, a atuação da Polícia Militar no caso.

É que, de acordo com o entendimento atual da Corte Interamericana de Direitos Humanos, **todos os órgãos e instituições estatais** têm o dever de promover o **controle de convencionalidade** das leis. Em outras palavras, todo o aparato do Estado tem que verificar se as leis estão de acordo com os tratados de direitos humanos ratificados pelo Estado. Essa tarefa não é apenas do Poder Judiciário e dos demais órgãos ligados à administração da Justiça (Procuradorias, Advocacia, Ministério Público, Defensorias Públicas etc.)[66].

Nesse sentido, dentro de sua atribuição própria, a Polícia Militar tem o dever de afastar do lar o agressor, no caso de violência física constatável de plano.

Assim, em regra, é o Policial Civil que deve afastar do lar o agressor. Em hipótese excepcional, quando constatável de plano a agressão – e isso poderá ocorrer nos casos de violência física –, poderá, também, a Polícia Militar cumprir essa tarefa.

Essa interpretação, cremos, confere efetividade ao princípio da dignidade da pessoa humana, que exige a mobilização de todo o aparato estatal com o objetivo de se alcançar a maior proteção possível à mulher vítima de violência no contexto doméstico e familiar.

Em suma, em nosso conceito de **dignidade humana**, ressaltamos a questão da **identidade do ser humano.** Referida identidade é alcançável, na medida

66. Corte Interamericana de Direitos Humanos. Caso *Trabalhadores da Fazenda Brasil Verde vs. Brasil*, sentença de 20 de outubro de 2016.

em que se conjuga – aos aspectos **físicos, biológicos e psicológicos** do ser humano –, o **contexto social, cultural, econômico e político**.

Os valores que gravitam em torno da dignidade humana permitem mobilizar as ordens jurídicas interna e internacional na proteção dos direitos humanos – em todas as esferas, inclusive nas relações jurídicas de ordem econômica.

3

DIREITO INTERNACIONAL DOS DIREITOS HUMANOS: OS SISTEMAS INTERNACIONAIS DE PROTEÇÃO AOS DIREITOS HUMANOS

1. DIREITO INTERNACIONAL DOS DIREITOS HUMANOS: OBJETO

No capítulo anterior, delineou-se uma relação básica entre o Direito Constitucional e o Direito Internacional dos Direitos Humanos. Essa relação é importantíssima para estabelecer princípios e teorias hermenêuticas necessárias a resolver grandes problemas relacionados aos direitos humanos na ordem econômica.

Nota-se que a solução desses problemas passa sempre pelo diálogo entre a ordem jurídica nacional e a ordem jurídica internacional de proteção aos direitos humanos.

Quanto à ordem jurídica internacional de proteção aos direitos humanos, faremos, aqui, um recorte. O plano de estudo será o Sistema Regional Interamericano de Direitos Humanos, com um aprofundamento maior sobre a Corte Interamericana de Direitos Humanos e o respectivo subsistema da Convenção Americana de Direitos Humanos, sem descuidar do subsistema da Organização dos Estados Americanos.

Antes, porém, de avançarmos, precisamos compreender qual o objeto do Direito Internacional dos Direitos Humanos. Depois disso, ingressaremos no estudo do Sistema Regional Interamericano de Direitos Humanos.

Em outras palavras, vamos compreender o objeto do Direito Internacional de Direitos Humanos. Depois, iremos nos aprofundar sobre uma parte do objeto do Direito Internacional dos Direitos Humanos, isto é, sobre o Sistema Regional Interamericano de Proteção aos Direitos Humanos.

É o Sistema Regional Interamericano de Proteção aos Direitos Humanos que será cotejado com a ordem jurídica interna brasileira, para que possamos, então, solucionar os problemas jurídicos relacionados aos direitos humanos, incluindo aqueles pertinentes às relações de natureza privada.

Nesse cenário, podemos afirmar que os *direitos humanos* possuem uma dupla proteção: a) *proteção interna*: por meio do Direito Constitucional e das leis; b) *proteção internacional*: por meio do Direito Internacional dos Direitos Humanos, que, atualmente, é uma disciplina autônoma, com regras e princípios próprios[1]. Neste livro, parte-se da compreensão de que os sistemas internos e internacionais de direitos humanos compõem o sistema jurídico brasileiro.

Pode-se conceituar o *Direito Internacional dos Humanos* como o conjunto de instituições, procedimentos e normas internacionais consistentes em tratados, declarações ou normas de outra natureza, em nível universal ou regional, com o objetivo de proteção do ser humano.

O Direito Internacional dos Direitos Humanos desenvolve-se com maior intensidade após a 2ª Guerra Mundial[2], que vitimou 11 milhões de pessoas, dentre os quais 6 milhões de judeus.

O consenso geral daí surgido foi o de que os *direitos humanos* não poderiam mais constituir assunto exclusivo da esfera nacional, de modo que se fazia necessário superar a teoria da soberania absoluta dos Estados. O ser humano passa a ocupar um dos pilares antes reservado apenas aos Estados, passando a transformar-se em verdadeiro sujeito de direitos no plano internacional[3].

É dessa nova concepção que se desenvolvem, no âmbito do Direito Internacional dos Direitos Humanos, o sistema universal ou onusiano e os os sistemas regionais de proteção dos direitos humanos.

É interessante notar que, no sistema universal ou onusiano, desenvolvido a partir da criação da Organização das Nações Unidas (ONU), produziram-se instrumentos jurídicos internacionais de natureza geral e de natureza específica. Podemos citar como exemplo dos primeiros o Pacto Internacional sobre Direitos Civis e Políticos; como exemplos dos segundos as convenções internacionais de combate à tortura, à discriminação racial, à discriminação contra as mulheres, à violação dos direitos das crianças etc.[4]

---

1. Valerio de Oliveira Mazzuoli. *Curso de Direito Internacional Público*, pág. 751. 13ª. 2020.
2. Guilherme Madeira Dezem. A Corte Interamericana de Direitos Humanos – procedimento e crítica, pág. 1146. *In*: *Doutrinas essenciais – Direitos Humanos*, volume IV. Flávia Piovesan e Maria Garcia (organizadoras), pág. 1141 a 1163.
3. Valerio de Oliveira Mazzuoli. *Curso de Direito Internacional Público*, pág. 763. 13ª. 2020.
4. Valerio de Oliveira Mazzuoli. *Curso de Direito Internacional Público*, pág. 763. 13ª. 2020.

Posteriormente, vieram os sistemas regionais de proteção aos direitos humanos, de que são exemplos o sistema regional europeu, o sistema regional interamericano e o sistema africano. Também nesses sistemas podemos observar instrumentos jurídicos internacionais de caráter geral e de caráter específico.

Por ora, é importante destacar que o objeto do Direito Internacional dos Direitos Humanos é o estudo das convenções, declarações e outras normas jurídicas internacionais de proteção dos direitos humanos. Compreende-se nesse objeto, naturalmente, o estudo dos Sistemas Internacionais de Proteção aos Direitos Humanos, constituídos por diversas normas jurídicas internacionais e instituições de proteção aos direitos humanos.

Dentro da amplitude do objeto do Direito Internacional dos Direitos Humanos, faremos um recorte para examinar apenas o Sistema Regional de Proteção aos Direitos Humanos. E, dentro do Sistema Regional de Proteção aos Direitos Humanos, examinaremos apenas os institutos que nos ajudaram a desenvolver novas teorias, método e princípios sobre a relação entre normas jurídicas internas e internacionais de proteção aos direitos humanos.

1.1. Direito Internacional dos Direitos Humanos: ramo autônomo do Direito Internacional Público

No capítulo anterior, foi possível observar que, a partir da 2ª Guerra Mundial, o Direito Internacional dos Direitos Humanos teve um intenso desenvolvimento, passando a constituir uma disciplina autônoma.

Atualmente, pode-se afirmar que o Direito Internacional dos Direitos Humanos é um ramo autônomo do Direito Internacional Público, gozando de autonomia, especificidade e princípios próprios[5].

Em termos tradicionais, defende-se a existência de três sub-ramos do Direito Internacional Público: o Direito Internacional dos Direitos Humanos (DIDH), o Direito Internacional Humanitário (DIH) e o Direito Internacional dos Refugiados (DIR). Esses três ramos destinam-se à proteção do ser humano. Esse objetivo comum evita a segregação entre os três sub-ramos[6].

Para uma visão mais moderna, o Direito Internacional dos Direitos Humanos (DIDH) é o mais abrangente dos três. O Direito Internacional Humanitário (DIH) e o Direito Internacional dos Refugiados (DIR) atuam em temas específicos – respectivamente, em conflitos armados (internacionais e nacionais) e na proteção dos refugiados. Dessa maneira, o DIDH é um único ramo, mas com vertentes (humanitário e refugiados) para temas específicos.

5. Valerio de Oliveira Mazzuoli. *Curso de Direito Internacional Público*, pág. 763. 13ª. 2020.
6. André de Carvalho Ramos. *Curso de Direitos Humanos*, pág. 169. 9ª ed. 2022.

Os dois últimos (DIH e DIR) são leis especiais, aplicando-se, na ausência das leis especiais, as normas gerais do DIDH[7].

2. CONCEPÇÃO TRADICIONAL E CONCEPÇÃO CONTEMPORÂNEA DOS DIREITOS HUMANOS: DIREITOS HUMANOS COMO PROCESSO HISTÓRICO DE LUTAS ATÉ SE CHEGAR À EFETIVA PROTEÇÃO JURÍDICA

Em uma **concepção tradicional**, **direitos humanos** são direitos inerentes ao ser humano, essenciais à dignidade humana (ou a uma vida digna), fruto de lutas e conquistas históricas e positivados em documentos e diplomas jurídicos internacionais.

Esse conceito pode ser decomposto em quatro partes.

Na primeira parte, temos: **direitos inerentes ao ser humano**. O realce, aqui, é ao **jusnaturalismo**, que concebe os direitos como algo próprio, inseparável da natureza humana. A **Declaração Universal dos Direitos Humanos**, de 1948, não descarta essa vertente jusnaturalista.

Com efeito, segundo o preâmbulo dessa declaração, fica reconhecida a dignidade como **inerente** a todos os membros da família humana. Mais ainda, nos termos do art. 1º, "todos os seres humanos **nascem** livres e iguais em dignidade e direitos".

Dizer que os direitos são **inerentes** ao ser humano e que todos seres humanos **nascem** livres e iguais significa dizer que os direitos humanos são **direitos naturais**. Em outras palavras, os **direitos humanos** fazem parte da natureza humana, o que revela uma vertente jusnaturalista na nossa definição.

Assim, a verdadeira natureza do ser humano é o fato de ele ser titular de direitos humanos. O Estado revela uma criação posterior e artificial, com o objetivo de proteger os direitos humanos, que, por serem inerentes ao ser humano, são anteriores à criação do Estado.

Se os direitos humanos fazem parte da natureza humana, segue-se, ao menos abstratamente, sem levar em conta as condições concretas de cada sociedade, que todos os seres humanos são titulares dos direitos humanos. Temos, aí, uma **concepção universal dos direitos humanos**, derivada do Direito Natural.

Na segunda parte do conceito, os direitos humanos são aqueles que se referem aos **direitos essenciais à dignidade humana ou a uma vida digna**. Nem todos os direitos são direitos humanos. Só o são aqueles **essenciais à promoção da dignidade humana**. Numa relação contratual de compra e

---

7. André de Carvalho Ramos. *Curso de Direitos Humanos*, pág. 169. 9ª ed. 2022.

venda, entre dois particulares situados num plano de igualdade, o direito ao preço, decorrente da venda de um carro, não traduz direito humano. É um direito patrimonial decorrente de um contrato civil de compra e venda.

Por outro lado, numa relação jurídica entre um consumidor e um plano de saúde, o direito à internação, no caso de uma doença grave, tem que ver com o direito à vida. Dada a essencialidade à dignidade humana, temos, aí sim, um legítimo direito humano.

Assim, **direitos humanos** são assim chamados não porque sejam titularizados pelos seres humanos, mas, sim, porque apresentam **caráter nodal para a vida digna**. Em outras palavras, direitos humanos têm que ver com bens e valores essenciais para que cada ser humano possa desenvolver as capacidades potenciais[8].

Na terceira parte do conceito, o realce foi à **concepção histórica** dos direitos humanos. Não basta que um direito faça parte da natureza humana. É preciso que esse direito seja efetivado. Essa efetivação é obra de muitas lutas, com avanços e retrocessos no decorrer da caminhada humana pelo percurso da história.

Na quarta parte do conceito, percebe-se que os direitos humanos são aqueles previstos em **documentos e diplomas normativos internacionais**. Já os **direitos fundamentais** são aqueles direitos, também essenciais à dignidade humana, previstos nas Constituições dos Estados. Veremos que essa distinção doutrinária costuma ser amplamente aceita, embora grande parte dos direitos previstos em documentos internacionais também encontrem previsão nas Constituições nacionais, a tal ponto de se falar em **direitos humanos fundamentais**.

DIREITOS HUMANOS SÃO (Concepção tradicional)			
Direitos inerentes ao ser humano (JUSNATURALISMO= DIREITO NATURAL)	Direitos essenciais à dignidade humana (LIGAÇÃO COM A DIGNIDADE HUMANA)	Direitos fruto de lutas e conquistas históricas (DIREITOS HISTÓRICOS)	Direitos positivados em documentos e diplomas normativos internacionais (POSITIVAÇÃO INTERNACIONAL)

Nota-se que, por meio da **concepção tradicional**, o conceito apanha elementos históricos, de direito natural e jurídicos e os reúne, com o objetivo de alcançar uma definição jurídica de direitos humanos.

8. Carlos Weis. *Direitos humanos contemporâneos*, pág. 25. 3ª ed. 2014.

Por sua vez, há uma **concepção contemporânea**, que prima por aspectos históricos, filosóficos e sociológicos.

Dentro dessa concepção contemporânea, **Norberto Bobbio** revela que os direitos humanos traduzem **direitos históricos**, ou seja, direitos "(...) nascidos em certas circunstâncias, caracterizadas por lutas em defesa de novas liberdades contra velhos poderes, e nascidos de modo gradual, não todos de uma vez e nem de uma vez por todas"[9].

Já, para **Hannah Arendt**, direitos humanos não são um dado, mas um construído, algo fruto da invenção humana, em processo de construção e reconstrução[10].

Ainda segundo a **concepção contemporânea**, **Luigi Ferrajoli** enxerga os direitos humanos como a lei do mais fraco contra a lei dos mais fortes, isto é, uma luta contra todas as formas de absolutismos, sejam estes provindos do Estado, do setor privado ou da esfera doméstica[11].

Observa-se que, na concepção tradicional, o conceito de direitos humanos volta-se para um aspecto mais jurídico, sem descuidar de elementos históricos e de direito natural. Já, na concepção contemporânea, os direitos humanos são vistos não sob o prisma jurídico, mas sob o aspecto histórico de lutas na busca de direitos e contra todas as formas de absolutismo. Nesta última concepção, os direitos humanos não são algo finalizado, mas, sim, uma busca constante pela preservação dos direitos já consolidados e uma busca por direitos a serem conquistados. Uma luta do mais fraco contra os mais fortes.

Em ambas as concepções - tradicional e contemporânea - encontra-se presente a percepção de que os direitos humanos são **direitos históricos**. Os direitos históricos, vimos, fazem ressaltar as lutas, a construção, dentro de uma concepção de luta do mais fraco contra o mais forte.

Por isso, é possível dizer que os direitos humanos são conquistas paulatinas, fruto de um acúmulo de lutas em geral promovidas pelos fracos contra os mais fortes. Aqueles que lutam pelos direitos assumem um papel fundamental na concretização dos direitos humanos.

Assim, existe uma relação muito próxima entre os **defensores dos direitos humanos** e a percepção de que os direitos humanos são **direitos históricos**. Em outras palavras, para que os direitos humanos, que são direitos históricos, sejam protegidos e conquistados, é preciso proteger quem luta pela concretização desses direitos.

Daí que, segundo a **jurisprudência da Corte Interamericana de Direitos Humanos**, "(...) os Estados têm o dever de facilitar os meios necessários para

9. Norberto Bobbio. *A Era dos Direitos*, pág. 5. 23ª tiragem. 2009.
10. Flávia Piovesan. *Direitos humanos e justiça internacional*, pág. 56. 9ª ed. 2ª tiragem. 2019.
11. Flávia Piovesan. *Direitos humanos e justiça internacional*, pág. 56. 9ª ed. 2ª tiragem. 2019.

que os defensores de direitos humanos realizem livremente suas atividades; protegê-los quando são objeto de ameaças para evitar os atentados à sua vida e integridade; abster-se de impor obstáculos que dificultem a realização do seu labor, e investigar séria e eficazmente as violações cometidas contra eles, combatendo a impunidade"[12].

DIREITOS HUMANOS – CONCEITO (Concepção contemporânea)		
São direitos históricos, nascidos dentro de certas circunstâncias, nas quais há uma luta de novas liberdades contra velhos poderes, de forma gradual, não todos de uma vez nem uma vez por todas. (NORBERTO BOBBIO)	Não são um dado, mas um construído, fruto da invenção humana, em processo de construção e reconstrução. (HANNAH ARENDT)	São a lei do mais fraco contra a lei dos mais fortes, isto é, uma luta contra todas as formas de absolutismos, sejam estes provindos do Estado, do setor privado ou da esfera doméstica (LUIGI FERRAJOLI)

Em termos de proteção dos direitos humanos na ordem econômica, as lutas são constantes, com retrocessos e progressos, até se chegar à efetiva proteção jurídica.

Portanto, todo o desenvolvimento, que aqui se fará, a respeito da junção entre ordem jurídica interna e internacional, deve sempre partir dessa compreensão de luta, conquistas e retrocessos. Isso é mais forte ainda quando em jogo o poderio econômico e financeiro, grande inimigo atual dos direitos humanos.

De qualquer forma, compreender essa evolução progressiva dos direitos humanos é essencial para definirmos como se dará o empenho das instituições nacionais e internacionais, do aparato jurídico nacional e internacional – na proteção aos direitos humanos.

3. O DIREITO A TER DIREITOS E OS SISTEMAS NACIONAL E INTERNACIONAL DE PROTEÇÃO AOS DIREITOS HUMANOS: PROCESSO DE INCLUSÃO DA PESSOA HUMANA NA ORDEM JURÍDICA ECONÔMICA

A expressão **direito a ter direitos** foi cunhada por Hannah Arendt. A compreensão depende de uma explicação teórica.

12. Corte Interamericana de Direitos Humanos, Caso *García y familiares Vs. Guatemala*, § 179 da sentença, julgamento no dia 29 de novembro de 2012. O caso diz respeito a Edgar Fernando García, professor de educação primária e sindicalista. Edgar Fernando foi preso por agentes militares e nunca mais foi encontrado. O Estado guatemalteco não realizou investigações nem puniu os responsáveis pelo desaparecimento fora do ativista pelos direitos humanos.

O ser humano, isolado, continua, é claro, sendo ser humano. Porém, ao separar-se do espaço público e de outras pessoas, ele não consegue mais se revelar como ser humano e confirmar a própria identidade. A dignidade do ser humano depende das relações com outros seres humanos no espaço público. A ação política revela, para a comunidade, a singularidade do ser humano. Sem isso, o ser humano deixa de fazer parte da história, não há memória nem existência registradas.

Assim, o indivíduo, sozinho, perde a dignidade humana, porque tudo o que faz ou deixa de fazer perde a importância. Os atos do indivíduo passam a ser algo que nunca existiu; o indivíduo se despe da importância da fala e do relacionamento com outras pessoas.

É o que se passa com os grupos étnicos discriminados e com os apátridas. Eles se encontram excluídos das relações humanas que lhes assegurariam os direitos humanos. São pessoas privadas totalmente de direitos. Ao serem privados da qualidade de sujeitos de direitos, eles acabam privados do papel de seres humanos. Seus atos e suas opiniões – embora eles os tenham – perdem total importância.

Por isso, pouco importa o jusnaturalismo, isto é, a concepção de que os direitos humanos fazem parte da natureza humana. Sem a participação no espaço público e na convivência com o tecido das relações sociais, o indivíduo perde o direito de se expressar, o direito à saúde, os direitos de cidadania, enfim, a dignidade peculiar dos seres humanos.

Os direitos de um ser humano isolado são os direitos de um ser humano numa ilha: as palavras são lançadas ao vento e depois esquecidas.

Assim, quando um indivíduo é expulso de uma comunidade, não há mais nenhuma autoridade para proteger os direitos desse indivíduo, tampouco alguma instituição para garantir referidos direitos.

Isso revela que os direitos, antes inerentes à natureza humana (jusnaturalismo), tornam-se inaplicáveis, perdendo o sentido de verdadeiros direitos humanos.

Desse modo, a expulsão de uma comunidade implica a perda de todos os direitos humanos, de modo que a perda da comunidade traz como consequência a perda da dignidade. Daí, segundo Hannah Arendt, os direitos de cada indivíduo, antes mesmo de serem enumerados nas declarações de direitos, são o *direito a ter direitos, isto é, o direito de a pessoa pertencer a uma comunidade que garanta os direitos dessa pessoa.*

Ganha, então, relevo a ideia de que os direitos humanos dependem de uma construção coletiva, a partir de uma humanidade comum, que englobe todos os seres humanos.

A comunidade, então, transforma-se num ambiente de construção dos direitos humanos, os quais, portanto, passam a ser concretizados a partir da ação política exercida numa comunidade.

A comunidade, portanto, é o ambiente que propicia o fortalecimento dos laços humanos, respeitando-se, sempre, é claro, a singularidade dos diversos grupos humanos[13].

A Primeira Guerra Mundial produziu os deslocados do mundo, os *displaced people* – minorias nacionais, linguísticas, étnicas e religiosas, expelidas, conforme revelou Hannah Arendt, da trindade Povo-Estado-Território, por força da denegação do pluralismo e da tolerância. Essas pessoas deixaram de ter um lugar dentro das sociedades politicamente organizadas, tornando-se indesejáveis em todo o lugar que entrassem. Essa situação derivou dos nacionalismos xenófobos, bem assim dos cancelamentos em massa produzidos pela antiga União Soviética e pela Alemanha nazista, norteadas por intolerância ideológica e racista[14].

Em razão do sectarismo, do fanatismo e da xenofobia, os deslocados do mundo tornaram-se vítimas da descartabilidade nos campos de concentração. Daí, segundo **Hannah Arendt, os direitos humanos não são um dado, mas um construído – um construído político de convivência coletiva**. Essa convivência implica a partilha da terra entre os seres humanos, configurando o **direito à hospitalidade universal**[15].

Assim, o primeiro direito é o **direito a ter direitos**, isto é, o direito a fazer parte de uma comunidade que garanta, efetivamente, os direitos humanos, incluindo o direito à igualdade e à não discriminação.

A propósito, a Defensoria Pública, no Brasil, traduz instituição essencial na orientação jurídica e promoção de direitos dos desassistidos e necessitados, os quais constituem parcela considerável da população brasileira.

Em um caso bem interessante, o **Supremo Tribunal Federal** entendeu que o Poder Judiciário, em uma ação civil pública, poderia determinar que fosse designado um Defensor Público para a defesa de um desassistido, numa Comarca onde não estivesse instalada a Defensoria Pública.

Nesse importante julgamento, o Ministro Relator, CELSO DE MELLO, entendeu que assiste a todas as pessoas – principalmente àquelas que nada

---

13. Quem bem o pensamento de Hannah Arendt, relacionado ao **direito a ter direitos**, foi: Renata Romolo Brito. *Os direitos humanos na perspectiva de Hannah Arendt*. Revista Ética e Filosofia Política, volume 9 nº 1, junho/2016. Acesso: 14/5/2021. Disponível em: file:///C:/Users/Dr%20Fernando/Downloads/27907--Texto%20do%20artigo-110062-1-10-20190909.pdf.
14. Celso Lafer. *Direito Internacional. Um percurso no Direito no Século XXI*, volume 2, págs. 15 e 16. 2015.
15. Celso Lafer, *ob cit.*, pág. 16.

têm e de que tudo necessitam – uma prerrogativa básica que permita a viabilização dos demais direitos e liberdades.

Nesse sentido, pontuou o Ministro CELSO DE MELLO, "torna-se imperioso proclamar, por isso mesmo, que toda pessoa **tem direito a ter direitos** (grifei), assistindo-lhe, nesse contexto, a prerrogativa de ver tais direitos efetivamente implementados em seu benefício, o que põe em evidência – cuidando-se de pessoas necessitadas (CF, art. 5º, LXXIV) – a significativa importância jurídico-institucional e político-social da Defensoria Pública"[16].

Por isso, cumpre ao Estado aparelhar a Defensoria Pública, de modo que esta última cumpra a missão constitucional de que é incumbida.

Assim, **todos têm direito a ter direitos**, o que só é possível, quanto às pessoas carentes e desassistidas, que exista todo um aparato estatal por trás disso, como o fortalecimento da Defensoria Pública[17].

Em outro caso também muito interessante, o **Supremo Tribunal Federal** entendeu serem constitucionais as normas legais que atribuem à **Defensoria Pública** a **prerrogativa de requisição de documentos, informações e esclarecimentos.**

Em seu voto, depois de posicionar a Defensoria Pública no papel de instituição fundamental para garantir o **acesso à justiça** às pessoas hipossuficientes, o Ministro Relator, EDSON FACHIN, pontuou o seguinte: "(...) reconhecer a **atuação da Defensoria Pública como um direito que corrobora para o exercício de direitos** (grifei) é reconhecer sua importância para um sistema constitucional democrático em que todas as pessoas, principalmente aquelas que se encontram situadas à margem da sociedade, possam usufruir do catálogo de direitos e liberdades previstos na Constituição Federal"[18].

Em complemento, o Ministro Edson Fachin associou a prerrogativa de requisição da Defensoria à concretização do **direito às garantias judiciais** previsto no art. 8º da Convenção Americana de Direitos Humanos.

Em outra ação de controle concentrado, o **Supremo Tribunal Federal** reconheceu a constitucionalidade de lei estadual que previa o poder de requisição da Defensoria Pública. O Ministro Relator, ALEXANDRE DE MORAES, explicou que a Constituição Federal posicional a Defensoria Pública no rol das **funções essenciais à Justiça**.

---

16. Voto do Ministro Relator CELSO DE MELLO, no seguinte julgamento: STF, 2ª Turma, Agravo Regimental no RE 763667/CE, julgamento no dia 22.10.2013.
17. **Quanto à relação entre o direito a ter direitos e a Defensoria Pública**, confira-se o brilhante voto do então Ministro do Supremo Tribunal Federal, **Celso de Mello**: STF, Plenário, ADI 2.903, julgamento no dia 1.12.2005, DJe de 19;9.2008. Voto disponível em: https://www.anadep.org.br/wtk/pagina/materia?id=1376.
18. STF, ADI 6.852 e outras, Plenário, Relator Ministro Edson Fachin, fevereiro de 2022.

Além disso, entendeu o Ministro, a EC nº 45/2004 fortaleceu as Defensorias Públicas Estaduais, as quais passaram a contar com autonomia funcional e administrativa – garantias posteriormente estendidas às Defensorias da União e do Distrito Federal pela EC nº 74/2013.

Depois, veio a EC nº 80/2014, que estabeleceu para as Defensorias Públicas os princípios institucionais da unidade, indivisibilidade e independência funcional. Para que as relevantes funções da Defensoria sejam asseguradas, é preciso supor uma série de poderes (teoria dos poderes implícitos), dentro de um quadro de adequação, razoabilidade e proporcionalidade. O poder de requisição situa-se nesse quadro, reconheceu o Supremo Tribunal Federal[19].

A Defensoria Pública, portanto, insere-se num projeto amplo de uma comunidade política organizada para garantir os direitos humanos. Essa comunidade política organizada é que viabiliza o **direito a ter direitos.**

É interessante que o **direito a ter direitos** é muito mais do que o reconhecimento da soberania estatal absoluta. Não basta que haja uma comunidade estatal, mas é preciso que a comunidade estatal garanta direitos.

Como o **direito a ter direitos** vai além dos limites da soberania dos Estados – tendo em conta que muitos Estados deixam de proteger os direitos – nota-se que o **direito a ter direitos acaba tendo uma relação muito próxima com o Direito Internacional dos Direito Humanos.**

É que, para o Direito Internacional dos Direitos Humanos, a dignidade humana é tema que não se esgota na soberania estatal. Trata-se de assunto que importa à comunidade internacional.

No **sistema regional interamericano de Direitos Humanos**, sabemos que a Comissão Interamericana de Direitos Humanos é que, na grande maioria das vezes, propõe demandas perante a Corte Interamericana de Direitos Humanos. O indivíduo não pode fazê-lo.

Proposta a demanda, aí, sim, poderá o indivíduo participar do processo, apresentando solicitações, argumentos e provas. Esse direito de o indivíduo (vítima, familiar ou representante legal) apresentar solicitações, argumentos e provas, num processo já instaurado perante a Corte Interamericana, é denominado de **locus standi**[20].

---

19. STF, ADI nº 6875, Plenário, Relator Ministro ALEXANDRE DE MORAES, julgamento no dia 21/2/2022.
20. O **locus standi** é o direito de o indivíduo participar da demanda já proposta na Corte Interamericana. A partir de uma reforma no Regulamento da Corte Interamericana, em 2001, o indivíduo poderá participar de todas as etapas do procedimento, no que se refere aos processos instaurados por violação aos direitos previstos na Convenção Americana de Direitos Humanos. É possível, portanto, num processo já instaurado pela Comissão Interamericana, que o indivíduo proponha provas, solicitações e argumentos, para reforçar inclusive aquilo que já foi apresentado pela Comissão. Contudo, o indivíduo

Como, então, o indivíduo pode realizar, com efetividade, o **locus standi**, na Corte Interamericana, num contexto maior de **direito a ter direitos no sistema regional interamericano de direitos humanos**?

É que não basta reconhecer ao indivíduo o direito de participar dos processos instaurados na Corte Interamericana. É preciso que se conceda à pessoa os meios necessários para que o direito a participar do processo possa ser efetivado.

É interessante notar que, antes, quando o indivíduo não podia nem mesmo participar do processo já instaurado perante a Corte Interamericana, a Comissão Interamericana atuava como representante processual dos peticionários.

Logo depois, quando o indivíduo passou a ter o direito de participar do processo judicial já iniciado pela Comissão, a representação processual passou para os(as) Advogados(as) ou Organizações Não Governamentais.

O problema é que muitas das vítimas são pessoas hipossuficientes, sem representação processual alguma.

Surge, então, a partir de uma reforma em 2010 no Regulamento da Corte Interamericana, a figura do **Defensor Público Interamericano**. Assim, a Corte poderá nomear um Defensor Público Interamericano ao indivíduo (vítima, familiares ou representantes) sem representação processual[21].

Para que o acesso ao Defensor Público Interamericano de Direitos seja implementado, a Corte Interamericana firmou, em 2009, um acordo com a Associação Interamericana de Defensores Públicos (AIDEF). Por meio desse acordo, a Corte Interamericana pode nomear um Defensor Público dos Estados-membros da referida associação. Assim, esse Defensor Público acompanha os casos em tramitação na Corte Interamericana[22].

---

ainda continua sem o direito de propor demanda, diretamente, perante a Corte Interamericana. Em outras palavras, o indivíduo continua sem o **jus standi**, isto é, sem a faculdade de ajuizar demanda na Corte Interamericana. Diverso se passa no sistema regional europeu, em que qualquer pessoa, mesmo que não residente nos países submetidos à Convenção Europeia de Direitos Humanos (CEDH), poderá propor demanda diretamente perante a Corte Europeia de Direitos Humanos. Por isso se diz que, no sistema regional europeu de direitos humanos, a pessoa possui o **jus standi**, ao passo que, no sistema regional interamericano, o indivíduo só conta com o **locus standi**.

21. A propósito, nos termos do art. 37 do Regulamento da Corte Interamericana, "em caso de supostas vítimas sem representação legal devidamente credenciada, o Tribunal poderá designar um Defensor Interamericano de ofício que as represente durante a tramitação do processo".

22. Isabel Penido de Campos Machado. Defensores Públicos Interamericanos: novos horizontes de acesso à justiça. *In*: *Sistema Interamericano de Direitos Humanos*. Jornal da Escola Superior da Defensoria Pública da União. 1º semestre de 2017. E. nº 8. Ano 3, pág. 2. Já sob a nova regulamentação, foram prolatadas as duas primeiras sentenças da Corte Interamericana, com a presença de Defensores Públicos Interamericanos (DPIs): Caso *Furlan e Familiares vs. Argentina* e Caso *Mohammed vs. Argentina* (2012). Confira-se> Isabel Penido de Campos Machado, ob. cit. pág. 2).

Um dos princípios substanciais da Hermenêutica dos Direitos Humanos, conforme veremos oportunamente[23], é o **princípio da preservação dos instrumentos, órgãos e instituições garantidores dos direitos humanos.**

Segundo referido princípio, é preciso assegurar a existência e subsistência de todos os mecanismos institucionais destinados à proteção dos direitos humanos. De nada adianta a previsão normativa dos direitos humanos, sem os instrumentos necessários para que esses direitos sejam assegurados. As prerrogativas da Defensoria Pública – como a de requisição de documentos, informações e esclarecimentos – realizam o princípio referido.

O **direito a ter direitos** é a possibilidade de se fruir dos direitos no seio de uma comunidade organizada. Não basta ter direitos, sem uma comunidade que os garanta.

Já o **princípio da preservação dos instrumentos garantidos dos direitos humanos** significa assegurar mecanismos institucionais para que os direitos sejam desfrutados.

Se o **direito a ter direitos** é uma concepção ideológica genérica, o **princípio da preservação dos instrumentos, órgãos e instituições garantidores dos direitos humanos** é uma das maneiras pelas quais o direito a ter direitos pode concretizar-se.

Daí a relação entre os dois.

DIREITO A TER DIREITOS (HANNAH ARENDT)			
SIGNIFICADO Direito a ter direitos é o direito a pertencer a uma comunidade que garanta os direitos das pessoas, incluindo o direito à igualdade e à não discriminação.	INSUFICIÊNCIA DO JUSNATURALISMO Não basta dizer que os direitos são inerentes à natureza humana (jusnaturalismo). Um ser humano isolado em uma ilha não tem, realizados, os direitos à saúde, à liberdade de expressão. Palavras ditas numa ilha são palavras perdidas no vento.	DIREITOS HUMANOS DEPENDEM DE UMA CONSTRUÇÃO COLETIVA Os direitos humanos não são um dado, mas um construído – um construído político de convivência comunitária.	CONVIVÊNCIA COLETIVA IMPLICA A PARTILHA DA TERRA ENTRE OS SERES HUMANOS É o direito à hospitalidade universal.

Esse *direito a ter direitos* é que vai permitir toda a construção dos sistemas nacionais e internacionais de proteção aos direitos humanos. São mecanismos,

23. No Capítulo 12.

instituições, disposições jurídicas que integrarão a pessoa humana na comunidade, possibilitando ao ser humano o desfrute de direitos.

Esses mecanismos, instituições e disposições jurídicas, no plano internacional, são os sistemas internacionais de proteção dos direitos humanos. Conhecê-los, nos aspectos gerais, é essencial para prosseguirmos nesta tese.

4. DIREITO INTERNACIONAL DE DIREITOS HUMANOS E OS SISTEMAS INTERNACIONAIS DE PROTEÇÃO DOS DIREITOS HUMANOS

O Direito Internacional de Direitos Humanos é o conjunto de normas internacionais (tratados, convenções, declarações e normas de outra natureza), de instituições internacionais e de procedimentos destinados à proteção dos direitos humanos.

Essas normas, instituições e procedimentos se distribuem entre o sistema universal ou onusiano e os sistemas regionais (europeu, interamericano e africano) de proteção aos direitos humanos.

O terror da Segunda Guerra Mundial, com a morte de 11 milhões de pessoas (entre os quais 6 milhões de judeus), deu ensejo à criação da Organização das Nações Unidas (1945) e à Declaração Universal dos Direitos Humanos (1948). A partir desses dois grandes marcos (ONU e Declaração Universal), começa a se desenvolver, com intensidade, o *processo de internacionalização dos direitos humanos*. Passam, então, a surgir importantes tratados internacionais de direitos humanos relacionados a direitos básicos do ser humano. Logo depois, aparecem tratados internacionais específicos de direitos humanos, destinados à proteção das pessoas com deficiência, dos idosos, das crianças, das populações indígenas etc[24].

A crise econômica após a 1ª Guerra Mundial levou ao poder as forças políticas da extrema direita e do militarismo. Isso contribuiu para a deflagração da 2ª Guerra Mundial[25].

O mais grave na 2ª Guerra Mundial era a impessoalidade dessa guerra. A tecnologia propiciava um afastamento daqueles que executavam as ordens de agressão. Pessoas eram mortas sem que os assassinos tivessem o contato direto com as vítimas. As maiores crueldades do século XX foram crueldades impessoais, decididas a distância, verdadeiros procedimentos rotineiros e operacionais[26].

---

24. Valerio de Oliveira Mazzuoli. *Curso de Direitos Humanos*, págs. 60 e 61. 8ª ed. 2021.
25. Eric Hobsbawm. *A era dos extremos. O breve século XX. 1914-1991*, pág. 41. 2ª ed. 36ª reimpressão. 1995.
26. "(...) matar e estropiar [tornou-se] uma consequência remota de apertar um botão ou virar uma alavanca. A tecnologia tornava suas vítimas invisíveis, como não podiam fazer as pessoas evisceradas por baionetas

É, portanto, a partir da criação da ONU (1945) e da Declaração Universal dos Direitos Humanos (1948) que a comunidade internacional passa a produzir, intensamente, instituições internacionais e tratados internacionais de proteção aos direitos humanos.

A impessoalidade da 2ª Guerra trouxe a crueldade a um dos níveis mais elevados da história humana. Era necessário criar mecanismos que permitissem uma razoável convivência humana.

Enquanto Stalin eliminava pessoas com base na "teoria científica" dos "inimigos de classe", Hitler o fazia com base na "teoria científica da natureza, da superioridade de uns sobre os outros". Eis o perigo da cientificidade não humana[27] – utilizada, em grau máximo, na 2ª Guerra Mundial.

A Declaração Universal dos Direitos Humanos, a propósito, estipulou, pela primeira vez em escala planetária, a importância dos direitos humanos na convivência coletiva. Trata-se de um evento inaugural de uma nova concepção da vida internacional[28]. A ideia básica era a de que os direitos humanos não mais se restringem à preocupação do Estado, traduzindo interesse da comunidade internacional. Caia por terra a ideia totalitária de soberania absoluta[29].

Assim, o emergente Direito Internacional dos Direitos Humanos traz obrigações dos Estados quanto aos nacionais e aos estrangeiros, de modo que todas as pessoas têm direitos que devem ser protegidos pelos Estados. Os direitos humanos tornam-se tema não apenas de preocupação doméstica e da jurisdição nacional, mas, também, assunto de interesse e proteção internacional, traduzindo objeto do Direito Internacional[30].

---

ou vistas pelas miras de armas de fogo. (...) Rapazes delicados, que certamente não teriam desejado enfiar uma baioneta na barriga de uma jovem aldeã grávida, podiam com muito mais facilidade jogar altos explosivos sobre Londres ou Berlim, ou bombas nucleares em Nagasaki. (...) Dirigentes burocratas alemães, que certamente teriam achado repugnante tanger eles próprios judeus mortos de fome para abatedouros, podiam organizar os horários de trem para o abastecimento regular de comboios da morte para os campos de extermínio poloneses, com menos senso de envolvimento pessoal" (Eric Hobsbawm. *A era dos extremos. O breve século XX. 1914-1991*, pág. 57. 2ª ed. 36ª reimpressão. 1995).

27. Hannah Arendt. *Compreender. Formação, exílio e totalitarismo. Ensaios*, pág. 232.

28. Celso Lafer. *Direito Internacional. Um percurso no Direito no Século XX*, volume II, pág. 4. 2015.

29. René Cassin foi um dos redatores da Declaração Universal. Em conferência proferida em Londres em 24 de setembro de 1941 – ou seja, em plena 2ª Guerra Mundial –, René Cassin lembrou que Hitler dizia que a afirmação dos direitos humanos configura assunto interno dos Estados. Lembrou, ainda, que Hitler contestou resolução da Sociedade das Nações que obrigava os Estados a respeitarem os direitos humanos, ainda que não houvesse tutela específica por tratados internacionais. René Cassin lembrou que, logo depois dessa resolução e das negociações sobre limitações e redução de armamentos, a Alemanha nazista saiu da Sociedade das Nações. Essa postura da Alemanha nazista, ocorrida em 1933, foi, segundo René Cassin, o início de uma cadeia de eventos que levou à 2ª Guerra Mundial (Celso Lafer, ob. cit., pág. 8).

30. Flávia Piovesan. *Direitos Humanos e o Direito Constitucional Internacional*, pág. 87. 19ª ed. 2021.

É por meio dessa preocupação com a internacionalização normativa dos humanos que se formam os sistemas global e regionais de proteção aos direitos humanos.

Aprofundar-se sobre o sistema regional interamericano, em compasso com o direito nacional, é o objetivo principal deste livro. Esse aprofundamento permitirá construir mecanismos dialogais – principalmente entre o Poder Judiciário nacional e o sistema regional interamericano. Assim se efetiva, em termos jurisdicionais, a proteção dos direitos humanos, marcadamente no campo dos direitos econômicos e sociais com incidência nas relações privadas, o que se revela como o principal objeto deste trabalho.

Passemos, então, em linhas bem gerais, a compreender os sistemas internacionais de proteção aos direitos humanos. Em momento posterior, ingressaremos no sistema regional interamericano de proteção aos direitos humanos.

4.1. Sistema universal ou global ou onusiano

O *sistema universal ou onusiano ou geral* de proteção aos direitos é o sistema normativo, de proteção aos direitos humanos, que foi desenvolvido em torno da Organização das Nações Unidas (ONU).

A Carta das Nações Unidas (1945) é um tratado multilateral, assinado inicialmente por 50 Estados na cidade de São Francisco. Foi esse tratado que estabeleceu a Organização das Nações Unidas – essa importantíssima organização internacional criada em 1945, no final da 2ª Guerra Mundial.

Nos termos do art. 55 da Carta da ONU, os Estados devem comprometer-se com o respeito aos direitos humanos e às liberdades fundamentais. Os direitos humanos passam a ser assunto de preocupação internacional, não se limitando mais às esferas domésticas dos Estados.

A Organização das Nações Unidas passa, então, a coordenar a produção de tratados e convenções internacionais. Esses documentos internacionais criam importantes órgãos de proteção aos direitos humanos – como o Comitê para Eliminação de Discriminação Racial, o Comitê contra a Tortura, entre outros.

Além disso, a própria ONU conta com órgãos próprios, como a Assembleia Geral, o Conselho de Segurança, a Corte Internacional de Justiça, entre outros. Há, ainda, outros órgãos criados por atos normativos editados por órgãos da própria ONU (é o caso do Comitê de Direitos Humanos e do Alto Comissariado das Nações Unidas para os Direitos Humanos)[31].

Daí se pode afirmar há dois sistemas mediante os quais a Organização das Nações Unidas atua na proteção aos direitos humanos. O primeiro é o

31. Bruno Del Preti e Paulo Lépore. *Manual de Direitos Humanos*, pág. 282. 2020.

sistema convencional, em que, sob a coordenação da ONU, são estabelecidos tratados internacionais, os quais criam órgãos próprios. Já o segundo é o *sistema não convencional*, que se baseia na própria Carta da ONU – e não em posteriores tratados internacionais.

No sistema não convencional, os órgãos atuantes ou são aqueles já previstos na Carta da ONU, ou são aqueles órgãos criados por atos normativos editados por órgãos da ONU. Um dos órgãos da ONU, criado pela Carta da ONU, é o Conselho Econômico e Social das Nações Unidas. O Conselho Econômico e Social das Nações Unidas, por sua vez, editou uma resolução para criar o Conselho de Direitos Humanos da ONU.

Submetem-se aos órgãos de monitoramento, procedimentos e mecanismos de proteção da ONU aqueles Estados que aderiram à Carta da ONU, que é um tratado internacional multilateral. Essa submissão independe de adesão a novo tratado ou convenção. Daí *sistema não convencional ou extraconvencional*.

Já, para se submeter ao *sistema convencional*, o Estado tem que aderir ao tratado específico. Assim, o Estado que ratificar o Pacto Internacional dos Direitos Civis e Políticos (PIDCP) acaba por se submeter ao Comitê de Direitos Humanos (órgão de monitoramento) e aos respectivos mecanismos de proteção (relatórios, comunicações interestatais).

Portanto, para se submeter ao sistema não convencional, basta a adesão à Carta da ONU. Já, para se vincular ao sistema convencional, o Estado tem que ratificar o tratado específico de cada matéria.

Daí que, no sistema universal, a proteção dos direitos humanos gira em torno da ONU – seja por meio dos órgãos, procedimentos e atos normativos desses órgãos da ONU (sistema não convencional), seja por meio de tratados internacionais criados sob a coordenação da ONU (sistema convencional).

Quanto ao *sistema convencional*, a Carta da ONU (1945) começa a delinear o sistema universal ou geral, ao estabelecer a obrigação de os Estados protegerem os direitos humanos, os quais, porém, não vêm esmiuçado por esse tratado multilateral.

Em razão disso, em 1948, foi adotada e proclamada, pela Assembleia Geral das Nações Unidas, a Declaração Universal dos Direitos Humanos, a qual, então, definiu um rol de direitos humanos.

Embora um código comum a ser seguido pelos países, a Declaração Universal dos Direitos Humanos, para uma postura mais legalista, não tem força jurídica obrigatória e vinculante, por assumir a natureza jurídica de uma declaração e não de um tratado[32].

---

32. Flávia Piovesan. *Direitos Humanos e o Direito Constitucional Internacional*, pág. 255. 19ª ed. 2021.

Por isso, de 1949 a 1966 foram conjugados esforços para a elaboração de dois importantíssimos tratados internacionais, que concederam força normativa à Declaração Universal dos Direitos Humanos.

O primeiro desses tratados é o Pacto Internacional dos Direitos Civis e Políticos. O segundo é o Pacto Internacional dos Direitos Econômicos, Sociais e Culturais. Ambos, concluídos em 1966, incorporaram os direitos previstos na Declaração Universal, passando, portanto, a tornar vinculantes e obrigatórios esses direitos.

Esses dois tratados (1966) e a Declaração Universal dos Direitos Humanos (1948) formam a *Carta Internacional dos Direitos Humanos* (International Bill of Rights).

Há quem sustente que o sistema global de proteção aos direitos humanos é inaugurado apenas com a Carta Internacional dos Direitos Humanos[33]. Pensamos, no entanto, que o sistema global é inaugurado com a criação da ONU, em 1945, pela Carta da ONU. É que, no âmbito da ONU, antes mesmo da criação da Carta Internacional dos Direitos Humanos, já tínhamos a proteção dos direitos humanos pelos próprios órgãos da ONU.

De qualquer forma, o Pacto Internacional dos Direitos Civis e Políticos e o Pacto Internacional dos Direitos Econômicos e Sociais são dois tratados gerais que inauguraram o sistema convencional de direitos humanos no âmbito do sistema global.

Após esses dois tratados gerais, vieram vários tratados multilaterais de direitos humanos no sistema global – mas, agora, relacionados a violações específicas aos direitos humanos (genocídio, discriminação contra as mulheres, discriminação racial, proteção dos direitos das crianças etc.).

Essa visão geral sobre o sistema global é importante neste trabalho. Embora a integração normativa aqui proposta se volta principalmente à inter-relação entre o sistema regional interamericano e o direito interno, o certo é que, conforme veremos, muitas sentenças da Corte Interamericana de Direitos Humanos, que é um órgão do sistema regional interamericano, invocam o sistema global ao fixar padrões normativos de proteção aos direitos humanos.

4.2. Sistemas regionais (europeu, interamericano e africano)

No que se refere aos sistemas internacionais de proteção aos direitos humanos, temos o sistema global e os sistemas regionais (europeu, interamericano e africano).

33. Flávia Piovesan. *Direitos Humanos e o Direito Constitucional Internacional*, pág 256. 19ª ed. 2021.

Interessa-nos, aqui, o sistema regional interamericano. Escolhido um desses sistemas, a vítima não poderá adotar o outro.

De qualquer forma, qualquer um dos sistemas internacionais acima é subsidiário ou complementar ao sistema nacional. A obrigação primária de proteção aos direitos humanos é do sistema nacional. Apenas se este último falhar na proteção (proteção inexistente ou insuficiente) é que surge a competência do sistema internacional.

Passemos, agora, a apreciar o sistema regional interamericano e sua contribuição para a resolução de problemas de direitos humanos. Vejamos, então, como é possível promover a integração entre o sistema regional interamericano e o direito interno na proteção dos direitos humanos.

4

ASPECTOS GERAIS DO SISTEMA REGIONAL INTERAMERICANO

1. EVOLUÇÃO DO SISTEMA REGIONAL INTERAMERICANO

Ao lado do sistema global, universal ou onusiano de proteção aos direitos humanos, foram sendo criados sistemas regionais de proteção aos direitos humanos. Os sistemas regionais vieram para complementar o sistema universal, atendendo a peculiaridades de certos grupos de países.

Podemos estudar a evolução do sistema regional interamericano a partir de 4 fases.

1.1. 1ª fase: Carta da OEA (criação da OEA) e Declaração Americana de Direitos e Deveres do Homem (1948)

A formação do *Sistema Regional Interamericano* se deve à 9ª Conferência Interamericana, realizada em Bogotá (Colômbia), em 1948. Foi nessa conferência que se aprovou a *Carta da Organização dos Estados Americanos (Carta de Bogotá)*, tratado internacional multilateral que instituiu a Organização dos Estados Americanos (OEA) e os órgãos dessa organização. Referida conferência também aprovou a *Declaração Americana de Direitos e Deveres do Homem*.

A Carta da OEA trouxe disposições bastante genéricas sobre a proteção aos direitos humanos. O detalhamento sobre os direitos humanos a serem protegidos veio com a Declaração Americana de Direitos e Deveres do Homem, que é anterior à Declaração Universal dos Direitos Humanos (do sistema universal).

A Declaração Americana de Direitos e Deveres do Homem foi adotada em formato de *resolução*, e não de tratado internacional. Não obstante isso, a Declaração Americana é tida como *interpretação autêntica* dos dispositivos da Carta da OEA que preveem, de forma genérica, a proteção aos direitos humanos[1]. Além disso, as Resoluções 314/1977 e 371/1978, da Assembleia Geral da OEA, têm reconhecido a responsabilidade internacional dos Estados membros da OEA que descumprirem a Declaração Americana.

Assim, não é possível interpretar os direitos humanos previstos genericamente na Carta da OEA sem o auxílio da Declaração Americana, que especifica quais os direitos são protegidos pela Carta. Os dois diplomas internacionais devem ser integrados nessa tarefa de interpretação dos dispositivos genéricos de direitos humanos previstos na Carta da OEA[2].

A aprovação da Carta da OEA – com a criação da OEA – e da Declaração Americana de Direitos Humanos foi o primeiro grande passo para se formar o *Sistema Interamericano de Direitos Humanos.*

A Declaração Americana, aliás, em muito contribuiu para a universalização dos direitos humanos. Logo no preâmbulo, está escrito que os direitos humanos são atributos da pessoa humana anteriores à existência dos Estados.

Não obstante, a Declaração Americana não criou mecanismos de fiscalização nem órgãos de proteção aos direitos humanos. Havia, por sua vez, muita timidez na atuação dos órgãos da OEA. Embora a Carta da OEA, que é um tratado internacional, previsse a atuação dos órgãos da OEA, não havia, ainda, um tratado internacional que estabelecesse mecanismos de proteção e órgãos de monitoramento vinculantes aos Estados membros[3].

1.2. 2ª fase: Criação da Comissão Interamericana de Direitos Humanos (CIDH) no âmbito da Organização dos Estados Americanos (OEA) (1959)

A Carta da OEA e a Declaração Americana exerceram um papel importante na criação do Sistema Interamericano de Direitos Humanos. Porém, ainda faltavam elementos para impulsionar esse sistema na direção de uma efetiva proteção dos direitos humanos.

Em razão disso, em 1959, a 5ª Reunião de Consulta dos Ministros das Relações Exteriores[4], realizada em Santiago, no Chile, criou, por meio de resolução, a *Comissão Interamericana de Direitos Humanos (CIDH).* Em 1960, a CIDH foi formalmente instalada, quando seu estatuto foi aprovado pelo Conselho da OEA.

---

1. André de Carvalho Ramos. *Curso de Direitos Humanos*, pág. 370. 9ª ed. 2022.
2. Corte Interamericana de Direitos Humanos. Opinião Consultiva nº 10/89. Disponível em: https://www.corteidh.or.cr/docs/opiniones/seriea_10_esp1.pdf. Acesso: 10/4/2023.
3. Bruno Del Pretti e Paulo Lépore. *Manual de Direitos Humanos*, pág. 400. 2020.
4. A *Reunião de Consulta dos Ministros das Relações Exteriores* é um dos órgãos da Organização dos Estados Americanos (OEA).

O Protocolo de Buenos Aires, que emendou a Carta da OEA, foi editado em 1967 e entrou em vigor em 1970. Esse Protocolo estipulou que a Comissão Interamericana de Direitos Humanos passaria a fazer parte da estrutura da OEA. A principal função da CIDH, então, seria a de promover o respeito e a defesa dos direitos humanos e a de servir como órgão consultivo da OEA em matéria de direitos humanos (Protocolo de Buenos Aires, art. 112; Carta da OEA, art. 116).

Por meio da Convenção Americana de Direitos Humanos (1969), a CIDH ganha novas funções e competências, passando a ser, também, órgão da própria Convenção Americana, com o objetivo de proteger os direitos humanos (CADH, art. 41).

Isso significa que a Comissão Interamericana de Direitos Humanos tem natureza dúplice: pertence à OEA e, ao mesmo tempo, à Convenção Americana de Direitos Humanos (CADH). Um Estado que não tenha aderido à CADH – ou que tenha aderido à CADH mas não, por exemplo, à jurisdição obrigatória da Corte Interamericana – pode submeter-se à CIDH, desde que tenha aderido à Carta da OEA, isto é, desde que pertença à Organização dos Estados Americanos.

Portanto, a partir da Convenção Americana, a Comissão Interamericana de Direitos Humanos passou a desempenhar uma função dúplice. Como órgão da OEA, a Comissão Interamericana protege, de maneira ampla, os direitos humanos, incumbindo-lhe, até mesmo, receber e processar petições individuais que retratem violações aos direitos humanos protegidos pela Carta da OEA e pela Declaração Americana. Já, como órgão da Convenção Americana, a Comissão Interamericana analisa petições individuais e propõe ações de responsabilidade internacional contra um Estado perante a Corte Interamericana. Pode acontecer de o Estado ainda não ter ratificado a Convenção Americana ou, se o fez, não ter aceitado a jurisdição obrigatória da Corte Interamericana. Nessas duas situações, a Comissão Interamericana analisa a petição inicial e insere as conclusões no Informe Anual, que será apreciado pela Assembleia Geral da OEA[5].

1.3. 3ª fase: Aprovação da Convenção Americana de Direitos Humanos (1969) – (1969) – novas funções atribuídas à Comissão Interamericana sobre Direitos Humanos (CIDH), criação da Corte Interamericana de Direitos Humanos (Corte IDH) e previsão de direitos civis e políticos e previsão genérica sobre direitos econômicos, sociais, culturais e ambientais (DESCAs)

Até aqui, a Carta da OEA (que criou a OEA), a Declaração Americana e a Comissão Interamericana de Direitos Humanos como órgão da OEA

5. André de Carvalho Ramos. *Curso de Direitos Humanos*, pág. 371. 9ª ed. 2022.

produziram importantes reflexos na evolução do Sistema Interamericano de Direitos Humanos.

No entanto, talvez o marco mais importante nesse sistema regional tenha sido a aprovação, em 1969, da Convenção Americana de Direitos Humanos, na cidade de São José, Costa Rica. Esse tratado internacional só entrou em vigor em 1978, quando alcançou as 11 assinaturas necessárias para entrar em vigor internacional, isto é, após o depósito do 11º instrumento de ratificação ou de adesão (CADH, art. 74, § 2º). A Convenção Americana não só previu novas funções à Comissão Interamericana, como também criou um órgão jurisdicional – a Corte Interamericana de Direitos Humanos.

Não bastasse o incremento de novas funções à Comissão Interamericana e da criação da Corte Interamericana, a Convenção Americana previu vários direitos civis e políticos, além de trazer uma previsão genérica sobre os direitos econômicos, sociais e culturais (DESCAs) (art. 26). O sistema interamericano passou a contar com um tratado internacional, que, ao prever e esmiuçar um rol de direitos humanos, vincula os Estados aderentes. Lembremos que a anterior Declaração Americana foi adotada sob a forma de uma simples resolução, e não de um tratado internacional.

1.4. 4ª fase: Previsão de tratados internacionais (e outros diplomas internacionais) específicos de direitos humanos (a partir de 1988)

Até aqui, temos a Carta da OEA (com a criação da OEA), a Declaração Americana, a criação da Comissão Interamericana de Direitos Humanos e seu posterior fortalecimento, a Convenção Americana de Direitos Humanos (que fortaleceu a Comissão Americana e criou a Corte Interamericana). Todas essas conquistas incrementaram o sistema interamericano de direitos humanos, tornando-o o segundo sistema regional de proteção aos direitos humanos mais forte do mundo – perdendo apenas para o sistema regional europeu.

Não bastasse tudo isso, o sistema interamericano de direitos humanos ainda alcançou maiores desenvolvimentos.

Assim, além da Convenção Americana de Direitos Humanos, que previu vários direitos humanos, o sistema interamericano passou a contar com *tratados específicos* de direitos humanos. Nesse sentido, o sistema incorporou tratados que versam ou sobre direitos humanos específicos ou sobre situações específicas de vulnerabilidade.

Em uma região marcada por desigualdades econômicas e sociais, foi adotado, em 1988, o Protocolo Adicional à Convenção Americana de Direitos Humanos em matéria de Direitos Econômicos, Sociais e Culturais (Protocolo de San Salvador). Esse protocolo foi ratificado pelo Brasil em 1996. Os Estados signatários desse protocolo comprometem-se a adotar medidas que forem necessárias para tornar efetivos esses direitos (art. 1º).

Além do Protocolo de San Salvador, o sistema interamericano de direitos humanos conta com os seguintes *tratados específicos* de proteção aos direitos humanos: Convenção Americana para Prevenir e Punir o Crime de Tortura – adotada em 1985 e ratificada pelo Brasil em 1989; Protocolo Adicional à Convenção Americana de Direitos Humanos relativo à Abolição da Pena de Morte – adotado em 1990 e ratificado pelo Brasil em 1996; Convenção Interamericana para Prevenir, Punir e Erradicar a Violência contra a Mulher, adotada na cidade de Belém do Pará (Brasil) em 1994 e ratificada pelo Brasil em 1995; Convenção Interamericana sobre Desaparecimento Forçado de Pessoas – adotada em 1994 e, nesse mesmo ano, ratificada pelo Brasil; Convenção Interamericana para a Eliminação de Todas as Formas de Discriminação contra as Pessoas Portadoras de Deficiência, adotada em 1999 e ratificada pelo Brasil em 2001; Convenção Interamericana Contra o Racismo, Discriminação Racial e Formas Conexas de Intolerância – adotada em 2013 e ratificada pelo Brasil em 2022; Convenção Interamericana contra Toda Forma de Discriminação e Intolerância – assinada mas ainda não ratificada pelo Brasil; Convenção Interamericana Sobre a Proteção dos Direitos Humanos das Pessoas Idosas – adotada em 2015 pela OEA, assinada no mesmo ano pelo Brasil, mas ainda não ratificada e incorporada internamente pelo nosso País.

Além desses tratados específicos, temos outros documentos internacionais específicos no sistema regional interamericano de direitos humanos: Carta Democrática Interamericana, aprovada no dia 11 de setembro de 2001 como resolução da Assembleia Geral da OEA; a Carta Social das Américas, aprovada pela Assembleia Geral da OEA em 2012; a Declaração Americana sobre os Direitos dos Povos Indígenas, aprovada no dia 15 de junho de 2016 pela Assembleia Geral da OEA; Acordo Regional sobre Acesso à Informação, Participação Pública e Acesso à Justiça em Assuntos Ambientais na América Latina e no Caribe (Acordo de Escazú – cidade da Costa Rica onde o acordo foi firmado em 2018).

2. SUBSISTEMA CONVENCIONAL E SUBSISTEMA NÃO CONVENCIONAL

No âmbito do sistema interamericano de direitos humanos, temos o *Subsistema Convencional* e o *Subsistema não Convencional*. Essa classificação é importante para descobrirmos quais os fundamentos para a atuação dos mecanismos e órgãos de proteção, bem assim para identificarmos as normas aplicáveis[6].

6. Quem sistematizou essa classificação foram Bruno Del Preti e Paulo Lépore (*Manual de Direitos Humanos*, págs. 405 a 408. 2020).

O *Subsistema Convencional (ou subsistema da Convenção)* é aquele cuja atuação se baseia na Convenção Americana de Direitos Humanos e em outros documentos internacionais específicos aplicáveis aos Estados signatários. Já o *Subsistema Não Convencional (ou subsistema da Carta da OEA)* é aquele cuja atuação se baseia na própria Organização dos Estados Americanos, incidindo sobre os Estados membros dessa organização.

2.1. Subsistema Convencional ou Subsistema da Convenção

No *Subsistema Convencional (ou subsistema da Convenção)*, o *fundamento* de atuação é a Convenção Americana de Direitos Humanos. Os órgãos que atuam nesse sistema é a Comissão Americana de Direitos Humanos e a Corte Interamericana de Direitos Humanos.

É certo que a Comissão Americana de Direitos Humanos tem natureza dúplice: é órgão da Convenção Americana e, também, órgão da OEA. Quando atua como órgão da Convenção Americana, as atribuições da CIDH encontram-se previstas no art. 19 do Estatuto da CIDH e nos arts. 41 a 51 da CADH. Já, quando atua como órgão da OEA, as atribuições da CIDH estão previstas nos arts. 18 e 20 do Estatuto da CIDH.

Ainda quanto ao *Subsistema Convencional (ou subsistema da Convenção)*, os *mecanismos* de atuação são os seguintes: petições individuais, comunicações interestatais, relatórios etc. A atuação dos órgãos convencionais, por sua vez, só se dá em relação aos Estados que são signatários da CADH.

2.2. Subsistema Não Convencional ou Subsistema da OEA

No *Subsistema Não Convencional (ou Subsistema da Carta da OEA)*, o fundamento de atuação se baseia na Carta da OEA e na Declaração Americana de Direitos e Deveres do Homem. Os órgãos responsáveis pela proteção dos direitos humanos são os seguintes: Comissão Interamericana de Direitos Humanos, a Assembleia Geral da OEA, o Conselho Permanente da OEA, o Conselho Interamericano de Desenvolvimento Integral, entre outros.

Ainda quanto ao *Sistema Não Convencional (ou subsistema da Carta da OEA)*, os mecanismos utilizados são os seguintes: petições individuais, recomendações, relatorias especiais, entre outros. Esse sistema aplica-se a todos os Estados membros da OEA.

2.2.1. Mecanismo da Carta Democrática Interamericana

Nos termos do preâmbulo da Carta da OEA, a *democracia representativa* é condição indispensável para a estabilidade, a paz e o desenvolvimento da região. A *democracia representativa* constitui, ainda, um dos propósitos da OEA (Carta da OEA, art. 2º, *b*).

Por meio da reforma produzida pelo Protocolo de Washington, em 1992, a Carta da OEA foi modificada, passando a prever uma *cláusula democrática*. Assim, nos termos do art. 9º da Carta da OEA, se algum governo, eleito democraticamente, for deposto pela força, o respectivo Estado poderá ser suspenso da OEA, depois de esgotadas as gestões diplomáticas destinadas ao restabelecimento da democracia representativa nesse Estado (art. 9º, *a*).

Para fortalecer a *democracia representativa*, genericamente prevista na Carta da OEA, é que a Assembleia Geral da OEA, por meio de uma *resolução*, editou a Carta Democrática Interamericana. Embora não seja um tratado, mas uma norma soft law, a Carta Democrática Interamericana pode ser vista como uma verdadeira interpretação autêntica da Carta da OEA – esta última, sim, um tratado internacional[7].

É interessante que, logo no preâmbulo, a Carta Democrática Interamericana estipula que os direitos econômicos, sociais, culturais e ambientais são indispensáveis para alcançarmos uma sociedade democrática. Além disso, no art. 3º, consta que são elementos essenciais da democracia os direitos humanos e as liberdades fundamentais. Daí que a democracia formal (representativa, com eleições livres e periódicas) e a democracia substancial (direitos humanos, justiça social) são dois movimentos indissolúveis.

Em termos de garantia à democracia representativa, a Carta Democrática Interamericana prevê importantes mecanismos de proteção.

Assim, caso um governo eleito democraticamente perceber que seu poder esteja em risco, esse governo, de um Estado membro da OEA, poderá solicitar ao Secretário-Geral ou ao Conselho Permanente da OEA assistência, com o objetivo de se preservar a institucionalidade democrática (art. 17). Depois de esgotadas as gestões diplomáticas, se a ruptura democrática persistir, o Estado poderá ser suspenso da OEA pela Assembleia Geral, mediante o voto de 2/3 dos Estados membros da OEA (art. 21).

Portanto, para assegurar a democracia representativa, condição indispensável para os direitos humanos e as liberdades fundamentais, a Carta Democrática (art. 21), ao lado da Carta da OEA (art. 9º), admite a suspensão do Estado membro em que haja a ruptura democrática.

O mecanismo da suspensão do Estado membro da OEA é importantíssimo para a promoção dos direitos humanos no sistema regional interamericano.

---

7. Em nosso ponto de vista, a Carta Democrática Interamericana possui efeito vinculante. Isso porque foi aprovada por resolução da Assembleia Geral da OEA – e a atuação da Assembleia Geral da OEA vem demarcada na Carta da OEA, que é um tratado internacional multilateral.

O Direito há de ser não apenas um mero legitimador das relações de poder, mas, sim, um potencial agente de transformação da sociedade[8]. Atuar pela democracia formal e substancial é um papel transformativo fundamental desempenhado pela Carta Democrática Interamericana. Esse marco democrático interamericano deve ser observado na análise do direito interno brasileiro.

8. Lenio Luis Streck. *Verdade e consenso*, pág. 59. 4ª ed. 2ª tiragem, 2012.

5

ORGANIZAÇÃO DOS ESTADOS AMERICANOS (OEA) (SUBSISTEMA NÃO CONVENCIONAL)

1. CARTA DA OEA (OU CARTA DE BOGOTÁ): CRIAÇÃO DA OEA (1948)

A busca pelo ideal da justiça em nível internacional tem inspirado as organizações internacionais nos últimos tempos[1]. É nesse ambiente, de promoção da justiça internacional em vários campos, que foi criada a Organização dos Estados Americanos.

Responsável pela criação dessa organização internacional regional, a Carta da Organização dos Estados Americanos é um tratado internacional de natureza multilateral, assinado em Bogotá, Colômbia, no dia 30 de abril de 1948, com entrada em vigor no dia 13 de dezembro de 1951, no momento em que foi depositado o 14º instrumento de ratificação.

A OEA inaugura a criação formal do sistema interamericano de proteção aos direitos humanos, além de atuar em diversas outras áreas, como, por exemplo, na garantia da paz e da segurança continentais (Carta da OEA, art. 2º, *a*), defesa da soberania e independência dos países americanos (Carta da OEA, art. 1º).

Temos, aqui, o subsistema não convencional, porque baseado não em um tratado internacional, mas, sim, na atuação da própria OEA. Já o subsistema convencional é o que se fundamenta principalmente na Convenção Americana de Direitos Humanos, que é um tratado internacional de direitos humanos.

---

1. Antônio Augusto Cançado Trindade. *Direito das Organizações Internacionais*, pág. 575. 2014.

2. A OEA: ESTRUTURA (ÓRGÃOS) E PADRÕES INTERPRETATIVOS PARA A CONSOLIDAÇÃO DA DEMOCRACIA E A PROTEÇÃO DOS DIREITOS HUMANOS NAS AMÉRICAS

Interessa-nos, aqui, a atuação da OEA na proteção dos direitos humanos. Em diversas passagens, a Carta da OEA demarca essa atuação.

Já no preâmbulo, referido tratado internacional estipula que a América há de ser um ambiente em que floresçam a liberdade, o desenvolvimento e as justas aspirações dos seres humanos, de modo que as instituições democráticas garantam a liberdade individual e a justiça social com base no respeito aos direitos essenciais dos seres humanos.

Entre os propósitos essenciais da OEA, temos a promoção da democracia representativa, o desenvolvimento econômico, social e cultural e a erradicação da pobreza crítica (Carta da OEA, art. 2º, *b*, *f*, *g*). Já um dos princípios da OEA é a proclamação dos direitos fundamentais da pessoa humana, sem distinção de raça, nacionalidade, credo ou sexo (Carta da OEA, art. 3º, *l*).

Nota-se, dessas disposições, a relação indissociável entre democracia e direitos humanos. Assim, segundo a *cláusula democrática*, a deposição, pela força, de um governo democraticamente eleito poderá implicar a suspensão do Estado, desde que esgotadas as gestões diplomáticas e desde que a suspensão seja aprovada por 2/3 dos Estados reunidos na Assembleia Geral Extraordinária da OEA (Carta da OEA, art. 9º, *a* e *b*).

Nesse sentido, em uma região marcada por golpes, a atuação da OEA, por meio da cláusula democrática, em parceria com o sistema da Convenção Americana de Direitos Humanos, constitui um importante instrumento para a estabilidade democrática na região[2] e, por consequência, dos direitos humanos. Embora carente de força política e jurídica, a Secretaria de Fortalecimento da Democracia (SFD), criada no âmbito da OEA, tem promovido uma relevante atuação na prevenção de crises democráticas, com o envio de observadores eleitorais[3].

Foram 21 os Estados membros fundadores da OEA – entre os quais figurou o Brasil. Atualmente, essa organização internacional conta com 35 Estados membros[4].

---

2. Eduardo Biacchi Gomes e Simone dos Reis Bieleski Marques. A democracia no Sistema de Proteção Interamericano de Direitos Humanos: a importância da cláusula democrática da Organização dos Estados Americanos. Revista Direito e Liberdade, Natal, v. 19, n. 3, pág. 123, set./dez., 2017. Quadrimestral.
3. Jan Marcel de Almeida Freitas Lacerda e Jeane Silva de Freitas. A atuação da Organização dos Estados Americanos (OEA) e de sua burocracia internacional na defesa da democracia no continente americano. *In*: Sociedade e Cultura. Revista de Ciências Sociais, vol. 21, nº 2, 2018, pág. 176 a 194. Disponível em: https://www.redalyc.org/journal/703/70358824035/70358824035.pdf. Acesso: 12/4/2023.
4. Jean Michel Arrighi. *Organização dos Estados Americanos*, pág. 30. 2004.

Examinaremos, a seguir, a *estrutura* da OEA, naquilo que interessar à proteção dos direitos humanos. Notaremos que há um padrão interpretativo, fixado por órgãos da OEA, que deve nortear a atuação do Brasil como membro dessa organização internacional.

Desde já, é importante ressaltar que, no plano jurídico, as organizações internacionais constituem uma importante forma de criação, de aplicação e de controle da observância do Direito Internacional[5].

Em outras palavras, organizações internacionais, como a OEA, não apenas aplicam, mas, também, *criam* o Direito Internacional. Trata-se de uma atividade *criadora* de Direito, de modo que a atuação da OEA produz efeitos vinculativos ao Brasil, inclusive sobre o Poder Judiciário brasileiro – principalmente quando a atuação desse organismo internacional se fundar em tratados internacionais (como a Carta da OEA) e em documentos internacionais que servem como interpretação autêntica desse tratado, como a Declaração Americana de Direitos e Deveres do Homem e a Carta Democrática Interamericana.

2.1. Órgãos da OEA e caráter vinculante das decisões tomadas por esses órgãos

Os fins da OEA são realizados pelos seguintes órgãos dessa organização internacional: Assembleia Geral, Reunião de Consulta dos Ministros das Relações Exteriores, Conselhos, Comissão Jurídica Interamericana, Comissão Interamericana de Direitos Humanos, Secretaria Geral, Conferências Especializadas e Organismos Especializados (Carta da OEA, art. 53, *a* a *h*). Além desses, poderão ser criados órgãos subsidiários, organismos e outras entidades que a OEA julgar necessários (Carta da OEA, art. 53).

Vamos, a seguir, examinar alguns órgãos da OEA, naquilo que disser respeito à proteção dos direitos humanos. Deixaremos de examinar a Comissão Interamericana de Direitos Humanos, que comportaria um desenvolvimento mais aprofundado, fugindo aos objetivos deste livro.

As decisões dos órgãos da OEA têm caráter vinculante aos Estados que aderiram à Carta da OEA. Uma resolução, por exemplo, da Assembleia Geral da OEA, produz efeitos jurídicos sobre os Estados que são parte na Carta da OEA.

É certo que, para um posicionamento mais tradicional, as fontes do Direito Internacional Público são aquelas previstas no art. 38 do Estatuto da Corte Internacional de Justiça (ECIJ): convenções internacionais, costume internacional

5. João Mota de Campos e outros. *Organizações Internacionais*, pág. 25. João Mota de Campos (coordenador). 2019.

e princípios gerais de direito. Por não estarem presentes nesse rol, as decisões das organizações internacionais não teriam efeito vinculante aos Estados.

Modernamente, porém, entende-se que as decisões das organizações internacionais podem ter força vinculativa aos Estados. Para tanto, é preciso analisar o tratado constitutivo da organização internacional e verificar se o Estado aderiu a esse tratado.

Essas decisões não constam do rol do art. 38 do ECIJ, que foi elaborado em 1920, quando as organizações internacionais começam a aparecer no cenário internacional.

É interessante notar que as decisões das organizações internacionais vinculam os Estados membros, independentemente de novo tratado ratificado sobre o tema objeto de deliberação. Isso porque, depois de constituída por tratado internacional, a organização internacional passa a ter vontade própria, que é uma vontade coletiva que vincula os Estados membros. A decisão que expressa essa vontade coletiva tem fundamento convencional, revelando-se como uma lei derivada de um tratado e, por isso, constituindo uma fonte de Direito Internacional[6].

As decisões das organizações internacionais, que não sejam de efeitos meramente internos, podem vincular os Estados membros.

Basta, conforme já dito, observar o tratado constitutivo da organização. No caso específico da OEA, a Carta da OEA, no art. 59, estipula que as *decisões* da Assembleia Geral serão adotadas, em regra, pela maioria absoluta dos Estados membros. Decisão pressupõe determinação, logo, produz efeitos vinculantes em relação àqueles a quem se dirige.

A Assembleia Geral é órgão supremo da OEA. As decisões desse órgão podem ser executadas pelo Conselho Permanente, órgão da OEA que também executa as decisões da Reunião de Consulta dos Ministros das Relações Exteriores (Carta da OEA, art. 91, *a*). Portanto, a decisão da Assembleia Geral e a decisão da Reunião de Consulta dos Ministros das Relações Exteriores vinculam os Estados membros da OEA.

O que se pode afirmar, sem sombra de dúvidas, a partir da análise da própria Carta da OEA – um tratado multilateral – é que as decisões dos órgãos da OEA podem, sim, ter caráter vinculativo aos Estados membros. Essas decisões vinculam inclusive os Estados membros que ficaram vencidos, desde, é claro, que o quórum mínimo de votação tenha sido atingido.

Assim, a partir da previsão da Carta da OEA é que poderemos verificar se a deliberação de cada órgão da OEA terá, ou não, efeito vinculante aos Estados membros.

---

6. Valerio de Oliveira Mazzuoli. *Curso de Direito Internacional Público*, pág. 104. 13ª ed. 2020.

2.2. Assembleia Geral

A Assembleia Geral, composta por todos os Estados membros da OEA, é o *órgão supremo* dessa organização internacional[7]. Cada Estado membro da OEA, com direito a um voto, pode fazer-se representar na Assembleia Geral[8].

As decisões da Assembleia Geral, em regra, são tomadas por maioria absoluta dos Estados membros. Em casos específicos, porém, é possível que a decisão exija maioria de 2/3, ou outra maioria fixada pela Assembleia Geral em processos regulamentares[9].

As *decisões* da Assembleia Geral, porque fundadas na Carta da OEA, um tratado multilateral, vinculam os Estados membros da OEA. Essas decisões (em sentido amplo), podem assumir a forma de resolução ou, quando fixam prazos mais largos, de declaração. Algumas resoluções se dirigem aos Estados membros, exigindo alguma providência ou a execução de alguma tarefa; outras se dirigem aos órgãos da própria OEA, formulando recomendações ou determinações, conforme o conteúdo da resolução em cada caso[10].

As principais atribuições da Assembleia Geral estão presentes no art. 54 da Carta da OEA. Entre as funções da Assembleia Geral, temos a de considerar qualquer assunto relacionado à convivência dos Estados americanos[11], bem assim a de coordenar as funções dos órgãos da OEA e dos demais órgãos do sistema interamericano[12], ou, mesmo, a de cooperar com a ONU[13] e de colaborar com outras organizações internacionais especialmente nos setores econômico, social e cultural[14].

No exercício dessas funções, é possível que a Assembleia Geral disponha sobre algum tema relacionado à proteção dos direitos humanos, inclusive no âmbito do desenvolvimento econômico, social e cultural dos povos das Américas. As decisões da Assembleia Geral são vinculativas, obrigando os Estados membros e revelando-se um importante padrão de interpretação desses temas pelas instituições e órgãos dos Estados.

Vamos, então, conhecer algumas decisões importantes da Assembleia Geral na área dos direitos humanos e a possível repercussão dessas decisões sobre o direito interno brasileiro.

---

7. Carta da OEA, art. 54.
8. Carta da OEA, art. 56.
9. Carta da OEA, art. 59.
10. Jean Michel Arrighi. *Apud* Valerio de Oliveira Mazzuoli. *Curso de Direito Internacional Público*, pág. 595. 13ª ed. 2020.
11. Carta da OEA, art. 54, *a*.
12. Carta da OEA, art. 54, *b*.
13. Carta da OEA, art. 54, *c*.
14. Carta da OEA, art. 54, *d*.

2.2.1. Princípio da promoção da responsabilidade social da empresa no continente americano (Resolução nº 2687/2011 da Assembleia Geral da OEA)

A Resolução nº 2687, aprovada no dia 7 de junho de 2011 pela Assembleia Geral da OEA, trata do *princípio da responsabilidade social da empresa aplicável aos Estados membros da OEA*.

Esse princípio impõe, segundo reconhecido pela própria resolução, que as empresas e os atores sociais devem promover e respeitar os direitos humanos no âmbito das respectivas atividades. Se esse dever de promoção e respeito não for atendido, caberá ao Estado a responsabilidade última de preservar o Estado de Direito e de cumprir as obrigações na área dos direitos humanos.

Portanto, segundo o *princípio da promoção da responsabilidade social da empresa no continente americano*, as empresas têm os deveres de respeito e garantia dos direitos humanos. A não observância desses deveres ensejará a atuação obrigatória do Estado, que deverá restabelecer o Estado de Direito e determinar que as empresas cumpram com os deveres relacionados aos direitos humanos.

É importante destacar que a Resolução nº 2687, da Assembleia Geral da OEA, reconhece que o respeito e a garantia dos direitos humanos, pelas empresas, envolvem várias áreas, incluindo a observância aos princípios das normas trabalhistas e ambientais e à luta contra a corrupção.

2.2.1.1. *Princípio da promoção da responsabilidade social da empresa no continente americano e diálogo possível com a jurisprudência nacional: a obrigatoriedade da cobertura ampla, pelos planos de saúde, do tratamento das pessoas com transtorno do espectro autista (TEA) (STJ)*

Nos termos do *princípio da responsabilidade social da empresa no continente americano*, o Estado membro da OEA deve determinar que as atividades empresariais respeitem e garantam os direitos humanos.

Trata-se de um princípio que surgiu a partir de uma resolução da Assembleia Geral da OEA, produzindo efeitos vinculantes a todos os Estados que fazem parte da Organização dos Estados Americanos.

Essa norma jurídica interamericana vincula todas as manifestações dos Estados membros. Assim, a atuação do Poder Legislativo, do Poder Executivo e também do Poder Judiciário (e dos demais órgãos e instituições nacionais) deve observar as prescrições normativas da referida resolução.

Foi o que fez o Superior Tribunal de Justiça, ao decidir que o plano de saúde deve promover uma cobertura ampla, no que se refere ao tratamento de pessoas com transtorno do espectro autista (TEA)[15].

Nesse importante julgamento, o STJ entendeu que, embora a 2ª Seção, no EREsp 1.889.704/SP, tenha reconhecido a taxatividade do rol da Agência Nacional de Saúde Suplementar (ANS), a mesma 2ª Seção, no referido caso, reconheceu ser abusiva a negativa de cobertura de sessões de terapias especializadas prescritas para o tratamento do transtorno do espectro autista (TEA).

A partir disso, a 3ª Turma do STJ entendeu que, após o julgamento pela 2ª Seção, sobrevieram novas manifestações da ANS, em que se reafirmou a importância das teorias multidisciplinares nos casos de transtornos globais do desenvolvimento, incluindo as hipóteses de transtorno do espectro autista (TEA), o que impõe o tratamento integral e ilegal pela operadora de plano de saúde.

Nesse sentido, decidiu a 3ª Turma do STJ, as operadoras de plano de saúde devem custear até mesmo o tratamento por meio de musicoterapia, que foi incluída na Política Nacional de Práticas Integrativas e Complementares (PNPIC) no Sistema Único de Saúde (SUS), "que visa à prevenção de agravos e à promoção e recuperação da saúde, com ênfase na atenção básica, voltada para o cuidado continuado, humanizado e integral em saúde (Portaria nº 849, de 27 de março de 2017, do Ministério da Saúde), sendo de cobertura obrigatória no tratamento multidisciplinar, prescrito pelo médico assistente e realizado por profissional de saúde especializado para tanto, do beneficiário portador de transtorno do espectro autista"[16].

Por seu turno, o reembolso das despesas médico-hospitalares, no caso de tratamento fora da rede credencial, é admitido, segundo a 3ª Turma do STJ, em hipóteses excepcionais, como nos casos de "(...) inexistência ou insuficiência de estabelecimento ou profissional credenciado no local e urgência ou emergência do procedimento, e, nessas circunstâncias, poderá ser limitado aos preços e às tabelas efetivamente contratados com o plano de saúde"[17].

O *reembolso integral*, por sua vez, só será possível, quando houver "(...) inobservância de prestação assumida no contrato, descumprimento de ordem judicial que determina a cobertura do tratamento ou violação de atos normativos da ANS"[18].

15. Superior Tribunal de Justiça, 3ª Turma, REsp 2.043.003/SP, Relatora Ministra Nancy Andrighi, julgamento no dia 12 de abril de 2.023.
16. Superior Tribunal de Justiça, 3ª Turma, REsp 2.043.003/SP, Relatora Ministra Nancy Andrighi, julgamento no dia 12 de abril de 2.023.
17. Superior Tribunal de Justiça, 3ª Turma, REsp 2.043.003/SP, Relatora Ministra Nancy Andrighi, julgamento no dia 12 de abril de 2.023.
18. Superior Tribunal de Justiça, 3ª Turma, REsp 2.043.003/SP, Relatora Ministra Nancy Andrighi, julgamento no dia 12 de abril de 2.023.

Assim, ao exigir que a operadora de plano de saúde promova a cobertura ampla nos tratamentos de pessoas com transtorno do espectro autista (OEA), o que fez a 3ª Turma do STJ, sem dizê-lo expressamente, foi observar o *princípio da promoção da responsabilidade social das empresas no continente americano.*

Como, no referido caso, a operadora não promoveu o respeito e a garantia dos direitos humanos da pessoa com TEA, o Superior Tribunal de Justiça recompôs o Estado de Direito e, assim, aplicou o *princípio* referido.

2.2.2. Carta Empresarial Interamericana (Resolução nº 2969/2021 da Assembleia Geral da OEA)

A *Carta Empresarial Interamericana* foi aprovada por meio de *resolução* da Assembleia Geral da Organização dos Estados Americanos, no dia 11 de novembro de 2021, na Cidade da Guatemala (Guatemala).

Essa resolução baseia-se na Carta da Organização dos Estados Americanos, que é um tratado multilateral ratificado pelo Brasil. Como esse ato normativo é resultado de um tratado multilateral que o Brasil ratificou, não há dúvida que a referida Carta produz efeitos vinculantes em nosso País.

Da Carta Empresarial Interamericana, é possível visualizar a existência de *três princípios importantes*, os quais servirão para compreender o conteúdo desse documento internacional. São estes os princípios: *princípio da proteção dos direitos humanos no ambiente empresarial*, *princípio do empoderamento das mulheres no âmbito empresarial* e *princípio da submissão das empresas transnacional à legislação e tribunais nacionais dos países receptores, em matéria de direitos humanos.*

Passemos a analisar os três princípios e a inter-relação deles com o direito nacional brasileiro.

2.2.2.1. Princípio da proteção dos direitos humanos no âmbito empresarial (Carta Empresarial Interamericana)

O *princípio da proteção dos direitos humanos no âmbito empresarial* está previsto no 1º Considerando da Carta Empresarial Interamericana. Assim, segundo esse princípio, as pessoas devem ser o centro das políticas públicas, de modo que, nos termos da Carta da Organização dos Estados Americanos, o *desenvolvimento integral* abranja os campos econômico, social, educacional, cultural, científico e tecnológico.

Nota-se que o *princípio da proteção dos direitos humanos no âmbito empresarial* abrange as políticas públicas do Estado e a própria atuação dos agentes privados. O Estado deverá promover regulamentações e fiscalizações que obriguem as empresas as respeitar e garantir os direitos humanos. Já as empresas devem atuar com base no *desenvolvimento integral*, de modo tal que os direitos humanos sejam efetivamente protegidos no âmbito da atuação empresarial.

Em outros pontos, a Carta Empresarial Interamericana intensifica o *princípio da proteção dos direitos humanos no âmbito empresarial*, ao destacar a necessidade de se estabelecer políticas que respeitem os princípios e direitos fundamentais no trabalho e promover o acesso a empregos dignos, em que se combatam as desigualmente e se fomente o crescimento econômico.

Nesse mesmo sentido, nos termos do item 29 da Carta Empresarial Interamericana, os Estados membros da OEA reiteram o compromisso de se promover um ambiente empresarial coerente com os *Princípios Orientadores sobre Empresas e Direitos Humanos das Nações Unidas*. Os Estados, então, comprometem-se a adotar políticas e legislações destinadas a prevenir, investigar, punir e reparar, bem assim a mitigar possíveis abusos de direitos de terceiros dentro do território ou jurisdição estatal, incluindo abusos cometidos por empresas tanto nacionais como transnacionais.

A propósito, a Carta Empresarial Interamericana recorda que a Carta Democrática Interamericana reforça a importância do Estado de Direito. No âmbito do Estado de Direito, são *interdependentes* o crescimento econômico e o desenvolvimento social baseado na justiça, na equidade e na democracia.

Daí se pode dizer, nos termos do *princípio da proteção dos direitos humanos no âmbito empresarial*, que o Estado de Direito implica não só a proteção da segurança jurídica das empresas. Estado de Direito exige, também, que a atividade empresarial deva buscar o desenvolvimento social baseado na justiça social, na equidade e na democracia.

O *princípio da proteção dos direitos humanos no âmbito empresarial*, previsto na Carta Empresarial Interamericana, articula o crescimento econômico e a justiça social, os quais, juntos, formam o *desenvolvimento integral*.

Não é possível, portanto, no seio das atividades empresariais, ao menos no que diz respeito às disposições da Carta Empresarial Interamericana, restringir a atuação privada ao objetivo individualista de crescimento econômico sem justiça social.

Assim, a liberdade individual deve-se adequar à essência e aos fins do Estado[19]. O Direito deve realizar aquilo que Dworkin qualifica como *integridade do Direito*, ou seja, deve haver uma comunidade de homens, mulheres

19. Eros Roberto Grau. Resenha do Prefácio da 2ª edição da obra CANOTILHO, Constituição dirigente e vinculação do legislador. *In*: *Canotilho e a Constituição Dirigente*. Jacinto Nelson de Miranda Coutinho (organizador). 2ª ed. Rio de Janeiro, São Paulo e Recife: Renovar, 2005.

e crianças livres e iguais, que se respeitam mutuamente e que respeitam as leis editadas para reger a vida concreta em comum[20].

O *princípio da proteção dos direitos humanos no âmbito empresarial*, previsto na Carta Empresarial Interamericana, dialoga fortemente com a *Constituição Econômica brasileira*. A *Constituição Econômica* é a presença do econômico no texto constitucional[21], podendo-se falar, então, em *Constituição Dirigente*, segundo a qual as disposições constitucionais definem programas e estipulam alterações na realidade social e econômica. Logo, a *Constituição Econômica* trabalha com os objetivos da República Federativa do Brasil, previstos no art. 3º da CF/88, como a construção de uma sociedade livre, justa e solidária, com desenvolvimento nacional, erradicação da pobreza e marginalização, redução das desigualdades sociais, entre outros[22].

Portanto, o *princípio da proteção dos direitos humanos no âmbito empresarial*, trazido pela Carta Empresarial Interamericana, dialoga fortemente com a ideia de *Constituição Econômica*. Em ambos se nota uma determinação para que as relações econômicas empresariais se adaptem ao *desenvolvimento integral*, de modo que os direitos humanos sejam plenamente realizados pelo Brasil, inclusive nas atividades prestadas pelas empresas. É preciso, por isso, que a ciência jurídica assuma sua responsabilidade civil e política, de modo que o direito atinja sua completude[23].

Em tempos de pluralismo jurídico e de complexidade na análise das diversas fontes do direito, não se pode esquecer de que o direito deve assumir certa coerência, dizia Erik Jayme. As diversas fontes do direito - de direito interno e de direito internacional - devem ser coordenadas, a partir do chamado *diálogo das fontes* –, de modo que os direitos humanos e fundamentais sejam efetivamente protegidos[24].

Passemos, agora, a apresentar um diálogo concreto entre o princípio da proteção dos direitos humanos no âmbito empresarial, previsto na Carta Empresarial Interamericana, e dois precedentes nacionais (um, do Supremo Tribunal Federal, e outro, do Superior Tribunal de Justiça). Será possível ver como, sem dizê-lo expressamente, ambos os tribunais deram concretude à Carta Empresarial Interamericana.

---

20. Menelik de Carvalho Neto. *In*: *Canotilho e a Constituição Dirigente*. Jacinto Nelson de Miranda Coutinho (organizador). 2ª ed. Rio de Janeiro, São Paulo e Recife: Renovar, 2005, pág. 128.
21. Gilberto Bercovici. *Constituição Econômica e desenvolvimento*, pág. 47. 2ª ed. 2022.
22. Gilberto Bercovici. *Constituição Econômica e desenvolvimento*, págs. 53 a 55. 2ª ed. 2022.
23. Miguel Calmon Dantas. *Constitucionalismo dirigente e pós-modernidade*, pág. 17. 2009.
24. Claudia Lima Marques. O "diálogo das fontes" como método da nova Teoria Geral do Direito: um tributo a Erik Jayme. *In: Diálogo das Fontes. Do conflito à coordenação de normas do direito brasileiro*. Claudia Lima Marques (coordenação). São Paulo: Revista dos Tribunais, 2012, pág. 18 a 21.

Em termos hermenêuticos, houve, por parte do Supremo Tribunal Federal e do Superior Tribunal de Justiça, ainda sem dizê-lo expressamente, aquilo que denominamos de *princípio da densificação nacional das normas internacionais de proteção aos direitos humanos.* Segundo referido princípio, cabe à ordem jurídica nacional e respectivas instituições (incluindo tribunais) minudenciar, efetivar e densificar a proteção dos direitos humanos previstas nas normativas internacionais. As normativas internacionais de proteção aos direitos humanos procuram enunciar princípios gerais, diretrizes, programas de ação. Concretizar e detalhar essas previsões gerais é tarefa primordial do Estado.

É interessante notar que, na linha do *princípio da densificação nacional das normas internacionais de proteção aos direitos humanos,* a Carta Empresarial Interamericana prevê a importância dessa articulação entre as ordens jurídicas nacional e internacional de proteção aos direitos humanos.

É que, nos termos do item 35 da Carta Empresarial Interamericana, os Estados devem adotar *medidas* para respeitar, proteger e garantir os direitos humanos, de maneira coerente com *instrumentos internacionais de direitos humanos,* e em cumprimento da *legislação nacional.*

Passemos, então, finalmente, a examinar os dois precedentes (STF e STJ) que, ao promoverem a proteção dos direitos humanos no plano interno, acabam por concretizar os grandes pilares da Carta Empresarial Interamericana, particularmente no que toca ao princípio da proteção dos direitos humanos no âmbito empresarial.

A) Inconstitucionalidade da proibição da linguagem neutra nas escolas privadas e públicas (STF) e o possível diálogo com o princípio da proteção dos direitos humanos no âmbito empresarial previsto na Carta Empresarial Interamericana

Atualmente, a Língua Portuguesa, em seu uso padrão, estipula que o artigo masculino cumpre o papel de neutro no plural. Assim, devemos utilizar os pronomes "eles" ou "todos" para se referir a um grupo composto por homens e mulheres.

Além disso, também segundo o uso padrão da Língua Portuguesa, em geral o artigo "o" designa o masculino, ao passo que o artigo "a" refere-se ao feminino. Ex.: el**e** e el**a**.

O padrão culto da Língua Portuguesa produz duas discriminações: a) primeiro, uma discriminação de gênero, ao exigir que o masculino abranja, no plural, o feminino e o masculino; b) segundo, uma discriminação contra as pessoas *não binárias*, que não se identificam nem com o sexo masculino nem com o sexo feminino.

Daí a *linguagem neutra ou não binária*, que se destina a evitar a utilização dos gêneros tradicionalmente aceitos pela sociedade (masculino e feminino), com o objetivo de a comunicação se tornar mais inclusiva e menos sexista. Assim, os artigos feminino e masculino "a" e "o" são substituídos por "x", "e" e "@". Nesse sentido, "todos" e "todas", na linguagem neutra, ficariam "Tod**es**", "tod**xs**" e "tod**@s**". Em vez de "el**e**" ou "el**a**", teríamos "el**u**". Com esses usos, abrangeríamos as pessoas não binárias[25] e, também, evitaríamos a discriminação de gênero (o masculino não serviria, portanto, para incluir grupos de homens e mulheres).

Segundo depoimento de uma pessoa não binária, " 'quando alguém usa pronome neutro comigo, eu percebo que essa pessoa me valida, que ela entende o quanto isso é importante para mim, o peso disso, porque quase ninguém se dá o trabalho de usar. Eu fico extremamente feliz, por um momento é como se eu me sentisse abraçada por palavras' "[26].

Em favor do respeito e garantia de direitos aos membros da comunidade LGBTQIA+, devem ser usadas as *expressões neutras*, com o objetivo de se incluir as *pessoas não binárias* (que não se identificam nem com o sexo masculino nem com o sexo feminino). Se, atualmente, na Língua Portuguesa, o masculino ocupa a função do plural, a situação era outra quando o latim era uma língua viva então praticada. No latim, o pronome neutro ia além do feminino e do masculino. A mudança veio quando o latim virou o português arcaico, quando, então, decidiu-se pela abolição do neutro e pela adoção do masculino para o plural[27].

A Lei Estadual nº 5.123/21, de Rondônia, proibiu o uso de *linguagem neutra*, sob pena de sanção aos profissionais de ensino e às escolas privadas. O Supremo Tribunal Federal entendeu que essa lei estadual é inconstitucional. Isso porque o conteúdo programático envolve diretrizes e bases da educação nacional, que é matéria de competência legislativa privativa da União[28].

Embora tenham competência legislativa em matéria de educação (CF, art. 24, IX), os Estados devem obedecer às normas gerais editadas pela União.

---

25. Confira-se: Ação no STF acende debate sobre linguagem neutra; professores divergem. Redação Migalhas Quentes. *In*: Migalhas. Disponível em: https://www.migalhas.com.br/quentes/381377/acao-no-stf-acende-debate-sobre-linguagem-neutra-professores-divergem. Acesso: 17/4/2023.

26. *Apud* Isabella Oliveira, Larissa Leal e Rosiane Lopes. *Eu, tu, elu: saiba mais sobre a linguagem neutra*. Jornal do Campus – USP. Disponível em: http://www.jornaldocampus.usp.br/index.php/2022/09/eu-tu-elu-saiba-mais-sobre-a-linguagem-neutra/. Acesso: 17/4/2023.

27. É o que nos ensina Jonatham Moura, professor de Língua Portuguesa na Escola Politécnica de Saúde Joaquim Venâncio e doutor em linguística pela Universidade Federal do Rio de Janeiro (UFRG). Confira-se: Emily Santos. "Entenda o que é a linguagem neutra, que sua, por exemplo, 'todes' e 'amigues'. G1. Disponível em: https://g1.globo.com/educacao/noticia/2021/10/28/entenda-o-que-e-a-linguagem-neutra-que-usa-por-exemplo-todxs-e-amigues.ghtml. Acesso: 17/4/2023.

28. STF, Plenário, ADI 7.019, Relator Ministro EDSON FACHIN, julgamento no dia 13 de abril de 2.023.

Em tema de normas gerais, a União editou a Lei de Diretrizes e Bases. Essa lei, segundo a própria jurisprudência do STF[29], engloba currículos, conteúdos programáticos, metodologia de ensino ou o modo de exercício da atividade docente. A propósito, nos termos do art. 9º, IV, da Lei de Diretrizes e Bases da Educação Nacional, cabe à União estabelecer as diretrizes do ensino infantil, fundamental e médio – diretrizes, essas, que comporão o conteúdo mínimo dos currículos a serem seguidos pelos Estados, Distrito Federal e Municípios. Em tema de ensino, cabe à União estabelecer regras minimamente homogêneas a incidir em todo o território nacional[30].

Nesse sentido, o STF, na aludida ADI nº 7.019, julgada no dia 13 de fevereiro de 2023, fixou a seguinte tese: "Norma estadual que, a pretexto de proteger os estudantes, proíbe modalidade de uso da língua portuguesa viola a competência legislativa da União".

Embora o STF tenha reconhecido apenas a inconstitucionalidade formal, creio que a lei estadual questionada padece, também, da inconstitucionalidade material.

A *linguagem neutra ou não binária* visa a acolher as pessoas não binárias, que não se sentem representadas pela linguagem padrão. Mesmo a União, com competência legislativa para o tema, não poderia proibir a linguagem neutra, sob pena de desrespeitar os objetivos constitucionais de construção de uma sociedade livre e solidária (CF, art. 3º, I) e sem preconceitos (CF, art. 3º, III).

De qualquer forma, o Supremo Tribunal Federal, ao reconhecer a inconstitucionalidade (formal) da lei estadual de Rondônia, impediu que uma lei discriminatória sobrevivesse no ordenamento jurídico.

Assim o fazendo, embora sem dizê-lo expressamente, o STF dialogou com o princípio da proteção dos direitos humanos no âmbito empresarial, previsto na Carta Empresarial Interamericana.

É que as políticas públicas e a atuação das empresas devem respeitar e garantir os direitos humanos, nos termos da Carta Empresarial Interamericana. Ao entender pela inconstitucionalidade das leis estaduais que proíbem a linguagem neutra nas escolas privadas (e públicas), o Supremo Tribunal Federal densificou a proteção dos direitos humanos na esfera do ensino privado e público.

Em outras palavras, uma previsão genérica, de proteção dos direitos humanos pelas empresas, prevista na Carta Empresarial Interamericana, acabou sendo detalhada e concretizada pela análise da Constituição pelo Supremo

29. STF, Plenário, ADPF 457, Relator Ministro Alexandre de Moraes, DJe 3.6.2020.
30. Edson Fachin. Voto proferido no seguinte julgamento: STF, Plenário, ADI 7.019, Relator Ministro EDSON FACHIN, julgamento no dia 13 de abril de 2.023.

Tribunal Federal. O STF, corretamente, acabou, sem dizê-lo expressamente, trabalhando com o *princípio da densificação nacional das normas internacionais de proteção aos direitos humanos.*

Modernamente, os problemas constitucionais não se limitam às fronteiras do Estado, reclamando a participação de ordens jurídicas diversas (internacionais e nacionais, muitas vezes). Esse entrelaçamento de ordens jurídicas diversas é a materialização do *transconstitucionalismo*, fenômeno criado e identificado pelo professor Marcelo Neves[31].

B) Consumidor – assalto à mão armada na cancela de entrada do shopping – responsabilidade do shopping em proteger a integridade física do consumidor (STJ) – possível diálogo com o princípio da proteção dos direitos humanos no âmbito empresarial previsto na Carta Empresarial Interamericana

Nos termos do já definido *princípio da proteção dos direitos humanos no âmbito empresarial*, previsto na Carta Empresarial Interamericana, as pessoas devem ser o centro de preocupação das atividades empresariais, de modo que o crescimento econômico se articule o desenvolvimento social, educacional, cultural, científico e cultural, naquilo que a Carta denomina de *desenvolvimento integral.*

Em outras palavras, a pessoa deve ser a grande preocupação das atividades empresariais.

Em julgado bastante interessante, embora sem recorrer à Carta Empresarial Interamericana, o Superior Tribunal de Justiça deixou claro que as atividades empresariais devem proteger os direitos humanos dos consumidores.

Em um caso em que o consumidor foi assaltado na cancela do estacionamento, o shopping center e a pessoa jurídica que administrava o estacionamento foram responsabilizados. Entendeu-se que a cancela está na área de prestação do serviço, o que gera a expectativa de segurança no consumidor. Assim, com base nos princípios da boa-fé objetiva e da proteção contratual do consumidor, o Superior Tribunal de Justiça não aplicou o fato de terceiro (excludente de responsabilidade civil). Entendeu-se que o dever de segurança está no âmbito de atuação das duas pessoas jurídicas, o que traduz *fortuito interno*, que não afasta a responsabilidade civil[32].

O serviço de estacionamento, a propósito, gera expectativa de segurança nos consumidores, de modo que o shopping promove um acréscimo de

31. Bernardo Gonçalves Fernandes. *Curso de Direito Constitucional*, pág. 64. 14ª ed. 2022.
32. STJ, 3ª Turma, REsp 2031816/RJ, Relatora Nancy Andrighi, julgamento no dia 14 de março de 2.023.

conforto ao cliente (estacionamento) em troca de benefícios financeiros indiretos. A responsabilidade civil, na hipótese de assalto à mão armada na cancela, insere-se no risco da atividade empresarial[33].

É importante verificar como o Superior Tribunal de Justiça, nesse julgamento, preocupou-se com a segurança do consumidor. Entendeu-se que a cancela compreende a área de proteção do estacionamento. Dessa maneira, incidem os deveres de proteção consumeristas, como a boa-fé objetiva e a responsabilidade pelo defeito do serviço. É que o fornecedor, ao deixar à disposição um serviço, colocou o consumidor em situação de vulnerabilidade não apenas jurídica, mas, também, fática, o que impõe o dever de reparação por danos materiais e morais[34].

É certo que os fornecedores não respondem pelo *fortuito externo*, isto é, por fatos alheios à atividade empresarial desempenhada e ao risco empresarial assumido. Já o dever de reparação surge na hipótese de *fortuito interno*, isto é, na hipótese em que o dano decorre de uma situação cujos riscos foi assumido pela atividade empresarial. Nesta última situação, o fato de terceiro (ex.: assalto à mão armada) não exclui a responsabilidade civil do fornecedor[35].

Nos termos da Súmula nº 130 do Superior Tribunal de Justiça, "a empresa responde, perante o cliente, pela reparação de dano ou furto de veículo ocorridos em seu estacionamento".

O Superior Tribunal de Justiça interpreta extensivamente essa súmula, para possibilitar a responsabilidade civil por danos provocados nos estacionamentos de grandes shoppings e de hipermercados. Isso porque esses grandes fornecedores, ao fornecer estacionamento mesmo que gratuito, respondem pelos assaltos à mão armada praticado contra os clientes. Essa responsabilidade civil se aplica mesmo que o serviço de estacionamento não seja inerente à atividade principal desempenhada pelo fornecedor; basta que o serviço de estacionamento gere legítima expectativa de segurança aos clientes em troca de benefícios financeiros indiretos decorrentes desse acréscimo de conforto aos consumidores. Só haverá exclusão de responsabilidade se o serviço de estacionamento for mera comodidade, com área aberta e com livre acesso a todas as pessoas[36].

Assim, ao inserir obstáculo físico para o consumidor ingressar no estacionamento, o shopping center, controlando a entrada de terceiros, provoca

---

33. STJ, 3ª Turma, REsp 2031816/RJ, Relatora Nancy Andrighi, julgamento no dia 14 de março de 2.023.
34. STJ, 3ª Turma, REsp 2031816/RJ, Relatora Nancy Andrighi, julgamento no dia 14 de março de 2.023.
35. STJ, 3ª Turma, REsp 2031816/RJ, Relatora Nancy Andrighi, julgamento no dia 14 de março de 2.023.
36. STJ, 3ª Turma, REsp 2031816/RJ, Relatora Nancy Andrighi, julgamento no dia 14 de março de 2.023. Confira-se também: STJ, 2ª Seção, EREsp 1.431.606/SP, DJe 2/5/2019.

uma sensação de segurança nos consumidores. Em caso de assalto à mão armada, a responsabilidade civil é evidente[37].

Não obstante reconheça a responsabilidade civil no caso de assalto à mão armada nas cancelas e dentro do próprio estacionamento, o Superior Tribunal de Justiça elenca uma série de circunstâncias objetivas aptas à caracterização da responsabilidade civil. Essas circunstâncias objetivas em geral estão presentes em grandes shoppings centers e em hipermercados os quais, ao se aproveitarem do estacionamento para atrair os clientes, devem assumir os riscos inerentes a essa atividade (teoria do risco-proveito)[38].

Nota-se a preocupação do Superior Tribunal de Justiça em exigir dos grandes fornecedores todos os esforços necessários para a proteção física e psicológica dos consumidores. É interessante que essa proteção é exigida principalmente dos grandes fornecedores, os quais, ao entregar o serviço de estacionamento, que não faz parte da atividade empresarial principal, assumem o risco pelos assaltos à mão armada praticados não só dentro do estacionamento, mas logo na chegada, antes da cancela.

Esse entendimento se adapta ao princípio da proteção dos direitos humanos no âmbito empresarial, previsto na Carta Empresarial Interamericana, porque, segundo esse princípio, o ser humano deve ser o centro de preocupação das atividades empresariais.

Por outro lado, esse princípio articula o crescimento econômico com o desenvolvimento social baseado na *justiça*, na *equidade* e na democracia – naquilo que a Carta denominou de *desenvolvimento integral.*

---

37. STJ, 3ª Turma, REsp 2031816/RJ, Relatora Nancy Andrighi, julgamento no dia 14 de março de 2.023.

38. São estas as condições assinaladas pelo Superior Tribunal de Justiça:

(...)

6. Nesse contexto, entende-se que a responsabilidade do estabelecimento por danos ou subtrações de veículos em estacionamentos deve ser aferida casuisticamente, cabendo ao julgador investigar se o conjunto das circunstâncias concretas do estabelecimento e seu estacionamento são aptas a gerar, no consumidor-médio, razoável expectativa de segurança.

7. Se esse conjunto de circunstâncias, objetivamente consideradas, indicar que havia razoável expectativa de segurança por parte do consumidor-médio, a responsabilidade do estabelecimento ou instituição estará configurada, assentando-se o nexo de imputação na frustração da confiança a que fora induzido o consumidor.

8. Dentre as circunstâncias relevantes, podem ser citadas (sem qualquer intuito de exaurimento): pagamento direto pelo uso do espaço para estacionamento; natureza da atividade exercida (se empresarial ou não, se de interesse social); ramo do negócio; porte do estabelecimento; nível de acesso ao estacionamento (fato de o estacionamento ser ou não exclusivo para clientes ou usuários do serviço); controle de entrada e saída por meio de cancelas ou entrega de tickets; aparatos físicos de segurança na área de parqueamento (muros, cercas, grades, guaritas e sistema de vídeo-vigilância); presença de guardas ou vigilantes no local; nível de iluminação.

(...)

(STJ, 3ª Turma, REsp n. 1.426.598/PR, relatora Ministra Nancy Andrighi, julgado em 19/10/2017, DJe de 30/10/2017).

Nesse sentido, se o fornecedor é uma entidade de natureza social, com pequeno porte econômico, poderá não existir a responsabilidade civil por assalto à mão armada - mesmo que o assalto se dê na cancela ou no interior do estacionamento colocado à disposição do frequentador[39].

É que o princípio da proteção dos direitos humanos no âmbito empresarial, ao mesmo tempo que insere a pessoa no centro da atividade econômica, articula o crescimento econômico com a justiça e a equidade. Isso significa que o referido princípio não chega ao ponto de penalizar os pequenos empreendimentos, principalmente quando estes últimos desenvolvam atividades predominante cunho social e filantrópico.

Assim, embora esses pequenos empreendimentos possam vir a ser responsabilizados pela atividade principal prestada, essa responsabilidade civil não se estende ao estacionamento deixado à disposição dos frequentadores.

Isso revela que os diversos problemas do Direito não se contentam com um simples exame das normas jurídicas. Há uma gama infindável de fatores, de interesses, que tornam asséptica e estática a análise feita apenas na norma[40]. É preciso que o intérprete saiba operar a *teoria crítica do Direito*, deixando de partir de simples abstrações, mas, sim, envolvendo-se com a experiência histórica-concreta, "(...) da prática cotidiana insurgente, dos conflitos e das interações sociais e das necessidades humanas essenciais"[41].

A análise do problema concreto, dentro das condições histórico-sociais[42], mediante o a reverência ou culto ao ser humano[43], é ingrediente fundamental para a construção do *princípio da proteção dos direitos humanos nas atividades empresariais* - a partir de um diálogo entre as ordens jurídicas interna e internacional de proteção dos direitos humanos.

Em suma, para se operar o princípio da proteção dos direitos humanos no âmbito empresarial, é preciso partir do problema concreto, analisando-o dentro das perspectivas históricas e sociais do momento, a partir do valor fundamental da proteção do ser humano. A propósito, a ligação de fatos a um sistema de valores é a maneira básica de atuação das ciências sociais[44].

---

39. STJ, 3ª Turma, REsp n. 1.426.598/PR, relatora Ministra Nancy Andrighi, julgado em 19/10/2017, DJe de 30/10/2017.
40. Plauto Faraco de Azevedo. *Crítica à dogmática e hermenêutica jurídica*, pág. 11. 1989.
41. Antonio Carlos Wolkmer. *Introdução ao Pensamento Crítico*, pág. 5. 7ª ed. 2009.
42. Benedicto de Campos. *Constituição de 1988. Uma análise marxista*, pág. 19 e 20. 1990. A infraestrutura social é uma das camadas que deve compor o estudo pelas ciências sociais (Jacob Bazarian. *Introdução à Sociologia*, pág. 84. 2ª ed. 1986).
43. Carlos Ayres Britto. *O Humanismo como categoria constitucional*, pág. 19. 1ª reimpressão. 2010.
44. Jürge Habermas. *A lógica das ciências sociais*, pág. 12. 2009.

2.2.2.2. Princípio do empoderamento das mulheres no âmbito das atividades empresariais

Um dos princípios da Hermenêutica dos Direitos Humanos é o *princípio da densificação nacional das normas internacionais de direitos humanos*. Segundo referido princípio, as previsões gerais de direitos humanos das normas internacionais devem ser detalhadas e efetivadas pelas normas, instituições e tribunais nacionais.

Assim, o *princípio da proteção dos direitos humanos*, previsto pela Carta Empresarial Interamericana, foi densificado por normas e decisões de tribunais nacionais, conforme tivemos a oportunidade de analisar em subtópicos anteriores.

É possível, porém, que o próprio documento normativo internacional preveja uma proteção geral e, ao mesmo tempo, uma proteção específica aos direitos humanos.

A Carta Empresarial Interamericana, ao mesmo tempo que estipulou a proteção geral mediante o princípio da proteção dos direitos humanos no âmbito empresarial, detalhou uma das formas de realização desse princípio. E o fez, pensamos, criando um novo princípio.

Com efeito, segundo o *princípio do empoderamento das mulheres no âmbito empresarial*, que densifica o princípio geral de proteção dos direitos humanos nesse âmbito, as atividades empresariais devem promover a *igualdade de gênero*, eliminar as práticas discriminatórias e as barreiras de participação das mulheres no mercado de trabalho. Isso pode ser alcançado, dispôs a Carta Empresarial Interamericana, por meio dos seguintes mecanismos e providências: acesso pleno a recursos produtivos, cuidado infantil acessível, criação de oportunidades de liderança que promovam a participação de maneira equitativa e igualitária, favorecendo o desenvolvimento econômico da região.

Observa-se que o *princípio do empoderamento das mulheres no âmbito empresarial* apresenta-se sob dois aspectos.

Em um primeiro aspecto, a determinação se dirige ao âmbito interno das empresas, que devem, assim, proteger o mercado de trabalho das mulheres e criar condições para que as mulheres assumam funções de liderança.

Em um segundo aspecto, o princípio obriga que os direitos das mulheres sejam implementados na relação que a empresa desenvolver com a sociedade. Assim, numa relação de consumo entre um fornecedor e uma mulher, é preciso que os direitos das mulheres sejam respeitados e garantidos.

Vejamos um caso em que o Superior Tribunal de Justiça não observou esse princípio.

A) Não obrigatoriedade de as operadoras de plano de saúde custear a fertilização *in vitro* (STJ) – possível conflito com o princípio do empoderamento das mulheres no âmbito das atividades empresariais

O Superior Tribunal de Justiça firmou o entendimento de que as operadoras dos planos de saúde não têm a obrigação de custear a fertilização *in vitro*.

O argumento básico é de que, se a Lei nº 9.656/1998, no art. 10, III, exclui a obrigatoriedade de as operadoras de planos de saúde cobrir a *inseminação artificial*, que é um procedimento mais simples, com maior razão a exclusão da cobertura poderá ocorrer na *fertilização in vitro*, que é um procedimento mais complexo.

A inseminação artificial e a fertilização *in vitro* são técnicas de reprodução assistida. A primeira consiste em introduzir o sêmen na cavidade uterina. Já a segunda, realizada em laboratório e, por isso, mais complexa, envolve o de desenvolvimento do embrião e a transferência do embrião para o útero.

Por isso, se a lei exclui o procedimento mais simples (inseminação artificial), não haveria lógica para determinar a cobertura do procedimento mais complexo (fertilização *in vitro*). É preciso, então, aplicar a *interpretação sistemática e teleológica* da lei e dos atos normativos da Agência Nacional de Saúde Suplementar (ANS), de modo que se garanta o *equilíbrio atuarial* do sistema de suplementação privada de assistência à saúde[45].

Eis a tese adotada, pela 2ª Seção do STJ, no Tema nº 1.067: "salvo disposição contratual expressa, os planos de saúde não são obrigados a custear o tratamento médico de fertilização in vitro".

Baseando-se apenas na Carta Empresarial Interamericana, pensamos que esse entendimento viola o princípio do empoderamento das mulheres no ambiente das relações empresariais. Já vimos que esse princípio exige que os direitos humanos das mulheres sejam respeitados no âmbito interno das empresas e, também, nas relações jurídicas que as empresas estabelecem com os particulares.

Nessa linha de interpretação, a própria Carta Empresarial Interamericana determina que, nas relações privadas em que um dos polos sejam as empresas, é preciso articular o crescimento econômico (lucro) com a proteção do ser humano, de modo que se promova o *desenvolvimento integral*.

45. Esses argumentos foram reunidos pelo Ministro Marco Buzzi, relator dos recursos especiais que geraram a fixação de tese sobre o tema pela 2ª Seção do Superior Tribunal de Justiça. Disponível em: https://www.stj.jus.br/sites/portalp/Paginas/Comunicacao/Noticias/15102021-Em-repetitivo--STJ-decide-que--planos-de-saude-nao-sao-obrigados-a-custear-fertilizacao-in-vitro.aspx. Acesso: 18/4/2023.

O Superior Tribunal de Justiça, contudo, levou em consideração o equilíbrio atuarial, sem se basear em estudos atuarias sérios que pudessem apontar que o direito à fertilização *in vitro* comprometesse o funcionamento do sistema de suplementação privada de assistência à saúde.

Pior ainda: baseou-se numa interpretação baseada em conexões lógicas, sob o fundamento de que se a lei não obriga o custeio da inseminação artificial, que é mais simples, não poderia a mesma lei obrigar o custeio da fertilização *in vitro*, que é mais complexa.

Em outras palavras, o Superior Tribunal de Justiça se baseou num método bastante ultrapassado de interpretação, chamado de *positivismo primevo ou exegético ou legalista*, que nada mais é do que a antiga jurisprudência dos conceitos, na Alemanha, e a antiga Escola da Exegese, na França. Esse positivismo primevo se baseia na análise semântica das codificações e na busca rigorosa da *conexão lógica* das regras contidas nos Códigos[46].

A interpretação deve basear-se nas condições históricas e sociais, agregadas aos valores protegidos pelo ordenamento jurídico nacional e internacional. Não havendo prova de que o direito da mulher à fertilização *in vitro* impediria a livre iniciativa das operadoras dos planos de saúde, o posicionamento da 2ª Seção do Superior Tribunal de Justiça não apenas deixou de levar em conta as condições sociais e históricas, mas, também, os valores que protegem os direitos humanos das mulheres, particularmente os direitos reprodutivos.

É, portanto, impossível obter a significação das palavras empregadas nos textos normativos, sem verificar o contexto socio-prático em que tais palavras estão situadas. Esse contexto socioprático são contextos de ação, ou, conforme diria o filósofo Wittgestein, são formas de vida. Há, portanto, um grande erro, diria o mencionado filósofo, em isolar expressões do contexto em que tais expressões emergem, sem compreender toda a dimensão da gramática da linguagem[47].

2.2.2.3. Princípio da submissão das empresas transnacionais à legislação e tribunais nacionais dos países receptores, em matéria de direitos humanos (Carta Empresarial Interamericana)

Segundo o *princípio da submissão das empresas transnacionais à legislação e tribunais nacionais dos países receptores, em matéria de direitos humanos*, as empresas transnacionais e os investimentos estrangeiros estão sujeitos à

46. Lenio Streck. *Hermenêutica Jurídica e (m) Crise. Uma exploração hermenêutica da construção do Direito*, pág. 100. 10ª ed. 2011.

47. Lenio Streck. *Hermenêutica Jurídica e (m) Crise. Uma exploração hermenêutica da construção do Direito*, págs. 216 e 217. 10ª ed. 2011.

legislação e à jurisdição dos tribunais nacionais competentes dos países receptores. Além disso, essas empresas devem observar os tratados e os convênios internacionais dos quais tais Estados sejam parte e, também, ajustar-se à política de desenvolvimento dos países receptores. Esse princípio está previsto na Carta da Organização dos Estados Americanos e vem reafirmado pela Carta Empresarial Interamericana.

Nota-se, daí, que as empresas transnacionais, principalmente em matéria de direitos humanos, haverão de observar a legislação e a jurisdição dos *países receptores*.

A) Princípio da submissão das empresas transnacionais à legislação e tribunais nacionais dos países receptores – repercussões sobre a possibilidade de os consumidores brasileiros proporem ação no Poder Judiciário brasileiro, nos contratos internacionais de consumo firmados no exterior (STJ)

Segundo o princípio mencionado, em matéria de direitos humanos, as empresas transnacionais devem submeter-se à legislação e tribunais nacionais dos *países* receptores.

Em tema de direitos humanos dos consumidores, a expressão *países receptores* comporta uma interpretação ampliativa.

Se a interpretação fosse restritiva, a legislação nacional e o julgamento por tribunais nacionais não abarcariam contratos de consumo realizados por consumidor brasileiro no exterior. Isso porque *países receptores* seriam uma expressão que abrangeria apenas os contratos de consumo feitos no Brasil. O sistema normativo interno brasileiro só se aplicaria, portanto, se o Brasil *recebesse* em seu território a empresa transnacional, isto é, se os negócios jurídicos fossem realizados no Brasil. Não faria sentido aplicar a legislação e a jurisdição interna para os negócios jurídicos realizados no exterior, já que, nessa hipótese, ainda que um dos partícipes da relação jurídica fosse um consumidor brasileiro, o Brasil *não recebeu* a empresa transnacional.

Contudo, em matéria de direitos humanos, a expressão *países receptores* comporta uma interpretação ampliativa. Quando uma empresa transnacional contrata com um consumidor brasileiro, ainda que o contrato seja feito no exterior, entende-se que a relação jurídica se deu no âmbito da legislação brasileira. É que o Brasil é o *receptor* da empresa transnacional, já que um nacional brasileiro contratou com referida empresa. O nacional brasileiro é uma extensão do País no exterior, já que a legislação nacional protetiva dos direitos humanos protege, em matéria de consumo, o nacional brasileiro onde o nacional brasileiro estiver.

Os direitos dos consumidores, no plano interno, são direitos fundamentais (CF, art. 5º, XXXII) e, no plano internacional, são direitos humanos. Segundo o *princípio da densificação nacional das normas jurídicas internacionais*, as previsões gerais, das normativas internacionais de proteção dos direitos humanos, devem ser minudenciadas, detalhadas e densificadas por meio do sistema jurídico interno.

Em geral, as normas internacionais de proteção aos direitos humanos são normas gerais, de conteúdo indefinido. A concretização dessas normas internacionais depende do esforço empreendido pelo direito nacional. Por direito nacional há de se entender a atuação de diversas instituições e órgãos internos, como o Poder Judiciário, o Poder Legislativo, o Poder Executivo, o Ministério Público, a Defensoria Pública, entre outros.

Cumprindo com esse dever de pormenorizar e densificar a proteção dos direitos humanos dos consumidores, o Superior Tribunal de Justiça entendeu que, nos contratos de consumo estipulados no exterior por consumidor brasileiro, aplica-se a legislação e a jurisdição nacionais. É que, embora sem dizê-lo expressamente, o Superior Tribunal de Justiça acabou emprestando um sentido amplo à expressão *países receptores*, de modo que o consumidor brasileiro, que contratou no exterior com uma empresa transnacional, pode ajuizar ação no Brasil e se valer dos direitos previstos no Código de Defesa do Consumidor.

Assim, se as empresas transnacionais se submetem às normas e à jurisdição dos *países receptores*, elas, empresas transnacionais, quando contratarem com consumidor brasileiro no exterior, deverão, portanto, sujeitar-se ao Código de Defesa do Consumidor e à jurisdição nacional brasileira.

É que, nesse caso, a expressão *países receptores* é minudenciada e detalhada pela legislação nacional brasileira, no sentido de que o consumidor brasileiro possa invocar o CDC e a jurisdição nacional mesmo para os contratos de consumo realizados no exterior.

Vejamos um caso interessante, envolvendo contrato de prestação de serviços hoteleiros firmado no exterior por consumidor brasileiro, em que o Superior Tribunal de Justiça entendeu que a jurisdição brasileira é competente para processar e julgar o caso[48].

Nos termos do art. 22, II, do Código de Processo Civil, cabe à autoridade judiciária brasileira processar e julgar ações decorrentes de relação de consumo, quando o consumidor tiver domicílio ou residência no Brasil.

---

48. STJ, 3ª Turma, Resp 1797109/SP, Relator Ministro Ricardo Villas Bôas Cueva, julgamento no dia 21 de março de 2.023.

Referido dispositivo legal visa à proteção processual do consumidor. Conforme dispõe o art. 7º do Código de Defesa do Consumidor, a legislação protetiva do consumidor é não são aquela prevista no CDC, mas também outras relacionadas em tratados internacionais e na própria legislação ordinária brasileira. Assim se promove um diálogo das fontes, de modo que o art. 22, II, do Código de Processo Civil afigura-se como mais um direito consumerista do sistema de proteção ao consumidor no Brasil[49].

Observa-se, portanto, que o art. 22, II, do CPC possibiliza o julgamento, pelo Poder Judiciário brasileiro, de ações promovidas por consumidor domiciliado ou residente no Brasil. Assim, mesmo que o contrato de consumo tenha sido celebrado no exterior, o consumidor brasileiro pode propor a demanda no Brasil.

Imaginemos, porém, que, no contrato de consumo, tenha sido estabelecida uma cláusula de eleição de foro no exterior. Ora, nos termos do art. 25 do Código de Processo Civil, a autoridade judiciária brasileira não poderá julgar demanda envolvendo contrato internacional, se houver cláusula de eleição de foro no exterior e se o réu invocar, na contestação, essa cláusula.

Não obstante, o Poder Judiciário brasileiro pode declarar a nulidade de cláusulas de eleição de foro no exterior, nos contratos consumeristas internacionais.

É que se revela como garantia do consumidor a facilitação da defesa de direitos (CDC, art. 6º, VIII), de modo que são nulas as cláusulas abusivas, entre as quais aquelas que impliquem renúncia ou disposição de direitos (CDC, art. 51, I).

Assim, o Poder Judiciário brasileiro pode declarar a nulidade das cláusulas de eleição de foro estrangeiro, se essas cláusulas dificultarem a propositura de ação pelo consumidor brasileiro. Caso contrário, ficaria esvaziado o art. 22, II, do Código de Processo Civil, que prevê a competência da autoridade judiciária brasileira para julgar ações decorrentes de relações de consumo em relação a consumidores domiciliados ou residentes no Brasil.

Por isso, há quem sustente que a regra do art. 25 do CPC (derrogação da jurisdição internacional relativa ou corrente) só se aplica aos contratos de consumo que não sejam de adesão. Se, nos contratos de adesão, o consumidor brasileiro não tem o poder de modificar a cláusula, essa cláusula se torna abusiva, podendo ser declarada nula pelo Poder Judiciário. Logo, é nula a cláusula de eleição de foro estrangeiro em contratos internacionais de

---

49. Nelson Nery Júnior. *Código de Processo Civil comentado*, pág. 169. 2021.

consumo de adesão – contratos, esses, que são a grande maioria dos contratos internacionais de consumo[50].

Nesse sentido, o art. 25, § 3º, do Código de Processo Civil prevê a aplicação do art. 63, o qual, em seu § 3º, dispõe que ""antes da citação, a cláusula de eleição de foro, se abusiva, pode ser reputada ineficaz de ofício pelo juiz, que determinará a remessa dos autos ao juízo do foro de domicílio do réu". Assim, o próprio dispositivo legal que permite a eleição de foro estrangeiro nos contratos internacionais (CPC, art. 25, *caput*) admite a possibilidade de o Poder Judiciário declarar, mesmo de ofício, a ineficácia dessa cláusula de eleição de for, se houver abusividade[51].

Assim, nas relações de consumo, embora concorrendo com outros países, a Justiça brasileira é competente para julgar os contratos internacionais de consumo[52].

Por fim, nota-se que a Carta Empresarial Interamericana estipula que as empresas transnacionais e os investimentos estrangeiros deverão se submeter à legislação e aos tribunais nacionais dos países signatários.

Essa disposição não se restringe às empresas transnacionais. Se a relação de consumo for travada no exterior entre um consumidor brasileiro e uma empresa nacional de outro país, o Poder Judiciário poderá julgar a demanda. Não é preciso que a empresa seja transnacional, como se dá, por exemplo, nos contratos internacionais celebrados, no exterior, entre consumidores brasileiros e hotéis estrangeiros que não sejam empresas transnacionais.

Isso porque, nesse ponto, a legislação brasileira – particularmente o art. 22, II, do Código de Processo Civil – apresenta uma maior proteção aos direitos humanos do que a Carta Empresarial Interamericana.

É que sempre se deve adotar a norma que proteja com maior intensidade os direitos humanos, não importando a origem dessa norma (internacional ou nacional), nos termos do art. 24 da Convenção Americana de Direitos Humanos, que prevê o *princípio da preferência ou primazia da preferência da norma mais favorável ao indivíduo*.

---

50. André de Carvalho Ramos. Jurisdição internacional sobre relações de consumo no novo Código de Processo Civil: avanços e desafios. Revista de Direito do Consumidor. vol. 100. ano 24. p. 473-499. São Paulo: Ed. RT, jul.-ago. 2015.

51. Sobre a possibilidade de o Juiz declarar, de ofício, a abusividade da cláusula de eleição de foro estrangeiro, nos contratos internacionais de consumo, confira-se: Claudia Lima Marques. Nota sobre a proteção do consumidor no novo Código de Processo Civil (Lei 13.105/2015). Revista de Direito do Consumidor. vol. 104. ano 25. p. 555-564. São Paulo: Ed. RT, mar.-abr. 2016. Confira-se, também: Ricardo Villas Bôas Cueva. Voto proferido no seguinte julgamento: STJ, 3ª Turma, Resp 1797109/SP, Relator Ministro Ricardo Villas Bôas Cueva, julgamento no dia 21 de março de 2.023.

52. Luiz Guilherme Marinoni, Sérgio Cruz Arenhart e Daniel Mitidiero. *Código de Processo Civil* Comentado, pág. 203. 6ª ed. São Paulo: Revista dos Tribunais, 2020. Confira-se, também: STJ, 4ª Turma, Resp 1.021.987/RN, Relator Ministro Fernando Gonçalves, DJe 9/2/2009.

B) Princípio da submissão das empresas transnacionais à legislação e tribunais nacionais dos países receptores: o Projeto de Lei das Fake News, o caso Daniel Silveira (STF) e o caso dos Deputados Eder Mauro x Jean Wyllys (STF)

Segundo a Carta Empresarial Interamericana, as empresas transnacionais submetem-se à legislação e tribunais nacionais dos países receptores.

Iremos mencionar um projeto de lei e dois julgamentos do Supremo Tribunal Federal que se revelam como exemplo prático da aplicação, em solo brasileiro, do princípio referido.

O Projeto de Lei 2603, de 2020, conhecido como Projeto de Lei das Fake News, proposto pelo Senador Alessandro Vieira (Cidadania/SE), institui a Lei Brasileira de Liberdade, Responsabilidade e Transparência na Internet.

Segundo explicações contidas no projeto, a lei que vier a ser aprovada estabelece normas relativas à transparência das redes sociais e de serviços de mensagens privadas. Tais normas se destinam, principalmente, a atribuir responsabilidade aos provedores de acesso à internet no que se refere ao combate à desinformação, ao aumento da transparência na internet e à transparência em relação a conteúdos patrocinados. Há, também, normas que demarcam a atuação do Poder Público na matéria e normas que estabelecem sanções no caso de descumprimento da lei[53].

Caso o Brasil aprove o Projeto de Lei das Fake News, seguiremos os padrões europeus de maior intervenção estatal sobre a regulamentação das notícias falsas divulgadas pelas redes sociais e pela internet. Nos Estados Unidos, por sua vez, prevalece uma concepção mais liberal, baseada no livre mercado de ideias, com menor regulamentação em comparação com o que se passa na Europa[54].

O Projeto de Lei das Fake News densifica e detalha o princípio da submissão das empresas transnacionais à legislação e tribunais nacionais dos países receptores, previsto na Carta Empresarial Interamericana.

Com efeito, nos termos do art. 1º, § 2º, do aludido Projeto, "o disposto no caput aplica-se, inclusive, aos provedores de redes sociais e de serviços de mensageria privada sediados no exterior, desde que ofertem serviço ao público brasileiro ou que pelo menos uma integrante do mesmo grupo econômico possua estabelecimento no Brasil".

53. Confira-se: https://www25.senado.leg.br/web/atividade/materias/-/materia/141944. Acesso: 2/5/22.

54. Miguel J. Arjona Sanches. A informação na Era da Internet. O caso das fake news, pág. 376. Revista Estudos Institucionais (UFRJ), v. 6, n. 2, p. 376, maio/ago. 2020.

Assim, a lei, se aprovada, alcançará os provedores de redes sociais e de serviços de mensageria privada *sediados no exterior*. Basta que esses prestadores de serviços ofertem serviço ao público brasileiro ou que, pelo menos, uma integrante do mesmo grupo econômico possua estabelecimento no Brasil.

Está aí uma aplicação bem clara da Carta Empresarial Interamericana: empresas transnacionais que prestem serviços de redes sociais devem submeter-se à legislação brasileira, desde que os serviços atinjam, de alguma maneira, o público brasileiro. Em outras palavras, nos termos da Carta Empresarial Interamericana, as empresas transnacionais ficam sujeitas à legislação dos *países receptores*.

É interessante que a nova legislação brasileira traz uma série de dispositivos legais que demarcam a responsabilidade das empresas transnacionais que atuam na atividade de redes sociais. Dessa maneira, a legislação interna brasileira especifica como deve ser a responsabilidade dessas empresas transnacional perante o país receptor (no caso, o Brasil).

Se a Carta Empresarial Interamericana traz previsões genéricas, a lei interna brasileira, caso aprovada, minudencia essas previsões genéricas, especificando como a responsabilidade geral das empresas transnacionais de redes sociais se opera no Brasil.

Eis uma aplicação clara do nosso *princípio da densificação nacional das normas internacionais de proteção aos direitos humanos*, desenvolvido quanto tratarmos dos princípios de integração e de aplicação das ordens jurídicas interna e internacional de proteção aos direitos humanos, se é comum[55].

É comum que as normas internacionais de proteção aos direitos humanos sejam redigidas em um tom mais geral. Essa generalidade costuma vir preenchida pela legislação nacional, que, com disposições mais específica, detalha a proteção dos direitos humanos trazida, muitas vezes, como princípios gerais enunciados por normas internacionais.

Nesse sentido, o Projeto de Lei das Fake News estabelece que a liberdade de expressão e de imprensa deve conviver com a garantia dos direitos de personalidade, da dignidade, da privacidade e da honra das pessoas, bem assim com a responsabilidade compartilhada pela preservação de uma esfera pública livre, plural, diversa e democrática e com transparência nas regras para veiculação de anúncios e conteúdos pagos.

Assim, a liberdade de expressão não é uma carta branca para a divulgação de todo e qualquer tipo de notícia. Pesquisa da Universidade de Oxford revela que, nos três meses que antecederam, em 2016, a eleição do Presidente Donald Trump, conservadores radicais compartilharam mais notícia falsa do

55. Confira-se o Capítulo 12 deste trabalho.

que a soma de todos os outros grupos políticos. Lisa-Maria Neudert, uma das pesquisadoras, revelou que, antes do discurso de Donald Trump, foi divulgado um artigo que propunha ser, a vacina contra a gripe, "'a maior fraude médica na história do mundo'". Outro artigo, também divulgado, propunha que a União Europeia nada mais é do que uma *ideologia luciferiana*"[56].

Em *Mídia: Propaganda e Manipulação*, Noam Chomsky narra os primórdios das propagandas de desinformação, por meio da atuação do então Presidente dos Estados Unidos, Woodrow Wilson, comprometido com a 1ª Guerra Mundial. Esse presidente contribuiu para a constituição da comissão Creel. Por meio dessa comissão, em 6 meses, conseguiu-se transformar a ideia pacifista da maioria do povo norte-americano em uma população histérica e belicosa, temerosa pelo perigo vermelho representado pela União Soviética[57].

Para obter a adesão da população, a mídia e os líderes empresariais utilizaram-se de vários mecanismos, inventando histórias, como a de que os humanos eram capazes de arrancar os braços de bebês belgas[58].

Atualmente, na era da cibercultura, grandes influenciadores divulgam notícias pela internet. Essas notícias, por meio de curtidas e compartilhamentos, atingem milhares ou milhões de pessoas, sem que se possa saber se a notícia é legítima ou não, verdadeira ou não. Uma parte dessas notícias tem conteúdo político, gerando a adesão geral por meio do chamado efeito manada. Essa adesão se dá a ideias políticas muitas vezes gestadas sem a necessária reflexão[59], muitas vezes produzindo discursos de ódio, os quais, inclusive, não cedem mesmo em face da imunidade parlamentar[60].

As "fake news" são notícias falsas que são publicadas, por meios de comunicação social e redes sociais, como se fossem notícias verdadeiras.

56. Aliya Ram e David Blood. Financial Times, Londres. Ultradireita domina 'fake news' nos EUA, diz pesquisa de Oxford. Grupo supera todas as outras vertentes juntas no compartilhamento de notícias falsas. Disponível em: https://www1.folha.uol.com.br/mundo/2018/02/ultradireita-domina-fake-news-nos--eua-diz-pesquisa-de-oxford.shtml. Acesso: 2/5/2023.

57. Alexandre Henrique dos Santos Monteiro; Ilana da Silva Rebello. Fake News: um exame semiolinguístico da desinformação em ambientes sócio-interativos digitais. **Cadernos de Letras da UFF**, v. 30, n. 59, pág. 34., 21 dez. 2019.

58. Noam Chomsky. *Mídia: propaganda e manipulação*, pág. 12. 2013.

59. Alexandre Henrique dos Santos Monteiro; Ilana da Silva Rebello. Fake News: um exame semiolinguístico da desinformação em ambientes sócio-interativos digitais. **Cadernos de Letras da UFF**, v. 30, n. 59, pág. 35, 21 dez. 2019.

60. A manifestação parlamentar, por exemplo, não prevalece, quando a manifestação parlamentar violar, gravemente, o sistema nacional e internacional de proteção aos direitos humanos. É o caso de ex--parlamentar, depois eleito presidente da República brasileira, que afirmou que uma mulher, por ser muito feia, não merecia ser estuprada (STF, 1ª Turma, Inq. 3932, Relator Ministro Luiz Fux, julgamento no dia 21/6/2016).

Essas notícias em geral apelam ao emocional e têm a força de se propagar rapidamente, principalmente se divulgadas nas redes sociais.

É muito comum, em campanhas eleitorais, que políticos contratem agências especializadas em campanhas falsas. Essas agências são compostas por profissionais especializados, como jornalistas, publicitários, profissionais de marketing, entre outros.

Ocorre muitas vezes de produtores de fake news comprarem o endereço de e-mail e número de celulares de milhões de pessoas. Desse modo, a notícia falsa é repassada para milhões de pessoas.

São investidos valores astronômicos, para que as notícias falsas sejam espalhadas. Essas notícias são armazenadas em alojamentos temporários e em celulares pré-pagos, logo depois descartados. Por isso é muito difícil chegar ao criminoso.

É muito comum a manipulação de imagens de pessoas, com o objetivo de divulgação de notícias falsas.

O grande problema das "fake news" é o de propagar o preconceito racial, a xenofobia, a homofobia, o discurso de ódio e prejudicar até mesmo a saúde pública. É crescente, por exemplo, o movimento antivacina, segundo o qual certas vacinas fazem mal à saúde.

Além do Projeto de Lei das Fake News, a própria jurisprudência do Supremo Tribunal Federal vem repudiando a divulgação de "fake news". Isso demonstra que as empresas transnacionais devem submeter-se não só à legislação, mas às decisões dos tribunais nacionais, em matéria de direitos humanos.

Analisemos os dois casos julgados pelo STF envolvendo a temática.

No primeiro caso, o Deputado Federal EDER MAURO publicou um vídeo, fazendo recortes. Essa forma de publicação passava a falsa mensagem de que o Deputado Federal JEAN WYLLYS praticara o crime de racismo.

Em 2015, os dois Deputados Federais participaram de uma CPI que apurava a violência contra jovens e negros pobres no Brasil.

Nessa CPI, o Deputado Federal JEAN WYLLYS disse: "(...) há um imaginário impregnado, sobretudo nos agentes das forças de segurança, de que uma pessoa negra e pobre é potencialmente perigosa".

Dias depois, o Deputado Federal EDER MAURO, no próprio perfil do facebook, publicou o vídeo mas com o corte de parte da fala do Deputado Federal JEAN WYLLYS: "Uma pessoa negra e pobre é potencialmente perigosa (...).

Assim, o Deputado EDER MAURO foi acusado de publicar um vídeo *editado* com a intenção de atribuir conteúdo racista e preconceituoso ao

Deputado JEAN WYLLYS. A finalidade da conduta praticada pelo primeiro era a de praticar o crime de difamação contra o segundo.

O vídeo foi publicado no Facebook e contou com 14.834 aprovações ("curtidas"), 252.458 visualizações e 12.272 compartilhamentos. O vídeo só foi excluído do Facebook por determinação do Poder Judiciário, o que demonstra que as empresas transnacionais, como o Facebook, devem-se submeter aos tribunais nacionais.

Assim, o Deputado EDER MAURO foi acusado de publicar um vídeo editado com a intenção de atribuir conteúdo racista e preconceituoso ao Deputado JEAN WYLLYS. A finalidade da conduta praticada pelo primeiro era a de praticar o crime de difamação contra o segundo.

Nesse caso, o STF entendeu que a imunidade parlamentar material pressupõe que a manifestação tenha sido praticada no exercício ou em razão do exercício da função.

Assim, atos praticados fora do recinto da Casa Legislativa e sem relação com a função parlamentar não se encontram abrigados pela imunidade parlamentar material.

Portanto, a liberdade de manifestação, coberta pela imunidade material, visa à proteção do mandato contra o arbítrio, à luz do princípio republicano previsto na CF/88.

Em razão disso, o Deputado Federal EDER MAURO foi condenado pelo crime de difamação agravada, "(...) nos termos do art. 139 c/c art. 141, II e III, do Código Penal, à pena de 1 ano de detenção, no regime inicial aberto, e multa, no montante de 36 dias-multa, ao valor de 1 salário mínimo cada. Por maioria, substituiu a pena privativa de liberdade pela prestação pecuniária, consistente no pagamento de 30 salários mínimos à vítima"[61].

Em suma, para o STF, a prática de "fake news" não encontra proteção na imunidade material dos (as) Parlamentares.

Nesse mesmo sentido, o entendimento atual do STF é de que manifestações antidemocráticas não estão cobertas pela imunidade material. Vamos estudar o polêmico caso do Deputado Federal DANIEL SILVEIRA, para termos uma dimensão do atual posicionamento do STF nesse assunto.

No dia 20 de abril de 2022, o STF, por 9 votos a 2, condenou o Deputado Federal DANIEL SILVEIRA a 8 anos e 9 meses de reclusão, em regime inicial fechado, e multa de R$ 192,5 mil, corrigida monetariamente.

---

61. STF, 1ª Turma, Ação Penal nº 1.021/DF, Relator Ministro LUIZ FUX, julgamento no dia 18 de agosto de 2020.

O STF entendeu que referido Deputado Federal praticou os seguintes crimes: coação no curso do processo (Código Penal, art. 344) e tentativa de impedir o livre exercício dos Poderes da União (art. 23 da Lei de Segurança Nacional – Lei nº 7.170/1973). O Deputado, porém, foi absolvido da acusação de incitação à animosidade entre as Forças Armadas e o STF (Código Penal, art. 286, parágrafo único).

Vejamos algumas das condutas praticadas pelo Parlamentar:

a) "Em vídeo intitulado 'Na ditadura você é livre, na democracia é preso!", publicado no YouTube, em 17 de novembro de 2020, o denunciado refere-se ao relator daquele expediente [o Ministro ALEXANDRE DE MORAES] como 'advogado do PCC'. Escudando-se no que entende por liberdade de pensamento, instiga que "o povo entre dentro do STF, agarre o Alexandre de Moraes pelo colarinho dele e sacuda a cabeça de ovo dele e o jogue dentro de uma lixeira".
b) "o ministro Roberto Barroso 'fraudou' as eleições de 2020, que o Supremo Tribunal Federal é uma "associação de merda", e que os respectivos ministros são "cretinos".
c) "Sim, sim as Forças Armadas podem sim intervir. É o que nós queremos. Eu confesso que a maioria dos brasileiros pedem isso. Tenho certeza absoluta disso. Sabem por quê? Porque vocês não respeitam a lei. Vocês são tão oligofrênicos".
d) "Quando bater um cabo e um soldado na porta de vocês.... não adianta fechar a porta não, porque vai ser arrombada".
e) "Vocês não têm caráter, nem escrúpulo, nem moral para poder estar na Suprema Corte".

Eis os fundamentos utilizados pelo STF para afastar a imunidade material em relação ao Deputado Federal DANIEL SILVEIRA:

a) Não incide a liberdade de expressão ou a imunidade parlamentar material nas hipóteses de propagação de discursos de ódio, ideias contrárias à ordem constitucional e ao Estado de Direito.
b) A imunidade parlamentar material não pode ser utilizada como escudo protetivo para a prática de atividades ilícitas[62].

Os dois casos julgados pelo STF demonstram que as fake news são um fenômeno repudiado pelos tribunais nacionais. As empresas transnacionais que operam redes sociais e a internet não podem alegar a liberdade de expressão,

62. Confira-se: STF, Plenário, AP 1.044, Relator Ministro ALEXANDRE DE MORAES, julgamento no dia 20/4/2022.

devendo adotar medidas para que as notícias falsas não tenham espaço no espaço cibernético.

Nota-se que o repúdio às fake news, segundo entendimento do Supremo Tribunal Federal, visa, entre outros objetivos, a preservar a democracia e os respectivos valores que norteiam esta última, como a proteção da dignidade humana.

Esses objetivos, aliás, ligados à proteção à democracia, no que toca ao combate às fake news, foram reproduzidos pelo art. 4º, I, do Projeto de Lei citado, em que se nota que um dos objetivos da referida lei é "o fortalecimento do processo democrático por meio do combate ao comportamento inautêntico e às redes de distribuição artificial de conteúdo e do fomento ao acesso à diversidade de informações na internet no Brasil".

Portanto, as empresas transnacionais estão submetidas à legislação nacional e aos tribunais brasileiros, no que se refere à proteção dos direitos humanos no Brasil. Eis a materialização do *princípio da submissão das empresas transnacionais à legislação e tribunais nacionais dos países receptores*, previsto na Carta Empresarial Interamericana.

2.3. Reunião de Consulta dos Ministros das Relações Exteriores

A *Reunião de Consulta dos Ministros das Relações Exteriores*, órgão da Organização dos Estados Americanos, é convocada quando houver problemas de natureza urgente e de interesse comum para os Estados americanos e, também, para servir de Órgão de Consulta (Carta da OEA, art. 61).

Qualquer Estado membro da OEA pode provocar a Reunião de Consulta. Essa solicitação será dirigida ao Conselho Permanente, que decidirá, por maioria absoluta, sobre a pertinência da solicitação (Carta da OEA, art. 62).

A *Reunião de Consulta* é composta por Ministros das Relações Exteriores dos Estados membros da OEA. Não podendo participar das reuniões do órgão, os Ministros poderão indicar delegados especiais[63].

Se houver algum ataque armado a qualquer Estado da OEA, o Conselho Permanente convoca a Reunião de Consulta, sem prejuízo do disposto no Tratado de Assistência Recíproca[64].

A Reunião de Consulta, portanto, pode ser convocada se houver uma situação urgente de interesse dos Estados membros da OEA, no que se inclui ataque armado contra qualquer um desses Estados.

63. Carta da OEA, art. 64.

64. Carta da OEA, art. 65.

Nesse sentido, a Reunião de Consulta pode atuar em algum assunto que se refira à proteção dos direitos humanos, desde que haja uma situação urgente que interesse a todos os Estados membros da OEA.

Se uma empresa, situada no Brasil, provoca poluição ambiental que afete todos os Estados da OEA, isso pode ser uma situação urgente que, no âmbito da proteção dos direitos humanos, pode conduzir à convocação da Reunião de Consulta de Ministros das Relações Exteriores.

2.4. Conselho Permanente e Conselho Interamericano de Desenvolvimento Integral

A Carta da OEA prevê a existência de dois Conselhos: o Conselho Permanente e o Conselho Interamericano de Desenvolvimento integral[65] – o último como resultado do Protocolo de Manágua.

Esses dois conselhos dependem diretamente da Assembleia Geral e têm a competência fixada pela Carta da OEA, por outros instrumentos interamericanos, pelas funções conferidas pela Assembleia Geral e pela Reunião de Consulta dos Ministros das Relações Exteriores[66].

Com direito a um voto, todos os Estados membros da OEA podem fazer-se representar nos conselhos, os quais, por sua vez, podem fazer recomendações no âmbito das respectivas atribuições.

Entre as várias funções, os Conselhos podem apresentar à Assembleia Geral projetos de instrumentos internacionais e proposições com referência às conferências especializadas. Os próprios Conselhos, em casos urgentes, poderão convocar as Conferências Especializadas.

O *Conselho Permanente* compõe-se de um representante (embaixador) de cada Estado-membro, tomando conhecimento de qualquer assunto de que seja encarregado pela Assembleia Geral ou pela Reunião de Consulta de Ministros das Relações Exteriores.

Cabe, ademais, ao *Conselho Permanente* servir de *órgão de execução* das decisões da Assembleia Geral e da Reunião de Consulta de Ministros das Relações Exteriores.

Uma das importantes funções do Conselho Permanente é o de receber os *relatórios* do Conselho Interamericano de Desenvolvimento Integral e da Comissão Interamericana de Direitos Humanos. Esses relatórios são analisados pelo Conselho Permanente – e essa análise é encaminhada à Assembleia

65. Carta da OEA, art. 70.

66. Carta da OEA, art. 70.

Geral da OEA, com as recomendações e observação tidas por pertinentes pelo Conselho Permanente.

Nesse sentido, é possível que o Conselho Permanente trabalhe com questões relacionadas a direitos humanos.

Na esfera dos direitos econômicos, sociais, culturais e ambientais (DESCAs), a Declaração nº 79 (2422/23), do Conselho Permanente, com o propósito de avançar e promover a *justiça social* e a *equidade* nas América, rememora que a Carta Democrática Interamericana estabelece a interdependência entre democracia e desenvolvimento social e econômico.

Já o *Conselho Interamericano de Desenvolvimento Integral*, composto por um representante titular, no nível ministerial ou equivalente de cada Estado membro, tem como finalidade promover a cooperação entre os Estados membros, para se alcançar o *desenvolvimento integral*.

Nesse sentido, o Conselho Interamericano de Desenvolvimento Integral deve empreender esforços para que os Estados membros se engajem na redução da pobreza crítica, segundo as normas da Carta da OEA, no que se refere aos campos econômico, social, educacional, cultural, científico e tecnológico.

Para alcançar esses objetivos, o Conselho Interamericano de Desenvolvimento Integral pode formular e recomendar à Assembleia Geral o plano estratégico em torno do desenvolvimento integral.

Pode, ainda, referido órgão da OEA promover, coordenar e encomendar programas e projetos de execução aos órgãos subsidiários, em áreas como: desenvolvimento econômico social, como comércio, turismo, meio ambiente e integração; educação e pesquisa tecnológica e científica; fortalecimento da consciência cívica dos povos americanos em torno da democracia e dos direitos humanos.

Nota-se, portanto, que o Conselho Interamericano de Desenvolvimento Integral tem um importante papel na coordenação de projetos e políticas relacionadas aos direitos humanos, principalmente nos campos econômico, social, educacional, cultural e ambiental.

2.5. Comissão Interamericana de Direitos Humanos (CIDH)

A Comissão Interamericana de Direitos Humanos, um dos mais importantes órgãos em matéria de proteção dos direitos humanos no sistema regional interamericano, tem natureza dúplice.

Natureza dúplice, porque a CIDH é *órgão permanente da OEA* (sistema não convencional)[67] e *órgão da Convenção Americana de Direitos Humanos* (sistema convencional).

67. Carta da OEA, art. 106.

Como órgão permanente da OEA, a CIDH tem como função promover o respeito e a garantia dos direitos humanos no âmbito dos Estados membros da OEA. Nessa hipótese, esse órgão atua em face de Estados membros que não são signatários da Convenção Americana de Direitos Humanos (CADH).

Já, como órgão da CADH, a atuação da CIDH se destina a promover o respeito e a garantia dos direitos no âmbito dos Estados signatários da CADH[68].

É importante esclarecer que a Corte Interamericana de Direitos Humanos é órgão judicial exclusivamente da Convenção Americana de Direitos Humanos (sistema convencional), e não da OEA (sistema não convencional).

2.6. Secretaria-Geral

A Secretaria-Geral é o órgão central e permanente da Organização dos Estados Americanos, com as funções atribuídas pela Carta da OEA, por outros tratados e acordos interamericanos e pela Assembleia Geral.

A Secretaria-Geral deve cumprir os encargos que lhe forem passados pela Assembleia Geral, pela Reunião de Consulta dos Ministros das Relações Exteriores e pelos Conselhos.

O Secretário-Geral da OEA, que dirige a Secretaria-Geral, é eleito pela Assembleia Geral por um período de 5 anos, sem a possibilidade de reeleição. Essa autoridade pode levar, à Assembleia Geral e ao Conselho Permanente, qualquer assunto que possa afetar a paz e a segurança do continente americano e o desenvolvimento dos Estados membros da OEA. Essa função foi acrescentada pelo Protocolo de Cartagena de Índias e enfatiza o aspecto político da atuação do Secretário. Trata-se de uma função ainda mais ampla que a do Secretário-Geral das Nações Unidas, já que este último, nos termos do art. 99 da Carta da ONU, só recebe as funções do Conselho de Segurança e exclusivamente para aqueles assuntos que possam representar perigo à paz e à segurança internacional[69].

De acordo com as diretrizes fixadas pela Assembleia Geral e pelos Conselhos, a Secretaria-Geral poderá estabelecer relações econômicas, sociais, jurídicas, educacionais, científicas e culturais entre todos os Estados membros da OEA, com ênfase especial para a superação da pobreza crítica.

Outra função importante da Secretaria-Geral é a de servir de depositária dos tratados e acordos interamericanos, bem assim dos instrumentos de ratificação desses documentos internacionais.

---

68. CADH, art. 41.

69. Jean Michel Arrighi. *Apud* Valério de Oliveira Mazzuoli. *Curso de Direito Internacional Público*, pág. 599. 13ª ed. 2020.

Principalmente quando estabelece relações econômicas, sociais, educacionais, científicas e culturais com os Estados membros da OEA, a Secretaria-Geral poderá conduzir importantes temas de direitos humanos, incluindo direitos econômicos, sociais, culturais e ambientais (DESCAs).

6

CONVENÇÃO AMERICANA SOBRE DIREITOS HUMANOS *(Pacto de São José da Costa Rica)* *(subsistema convencional)*

1. NATUREZA JURÍDICA, NOMENCLATURA E APROVAÇÃO

A Convenção Americana sobre Direitos Humanos tem a natureza jurídica de um *tratado internacional*, sendo também conhecida como Pacto de São José da Costa Rica, porque foi adotada em São José – cidade da Costa Rica –, na Conferência Especializada Interamericana sobre Direitos Humanos, em 22 de novembro de 1969.

O Decreto Presidencial nº 678/92 fala em Convenção Americana *sobre* Direitos Humanos. Porém, é de uso corrente a expressão Convenção Americana *de* Direitos Humanos. Esse tratado aparece, muitas vezes, com a abreviação "CADH".

Embora adotada em 1969, a CADH *entrou em vigor internacional* apenas no dia 18 de julho de 1978 – quando obteve 11 ratificações, conforme estipulado pelo art. 74, § 2º.

Trata-se do principal documento internacional do sistema regional interamericano de direitos humanos, porque prevê um importante catálogo de direitos civis e políticos, uma previsão geral de direitos econômicos, sociais e culturais e, ainda, porque cria a Corte Interamericana de Direitos Humanos.

Não bastasse, esse tratado internacional especifica importantes funções da Corte Interamericana de Direitos Humanos, transformada como o grande tribunal internacional de direitos humanos da região. Além disso, há a previsão de novas funções da Comissão Interamericana de Direitos Humanos, que é o principal órgão que provoca a atuação da Corte, no caso de violação aos direitos humanos no âmbito do sistema interamericano.

Embora haja, no sistema interamericano, atualmente, vários tratados específicos de proteção aos direitos humanos, a Convenção Americana continua muito importante, porque é por meio dela, embora com a possibilidade de integração com outros tratados, que surge a atuação da Corte Interamericana de Direitos Humanos. Para esta última atuar, é preciso que o Estado parte viole um dispositivo da Convenção Americana, embora os direitos humanos possam vir a ser protegidos com a integração entre a Convenção Americana, outros tratados e documentos internacionais e, até mesmo, leis internas do Estado parte.

Adotada em 1969 e com entrada em vigor internacional em 1978, a CADH não foi assinada pelo Brasil no regime militar, muito embora nosso País tenha, nesse período, participado das negociações para a elaboração desse tratado internacional.

O Brasil só aprovou a CADH após a redemocratização, por meio do Decreto Legislativo nº 27, de 25 de setembro de 1992. Por meio do Decreto Presidencial nº 678, de 6 de novembro de 1992, a Convenção Americana foi *promulgada.*

Os arts. 43 e 48, *d*, da CADH, preveem a possibilidade de visita *in loco* da Comissão Interamericana de Direitos Humanos no território do Estado. O Brasil promoveu uma *declaração interpretativa* sobre esses dispositivos, de modo que o País admite a visita, desde que com a anuência expressa do Estado brasileiro.

2. ESTADOS PARTES DA OEA QUE RATIFICARAM A CONVENÇÃO AMERICANA E ADERIRAM À COMPETÊNCIA CONTENCIOSA DA CORTE INTERAMERICANA DE DIREITOS HUMANOS

A Organização dos Estados Americanos é composta, atualmente, por 35 Estados, mas, desses, apenas 23 Estados são partes na Convenção Americana de Direitos Humanos.

No contexto americano, os países de origem anglo-saxão e a maioria dos países do Caribe (exceto Barbados) ainda não ratificaram a CADH. É o caso, por exemplo, dos Estados Unidos e do Canadá. Por isso, é possível dizer que a CADH é mais um instrumento *latino-americano* do que interamericano propriamente dito. Essa circunstância torna incompleto o sistema regional interamericano, cuja proteção aos direitos humanos se concentra mais – pelo menos no número de países – no âmbito da OEA do que no sistema da Convenção Americana[1].

1. Valerio de Oliveira Mazzuoli. *In:* Flávia Piovesan, Melina Girardi Fachin e Valerio de Oliveira Mazzuoli. *Comentários à Convenção Americana sobre Direitos Humanos*, pág. 3. 2009.

É importante esclarecer que alguns dos Estados que aderiram à CADH ainda não aderiram à competência contenciosa da Corte Interamericana. Isso impede, quanto a esses Estados, que a Corte Interamericana seja acionada para condená-los por violação a direitos humanos.

É possível, assim, que um Estado da OEA ratifique a Convenção Americana, mas não adira à competência contenciosa da Corte Interamericana de Direitos Humanos.

A adesão à competência contenciosa da Corte Interamericana de Direitos Humanos pode ser feita no momento do depósito do instrumento de ratificação da Convenção Americana. Essa adesão à competência contenciosa da Corte pode-se dar, também, em momento posterior à ratificação da Convenção Americana.

O Estado pode experimentar uma adesão total (ou incondicional) ou uma adesão parcial (ou condicional) à competência contenciosa da Corte Interamericana.

No primeiro caso, a competência se refere a todos os casos relativos à interpretação ou aplicação da CADH que digam respeito ao Estado. Este último concorda, de pleno direito e sem convenção especial, em se submeter à jurisdição desse tribunal regional de proteção aos direitos humanos. A adesão é, nesse caso, incondicional.

A declaração de adesão pode ser, também, parcial ou condicional. Nessa hipótese, o Estado adere à competência contenciosa da Corte Interamericana, mas condiciona a adesão à condição de reciprocidade de outro Estado, ou faz por prazo determinado, ou, ainda, para casos específicos.

Atualmente, temos 35 Estados partes da Organização dos Estados Americanos, dos quais 23 Estados são partes da Convenção Americana[2] e 20 Estados que aceitaram a competência contenciosa da Corte Interamericana de Direitos Humanos[3].

O Brasil é Estado membro da OEA, Estado parte da CADH e Estado que aceitou a competência contenciosa da Corte Interamericana[4]. Já os Estados Unidos e o Canadá são Estados membros da OEA, mas não são Estados partes da CADH e, por consequência, também não se submetem à competência contenciosa da Corte Interamericana.

---

2. Site oficial da Corte Interamericana de Direitos Humanos. Disponível em: https://www.corteidh.or.cr/que_es_la_corte.cfm?lang=pt. Acesso: 23/4/23.
3. Site oficial da Corte Interamericana de Direitos Humanos. Disponível em: https://www.corteidh.or.cr/que_es_la_corte.cfm?lang=pt. Acesso: 23/4/23.
4. O mesmo se diz da Argentina, Barbados, Bolívia, Chile, Colômbia, Costa Rica, Equador, El Salvador, Guatemala, Haiti, Honduras, Nicarágua, Panamá, Paraguai, Peru, República Dominicana, Suriname e Uruguai.

Trinidad e Tobago e Venezuela já fizeram parte da CADH, mas, respectivamente, em 1998 e 2012 denunciaram o tratado.

A situação da Venezuela é bem particular. A denúncia do tratado está valendo no âmbito da Corte Interamericana, mas não no âmbito da Organização dos Estados Americanos. Passemos a explicar melhor isso.

Em janeiro de 2019, o Conselho Permanente da OEA não reconheceu o mandato presidencial de Nicolás Maduro. Houve 19 vetos dos Estados membros da OEA, atingindo-se a maioria absoluta exigida. Por outro lado, não foi atingida a maioria absoluta para reconhecer-se o mandato de Juan Geraldo Guaidó Marquez – houve apenas 16 votos, sem se formar a maioria absoluta entre os 35 Estados membros da OEA.

É interessante que, no dia 1º de julho de 2019, Juan Geraldo Guiadó Marquez assinou um *instrumento de ratificação da Convenção Americana*, com efeitos retroativos a 2012. A OEA inseriu em seu site esse instrumento, de modo que, para essa organização regional interamericana, a denúncia do tratado, feita pela Venezuela em 2012, não produziu efeitos.

Contudo, perante a Corte Interamericana, a denúncia do tratado produziu efeitos. Nos termos do art. 78, 2, da Convenção Americana, o Estado continua responsável por atos cometidos antes da denúncia. Segundo a Corte, a denúncia produziu efeitos no dia 10 de setembro de 2013, de modo que a Venezuela continua responsável apenas por atos cometidos antes dessa data[5].

No sistema interamericano, portanto, a OEA entende que a Venezuela continua sujeita à Convenção Americana de Direitos Humanos. Já, para a Corte Interamericana, a Venezuela só se submete às disposições da Convenção Americana para os casos anteriores à denúncia desse tratado.

Por fim, se, no âmbito da OEA, não se reconheceu o mandato presidencial de Nicolas Maduro, no âmbito da ONU a Venezuela continua sendo representada pelo presidente eleito Nicolás Maduro[6].

3. STATUS NORMATIVO

A Convenção Americana de Direitos Humanos é um tratado internacional de direitos humanos ratificado pelo Brasil, sem observar o procedimento previsto no art. 5º, § 3º, da Constituição Federal.

---

5. Corte Interamericana de Direitos Humanos, Caso Guerrero, Molina e outros vs. Venezuela, sentença de 3 de junho de 2021, Fundo, Reparação e Custas, § 3. Disponível em: https://www.corteidh.or.cr/docs/casos/articulos/seriec_424_esp.pdf. Acesso: 23 de abril de 2023.
6. Sobre a situação da Venezuela no âmbito da OEA e da Convenção Americana de Direitos Humanos, confira-se: André de Carvalho Ramos. *Curso de Direitos Humanos*, pág. 375. 9ª ed. 2022.

Nos termos do art. 5º, § 3º, da Constituição Federal, serão equivalentes às emendas constitucionais aqueles tratados de direitos humanos que forem aprovados, em cada Casa do Congresso Nacional, por meio da maioria de 3/5 e em 2 turnos de votação. Esses tratados, não há dúvida, porque equivalem às emendas constitucionais, assumem o status normativo de norma constitucional.

O problema surge com os tratados de direitos humanos que não se submeteram a esse procedimento, como é o caso da Convenção Americana de Direitos Humanos (CADH). Sobre o status normativo desses tratados, há uma grande divergência.

Há quem entenda que esses diplomas internacionais têm força normativa de lei ordinária. Outros sustentam que o status normativo é de norma supralegal. Por sua vez, há quem sustente que tais tratados equivalem a normas constitucionais. Há ainda aqueles que propõem a existência de uma força normativa acima da Constituição.

Para nós, porém, os tratados de direitos humanos – seja qual for eles – fazem parte da Constituição Transnacional Interamericana de Direitos Humanos. Isso torna irrelevante a discussão sobre o status hierárquico tanto dos tratados de direitos humanos aprovados segundo o procedimento do art. 5º, § 3º, da CF e quanto aos tratados de direitos humanos que não seguiram esse procedimento.

Passemos a analisar detalhadamente cada uma dessas correntes de pensamento. Por ora, é importante dizer que a adoção de uma ou outra corrente repercutirá na interpretação jurídica a ser dada sobre os direitos humanos, inclusive quando a discussão tenha incidência nas relações jurídicas de natureza privada.

É importante, por fim, esclarecer que a Convenção Americana de Direitos Humanos é um tratado internacional de direitos humanos ratificado pelo Brasil, sem, contudo, observar o procedimento previsto no art. 5º, § 3º, da Constituição Federal. Portanto, o presente estudo se volta a descobrir, principalmente, qual é o status normativo da CADH.

3.1. Lei ordinária (posicionamento anterior do STF)

Há quem sustente que os tratados de direitos humanos, que não foram aprovados segundo o art. 5º, § 3º, da CF/88, têm natureza jurídica de *lei ordinária*. Argumenta-se que a Constituição Federal não estabeleceu um privilégio hierárquico a nenhum tratado, o qual, por isso, equivale à lei ordinária.

Nesse sentido, o conflito entre um tratado e uma lei federal se resolve pelo critério temporal. Entre o tratado e a lei federal, o que vier depois prevalece, revogando o anterior. Assim, norma posterior revoga norma anterior com aquela incompatível. Esse entendimento foi adotado pelo Plenário do Supremo Tribunal Federal, no ano de 1977, no RE 80.004[7].

Esse antigo entendimento do Supremo Tribunal Federal parece referir-se a qualquer tipo de tratado – os tratados comuns e os tratados de direitos humanos.

É interessante pontuar, contudo, que, antes de 1977, o Supremo Tribunal Federal estabelecia que os tratados internacionais tinham força normativa superior às leis (status supralegal). Portanto, um tratado revoga uma lei anterior contrária; uma lei posterior contrária não revoga um tratado anterior[8].

Há um grave problema em se equiparar um tratado a uma lei ordinária, ao se permitir que uma lei revogue um tratado com ela incompatível. Em se adotando esse entendimento, o Estado passa a descumprir obrigações que assumiu no plano internacional. A propósito, nos termos do art. 27 da Convenção de Viena sobre o Direito dos Tratados, "uma parte não pode invocar as disposições de seu direito interno para justificar o inadimplemento de um tratado". Eis a manifestação, no plano internacional, do princípio da boa-fé: assumindo o compromisso de cumprir as obrigações internacionais, o Estado não pode negar a cumpri-las.

Assim, nenhuma disposição do direito interno pode ser invocada para deixar-se de cumprir um tratado. Se o Estado é livre para celebrar um tratado, e o faz no exercício da soberania, não poderá, posteriormente, obstar o cumprimento desse tratado. No máximo, o que o Estado poderá fazer é promover a *denúncia*, isto é, o ato unilateral pelo qual manifesta o desejo de não mais fazer parte do tratado. Sem a denúncia, o Estado permanece com a obrigação internacional de cumprir o tratado[9].

A tese da paridade normativa entre lei e tratado foi manifestada em 1977 pelo Supremo Tribunal Federal, em um caso envolvendo tema comercial (conflito entre a Convenção de Genebra, isto é, a Lei Uniforme Sobre Letras de Câmbio e Notas Promissórias e o Decreto-lei nº 427, de 1969). Nota-se que o entendimento foi firmado antes da Constituição Federal de 1988.

Acontece, porém, que, mesmo após a CF/88, o mesmo entendimento foi adotado pelo Supremo Tribunal Federal, em caso envolvendo direitos humanos. Assim, em 1995, o STF entendeu, em decisão proferida em *habeas corpus*,

---

7. Francisco Resek. *Direito internacional público:* curso elementar, pág. 106. 1991.
8. Esse posicionamento – da natureza supralegal dos tratados – foi adotada pelo Supremo Tribunal Federal em 1914 (STF, Pedido de Extradição nº 7.872 de 1913), em 1943 (STF, Apelação Cível nº 7.872 de 1943) em 1951 (STF, Apelação Cível nº 9.587). A propósito, confira-se: Celso D. Albuquerque Mello. *Curso de direito internacional público*, pág. 69. 6ª ed. 1979; Flávia Piovesan. *Direitos Humanos e o Direito Constitucional Internacional*, pág. 144. 19ª ed. 2021.
9. Flávia Piovesan. *Direitos Humanos e o Direito Constitucional Internacional*, pág. 145. 19ª ed. 2021.

num caso de prisão civil por dívida do depositário infiel, que os tratados têm a mesma força normativa que as leis ordinárias[10].

A Convenção Americana de Direitos Humanos (Pacto de São José da Costa Rica), no art. 7º, VII, proíbe a prisão civil por dívidas, salvo no caso de alimentos. Já a Constituição Federal de 1988 permite a prisão civil em caso de alimentos e do depositário infiel (CF, art. 5º, LXVII). Não haveria, segundo entendeu o STF em 1995, nenhuma previsão na CF que indicasse a supremacia dos tratados internacionais de direitos humanos nem em relação à Constituição nem em relação às leis. É possível que uma lei posterior à Convenção Americana preveja a prisão do depositário infiel. O tratado não pode impedir o exercício, pelo Congresso Nacional, da típica atividade político-jurídica de legislar, principalmente quando a autorização da prisão do depositário infiel é admitida pela própria Constituição. Por isso, eram válidas as leis ordinárias que previam a prisão civil por dívida do depositário infiel[11].

3.2. Natureza supralegal (posicionamento atual do STF)

No dia 3 de dezembro de 2008, o Supremo Tribunal Federal abandonou o antigo entendimento de que os tratados internacionais de direitos humanos possuem o mesmo patamar de lei ordinária. Na aludida data, o STF passou a entender que esses tratados estão acima da lei ordinária, logo, apresentam status supralegal[12]. Eis a tese firmada no julgamento: "É ilícita a prisão civil do depositário infiel, qualquer que seja a modalidade de depósito".

No ano de 1992, o Brasil adotou a Convenção Americana de Direitos Humanos, a qual, no art. 7º, 7, proíbe qualquer modalidade de prisão civil por dívidas, exceto a prisão decorrente de obrigação alimentícia: "Ninguém deve ser detido por dívidas. Este princípio não limita os mandados de autoridade judiciária competente expedidos em virtude de inadimplemento de obrigação alimentar"[13].

---

10. STF, Plenário, Relator Ministro Marco Aurélio, Redator do acórdão Ministro Moreira Alves, HC 72.131/RJ, julgamento no dia 23/11/1995.
11. Voto do Ministro Celso de Mello no: STF, Plenário, Relator Ministro Marco Aurélio, Redator do acórdão Ministro Moreira Alves, HC 72.131/RJ, julgamento no dia 23/11/1995. Esse entendimento foi também adotado, posteriormente, pelo STF, nos seguintes julgamentos: Plenário, RE 206482, Relator Ministro Maurício Corrêa, julgamento no dia 27/5/1998; Plenário, HC 76.561/SP, Relator Ministro Carlos Velloso, Redator do acórdão Ministro Nelson Jobim, julgamento no dia 27/5/1998.
12. STF, Plenário, RE 466343, Relator Ministro Cezar Peluso, julgamento no dia 3/12/2008.
13. Também no ano de 1992, o Brasil adotou outro importante tratado internacional de direitos humanos, agora no sistema global ou universal. Trata-se do Pacto Internacional dos Direitos Civis e Políticos, cujo art. 11 dispõe que "ninguém poderá ser preso apenas por não poder cumprir uma obrigação contratual".

Com a adesão do Brasil, em 1992, à Convenção Americana de Direitos, no sistema interamericano, e ao Pacto Internacional dos Direitos Civis e Políticos, no sistema universal ou onusiano, passou-se a discutir sobre a legitimidade da previsão constitucional sobre a prisão civil do depositário infiel[14].

Segundo o entendimento atual do Supremo Tribunal Federal, não é possível considerar que os tratados de direitos humanos tenham status de norma constitucional. Isso porque se adota o *princípio da supremacia formal e material da Constituição*, o que faz desta última um diploma normativo superior às demais normas do ordenamento jurídico, inclusive aos tratados. Além disso, reconhecer a natureza constitucional do tratado impediria a realização do controle de constitucionalidade desse diploma normativo internacional[15].

É certo que haja quem proponha a existência de valores supremos, previstos em normas nacionais e internacionais de proteção aos direitos humanos, com a aptidão de tornar, os tratados, com a mesma posição hierárquica da Constituição. A existência desses valores supremos, porém, não permite considerar que os tratados estejam acima da Constituição.

No entanto, esses valores supremos deixariam ao sabor do intérprete a elevação de normas a um patamar até mesmo acima da Constituição, tudo a partir do sentido fluido a se conferir à expressão "direitos humanos". Isso dificultaria o controle de compatibilidade das normas em relação à Constituição, importante competência atribuída pela Constituição ao Supremo Tribunal Federal[16].

Por outro lado, se é possível controlar a constitucionalidade de um tratado internacional, situado abaixo da Constituição, é preciso atentar-se para as consequências que um controle desse tipo geraria no âmbito do Direito Internacional. Aquilo que foi pactuado no plano externo deixaria de ser cumprido pelo Estado, podendo gerar consequências internacionais.

De qualquer forma, por meio da Emenda Constitucional nº 45/2004, com a introdução do § 3º ao art. 5º da CF, criou-se a possibilidade de se aprovar tratados internacionais de direitos humanos com o status de norma constitucional. Isso significa, segundo o atual entendimento do Supremo Tribunal Federal, que os demais tratados de direitos humanos, aprovados antes da EC

---

14. Nos termos do art. 5º, inciso LXVII, da Constituição Federal, "não haverá prisão civil por dívida, salvo a do responsável pelo inadimplemento voluntário e inescusável de obrigação alimentícia e a do depositário infiel".

15. Gilmar Mendes. Voto proferido no seguinte julgamento, pág. 5: STF, Plenário, RE 466343, Relator Ministro Cezar Peluso, julgamento no dia 3/12/2008.

16. Gilmar Mendes. Voto proferido no seguinte julgamento, págs. 5 e 6: STF, Plenário, RE 466343, Relator Ministro Cezar Peluso, julgamento no dia 3/12/2008.

nº 45/2004, como é o caso da Convenção Americana de Direitos Humanos, não têm status normativo de norma constitucional[17].

De qualquer forma, a partir da EC nº 45/2004, pode-se afirmar, ainda segundo o atual posicionamento do Supremo Tribunal Federal, que os tratados internacionais de direitos humanos, não aprovados segundo o procedimento previsto no art. 5º, § 3º, da CF, tornaram-se *tratados especiais*, em se comparando aos tratados de reciprocidade adotados entre os Estados.

Esses *tratados especiais* passam a assumir, então, um patamar hierárquico superior em relação aos tratados de reciprocidade entre os Estados. Se estes últimos são equiparados às leis ordinárias, os primeiros têm a natureza de *normas supralegais*.

A propósito, atualmente, os Estados nacionais costumam se abrir às *ordens supranacionais de proteção aos direitos humanos*. Logo, não é mais correto afirmar que os tratados internacionais de direitos humanos sejam semelhantes às leis ordinárias[18].

É importante assinalar que hoje vivemos aquilo que o Professor Peter Häberle denomina de *Estado Cooperativo*: os Estados Constitucionais se juntam a outros Estados Constitucionais, em uma comunidade, na qual se destaca a proteção dos direitos humanos e dos direitos fundamentais[19].

Com o destaque à proteção dos direitos humanos e fundamentais nesse Estado Cooperativo, sobressaem os aspectos sociológico-econômico e ideal-moral, conforme ensina o Professor Peter Häberle. No que se refere a esse aspecto ideal-moral da proteção dos direitos humanos, os sistemas constitucionais convocam os atores sociais para que esse ideal-moral seja alcançado. Isso faz aproximar o Estado Constitucional à proteção internacional dos direitos humanos[20].

Há, na Constituição Federal, ao menos quatro dispositivos que remetem a uma abertura do Direito Constitucional à ordem internacional de proteção dos direitos humanos[21].

---

17. Gilmar Mendes. Voto proferido no seguinte julgamento, pág. 10: STF, Plenário, RE 466343, Relator Ministro Cezar Peluso, julgamento no dia 3/12/2008.
18. Gilmar Mendes. Voto proferido no seguinte julgamento, pág. 15: STF, Plenário, RE 466343, Relator Ministro Cezar Peluso, julgamento no dia 3/12/2008.
19. Gilmar Mendes. Voto proferido no seguinte julgamento, pág. 15: STF, Plenário, RE 466343, Relator Ministro Cezar Peluso, julgamento no dia 3/12/2008. Confira-se: Peter Häberle. *El Estado constitucional*, pág. 75 a 77. 2003.
20. Gilmar Mendes. Voto proferido no seguinte julgamento, pág. 14: STF, Plenário, RE 466343, Relator Ministro Cezar Peluso, julgamento no dia 3/12/2008.
21. Os quatro motivos foram elencados pelo Ministro Gilmar Mendes, no voto proferido no seguinte julgamento, págs. 15 e 16: STF, Plenário, RE 466343, Relator Ministro Cezar Peluso, julgamento no dia 3/12/2008.

O primeiro desses dispositivos é o art. 4º, parágrafo único, segundo o qual "a República Federativa do Brasil buscará a integração econômica, política, social e cultural dos povos da América Latina, visando à formação de uma comunidade latino-americana de nações". Esse dispositivo revela a intenção constitucional de o Brasil integrar-se a ordens jurídicas supranacionais[22].

O segundo desses dispositivos é o art. 5º, § 2º, da Constituição Federal, segundo o qual "os direitos e garantias expressos nesta Constituição não excluem outros decorrentes do regime e dos princípios por ela adotados, ou dos tratados internacionais em que a República Federativa do Brasil seja parte"[23].

Já o terceiro é o art. 5º, § 3º, da CF – parágrafo, esse, inserido pela Emenda Constitucional nº 45/2004. Eis a redação do aludido parágrafo: "Os tratados e convenções internacionais sobre direitos humanos que forem aprovados, em cada Casa do Congresso Nacional, em dois turnos, por três quintos dos votos dos respectivos membros, serão equivalentes às emendas constitucionais".

Também fruto da EC nº 45/2005, o § 4º do art. 5º da CF/88 revela a nítida intenção de o Estado Constitucional brasileiro abrir-se à ordem jurídica internacional de proteção aos direitos humanos: "o Brasil se submete à jurisdição de Tribunal Penal Internacional a cuja criação tenha manifestado adesão".

Essas normas constitucionais seguem a tendência do constitucionalismo mundial em conferir grande importância às normas internacionais de proteção aos direitos humanos. Trata-se de uma abordagem que aproxima o Direito Constitucional e o Direito Internacional[24].

Devido à dignidade constitucional conferida à ordem jurídica internacional de proteção aos direitos humanos, o Supremo Tribunal Federal entendeu que não era mais possível conceber os tratados internacionais de direitos humanos com o status hierárquico semelhante ao de uma simples lei ordinária[25]. Esse entendimento antigo do STF poderia permitir que uma lei ordinária posterior revogasse um tratado internacional de direitos humanos que fosse com ela incompatível. Nesse sentido, com muita facilidade o Brasil desrespeitaria o art. 27 da Convenção de Viena sobre o Direito dos Tratados (1969), segundo

22. Celso Ribeiro Bastos e Ives Gandra Martins. Comentários à Constituição do Brasil, pág. 466. 1998.
23. Gilmar Mendes. Voto proferido no seguinte julgamento, pág. 14: STF, Plenário, RE 466343, Relator Ministro Cezar Peluso, julgamento no dia 3/12/2008.
24. Gilmar Mendes. Voto proferido no seguinte julgamento, págs. 17 e 18: STF, Plenário, RE 466343, Relator Ministro Cezar Peluso, julgamento no dia 3/12/2008.
25. Gilmar Mendes. Voto proferido no seguinte julgamento, pág. 18: STF, Plenário, RE 466343, Relator Ministro Cezar Peluso, julgamento no dia 3/12/2008.

o qual nenhum Estado pactuante poderá "(...) invocar as disposições de seu direito interno para justificar o inadimplemento de um tratado"[26].

Daí ser mais correto, nos termos do atual posicionamento do Supremo Tribunal Federal, considerar que os tratados internacionais de direitos humanos, não aprovados segundo o procedimento previsto no art. 5º, § 3º, da CF/88, tenham o status de *normas de natureza supralegal*. Esses tratados estão abaixo da Constituição Federal, mas acima das leis, e são especiais em relação aos demais tratados internacionais[27].

Com esse atributo da *supralegalidade*, referidos tratados internacionais de direitos humanos não afrontam a Constituição e, ao mesmo tempo, não são considerados simples leis ordinárias[28].

O atributo da *supralegalidade* aos tratados de direitos humanos permite, portanto, conferir maior efetividade às ordens jurídicos nacional e internacionais – focadas, atualmente, na proteção do ser humano.

Nesse sentido, a Convenção Americana de Direitos Humanos (art. 7º, 7) e o Pacto Internacional de Direitos Civis e Políticos (art. 11), ao proibirem, respectivamente, a prisão civil por dívidas (salvo alimentos) e a prisão decorrente de descumprimento contratual, não revogaram a autorização constitucional, contida no art. 5º, XLVII, da prisão civil do depositário infiel[29].

No entanto, esses tratados internacionais de direitos humanos *paralisaram a eficácia jurídica* de toda a legislação infraconstitucional brasileira que autorizava a prisão do depositário infiel (Código Civil/1916, art. 1.278; Código Civil/2022, art. 652) e de figuras equiparadas, como a do devedor fiduciante no contrato de alienação fiduciária (Decreto-lei nº 911, de 1º de outubro de 1969)[30].

Em suma, a Convenção Americana de Direitos Humanos e outros tratados internacionais de direitos humanos em vigor no Brasil assumem a natureza de normas jurídicas dotadas de *supralegalidade*. Nada impede que referidos tratados sejam aprovados em 2 turnos e com o quorum de 3/5 em cada Casa do Congresso Nacional, nos termos do art. 5º, § 3º, da Constituição Federal.

26. Gilmar Mendes. Voto proferido no seguinte julgamento, pág. 20: STF, Plenário, RE 466343, Relator Ministro Cezar Peluso, julgamento no dia 3/12/2008.
27. Gilmar Mendes. Voto proferido no seguinte julgamento, págs. 20: STF, Plenário, RE 466343, Relator Ministro Cezar Peluso, julgamento no dia 3/12/2008.
28. Gilmar Mendes. Voto proferido no seguinte julgamento, pág. 20: STF, Plenário, RE 466343, Relator Ministro Cezar Peluso, julgamento no dia 3/12/2008.
29. Gilmar Mendes. Voto proferido no seguinte julgamento, págs. 26: STF, Plenário, RE 466343, Relator Ministro Cezar Peluso, julgamento no dia 3/12/1998.
30. Gilmar Mendes. Voto proferido no seguinte julgamento, págs. 26 e 27: STF, Plenário, RE 466343, Relator Ministro Cezar Peluso, julgamento no dia 3/12/1998.

Se isso acontecer, a Convenção Americana de Direitos Humanos, por exemplo, da atual posição hierárquica de diploma jurídico supralegal, passará a assumir a posição hierárquica de normas constitucionais.

Essa é a atual posição do Supremo Tribunal Federal.

3.3. Natureza constitucional

Nos termos do art. 5º, § 2º, da Constituição Federal de 1988, "os direitos e garantias expressos nesta Constituição não excluem outros decorrentes do regime e dos princípios por ela adotados, ou dos tratados internacionais em que a República Federativa do Brasil seja parte".

Ao explicitar que os direitos previstos na Constituição não são apenas aqueles previstos nela, mas também os mencionados nos tratados em que seja parte o Brasil, a Constituição Federal traz para si outros direitos que não estão previstos nela. Nesse sentido, um direito previsto em um tratado internacional de direitos humanos em que seja parte a República Federativa do Brasil é um direito que passa a compor a própria Constituição Federal[31].

Assim, temos duas espécies de tratados internacionais de direitos humanos em vigor no Brasil. Primeiro, aqueles aprovados internamente com força de emenda constitucional (dois turnos de votação, maioria de 3/5), nos termos do art. 5º, § 3º, da CF/88. Segundo, aqueles aprovados em observar o referido procedimento.

Ambos têm força constitucional. Os primeiros são *formal e materialmente constitucionais*. Os segundos são apenas *materialmente constitucionais*. De qualquer forma, na hermenêutica emancipatória dos direitos humanos, impera a lógica material e não formal, orientada por valores relacionados à prevalência da dignidade humana. A hierarquia de normas deve render-se à hierarquia de valores[32].

Assim, por força da norma inclusiva do art. 5º, § 2º, da CF/88, todos os tratados internacionais de direitos humanos são *materialmente* constitucionais. Para que o tratado venha a integrar *formalmente* a Constituição, é preciso observar o procedimento previsto no art. 5º, § 3º, da CF/88[33].

De qualquer forma, ambos os tratados internacionais de direitos humanos – isto é, aprovados ou não segundo o procedimento do art. 5º, § 3º, da CF/88 – são normas constitucionais. Ambos, portanto, compõem o bloco de constitucionalidade e funcionam como parâmetro superior de controle de constitucionalidade das leis e atos normativos.

---

31. Flávia Piovesan. *Direitos Humanos e o Direito Constitucional Internacional*, pág. 134. 19ª ed. 2021.
32. Flávia Piovesan. *Direitos Humanos e o Direito Constitucional Internacional*, pág. 155. 19ª ed. 2021.
33. Flávia Piovesan. *Direitos Humanos e o Direito Constitucional Internacional*, pág. 165. 19ª ed. 2021.

3.4. Natureza supraconstitucional

Há quem sustente que os tratados internacionais de direitos humanos têm *natureza supraconstitucional*. Assim, referidos tratados estão acima, até mesmo, das Constituições nacionais. Isso porque a ordem jurídica supranacional prevalece sobre a ordem jurídica nacional, vindo a compor, a primeira, o direito interno do Estado[34].

3.5. Parte da Constituição Transnacional Interamericana de Direitos Humanos

No decorrer deste livro, veremos que o sistema jurídico brasileiro é composto por elementos jurídicos internos e internacionais. Assim, além da Constituição e da jurisprudência do Supremo Tribunal Federal em matéria de direitos humanos (direito interno), a Convenção Americana de Direitos Humanos e a jurisprudência da Corte Interamericana de Direitos Humanos (direito internacional dos direitos humanos) também fazem parte do sistema jurídico brasileiro.

Existe, então, um grande fundamento de validade formal e material do sistema jurídico brasileiro: a *norma fundamental de direitos humanos*. Esse grande fundamento de validade atrai, para a parte superior do sistema jurídico brasileiro, todos os elementos jurídicos (nacionais e internacionais) em vigor no Brasil.

Essa parte superior do sistema jurídico brasileiro é por nós denominada de *Constituição Transnacional Interamericana de Direitos Humanos* (CTIDH). A norma fundamental de direitos humanos atrairá, para o corpo da CTIDH, todos os elementos jurídicos internos e internacionais de proteção aos direitos humanos.

Falamos em elementos jurídicos, e não simplesmente em normas jurídicas, porque elementos jurídicos abrangem até mesmo decisões judiciais (nacionais e internacionais) que sirvam para efetivar os direitos humanos.

Nesse sentido, uma decisão da Corte Interamericana de Direitos e uma decisão do Supremo Tribunal Federal, que tenham a força normativa necessária à efetiva proteção dos direitos humanos, passarão a integrar a Constituição Transnacional Interamericana de Direitos Humanos.

Isso significa que a norma fundamental de direitos humanos atrai para a Constituição Transnacional Interamericana de Direitos Humanos desde

34. Agustín Gordillo. *Apud* Flávia Piovesan. *Direitos Humanos e o Direito Constitucional Internacional*, pág. 150. 19ª ed. 2021.

decisões judiciais do Supremo Tribunal Federal e da Corte Interamericana até normas jurídicas previstas na Constituição Federal e mesmo em leis internas, além, naturalmente, dos tratados internacionais de direitos humanos. Basta que esses elementos jurídicos tenham a força e dignidade jurídicas necessárias para respeitar, proteger e efetivar os direitos humanos.

Em outras palavras, segundo a jurisprudência da Corte Interamericana, a proteção jurídica de um determinado direito humano pode ser fruto de uma análise conjugada do *corpus juris interno* e do *corpus juris internacional sobre determinada matéria*[35].

Por isso, a Constituição Transnacional Interamericana de Direitos Humanos é composta não apenas por tratados internacionais de direitos humanos, mas, também, por normas internas brasileiras. A CTIDH ocupa posição hierárquica superior dentro do sistema jurídico brasileiro e serve como parâmetro superior de controle sobre as condutas e normas praticadas e produzidas no interior do Estado brasileiro.

É importante esclarecer que a hierarquia formal de normas cede espaço à hierarquia material dos valores. A norma fundamental de direitos humanos, nesse sentido, permite até mesmo que uma lei interna prevaleça sobre um tratado internacional de direitos humanos, se a lei interna for mais protetiva aos direitos humanos. Nessa hipótese, a lei interna, pelo menos nos aspectos particulares mais protetivos aos direitos, comporá a Constituição Transnacional Interamericana de Direitos Humanos, prevalecendo-se, no ponto, sobre o tratado internacional de direitos humanos.

Nesse sentido, a Convenção Americana de Direitos Humanos (CADH), que para o Supremo Tribunal Federal tem natureza supralegal, para parte da doutrina natureza legal e para outra parte da doutrina natureza constitucional, para nós nada mais é do que uma parte da Constituição Transnacional Interamericana de Direitos Humanos. Para isso, basta que ela, CADH, tenha a força normativa para estabelecer a maior proteção possível aos direitos humanos.

Em outras palavras, e aplicando-se no ponto o próprio art. 29 da CADH, sempre prevalecerá a norma mais protetiva aos direitos humanos, não importando se essa norma provenha do direito interno ou do direito internacional. Se o dispositivo interpretado da CADH for mais protetivo aos direitos humanos, esse dispositivo comporá a Constituição Transnacional Interamericana de Direitos Humanos e servirá como fundamento de validade para todas as normas jurídicas (internas e internacionais) e para todas as decisões judiciais (nacionais e internacionais).

---

35. Corte Interamericana de Direitos Humanos. *Caso Poblete Vilchese outros vs. Chile*. Sentença de 8 de março de 2018, Mérito, Reparação e Custas, § 103.

Ao entendermos que a CADH faz parte da Constituição Transnacional Interamericana de Direitos Humanos (CTIDH), não é mais preciso discutir se a CADH tem o status normativo de lei ordinária, de norma supralegal, de norma constitucional ou, mesmo, de norma supraconstitucional.

O que importa, isto sim, é descobrir o grau de proteção aos direitos humanos conferido pela CADH. Como, em grande parte das vezes, ela possui um padrão superior de proteção aos direitos humanos, ela, CADH, fará parte da CTIDH, podendo servir de fundamento de validade para a própria Constituição Federal de 1988, desde que ela, CADH, proteja mais efetivamente um certo direito humano em relação à proteção fornecida pela Constituição Federal de 1988.

Nota-se, aí, uma certa flexibilidade da Constituição Transnacional Interamericana de Direitos Humanos. Os elementos jurídicos nacionais e internacional só farão parte desta última, quando fornecerem um elevado grau de proteção aos direitos humanos - maior do que outros elementos jurídicos.

Portanto, para nós, a Convenção Americana sobre Direitos Humanos não tem a força normativa de lei, nem a força normativa supralegal, nem a força norma constitucional, nem mesmo a força normativa supraconstitucional. A CADH faz parte da Constituição Transnacional Interamericana de Direitos Humanos (CTIDH), podendo, então, ser fundamento de validade até mesmo para uma norma constitucional menos protetiva aos direitos humanos. Isso ficará mais claro no decorrer deste livro. O contrário também poderá ocorrer: uma norma constitucional ou da própria lei interna brasileira poderá proteger mais determinado direito humano do que a CADH. Nessa hipótese, o dispositivo específico da CADH deixa de pertencer à CTIDH, dando lugar àquela específica norma constitucional ou dispositivo da lei interna. Aí, então, a norma do direito interno invalidará a norma específica da CADH.

O importante, por ora, é deixar claro que a construção dessa ideia de norma fundamental de direitos humanos e de Constituição Transnacional Interamericana de Direitos Humanos é fruto da observação sobre a jurisprudência da Corte Interamericana de Direitos Humanos. Julgados da Corte Interamericana, conforme veremos, permitem essa reconstrução teórica do sistema jurídico em vigor nos Estados que reconhecem a jurisdição consultiva e contenciosa desse tribunal internacional de direitos humanos. É o caso do Brasil, cujo sistema jurídico é reconstruído a partir da própria jurisprudência da Corte Interamericana de Direitos Humanos - jurisprudência, essa, vinculante ao Estado brasileiro.

Em suma, qual a natureza jurídica da Convenção Americana de Direitos Humanos? Para nós, a CADH tem a natureza jurídica de uma verdadeira norma da Constituição Transnacional Interamericana de Direitos Humanos, no ponto em que a CADH for mais protetiva aos direitos humanos do que outros elementos jurídicos internos e internacionais. Se a proteção jurídica for idêntica em relação à proteção conferida por esses outros elementos jurídicos (internos e internacionais), ainda assim a CADH terá a CADH a natureza jurídica de norma da CTIDH.

De qualquer forma, a CADH é apenas uma parte da CTIDH, e não toda a CTIDH. Esta última é composta, conforme será visto no decorrer deste trabalho, também por outros elementos jurídicos (internos e internacionais) que protegem os direitos humanos.

7

PARÂMETROS INTERPRETATIVOS INTERAMERICANOS PARA O RESPEITO E A GARANTIA AOS DIREITOS HUMANOS NO ÂMBITO PRIVADO

1. IMPLEMENTAÇÃO DO DIREITO À SAÚDE, INCLUSIVE QUANDO O SERVIÇO FOR PRESTADO POR EMPRESAS PRIVADAS – CASO POBLETE VILCHES E OUTROS *VS.* CHILE (SENTENÇA DE 8 DE MARÇO DE 2018)

1.1. Resumo do caso

O adulto Poblete Vilches deu entrada a um hospital público, com insuficiência respiratória grave, recebendo alta prematura. Em razão disso, o estado de saúde deteriorou nos dias seguintes, de modo que essa pessoa veio a falecer por ocasião da segunda entrada no hospital. Quando do falecimento, Poblete Vilches contava com 76 anos de idade. Deixou esposa e três filhos.

1.2. Direito à saúde protegido, pela primeira vez de forma autônoma, pela Corte Interamericana de Direitos Humanos – interpretação dada ao art. 26 da CADH: a interdependência entre os Direitos Civis e Políticos e os Direitos Econômicos, Sociais, Culturais e Ambientais (descas) – o Direito como Integridade (Dworkin)

Pela primeira vez, no caso Poblete Vilches, em agosto de 2017, a Corte Interamericana promoveu uma condenação específica sob o fundamento de que o art. 26 da CADH protege de forma autônoma o direito à saúde. Esse artigo está no Capítulo III da CADH, intitulado Direitos Econômicos, Sociais e Culturais[1].

Assim, em vez de se considerar o direito à saúde como uma derivação dos direitos civis e políticos, a Corte Interamericana passou a entender que o direito à saúde tem uma proteção autônoma.

Nesse sentido, a Corte reiterou sua competência para conhecer de violações ao art. 26 da CADH, já que esse dispositivo compõe o rol de direitos reconhecidos por esse tratado. A respeito desse rol de direitos, os Estados têm obrigações gerais de respeito e garantia[2].

Além disso, a Corte reiterou a *interdependência* entre os direitos civis e políticos e os direitos econômicos, sociais, culturais e ambientais. Todos esses direitos devem ser encarados de forma conglobada e integrada como direitos humanos, sem hierarquia entre si e exigíveis em todos os casos ante as autoridades competentes[3].

Segundo o *organicismo*, cada indivíduo faz parte da comunidade política. Esta última, então, apresenta finalidades que transcendem os objetivos individuais. Isso justificaria o sacrifício dos interesses individuais em favor da comunidade política (concepção anti-individualista). Já, para o *individualismo*, os interesses do indivíduo hão, sempre, de prevalecer sobre os interesses do Estado. A concepção organicista alcançou seu ápice com o fascismo e, com mais força ainda, com o nazismo, quando, neste último, o Estado e a raça haveriam de prevalecer sobre o indivíduo[4].

A ideia de *interdependência* dos direitos humanos, por outro lado, promove um casamento perfeito entre o ideal do desenvolvimento do indivíduo com o objetivo de desenvolvimento comunitário. Não é possível privilegiar os direitos indivíduos e desprezar os direitos coletivos – nem o contrário.

Na verdade, no espaço individual, da liberdade, a vida de cada indivíduo, diria Ortega Y Gasset, está sempre por fazer, de modo que o indivíduo há de apelar para a imaginação criadora, na realização de um projeto vital – um projeto fornecido a cada indivíduo, adaptável às circunstâncias[5]. Portanto, a realização do indivíduo se dá no âmbito da comunidade, de modo que os direitos individuais dependem dos direitos sociais e coletivos.

---

1. Corte Interamericana de Direitos Humanos. *Caso Poblete Vilchese outros vs. Chile*. Sentença de 8 de março de 2018 (Mérito, Reparação e Custas), § 100. Disponível em: https://www.corteidh.or.cr/docs/casos/articulos/seriec_349_esp.pdf. Acesso: 16/5/2023.
2. *Ibidem*, § 100.
3. *Ibidem*, § 100.
4. Daniel Sarmento. *Dignidade da pessoa humana*. Conteúdo, trajetórias e metodologia, págs. 117 a 120. 2020.
5. A. L. Machado Neto. *Sociologia Jurídica*, pág. 388. 1987.

O preâmbulo da CADH estabelece a interdependência e proteção dos direitos econômicos e social pela própria CADH. Assim, dispõe o preâmbulo da CADH que os Estados signatários desse tratado reconhecem que, para que os seres humanos sejam livres, isentos de temor e da miséria, é preciso criar condições "(...) 'que permitam a cada pessoa *gozar de seus direitos econômicos, sociais e culturais, tanto como de seus direitos civis e políticos*' (...)"[6].

Nota-se que, nessa ideia de interdependência entre os direitos humanos, o Estado deve mobilizar suas forças para assegurar, ao mesmo tempo, os direitos civis e políticos e os direitos econômicos e sociais. Para que essa ideia de interdependência seja assegurada, os processos econômicos e social devem-se situar num contexto de instituições políticas e jurídicas adequadas, que possam assegurar as liberdades num contexto que garanta o mínimo social. Para isso, o Estado deve contar com alguns setores – como o setor de distribuição, em que a justiça distributiva pode ser assegurada, por exemplo, por meio da tributação e dos ajustes necessários ao direito de propriedade[7].

Entende a Corte Interamericana que, do art. 26 da CADH, derivam dois tipos de obrigações. O primeiro tipo envolve medidas gerais de caráter progressivo. O segundo tipo diz respeito à adoção de medidas de caráter imediato. Quanto ao primeiro tipo, os Estados têm a obrigação concreta e constante de alcançar, da forma mais específica possível, a plena efetividade dos DESCAs. Nesse sentido, durante a implementação desses direitos, o Estado não pode dar uma interpretação que prive o direito do respectivo conteúdo específico, tampouco prorrogar medidas que impliquem a concretização desses direitos, já que a CADH entrou em vigor internacional faz mais de 40 anos. Não bastasse, cumpre não se adotar a regressividade quanto aos DESCAs já implementados. Já as obrigações do segundo tipo – as de caráter imediato – consistem em adotar medidas eficazes, com o objetivo de garantir o acesso sem discriminação às prestações próprias a cada direito. Tais medidas devem ser adequadas, decisivas e concretas em direção à plena realização desses direitos. Em razão disso, as obrigações convencionais de respeito e de garantia, bem assim a adoção de medidas de caráter interno, são fundamentais para alcançar a efetividade dos DESCAs[8].

Nota-se, da análise da legislação e da jurisprudência da Corte Interamericana, que a interdependência dos direitos humanos incorporou-se à comunidade política estatal e à própria comunidade política internacional. São princípios

6. Corte Interamericana de Direitos Humanos. *Caso Poblete Vilches e outros vs. Chile*. Sentença de 8 de março de 2018 (Mérito, Reparação e Custas), § 102. Disponível em: https://www.corteidh.or.cr/docs/casos/articulos/seriec_349_esp.pdf. Acesso: 16/5/2023.
7. John Rawls. *Uma teoria da justiça*, págs. 342 a 345. 2008.
8. *Ibidem*, § 104.

gerais de justiça e de equidade que vão exigir a convivência simultânea dos direitos humanos de natureza individual e social.

Quando, então, a Corte Interamericana adota, em sua jurisprudência, a *interdependência* dos direitos humanos, viabiliza-se a ideia, gestada por Ronald Dworkin, de *direito como integridade*. Segundo essa ideia, as proposições jurídicas serão verdadeiras se incorporarem os princípios de justiça, equidade e devido processo legal melhor construídos no seio da prática jurídica da comunidade[9]. Ao adotar a referida interdependência, a Corte concretiza princípios de justiça e de equidade que fazem parte do sistema jurídico nacional e internacional de proteção dos direitos humanos, isto é, do componente existencial da comunidade política.

A Corte, portanto, ao estabelecer a interdependência dos direitos humanos, compromete-se com a concretização do direito como integridade.

A partir dessa ideia de interdependência dos direitos humanos e de reconhecimento do direito à saúde (e dos direitos sociais, econômicos e culturais em geral) como direito autônomo, a Corte Interamericana confere um tratamento especial a esse direito de natureza social.

Assim, segundo a Corte Interamericana, o direito à saúde se revela como um direito humano fundamental para o exercício dos demais direitos. Assim, todo ser humano tem o direito de desfrutar do mais alto nível possível de saúde que lhe permita viver dignamente. Nesse sentido, o Estado passa a ter o dever de assegurar o acesso das pessoas a serviços essenciais de saúde, de modo tal que se garanta uma prestação médica de qualidade e se impulsione o melhoramento das condições de saúde da população[10].

A característica de interdependência dos direitos humanos e a proteção autônoma dos direitos econômicos, sociais, culturais e ambientais (DESCAs) reforçam o dever estatal de assegurar o amplo desfrute, pela população, do direito à saúde. Esse dever estatal se aplica não só às prestações de saúde entregues pelo próprio Estado. O Estado tem o dever jurídico de fiscalizar e regulamentar a prestação de saúde promovida pelos particulares (incluindo empresas privadas). Estes últimos também têm o dever jurídico de promover prestações qualificadas de saúde, promovendo uma cobertura integral dos serviços de saúde.

---

9. Ronald Dworkin. *O império do direito*, pág. 272.

10. Corte Interamericana de Direitos Humanos. *Caso Poblete Vilches e outros vs. Chile*. Sentença de 8 de março de 2018 (Mérito, Reparação e Custas), § 102. Disponível em: https://www.corteidh.or.cr/docs/casos/articulos/seriec_349_esp.pdf.

1.3. Como admitir a proteção específica do direito à saúde diante da previsão genérica, no art. 26 da CADH, dos direitos econômicos, sociais, culturais e ambientais – interpretação sistemática do *corpus juris* interno e internacional de proteção aos direitos humanos

Como, juridicamente, pode-se afirmar que o art. 26 da CADH protege direitos específicos de natureza social, econômica e cultural? Nota-se que a previsão sobre direitos sociais, econômicos e culturais desse dispositivo é bastante genérica. Como dizer, então, que do art. 26 da CADH se estabelece a proteção de direitos específicos dessa natureza?

A Corte Interamericana, ao destacar a interdependência entre direitos econômicos e sociais e os direitos civis e políticos, decidiu que o preâmbulo da CADH considera que a 3ª Conferência Interamericana Extraordinária (Buenos Aires, 1967) aprovou a incorporação, na Carta da OEA, de normas mais amplas sobre direitos econômicos, sociais e educacionais e resolveu que uma convenção interamericana sobre direitos humanos determinará a estrutura, a competência e o procedimento dos órgãos encarregados dessa matéria[11].

Diante disso, anota a Corte Interamericana, é correto interpretar que a CADH incorporou em seu catálogo de direitos protegidos os direitos econômicos, sociais, culturais e ambientais (DESCAs). Nesse sentido, a incorporação dos DESCAs pela CADH deriva da própria Carta da OEA. Além disso, a norma de interpretação, prevista no art. 29 da CADH, impede limitar ou excluir o gozo de direitos estabelecidos na Declaração Americana e, mesmo, no direito interno. Não bastasse isso, de acordo com uma interpretação sistemática, teleológica e evolutiva, a Corte tem recorrido ao *corpus iuris* internacional e nacional sobre determinada matéria para dar o conteúdo específico e alcance de cada direito protegido pela CADH, com a finalidade de estabelecer o alcance das obrigações específicas decorrentes de cada direito[12].

Portanto, a previsão genérica dos direitos econômicos, sociais, culturais e ambientais do art. 26 da CADH é juridicamente reforçada mediante: a) a utilização da Carta da OEA e da Declaração Americana sobre Direitos e Deveres do Homem, as quais contêm normas dessa natureza; b) a utilização do *corpus juris* nacional e internacional sobre determinada matéria (normas do Direito interno dos Estados partes da CADH e normas internacionais de proteção aos direitos humanos).

---

11. Corte Interamericana de Direitos Humanos. *Caso Poblete Vilchese outros vs. Chile*. Sentença de 8 de março de 2018 (Mérito, Reparação e Custas), § 102. Disponível em: https://www.corteidh.or.cr/docs/casos/articulos/seriec_349_esp.pdf. Acesso: 16/5/2023.
12. *Ibidem*, § 103.

Observa-se, aí, uma verdadeira *interpretação sistemática*, já que o direito à saúde é implementado mediante o aporte de vários diplomas normativos.

A propósito, "consiste o *Processo Sistemático* em comparar o dispositivo sujeito a exegese, com outros do mesmo repositório ou de leis diversas, mas referentes ao mesmo objeto"[13].

Nota-se que, em nenhuma ciência, há preceitos isolados; os preceitos se encontram em conexão íntima com outros, vindo a formar um organismo, um sistema, um conjunto com harmonia[14].

É que, muitas vezes, uma lei é defeituosa, faltam-lhe partes, o que pode ser preenchido com a análise de outras leis que cuidam do mesmo objeto[15].

Nesse sentido, a previsão genérica do art. 26 da CADH é preenchida com normas nacionais e internacionais específicas de proteção a direitos humanos de natureza econômica, social, cultural e ambiental. Isso torna os DESCAs plenamente justiciáveis à luz da Convenção Americana de Direitos Humanos[16].

Assim, além de exigíveis no âmbito do Poder Judiciário nacional, esses direitos, caso não protegidos adequadamente na esfera interna, poderão ser exigidos mediante o acesso à Corte Interamericana de Direitos Humanos.

1.3.1. Direito à saúde: derivação da carta da OEA

O art. 26 da CADH faz menção aos direitos que decorrem das normas econômicas, sociais e sobre educação e cultura constantes da Carta da OEA.

Entre os objetivos básicos de desenvolvimento integral previstos na Carta da OEA, temos a "defesa do potencial humano mediante extensão e aplicação dos modernos conhecimentos da ciência médica" (inciso "i"), bem como as "Condições urbanas que proporcionem oportunidades de vida sadia, produtiva e digna" (inciso "l").

Por sua vez, o art. 45, h, da Carta da OEA estabelece que uma ordem social justa, que permita a plena realização das aspirações humanas, depende do "desenvolvimento de uma política eficiente de seguridade social".

---

13. Carlos Maximiliano. *Hermenêutica e aplicação do Direito*, pág. 104. 19ª ed. 2002.
14. Carlos Maximiliano, ob. cit., pág. 105.
15. "Aplica-se modernamente o processo tradicional, porém com amplitude maior do que a de outrora: atende à conexidade entre as partes do dispositivo, e entre este e outras prescrições da mesma lei, ou de outras leis; bem como à relação entre uma, ou várias normas, e o complexo das ideias dominantes da época. A verdade inteira resulta do contexto, e não de uma parte truncada, quiçá defeituosa, mal redigida; examina-se a norma na íntegra, e mais ainda: o Direito todo, referente ao assunto" (Carlos Maximiliano, ob. cit., pág. 106).
16. Corte Interamericana de Direitos Humanos. *Caso Poblete Vilchese outros vs. Chile*. Sentença de 8 de março de 2018 (Mérito, Reparação e Custas), § 105. Disponível em: https://www.corteidh.or.cr/docs/casos/articulos/seriec_349_esp.pdf. Acesso: 17/5/2023.

Nota-se, assim, que o direito à saúde deriva da previsão genérica do art. 26 da CADH e, também, de previsões mais específicas, relacionadas à saúde, estipuladas pela Carta da OEA[17].

1.3.2. *Direito à saúde na declaração americana de direitos e deveres do homem*

Conforme vimos no subitem anterior, o art. 26 da CADH traz uma previsão genérica sobre os direitos sociais, econômicos, culturais e ambientais. Nessa mesma previsão consta que tais direitos são densificados por meio da Carta da OEA.

É interessante saber que a Declaração Americana dos Direitos e Deveres do Homem contém e define aqueles direitos humanos essenciais aos quais a Carta da OEA se refere. Por isso, não é possível interpretar e aplicar a Carta da OEA em matéria de direitos humanos, sem integrar as normas pertinentes da referida Carta com os correspondentes dispositivos da Declaração Americana dos Direitos e Deveres do Homem. Isso resulta, inclusive, da prática seguida pelos próprios órgãos da OEA[18].

Assim, para se alcançar a proteção dos direitos humanos de índole social e econômico, o intérprete deve partir da previsão genérica do art. 26 da CADH. Em seguida, é preciso pesquisar o teor mais específico desses direitos na Carta da OEA. Logo depois, o intérprete, de forma ainda mais específica, analisa a Declaração Americana de Direitos e Deveres do Homem, a qual densifica, ainda mais, o direito econômico e social previsto na CADH e na Carta da OEA.

A propósito, a própria CADH estipula a obrigatoriedade de se adotar a Declaração Americana dos Direitos e Deveres do Homem. Nos termos do art. 29, *d*, da CADH, nenhuma disposição dessa Convenção pode ser interpretada no sentido de "excluir ou limitar o efeito que possam produzir a Declaração Americana dos Direitos e Deveres do Homem e outros atos internacionais da mesma natureza"[19].

É possível, então, identificar uma proteção efetiva do direito à saúde na Declaração Americana dos Direitos do Homem. O art. XI dessa Declaração, aliás, tem como título o "direito à saúde e ao bem-estar"[20].

---

17. Corte Interamericana de Direitos Humanos. *Caso Poblete Vilchese outros vs. Chile*. Sentença de 8 de março de 2018 (Mérito, Reparação e Custas), § 106. Disponível em: https://www.corteidh.or.cr/docs/casos/articulos/seriec_349_esp.pdf. Acesso: 17/5/2023.
18. É o que dispõe o § 43 da Opinião Consultiva nº 10/89, de 14 de julho de 1989. A propósito, confira-se: Corte Interamericana de Direitos Humanos. *Caso Poblete Vilchese outros vs. Chile*. Sentença de 8 de março de 2018 (Mérito, Reparação e Custas), § 107. Disponível em: https://www.corteidh.or.cr/docs/casos/articulos/seriec_349_esp.pdf.
19. *Ibidem*, § 108.
20. Dispõe o art. XI da Declaração Americana de Direitos e Deveres do Homem: "Toda pessoa tem direito a que sua saúde seja resguardada por medidas sanitárias e sociais relativas à alimentação, roupas,

Aliás, em relação à Carta da OEA, a Declaração Americana dos Direitos do Homem revela-se como uma verdadeira *fonte de obrigações internacionais*[21].

1.3.3. Direito à saúde na legislação interna

Nenhum dispositivo da CADH pode limitar ou excluir direitos previstos na legislação interna[22]. No caso em análise, a Constituição chilena protege o direito à saúde. Essa legislação constitucional integra-se à CADH, com o objetivo de se extrair a maior proteção possível ao direito à saúde[23].

Sob o influxo do Estado intervencionista, incorporam-se às Constituições modernas, ao lado dos direitos políticos e individuais, disposições destinadas a conformar a ordem social e econômica a postulados de justiça social. O indivíduo é percebido em sua integração com a comunidade, de modo que as pessoas sejam protegidas da desigualdade econômica. O objetivo desses dispositivos constitucionais é elevar as condições de vida da população[24].

Nesse sentido, no âmbito das Constituições modernas, as normas sobre direitos fundamentais têm eficácia vinculante, perdendo a característica de simples normas programáticas[25] – característica, essa, em geral atribuídas às normas que previam direitos sociais e econômicos.

Portanto, mesmo no âmbito estrito das Constituições, é possível perceber a *interdependência* entre os direitos individuais e os direitos sociais. Por isso, essa interdependência, extraída da norma-mãe da legislação interna dos Estados, pode ser transportada para todo o sistema regional interamericano de direitos humanos – como se vê da atual jurisprudência da Corte Interamericana.

No caso do Brasil, a propósito, o intérprete pode integrar a CADH, a Carta da OEA, a Declaração Americana de Direitos e Deveres do Homem

---

habitação e cuidados médicos correspondentes ao nível permitido pelos recursos públicos e os da coletividade". Confira-se: Corte Interamericana de Direitos Humanos. *Caso Poblete Vilchese outros vs. Chile*. Sentença de 8 de março de 2018 (Mérito, Reparação e Custas), § 107. Disponível em: https://www.corteidh.or.cr/docs/casos/articulos/seriec_349_esp.pdf. Acesso: 17/5/2023.

21. É o que dispõem os § § 43 a 45 da Opinião Consultiva nº 10/89, de 14 de julho de 1989. A propósito, confira-se: Corte Interamericana de Direitos Humanos. *Caso Poblete Vilchese outros vs. Chile*. Sentença de 8 de março de 2018 (Mérito, Reparação e Custas), § 109. Disponível em: https://www.corteidh.or.cr/docs/casos/articulos/seriec_349_esp.pdf. Acesso: 17/5/2023.

22. É o que dispõe o art. 29, *b*, da CADH: "Nenhuma disposição desta Convenção pode ser interpretada no sentido de: (...) b. limitar o gozo e exercício de qualquer direito ou liberdade que possam ser reconhecidos de acordo com as leis de qualquer dos Estados Partes ou de acordo com outra convenção em que seja parte um dos referidos Estados".

23. Corte Interamericana de Direitos Humanos. *Caso Poblete Vilchese outros vs. Chile*. Sentença de 8 de março de 2018 (Mérito, Reparação e Custas), § § 111 a 113. Disponível em: https://www.corteidh.or.cr/docs/casos/articulos/seriec_349_esp.pdf.

24. Luís Roberto Barroso. *O Direito Constitucional e a efetividade de suas normas*, pág. 114. 8ª ed. 2006.

25. Paulo Bonavides. *Curso de Direito Constitucional*, pág. 588. 21ª ed. 2007.

com a Constituição Federal e a legislação infraconstitucional brasileira, de forma que se alcance a maior proteção possível ao direito à saúde. Essa integração entre normas nacionais e internacionais – todas plenamente vigentes no âmbito do Estado brasileiro – além de imprimir efetividade ao direito à saúde, possibilita considerar esse direito como um direito autônomo, derivado da ideia básica da *interdependência* entre os direitos humanos.

É interessante notar que a Corte Interamericana desvenda a proteção do direito à saúde a partir de um *amplo consenso regional na consolidação desse direito*. Esse consenso regional deriva da proteção do direito à saúde por diversas Constituições e legislações infraconstitucionais dos Estados partes da CADH[26].

Com essa integração entre diversos diplomas normativos nacionais e internacionais, a Corte Interamericana segue uma tendência que é própria aos sistemas jurídicos contemporâneos. Essa tendência se revela na criação de novos meios de se garantir a efetividade dos direitos vitais aos seres humanos. Afinal, o progresso da democracia depende da expansão dos direitos e da afirmação desses direitos em juízo[27].

1.3.4. Direito à saúde no corpus iuris internacional

O direito à saúde, conforme entendimento da Corte Interamericana[28], encontra-se consagrado por um vasto *corpus iuris* internacional, como, por exemplo: o art. 25.1 da Declaração Universal dos Direitos Humanos[29], o art. 12 do Pacto Internacional de Direitos Econômicos, Sociais e Culturais[30], o

26. *Ibidem*, § 113.
27. Celso Fernandes Campilongo. Os desafios do Judiciário: um enquadramento teórico. *In*: *Direitos humanos, direitos sociais e justiça*. José Eduardo Faria (organizador), pág. 48.
28. Corte Interamericana de Direitos Humanos. *Caso Poblete Vilchese outros vs. Chile*. Sentença de 8 de março de 2018 (Mérito, Reparação e Custas), § 114. Disponível em: https://www.corteidh.or.cr/docs/casos/articulos/seriec_349_esp.pdf. Acesso: 17/5/2023.
29. Dispõe o art. 25.1 da Declaração Universal dos Direitos Humanos: "Todo ser humano tem direito a um padrão de vida capaz de assegurar a si e à sua família saúde, bem-estar, inclusive alimentação, vestuário, habitação, cuidados médicos e os serviços sociais indispensáveis e direito à segurança em caso de desemprego, doença invalidez, viuvez, velhice ou outros casos de perda dos meios de subsistência em circunstâncias fora de seu controle".
30. Dispõe o art. 12 do Pacto Internacional dos Direitos Econômicos, Sociais e Culturais: "1. Os Estados Partes do presente Pacto reconhecem o direito de toda pessoa de desfrutar o mais elevado nível possível de saúde física e mental. 2. As medidas que os Estados Partes do presente Pacto deverão adotar com o fim de assegurar o pleno exercício desse direito incluirão as medidas que se façam necessárias para assegurar: a) A diminuição da mortinatalidade e da mortalidade infantil, bem como o desenvolvimento são das crianças; b) A melhoria de todos os aspectos de higiene do trabalho e do meio ambiente; c) A prevenção e o tratamento das doenças epidêmicas, endêmicas, profissionais e outras, bem como a luta contra essas doenças; d) A criação de condições que assegurem a todos assistência médica e serviços médicos em caso de enfermidade".

art. 10 do Protocolo Adicional à Convenção Americana sobre Direitos Econômicos, Sociais e Culturais[31].

Além da previsão nesses tratados internacionais de proteção aos direitos humanos, há outros tratados que fazem previsão ao direito à saúde, conforme entendimento da Corte Interamericana[32]. São eles: artigo 5 apartado e) da Convenção Internacional sobre a Eliminação de Todas as Formas de Discriminação Racial, o art. 12.1 da Convenção sobre a Eliminação de Todas as Formas de Discriminação contra a Mulher, o art. 24.1 da Convenção sobre os Direitos das Crianças, o art. 28 da Convenção sobre a Proteção dos Trabalhadores Migrantes e Familiares, o art. 25 da Convenção sobre os Direitos das Pessoas com Deficiência.

Não bastasse, ainda segundo a Corte Interamericana[33], o direito à saúde encontra-se protegido em vários instrumentos normativos regionais de direitos humanos, como, por exemplo: o art. 17 da Carta Social das Américas, o art. 11 da Carta Social Europeia de 1961 na forma revisada, o art. da Carta Africana de Direitos Humanos e dos Povos e, também, dispositivos da Convenção Interamericana sobre a Proteção dos Direitos Humanos das Pessoas Idosas.

Nota-se, portanto, a existência de diversos diplomas normativos internacionais – do sistema universal ou onusiano e dos sistemas regionais – que protegem o direito à saúde. Mas não são só documentos normativos internacionais – órgãos internacionais têm cumprido com o papel de efetivação dos direitos humanos.

Assim, o Comitê de Direitos Econômicos, Sociais e Culturais (Comitê DESC) tem se pronunciado sobre os deveres do Estado em matéria de saúde, de acordo com a Observação nº 14 sobre o direito ao desfrute do mais alto nível possível de saúde. Sobre os componentes do direito à saúde, confiram-se, também do Comitê DESC, as Observações Gerais de números 5, 6, 15, 16, 18, 19 e 20. Na região interamericana, por sua vez, o Grupo de Trabalho

31. Dispõe o art. 10 do Protocolo Adicional à Convenção Americana sobre Direitos Econômicos, Sociais e Culturais, após anunciar, de forma genérica, o *direito à saúde*: " 1. Toda pessoa tem direito à saúde, compreendendo-se como saúde o gozo do mais alto nível de bem-estar físico, mental e social. 2. A fim de tomar efetivo o direito à saúde, os Estados-Partes comprometem-se a reconhecer a saúde como bem público e, especialmente, a adotar as seguintes medidas para garantir esse direito: a) assistência primária a saúde, entendendo-se como tal à assistência médica essencial ao alcance de todas as pessoas e famílias da comunidade; b) extensão dos benefícios dos serviços de saúde a todas as pessoas sujeitas à jurisdição do Estado; c) total imunização contra as principais doenças infecciosas; d) prevenção e tratamento das doenças endêmicas, profissionais e de outra natureza; e) educação da população com referência à prevenção e ao tratamento dos problemas da saúde; e f) satisfação das necessidades de saúde dos grupos de mais alto risco e que, por sua situação de pobreza, sejam mais vulneráveis".

32. Corte Interamericana de Direitos Humanos. *Caso Poblete Vilchese outros vs. Chile*. Sentença de 8 de março de 2018 (Mérito, Reparação e Custas), § 114. Disponível em: https://www.corteidh.or.cr/docs/casos/articulos/seriec_349_esp.pdf.

33. *Ibidem*, § 114.

da OEA para análise dos Informes Anuais sobre Indicadores de Progresso também tem se pronunciado sobre o direito à saúde. Esse Grupo de Trabalho se destina a analisar a implementação dos direitos econômicos, sociais e culturais previstos no Protocolo de São Salvador[34].

1.4. Dever do estado na regulação permanente dos serviços públicos e privados de saúde

O Estado tem o dever em promover a regulação permanente dos serviços não só públicos, mas, também, privados de saúde. Além dessa regulação, o Estado deve executar programas nacionais que permitam o desfrute de prestações de saúde de qualidade[35].

O serviço de saúde é um serviço de interesse público. Se esse serviço, prestado tanto por instituições públicos ou por instituições privadas, não for devidamente supervisionado ou fiscalizado pelo Estado, este último pode vir a ser responsabilizado por omissão. Essa omissão pode advir de várias situações, como, por exemplo: prestações de serviços por instituições não habilitadas, ou sem infraestrutura ou condições de higiene; prestações de serviços por instituições com profissionais sem a devida qualificação[36].

No campo das prestações de saúde por atores privados, é muito comum, no Brasil, a negativa de tratamentos por operadoras de planos de saúde. É preciso, então, reconfigurar o poder do Estado, que não pode mais ser um "dócil instrumento" dos interesses do poder econômico. O Estado deve identificar, regular, prevenir, reparar e punir as violações aos direitos humanos, inclusive no âmbito das atividades prestadas pelo mercado[37] na área da saúde.

1.5. Padrões mínimos a serem assegurados no caso da prestação de serviços de saúde, incluindo os casos de serviços médicos de urgência: qualidade, acessibilidade, disponibilidade e aceitabilidade

Tanto quando presta diretamente os serviços de saúde tanto quando regula os serviços de saúde prestados por particulares, o Estado deve reunir todos os esforços para que padrões mínimos de saúde sejam assegurados.

34. *Ibidem*, § 115 e nota de rodapé nº 166.
35. *Ibidem*, § 115. Confira-se, também: Corte Interamericana de Direitos Humanos, Caso Ximenes Lopes vs. Brasil, sentença de 4 de julho de 2006, § 99; Corte Interamericana de Direitos Humanos, Caso Suarez Peralta vs. Equador, sentença de 21 de maio de 2013, § 134.
36. *Ibidem*, § 124.
37. Boaventura de Sousa Santos. *Direitos humanos, democracia e desenvolvimento*, pág. 52. 2014.

Esses padrões mínimos devem ser alcançados, inclusive, nos casos de serviços médicos de urgência[38].

Referidos padrões mínimos, que são essenciais e interdependentes, são, segundo a Corte Interamericana[39], os seguintes:

a) Respeito à *qualidade*: o prestador de serviço deve contar com infraestrutura adequada e necessária para satisfazer as necessidades básicas e urgentes. Isso inclui qualquer tipo de ferramenta ou suporte vital, assim como dispor de recurso humano qualificado para responder às urgências médicas.
b) Respeito à *acessibilidade*: os estabelecimentos, bens e serviços de emergência de saúde devem ser acessíveis a todas as pessoas. A acessibilidade deve ser compreendida desde as dimensões superpostas de não discriminação, acessibilidade física, acessibilidade econômica e acesso à informação. Daí surge um serviço de saúde inclusivo baseado nos direitos humanos.
c) Respeito à *disponibilidade*: os prestadores de saúde devem contar com um número suficiente de estabelecimentos, bens e serviços públicos de saúde, assim como de programas integrais de saúde. A coordenação entre os estabelecimentos do sistema é importante para cobrir, de maneira integrada, as necessidades básicas da população.
d) Respeito à *aceitabilidade*: os estabelecimentos e serviços de saúde devem respeitar a ética médica e os critérios culturalmente apropriados. Além disso, devem incluir uma *perspectiva de gênero*, assim como as condições do ciclo de vida do paciente. O paciente deve ser informado sobre o diagnóstico e o tratamento, e a vontade do paciente deve ser respeitada.

1.5.1. Condição transversal da aceitabilidade: dever de tratamento igualitário às pessoas que buscam os serviços de saúde – em particular às pessoas que fazem parte de grupos mais vulneráveis: superação da democracia por inércia (Boaventura de Sousa Santos)

Como *condição transversal da aceitabilidade*, o Estado tem a obrigação de garantir um tratamento igualitário às pessoas que buscam os serviços de saúde.

---

38. *Ibidem*, § § 118 a 121. Confira-se, igualmente, a Observação Geral nº 14, do Comitê dos Direitos Econômicos, Sociais e Culturais da ONU. Segundo esse Comitê, o direito à saúde, em todas as formas e níveis, abarca os seguintes elementos essenciais e interrelacionados, cuja aplicação dependerá das condições prevalecentes em cada Estado parte: disponibilidade, acessibilidade, aceitabilidade e qualidade (Corte Interamericana de Direitos Humanos. *Caso Poblete Vilchese outros vs. Chile*. Sentença de 8 de março de 2018, Mérito, Reparação e Custas, nota de rodapé nº 171).

39. Corte Interamericana de Direitos Humanos. *Caso Poblete Vilchese outros vs. Chile*. Sentença de 8 de março de 2018, Mérito, Reparação e Custas, § 121.

Isso porque, de acordo com o art. 1.1 da Convenção Americana de Direitos Humanos, não são permitidos tratamentos discriminatórios por motivos de raça, sexo, cor, posição econômica, nascimento ou qualquer outra condição social. Ao aludir a outra condição social, o art. 1.1 da CADH estabelece que os critérios não discriminatórios são exemplificativos, de modo que a idade, por exemplo, é, também, uma categoria protegida pela norma. Portanto, é proibida a discriminação por idade de pessoas idosas, as quais devem contar com políticas inclusivas e fácil acesso aos serviços públicos[40].

O direito à igualdade ou da não discriminação, extraído do art. 1.1. da CADH, compreende, segundo a Corte Interamericana, dois aspectos. O primeiro aspecto é o de não promover tratamentos discriminatórios. O segundo diz respeito ao dever de criar condições de acesso igual e real a grupos historicamente excluídos ou com maior risco de serem excluídos. Quanto ao segundo aspecto, o Estado deve adotar medidas positivas em favor de pessoas excluídas ou em risco de exclusão, garantindo, por exemplo, o acesso a serviços médicos de saúde em situação de igualdade[41].

Em tema de inclusão de grupos vulneráveis, é preciso superar as políticas de exploração e exclusão social, em geral sustentadas por políticas capitalistas de classe, responsáveis por deixar de lado grupos em situação de vulnerabilidade. Essa democracia meramente formal, que não atua em favor dos grupos marginalizados, desprezando medidas positivas de inclusão social e econômica, é, também, chamada de *democracia por inércia*[42].

1.6. Outros direitos relacionados ao direito à saúde: direito à vida (CADH, art. 4º), direito à integridade pessoal (CADH, art. 5º, 1) e direito ao consentimento informado em matéria de saúde e acesso à informação (CADH, art. 13)

O direito à vida (CADH, art. 4) é um direito humano fundamental, cuja existência funciona como pré-requisito para o exercício dos demais direitos humanos. Por isso, o Estado deve criar condições para o exercício desse direito[43].

Nesse sentido, o direito à vida tem estrita ligação com o direito à saúde. Por isso, o Estado deve implementar medidas positivas para proteger a vida das pessoas que estão sob a jurisdição estatal. Esse dever inclui a reunião de esforços para assegurar a qualidade dos serviços de atenção à saúde e a

40. *Ibidem*, § 122.
41. *Ibidem*, § 123.
42. Boaventura de Sousa Santos. *O direito dos oprimidos*: sociologia crítica, parte 1, pág. 14. 2014.
43. Corte Interamericana de Direitos Humanos. *Caso Poblete Vilchese outros vs. Chile*. Sentença de 8 de março de 2018, Mérito, Reparação e Custas, § 145.

capacitação e qualificação dos profissionais que prestam esses serviços. Por isso, toda morte, ocasionada por negligência médica, deve ser atribuída ao Estado internacionalmente, a depender das circunstâncias particulares do caso[44].

A responsabilidade internacional do Estado, no caso de morte de pessoa por ausência ou ineficiência de tratamento de saúde, pode ocorrer, desde que se cumpram os seguintes requisitos: a) por ação ou omissão se nega a um paciente o acesso à saúde em situação de urgência médica ou de tratamentos médicos essenciais; b) caso de negligência médica grave; c) nexo causal entre o ato e o dano ocasionado à pessoa. Se a atribuição de responsabilidade provier de uma omissão, é preciso verificar se a omissão levou à morte. Essas verificações devem levar em conta a possível situação de vulnerabilidade da vítima diante das medidas adotadas para evitar a situação[45].

Além do direito à vida, o direito à saúde tem forte ligação com o direito à integridade pessoal protegido pelo art. 5.1 da CADH. Para proteger o direito à integridade pessoal no âmbito do direito à saúde, cumpre ao Estado estabelecer um marco normativo adequado que regule a prestação dos serviços à saúde, estabelecendo padrões de qualidade tanto às instituições públicas quanto às instituições privadas. Esses marcos normativos devem prevenir violações à integridade pessoal no que toca à prestação dos serviços à saúde[46].

Não bastasse, segundo a Corte Interamericana, o consentimento informado é parte do direito ao acesso à informação (CADH, art. 13) e, também, do direito à saúde (CADH, art. 26). Nesse sentido, o consentimento informado é um direito instrumental que implementa o respeito e a garantia do direito à saúde[47].

No que se refere ao direito ao consentimento informado, a compreensão da Corte Interamericana é de que o art. 13 da Convenção Americana inclui o direito de buscar, receber e difundir informações e ideias de vários tipos, incluindo informações relacionadas à saúde das pessoas. Assim, o consentimento informado, em matéria de saúde, consiste em uma decisão prévia de aceitar um ato médico em sentido amplo, obtida sem coerção ou indução. Essa decisão prévia tem que ser adotada depois de se obter informação adequada, completa e fidedigna, compreensível e acessível. O consentimento deve ser livre, prévio, acessível e informado[48].

44. *Ibidem*, § § 146 e 147.
45. *Ibidem*, § 148.
46. *Ibidem*, § 152.
47. *Ibidem*, § 160.
48. *Ibidem*, § 161.

8

UM NOVO MODELO DE NORMATIVIDADE HIERÁRQUICA A PARTIR DA NORMA FUNDAMENTAL DE DIREITOS HUMANOS E DA CONSTITUIÇÃO TRANSNACIONAL INTERAMERICANA DE DIREITOS HUMANOS

1. COMPOSIÇÃO DE UM SISTEMA JURÍDICO: REPERTÓRIO (ELEMENTO NORMATIVO + ELEMENTO NÃO NORMATIVO) E ESTRUTURA OU HIERARQUIA

Um *sistema jurídico* é composto pela *estrutura* ou *hierarquia* e pelo *repertório*. Já o *repertório* é integrado por *elementos normativos* e por *elementos não normativos*.

Em termos de *repertório*, os *elementos normativos* são o conjunto das normas jurídicas. Já os *elementos não normativos* são os conteúdos sem imposição vinculante e institucionalizada – ex.: os critérios de classificação[1], as definições[2], os preâmbulos, as exposições de motivos.

Em termos de *estrutura* ou *hierarquia*, temos o conjunto de regras que determinam as relações entre os elementos normativos e não normativos, isto é, entre os elementos do repertório. As relações são estabelecidas conforme regras de subordinação e de coordenação. Exemplos de regras de estrutura: a) princípio de que a lei superior revoga a lei inferior; princípio de que lei

1. Os artigos 77 e seguintes, do Código Civil, promovem uma classificação legal das coisas.
2. O art. 538 do Código Civil define doação.

posterior revoga lei anterior em contrário; princípio de que lei geral não revoga lei especial[3].

Assim, um sistema jurídico não é apenas um conjunto de normas soltas, mas, sim, as normas jurídicas organizadas a partir de uma estrutura.

2. COMPOSIÇÃO DO SISTEMA JURÍDICO BRASILEIRO

O sistema jurídico brasileiro é composto por normas jurídicas internas e internacionais. Em matéria de direitos humanos, avulta em importância não apenas a Constituição Federal, que é um diploma jurídico interno, mas, também, a Convenção Americana sobre Direitos Humanos, que é um tratado internacional de direitos humanos.

Há, portanto, um conglomerado de normas jurídicas internas e internacionais que compõem o sistema jurídico brasileiro. Esse conglomerado não são normas soltas, mas normas que operam segundo princípios instrumentais e substanciais.

Para que possamos resolver os diversos problemas jurídicos relacionados aos direitos humanos, precisamos nos socorrer de uma complexa teia de normas jurídicas nacionais e internacionais, de decisões de tribunais brasileiros e de tribunais internacionais de direitos humanos.

Neste livro, faremos um recorte. A análise se dará entre o sistema jurídico interno (Constituições, leis, atos administrativos, decisões do Supremo Tribunal Federal) e o sistema interamericano de direito humanos (Convenção Americana de Direitos Humanos, decisões da Corte Interamericana de Direitos Humanos etc.).

De qualquer forma, a partir de uma observação sobre como a Corte Interamericana de Direitos Humanos vem falando a análise jurídica promotora dos direitos humanos, promoveremos uma reconfiguração do sistema jurídico brasileiro. Veremos quais diplomas estão em um patamar hierárquico maior, qual a norma-sede que unifica o sistema, enfim, como os novos conflitos de direitos humanos, no âmbito das relações jurídicas (inclusive relações jurídicas de natureza privada) vêm reconfigurando o sistema jurídico brasileiro.

Esse novo desenho é importante, para dominarmos os mecanismos de interpretação jurídica que nos permitam resolver problemas jurídicos contemporâneos, à luz do respeito aos direitos humanos.

Vejamos, então, as partes componentes do sistema jurídico brasileiro.

3. Sobre a estrutura geral de um sistema jurídico, confira-se: Tercio Sampaio Ferraz Jr. *Introdução ao estudo do Direito*, págs. 139, 140 e 141. 11ª ed. 2019.

2.1. O elemento normativo (repertório) do sistema jurídico brasileiro: norma fundamental dos direitos humanos + constituição transnacional interamericana dos direitos humanos + normas jurídicas internas + normas jurídicas internacionais comuns

O elemento normativo são os elementos jurídicos que fazem parte do sistema jurídico brasileiro. Em linhas bem gerais, os elementos jurídicos do sistema jurídico brasileiro são as seguintes: a) norma fundamental dos direitos humanos; b) Constituição Transnacional Interamericana dos Direitos Humanos[4]; c) normas jurídicas que compõem o sistema interno; d) normas jurídicas que compõem o sistema internacional interamericano de direitos humanos.

Nota-se, aqui, um recorte. Não estamos analisando todo o sistema internacional de proteção aos direitos humanos, mas, apenas, o sistema regional interamericano. Portanto, o estudo se baseia na relação entre as normas jurídicas internas e as normas jurídicas internacionais do sistema regional interamericano de direitos humanos.

De qualquer forma, os tratados internacionais de proteção aos direitos humanos, do sistema universal ou global, também compõem a Constituição Transnacional Interamericana de Direitos Humanos. Conforme veremos, ao decidir um caso, a Corte Interamericana de Direitos Humanos parte da Convenção Americana. Em seguida, para densificar o direito protegido pela CADH, a Corte Interamericana se socorre do *corpus iuris internacional*, composto não só por normas do sistema regional, mas, também, por tratados, decisões e outros documentos internacionais do sistema universal ou global ou onusiano de proteção aos direitos humanos.

Retomemos, então, à análise sobre os elementos normativos do sistema jurídico brasileiro. O primeiro desses elementos é a *norma fundamental dos direitos humanos.*

A *norma fundamental dos direitos humanos* é o pressuposto de validade de todas as normas jurídicas que compõem o sistema jurídico brasileiro. É a norma fundamental dos direitos humanos que constitui pressuposto de validade imediato da Constituição Transnacional Interamericana dos Direitos Humanos.

---

4. Veremos, oportunamente, que a Constituição Transnacional Interamericana de Direitos Humanos ocupa a posição hierarquicamente superior do sistema jurídico brasileiro. A Constituição Transnacional Interamericana de Direitos Humanos (CTIDH), a propósito, é composta por diversos elementos jurídicos nacionais e internacionais. O pressuposto para um elemento jurídico compor a CTIDH é o caráter protetivo dos direitos humanos. Nesse sentido, elementos jurídicos internos de diversas naturezas (a CF/88, leis internas, decisões do Supremo Tribunal) e elementos jurídicos internacionais de diversas naturezas (tratados internacionais de direitos humanos, declarações internacionais de direitos humanos, práticas de organizações internacionais, decisões da Corte Interamericana) poderão fazer parte da CTIDH. Nesse sentido, a CTDIH e seus elementos jurídicos fazem parte do *elemento normativo* (repertório) do sistema jurídico brasileiro.

Dentro da Constituição Transnacional Interamericana dos Direitos Humanos, temos os chamados *Tratados Principiológicos de Direitos Humanos* (ex.: Convenção Americana de Direitos Humanos, Protocolo de São Salvador) e *Tratados Específicos de Direitos Humanos* (como tratados contra o racismo, a tortura, em favor da proteção das mulheres, indígenas etc.).

Há, ainda, outras normas jurídicas internacionais do sistema interamericano que podem vir a fazer parte da Constituição Transnacional Interamericana de Direitos Humanos. O pressuposto para isso acontecer é que essas normas partam de órgãos superiores do Sistema Regional Interamericano e, ainda, que essas normas tenham a força de efetivar a proteção dos direitos humanos. Temos como exemplo as resoluções da Assembleia Geral da Organização dos Estados Americanos, quando essas resoluções trouxerem normas jurídicas vinculantes na proteção dos direitos humanos.

Um importante diploma jurídico internacional, que determina às empresas o respeito e a garantia dos Direitos Humanos, é a Carta Empresarial Interamericana, editada pela Resolução nº 2969/2021 da Assembleia Geral da OEA. Trata-se de um diploma jurídico internacional vinculativo ao Brasil, vindo a compor a Constituição Transnacional Interamericana de Direitos Humanos.

É importante destacar, além disso, outros documentos normativos internacionais que, embora não sejam tratados, apresentam força jurídica vinculante e, portanto, compõem a Constituição Transnacional Interamericana de Direitos Humanos. É o caso, por exemplo, da Declaração Americana dos Direitos e Deveres do Homem.

Compõe, também, a Constituição Transnacional dos Direitos Humanos a jurisprudência da Corte Interamericana de Direitos Humanos e as opiniões consultivas dessa Corte.

Logo abaixo da Constituição Transnacional dos Direitos Humanos, temos o sistema interno, composto pela Constituição Federal, pelas leis, pelos decretos e atos administrativos em geral etc., bem assim pela jurisprudência do Supremo Tribunal Federal. O fundamento de validade para o direito interno é a Constituição Transnacional Interamericana dos Direitos Humanos.

Temos, ainda, abaixo da Constituição Transnacional dos Direitos Humanos, os tratados internacionais comuns, que não versam sobre direitos humanos. Também esses tratados têm como fundamento de validade a Constituição Transnacional dos Direitos Humanos.

É importante destacar que, no sistema interno, é possível que uma norma da Constituição Federal suba até a Constituição Transnacional dos Direitos Humanos. O mesmo pode acontecer com uma lei interna ou com uma decisão do Supremo Tribunal Federal. Isso pode acontecer quando a CF, a lei interna ou a decisão do Supremo Tribunal Federal amplificarem, protegerem efetivamente os direitos humanos.

Explicaremos, em momento oportuno, como se encontra disposta a Constituição Transnacional Interamericana dos Direitos Humanos e a norma fundamental dos direitos humanos. Estabeleceremos, também, a relação entre a Constituição Transnacional dos Direitos Humanos e o sistema interno brasileiro de normas.

Por ora, é importante fixar a ideia de que o *sistema jurídico brasileiro* é composto por um *elemento normativo* (repertório), que é o conjunto de elementos jurídicos internos e internacionais em vigor no País. No quadro seguinte, podemos ter uma visão hierárquica geral do elemento normativo do sistema jurídico brasileiro:

<table>
<tr><th colspan="2">ELEMENTO NORMATIVO (REPERTÓRIO) DO SISTEMA JURÍDICO BRASILEIRO</th></tr>
<tr><td colspan="2">Norma fundamental de direitos humanos</td></tr>
<tr><td colspan="2">Constituição Transnacional Interamericana de Direitos Humanos
• Tratados principiológicos de direitos humanos (Convenção Americana de Direitos Humanos, Pacto Internacional dos Direitos Civis e Políticos, Protocolo de São Salvador) – tanto do sistema regional interamericano tanto do sistema universal.
• Tratados específicos de direitos humanos (contra o racismo, contra a tortura, de proteção das mulheres, dos indígenas etc.) – tanto do sistema interamericano quanto do sistema universal.
• Documentos jurídicos internacionais de proteção aos direitos humanos, que partam de órgãos superiores do Sistema Regional Interamericano de Direitos Humanos. Ex.: documentos aprovados como resolução da Assembleia Geral da OEA, como é o caso da Carta Interamericana de Direitos Humanos.
• Documentos jurídicos internacionais de proteção aos direitos humanos e que tenham força normativa, como a Declaração Americana de Direitos e Deveres do Homem.
• Jurisprudência e opiniões consultivas da Corte Interamericana de Direitos Humanos.
• Normas provenientes da Constituição Federal de 1988 e de leis internas, com caráter protetivo dos direitos humanos
• Decisões judiciais do Supremo Tribunal Federal, com caráter protetivo dos direitos humanos</td></tr>
<tr><td>Normas internas
• Constituição Federal (dispositivos que não se refiram à proteção dos direitos humanos)
• Leis (dispositivos que não se refiram à proteção dos direitos humanos)
• Atos administrativos
• Jurisprudência do Supremo Tribunal Federal que não diga respeito à proteção dos direitos humanos (ou que restrinja indevidamente os direitos humanos)</td><td>Normas internacionais
• Tratados internacionais comuns
• Outras normas de direito internacional, aplicáveis ao Brasil, e que não tratem de direitos humanos.</td></tr>
</table>

Destaque-se que essa disposição do elemento normativo (repertório) é importantíssima, para que possamos solucionar problemas jurídicos envolvendo a efetivação dos direitos humanos.

O que é importante deixar registrado, neste momento, é que a *Constituição Transnacional Interamericana dos Direitos Humanos* é o diploma que constitui o ápice do sistema normativo do Brasil. É ela que confere o *fundamento de validade* para as demais normas jurídicas.

Nada impede que se estabeleça uma *validade interna* para as normas internas. Assim, uma lei ordinária pode ter como fundamento de validade interna a Constituição Federal. O pressuposto, porém, para que esse sistema interno valha é a não violação à Constituição Transnacional de Direitos Humanos.

É certo que, segundo o *princípio da margem de apreciação nacional*[5], para proporcionar o funcionamento do sistema normativo interno, o Brasil tem a permissão para criar normas internas. Contudo, essas normas internas – incluindo a Constituição Federal – deverão obedecer à Constituição Transnacional de Direitos Humanos.

Oportunamente, iremos aprofundar esse assunto, iluminando com exemplos de relações jurídicas operando no seio da ordem econômica e no âmbito do direito público em geral. Essa nova ideia sobre o formato do sistema jurídico brasileiro surgiu, principalmente, analisando a jurisprudência da Corte Interamericana de Direitos Humanos, jurisprudência, essa, vinculativa ao Brasil. Esse novo formato do sistema jurídico brasileiro ajudará a resolver problemas jurídicos que surgirem na órbita das relações econômicas, privadas e públicas, principalmente quando esses problemas envolverem violações a direitos humanos.

Por ora, é importante dizer que a composição da Constituição Transnacional Interamericana de Direitos Humanos é bastante flexível. Uma norma da Constituição Federal, por exemplo, dado o grau de proteção aos direitos humanos, pode subir e vir a compor a CTIDH.

Um tratado internacional de proteção aos direitos humanos, mesmo que não aprovado sob o procedimento do art. 5º, § 3º, da Constituição Federal, faz parte da CTIDH. Não se trata de norma com status supralegal, ao contrário do que entende o Supremo Tribunal Federal. Nem é norma de natureza constitucional ou supraconstitucional, conforme entende parte da doutrina mais avançada.

Assim, esse tratado, ao fazer parte da CTIDH, compõe o bloco de transconstitucionalidade, produzindo largos efeitos na efetivação dos direitos humanos.

5. Confira-se o capítulo 12.

Tal tratado, embora não aprovado com status de norma constitucional, passa a compor o fundamento de validade de todas as normas jurídicas internas e, até mesmo, internacionais em vigor no Brasil.

Como a CTIDH é bastante flexível, nada impede que uma norma da Constituição Federal venha a sobrepor-se àquele tratado internacional. Basta que a CF proteja com mais força o direito humano em relação ao tratado. Nessa hipótese, a norma constitucional sobe à CTIDH e passa a expulsar, para o caso específico, a norma específica do tratado internacional. Esse fenômeno é observável a partir jurisprudência da Corte Interamericana e, até mesmo, do art. 29, *b*, da Convenção Americana de Direitos Humanos, segundo o qual as normas desse tratado não podem limitar ou excluir os direitos reconhecidos nas leis dos Estados partes.

Ou seja, uma norma interna pode sobrepor-se a uma norma de um tratado internacional de proteção aos direitos humanos. Basta que a primeira proteja mais os direitos humanos do que a segunda. Eis a grande flexibilidade dos elementos que irão compor a Constituição Transnacional Interamericana de Direitos Humanos.

2.2. O elemento não normativo: definições, classificações, exposições de motivos

Os elementos não normativos, embora não sejam vinculativos, ajudam na compreensão e na interpretação das normas jurídicas. São as definições, as classificações, as exposições de motivos.

No preâmbulo da Convenção Americana sobre Direitos Humanos, consta que a proteção dos direitos humanos não deriva do fato de a pessoa ser nacional de um Estado, mas, sim, dos próprios atributos da pessoa humana. Assim, se o Estado não proteger a pessoa, surge a proteção internacional, que é coadjuvante ou complementar à do Estado.

Nota-se que o preâmbulo traz uma diretriz hermenêutica importante para a atuação da Corte Interamericana de Direitos Humanos. Esta última só atuará, se o Estado falhar na proteção dos direitos humanos.

2.3. A estrutura ou hierarquia: os princípios substanciais e os princípios instrumentais

Estrutura ou *hierarquia* é o conjunto de relações entre os elementos normativos e não normativos, a partir de regras de subordinação e de coordenação.

Há uma série de princípios que auxiliam na interpretação das normas jurídicas e dos elementos não normativos, como o preâmbulo. Por exemplo: segundo o princípio da especialidade, a lei especial afasta a aplicação da lei geral.

No âmbito da interpretação da Constituição, temos vários princípios, como é o caso do princípio da supremacia da Constituição. Segundo este último, a Constituição está no ponto mais alto do sistema, de modo que a Constituição serve como fundamento de validade para as demais normas jurídicas.

Os direitos humanos transcendem as fronteiras do Estado. É muito comum que o Estado não se esforce na proteção dos direitos humanos. Surge, então, a competência da Corte Interamericana de Direitos, cujas sentenças vinculam o Brasil nos casos concretos em que o Brasil seja parte.

Surge, então, a possibilidade de se aplicar, ao lado das normas internas, normas contidas em tratados internacionais de direitos humanos.

A partir daí, temos uma grande dificuldade: como coordenar as normas internas e internacionais na proteção dos direitos humanos?

Quem vai ajudar muito nessa tarefa é a *estrutura* ou a *hierarquia* do sistema jurídico, isto é, um conjunto de princípios que articulam e coordenam a interação entre a ordem jurídica interna e a ordem jurídica internacional, entre as decisões do Supremo Tribunal Federal (e o Poder Judiciário nacional em geral) e as decisões da Corte Interamericana de Direitos Humanos.

Daí os *princípios substanciais* e os *princípios instrumentais* – alguns, criados por nós, outros, já existentes. Vejamos o seguinte quadro, que sistematiza referidos princípios[6]:

<table>
<tr><th colspan="2">PRINCÍPIOS DE INTEGRAÇÃO E DE APLICAÇÃO DAS ORDENS JURÍDICAS INTERNA E INTERNACIONAL NO ÂMBITO DA INTERPRETAÇÃO DOS DIREITOS HUMANOS</th></tr>
<tr><th>PRINCÍPIOS INSTRUMENTAIS</th><th>PRINCÍPIOS SUBSTANCIAIS</th></tr>
<tr><td>1º) Princípio da integração normativa
2º) Princípio da integração valorativa
3º) Princípio da ressignificação conceitual-funcional por força dos direitos humanos
4º) Princípio da interpretação pro persona (pro homine ou favor libertatis)
5º) Princípio da primazia ou da prevalência da norma mais favorável à pessoa
6º) Princípio da integração funcional</td><td>1º) Princípio da progressividade dos direitos econômicos, sociais, culturais e ambientais (DESCAs)
2º) Princípio da reparação integral
3º) Princípio da segurança jurídica em matéria de direitos humanos
4º) Princípio do devido processo convencional
5º) Princípio da igualdade ou da não discriminação
6º) Princípio do diálogo jurisdicional interamericano em matéria de direitos humanos</td></tr>
</table>

6. Tais princípios foram estudados no capítulo 12.

PRINCÍPIOS DE INTEGRAÇÃO E DE APLICAÇÃO DAS ORDENS JURÍDICAS INTERNA E INTERNACIONAL NO ÂMBITO DA INTERPRETAÇÃO DOS DIREITOS HUMANOS	
PRINCÍPIOS INSTRUMENTAIS	**PRINCÍPIOS SUBSTANCIAIS**
7º) Princípio da densificação nacional das normas internacionais de direitos humanos 8º) Princípio da ampliação dos direitos humanos pelas normas internacionais 9º) Princípio do *pacta sunt servanda* internacional em matéria de direitos humanos 10º) Princípio da interpretação autônoma dos tratados internacionais de direitos humanos 11º) Princípio da interpretação internacionalista dos direitos 12º) Princípio da margem de apreciação nacional em matéria de direitos humanos (*margin of apreciation*) 13º) Princípio da preservação dos instrumentos, órgãos e instituições garantidores dos direitos humanos 14º) Princípio da irrevogabilidade dos tratados internacionais de direitos humanos 15º) Princípio da máxima efetividade dos direitos humanos ou do gozo eficaz do direito violado ou do efeito útil 16º) Princípio da proibição do retrocesso ou "efeito cliquet" ou princípio do não retorno da concretização ou princípio da proibição da evolução reacionária ou entrincheiramento 17º) Princípio da interpretação conforme os direitos humanos 18º) Princípio do estoppel 19º) Princípio da interpretação dinâmica ou evolutiva dos tratados internacionais de direitos humanos 20º) Princípio da atipicidade dos meios de controle de convencionalidade 21º) Princípio da presunção relativa de convencionalidade das normas jurídicas internas	

3. A NORMA FUNDAMENTAL DE DIREITOS HUMANOS COMO FUNDAMENTO DE VALIDADE DO SISTEMA JURÍDICO BRASILEIRO

3.1. A norma fundamental de direitos humanos como elemento unificador e de validade do sistema jurídico brasileiro

A norma fundamental de direitos humanos unifica o conjunto de normas jurídicas (nacionais e internacionais) que compõe o sistema jurídico nacional. Várias normas dispostas sem uma fonte primária e irradiante de valores não se organizam nem se unificam num sistema. Pessoas passeando por um campo de futebol, sem o objetivo de marcar um gol e sem as regras de um jogo, não estão jogando futebol.

Os direitos humanos, é certo, não são referidos apenas pelo sistema jurídico. Uma professora de direitos humanos, que está na sala de aula ensinando as alunas e os alunos, não é um campo irradiante de normas jurídicas. O que marca a *norma fundamental de direitos humanos* é a pressuposição de que ela é a fonte primacial de onde brotarão as normas jurídicas de proteção do ser humanos.

É possível que, em cada país, haja um jeito diferente de praticar o futebol, ainda que as regras do futebol sejam as mesmas. O Brasil, tradicionalmente, sempre foi marcado por um futebol arte, ofensivo. A Alemanha, por um futebol mais objetivo. A Argentina, por um futebol mais aguerrido. Em todos os países, porém, independentemente do *jeito diferente de jogar*, o objetivo fundamental para alcançar a vitória é o de *fazer gols*. Fazer gol é a grande meta e inspiração de um jogo de futebol.

Um sistema jurídico funciona de modo parecido. A grande meta, o grande objetivo, a razão de ser do sistema jurídico brasileiro, por exemplo, é promover a *norma jurídica fundamental de proteção do ser humano*. Esta última funda o sistema jurídico brasileiro, conferindo-lhe os fundamentos formal e material de validade.

Há normas diferentes no sistema jurídico nacional argentino e no sistema jurídico nacional brasileiro. Mas ambos os sistemas se baseiam e fundamentam-se na *norma jurídica fundamental de direitos humanos*. Assim se passa com os futebóis argentino e brasileiro, com *jeitos diversos de jogar*, mas com a mesma base fundamental: a de marcar gols.

Por isso, não há sistema jurídico nacional sem a *norma fundamental de proteção do ser humano* que lhe fundamenta. Não basta um pilar encadeado de normas jurídicas sem a norma fundamental de direitos humanos que lhes confira validade. Não é jogo de futebol o ajuntar-se algumas pessoas para dar alguns toques de bola dentro de um campo. Não há a marca fundamental de um jogo de futebol: fazer gols.

A norma fundamental de direitos humanos, portanto, é fundamento de validade para todas as normas internas e internacionais que compõem o sistema jurídico brasileiro.

É bem conhecida entre nós a concepção de Hans Kelsen a respeito do ordenamento jurídico escalonado, disposto tal como se fosse uma pirâmide. As normas jurídicas estão posicionadas segundo uma estrutura hierárquica[7].

Assim, tudo começa com a *norma fundamental*, que constitui o pressuposto lógico de validade da Constituição e que confere unidade a todo o sistema jurídico. A Constituição, logo depois, será o pressuposto de validade formal para as demais normas jurídicas do sistema[8].

Essa concepção se refere apenas ao ordenamento jurídico interno.

Kans Kelsen, contudo, também trabalha com um sistema jurídico concebido a partir do Direito Internacional. Nesse caso, o jurista austríaco formula uma ideia de uma única ordem jurídica internacional que serve de validade para todas as ordens jurídicas nacionais. Assim, o fundamento de validade da ordem jurídica nacional é encontrado no Direito internacional positivo[9].

Se as ordens jurídicas nacionais encontram como fundamento de validade o Direito Internacional positivo, o Direito Internacional positivo, por sua vez, encontra como fundamento de validade a *norma fundamental*. Esta norma fundamental é o *costume* que há de todos os Estados soberanos criarem as próprias ordens jurídicas nacionais. Esse costume é fato gerador do Direito[10].

No ápice desse sistema, está a *norma fundamental do Direito Internacional*. Essa norma fundamental do Direito Internacional é que está no ponto mais elevado do sistema jurídico.

Nota-se uma diferença substancial. Quando se leva em conta apenas o sistema jurídico interno, quem está no ponto mais elevado é a *norma fundamental*. Esta última se afigura como pressuposto de validade para a Constituição.

Já, quando levamos em conta o Direito Internacional, o pressuposto de validade passa a ser a *norma fundamental do Direito Internacional*. Essa norma fundamental do Direito Internacional é pressuposto de validade para todo o sistema jurídico – tanto para as normas internacionais incorporadas ao Estado quanto para as normas internas do próprio Estado.

Não abandonaremos, de todo, essas sofisticadas construções jurídicas do jurista austríaco. Contudo, elas foram edificadas em 1934, quando ainda

---

7. Hans Kelsen. *Teoria Pura do Direito*, págs. 246 e 247. 5ª ed. 1996.
8. Hans Kelsen, ob. cit., pág. 247.
9. Hans Kelsen, ob. cit., pág. 239.
10. Hans Kelsen, ob. cit., pág. 241.

não se haviam desenvolvido os grandes pilares do Direito Internacional dos Direitos Humanos.

Partiremos da proposição de que, de fato, o sistema jurídico nacional – ao menos no caso do Brasil – é unitário. Esse sistema jurídico é composto por normas internacionais e normas internas.

No topo desse sistema jurídico está a *norma fundamental de direitos humanos*. É essa norma que constitui o pressuposto de validade de todas as normas – sejam internas, sejam internacionais – do sistema jurídico nacional.

Marcaremos grandes diferenças entre a nossa concepção e a de Kelsen. Uma dessas diferenças está na maneira como as normas se relacionam dentro do sistema jurídico nacional. Continuaremos com a grande ideia kelseniana de que as normas superiores apresentam-se como fundamento de validade das normas inferiores. No entanto, se, para Kelsen, o fundamento de validade é visto apenas sob um aspecto formal, para nós o fundamento de validade também é visto a partir de uma ótica material.

Isso nos conduzirá a produzir um novo olhar sobre a *norma fundamental*. Ela continuará como pressuposto de validade de todo o sistema jurídico, tal como concebia Kelsen. Mas, para nós, a norma fundamental de direitos humanos será muito mais do que um simples pressuposto formal de validade.

Ao admitirmos a *norma fundamental de direitos humanos* como o pressuposto essencial do sistema jurídico, continuaremos com a ideia de um sistema escalonado de normas. Mas um **sistema escalonado flexível**.

Um sistema escalonado flexível, porque será possível que uma norma interna seja superior a uma norma internacional. O contrário também será possível. Basta ao intérprete verificar qual das normas atende mais à proteção do ser humano.

Portanto, a *norma fundamental de direitos humanos* será o grande guia. É ela que norteará a posição normativa das normas componentes do sistema normativo e que conferirá unidade ao sistema jurídico.

Passemos, então, a explicar como está desenhada a nossa concepção sobre o sistema jurídico nacional, a partir da *norma fundamental de direitos humanos*.

Para tanto, precisamos visitar as grandes ideias de Kelsen, para recepcionar algumas delas, rejeitar outras e, assim, construir nossa própria concepção acerca de um novo sistema jurídico nacional pensado a partir da proteção do ser humano.

Registre-se que toda essa nova engenharia jurídica será testada a partir de problemas concretos relacionados à integração normativa interna e internacional em termos de proteção aos direitos humanos, inclusive na esfera privada.

3.2. Norma fundamental de direitos humanos concebida a partir do *Ius Constitutionale Commune* na América Latina: o grande fundamento de validade que atende às peculiaridades do sistema jurídico brasileiro

No sistema regional interamericano de direitos humanos, há um forte desenvolvimento a respeito do controle de convencionalidade. Nesse sentido, as normas domésticas devem observar, atentamente, os tratados internacionais de direitos humanos e outros instrumentos internacionais de direitos humanos, sob pena de invalidade e responsabilidade internacional do Estado.

Isso significa que, na América Latina, o controle de convencionalidade visa a garantir a eficácia e a viabilidade de um *ius commune* orientado para o humanismo: o direito do Sistema Interamericano de Direitos Humanos[11].

Fala-se, inclusive, em *Doutrina Benevolente ou Escola do "Constitucionalismo Aberto"*. Segundo essa corrente de pensamento, há, atualmente, na América Latina, uma doutrina e um conjunto de decisões judiciais bem desenvolvidos acerca da necessidade de as normas domésticas obedecerem a normas internacionais de proteção aos direitos humanos. Isso porque são recorrentes, nessa região do globo, os fenômenos da constitucionalização do direito internacional e da internacionalização do direito constitucional[12].

Nesse sentido, segundo a *Doutrina Benevolente ou Escola do Constitucionalismo Aberto*, pode-se propor a existência de novas relações entre o direito internacional dos direitos humanos e o direito doméstico, por meio da *internacionalização das Constituições latino-americanas*. Estas últimas posicionam o direito dos direitos humanos em posições chave dentro da hierarquia das normas[13].

A Constituição argentina, por exemplo, dispõe que os tratados de direitos humanos têm natureza de norma constitucional (art. 75, § 22). Em alguns casos, há Constituições com a *cláusula de primazia*, em que um tratado de direitos humanos é superior ao direito doméstico, mesmo à própria Constituição. É o que se passa com a Constituição da Colômbia (art. 93), com a Constituição do Peru (4ª Disposição Transitória), com a Constituição do Haiti (art. 19), com a Constituição da República Dominicana (art. 74-4) e com a Constituição do México (art. 1º)[14].

---

11. Laurence Burgorgue-Larsen. Crónica de uma teoria de moda em América Latina – descifrando el discurso doctrinal sobre el control de convencionalidad. *In: Ius Constittutionale Commune na América Latina*, volume III. Diálogos Jurisdicionais e Controle de Convencionalidade. Armin von Bogdandy, Mariela Morales Antoniazzi e Flávia Piovesan (coordenadores). Curitiba: Juruá Editora, 2016, pág. 12.
12. Laurence Burgorgue-Larsen, ob. cit., pág. 29.
13. Laurence Burgorgue-Larsen, ob. cit., pág. 30.
14. Laurence Burgorgue-Larsen, ob. cit., pág. 30.

A Constituição da Bolívia é ainda mais avançada. Para ela, os tratados de direitos humanos têm caráter *supraconstitucional*. Assim, se o tratado proteger mais intensamente os direitos humanos em relação ao direito doméstico (incluindo, aqui, a Constituição), o tratado prevalece (art. 256, II)[15].

Pode-se, então, falar-se em um fenômeno importantíssimo de proteção dos direitos humanos na América Latina. É o *Ius Constitutionale Commune* – uma abordagem transformadora que indica uma profunda mudança na América Latina, com o objetivo de se criarem as condições políticas e sociais necessárias para a consolidação da democracia, do Estado de Direito e dos *direitos humanos*. É possível, assim, falar-se em uma interamericanização dos direitos humanos[16].

A mudança de regimes autoritários[17] para regimes mais democráticos tem promovido uma abertura das Constituições latino-americanas aos direitos humanos. Alguns países têm conferido força constitucional, outros força supraconstitucional, outros (como o Brasil) força supralegal aos tratados internacionais de direitos humanos.

De qualquer forma, à luz do art. 29 da Convenção Americana de Direitos Humanos – o tratado mais importante do sistema interamericano –, a *forma* vale muito menos do que a *substância*. Assim, a norma que há de prevalecer é sempre aquela que proteja com maior intensidade os direitos humanos. Não importa se essa norma esteja na Constituição ou em tratado internacional de direitos humanos.

Há, portanto, algo que vai *além* do ordenamento jurídico, que guia toda a interpretação jurídica. Algo que está além da forma e que está a conferir *todo o fundamento de validade do sistema jurídico*.

Eis a *norma fundamental de direitos humanos*, que confere validade a todo o sistema jurídico brasileiro. O sistema regional interamericano de direitos humanos anuncia a existência de um instituto que está acima das leis, tratados, Estados e que guia toda a interpretação jurídica nos países latino-americanos e, especificamente, no Brasil.

---

15. Laurence Burgorgue-Larsen, ob. cit., págs. 30 e 31.

16. Armin von Bogdandy. *Ius Constitutionale Commune* na América Latina. Uma reflexão sobre um constitucionalismo transformador. *In: Ius Constitutionale Commune na América Latina*, volume I, Marco Conceptual. Armin von Bogdandy, Mariela Morales Antoniazzi e Flávia Piovesan (coordenadores). Curitiba: Juruá, 2016. págs. 16 e 36.

17. No Brasil, a empresa norte-americana Hanna Mining Co tinha funcionários de alto escalão trabalhando, também, em elevados postos no governo brasileiro. Um desses funcionários era o economista Roberto Campos. Tal empresa conseguiu o direito de explorar o ferro que pertencia ao Estado brasileiro – mais propriamente ao Estado de Minas Gerais. Esse direito foi anulado pelo Presidente Jânio Quadros no dia 21 de agosto de 1961. Quatro dias depois, os militares brasileiros obrigaram Jânio Quadros a renunciar – "forças terríveis se levantaram contra mim", dizia o texto da renúncia. Assumiu a presidência o vice-Presidente João Goulart. Medidas nacionalistas tomadas por este último ensejaram o golpe de Estado no dia 31 de março de 1964 (Eduardo Galeano. *As veias abertas da América Latina*, págs. 200 e 201. 49ª ed. 2009).

3.3. Norma fundamental de direitos humanos e o rompimento com a norma fundamental lógico-formal proposta por Kelsen: a consciência jurídica universal, a hermenêutica de suspeita, o pluralismo ordenado e o universalismo de confluência

A *norma fundamental de direitos humanos* rompe com a validade exclusivamente formal da norma fundamental proposta por Kelsen.

Aliás, *validade* tem que ver com *valores*. E *valores* são elementos referenciais, isto é, algo que não existe em si e de *per si*, mas algo que existe em relação aos seres humanos, algo que existe em relação a um sujeito - mais propriamente ao ser humano imerso na história, nas relações sociais. Não há valor que se realize sem a experiência pessoal e a experiência coletiva[18].

Assim, o sistema jurídico brasileiro tem como fundamento de validade a *norma fundamental de direitos humanos*. Aliás, o sistema jurídico de qualquer Estado desenvolve-se a partir de uma noção de humanidade comum ou direito comum da humanidade, com exigência superior de justiça - o que já se via, no século XVI, na obra de Francisco de Vitoria, um dos fundadores do Direito Internacional. Lamentavelmente, dada a emergência do positivismo jurídico, dotou-se o Estado de uma vontade própria, de modo que os direitos humanos eram apenas aquilo que o Estado concedia. Modernamente, porém, com a emergência do Direito Internacional do Direitos Humanos e o desenvolvimento do Direito das Organizações Internacionais, o Direito Internacional tem se identificado com a *realização de valores e metas comuns superiores que dizem respeito a toda a humanidade*[19].

A *norma fundamental de direitos humanos*, portanto, traduz fonte de validade para todo o sistema jurídico brasileiro. Essa norma nada mais é aquilo que a própria jurisprudência internacional vem chamando de *consciência jurídica universal*, que é o elemento que confere validade inclusive às leis positivas editadas pelos Estados.

A propósito, em Voto Concordante no Parecer nº 16, da Corte Interamericana de Direitos Humanos, sobre o *Direito à Informação sobre a Assistência Consular no âmbito das Garantias do Devido Processo Legal* (1999), Antônio Cançado Trindade revela a existência e consolidação de um *corpus juris* do Direito Internacional dos Direitos Humanos. Esse *corpus juris* se deve à noção de *consciência jurídica universal* - noção, essa, que se insurge contra os abusos estatais, muitas vezes convalidados por leis positivas, contra os seres humanos.

---

18. Miguel Reale. *Filosofia do Direito*, volume I, Tomo I, págs. 197 e 198. 1953.
19. Antônio Augusto Cançado Trindade. *A humanização do Direito Internacional*, págs. 6 a 19. 2ª ed. 2015.

Ao contrário do que parece, a *norma fundamental de direitos humanos*, embora reflita valores universais de humanismo e justiça, não deixa de levar em conta as peculiaridades e condições históricas de cada povo. A libertação dos seres humanos das amarras sociais e econômicas depende sempre de que se analisem as condições materiais de existência[20], o que vai exigir uma tipologia contra-hegemônica dos direitos humanos, por meio de uma *hermenêutica de suspeita* em relação aos direitos humanos tal como estes são convencionalmente entendidos e defendidos (crítica à matriz liberal e ocidental dos direitos humanos)[21].

Se há um direito comum de justiça que ordena a multiplicidade de normas jurídicas, esse direito comum não pode reduzir a identidade ou as características próprias de cada povo ou Estado. Não existe uma unidade perfeita, porém não pode conceber-se uma anarquia de normas jurídicas desorientadas. Para quebrar o impasse, é preciso abandonar tanto a utopia da unidade, quanto a ilusão da autonomia absoluta. Deve-se adotar um processo de interação entre o múltiplo e a unidade, para se alcançar um *pluralismo ordenado*[22].

A partir da ideia de norma fundamental, que fundamenta toda a ordem jurídica, a multiplicidade de normas descansa, sem perder a própria identidade, em fundamentos mais universalistas de proteção aos direitos humanos. As idiossincrasias de cada sistema jurídico nacional não se perdem no universalismo, mas se legitimam na cláusula geral fundamental de proteção dos direitos humanos. A construção de uma identidade normativa de cada País, com as peculiaridades e problemas estruturais que o marcam, ordena-se na necessidade proteger, sob diversas formas, como a proteção interseccional dos direitos humanos das mulheres negras, os direitos humanos universais.

Se é certo que o universal não pode desprezar as específicas lutas por direito (como é o caso das lutas por igualdade racial e igualdade de gênero), propondo-se inclusive que o universalismo seja um ponto de chegada e não um ponto de partida (*universalismo de confluência*), e não um universalismo abstrato com uma concepção unívoca da história[23], é certo também que existe um fundamento de vigência dos direitos humanos que vai além da organização estatal. Esse fundamento de vigência nada mais é do que a *consciência ética coletiva, o reconhecimento longo e perene na comunidade de que a dignidade*

---

20. Karl Marx e Friedrich Engels. *A ideologia alemã*, pág. 29. 2007.
21. Boaventura de Souza Santos. *Direitos humanos, democracia e desenvolvimento*, pág. 43.
22. Mireille Delmas-Marty. *Le pluralisme ordonné*, págs. 8 e 9. 2006.
23. Joaquim Herrera Flores. *Direitos humanos, interculturalidade e racionalidade de resistência*. Revista da UFSC, volume 23, nº 44, 2002, pág. 21.

humana deve ser protegida mesmo que certo direito não seja reconhecido pela ordem jurídica estatal ou por algum documento normativo internacional[24].

3.4. Validade – conceito relacional: algo vale em relação a outra coisa

Validade tem que ver com *valor*. *Valores* são entidades (objetos) que *valem*. Não são um *ser*, mas um *dever-ser*. O *ser é*, o *valor vale*. Devido à sua origem econômica, *valores são relacionais*. Como o dinheiro, os *valores* são medidas submetidas a padrões, valem mais ou valem menos. Devido a essa *relatividade*, o valor vale para algo. Assim, quando se diz que uma *norma vale*, quer isso dizer que *ela existe em relação a*[25].

Assim, em termos de *validade*, se algo vale, vale em relação a algo – eis o caráter relacional da validade. No nosso caso, uma norma vale em relação à *norma fundamental de direitos humanos*.

Já, para Hans Kelsen, uma norma vale em relação a outra norma. Esta última antecede a primeira hierarquicamente[26]. Por isso, identificar a validade de uma norma é verificar a *relação de subordinação* dessa norma em relação a outra norma[27]. Ex.: no sistema interno, a validade de uma lei é analisada a partir das normas constitucionais. A lei será válida se obedecer à Constituição Federal.

Nota-se, assim, que a *validade é conceito relacional*. Logo, a norma não pode ser tomada isoladamente para que se lhe possa aferir a validade. A validade da norma, portanto, é identificada no contexto de normas denominado de *ordenamento*[28].

Voltando a Kelsen, é preciso recorrer a uma *hierarquia de normas*, para se encontrar a validade de uma norma. Isso conduz, ao final, à *norma fundamental*, que é uma mera hipótese (do pensamento dogmático), sem nenhum contexto ético ou empírico. A norma fundamental está acima até mesmo da Constituição. Uma norma é válida no interior do ordenamento jurídico válido. Temos, aí, uma explicação idealista e formal[29]. Nota-se, aí, uma relação entre normas simplesmente formalista, sem fundamento conteudista.

24. Fabio Konder Comparato. *A afirmação histórica dos direitos humanos*, pág. 72. 12ª ed. 2ª tiragem. 2019.
25. Tércio Sampaio Ferraz Júnior. *Introdução ao estudo do Direito. Técnica, decisão, dominação.*, págs. 143 e 145. 11ª ed. 2019.
26. Tércio Sampaio Ferraz Júnior, *ibidem*, pág. 144.
27. Tércio Sampaio Ferraz Júnior, *ibidem*, pág. 145.
28. Tércio Sampaio Ferraz Júnior, *ibidem*, pág. 146.
29. Tércio Sampaio Ferraz Júnior, *ibidem*, págs. 145 e 146.

O Direito, então, é uma ordem normativa, uma pluralidade de normas que regula a conduta humana. O fundamento de validade de uma norma é a existência de uma outra norma. A norma superior é a norma que é fundamento de validade de outra norma (norma inferior). Assim, uma norma inferior se baseia (tem fundamento de validade) numa norma superior, o que permite que uma autoridade crie a norma inferior[30]. Ou seja, o fundamento de validade da norma inferior está na norma superior – na norma superior que permite a uma autoridade criar uma norma inferior. Assim, a validade de uma norma surge do fato de uma norma provir de uma autoridade – a autoridade com poder de criar a norma inferior[31].

Como, porém, conceber o fundamento de validade de uma norma apenas em outra norma superior? Como admitir que uma norma seja válida tão somente se advier de uma autoridade competente para editá-la? O Direito Internacional dos Direitos Humanos repudia as normas internas que, embora provindas de autoridade competente e que respeitem formalmente normas internas superiores, violem o sistema internacional de proteção dos direitos humanos. Para a atual jurisprudência da Corte Interamericana de Direitos Humanos, todos os poderes e instituições e órgãos estatais – incluindo o Poder Legislativo – devem obedecer a Convenção Americana de Direitos Humanos, por exemplo.

Kelsen leva às últimas consequências o fundamento lógico-formal de validade das normas jurídicas. O autor austríaco rememora que uma norma inferior tem como fundamento de validade uma norma superior. Mas qual o fundamento de validade de uma norma superior? Para que não se perca no interminável, o último fundamento de validade é uma norma *pressuposta*, isto é, uma norma que não provém de nenhuma autoridade, cuja competência teria que se basear em uma norma ainda mais elevada. Essa norma *pressuposta* como sendo a mais elevada, que não se baseia em nenhuma autoridade anterior, é a chamada *norma fundamental*[32].

Nesse sentido, temos uma *norma fundamental* que é fundamento de validade para todas as demais normas do sistema jurídico. Isso confere uma unidade a uma pluralidade de normas jurídicas, de modo que passa a existir uma norma com fundamento de validade comum a todo o sistema. Assim, "é a norma fundamental que constitui a unidade de uma pluralidade de normas enquanto representa o fundamento da validade de todas as normas pertencentes a essa ordem normativa"[33].

---

30. Hans Kelsen. *Teoria Pura do Direito*, pág. 215. 5ª ed. 1996.
31. Hans Kelsen, *ibidem*, págs. 215 e 216.
32. Hans Kelsen, *ibidem*, pág. 217.
33. Hans Kelsen, *ibidem*, pág. 217.

A *norma fundamental* promove a unidade do sistema jurídico. Há um elemento pressuposto logicamente, segundo Kelsen, que permite às normas jurídicas organizarem-se debaixo de uma harmonia – ainda que uma harmonia exclusivamente lógico-formal.

Na nossa ideia de sistema jurídico brasileiro, a construção da *norma fundamental* também é importante para a edificação de um sistema normativo razoavelmente unitário, juridicamente harmônico.

Não obstante, avançamos para uma ideia de *norma fundamental de direitos humanos*, a qual também constitui fundamento de validade de todas as normas jurídicas – incluindo as normas da Constituição Transnacional Interamericana de Direitos Humanos e do próprio sistema normativo interno.

Na década de 1930, quando Kelsen consolidou a ideia de norma fundamental, não tínhamos, ainda, um sistema internacional de proteção aos direitos humanos consolidado.

O sistema universal ou global, da Organização das Nações Unidas, e o sistema regional interamericano consolidaram-se a partir do final da 2ª Guerra Mundial.

Essa consolidação normativa na proteção dos direitos humanos impede que consideremos o fundamento de validade do sistema jurídico residindo apenas em aspectos lógico-formais.

Os Estados, atualmente, têm obrigações (em geral, justiciáveis) em matéria de direitos humanos. Essas obrigações derivam de tratados internacionais de direitos humanos ratificados pelo Estado e, também, do costume internacional. Nesse sentido, os Estados têm a obrigação regular, fiscalizar e prover acesso eficaz à justiça e à reparação, inclusive quando as empresas privadas violarem os direitos humanos[34].

Nesse sentido, a prevalência dos direitos humanos fundamenta o Estado até mesmo na esfera privada. Não é mais possível conceber como fundamento de validade das normas uma hipotética norma fundamental, criada a partir de elementos meramente lógico-formais.

O sistema jurídico deve vir embebido de um material normativo que cultue, a mais não poder, os direitos humanos. O culto aos direitos humanos há de ser, claro, uma obrigação de respeito e de garantia dos direitos humanos. Mas, mais do que isso. A impregnação de elementos humanísticos no ordenamento jurídico há de produzir um efeito preventivo, para que gravíssimas violações

34. Judith Schönsteiner. Empresas y Derechos Humanos. Lecturas a la luz del Ius Constitutionale Commune. *In*: *Constitucionalismo transformador, inclusão e direitos* sociais. Desafios do *Ius Constitutionale* Commune Latino-Americano à luz do Direito Econômico Internacional,págs. 198 e 199. Armin Von Bogdandy, Flávia Piovesan e Mariela Morales Antoniazzi (coordenadores).

aos direitos não tornem a repetir-se. Uma pesquisa realizada em outubro de 1945 constatou que 48% dos jovens alemães consideravam um novo Führer a resposta necessária para a ressurreição da Alemanha[35].

Não há como se permitir, portanto, uma concepção logicamente formal da norma fundamental. O sistema jurídico atual exige uma proteção efetiva aos direitos humanos, com a criação de mecanismos jurídicos, inclusive, para prevenir novas violações.

A concepção lógico-formal da norma fundamental ainda não conhecia os horrores da 2ª Guerra Mundial. Esta última produziu, na comunidade jurídica, uma mudança substancial de perspectiva, de modo que os ordenamentos jurídicos, à luz da ONU e dos sistemas regionais, passaram a iluminar-se, fortemente, com a concepção inafastável de promoção, respeito e garantia dos direitos humanos. Essa nova concepção impregnou-se de forma inafastável aos sistemas jurídicas, podendo-se, então, dizer que o grande fundamento dos sistemas jurídicos modernos é a proteção dos direitos humanos.

Validade referente a valores – valores referentes ao ser humano. Superação da lógica-formal da norma fundamental de Kelsen. Acoplamento do ordenamento jurídico. Diálogo com a política. Norma fundamental como fundamento de validade formal e material de toda a ordem jurídica. Validade formal (métodos, princípios e teorias do Direito dos Direitos Humanos) e validade material (compatibilidade conteudista com a norma fundamental). Validade não é, portanto, a simples adequação com a norma superior - com a norma superior que fornece uma autoridade competente para criar a norma inferior.

3.5. Validade formal e validade material decorrentes da norma fundamental de direitos humanos

Validade é o atendimento das condições necessárias para que uma norma se integre ao ordenamento jurídico. A validade pode ser *formal* e pode ser *material.*

A *validade formal* é o atendimento dos pressupostos formais de produção da norma jurídica. Ex.: uma lei é formalmente válida, se atender às regras do processo legislativo e ser for editada por uma autoridade competente.

Já a *validade material* é o atendimento, pelas normas jurídicas, do conteúdo permitido por normas jurídicas superiores. Ex.: uma lei não pode proibir a união homoafetiva, já que essa união é protegida por normas internacionais e nacionais relacionadas à igualdade e à dignidade humana.

---

35. Richard Overy. *Os ditadores*. A Rússia de Stalin e a Alemanha de Hitler, pág. 118. 2009.

A *norma fundamental de direitos humanos* constitui o pressuposto de validade material e formal para todas as demais normas jurídicas do sistema jurídico brasileiro – tanto para as normas nacionais quanto para as normas internacionais incorporadas ao nosso sistema.

A validade material decorrente da norma fundamental de direitos humanos diz respeito ao conteúdo. Assim, uma norma nacional e uma norma internacional, pertencentes ao sistema jurídico brasileiro, devem obedecer aos direitos humanos.

Já a validade formal decorrente da norma fundamental de direitos humanos diz respeito às formalidades necessárias que devem ser observadas para a elaboração das normas nacionais e internacionais incorporadas ao sistema jurídico brasileiro. Por exemplo: o Poder Executivo não pode editar leis. O processo de edição de leis vem regulado pela Constituição, cabendo em geral ao Poder Legislativo a função de discutir e votar as leis.

O atendimento a essa formalidade essencial – lei discutida e votada pelo Legislativo – é uma decorrência da própria norma fundamental de direitos humanos. Esta última não comunga com a reunião dos poderes exclusivamente no Poder Executivo. A ausência de controle ao poder político pode implicar possíveis danos à democracia e, consequentemente, aos direitos humanos. Portanto, a validade formal decorrente da norma fundamental de direitos humanos não é um mero formalismo jurídico, mas, sim, a utilização da forma na tarefa de proteção dos próprios direitos humanos. A própria validade formal desempenha um papel fundamental no respeito e garantia dos direitos humanos.

Defendemos, neste livro, o ponto de vista segundo o qual as sentenças da Corte Interamericana de Direitos Humanos criam direito e, por isso, podem vir a fazer parte da Constituição Transnacional Interamericana de Direitos Humanos.

As sentenças que negarem a proteção de determinados direitos humanos, sem a necessária motivação, padecerão de fundamentação, que é um requisito essencial para que esses atos decisórios sejam produzidos, nos termos do que dispõe o art. 66, 1, da Convenção Americana de Direitos Humanos (CADH). Além de violarem formalmente a CADH, essas sentenças não terão validade formal em relação à norma fundamental de direitos humanos. A fundamentação de uma sentença de um Tribunal Internacional de Direitos Humanos, principalmente quando há possível negativa a um pleito de direitos, viola formalmente a norma fundamental de direitos humanos.

É interessante notar que a norma fundamental de direitos humanos é pressuposto de validade não só material, mas, também, formal para todas as normas do sistema jurídico brasileiro. Normas, nesse caso, tomadas em sentido amplo, abrangendo todos os comandos judiciais, legislativos, administrativos que venham a produzir efeitos sobre os direitos humanos

9

A FILTRAGEM MATERIAL PARA A CONSTRUÇÃO DA NORMA FUNDAMENTAL DE DIREITOS HUMANOS

1. A SUBSTÂNCIA E OS ATRIBUTOS (OU TIPOLOGIAS) DA NORMA FUNDAMENTAL DE DIREITOS HUMANOS (SPINOZA)

É preciso distinguir *substância* e *atributo*, para que possamos compreender a verdadeira essência da norma fundamental de direitos humanos e como a norma fundamental de direitos humanos pode manifestar-se diante das multifacetadas situações que se apresentam no plano da realidade.

Substância é (...) aquilo que existe em si mesmo e que por si mesmo é concebido, isto é, aquilo cujo conceito não exige o conceito de outra coisa do qual deva ser formado"[1].

Já *atributo* é "(...) aquilo que, de uma substância, o intelecto percebe como constituindo a sua essência"[2], isto é, aquilo que faz parte da substância.

A *norma fundamental de direitos humanos* é uma *substância*. As *várias maneiras* pelas quais a norma fundamental de direitos humanos se manifesta são os *atributos*, que também denominamos de *tipologias*.

Se a norma fundamental é uma *substância*, é correto afirmar que ela possui *atributos*. Possuir *atributos* significa manifestar-se de várias maneiras, sem perder a própria essência natural.

Mas por que a NFDH é uma substância?

---

1. Benedictus de Spinoza. *Ética*, pág. 13. 2ª ed. 2008.
2. Benedictus de Spinoza. *Ética*, pág. 13. 2ª ed. 2008.

A norma fundamental de direitos humanos (NFDH) é uma substância porque existe em si e por si mesmo.

A NFDH tem existência própria, porque é nela própria que estão os próprios fundamentos de validade. É ela o fundamento de validade dela mesma. Não precisamos buscar em outras normas o fundamento de validade da NFDH. É ela própria o seu próprio fundamento de validade.

A existência própria da NFDH quer dizer que a justificativa para a própria existência está nela mesma, e não em outras entidades. A NFDH existe para produzir a satisfação de si mesma. Reflete sobre outras normas, fundamentando-as. Mas existe por si própria, revigorando-se na medida em que bebe da própria fonte. Não vive para satisfazer outras normas, mas, sim, para conferir a elas o fundamento de validade.

São as demais normas jurídicas que existirão a partir da NFDH. Aquelas funcionam como *razão instrumental* para produzir os efeitos que se percebem no seio da NFDH. A NFDH não serve às demais normas jurídicas; as demais normas jurídicas é que existem para implementar o programa de ação que se encontra inserido na NFDH.

Até aqui nós vimos que a NDFH é uma *substância*. Mas uma substância que tem várias maneiras de se apresentar (*atributos*).

Vimos, também, que a NDFH existe por si e para si, porque em si encontra os fundamentos de validade, não precisando buscar em outras normas esse fundamento de validade.

Não obstante essa existência em si e para si, a NDFH é o fundamento de validade para as demais normas jurídicas do sistema. As demais normas jurídicas só serão válidas, se observarem o programa de ação da NDFH.

Portanto, a NDFH não dispensa as normas jurídicas. Estas últimas, ao contrário, afiguram-se como elementos normativos essenciais para que o programa de ação da NDFH seja implementado.

A NDFH é uma substância, podendo também ser denominada de *coisa livre*. *Coisa livre* é a coisa "(...) que existe exclusivamente pela necessidade de sua natureza e que por si só é determinada a agir". Já as demais normas jurídicas são chamadas de *coisa necessária ou coisa coagida*, isto é, "(...) aquela coisa que é determinada por outra a existir e a operar de maneira definida e determinada"[3].

Assim, como *coisa livre*, a NDFH existe pela sua própria natureza, a qual traça o programa de ação da própria NDFH. Contudo, esse programa de ação é bastante genérico, revelando valores, padrões gerais de comportamento.

---

3. Benedictus de Spinoza. *Ética*, pág. 13. 2ª ed. 2008.

Essa generalidade da NDFH vai exigir a presença da *coisa necessária ou coisa coagida*, isto é, das demais normas jurídicas. Estas últimas são *coisas necessárias*, porque, sem elas, o amplo programa da norma fundamental de direitos humanos não é alcançado. São, também, *coisa coagida*, porque sua existência é determinada pela própria NDFH, e é a NDFH que confere o modo definido e determinado pelo qual as demais normas jurídicas irão operar.

2. OS ATRIBUTOS (OU TIPOLOGIAS) REVELADORES DA SUBSTÂNCIA DA NORMA FUNDAMENTAL DE DIREITOS HUMANOS

Já vimos que a norma fundamental de direitos humanos é uma *substância*, porque: a) *existe em si mesmo*, buscando em si própria os próprios fundamentos de existência; b) *existe por si mesma*, porque seu conceito, sua essência não exige a presença ou o auxílio de um outro conceito, dispensando qualquer fundamento de validade.

A norma fundamental de direitos humanos, como substância, é a própria existência e a própria validade. É a própria existência porque é nela que estão os próprios fundamentos. É a própria validade porque vale a partir de si, e não a partir de outra coisa.

Isso não significa que a norma fundamental de direitos humanos seja um programa de ação que se revela de uma maneira única. Trata-se, ao contrário, de uma substância que se revela de diversas maneiras a partir das diversas situações que a vida lhe apresenta.

Em outras palavras, a NFDH é uma substância com vários *atributos*. Os atributos são as várias manifestações da NFDH, sem que esta última perca a própria essência. Atributos, portanto, são as várias expressões da NFDH, que, manifestando-se de diversas formas, não deixa de perder a forma essencial.

A propósito, é a partir dos *atributos*, os quais também chamamos de *tipologias*, que podemos conhecer a grande essência da norma fundamental de direitos humanos, como instituto que se manifesta concretamente a partir da realidade, da experiência sensível, das condições materiais, sociais e históricas de existência. Embora exista um princípio geral de igualdade entre homens e mulheres, é preciso que a norma fundamental de direitos humanos reúna atributos que permitam questionar essa igualdade geral asséptica. Conhecer a realidade social é saber que existe, ainda hoje, *papéis de gênero*, em que são negados direitos às mulheres simplesmente porque elas são mulheres[4].

4. Sobre *papéis de gênero*, confira-se: Chimamanda Ngozi Adichie. *Para educar crianças feministas. Um manifesto*, pág. 21. 2017.

3. A SUBSTÂNCIA DA NORMA FUNDAMENTAL DE DIREITOS HUMANOS A PARTIR DOS ATRIBUTOS OU DAS TIPOLOGIAS: TIPOLOGIAS EM ABSTRATO, TIPOLOGIA EM CONCRETO E TIPOLOGIAS INTERSECCIONAIS

Vimos que a norma fundamental de direitos humanos apresenta vários atributos ou tipologias. O fato de haver vários atributos não descaracteriza a norma fundamental.

É possível, até mesmo, que uma tipologia seja bem diferente de outra. Faz parte da natureza da norma fundamental de direitos humanos o fato de que cada uma das tipologias seja concebida singularmente. Isso porque todas as tipologias já existiam simultaneamente na norma fundamental, sem que uma tipologia seja responsável pela produção de outra tipologia[5].

A existência de várias tipologias que nem sempre convivam imediatamente é algo próprio à norma de direito fundamental de direitos humanos.

É possível, por exemplo, que a norma fundamental de direitos humanos se apresente sob a *tipologia em abstrato*. Os direitos humanos são um catálogo interminável de direitos. Há direitos de fundo individual, como a liberdade de expressão e a vida, há direitos sociais, econômicos, culturais e ambientais. Esses direitos humanos são uma potência presente na norma fundamental de direitos humanos e que vão se realizar nas situações concretas que irão aparecer.

Por outro lado, embora presentes em potência, os direitos humanos nem sempre são analisados, todos eles ao mesmo tempo, em uma situação concreta (*tipologia em concreto*). Uma assembleia condominial que proíba os condôminos de criticar as deliberações da própria assembleia viola a liberdade de expressão. Não é preciso analisar se houve a violação, ou não, de outros direitos, porque os outros direitos não estão em questão na hipótese.

Quando os direitos humanos constam em potencial no sistema, temos a *tipologia em abstrato*. Já, quando é preciso destacar, em uma situação concreta, apenas um ou alguns desses direitos, aí temos a *tipologia em concreto.*

A *tipologia em abstrato* é atributo da norma fundamental de direitos humanos. Essa tipologia serve como fundamento de validade para todas as normas jurídicas – internas e internacionais – que vão cuidar, em termos genéricos, dos direitos humanos.

---

5. Assim como as tipologias podem ser diferentes e todas fazerem parte da mesma norma fundamental, os atributos também podem ser diferentes e fazerem parte da mesma substância. A segunda ideia encontramos em Benedictus de Espinoza (*Ética*, pág. 23. 2ª ed. 2008).

Já a *tipologia em concreto* é o atributo da norma fundamental de direitos humanos que vai permitir verificar se, numa situação concreta, uma norma jurídica que trate de um determinado direito humano é válida a partir da tipologia em concreto da norma fundamental.

Por sua vez, temos a *tipologia interseccional*. Nessa hipótese, aplicável a desigualdades estruturais os direitos humanos hão de ser tomados de forma global e incindível, inseparável. Suponhamos uma mulher negra que viva no Brasil. À situação dessa mulher negra, a norma fundamental de direitos humanos apresenta a *tipologia da interseccionalidade*.

A *tipologia da interseccionalidade* é o fenômeno mediante o qual são levados em conta vários direitos humanos incindíveis, indivisíveis. É que, aí, a tipologia reúne direitos indissociáveis, como a vida[6], trabalho, saúde, liberdade de expressão, educação etc.

Assim, as tipologias: a) são indivisíveis, se vistas abstratamente (*indivisibilidade das tipologias*). Ex.: existe, em abstrato, um catálogo interminável de direitos humanos - de natureza individual, social, econômico, ambiental, cultural; não é possível conceber, por exemplo, o direito à saúde sem o direito à vida; b) podem ser divisíveis, caso analisadas em uma situação concreta. Isso porque, em um caso concreto, podemos analisar apenas um dos direitos humanos existentes; c) podem ser interseccionais, nas hipóteses de desigualdades estruturais, como as que afetam as mulheres negras.

Cada tipologia, portanto, é uma forma como a norma fundamental de direitos humanos se manifesta: ora sob o ponto de vista abstrato (catálogo de todos os direitos humanos possíveis; ora sob o ponto de vista concreto, quando os direitos humanos podem ser vistos de forma separada; ora sob o formato indivisível ou interseccional, em que, analisando concreta ou abstratamente, os direitos só são assegurados se vistos conjuntamente e de forma indivisível).

Todas essas tipologias existem, como potencial, na norma fundamental de direitos humanos. Em um caso concreto, porém, é possível beliscar apenas uma ou algumas dessas tipologias. Todas, portanto, estão na essência da norma fundamental, embora nem todas precisem a todo momento aparecer na realidade da vida.

Logo, a *substância* da norma fundamental de direitos humanos está em todas as tipologias possíveis que componham a essência dessa norma fundamental. Olhando para as tipologias, acabamos notando a própria essência, a própria configuração da norma fundamental de direitos humanos.

---

6. A mulher negra, no Brasil, é mais vítima da violência física e psicológica se compararmos, por exemplo, com a mulher branca.

É um jeito de olhar o todo, a partir das partes que o compõem. Partes que nem sempre se avizinham, que nem sempre se relacionam, mas que são a essência do todo que forma a norma fundamental de direitos humanos.

As tipologias nos servem para visualizar melhor a norma fundamental. Visualizando melhor a norma fundamental de direitos humanos, conseguimos perceber aquilo que se revela como o *fundamento de validade de todo o sistema jurídico nacional.*

Decompor a norma fundamental de direitos visa, portanto, a identificar aqueles pressupostos básicos sem os quais as normas jurídicas perdem a validade, deixam de valer no sistema jurídico nacional.

Passemos, portanto, a identificar as *tipologias* ou *atributos* da norma fundamental de direitos humanos.

4. AS TIPOLOGIAS DA NORMA FUNDAMENTAL DE DIREITOS HUMANOS: TIPOLOGIA UNIVERSALIZANTE OU UNIVERSALISTA, TIPOLOGIA DA INDIVISIBILIDADE OU DA INTERSECCIONALIDADE, TIPOLOGIA FEMINISTA

Tipologias ou *atributos* são os modos ou maneiras pelas quais a norma fundamental de direitos humanos se manifesta.

As tipologias não são os direitos propriamente ditos; são, isto sim, as várias configurações possíveis da norma fundamental de direitos humanos.

Pode-se afirmar que as tipologias são partes da essência da norma fundamental de direitos humanos. Esta última compõe-se de várias partes, que a revelam, e que constituem a essência mesma da norma fundamental de direitos humanos.

Tomando como exemplo a *tipologia universalizante* ou *universalista*, os direitos humanos se apresentam de uma determinada forma, isto é, genericamente, sem levar em conta características específicas do titular.

Já, na *tipologia feminista*, os direitos se apresentam levando em conta um peculiar aspecto: a presença da mulher.

Por sua vez, na *tipologia da indivisibilidade ou da interseccionalidade*, os direitos aplicáveis à situação devem apresentar-se em conjunto. Ex.: os direitos humanos da mulher negra devem tocar nos problemas relacionados às desigualdades de gênero, raça e classe social.

Uma característica indeclinável das tipologias é a aptidão de revelar como os direitos são apresentados. As tipologias não são os próprios direitos humanos, mas são o modo pelo qual os direitos humanos são revelados, apresentados, identificados.

As tipologias, por isso, são padrões ou standards ou modelos ou tipos que compõem a norma fundamental de direitos humanos. Tais tipologias, como parte essencial da NFDH, afiguram-se como parâmetro de validade para as normas jurídicas do sistema.

Suponhamos uma lei que preveja cotas genéricas às mulheres, com o objetivo de garantir o acesso ao mercado de trabalho nas empresas. Essa lei nada diz sobre as mulheres negras.

Sabemos que as cotas genéricas às mulheres brancas não garantem, por si só, o acesso das mulheres negras ao mercado de trabalho. É preciso, no caso, atacar-se não apenas o fenômeno de gênero, mas, também, o problema relacionado à classe social e ao racismo estrutural.

Essa lei, portanto, ataca parte do problema: a dificuldade de inclusão das mulheres brancas, mas não todo o problema: a inclusão social também das mulheres negras.

Referida lei observa a *tipologia feminista*, mas não observa a *tipologia da indivisibilidade ou da interseccionalidade*. Essa lei apenas parcialmente respeita a norma fundamental de direitos humanos.

Por isso, a lei citada é parcialmente válida, deixando de ser válida no ponto em que não promove a inclusão social das mulheres negras. A partir do fenômeno das tipologias, podemos cotejar a lei com o seu último pressuposto de validade, que é a norma fundamental de direitos humanos.

É certo que nem sempre será preciso percorrer o caminho mais longo até se chegar à norma fundamental de direitos humanos. No exemplo acima, bastaria olharmos para a Constituição de 1988, que já expurgaria parcialmente a citada lei a partir de um simples controle de constitucionalidade por omissão.

O caminho até a norma fundamental de direitos humanos seria, isto sim, inevitável, se até mesmo a CF/88, no ponto, desrespeitasse as tipologias da norma fundamental de direitos humanos. Aí, a lei seria constitucional, mas deveria ser invalidada por não observar a norma fundamental de direitos humanos.

Modernamente, as Constituições são principiológicas e garantistas, o que subtrai do intérprete a dura tarefa de percorrer o longo caminho até chegar à norma fundamental de direitos humanos. Basta recorrer à Constituição; esta última já expurga a lei que viole os direitos humanos.

5. AS TIPOLOGIAS DA NORMA FUNDAMENTAL DE DIREITOS HUMANOS: A COMUNICAÇÃO DO DIREITO COM O MUNDO DA VIDA

A norma fundamental de direitos humanos, mediante o estudo dos atributos (tipologias), constrói-se a partir das grandes teorias que fundamentam os direitos humanos.

Estudar as tipologias significa promover uma abertura do sistema fechado do Direito a aspectos constituintes do mundo da vida. A norma fundamental deixa de ser a norma fundamental lógico-formal de Kelsen, para constituir-se num grande programa ético-jurídico que passa a servir de fundamento de validade e de legitimidade de todas as normas (internas e internacionais) que compõem o sistema jurídico brasileiro.

5.1. Construção da norma fundamental de direitos humanos a partir da abertura do direito a outros campos do conhecimento humano e a proposta de enraizamento: aportes da teoria crítica, abandono da concepção meramente abstrata do direito e a escrevivência da Conceição Evaristo

Se a norma fundamental de direitos humanos apresenta-se como fundamento de validade e legitimidade de todo o sistema jurídico brasileiro, essa norma jurídica fundamental não se constrói, apenas, do material densificado do Direito.

A construção dessa norma fundamental vai depender de uma abertura do Direito em direção a outras disciplinas do conhecimento, como a Sociologia, a Filosofia, a Política, a Psicologia, a História etc. A confluência dos saberes é a chave para a realização da justiça e a proteção dos direitos humanos – essa tarefa não foi alcançada com a utilização exclusiva do positivismo jurídico[7].

Se a norma fundamental de Hans Kelsen é exclusivamente lógico-formal, a norma fundamental de direitos humanos que propomos é profundamente vinculada à realidade social.

É que o estudo do Direito deve adotar a proposta do *enraizamento*: os institutos jurídicos devem ser construídos a partir de uma investigação sobre a realidade social. Não se admite mais a existência de conceitos lógico-formais abstratos, de modo que se deve deixar de lado o positivismo reducionista proposto pela filosofia de Hans Kelsen[8].

Por detrás dos ritos, das solenidades, da gravidade cercada de mistério e cores sombrias, dos institutos que formataram os contratos, as transações, da razão pura que esgarça a concorrência de outras ideias – todo esse direito petrificado e purificado, essa engrenagem filosófica que impediu o diálogo com outros saberes – tudo isso produziu "sangue, mártires e sacrifícios"[9] – enfim, a violação indesculpável aos direitos humanos.

---

7. Eduardo C. B. Bittar. *O Direito na pós-modernidade*, pág. 15. 2ª ed. 2009.
8. Eduardo C. B. Bittar, *ibidem*, págs. 16 e 17.
9. Friedrich Wilhelm Nietzsche. *A genealogia da moral*, págs. 55 e 56. 2017.

A construção da norma fundamental de direitos humanos, como fundamento de validade e legitimidade para as demais normas jurídicas, deve levar em conta aquilo que Nietzsche denomina de "associar-se a companhias criativas"[10]. Não se pode, por exemplo, encarar os direitos humanos a partir de uma democracia meramente formal, em que, sob a defesa do neoliberalismo puro, inquestionável, e de uma democracia exclusivamente eleitoral, "(...) a população é afastada da informação, do acesso e dos fóruns públicos indispensáveis a uma participação significativa na tomada de decisões"[11].

Uma norma fundamental que se denomine realmente como norma fundamental de direitos humanos e, portanto, fundamento de validade para todas as outras normas jurídicas, deve, por exemplo, afastar do sistema jurídico as normas jurídicas que desconstruam a proteção social da classe trabalhadora. Em 1996, houve um "notável" crescimento das maiores empresas do mundo. Esse crescimento veio acompanhado da subjugação do trabalho, mediante a proliferação de serviços temporários, baixos salários, trabalhadores sem garantias trabalhistas[12].

As normas jurídicas que diminuam a condição social da classe trabalhadora, portanto, são inválidas, porque não observam o fundamento de validade da norma fundamental de direitos humanos.

Em suma, a norma fundamental de direitos humanos se abre a outras disciplinas do conhecimento humano e, assim, constrói-se a partir da realidade social.

A racionalidade contemporânea tem proposto uma validade jurídica abstrata, descompromissada com a realidade do povo e protetiva de uma camada significativamente reduzida da população.

Essa racionalidade contemporânea, que invadiu a construção do Direito, nada mais é do que inserir o ser humano a serviço de um "ser racional", empenhado em fazer abstrações. Com isso se negam as próprias impressões e a força das intuições singulares, promovendo-se uma universalização de todas as impressões, mediante a formação de conceitos descoloridos, frios. Assim a maioria fica atrelada ao curso do viver de uma minoria, a qual se apropria de um discurso uniforme que densifica os próprios interesses e deixa de lado a força diferenciadora das realidades singulares[13].

---

10. Friedrich Wilhelm Nietzsche. *Assim falou Zaratustra: um livro para todos e para ninguém*. Tradução Gabriel Valladão Silva. 2022.
11. Robert W. McChesney. Introdução. *In*: Noam Chomsky. *O lucro ou as pessoas*. 5ª ed. 2006, pág. 9.
12. Noam Chomsky. *O lucro ou as pessoas?* Neoliberalismo e ordem global, pág. 32. 5ª ed. 2006.
13. Friedrich Nietzsche. Sobre Verdade e Mentira no Sentido Extra-Moral. *In*: *Coleção Os Pensadores*, pág. 57.

A força das singularidades concretas deve ser levada em conta na construção da norma fundamental de direitos humanos. Na construção desta última, são importantes os aportes metodológicos da *teoria crítica*.

A propósito, a *teoria crítica*, válida para a sociologia e outras áreas do conhecimento humano, pode ser aproveitada também no estudo dos direitos humanos[14].

A teoria tradicional tem como instrumento a lógica e promove um registro neutro da realidade. Nesse sentido, teorizar é algo alheio à realidade social, e o pensamento é exterior ao objeto. O problema é que, assim, não se capta a história em sim mesma, nem a história do objeto, o qual acaba sucumbindo à lógica. Na raiz disso tudo está a razão instrumental a dominar a natureza e a propiciar o domínio do ser humano pelo próprio ser humano[15].

Se a construção da norma fundamental de direitos humanos recolhe, de Kelsen, o fundamento para a validade de todas as normas jurídicas do sistema, essa construção vai muito mais além.

É que a norma fundamental de direitos humanos revela o material jurídico a partir das condições históricas, sociais, econômicas e psicológicas percebidas do tecido social.

A construção da norma fundamental de direitos humanos obtém-se a partir de uma investigação crítica da própria realidade social. A crítica, porém, não é a de Kant ("Crítica da Razão Pura"), voltada ao aperfeiçoamento dos conceitos, ao aperfeiçoamento da teoria. A crítica, isto sim, é a do objeto, da economia política, de modo que a teoria crítica visa à transformação social. Não basta, portanto, registrar e classificar as categorias jurídicas, promover uma leitura asséptica e neutra do direito, instrumentalizar os direitos humanos em direção à reprodução da ordem social. É preciso pensar o direito a partir de uma transformação social, percebendo as justas reivindicações dos sujeitos imersos na realidade social[16].

Construir a norma fundamental de direitos humanos significa abrir-se para uma compreensão sobre a validade material das demais normas jurídicas do sistema. Nem sempre as normas jurídicas, embora sedimentadas na prática jurídica, encontram-se apoiadas no fundamento de validade da norma fundamental de direitos humanos.

Exemplos disso não faltam.

---

14. Celso Naoto Kashiura Júnior. Apontamentos para uma teoria crítica acerca dos direitos humanos. *In*: *Direitos humanos no século XXI: cenários de tensão*. Eduardo C. B. Bittar (organizador). Rio de Janeiro: Forense Universitária; São Paulo: ANDHEP; Brasília: Secretaria Especial dos Direitos Humanos, 2009, pág. 3.
15. Celso Naoto Kashiura Júnior, ob. cit., pág. 5.
16. Celso Naoto Kashiura Júnior, ob. cit., págs. 7, 8 e 10.

O Poder Judiciário brasileiro, no final do século XIX, aplicava uma jurisprudência conservadora, baseada nas leis aprovadas pelo Parlamento. Essa jurisprudência e essas leis fundamentavam a escravidão do povo negro. Luiz Gama, considerado o grande Advogado dos Escravos, com uma retórica brilhante e humanística, conseguiu, nos tribunais, contra a jurisprudência conservadora, libertar aproximadamente 500 escravos[17].

É interessante notar que, contra um sistema jurídico construído a partir de normas contrárias aos direitos humanos, Luiz Gama atuou com base em *princípios humanísticos*[18], conseguindo, com isso, quebrar as arestas de um sistema jurídico extremamente conservador. A igualdade e a liberdade, portanto, pareciam estar presentes em fundamentos superiores não escritos, os quais destituíam a validade de leis aprovadas pelo Parlamento e de práticas jurídicas aplicadas pelos juízes e pelos tribunais.

É interessante notar, também, que Luiz Gama valia-se de uma retórica baseada na emoção, dando vida a imagens reais, a situações concretas, deixando de lado imagens meramente abstratas, produzindo comoção e emoção[19] imagens concretas e fortes típicas de uma retórica libertadora[20].

Construir a norma fundamental de direitos humanos exige, portanto, que se abandone uma concepção de mundo racionalizada, fundada na abstração, desvinculada do mundo da vida. É preciso promover uma elaboração mais sofisticada, que parta da experiência histórica-concreta, da prática cotidiana insurgente, das interações sociais e das necessidades humanas essenciais – o que, em última análise, constitui o grande objeto da *teoria crítica do direito*[21].

Construir a norma fundamental de direitos humanos exige do intérprete uma forma de agir e de enxergar o mundo muito parecida com a dos sofistas. Os sofistas, para os historiadores mais recentes, são considerados os verdadeiros representantes do espírito democrático. Foram os sofistas que admitiam a pluralidade conflituosa de opiniões e de interesses contra os partidários de uma política aristocrática, para os quais apenas uma visão deveria valer para o restante da sociedade[22].

---

17. Nelson Câmara. *Luiz Gama – o advogado dos escravos*, pág. 140. 2010.
18. Nelson Câmara, ob. cit., pág. 143.
19. Eis as palavras de Luiz Gama na defesa de uma escrava: " 'finalmente, que se é verdade, como a histórica o atesta, que a liberdade de Nosso Senuor Jesus Cristo foi vendida, perante o juiz hebreu, por 30 dinheiros, não é estranhável que a suplicante se avaliasse por 30 mil réis' (GAMA, *apud* AZEVEDO, E. 1999, p. 141)" (Nelson Câmara, ob. cit., pág. 140).
20. Chaïm Perelman e Lucie Olbrechts-Tyteca. *Tratado da argumentação. A nova retórica*, págs. 166 e 167. 2ª ed. 2005.
21. Antonio Carlos Wolkmer. *Introdução ao pensamento crítico*, pág. 5. 7ª ed. 2009.
22. Marilena Chaui. *Convite à Filosofia*, pág. 37. 9ª ed. 1997.

Pensar a norma fundamental de direitos humanos significa abandonar o racionalismo jurídico abstrato. É preciso abandonar aquilo que Boaventura Santos denomina de *razão indolente*, que não pensa o presente e que despreza a experiência, impossibilitando novas possibilidades de futuro. Contra a *razão indolente*, portanto, propõe Boaventura de Sousa Santos uma *razão operante, contra-hegemônica*, com formas alternativas de sociabilidade, naquilo que o jusfilósofo português denomina de *transição paradigmática*. A transição paradigmática vai exigir novos padrões cognitivos, sociais, políticos e jurídicos, de modo que se incluam as dimensões econômica, social, política e cultural[23].

É preciso destacar que a existência, pela própria natureza, nunca é isolada. A existência "(...) existe apenas na comunicação e na consciência da existência dos outros (...)". Por isso, "(...) a existência só pode se desenvolver na vida compartilhada dos seres humanos (...)"[24]. Portanto, não há direitos humanos universais – ao menos na compreensão de direitos postos como universais mas representativos de um setor ou classe específica da sociedade. Os direitos humanos são matéria compartilhada, jamais privilégios de classe.

Todo o pensar jurídico em torno da construção da norma fundamental de direitos humanos deve levar em conta as características peculiares a determinados grupos sociais – principalmente os mais marginalizados em termos de desfrute de direitos.

O próprio Kelsen, ao considerar que ao direito interessa apenas as relações entre as diferentes normas jurídicas, não negava a existência de conflitos sociais, os quais, porém, não poderiam ser objeto da ciência jurídica[25]. A violência contra a mulher, por exemplo, é um tema que repercute sobre diversas áreas, como a saúde, educação, políticas públicas, direito, entre outras. Por isso, para se conhecer profundamente o conceito jurídico de violência contra a mulher, precisamos saber que esse tipo de violência não é uma violência isolada, mas, sim, uma prática que ocorre num contexto de poder, especificamente de gênero[26].

Portanto, não é possível conhecer em profundidade o Direito sem o aporte de outras ciências. O Direito, sozinho, ao contrário do que pensava Kelsen, não é capaz de conhecer o próprio Direito mesmo. Conhecer o Direito – e mais particularmente a norma fundamental de direitos humanos – significa conhecer outros setores elementares do conhecimento humano. O Direito em si mesmo não é um fechar-se em si mesmo, porque o Direito é composto

---

23. Marilena Chaui. Saudação a Boaventura de Souza Santos. *In: Direitos humanos, democracia e desenvolvimento*. Boaventura de Souza Santos e Marilena Chaui. 1ª ed. 3ª reimpressão. 2013, pág. 28.
24. Hannah Arendt. *Compreender*. Formação, exílio e totalitarismo. Ensaios, pág. 215. 2008.
25. Ana Lucia Sabadell. *Manual de Sociologia Jurídica*, pág. 31. 7ª ed. 3ª tiragem.
26. Gabriela Reyes Ormeno e Eroulths Cortiano Junior. A violência contra a mulher. *In*: *Introdução à psicologia forense*. Paula Inex Cunha Gomide e Sérgio Said Staut Júnior (organizadores). 2016, págs. 169 a 171.

não apenas de normas jurídicas, mas dos elementos que são necessários para a compreensão da própria norma jurídica.

A *Teoria Pura do Direito*, por exemplo, diz querer dirigir-se apenas ao seu objeto, que é o Direito. Essa teoria pretende conhecer apenas o Direito e excluir desse conhecimento tudo aquilo que não seja direito. É uma tentativa de delimitar o Direito em relação a outras disciplinas[27].

Esse fechar o Direito ao conhecimento do próprio objeto produziu sérias consequências aos direitos humanos. É comum, no âmbito da prática jurídica, o desenvolvimento de conceitos e reflexões limitados ao exclusivo objeto do Direito. E, quando se fecha a um setor exclusivo do conhecimento humano, o que se faz é refletir sobre problemas que, na verdade, não são problemas[28].

No Brasil, ainda se taxa de *ativismo judicial* parte da Magistratura que viabiliza os direitos humanos amenizando a cláusula constitucional da separação de poderes. Contudo, se, na República, o Estado, "(...) longe de ser o senhor dos cidadãos, é o protetor supremo de seus interesses materiais e morais"[29], o ativismo judicial, viabilizador dos direitos, encontra fundamento de validade na própria norma fundamental de direitos humanos. A cláusula constitucional de separação de poderes, que também só é válida a partir da norma fundamental de direitos humanos, não pode ser invocada para impedir o *ativismo judicial* viabilizador da proteção intensificada à pessoa humana.

O exemplo do menosprezo ao *ativismo judicial* é uma típica situação em que várias das reflexões atuais sobre o Direito são reflexões inúteis, recheadas de argumentos que não servem para concretizar e efetivar a norma fundamental de direitos humanos.

É por isso que, cada vez, exige-se do Direito uma abertura cada vez maior a outras disciplinas, as quais servem para ajudar o primeiro a capturar os grandes problemas humanos.

Não mais se concebe, à luz da proteção aos direitos humanos, que o Estado continue sentindo prazer em negar direito às pessoas, em ser desagradável às postulações justas da sociedade[30].

A norma fundamental de direitos humanos, a propósito, dirige as normas jurídicas nacionais e internacionais de um mesmo sistema jurídico. Esse dirigir é um voltar, muitas vezes, para uma utopia de transformação social

27. Hans Kelsen. *Teoria Pura do Direito*, pág. 1. 5ª ed. 1996.
28. Friedrich Nietzsche. *Ecce Homo*. Como cheguei a ser o que sou, pág. 50. 2000.
29. Roque Antônio Carrazza. *Curso de Direito Constitucional Tributário*, pág. 73. 31ª ed. 2017.
30. "Quando postulantes em busca de uma informação se aproximavam da minha mesa, eu rangia os dentes, sentindo um prazer extraordinário quando conseguia causar-lhes algum desagrado" (Fiodor Mikhailovitch Dostoievski. *Notas do subterrâneo*. Tradução Moacir Werneck de Castro. 1986).

e econômica. Essa utopia vai exigir do intérprete, além do conhecimento de outros ramos do conhecimento humano, como a Política, a Filosofia, a Economia e a Filosofia, uma certa dose de *sensibilidade*, para que se possa perceber os reais problemas da vida.

Não é por acaso que o Direito há de abrir, muitas vezes, até mesmo para a poesia. Parte do preâmbulo da nova Constituição da Suíça (1999), por exemplo, foi concebida pelo poeta suíço A. Mushg, "ao proclamar que a força do povo é medida pelo bem-estar dos fracos"[31]. Aliás, "os poetas proporcionam a dose suficiente de utopia que orienta o sentido da realidade constitucional"[32].

A construção da norma fundamental de direitos humanos exige aquilo que Peter Häberle descreve como a exigência básica da interpretação constitucional: a atividade interpretativa é algo vinculado não apenas a todos os órgãos estatais, a todas as potências públicas, mas, também, a todos os cidadãos e grupos. Não há um elenco cerrado, fechado de intérpretes da Constituição[33], assim como não há um catálogo cerrado, fechado de agentes que venham a contribuir na construção da norma fundamental de direitos humanos.

A norma fundamental de direitos humanos é, assim, um *sermos-nós*, e não um *ser em si*. Para se construir, é preciso que ela se abra para fora, para se refrescar por dentro. O ser não é o ser em si, é o ser-aí, o ser para o mundo. O ser é ser na medida em que se transforma em *sermos-nós*. O abrir-se para fora é condição indispensável para o abrir-se por dentro. O ser que se encerra em si é o círculo que não se fecha. Fechar o círculo, assumir a totalidade da existência é o edificar as paredes do ser com o refrigério da convivência. O ser que se abre completa o círculo da sua existência. O ser que se fecha escancara as vísceras da sua essência.

Por isso, o ser em si é o não-ser, o ser que não completa o circula de sua existência. Já o ser-em-nós é o sermos-nós, que, ao abrir-se, completa e encerra e fecha o círculo da existência humana.

Os sistemas fechados são aqueles por entre os quais passam despercebidas as angústias existenciais próprias e alheias. O aceleramento de si e do mundo é um ingrediente para a infelicidade. A solução, muitas vezes, é a parada. Parada para contemplar o mundo e, assim, contemplar-se a si mesmo. É o olhar para fora, para poder olhar-se para dentro[34].

---

31. Peter Häberle e Hèctor López Bofill. *Um diálogo entre Poesia e Direito Constitucional*, pág. 16. 2017.
32. Peter Häberle e Hèctor López Bofill, ob. cit., pág. 16.
33. Peter Häberle. *Hermenêutica Constitucional* – a sociedade aberta dos intérpretes da Constituição: contribuição para a interpretação pluralista e "procedimental" da Constituição, pág. 13. 2002.
34. Bertrand Russel. *A conquista da felicidade*, pág. 11. 2017. Confira-se, igualmente: Virgílio Afonso da Silva. *A constitucionalização do direito. Os direitos fundamentais nas relaçãoes entre particulares*, pág. 126. 2008.

Quando olha para fora, a norma fundamental de direitos humanos constrói-se por dentro, tornando-se, assim, o fundamento pleno de validade do sistema jurídico brasileiro.

5.2. Norma fundamental-fundamento e norma fundamental-moldura

Como a norma fundamental de direitos é uma construção recheada de valores e objetivos, ela se avizinha de muitos conceitos e institutos hauridos do Direito Constitucional. É claro: a norma fundamental dá um passo adiante, porque ela é fundamento de validade inclusive para as Constituições.

De qualquer forma, dos conceitos *Constituição-fundamento* e *Constituição-moldura*, é possível extrair os conceitos de *norma fundamental-fundamento* e *norma fundamental-moldura*. Na *norma fundamental-fundamento*, há um espaço maior de intervenção do Direito na Política e na Economia, porque o objetivo do Direito é, aí, a transformação social. Já, na *norma fundamental-moldura*, em geral aplicável à proteção dos direitos individuais, há um maior espaço de preenchimento da norma fundamental pelo Poder Legislativo, que estabelece como os poderes públicos e mesmo os particulares deverão abster-se para que tais direitos sejam protegidos[35].

Nesse sentido, havendo maior ou menor intervenção do Direito na construção de uma sociedade mais justa, o que jamais se admite é partir dos extremos da norma desprovida e afastada da realidade, das condicionantes políticas e sociais divorciadas do elemento normativo[36].

5.3. Construção da norma fundamental de direitos humanos a partir do problema e da realidade social: justiça como solidariedade e novas perspectivas sobre o direito ao desenvolvimento

Vários aportes metodológicos podem ser utilizados para a construção da norma fundamental de direitos humanos. Basta que esses aportes não se limitem a investigar o Direito a partir dele mesmo. O pensamento, como o faz por exemplo a *tópica*, deve orientar-se para o *problema*[37]. O sistema jurídico, assim, passa a ser compreendido a partir da realidade concreta da vida, e não como um conjunto normativo que se fecha em si, que constrói

---

35. Eduardo Cambi. *Neoconstitucionalismo e Neoprocessualismo*, pág. 61. 2ª ed. 2011. Confira-se, igualmente: Virgílio Afonso da Silva. *A constitucionalização do direito. Os direitos fundamentais nas relaçãoes entre particulares*, pág. 126. 2008.

36. Konrad Hesse. *A força normativa da Constituição*, pág. 14. 1991.

37. Theodor Viehweg. *Tópica e jurisprudência. Uma contribuição à investigação dos fundamentos jurídico-científicos*, págs. 33 e 34. 2008.

uma validade lógico-formal com métodos que pretendam purificar o Direito e afastá-lo dos problemas cuja solução é a razão de ser do próprio Direito.

Problema, na hipótese, não é apenas o problema levado à solução pelo Poder Judiciário. A compreensão do problema exige conhecimento não apenas da peculiaridade do caso, mas uma compreensão que permite situar o problema dentro da realidade social, política e econômica em que o problema encontra-se inserido. Ao se ater a um problema de consumo, o Poder Judiciário não pode desprezar, claro, as peculiaridades do caso concreto. Porém, é preciso investigar o contexto social e econômico em que se situa o consumidor dentro de um conflito jurídico travado contra uma potente multinacional. Ao se ater, por sua vez, a um caso de direito à aposentadoria de uma trabalhadora rural, o Poder Judiciário deve compreender as normas jurídicas aplicáveis ao contexto social de exploração da trabalhadora rural, interpretando as normas jurídicas a partir desse contexto.

Sem essa compreensão do todo, e não apenas das peculiaridades que cercam o problema concreto, a atividade jurídica será inválida à luz da norma fundamental de direitos humanos. O intérprete que assim o fizer dará razão a Lima Barreto, para quem "(...) a República é o regime da fachada, da ostentação, do falso brilho e luxo de *parvenu* [novo rico], tendo como *repoussoir* [contraste, contraposição] a miséria geral (...)"[38].

Esse profundo mergulho na realidade social é uma exigência indispensável para a construção da norma fundamental de direitos humanos – e, consequentemente, para que todas as práticas jurídicas, advindas de particulares e de qualquer órgão ou poder estatal, observem o fundamento de validade contido nessa norma fundamental.

Quando se discute o *marco temporal*, é preciso levar em conta o fato de que os povos indígenas ocupam as terras há milhares de anos. O direito à propriedade coletiva das terras não existe apenas àqueles indígenas que estavam na posse em 1988, data em que foi promulgada a Constituição Federal.

Aqui precisamos de alguns aportes da história para a construção da norma fundamental. Descobertas históricas recentes dão conta de que, há 50 mil ou 40 mil anos, grupos humanos indígenas adentraram a serra da Capivara, no Piauí. Outras descobertas, mais aceitas, indicam a existência de cultura indígena instalada 10 mil ou 9 mil antes de Cristo no Brasil – bem antes, portanto, que a chegada de Cabral[39]; bem antes, inclusive, que a Constituição brasileira de 1988.

O que se pode afirmar, a partir das considerações produzidas neste item, é que a *norma fundamental de direitos humanos* é uma construção teórico-jurídica

38. Lima Barreto. 15 de novembro. *In: Crônicas Escolhidas*. Lima Barreto, pág. 46.
39. Mary Del Priore e Renato Venancio. *Uma breve história do Brasil*, pág. 20. 2010.

que visa desmoronar aquilo que se denomina de construções sociais naturais, escandalosamente resistentes e com lugar cativo na história brasileira. Temos, na sociedade brasileira (com repercussão, afirmo, no Direito), uma lógica e uma linguagem de violência - um nó nacional com determinação cultural profunda, fruto de nossa herança escravocrata. É uma violência que se naturalizou e se esparramou por toda a sociedade[40].

Essa construção ideológica, que ainda encontra guarida em muitas leis e práticas jurídicas de todas as instituições estatais e privadas, há de ser superada com a teorização de uma norma fundamental de direitos humanos. Essa norma fundamental é que vai servir como fundamento de validade de todo o sistema jurídico - por sistema jurídico haveremos de compreender não só as normas jurídicas nacionais e internacionais, mas também as práticas advindas de instituições nacionais e internacionais.

Se, para Kelsen, o *sincretismo metodológico*, isto é, o diálogo do Direito com outras ciências obscurece a essência da ciência jurídica[41], compreendemos, ao contrário, que esse *sincretismo metodológico* permite a verdadeira construção do Direito - caso queiramos conceber o Direito como um conjunto de normas jurídicas e práticas jurídicas institucionais voltadas à promoção da dignidade humana e da construção de uma sociedade livre, justa, solidária, com menos desigualdades sociais.

Não se pode, jamais, esquecer de que pessoas traíam seus próprias familiares, matavam os próprios semelhantes, em regimes totalitários, não apenas para satisfazer a vontade dos líderes, mas para cumprir *leis ideológicas* destinadas a atingir o "progresso" da humanidade[42].

Portanto, sem um fundamento de validade superior, é possível que as maiores arbitrariedades praticadas contra os direitos humanos se baseiem em normas jurídicas.

Por isso, estudar o Direito requer desnudar a ideologia que se encontra presente no discurso jurídico, bem como contribuir para alcançar o papel transformador do Direito sobre a realidade social[43].

O fechamento do Direito conduz a normas jurídicas pretensamente universais que revelam o sufocamento dos direitos humanos e o reconhecimento aparentemente neutro do privilégio dos detentores do poder político e econômico.

40. Lilia Moritz Schwarcz e Heloisa Murgel Starling. *Brasil: uma bibliografia*, pág. 14. 1ª reimpressão. 2015.
41. Hans Kelsen. *Teoria Pura do Direito*, pág. 2. 5ª ed. 1996.
42. Jerome Kohn. Introdução à obra: Hannah Arendt. *A promessa da política*, pág. 11. 2ª ed. 2009.
43. Tarso de Melo. *Direito e ideologia: um estudo a partir da função social da propriedade rural*, pág. 15. 2009.

Contudo, as normas jurídicas vinculatórias devem ter como pretensão categórica de validade a intuição das questões de justiça – justiça ampliada idealisticamente pelo questionamento ético. Nesse ponto, justiça e ética vão levar ao "bem" – o "bem" como uma ponte entre a justiça e a solidariedade. Há, aí, um fundamento universal na justiça, de modo que uma pessoa deve responder pela outra, pelo estranho, mesmo que as circunstâncias de vida entre essas pessoas sejam profundamente diferentes. A compreensão moral da justiça, portanto, caminha a passos próximos da ideia de comunidade moral. Como componente da comunidade, cada indivíduo espera do outro a igualdade de tratamento, de modo que cada um considera o outro como "um dos nossos". Assim, justiça há de ser entendida como solidariedade[44].

É essa inspiração de justiça e solidariedade, em que os direitos das pessoas sejam percebidos a partir da comunidade, que norteia a norma fundamental dos direitos humanos.

A necessária abertura da norma fundamental dos direitos humanos apresenta uma compreensão de que o Direito não se resolve sozinho. É preciso integrar-se às atividades econômicas, sociais, políticas. É preciso estabelecer uma inter-relação entre as liberdades instrumentais (políticas, econômicas, sociais). As chamadas *disposições sociais* (Estado, sistemas legais, mídias, partidos políticos, mercado, foros de discussão) são vistas a partir da contribuição de cada um na promoção das liberdades substantivas dos indivíduos – estes últimos tomados não apenas como simples recebedores de benefícios, mas, sim, como verdadeiros agentes de transformação social[45].

A norma fundamental de direitos humanos, portanto, é uma construção teórica de validade do Direito, com enraizamento nos problemas humanos concretos. Trata-se de enunciar uma teoria geral que forneça o fundamento de validade para todas as normas e práticas jurídicas, de modo que os direitos humanos, indivisíveis que são, sejam todos respeitados e garantidos.

Ao encarar-se a questão do *direito ao desenvolvimento*, por exemplo, é preciso que se promova a expansão das liberdades reais das pessoas. Isso não se confunde com visões mais restritas do desenvolvimento, tais como o simples crescimento do Produto Interno Bruto, a modernização, o avanço tecnológico, o aumento das rendas individuais. Esses meios podem até servir como instrumentos para auxiliar o desenvolvimento. Porém, este último exige um passo além, como as *disposições sociais e econômicas* (serviços de educação e de saúde), bem assim os *direitos civis* (direito de participar das discussões públicas, por exemplo). O *desenvolvimento*, portanto, precisa de

44. Jürgen Habermas. *A inclusão do outro*. Estudos de teoria política, págs. 43 e 44. 3ª ed. 2007.

45. Amartya Sen. *Desenvolvimento como liberdade*, pág. 11. 2010.

que se removam os nascedouros de privação da liberdade: a pobreza e a tirania, a ausência de serviços de saúde e educação. As causas políticas, sociais e econômicas da pobreza e da tirania devem ser removidas, para darem lugar ao desenvolvimento[46].

Essas tarefas todas podem ser reunidas na norma fundamental de direitos humanos. Essa norma fundamental de direitos humanos, ao servir como parâmetro superior do Direito, permite que o Direito interfira nas relações econômicas e sociais, de forma que a vida social se conforme aos padrões e parâmetros normativos de proteção aos direitos humanos.

Para isso, é preciso uma profunda quebra de paradigma de atuação e compreensão do direito, tradicionalmente ligado à abstração e ao distanciamento dos problemas sociais e econômicos.

5.4. Norma fundamental de direitos humanos não só como fundamento de validade, mas, também, como fundamento de legitimidade para todas as normas jurídicas (internas e internacionais) do sistema jurídico brasileiro

É importante notar que a ideia de Constituição, dos próprios fundamentos do Estado, é a garantia de direitos - primeiro, os direitos individuais, depois, a partir do século XIX, dos direitos sociais e coletivos[47].

A garantia de Direitos, portanto, surge no âmbito dos Estados modernos. À medida que o Estado passa a ser o grande violador dos direitos humanos - como exemplo temos os horrores praticados pelo nazismo -, ganha primazia a concepção contemporânea dos direitos humanos, baseada na internacionalização dos direitos humanos[48].

Se os direitos humanos surgem como assunto estatal, por meio do constitucionalismo, posteriormente os direitos humanos tornam objeto de preocupação internacional, por meio do Direito Internacional dos Direitos Humanos. Em suma, o Direito Constitucional e o Direito Internacional dos Direitos Humanos podem dar as mãos, para implementar a efetiva proteção jurídica aos direitos humanos.

No que se refere propriamente ao sistema regional interamericano de direitos humanos, do qual faz parte o Brasil, os direitos humanos se fortalecem a partir de um diálogo baseado num *sistema multinível*. Nesse sentido,

46. Amartya Sen, ob. cit., págs. 16 e 17.
47. Gilberto Bercovici. Constituição, direitos humanos e justiça. *In*: *Direitos Humanos no Século XXI*. Eduardo C. B. Bittar (organizador). 2009, pág. 188.
48. Flávia Piovesan. *Direitos Humanos e Justiça Internacional*, págs. 56 e 57. 9ª ed. 2ª tiragem. 2019.

os direitos humanos tornam-se um padrão fundamental para o diálogo entre o sistema jurídico interno e o sistema jurídico interamericano. A hermética pirâmide baseada no *State approach* cede à "(...) permeabilidade do trapézio centrado no *Human rights approach*"[49].

Daí se pode afirmar que a *norma fundamental de direitos humanos* é fundamento de validade para todas as normas internas e internacionais adotadas por um Estado.

Mas ser fundamento de validade das normas jurídicas internas e internacionais não faz, da norma fundamental de direitos humanos, um acanhado preceito fundamental equipado apenas de um material exclusivamente jurídico.

Não se admite mais a cisão entre as ciências jurídicas e as demais ciências sociais, já que essa cisão não encontra mais apoio na moderna investigação científica voltada ao campo social. Essa cisão, na verdade, promove, dentro da própria ciência jurídica, uma separação entre a lógica (ciência das normas) e os postulados axiológicos[50].

Se, é claro, a norma fundamental de direitos humanos constitui o fundamento jurídico de validade para as demais normas (internas e internacionais) do sistema jurídico, essa validade jurídica não é percebida apenas por meio de elementos lógico-formais. Se assim o fosse, tal norma fundamental nada teria de direitos humanos; seria apenas um conjunto de regras para o devaneio e o agrado dos juristas lógicos.

É que os juristas, em geral, ocupam-se da descrição, compilação e classificação. A maioria das teses que surgem limitam-se a uma descrição mais ou menos erudita dos mecanismos do direito. O drama humano passa ser visto sob o prisma unicamente conceitual, com o quê, dizem os positivistas, confere-se autonomia científica à ciência jurídica[51].

Nesse cenário, o jurista assume uma postura isolacionista e distancia-se das investigações interdisciplinares que estão na ordem do dia. O fim das ideologias é a ideologia tecnocrática que se apresenta como não ideológica. Em verdade, porém, esconde-se uma postura conservadora, por detrás das especialidades e das posturas eruditas dos juristas. Daí que o positivismo nada tem de objetividade[52]. É apenas uma máscara por detrás da qual a subjugação aos direitos humanos costuma ser a prática costumeira.

---

49. Flávia Piovesan. *Ius Constitutionale Commune* em direitos humanos e constitucionalismo regional transformador: o impacto do sistema interamericano. *In: Ius Constitutionale Commune na América Latina*, volume I, Marco Conceptual. 2016, págs. 87 e 88.
50. Plauto Faraco de Azevedo. *Crítica à dogmática e hermenêutica jurídica*, pág. 18. 5ª reimpressão. 1989.
51. Plauto Faraco de Azevedo, ob. cit., pág. 21.
52. Plauto Faraco de Azevedo, ob. cit., pág. 23.

Por isso, a norma fundamental de direitos humanos não é um simples fundamento de validade às normas jurídicas nacionais e internacionais. É, sim, um fundamento jurídico de validade que se constrói na investigação profunda sobre a realidade social. Dessa maneira, sim, opera-se como a base normativa para um sistema multinível em que convivem a normativa nacional e internacional, sempre a partir de aportes a disciplinas afins, de forma que o entendimento, a compreensão e a efetiva proteção aos direitos humanos possam ser alcançados.

Daí que a norma fundamental de direitos humanos contém aspectos de validade e de legitimidade, aspectos, esses, que se fundem.

Em termos de validade, é preciso que haja uma correspondência vertical entre a norma fundamental de direitos humanos e as normas inferiores. Essa correspondência vertical pode ser uma validade material, quando houver uma correspondência de conteúdo, ou uma validade formal, quando a norma inferior for produzida por órgão competente e seguir as formalidades impostas pelo Direito.

Em termos de legitimidade, é preciso que as normas jurídicas correspondam às exigências de justiça contidas na norma fundamental[53].

É essa junção das validades formal e material com a legitimidade que vai, ao mesmo tempo, conferir, à norma fundamental de direitos humanos, características jurídico-normativos e capacidade de abertura do sistema jurídico a valores de justiça.

5.5. A igualdade como elemento inseparável da norma fundamental de direitos humanos e o repúdio à desigualdade estrutural

A norma fundamental de direitos humanos é bastante porosa, apresentando-se no seio de diversas teorias que tocam profundamente na realidade social. Porque viabiliza a justiça e a solidariedade, a norma fundamental também se manifesta no âmbito maior da *igualdade.*

A *igualdade*, no ponto, não é apenas a realização do princípio da não discriminação baseado em discriminações pontuais. É uma igualdade, ao contrário, que visa a combater a *desigualdade estrutural*, ensejando medidas de ações positivas de reparação ou transformadoras. O objetivo é propiciar, principalmente aos grupos mais vulneráveis, a igualdade real de oportunidades para o exercício de direitos[54].

53. Sobre validade material e validade formal e legitimidade, confira-se: Ricardo Maurício Freire Soares. *Sociologia do Direito*, págs. 23 e 25. 2012.

54. Laura Clérico e Martín Aldao. Sobre a igualdade como pilar do direito constitucional latino americano. *In: Ius Constitutionale Commune na América Latina*, Volume II, Pluralismo e Inclusão, Armin von Bogdandy, Mariela Morales Antoniazzi e Flávia Piovesan. 2006, págs. 79 e 80.

Ainda em termos de igualdade, como componente da fundamental de direitos humanos, o intérprete há que estabelecer um olhar minucioso sobre o problema da *discriminação racial estrutural*.

A propósito, a *discriminação racial estrutural* está relacionada à adoção de padrões de condutas, atitudes e normas, no interior das instituições sociais, que afetam certos grupos de pessoas, no que se refere a critérios raciais, cor, ascendência, origem ético ou racial no gozo de direitos e oportunidades. É importante destacar que essa discriminação não é necessariamente intencional, podendo apresentar-se de maneira aberta ou velada, como resultado da marginalização e exclusão social de certos indivíduos ou grupos. Daí se produz um estado de desigualdade estrutural entre grupos sociais[55].

5.6. As três funções da norma fundamental de direitos humanos: a) fundamento de validade e de legitimidade para todas as normas (internas e internacionais) do sistema jurídico; b) proteção de direitos humanos não previstos expressamente nas normas jurídicas; c) atribuição de competências que viabilizem a proteção aos direitos humanos

Vimos que a norma fundamental de direitos é fundamento de validade e de legitimidade para as demais normas jurídicas (internas e internacionais) do sistema jurídico brasileiro.

Além dessa função, a norma fundamental de direitos humanos tem a função de *proteger* direitos humanos não previstos expressamente nas normas jurídicas. É o dever jurídico de proteção aos direitos humanos que faz com que essa norma superior do sistema opere amplos efeitos concretos. Essa conclusão pode ser obtida da própria jurisprudência da Corte Interamericana de Direitos. Vejamos.

Pode acontecer de não existirem normas específicas, nos tratados interamericanos, sobre os direitos coletivos dos povos indígenas e dos povos afrodescendentes. No entanto, segundo a Corte Interamericana, é preciso conferir uma *interpretação evolutiva ou integrada* das normas interamericanas, de forma que os tratados internacionais passam a ser considerados *instrumentos vivos* cuja interpretação tem que se adequar à *evolução dos tempos* e, em particular, às *condições de vida atuais*[56].

---

55. Manuel Eduardo Góngora-Mera. Judicialización de la discrinación estructuctural contra pueblos indígenas y arodescendientes em América Latina: conceptualización y tipologia de um diálogo interamericano. *In: Ius Constitutionale Commune na América Latina*, Volume II, Pluralismo e Inclusão, Armin von Bogdandy, Mariela Morales Antoniazzi e Flávia Piovesan. 2006, pág. 154.

56. Manuel Eduardo Góngora-Mera, ob. cit., pág. 157.

Em razão disso, não havendo dispositivos específicos para a proteção dos direitos coletivos dos povos indígenas e dos povos afrodescendentes, a Corte Interamericana de Direitos Humanos tem se baseado no *sistema universal dos direitos humanos*, particularmente naquilo que estabelece a Convenção nº 169 da Organização Internacional do Trabalho[57].

Embora não tenha competência para resolver conflitos baseados em violações à Convenção nº 169 da OIT, a Corte Interamericana tem se baseado no art. 31 da Convenção de Viena sobre o Direito dos Tratados e no *princípio pro persona* do art. 29, *b*, da Convenção Americana Sobre Direitos Humanos[58]. Com base nesses dois últimos dispositivos, a Corte passa a ser autorizada a aplicar os dispositivos da Convenção nº 169 da OIT.

Nota-se, portanto, que não há uma previsão expressa, na Convenção Americana de Direitos Humanos, para a Corte Interamericana efetivar os direitos coletivos dos povos indígenas e dos povos afrodescendentes. Além disso, não há normas expressas, no sistema interamericano, sobre os direitos coletivos desses povos. Em suma, faltaria norma expressa sobre os direitos coletivos dos povos indígenas e dos povos afrodescendentes no sistema interamericano; faltaria, além disso, norma expressa, no sistema interamericano, para conferir competência à Corte Interamericana para decidir sobre esse tema.

Não obstante isso, o art. 29, *b*, da Convenção Americana sobre Direitos Humanos estipula que nenhuma disposição dessa convenção poderá limitar ou excluir o gozo de direitos previstos em outras convenções das quais seja parte o Estado.

Além disso, segundo o art. 31 da Convenção de Viena sobre o Direito dos Tratados, o tratado deve ser interpretado à luz de seu *contexto*, *objetivo* e *finalidade*, o que inclui a adoção de quaisquer outras regras de Direito Internacional aplicáveis ao Estado.

Em outras palavras, é a Convenção Americana de Direitos Humanos que estabelece a competência da Corte Interamericana. No entanto, a Corte Interamericana pode ir além do que dispõe a Convenção Americana, a qual, por exemplo, não traz previsão expressa sobre o direito coletivo dos povos indígenas e dos povos afrodescendentes.

É que, quanto aos tratados, cumpre adotar uma *interpretação evolutiva, integrante, viva, baseada na evolução dos tempos e nas condições de vida atuais*. Essa interpretação específica, que permite proteger direitos não previstos expressamente no tratado, é uma decorrência básica da *norma fundamental de direitos humanos*.

---

57. Manuel Eduardo Góngora-Mera, ob. cit., pág. 157.
58. Manuel Eduardo Góngora-Mera, ob. cit., pág. 157.

Isso significa que é possível que direitos humanos derivem diretamente da norma fundamental de direitos humanos, ainda que tais direitos humanos não tenham previsão em tratados internacionais e nas normas jurídicas internas dos Estados.

Daí que a norma fundamental de direitos humanos, além de funcionar como fundamento de validade das normas jurídicas internas e internacionais, tem o potencial de *proteger* direitos humanos não previstos expressamente nessas outras normas e, mesmo, de estabelecer competências não previstas nessas outras normas.

Em outras palavras, a norma fundamental de direitos humanos é o fundamento de validade e legitimidade de todas as normas do sistema jurídico brasileiro. Além disso, a norma fundamental de direitos humanos autoriza o uso de uma *interpretação evolutiva, viva, baseada na evolução dos tempos e nas condições de vida atuais*. Nesta última situação, é possível extrair direitos humanos e competências não previstas expressamente em outras normas jurídicas.

Em suma, a norma fundamental de direitos humanos produz três funções básicas: a) a de ser fundamento de validade (formal e material) e de legitimidade das normas jurídicas nacionais e internacionais de um determinado sistema jurídico; b) a de se permitir a proteção de direitos humanos não previstos expressamente em normas jurídicas internas e internacionais; c) atribuir competências a instituições protetivas dos direitos humanos.

5.7. Norma fundamental de direitos humanos: rompimento do grande edifício dos conceitos jurídicos tradicionais e abertura aos princípios de justiça emancipatórios dos grupos vulnerabilizados e marginalizados

O que se percebe, do que foi até aqui estudado, é que a norma fundamental de direitos humanos produz um rompimento significativo ao modo tradicional de interpretar o direito. É preciso romper aquilo com aquilo que Friedrich Nietzsche denomina de *grande edifício dos conceitos*, edifício, esse, que é rígido, que respira o ar da lógica, que transpira o rigor e a frieza próprios da matemática. O intérprete, portanto, não pode mais aprisionar a verdade num templo – o Deus conceitual, encontrado dentro de uma esfera construída abstratamente[59].

Nesse sentido, a norma fundamental de direitos humanos incorpora *princípios de justiça* que incluam, na comunidade do Direito, os grupos sociais,

---

59. Friedrich Nietzsche. Sobre Verdade e Mentira no Sentido Extra-Moral. *In*: *Coleção Os Pensadores*. 1999, págs. 57 e 58.

tradicionalmente marginalizados, os quais têm sido excluídos dos processos de justiça[60].

A justiça, se deve olhar para os céus, de onde retira os fundamentos éticos, há de produzir efeitos no firmamento, isto é, repartir o pão com os que têm fome, alojar em casa o pobre sem abrigo e não desprezar os nossos semelhantes[61]. É esse o conceito ético-jurídico e prático de justiça que se encontra incorporado na norma fundamental de direitos humanos – a justiça como um dos laços comuns da sociedade[62].

Nesse sentido, é preciso incorporar, às práticas jurídicas em geral, incluindo os processos de interpretação do direito, as visões de mundo dos povos e grupos marginalizados. Vejamos, nos dois subtópicos seguintes, duas visões de mundo importantíssimas para a construção jurídica da norma fundamental de direitos humanos: a *escrevivência* e a *justiça é uma mulher negra.*

5.7.1. A importância da escrevivência de Conceição Evaristo para a construção da norma fundamental de direitos humanos

Escrevivência é um termo criado por Conceição Evaristo e que promove a ligação entre as palavras "escrever e vivência". Essa ligação entre "escrever e vivência" revela experiências étnicas e de gênero. Por isso, escrevivência não é apenas a experiência da escrita em si, porque se o fosse se esgotaria no próprio sujeito[63].

A *escrivivência* permite que nos ligamos aos ancestrais, à experiência concreta, aos lugares de fala reais que são omitidos pelo academicismo dominante e pela prática jurídica prevalecente. Resgata-se, assim, a força motriz das mulheres negras que nos antecederam[64], já que toda a experiência, e não apenas a experiência eurocêntrica, é levada em conta.

No campo do Direito, a produção escrita envolve a concretização de um quilombismo literário em ação. São mulheres negras em rede, "produzindo conhecimento, compartilhando saberes e afirmando uma consciência racial através da literatura"[65].

---

60. Sobre princípios de justiça inclusivos de grupos marginalizados, confira-se: Barbara Hudson. Direitos Humanos e "Novo Constitucionalismo": princípios de justiça para sociedades divididas. *In*: *Direitos Humanos e Democracia*. Clèmerson Merlin Clève, Ingo Wolfgang Sarlet e Alexandre Coutinho Pagliarini. 2007, págs. 11 e 12.
61. Santo Agostinho. *Confissões*, pág. 391. 1999.
62. John Locke. *Ensaio acerca do entendimento humano*, pág. 46. 1999.
63. Beatriz Hermínio. A escrevivência carrega a escrita da coletividade, afirma Conceição Evaristo. *In*: Institutos de Estudos Avançados da Universidade de São Paulo (IEA).
64. Beatriz Hermínio. A escrevivência carrega a escrita da coletividade, afirma Conceição Evaristo. *In*: Institutos de Estudos Avançados da Universidade de São Paulo (IEA).
65. Conceição Evaristo e Madalena Rodrigues. Prefácio à obra *A justiça é uma mulher negra*, pág. 11.

Nesse sentido, quando, no campo do Direito, mulheres negras também são ouvidas, coloca-se em xeque a opressão promovida por conceitos universais. Os conceitos universais, edificados pela branquitude, quer que as mulheres negras fiquem caladas, sejam docilizadas, o que enfraquece os laços de resistência. O apagamento do provo negro é um verdadeiro projeto de poder[66].

A ideia de *escrevivência* é essencial para a construção epistemológica da norma fundamental de direitos humanos. Como uma norma-mãe que fundamenta toda a ordem jurídica interna e internacional, a norma fundamental de direitos humanos passa a ser construída a partir da realidade concreta das relações sociais, de modo que o Direito seja posto à disposição das classes subalternizadas, das maiorias minorizadas.

É essa tipologia da norma fundamental de direitos humanos – uma tipologia baseada na escrevivência – que permitirá o potente diálogo entre os elementos jurídicos internos e internacionais na proteção dos direitos humanos.

Num caso em que envolveu a responsabilização internacional do Brasil, quando mulheres e meninas negras foram vítimas da explosão de uma fábrica de artifícios, onde essas pessoas viviam em condições subumanas de trabalho, a Corte Interamericana de Direitos Humanos levou em conta, na interpretação do Direito, a experiência concreta e real de vida das referidas meninas e mulheres negras. Tanto é verdade que esse tribunal de direitos humanos entendeu que havia, no caso, padrões de discriminação estrutural e interseccional, já que as vítimas se encontravam em situação de pobreza estrutural e eram, na grande maioria, mulheres e meninas afrodescendentes que não encontravam nenhuma alternativa econômica[67].

Uma simples abordagem abstrata de uma integração insossa entre a ordem jurídica interna e internacional de direitos humanos continuará desconsiderando a realidade das injustiças sociais contra as maiorias inferiorizadas.

A integração normativa que aqui se pretende é a integração que se baseia em uma norma fundamental de direitos humanos construída a partir das teias de poder percebidas na realidade social. A *escrevivência* é um constructo teórico bastante importante para a edificação de uma norma fundamental de direitos humanos que aspire a ser o grande fundamento de validade do sistema jurídico, com o objetivo de se alcançar a justiça real, concreta, que resgate o direito como elemento importante para alcançar a justiça para os povos e grupos em situação de vulnerabilidade.

---

66. Conceição Evaristo e Madalena Rodrigues. Prefácio à obra *A justiça é uma mulher negra*, pág. 11.

67. Corte Interamericana de Direitos Humanos. Caso Empregados da Fábrica de Fogos de Santo Antônio de Jesus e seus familiares vs. Brasil. Resumo oficial emitido pela Corte Interamericana de Direitos Humanos. Sentença de 15 de julho de 2020 (exceção preliminar, mérito, reparações e custas). Disponível em: https://www.corteidh.or.cr/docs/casos/articulos/resumen_407_por.pdf. Acesso: 10/9/2023.

5.7.2. A "justiça é uma mulher negra", da Lívia Sant'anna Vaz e da Chiara Ramos: Aportes para a construção da norma fundamental de direitos humanos

O sistema de justiça e a academia jurídica repelem os corpos e os saberes das mulheres negras. É preciso conceber novas formas de pensar o sistema de justiça e o próprio Direito. As mulheres negras que pensam e vivem o Direito, por exemplo, juntas, fazem emergir um novo processo de catalização da prática e ideologia jurídicas. Por exemplo, propõe-se que a interpretação do Direito se baseie em **encontros ou xirês**. Trata-se de uma "(...) uma abordagem teórico-vivencial voltada para o compartilhamento de novas perspectivas epistemológicas e para a construção coletiva de estratégias de enfrentamento do racismo patriarcal"[68].

Xirê significa roda ou dança – palavra de origem iorubá. O xiré é realizado nos rituais de Candomblé, de modo que os orixás dançam juntos e em sentido anti-horário. Quando o Direito é estudado a partir do Xirê, as práticas jurídicas são pensadas a partir da circularidade dos encontros, da celebração da diversidade, sempre, porém, a partir de um movimento contra-hegemônico[69].

O encontro e o coletivo, de um lado, e a contra-hegemonia são dois grandes elementos fundamentais desse verdadeiro direito em roda, que incorpora a africanidade no terreiro do Direito. Constrói-se, assim, uma justiça pluriversal[70], de modo que o Direito deixa o tradicional isolamento epistemológico. Nesse sentido, em vez de separar-se aquilo que sentimos com aquilo que pensamos, fragmentando-se o próprio ser, em vez dessa compartimentação típica do direito hegemônico que não concebe outro saber senão o racionalismo europeu do homem branco cristão, adota-se como concepção de justiça a reunião de diversos saberes, todos eles componentes da essência de todos os povos[71].

Assim, as epistemologias jurídicas afrodiaspóricas também se incorporam ao Direito[72], de modo que a ética do encontro e do coletivo, numa abordagem contra-hegemônica dos direitos humanos, revela-se um ingrediente indispensável para elaborar o alimento da justiça.

Na visão hegemônica do direito de propriedade, por exemplo, típica do racionalismo burguês europeu incorporado pelos países do Sul, o enfoque é patrimonial e individualista.

68. Lívia Sant'anna Vaz & Chiara Ramos. *A justiça é uma mulher negra*, pág. 20. 2021.
69. Lívia Sant'anna Vaz & Chiara Ramos. *A justiça é uma mulher negra*, pág. 20. 2021.
70. Lívia Sant'anna Vaz & Chiara Ramos. *A justiça é uma mulher negra*, pág. 21. 2021.
71. Lívia Sant'anna Vaz & Chiara Ramos. *A justiça é uma mulher negra*, pág. 21. 2021.
72. Lívia Sant'anna Vaz & Chiara Ramos. *A justiça é uma mulher negra*, pág. 21. 2021

No entanto, a propriedade pode ser vista, também, como um direito coletivo, em que impera a visão do encontro e do conjunto, o que envolve uma abordagem contra-hegemônica capaz de proteger o direito de sobrevivência e de existência digna de grupos em situação de vulnerabilidade.

É segundo essa abordagem coletiva e contra-hegemônica que a Corte Interamericana de Direitos Humanos vem interpretando o art. 21 da Convenção Americana de Direitos Humanos, que protege o direito de propriedade privada.

Nesse sentido, o art. 21 da CADH salvaguarda a estreita vinculação que os povos indígenas possuem com as terras tradicionalmente ocupadas, bem como com os respectivos recursos naturais. Para os povos indígenas, existe uma tradição comunitária de uma *forma comunal de propriedade coletiva da terra*. Nesse sentido, a posse não se concentra em um só indivíduo, mas, sim, no grupo ou na comunidade considerados no todo. Logo, não estamos diante de um conceito clássico de propriedade, embora a propriedade coletiva da terra pelos povos indígenas comporte a mesma proteção do art. 21 da CADH. A propósito, esse direito sobre a propriedade coletiva é indispensável para a preservação da própria cultura, da vida espiritual, da integridade e do sistema econômico dos povos indígenas. Trata-se de uma forma de vida particular de ver, ser e atuar no mundo, de modo que a relação dos indígenas com a terra configura não apenas uma maneira de subsistência, mas, também um elemento da cultura, da religiosidade e, por consequência, da identidade cultural[73].

Portanto, ao lado da concepção hegemônica clássica sobre o direito de propriedade, existe, também, a concepção dos laços comunais indígenas sobre a propriedade coletiva das terras tradicionalmente ocupadas. Neste último caso, o direito de propriedade apresenta uma perspectiva contra-hegemônica, porque contrária ao clássico direito de propriedade, que é individualista e patrimonialista.

A *justiça é uma mulher negra*, nesse cenário, compartilha de uma visão contra-hegemônica e coletiva sobre as práticas jurídicas, vindo a contribuir para a formatação da norma fundamental de direitos humanos, numa perspectiva de acolhimento não apenas às mulheres negras, mas a todos os grupos marginalizados pelo direito europeu dominante. Essa perspectiva de cunho solidário permite olhar, por exemplo, para o direito comunal dos povos indígenas e dos quilombolas à propriedade coletiva das terras tradicionalmente ocupadas.

73. Corte Interamericana de Direitos. *Caso Comunidade Garífuna Triunfo de la Cruz e seus membros vs. Honduras*. Sentença de 8 de outubro de 2015 (Mérito, Reparações e Custas. Confira-se: Valério de Oliveira Mazzuoli. *Direitos Humanos na jurisprudência internacional*, pág. 533. 2019.

5.7.3. A hermenêutica negra como uma das formas de realização da norma fundamental de direitos humanos

Por meio da *Hermenêutica Negra*, a raça ocupa posição central na interpretação da igualdade. Interpretar a igualdade jamais pode ser um processo neutro e objetivo, mas, sim, uma forma de luta contra formas de subordinação. Deve-se, por isso, enfatizar o caráter relacional da igualdade, de modo que esse princípio deve servir para eliminar as relações de subordinação presentes na esfera pública e na esfera privada. Isso implica conceber critérios de distribuição de oportunidades materiais equânimes para os diversos grupos sociais. Em vez de igualdade meramente formal entre as pessoas, deve-se buscar a noção de cidadania igualitária, o que se afirmará como parâmetro substantivo para a interpretação das normas jurídicas[74].

Ao concebermos a raça como elemento fundamental na hermenêutica jurídica, reflete-se sobre o fato de o Direito cumprir, tradicionalmente, o papel central no processo de subordinação dos grupos em situação de vulnerabilidade racial. Em outras palavras, o Direito tem reproduzido a opressão racial[75].

Não só o Direito. A ciência, de modo geral, tem sido reprodutora desse tipo de desigualdade. Em 1851, o médico Samuel A. Cartwrigh apresentou seu estudo sobre as pessoas negras e revelou que os corpos negros tinham uma doença denominada de *drapetomania*: algo muito comum em pessoas negras, que tinham o desejo incontrolável – caracterizado como problema mental – de fugir da escravidão. As chibatadas, propunha o médico, era uma forma de incutir temor e prevenir a drapetomania[76].

Nesse sentido, segundo a *Hermenêutica Negra*, o princípio da igualdade não pode ser interpretado no sentido de proteger indivíduos, mas, sim, de socorrer *grupos sociais*. Os processos de subordinação das minorias raciais decorrem do pertencimento desses indivíduos a certos grupos que possuem *status* inferior na sociedade. Há um elemento comum que liga a pessoa aos grupos aos quais pertence. Portanto, as políticas de igualdade não podem considerar atomicamente o indivíduo, mas, sim, levar em conta os diversos grupos aos quais as minorias raciais pertencem. Nesse cenário, as instituições estatais devem atuar como agentes de transformação social[77].

Isso significa que a *Hermenêutica Jurídica Negra* não compactua com a suposta neutralidade e objetividade do processo interpretativo. Não se

---

74. Adilson José Moreira. *Pensando como um negro. Ensaio de Hermenêutica Jurídica*, pág. 17. 2019.
75. Adilson José Moreira. *Pensando como um negro. Ensaio de Hermenêutica Jurídica*, pág. 19. 2019.
76. Flávia Martins de Carvalho. A "doença" da raça negra. *In*: Revista Carta Capital, 11/6/2022. Disponível em: https://www.cartacapital.com.br/blogs/zumbido-justica-antirracista/a-doenca-da-raca-negra/.
77. Adilson José Moreira. *Pensando como um negro. Ensaio de Hermenêutica Jurídica*, pág. 30. 2019.

pode falar em universalismo de direitos, em liberalismo individualista, nem na desconsideração de contextos históricos. A igualdade não pode ter uma compreensão procedimental, não pode celebrar a assimilação cultural nem a neutralidade racial. Esses parâmetros interpretativos são abandonados pela Hermenêutica Negra[78].

Nos termos da *Hermenêutica Negra*, o Direito deve ser compreendido como um instrumento de transformação, de modo que se deve levar em conta a situação política e social dos grupos que são afetados pelas práticas jurídicas e sociais. Não se pode mais adotar o formalismo e o individualismo, já que eles reproduzem o *status* material e cultural entre brancos e negros. Deve-se repudiar a interpretação que se baseia no sujeito abstrato que observa o mundo a partir de uma suposta neutralidade e objetividade[79].

É por isso que as ações afirmativas nas universidades observam o princípio da igualdade. Na análise da igualdade, não se deve levar em conta uma equivalência formal entre brancos e negros. É preciso, isto sim, mergulhar na realidade social e verificar que, concretamente, não há equivalência real de oportunidades entre os dois. As cotas nas universidades, por isso, corrigem distorções verificadas em testes padronizados, promove uma compensação por erros do passado e concretiza a diversidade no ensino superior[80].

Daí que perspectivas hermenêuticas tradicionais são insuficientes para a inclusão social das minorias raciais, porque essas perspectivas não examinam o problema do poder. O Estado Constitucional brasileiro nasceu em cima da escravidão negra. As práticas institucionais foram gestadas para preservar a hegemonia branca. Nesse sentido, as perspectivas hermenêuticas tradicionais, como o exame da razoabilidade ou proporcionalidade de cotas raciais, por exemplo, são insuficientes para o processo hermenêutica emancipatório[81].

Para que se possa sistematizar a *Hermenêutica Negra*, é preciso considerar algumas premissas nas quais ela se assenta. Em primeiro lugar, ela rechaça a objetividade e a neutralidade, o individualismo e o formalismo como elementos para interpretar as normas jurídicas e práticas sociais. Em vez de neutralidade racial, ela adota a raça como elemento central no processo interpretativo. Em segundo lugar, ela toma o Estado como agente de transformação social, de modo que as instituições estatais devem editar normas e promover políticas capazes de integrar socialmente as minorias raciais. Em terceiro lugar, adota-se a dignidade humana como fonte para o combate aos estigmas culturais sofridos pela população negra. Em quarto lugar, a

78. Adilson José Moreira. *Pensando como um negro. Ensaio de Hermenêutica Jurídica*, pág. 30. 2019.
79. Adilson José Moreira. *Pensando como um negro. Ensaio de Hermenêutica Jurídica*, pág. 30. 2019.
80. Michael J. Sandel. *Justiça. O que é fazer a coisa certa*, pág. 211. 31ª ed. 2020.
81. Adilson José Moreira. *Pensando como um negro. Ensaio de Hermenêutica Jurídica*, pág. 35. 2019.

Hermenêutica Negra recusa a interpretação procedimental da igualdade. O princípio da igualdade, portanto, tem como objetivo principal promover a igualdade de *status* entre grupos raciais. Em quinto lugar, na Hermenêutica Negra, os direitos fundamentais são compreendidos a partir de uma visão contra-hegemônica, de modo que as práticas sociais e jurídicas tradicionais são tidas como violadoras de direitos das minorias raciais[82].

Dessa maneira, o contexto histórico e político deve ser levado em conta na análise sobre o princípio da igualdade, o que impõe observar, até mesmo, como as práticas discriminatórias privadas concorrem para a subordinação de minorias raciais. Nesse sentido, é preciso rejeitar a articulação entre igualdade formal e homogeneidade racial ao interpretar o princípio da igualdade[83].

A Hermenêutica Negra, ao propor caminhos interpretativos para a igualdade substancial, encontra apoio na jurisprudência da Corte Interamericana de Direitos Humanos. Segundo esse tribunal internacional de direitos humanos, o princípio da igualdade e da não discriminação, previsto no art. 1º, 1, da Convenção Americana de Direitos Humanos, envolve duas concepções: uma negativa, em que se se proíbem diferenças de tratamento arbitrárias; uma positiva, que é a obrigação estatal de criar condições de igualdade real no que se refere aos grupos historicamente excluídos ou que se encontrem em maior risco de discriminação[84].

A dimensão positiva da igualdade é uma demonstração de que a Corte Interamericana de Direitos Humanos repudia a igualdade meramente formal. O Estado tem que tomar medidas efetivas para promover a igualdade real, em matéria de direitos, no que se refere aos grupos sociais. A igualdade meramente na forma não se coaduna com os direitos humanos que devam ser respeitados e garantidos dos grupos em situação de vulnerabilidade.

Por isso, a Hermenêutica Negra, ao propor uma interpretação jurídica que viabilize a concretização de direitos às minorias raciais, coaduna-se com a interpretação jurídica promovida pela Corte Interamericana de Direitos sobre as dimensões negativa e positiva do princípio da igualdade.

Não bastasse a autorização do *corpus juris internacional de direitos humanos*, o próprio *corpus juris interno brasileiro* permite a adoção de uma *Hermenêutica Negra*. O art. 3º da Constituição Federal de 1988 prevê os objetivos fundamentais da República Federativa do Brasil, que são: construir

82. Adilson José Moreira. *Pensando como um negro. Ensaio de Hermenêutica Jurídica*, pág. 40. 2019.

83. Adilson José Moreira. *Pensando como um negro. Ensaio de Hermenêutica Jurídica*, págs. 40 e 41. 2019.

84. Confira-se: Corte Interamericana de Direitos Humanos. *Caso Poblete Vilches e outros vs. Chile*. Sentença de 8 de março de 2018. Mérito, Reparação e Custas; Corte Interamericana de Direitos Humanos. *Caso Furlán e familiares vs. Argentina*, Sentença de Mérito, § 267. *In*: Valério de Oliveira Mazzuoli. *Direitos Humanos na jurisprudência internacional*, pág. 717. 2019.

uma sociedade livre, justa e solidária; garantir o desenvolvimento nacional; erradicar a pobreza e a marginalização e reduzir as desigualdades sociais e regionais; promover o bem de todas as pessoas, sem preconceitos de origem, raça, sexo, cor, idade e quaisquer outras formas de discriminação.

Não é preciso esticar muito o raciocínio para perceber que esses objetivos fundamentais têm uma profunda ligação com as relações sociais concretas de poder praticadas no Brasil. Isso autoriza o uso da *Hermenêutica Negra*, para se fazer frente aos problemas que o art. 3º da CF/88 pretende enfrentar.

Esses objetivos fundamentais, aliás, devem ser cumpridos pelo legislador ordinário e pelo intérprete do Direito, ou seja, por todas as autoridades públicas dos poderes Executivo, Legislativo, Judiciário e do Ministério Público, entre outras[85].

Daí que a Hermenêutica Negra pode ser uma das maneiras de realizar-se a norma fundamental de direitos humanos, que, para nós, é o fundamento primeiro de validade sobre os elementos jurídicos internos e internacionais que compõem o sistema jurídico brasileiro.

5.7.4. A hermenêutica feminista como uma das formas de realização da norma fundamental de direitos humanos

Por meio das tipologias, conforme já foi visto, a norma fundamental de direitos humanos pode-se realizar de diversas maneiras, sempre a partir das relações de poder que o Direito, em sua função emancipatória, busca alterar.

Não basta, assim, interpretar as normas jurídicas do ponto de vista exclusivamente formal. As mulheres, por exemplo, embora a previsão de uma igualdade formal na Constituição Federal de 1988, ainda não alcançaram a real e efetiva igualdade de gênero, tudo isso por conta de questões históricas e culturais presentes no Brasil[86].

Em razão disso, propõe-se o *constitucionalismo feminista*, como forma de permitir o acesso da mulher nos processos de tomada de decisão do Poder. Daí a interpretação da Constituição sob o viés feminino[87] – interpretação, essa, que há de se estender a todas as normas jurídicas internas e internacionais em vigor no Brasil.

---

85. Alexandre de Moraes. *Direito Constitucional*, pág. 20. 37ª ed. 2021.

86. Renata Mota Maciel, Samantha Ribeiro Meyer-Plug Marques, Patrícia Pacheco Rodrigues, Samira Rodrigues P. Alves. Interpretação constitucional feminista. *In:* A Constituição por elas. A Interpretação Constitucional Sob a Ótica das Mulheres. Coordenadoras: Samantha Ribeiro Meyer-Pllug Marques e Renata Mota Maciel. Patrícia Pacheco Rodrigues e Samira Rodrigues Pereira Alves. São Paulo: Universidade Nove de Julho, UNINOVE, 2021.pág. 293.

87. Renata Mota Maciel, Samantha Ribeiro Meyer-Plug Marques, Patrícia Pacheco Rodrigues, Samira Rodrigues P. Alves. Interpretação constitucional feminista. *In:* pág. 293.

A interpretação constitucional feminista reorganiza a estrutura dos poderes e dos direitos fundamentais e, assim, desenvolve uma Hermenêutica Constitucional Feminista de forma que se dê concretude à equidade de gênero estipulada na Constituição[88].

Em outras palavras, a distribuição de justiça deve incorporar o prisma feminino, o que envolve, naturalmente, a ocupação de espaços de poder pelas mulheres[89].

A propósito, essa perspectiva feminista é uma das formas de se manifestar a norma fundamental de direitos humanos. É sob o enfoque dessa perspectiva que devem ser interpretadas não só as normas constitucionais, mas todas as normas internas e internacionais. Isso porque essa tipologia feminista, ao se firmar como uma das manifestações da norma fundamental de direitos humanos, reconstrói toda a engenharia do sistema jurídico brasileiro, a partir da realidade histórica e social de opressão em que estão inseridas as mulheres no Brasil.

Observa-se que a tipologia feminista da norma fundamental de direitos humanos vai orientar toda a interpretação do Direito em terras brasileiras. Interessante que deixar de contemplar essa compreensão hermenêutica traduz desrespeito não apenas à Constituição, mas a todo o conjunto de normas internacionais em vigor no Brasil.

Nesse fluxo de ideias, qualquer interpretação ou prática jurídica que deixe ao largo a Hermenêutica Feminista implicará não apenas um desrespeito aos pilares constitucionais, mas, também, uma transgressão à ordem internacional à qual aderiu o Brasil. O Estado brasileiro, assim, poderá sofrer uma responsabilização internacional, caso os órgãos e instituições internas deixem de contemplar a Hermenêutica Feminista.

Anote-se que a utilização dessa Hermenêutica Feminista - que faz parte da Nova Hermenêutica de Direitos Humanos proposta nesta tese - orienta todas as práticas e interpretações jurídicas no Brasil, no âmbito estatal e no âmbito privado.

No âmbito estatal, por exemplo, cumpre ao Estado brasileiro nomear Ministras para o Superior Tribunal de Justiça e para o Supremo Tribunal Federal, até se alcançar a igualdade de gênero, que é uma decorrência não só da CF/88, mas, também, de tratados internacionais de direitos humanos, como é o caso do art. 1º, 1, da Convenção Americana de Direitos Humanos.

88. Renata Mota Maciel, Samantha Ribeiro Meyer-Plug Marques, Patrícia Pacheco Rodrigues, Samira Rodrigues P. Alves. Interpretação constitucional feminista. *In:* pág. 293.

89. Daniela Teixeira. Discurso de posse como Ministra do Superior Tribunal de Justiça. 22/4/2023. Disponível em: https://www.stj.jus.br/sites/portalp/Paginas/Comunicacao/Noticias/2023/21112023-Daniela-Teixeira-publica-depoimento-pessoal-antes-da-posse-como-ministra-do-STJ.aspx

No âmbito privado, cumpre, por exemplo, às empresas adotar políticas empresariais que permitam às mulheres ocupar as posições mais elevadas na tomada de decisões. Essas políticas devem repudiar qualquer prática discriminatória de gênero e, também, criar condições para a efetiva igualdade entre homens e mulheres no domínio empresarial.

Nesse cenário, deve-se adotar uma verdadeira Hermenêutica Feminista, que é uma das vertentes possíveis da nova Hermenêutica dos Direitos Humanos criada neste livro. É sob o influxo da Hermenêutica Feminista que se devem combinar as normas jurídicas internas e internacionais, quando em jogo questões de gênero.

5.8. Tipologia universal na norma fundamental de direitos humanos: respeito e garantia gerais dos direitos humanos mesmo na esfera privada

A norma fundamental de direitos humanos, como fundamento de validade das normas jurídicas internas e internacionais do sistema jurídico brasileiro, constrói-se a partir de um profundo contato com a realidade social.

Dada a complexidade e permeabilidade da realidade social, a norma fundamental de direitos humanos apresenta uma grande plasticidade. É a partir de um diálogo muitas vezes travado com outras disciplinas do conhecimento humano que essa norma fundamental se forma.

Em outras palavras, a plasticidade faz com que a norma fundamental de direitos humanos revele-se de várias maneiras, sem que haja, com isso, perda da substância. Por isso se diz que há diversas *tipologias* (ou atributos) da norma fundamental.

Uma das formas de a norma fundamental de apresentar é a *tipologia universal*, concebida a partir da ideia de *universalidade dos direitos humanos.*

Por meio da *tipologia universal*, todas pessoas são titulares de direitos humanos, independentemente da opção política, da nacionalidade, orientação sexual, credo, critérios raciais etc.

A *tipologia universal* ganha corpo a partir da consolidação do Direito Internacional dos Direitos Humanos. Os direitos humanos, sufocados pelo totalitarismo estatal, mais propriamente pelos movimentos nazistas e fascistas, deixam de ser apenas aquilo que se encontrava positivado no Estado. Os direitos humanos, como direitos de todas as pessoas, vão além do Estado, comportando uma proteção *universal*, garantida mesmo quando houver falha ou omissão estatal.

Nesse sentido, após a 2ª Guerra Mundial, os direitos humanos passam a ser uma preocupação que vai além dos Estados, o quais, em sua maioria, reúnem-se em torno da Organização das Nações Unidas. A soberania estatal, nesse cenário, passa a ser repaginada, de modo que o Estado não pode invocar sua própria soberania para violar os direitos humanos. Os direitos humanos, portanto, são encarados como um tema que transcende as fronteiras estatais[90].

Nesse sentido, em 1948, foi proclamada, pela Assembleia Geral da Organização das Nações Unidas, a *Declaração Universal dos Direitos Humanos*, cujo primeiro considerando estipula que a dignidade humana é *inerente* a todos os membros da família humana. O art. 1º, por sua vez, estabelece que *todos* os seres humanos nascem livres e iguais em dignidade e em direitos.

Logo, a *inerência* dos direitos à natureza humana, segundo consta da Declaração Universal dos Direitos Humanos, faz com que os direitos humanos pertençam a todas as pessoas.

Essa ligação dos direitos humanos a todos os seres humanos é uma das manifestações possíveis da norma fundamental de direitos humanos, naquilo que denominamos de *tipologia universal*.

A tipologia universal, que revela um dos possíveis fundamentos de validade presentes na norma fundamental de direitos humanos, é que vai impedir a edição de qualquer norma jurídica ou a prática de qualquer conduta estatal ou particular que desconsidere os direitos humanos como um conjunto de direitos próprio de todos os seres humanos.

Aliás, nos termos do art. 30 da Declaração Universal dos Direitos Humanos, nenhum dispositivo dessa declaração pode ser interpretado no sentido de autorizar qualquer Estado, grupo de pessoas ou pessoa a violar os direitos humanos previstos nesse documento internacional.

Assim, normas jurídicas editadas pelo Estado, condutas estatais praticadas pelo Poder Executivo ou pelo Poder Judiciário, condutas particulares – nada disso se adapta ao fundamento de validade contido na *tipologia universal*, se violar a norma fundamental dos direitos humanos.

Essa concepção universal dos direitos humanos, conforme se vê, exige não só dos Estados, mas, também, dos particulares a observação dos direitos humanos. Essa relação entre concepção universal dos direitos humanos e dever de respeito e garantia pelos particulares – mais especificamente pelas empresas – é uma previsão contida até mesmo no sistema regional interamericano. Com efeito, a Carta Empresarial Interamericana, adotada pela Organização dos Estados Americanos, estipula a obrigação de as empresas respeitar e garantir os direitos humanos, incluindo os direitos humanos das mulheres.

---

90. André de Carvalho Ramos. *Curso de Direitos Humanos*, pág. 103. 9ª ed. 2022.

Essa concepção universal dos direitos humanos, presente na Declaração Universal dos Direitos Humanos e também no âmbito do sistema regional interamericano, e que se revela na *tipologia universal* da norma fundamental de direitos, é tributária a Kant. Para esse filósofo, existe uma razão abrangente da humanidade, em que o Direito deve valer universalmente na História. Há, então, no âmbito do Direito Internacional Público, um verdadeiro *jus cosmopoliticum*, de modo que se pode falar em cidadãos de um Estado universal da humanidade. O direito cosmopolita de Kant leva, na realidade internacional, ao *direito à hospitalidade universal*[91].

Em Rousseau, também, a concepção universal dos direitos humanos também aparece. Esse filósofo iluminista sustenta que nenhuma convenção será válida, se implicar a renúncia aos direitos humanos, como a liberdade. Essa renúncia é incompatível com a natureza humana. No pacto social, a igualdade entre os cidadãos quer dizer que todos os cidadãos se comprometem sob as mesmas condições e devem gozar de todos os direitos. Logo, o pacto social deve ser útil, norteando-se pelo bem geral[92].

A tipologia universal da norma fundamental é tributária da Revolução Francesa. Nos primeiros momentos dessa revolução, o amor à igualdade e à liberdade percorria os corações. O desejo não era apenas a fundação de instituições democráticas, mas a destruição de privilégios e a consagração de direitos[93].

5.8.1. A tipologia universal não é a proposição de um valor absoluto – universalismo x relativismo cultural

A norma fundamental de direitos humanos, vimos, revela-se de várias maneiras – uma das quais se dá por meio da *tipologia universal*. Na hipótese, a norma fundamental tem que ver com uma relação da proteção dos direitos humanos extensível a todas as pessoas, independentemente de raça, cor, credo, opção política, nacionalidade, ideologia etc.

Trabalha-se, aí, com a concepção de que os direitos humanos fazem parte da natureza humana, de modo que nenhuma norma jurídica pode discriminar indevidamente as pessoas. Os direitos humanos são direitos titularizados por todos os seres humanos.

Isso, porém, não significa que o modo de entender os direitos humanos seja único e absoluto. Os direitos humanos, isto sim, devem levar em conta a pluralidade de ideais, de concepções de vida.

91. Celso Lafer. *Direitos humanos*. Um percurso no Direito no Século XXI, volume 1, págs. 7 e 8. 2015.

92. Jean-Jacques Rousseau. *O contrato social*, págs. 15, 41 e 45. 1996.

93. Alexis de Tocqueville. *O Antigo Regime e a Revolução*, pág. 8. 2015.

A propósito, a exigência de uma unidade revela uma imposição de um ponto de vista, o que só pode ser obtido mediante a tirania. Nesse contexto, qualquer coisa pode servir como algo absoluto, único, singular - como a raça ou a sociedade sem classes e assim por diante[94].

Não é por acaso, conforme dizia Theodor Maunz, um dos mais conhecidos especialistas em lei constitucional do 3º Reich, a ordem de Hitler era lei - o "centro absoluto da ordem legal contemporânea"[95].

Por isso, quando se fala em tipologia universal dos direitos humanos, não se está a dizer *tipologia absoluta* dos direitos humanos. A concepção universal dos direitos humanos há de sempre conviver com a pluralidade democrática.

Nesse sentido, a tipologia universal harmoniza-se com o *princípio dos indiscerníveis*. Segundo esse princípio, proposto pelo filósofo Leibniz, há que se reconhecer a multiplicidade e individualidade das coisas existentes. Não há no mundo dois seres idênticos. A diferença entre os seres não é numérica nem temporal, mas intrínseca. A diferença é da essência dos seres e manifesta-se de forma visível[96].

Para além disso, a concepção universal deve levar a sério a ideia de que os direitos humanos envolvem o reconhecimento de direitos a todas as pessoas, de modo que se repudia qualquer privilégio que permita a apenas poucos o desfrute dos direitos humanos.

No caso do Brasil em específico, apesar de algum desenvolvimento experimentado no século XX, sobrevivem "(...) valores tradicionais elitistas, antidemocráticos e autoritários (...)", de modo que as estruturas de mando mantêm a "(...) marginalização de amplos setores da população"[97].

A tipologia universal da norma fundamental de direitos humanos não significa impor um ponto de vista. Trata-se, na verdade, de conceber os direitos como parte da natureza dos seres humanos. Da natureza concreta, e não abstrata, da natureza de todas as pessoas, e não dos proprietários apenas, dos homens brancos apenas, do colonizador europeu apenas. Eis uma concepção revolucionária, que toca as profundidades das relações sociais e econômicas. Sem observar essa tipologia universal da norma fundamental de direitos humanos, nenhuma norma jurídica é válida.

A tipologia universal, portanto, não é a imposição de uma moral dita absoluta, ocidental. É uma concepção que reconhece a diversidade, sem, contudo, permitir a destruição dos direitos humanos em nome da mesma diversidade.

---

94. Hannah Arendt. *A promessa da política*, pág. 42. 2ª ed. 2009.
95. Hannah Arendt. *Eichmann em Jerusalém*. Um relato sobre a banalidade do mal, pág. 35. 1999.
96. Marilena Chaui. Vida e obra de Leibniz. *In:* Gottfried Wihelm Leibniz. *Novos Ensaios sobre o Entendimento humano*. 1999, pág. 9.
97. Emília Viotti da Costa. *Da Monarquia à República: momentos decisivos*, págs. 17 e 18. 9ª ed. 2010.

Para os *relativistas*, cada sociedade tem sua própria concepção de direito, a partir das peculiaridades políticas, econômicas, culturais, sociais e morais vigentes. A imposição de uma concepção única do direito simbolizaria a arrogância do imperialismo cultural do mundo ocidental, que busca universalizar as próprias crenças[98].

Não é isso, porém, o que pretende a *tipologia universal*. Ela busca conferir direitos humanos a todas as pessoas, sempre, porém, observando as condições políticas, econômicas, culturais e sociais de cada comunidade. Se, no Brasil, a tipologia universal revela a liberdade e a igualdade, essa liberdade e essa igualdade apresentam particularidades na relação entre uma empresa e um consumidor, por exemplo.

Em outras palavras, há, naturalmente, direitos universais inscritos na natureza humana. Esses direitos se revelam no contato com a realidade. É mais ou menos como ocorre, dizia Leibniz, com a alma que, originariamente, contém princípios; a experiência, por sua vez, é uma centelha, que desperta o fogo cujo princípio já existe na alma[99].

Portanto, do universal – que são os direitos humanos para todas as pessoas –, é possível extrair os direitos humanos aplicáveis a cada realidade específica. É a universalidade dos direitos humanos, posta em contato com as peculiaridades da vida, que vai permitir isso. O que não se admite é a adoção de um *relativismo cultural forte*, em que, a fim de se observar as peculiaridades de uma determinada comunidade, possa-se cometer toda a ordem de arbitrariedades.

5.8.2. Tipologia universal na jurisprudência da Corte Interamericana de Direitos Humanos: respeito e garantia dos direitos humanos na esfera privada

Vimos que a tipologia universal da norma fundamental de direitos humanos parte do pressuposto de que os direitos humanos são inerentes ao ser humano. Logo, todas as pessoas têm o "direito aos direitos humanos".

Isso não significa uma concepção absoluta, única de direitos humanos. Isso porque o respeito e a garantia dos direitos humanos se manifestam nas relações sociais, econômicas e políticas, isto é, na complexidade do mundo da vida.

Por isso é que, não obstante a liberdade e a igualdade, os direitos humanos de empreender, por exemplo, de negociar se manifestam de forma diversa

98. Confira-se: Flávia Piovesan. *Direitos humanos e o Direito Constitucional Internacional*, pág. 246 a 254. 19ª ed. 2021.

99. Gottfried Wihelm Leibniz. *Novos Ensaios sobre o Entendimento humano*, pág. 22. 1999.

na relação jurídica entre empresários e na relação jurídica entre empresário e consumidor.

Por isso é que, não obstante a igualdade, o sistema há de adotar diferenças de tratamento para a inclusão de grupos vulneráveis, como as mulheres, as mulheres negras, os indígenas, os homens negros, as pessoas com deficiência, consumidores etc.

Os direitos humanos universais de igualdade e de liberdade, portanto, reunidos na tipologia universal da norma fundamental de direitos humanos, vão-se definindo e se realizando e se manifestando no mundo concreto da vida.

Kant parece ter pensado nessa concepção universal e concreta dos direitos humanos. Para esse filósofo, o "objeto" mais importante no mundo é o ser humano, já que o ser humano é o fim de sim mesmo. O *conhecimento do mundo* é o conhecimento do ser humano como *cidadão do mundo*, isto é, no convívio histórico. Conhecer o mundo não é apenas compreender o jogo, mas *tomar parte do jogo*[100]. *Mundo*, na hipótese, é o homem – o homem *nas suas relações*[101].

Portanto, os direitos humanos, embora com projeção universal, isto é, com a possibilidade de alcançar todos os seres humanos, não são um privilégio de classes sociais, de gênero, de raça. Não é possível, por exemplo, aos homens brancos apropriarem-se do discurso de direitos humanos, pretendendo aplicar, indiferentemente, isto é, de forma idêntica, as ideias gerais de direitos humanos, sem considerar as relações econômicas e sociais, as relações de poder e de dominação, de gênero, raça etc.

Uma concepção única de direitos humanos, a pretexto de ser universal, desconsidera a realidade da vida, as relações humanas, o tecido complexo em que são travadas as relações jurídicas.

Nesse sentido, é possível partir dos direitos humanos com base numa concepção universal, como a liberdade, a igualdade e a dignidade em geral dos seres humanos.

Não obstante, essa tipologia universal da norma fundamental de direitos humanos deve ser testada no mundo das relações humanas, para que, assim, o universal possa abarcar todos os sujeitos concretos de direitos.

Num caso em que houve a explosão de uma fábrica de fogos de artifícios, 60 pessoas morreram – a maioria das quais mulheres afrodescendentes (algumas das quais crianças e outras mulheres grávidas). O Brasil falhou na fiscalização dessa empresa.

---

100. Martir Heidegger. *Conferências e escritos filosóficos*, pág. 133. 1999.

101. Martir Heidegger. *Conferências e escritos filosóficos*, pág. 134. 1999.

A Corte Interamericana de Direitos Humanos, então, entendeu que o Estado brasileiro, entre outros direitos humanos, violou o direito à vida (CADH, art. 4º, 1), o direito à integridade física, psíquica e moral (CADH, art. 5º, 1) e direitos das crianças às medidas de proteção (CADH, art. 19).

Referidos direitos foram articulados com direito ao desenvolvimento progressivo, o que envolvia o dever de o Estado adotar providências para assegurar, progressivamente, a plena efetividade dos direitos que decorram das normas econômicas, sociais e sobre educação, ciência e cultura, constantes da Carta da OEA (CADH, art. 26). É desse art. 26 da CADH, aliás, que deriva o *direito a condições equitativas e satisfatórias que garantam a segurança, a saúde e a higiene no trabalho*[102].

É interessante que a Corte Interamericana enunciou direitos de alcance universal, como o direito à vida, à integridade física, psíquica e moral, direitos relacionados às crianças (aqui, direito universal no sentido de alcançar todas as crianças). Esses direitos, ficou decidido, não são direitos que tocam apenas o indivíduo na relação consigo mesmo, mas na relação concreta da vida – na hipótese, a relação concreta da vida eram as péssimas condições de trabalho e de direitos sociais em geral em que estavam inseridas as vítimas.

Também considerou a Corte Interamericana que o Estado brasileiro violou o direito à igualdade e da não discriminação, contido no art. 24 da CADH.

Nesse sentido, ao articular os direitos com o princípio da igualdade e da não discriminação, a Corte Interamericana de Direitos Humanos constatou que havia, na situação, *padrões de discriminação estrutural e interseccional.* De *discriminação estrutural*, porque as pessoas estavam imersas numa pobreza estrutural. *Discriminação interseccional*, porque, na grande maioria, as mulheres e mulheres vítimas eram afrodescendentes, de modo que a discriminação envolve a intersecção entre gênero, raça e classe social. Logo, o Estado brasileiro não adotou as medidas destinadas a garantir a *igualdade material* dessas pessoas[103].

A propósito, a Corte Interamericana reconheceu que o Estado não é responsável por qualquer violação aos direitos humanos por particulares, cometida dentro da jurisdição dele. Na hipótese, o Brasil acabou responsabilizado, porque tinha o dever de regulamentar, supervisionar e fiscalizar

---

102. Corte Interamericana de Direitos Humanos. Resumo da Sentença de 11 de julho de 2020 (exceção preliminar, mérito, reparação e custas), § 153. Disponível em: https://www.corteidh.or.cr/docs/casos/articulos/seriec_407_por.pdf. Acesso: 9/6/2023.

103. Confira-se: Corte Interamericana de Direitos Humanos. Resumo da Sentença de 11 de julho de 2020 (exceção preliminar, mérito, reparação e custas), pág. 1 a 3. Disponível em: https://www.corteidh.or.cr/docs/casos/articulos/resumen_407_por.pdf. Consulta: 9/6/2023.

as condições de segurança no trabalho em relação a atividades perigosas[104]. Esse dever é reforçado pelos *Princípios Orientadores das Nações Unidas sobre Empresas e Direitos Humanos*, em que os Estados têm que fazer cumprir as leis que imponham às empresas o dever de respeitar os direitos humanos[105].

Dessa importante sentença da Corte Interamericana, é possível extrair uma *tipologia universal da igualdade* dentro da norma fundamental de direitos humanos. Essa tipologia universal da igualdade foi tida como fundamento de validade de normas jurídicas contidas na Convenção Americana de Direitos Humanos, que foi interpretada, inclusive, à luz dos *Princípios Orientadores das Nações Unidas sobre Empresas e Direitos Humanos*.

Aliás, a Corte Interamericana invocou, inclusive, dispositivos do direito interno brasileiro (Constituição Federal, Consolidação das Leis do Trabalho), para reforçar o dever de respeito e garantia dos direitos pelo Estado brasileiro – dever, esse, que incide até mesmo sobre as empresas privadas[106].

Observa-se, claramente, que há *valores universais, ligados aos direitos humanos, com projeção nas relações sociais concretas*, e que servem de fundamento de validade para normas jurídicas internas e internacionais. Essa *tipologia universal* da norma fundamental de direitos humanos é responsável, além de conferir a validade formal e material a normas jurídicas, por mergulhar o Direito no emaranhado das relações que marcam uma comunidade específica.

Em outras palavras, temos, no seio da *tipologia universal* da norma fundamental de direitos humanos, valores que se estendem a todos os membros da família humana. Esses valores, contudo, anunciados de forma abrangente, produzem efeitos à medida que se destacam do plano abstrato e vão sentir os acontecimentos reais, de carne e osso, que fazem parte da ebulição concreta do mundo da vida.

Fossem as normas jurídicas soltas, simplesmente enunciativas de deveres, sem contato com a realidade social, dificuldades haveria em por tais normas em contato com o mundo real das relações humanas concretas, baseadas em elementos de distribuição desigual de poder. Pessoas em situação de desigualdade real poderiam ser igualadas em termos abstratos.

---

104. Corte Interamericana de Direitos Humanos. Resumo da Sentença de 11 de julho de 2020 (exceção preliminar, mérito, reparação e custas), § § 148 e 149. Disponível em: https://www.corteidh.or.cr/docs/casos/articulos/seriec_407_por.pdf. Acesso: 9/6/2023.

105. Corte Interamericana de Direitos Humanos. Resumo da Sentença de 11 de julho de 2020 (exceção preliminar, mérito, reparação e custas), § 150. Disponível em: https://www.corteidh.or.cr/docs/casos/articulos/seriec_407_por.pdf. Acesso: 9/6/2023.

106. Corte Interamericana de Direitos Humanos. Resumo da Sentença de 11 de julho de 2020 (exceção preliminar, mérito, reparação e custas), § § 151 e 152. Disponível em: https://www.corteidh.or.cr/docs/casos/articulos/seriec_407_por.pdf. Acesso: 9/6/2023.

É o elemento concreto da *tipologia universal* da norma fundamental que abre as normas jurídicas para o mundo da vida. Sem essa abertura, essas normas jurídicas perdem seu próprio fundamento de validade, contido, já foi dito por inúmeras vezes neste livro, na norma fundamental de direitos humanos.

Essa *tipologia universal*, conforme visto, é fundamento de validade não apenas para as normas jurídicas que enunciam deveres aos Estados. Trata-se de um comando de validade que afeta, também, as normas jurídicas dirigidas aos particulares. As normas jurídicas que regulam as relações jurídicas privadas também devem enunciar comandos que imponham o respeito e a garantia aos direitos humanos, dentro de um contexto social concreto, sob pena de invalidade de tais normas por ofensa à norma fundamental de direitos humanos.

Registre-se que a tipologia universal da norma fundamental de direitos humanos não é apenas *fundamento de validade*, mas, também, *fundamento de legitimidade* para as normas jurídicas. Fosse apenas fundamento de validade, diríamos que a norma fundamental é aquela proposta por Kelsen: as regras jurídicas são válidas à medida que observam, sob o ângulo lógico-formal, as regras jurídicas superiores.

Porém, nossa norma fundamental de direitos humanos não é uma medida exclusivamente de validade, mas um aporte de legitimidade. A norma fundamental não se conforma apenas com a simples lógica formal, o que equivaleria dizer observar-se a si mesmo. A norma fundamental de direitos há de ser posta em contato com o seu próprio objeto – e seu objeto, para além das normas jurídicas, são as normas jurídicas em contato com a realidade social.

A propósito, um conhecimento pode estar conforme a lógica, isto é, não contradizer a si mesmo, mas pode estar em contradição com o objeto[107]. A força do ideal se afirma nas lutas e oposições concretas da vida[108]. A força da norma fundamental de direitos humanos se revela na sua aplicação prática, no contato com a relações econômicas, sociais, políticas, psicológicas ocorrentes no interior da comunidade.

Nesse sentido, a Corte Interamericana de Direitos Humanos, aplicando os valores superiores contidos na norma fundamental de direitos humanos, articula esses valores com os movimentos que ocorrem no interior do Estado. Assim se conjugam elementos espirituais universais (como a liberdade, a igualdade), expressos em normas jurídicas internas e internacionais, e os elementos concretos das relações de poder e de dominação imersos no seio social.

107. Immanuel Kant. *Crítica da Razão Pura*, pág. 96. 1999.

108. Georg Wilhelm Friedrich Hegel. *Estética. A ideia e o ideal*, pág. 192. 1999.

Essa construção articular, de uma hermenêutica de direitos humanos estruturada e organizada, permite que se extraia a máxima proteção aos direitos humanos, sem desmoronar a unidade lógico-substancial que marca o sistema jurídico brasileiro. Uma construção articular, diga-se, que obriga não só os Estados, mas também os particulares na efetiva proteção e no efetivo respeito aos direitos humanos.

É preciso, porém, superar o marco positivista moderno, ancorado na prevalência das regras. Retomando aos clássicos, o *direito* não é sinônimo de leis, mas, sim, um valor a ser perseguido[109].

Esse valor, que não é único, mas se revela nos problemas da vida, encontramo-lo bem situado na norma fundamental de direitos humanos – esta última fundamento de validade e de legitimidade para as normas jurídicas.

Afinal, regras jurídicas não são o direito, mas, apenas, um meio auxiliar para o direito[110]. A tipologia universal da norma fundamental, portanto, permite congregar os valores universais de proteção ao ser humano e as regras jurídicas, tudo a partir dos acontecimentos reais fruto da ebulição do mundo da vida.

5.9. Tipologia do cosmopolitismo subalterno na norma fundamental de direitos humanos

É incontestável, atualmente, a hegemonia dos direitos humanos como linguagem de dignidade humana[111]. Falamos, inclusive, no tópico anterior, sobre a *tipologia universal da norma fundamental de direitos humanos*: os direitos humanos atualmente são concebidos como direitos inerentes à natureza humana e, portanto, direitos titularizados por todas as pessoas, independentemente de credo, ideologia, raça, opção sexual etc.

Não há dúvida, porém, de que a linguagem hegemônica dos direitos humanos tem, muitas vezes, servido para oprimir grupos sociais. Nesse sentido, é preciso que a linguagem dos direitos humanos tenha uma utilização *contra-hegemônica*, de modo que os grupos sociais excluídos se valham da linguagem dos direitos humanos para que os direitos desses grupos sejam assegurados[112].

Por isso, a concepção contra-hegemônica dos direitos humanos deve partir de uma *hermenêutica de suspeita* em relação à concepção hegemônica

109. Michel Villey. *A formação do pensamento jurídico moderno*, pág. 430. 2005.

110. Michel Villey, ob. cit., pág. 430.

111. Boaventura de Sousa Santos. *In:* Boaventura de Sousa Santos e Marilena Chauí. *Direitos humanos, democracia e desenvolvimento*, pág. 42. 2013.

112. Boaventura de Sousa Santos. *In:* Boaventura de Sousa Santos e Marilena Chauí. *Direitos humanos, democracia e desenvolvimento*, pág. 42. 2013.

liberal e ocidental de direitos humanos. A concepção liberal põe em destaque os direitos individuais e os direitos civis e políticos e desacredita os direitos coletivos, econômicos e sociais[113].

É importante assinalar que a concepção liberal dominante promoveu uma divisão abissal entre sociedades metropolitanas e sociedades coloniais. Assim, os direitos humanos deveriam vigorar apenas nas metrópoles, produzindo-se exclusões radicais de direitos nas colônias. O colonialismo histórico continuou existindo, mas agora sob outras vestes (neocolonialismo, racismo, xenofobia, estado de exceção aplicado a terroristas, trabalhadores imigrantes indocumentados, cidadãos vítimas das políticas de austeridade ditadas pelo capital financeiro). O direito internacional dos direitos humanos e as doutrinas convencionais sobre direitos humanos, em vez de romper esse estado de coisas, têm promovido a continuidade dessas exclusões, segundo o entendimento de Boaventura de Sousa Santos[114].

Nessa visão convencional dos direitos humanos, os direitos humanos universalmente válidos independem do contexto social, político e cultural em que operam e também independem das peculiaridades notadas em diferentes regiões do mundo. Experiências políticas e culturais vivenciadas pelo lado Sul – como os movimentos de resistência contra a opressão, marginalização e exclusão – são ignoradas pelo Norte. Mas a visão do mundo vai muito além da visão ocidental do mundo[115].

Os movimentos que surgem mais ao Sul em geral contradizem os princípios ocidentais dominantes dos direitos humanos. São movimentos enraizados em identidades históricas multisseculares – como é o caso dos movimentos indígenas na América Latina, os movimentos de camponeses na África e os movimentos de insurgência islâmica. Tais movimentos, embora com diferenças importantes, têm em comum a não utilização do referencial ocidental hegemônico dos direitos humanos. A receita abstrata ocidental, em que os direitos humanos são descolados da realidade social, não é cardápio próprio a ser utilizado pelos movimentos que vêm do Sul, o que exige um trabalho de reconstrução teórica e política dos direitos humanos[116].

Interessante notar que, se durante o feudalismo o sujeito de direito não era universal, já que as diferenças de classe eram plenamente aceitas na sociedade estamental, no capitalismo ocidentalizado a organização produtiva reclamava a igualdade formal entre os indivíduos, ou seja, a universalização dos sujeitos de direito[117].

---

113. Boaventura de Sousa Santos, ob. cit., pág. 43.
114. Boaventura de Sousa Santos, ob. cit., págs. 43 e 44.
115. Boaventura de Sousa Santos, ob. cit., págs. 53 e 54.
116. Boaventura de Sousa Santos, ob. cit., pág. 56.
117. Celso Naoto Kashiura Júnior. *Crítica da igualdade jurídica*, pág. 50 a 53. 2009.

Contudo, o capitalismo é um coletivo de átomos, de modo que cada átomo é potencialmente apto a adquirir direitos e a contrair obrigações. Tal aptidão, contudo, é abstrata. As relações pessoais de dependência no feudalismo tornam-se, no capitalismo, voluntárias, por meio da igualdade formal e da autonomia individual. Uma nova forma de violência foi imposta aos trabalhadores. Os camponeses foram expulsos do campo e foram "educados" para a disciplina no chão da fábrica. Essa violência é o marco inicial da história do sujeito de direitos[118].

O discurso ocidental dos direitos humanos produz um amálgama entre o *universal* e o *fundacional*. Universal é aquilo que é válido independentemente do contexto. Já o fundacional é aquilo que é único, que tem importância transcendental. Os direitos humanos, na concepção ocidental, são tidos como *universais* e *fundacionais*, porque, além de únicos, além de não aceitarem concepções diversas, são aplicáveis a todas as situações, sem levar em conta o contexto social. Trata-se, na verdade, não de uma concepção universal, mas, sim, de um *localismo globalizado*: uma concepção que, arrogando se universal, aplica-se generalizadamente para um local específico do globo: o norte ocidental, tido como o universal fundacional eurocêntrico[119].

Nesse cenário, o fundacional, isto é, o caráter único e particular de outras culturas é apresentado como *não universal*. É preciso, porém, resgatar essas outras culturas e superar a concepção, enganosamente universal, do particularismo fundacional ocidental. Veja-se que não há universalismos rivais, mas, sim, particularismos rivais. Os movimentos do Sul têm diferenças profundas em termos de objetivos de emancipação, de libertação e de luta - em relação ao Norte. Nesse sentido, as rivalidades convidam a um *pluralismo*, com um vasto campo de partilha intercultural[120].

Nessa ordem de ideias, deve-se superar a *dicotomia universal/fundacional* ocidental e partir para a busca de um *cosmopolitismo subalterno*. No cosmopolitismo subalterno, valorizam-se os processos de luta e de organização dos excluídos do Sul, processos, esses, que se articulam para romper a pretensão enganosamente universalista do particularismo ocidental[121].

Dentro da formatação de uma *tipologia universal da norma fundamental de direitos humanos*, já admitíamos que valores universais ligados à dignidade

118. Celso Naoto Kashiura Júnior, ob. cit., pág. 54.

119. Boaventura de Sousa Santos. *In:* Boaventura de Sousa Santos e Marilena Chauí. *Direitos humanos, democracia e desenvolvimento*, pág. 57 a 59. 2013.

120. Boaventura de Sousa Santos. *In:* Boaventura de Sousa Santos e Marilena Chauí. *Direitos humanos, democracia e desenvolvimento*, pág. 59. 2013.

121. Boaventura de Sousa Santos. *In:* Boaventura de Sousa Santos e Marilena Chauí. *Direitos humanos, democracia e desenvolvimento*, págs. 59 e 60. 2013.

humana fossem construídos a partir das condições históricas, sociais, políticas e econômicas.

Isso permitia, por si só, incluir diversas concepções de mundo, abrangendo as lutas populares por direitos percebidas a partir dos povos do Sul. A substância "direitos humanos" se distribuía entre vários "atributos", que denominamos de "tipologias", e eram essas tipologias, de raízes concretas embora inspiradas em valores abstratos (liberdade, igualdade, dignidade), que davam vazão às lutas promovidas por diversas culturas subalternizadas.

Em outras palavras, dentro da concepção da tipologia universal da norma fundamental de direitos humanos já havíamos sedimentado o terreno para que a análise de todas as normas jurídicas do sistema conjugasse entidades abstratas com as peculiaridades que marcam cada povo, cada cultura, cada modo particular de perceber o mundo.

Temos, contudo, que considerar a concepção contra-hegemônica dos direitos humanos, segundo a qual está enraizada no pensamento jurídico contemporâneo a concepção de que o universal representa o ideal europeu ocidentalizado, descolado das realidades políticas e sociais do Sul colonizado atualmente pelo racismo institucionalizado, pelo neoliberalismo, pelo desprezo às culturas subalternizadas da África, do mundo islâmico e da América Latina.

Portanto, ao lado de uma *tipologia universal*, é preciso pensar, também, em uma *tipologia cosmopolita subalterna*, que permita construir a norma fundamental de direitos humanos a partir dos valores, dos movimentos de libertação, das lutas que partem do Sul, dos grupos vulnerabilizados que marcam essa região do globo, tais como as lutas das mulheres por igualdade de gênero, as lutas interseccionais das mulheres negras, as insurgências contra o racismo e a xenofobia, os movimentos indigenistas pela propriedade coletiva das terras tradicionais etc.

A *tipologia cosmopolita subalterna*, por exemplo, vai exigir de todas as normas jurídicas (internas e internacionais), de todas as práticas jurídicas, enfim, de tudo o que compõe o sistema jurídico brasileiro – que todo esse material jurídico beba na fonte de validade e de legitimidade da norma fundamental de direitos humanos.

Se a Constituição Federal brasileira estipula que os indígenas têm, apenas, a posse das terras tradicionais, que são de propriedade da União, a *tipologia cosmopolita subalterna*, da norma fundamental de direitos humanos, vai responder que essa norma constitucional é destituída de validade.

É que, nos termos da atual jurisprudência da Corte Interamericana de Direitos Humanos, as comunidades indígenas detêm a *propriedade coletiva* sobre as terras tradicionais. Não se trata de uma *propriedade tradicional, meramente privada*, desenhada pela concepção hegemônica do direito europeu ocidentalizado. É uma ligação da propriedade aos costumes, ao modo de vida, às tradições dos povos indígenas.

As normas jurídicas, mesmo que situadas na Constituição, não podem admitir a mera posse dos povos indígenas às terras tradicionais. Essas normas jurídicas são inválidas, já que não se adaptam ao fundamento de validade previsto na norma fundamental de direitos humanos – mais propriamente à *tipologia do cosmopolitismo subalterno na norma fundamental de direitos humanos.*

Na concepção hegemônica dos direitos humanos, pretende-se unificar a noção de direito, a partir dos ideários do direito ocidental europeizado.

A propósito, o Estado moderno unifica todos os ordenamentos, tanto pré-estatais como antiestatais, considerando como única fonte de direito a lei. Mas o correto, segundo Santi Romano, é considerar que as normas estatais são apenas uma subespécie das normas jurídicas[122].

Nesse sentido, a avançadíssima jurisprudência da Corte Interamericana de Direitos Humanos também é fonte moderna do Direito. É essa jurisprudência que atualiza a *tipologia do cosmopolitismo subalterno*, fazendo com que as aspirações dos grupos marginalizados da América Latina tenham ressonância no Direito moderno.

A tipologia do cosmopolitismo subalterno, portanto, supera a redução tradicional do Direito à lei. Lei nem sempre é Direito, podendo, até mesmo, em algumas situações, ser antidireito. A Constituição Federal, por exemplo, quando, em algum tema específico, falhar na proteção dos direitos humanos, ela mesma, Constituição Federal, será antidireito – porque violadora da norma fundamental de direitos humanos.

Frequentemente, lei é associada a Direito. Na língua inglesa, por exemplo, *law* designa lei e designa Direito. Por outro lado, em outras línguas, Direito e lei são designados por termos distintos: *Jus* e *lex* (latim), *Derecho* e *ley* (espanhol), *Diritto* e *legge* (italiano), *Droit* e *loi* (francês), *Recht* e *Gsetz* (alemão), *Proavo* e *zakon* (russo), *Jog* e *törveny* (húngaro). Mesmo os autores ingleses tendem a falar em *Right*, e não em *law*, quando pretendem falar em *Direito*[123].

Isso nos permite avançar em torno das várias fontes do Direito, a partir do momento em que entendamos que, no centro do sistema, temos a norma fundamental de direitos humanos, manifestada a partir da *tipologia do cosmopolitismo subalterno*. Mesmo as práticas jurídicas observadas nas comunidades indígenas podem ser formas de manifestação do Direito, o qual, por isso, não se reduz à lei.

122. Carlos María Cárcova. *La opacidade del derecho*, pág. 71. 2ª ed. 2006.

123. Roberto Lyra Filho. *O que é Direito*, págs. 7 e 8. 17ª ed. 2006.

Na *tipologia do cosmopolitismo subalterno*, produz-se uma *hermenêutica de suspeita* em relação à concepção hegemônica ocidental dos direitos humanos. Novas maneiras de se produzir Direito são reconhecidas, para que os direitos dos povos do Sul – no nosso caso, do povo latino-americano – sejam envolvidos na norma fundamental de direitos humanos.

Ganham, assim, terreno as teorias que giram em torno de um novo constitucionalismo sul-americano, bem assim as produções jurídicas resultantes do sistema regional interamericano de direitos humanos.

Quanto ao sistema regional interamericano, temos que reconhecer a existência de um amplo catálogo de práticas jurídicas que permitem o reconhecimento de direitos aos povos latino-americanos. No sistema não convencional, da Organização dos Estados Americanos, e no sistema convencional, da Convenção Americana de Direitos Humanos, com a riquíssima jurisprudência da Corte Interamericana, põe-se em evidência o direito de grupos excluídos no âmbito da América Latina principalmente.

Há, assim, todo um *processo de interamericanização*[124], em que as normas e práticas jurídicas buscam o fundamento de validade na *tipologia do cosmopolitismo subalterno* – mais especificamente nos direitos humanos reconfigurados para abranger as aspirações de grupos marginalizados no âmbito da América Latina.

No âmbito do sistema convencional do sistema regional interamericano, além do trabalho da Corte Interamericana, destaca-se o papel desempenhado pela Comissão Interamericana de Direitos Humanos.

A análise, por esta última, do caso "Maria da Penha", reverberou sobre todo o direito interno brasileiro, mediante uma produção normativa no Brasil intensamente protetiva dos direitos humanos das mulheres[125].

Também caros às comunidades latino-americanas são os *direitos previdenciários*. No *Caso Cinco Pensionistas vs. Peru, julgado pela Corte Interamericana* (sentença de 28.2.2003), o Peru reduziu arbitrariamente o valor das pensões de cinco pessoas. A Corte Interamericana entendeu que os direitos previdenciários são direitos humanos. Logo, o Estado do Peru violou: a) o direito à propriedade privada (CADH, art. 21); b) o direito à proteção judicial (CADH, art. 25)[126].

---

124. Mariela Morales Antoniazzi. O Estado aberto: objetivo do *ius constitutionale commune* em direitos humanos. *In: Ius Constitutionale Commune na América Latina*, volume I, Marco Conceptual. Armin von Bogdandy, Mariela Morales Antoniazzi e Flávia Piovesan (coordenadores). 2016, pág. 53.

125. Siddarta Legale. A Comissão Interamericana de Direitos Humanos como um Ministério Público Transnacional. *In: A importância da jurisprudência da Corte Interamericana de Direitos Humanos para o Direito brasileiro*. Fernando Antônio de Lima (organizador). Escola Paulista da Magistratura. 6 de maio de 2022.

126. Fernando Antônio de Lima. Controle de Convencionalidade na jurisprudência da Corte Interamericana de Direitos Humanos. *In: A importância da jurisprudência da Corte Interamericana de Direitos Humanos*

Perceba-se a fixação de um padrão normativo sobre os direitos previdenciários no sistema regional interamericano. Esse padrão normativo busca o fundamento de validade na tipologia do cosmopolitismo subalterno, de tal modo que os direitos previdenciários, como direitos humanos, são definidos a partir da realidade social latino-americana.

5.9.1. Tipologia do cosmopolitismo subalterno na jurisprudência da Corte Interamericana de Direitos Humanos: respeito e garantia dos direitos humanos na esfera pública e na esfera privada – violações estruturais aos direitos humanos das mulheres negras (interseccionalidade)

A *tipologia do cosmopolitismo subalterno na norma fundamental de direitos humanos* produz uma profunda releitura das normas jurídicas (internas e internacionais) vigentes na América Latina – particularmente no Brasil.

Previsões genéricas de igualdade e liberdade, como componentes da norma fundamental de direitos humanos, haverão de ser cotejadas com a realidade econômica, política e social do Brasil.

Quanto ao direito das mulheres, por exemplo, não se pode restringir a análise ao *feminismo universal*, isto é, à *universalização da categoria mulher*. Há várias possibilidades de ser mulheres, de modo que se devem levar em conta as intersecções (ex.: raça, orientação sexual, identidade de gênero). Essa visão interseccional é própria da terceira onda do feminismo, que apresenta Judith Butler como um dos grandes nomes[127].

Não basta, por exemplo, garantir os direitos humanos das *mulheres brancas*. O gênero, por si só, é insuficiente nessa matéria. É preciso avançar para outras questões relacionadas aos direitos humanos, promovendo uma intersecção entre *gênero, raça e classe*.

Portanto, ao lado da desigualdade geral entre homem branco e mulher branca (gênero), há a desigualdade até mesmo entre a mulher branca e a mulher negra (raça). Essa desigualdade se aprofunda mais ainda ao considerarmos que a mulher negra é discriminada mesmo na relação com o homem negro (gênero). Além disso, a mulher negra se situa em classe social inferior ao homem branco e à mulher branca (classe).

Assim, a mulher negra encontra-se em patamar social inferior ao homem branco (raça, gênero e classe), à mulher branca (raça e gênero) e ao homem negro (gênero).

---

para o Direito brasileiro. Fernando Antônio de Lima (organizador do curso). Escola Paulista da Magistratura. 11 de novembro de 2022.

127. Djamila Ribeiro. *Lugar de fala*, pág. 20. 2019.

Há dados concretos que revelam essa *desigualdade estrutural*. O Departamento Intersindical de Estatística e Estudos Socioeconômicos (Dieese) analisou alguns dados obtidos pela Pesquisa Nacional por Amostra de Domicílios (Pnad). Esses dados, analisados pelo Dieese, foram divulgados no dia 19 de outubro de 2019 pelo Instituto Brasileiro de Geografia e Estatística (IBGE).

A partir dessas informações, verificou-se que, no Brasil, havia 56,1% de negros e 43,9% de não negros. Ou seja, a maioria da população brasileira é composta por pessoas negras.

Essa maioria de pessoas negras, contudo, não corresponde com a maioria em termos de ocupação. A mulher negra sai perdendo em todos os cenários. Em termos de *desemprego*, a mulher negra perde para o homem branco (16,7% x 8,2%), para a mulher branca (16,7% x 12%) e para o homem negro.

Por isso, os direitos humanos das mulheres negras, na esfera da empregabilidade, envolvem uma tripla abordagem (abordagem interseccional): gênero, raça e classe.

Em termos de classe, é preciso adotar políticas públicas que diminuam as diferenças entre as classes sociais. Porém, mesmo que houvesse uma homogeneização entre as classes, a mulher negra continuaria inferiorizada em relação ao homem branco (gênero e raça), à mulher branca (raça) e ao homem negro (gênero).

Portanto, é necessária a adoção de políticas estruturais que promovam uma inter-relação entre gênero, classe e raça, para que as mulheres negras tenham reconhecidos os mesmos direitos humanos que já são reconhecidos ao restante da população.

Em termos raciais, há todo um processo que marca a invisibilidade da mulher negra – o que afeta, também, os homens negros. O racismo passa a ser encarado como algo normal nas relações sociais. O problema não é visto como uma anomalia. Trata-se de um processo de organização social que permite a reprodução da injustiça social. Pode-se dizer que a desigualdade da mulher negra (e do homem negro) está presente nas relações sociais, podendo-se dizer que essa desigualdade compõe a própria organização social. Daí *racismo estrutural*[128].

O Direito é um dos importantes componentes da organização social. Ele deve assumir um papel para imprimir mais justiça às relações sociais. No caso específico das mulheres negras, o Direito deve atuar contra a *desigualdade estrutural de gênero, raça e classe*, a partir da realidade social, política e econômica do Brasil.

128. Silvio Almeida. *Racismo estrutural*, pág. 50. 2019.

A propósito, a *perspectiva de gênero*, por si só, já investiga as relações reais de poder subjacentes em uma determina sociedade. Essa perspectiva questiona a naturalidade com que essa relação de poder opera e como as construções sociais respondem aos estereótipos de gênero que vulneram os direitos humanos das mulheres[129].

É aí que entra a *tipologia do cosmopolitismo subalterno presente na norma fundamental de direitos humanos*. Essa tipologia ingressa como fundamento de validade de todo o sistema jurídico brasileiro. Toda norma jurídica e toda atuação dos agentes estatais – particularmente, dos agentes ligados à justiça – só serão válidas se observarem o fundamento de validade e de legitimidade contido na tipologia do cosmopolitismo subalterno.

Essa atuação, inclusive, deve marcar as atividades produzidas por particulares. Caso as atividades particulares não observem a tipologia do cosmopolitismo subalterno, e o Estado não promova a respectiva fiscalização, reparação e punição, o Estado brasileiro poderá sujeitar-se à responsabilização internacional pela Corte Interamericana de Direitos Humanos.

Adotar a tipologia do cosmopolitismo subalterno significa romper com as representações convencionais imperantes no horizonte teórico e prático do oficialismo institucional. É um rompimento às versões normativo-discursivas hegemônicas e às práticas formalistas. Dá-se voz aos sujeitos insurgentes que estão nos locais e espaços periféricos do Sul-global. Questionam-se os formalismos dos grandes códigos, das doutrinas tecnicistas e da autoridade de juristas elitizados e desvinculados da realidade social. Essa desconstrução inclina-se pela proteção de direitos que são negados – um processo de resistência em favor da dignidade humana[130].

Em termos de direitos das mulheres – e particularmente dos direitos das mulheres negras –, a jurisprudência da Corte Interamericana de Direitos Humanos tem entendido que temos, aí, um *problema de desigualdade estrutural*.

Nesse sentido, a violação dos direitos das mulheres há de ser compreendida de *forma estrutural*. Essa violação envolve o dever de atuação do Estado inclusive quando houver violações cometidas por particulares ou por terceiros[131].

---

129. Encarna Carmona Cuenca. La perspectiva de género em la jurisprudencia de la Corte Interamericana de Derechos Humanos. *In: Ius Constitutionale Commune na América Latina*, volume II. Armin von Bogdandy, Mariela Morales Antoniazzi e Flávia Piovesan (coordenadores), pág. 191. 2016.

130. Antonio Carlos Wolkmer. Pluralismo jurídico, processos de descolonização e constitucionalismo desde o sul. *In: In: Ius Constitutionale Commune na América Latina*, volume II. Armin von Bogdandy, Mariela Morales Antoniazzi e Flávia Piovesan (coordenadores), págs. 117 e 118. 2016.

131. Corte Interamericana de Direitos Humanos. Caso Gonzáles e outras ("Campo Algodonero") vs. México, sentença de 16 de novembro de 2009 (mérito). Confira-se: Valerio de Oliveira Mazzuoli. *Direitos humanos na jurisprudência internacional*, págs. 547 a 549. 2019.

É importante assinalar, nos termos das proposições contidas na tipologia do cosmopolitismo subalterno, que a Corte Interamericana de Direitos Humanos tem afirmado que o dever de garantia, previsto no art. 1º, 1, da CADH, há de levar em conta as *necessidades especiais de proteção do sujeito de direito, seja pela condição pessoal ou pela situação em que se encontre*[132].

Assim, os Estados não têm apenas o dever de respeito, mas, também, o dever de garantia dos humanos, nos termos do art. 1º, 1, da CADH. Esse dever de garantia deve levar em conta as condições especiais do sujeito de direito e o contexto social, político e econômico em que o sujeito de direito encontra-se inserido.

Por isso, a Corte Interamericana de Direitos Humanos tem combinado raça, gênero e classe, mediante as contribuições do feminismo negro, para promover o respeito e a efetivação dos direitos humanos das mulheres[133]. Aliás, combinando-se as diversas ondas do feminismo, articuladas no sistema interamericano de direitos humanos, é possível conceber a existência de um verdadeiro *feminismo interamericano*[134].

Não se nega, assim, que haja evidentes particularismos no tratamento dos direitos humanos das mulheres. Há um padrão interpretativo, recolhido da tipologia do cosmopolitismo subalterno, que envolve as desigualdades estruturais de gênero, articuladas com elementos de classe e de raça.

Isso revela que o direito das mulheres tem uma faceta estrutural, devendo ser analisado diante do contexto social – mais particularmente da realidade social e política da América Latina e mais particularmente ainda dentro do contexto de violência de gênero que sonega os direitos das mulheres.

Daí a presença de um *feminismo interamericano* – que é uma tábua de valores inserida no seio da norma fundamental de direitos humanos, a partir da tipologia do cosmopolitismo subalterno, que toma em consideração a *condição específica das mulheres e o contexto em que essa condição se encontra situada.*

É essa tábua de valores que confere fundamento de validade e de legitimidade para a avançadíssima jurisprudência da Corte Interamericana de Direitos Humano em matéria de direitos das mulheres.

É essa tábua de valores que será o fundamento de validade das normas jurídicas (internas e internacionais) que nortearão as condutas públicas e privadas nesse tema.

---

132. Corte Interamericana de Direitos Humanos. Caso Gonzáles e outras ("Campo Algodonero") vs. México, sentença de 16 de novembro de 2009 (mérito), § 243. Disponível em: https://www.corteidh.or.cr/docs/casos/articulos/seriec_205_por.pdf. Acesso: 11/6/23.

133. Siddharta Legale e Raisa Duarte Ribeiro. Revisitando o feminismo interamericano. *In: Temas de direitos humanos.* Estudos sobre o Sistema Interamericano de Direitos Humanos. 2ª ed. 2022, pág. 284.

134. Siddharta Legale e Raisa Duarte Ribeiro, ob. cit., pág. 297.

Veremos, inclusive, no próximo capítulo, que a norma fundamental de direitos humanos é o grande fundamento de validade de todo o sistema – e mais particularmente, para a Constituição Transnacional Interamericana de Direitos Humanos. É dentro da Constituição Transnacional Interamericana de Direitos Humanos que estão as normas e práticas jurídicas (incluindo a jurisprudência interna e internacional protetivas) que sustentam os direitos humanos das mulheres.

10

A CONSTITUIÇÃO TRANSNACIONAL INTERAMERICANA DOS DIREITOS HUMANOS E A INTERAÇÃO ENTRE AS ORDENS JURÍDICAS NACIONAL E INTERNACIONAL

1. LINHAS GERAIS

Já vimos que os elementos normativos do sistema jurídico brasileiro são: a) a Constituição Transnacional Interamericana dos Direitos Humanos; b) as normas jurídicas internas (Constituição Federal, leis, atos administrativos etc.); c) as normas jurídicas internacionais (tratados comuns de direitos humanos e outros atos normativos internacionais que não sejam normas de direitos humanos).

Cumpre, então, descobrir o que é a *Constituição Transnacional Interamericana dos Direitos Humanos.*

Antes de tudo, é preciso reafirmar que a Constituição Transnacional Interamericana de Direitos Humanos (CTIDH) situa-se no ápice do sistema jurídico brasileiro. Ela confere fundamento de validade para as demais normas jurídicas. A Constituição Federal, se é fundamento de validade para as normas jurídicas internas, encontra seu próprio fundamento de validade na CTIDH.

Há práticas internacionais, documentos e convenções internacionais protetivas dos direitos humanos, normas estatais de tutela dos direitos fundamentais, decisões das Cortes Internacionais de Direitos Humanos e das Cortes Constitucionais, enfim, normas e práticas que possam fundamentar a ideia de um bloco transnacional interamericano de proteção dos direitos humanos? Esses elementos normativos compõem, portanto, a Constituição Transnacional Interamericana de Direitos Humanos?

Entendemos que sim.

Cada vez mais, as Cortes Internacionais de Direitos Humanos e, mesmo, as Cortes Constitucionais nacionais têm-se utilizado, na proteção dos direitos humanos, de um discurso muito parecido com o discurso constitucional.

Normas de direito estatal, por exemplo, têm sido consideradas inválidas e ineficazes, quando desrespeitam as práticas internacionais, princípios gerais do direito internacional e normas internacionais de proteção dos direitos humanos.

Pode-se dizer que, no atual estágio do Direito Internacional dos Direitos Humanos, em particular no que se refere ao sistema regional interamericano, existe uma verdadeira Constituição Transnacional Interamericana de Direitos Humanos, dentro da qual estão esses grandes princípios gerais, as práticas e normas internacionais, a jurisprudência internacional dos direitos humanos da Corte Interamericana, tratados internacionais de direitos humanos.

A Convenção Americana de Direitos Humanos (CADH) e a Convenção Europeia de Direitos Humanos, por exemplo, fazem parte da chamada Constituição Transnacional – Constituição Transnacional Interamericana e Constituição Transnacional Europeia, respectivamente.

Uma Constituição Transnacional contém um bloco de transconstitucionalidade, isto é, normas e princípios, práticas e jurisprudências internacionais que transcendem, que vão além daquilo que conhecemos como Constituição. Daí a presença do prefixo *trans*, que significa "ir além", "transpor", "ultrapassar".

Precisamos analisar os dois termos (Constituição + Transnacional). A ideia de Constituição remete às Constituições internas dos Estados, com todas as características e todos os institutos que cercam as Constituições. Se há o princípio da supremacia da Constituição, há, igualmente, o princípio da supremacia da Constituição Transnacional. Assim, uma norma de direito interno, mesmo que presente na Constituição nacional, se violar a Constituição Transnacional, será inválida, nula.

"Transnacional", por sua vez, quer dizer algo que vai além dos Estados. Os direitos humanos, que se reúnem no seio da Constituição Transnacional, revelam valores que transcendem, que vão além da normatividade estatal, configurando grandes princípios gerais, normas de *jus cogens*, inderrogáveis, que traduzem valores jurídicos universais.

Uma Constituição Transnacional de Direitos Humanos não se limita às convenções internacionais de proteção dos direitos humanos. É claro que essas convenções figuram como as normas e os princípios que, por excelência, pela própria natureza, corporificam a expressão máxima de uma Constituição Transnacional.

É que essas Convenções revelam princípios e normas superiores de proteção internacional dos direitos humanos e, por isso, encaixam-se, com perfeição, na ideia de Constituição Transnacional de Direitos Humanos.

Não obstante, a Constituição Transnacional é composta de uma variedade de elementos, desde que esses elementos jurídicos se afinem com os direitos humanos e com os grandes princípios jurídicos universais referentes aos valores caros à humanidade.

Por isso é que, em termos de Constituição Transnacional, além das Convenções Internacionais de Direitos Humanos, podemos situar práticas das organizações internacionais, a jurisprudência internacional, normas estatais tutelares da dignidade humana, costumes, princípios gerais do direito, declarações de direitos humanos, decisões judiciais internas dos Tribunais Constitucionais, enfim, tudo aquilo que vise a preservar os direitos humanos e tenha relevância e elevado grau de obrigatoriedade jurídica no âmbito interno ou internacional.

A propósito, não podemos negar que a jurisprudência internacional constitua uma fonte material de produção de Direito. A bibliografia especializada mais atualizada dedica uma especial atenção para a atuação legiferante (*law-making*) exercida pelos Tribunais Internacionais contemporâneos[1].

É certo que a doutrina majoritária ainda entenda que as decisões judiciárias figuram como *meio auxiliar* para determinar as regras de direito, porque as decisões judiciais não criam, apenas interpretam o direito[2]. Assim, a jurisprudência internacional, por essa linha de pensamento, não constituiria *fonte de direito*. Além disso, segundo o art. 38 do Estatuto da Corte Internacional de Justiça (CIJ), as fontes do Direito Internacional são, apenas, as *convenções internacionais*, o *costume internacional* e os *princípios gerais de direito*. O mesmo art. 38 insere as decisões judiciais como *meios auxiliares das regras de direito*, e não como fontes do Direito[3].

Esse argumento não se sustenta, porém. Atualmente, as fontes do Direito não são apenas aquelas tradicionalmente formais. Há todo um processo informal de construção do Direito, processo, esse, do qual participa a jurisprudência consolidada dos Tribunais.

---

1. Antônio Augusto Cançado Trindade. *Direito das Organizações Internacionais*, pág. XIII. 6ª ed. 2014.
2. Valerio de Oliveira Mazzuoli. *Curso de Direito Internacional Público*, pág. 67. 2020.
3. Dispõe o art. 38 do Estatuto da Corte Internacional de Justiça: "1. A Corte, cuja função seja decidir conforme o direito internacional as controvérsias que sejam submetidas, deverá aplicar; 2. as convenções internacionais, sejam gerais ou particulares, que estabeleçam regras expressamente reconhecidas pelos Estados litigantes; 3. o costume internacional como prova de uma prática geralmente aceita como direito; 4. os princípios gerais do direito reconhecidos pelas nações civilizadas; 5. as decisões judiciais e as doutrinas dos publicitários de maior competência das diversas nações, como meio auxiliar para a determinação das regras de direito, sem prejuízo do disposto no Artigo 59 (...)".

As decisões judiciais, nesse ponto, acabam funcionando como parâmetros para novas interpretações judiciais e, até mesmo, para a conduta dos Estados e dos particulares. Daí se pode dizer que a jurisprudência não apenas interpreta, mas cria o próprio Direito, revelando padrões de comportamento a serem seguidos.

Interpretar é criar, é transformar uma coisa em outra. Quando se interpreta o texto legal, transforma-se, o texto, em norma. As normas resultam da interpretação. O ordenamento jurídico não é um conjunto de normas, mas um conjunto de possibilidades de normas. O que está, por exemplo, na Constituição não é norma, mas um conjunto de enunciados, de textos, que só se transforma em normas após a interpretação[4].

É correto distinguir, a partir da *teoria estruturante de Friedrich Müller*, *texto normativo* e *norma*. Esta última toma como ponto de partida o texto normativo, para avançar e construir a interpretação. A norma, que resulta de um processo construtivo, é, na verdade, um processo de criação do significado do texto. Em outras palavras, a *norma* é a produção do Direito[5].

Por isso, não temos dúvida de que a jurisprudência internacional de direitos humanos traduz inegável fonte de direito, porque, ao interpretar os textos, acaba por criar direito – o direito dos direitos humanos[6].

De qualquer forma, "(...) costume internacional *resulta* da prática geral e consistente (para além de *uniforme*) dos atores da sociedade internacional em reconhecer como *válida* e *juridicamente* exigível determinada obrigação"[7]. Se a jurisprudência internacional, por si só considerada, não é fonte de direito, essa mesma jurisprudência internacional, como resultante de uma prática geral e consistente de atores da sociedade internacional, acaba configurando um verdadeiro *costume internacional*. Desse modo, por ser costume internacional, a jurisprudência internacional, de meio auxiliar do Direito, transforma-se em verdadeira fonte do Direito.

---

4. Eros Roberto Grau. Palestra na Universidade Estadual do Rio Grande do Norte. Dezembro de 2010.
5. Nelson Nery Junior. *Princípios do processo na Constituição Federal*, págs. 22 e 23. 10ª ed. 2010.
6. Da mesma maneira faz Laurence Tribe, ao interpretar a Constituição dos Estados Unidos. Segundo o professor da Universidade de Harvard, não é possível fazer uma interpretação ensimesmada da Constituição dos Estados Unidos, a qual é um documento legislativo que não vê e não sente. O correto é partir para uma interpretação que congregue o texto legislativo constitucional com as decisões da Suprema Corte dos Estados Unidos. Assim, é possível falar-se em um corpo jurídico, que é composto pelos dispositivos da Constituição e pelas decisões da Suprema Corte dos Estados (Laurence H Tribe. *American Constitucional Law*, volume 1, 3ª ed. New York: Foundation Presse, p. 3. ISBN 1-56662-714-1). Nota-se que as decisões judiciais passam a ter uma força criadora do Direito, tendo como material de apoio os textos legislativos. Os textos legislativos, sozinhos, não criam, não sentem, não veem. Sem dúvida alguma, esse pensamento jurídico revela a vida criativa que a jurisprudência confere ao Direito, de tal forma que os diplomas legislativos, sozinhos, nada desempenham no terreno jurídico.
7. Valerio de Oliveira Mazzuoli. *Curso de Direito Internacional Público*, pág. 71. 2020.

As fontes do Direito não se limitam, apenas, ao direito legal, ao direito das normas jurídicas. Há, sempre, um *processo juris-sociológico de produção do direito*, de modo que o nascedouro do Direito não está, apenas, nos regulamentos legais, mas, também, por exemplo, nos contratos, nas sentenças, nas convenções coletivas de trabalho, nas normas privadas das empresas e, até mesmo, no "direito achado na rua"[8].

As Constituições nacionais, embora relevantes no plano interno e internacional, perderam o primado de únicas normas superiores. Não há mais um "*monopólio estatal de normação* constitucionalmente consagrado". É preciso articular, de forma inovadora, o direito interno com os fenômenos da internacionalização e supranacionalização do Direito[9].

Daí surge o fenômeno das Constituições Transnacionais, que absorvem não apenas as normas jurídicas internas e internacionais de proteção dos direitos humanos, mas, também, práticas internacionais, decisões das Cortes Internacionais e das Cortes Constitucionais, enfim, todo o material jurídico que vise a assegurar os grandes princípios gerais que revelam valores universais da humanidade.

As Constituições Transnacionais, portanto, não são apenas as normas e princípios jurídicos de direito interno e de direito internacional relacionados aos direitos humanos. Tudo o que, de alguma forma, constitua alguma prática, alguma decisão, alguma *revelação reiterada* que vise a tutelar os direitos humanos e os valores universais poderá enquadrar-se na normatividade das Constituições Transnacionais.

Autores contemporâneos vêm defendendo a tese de que existem Constituições transnacionais, isto é, fora dos Estados. Assim, há as Constituições globais, como a Carta da ONU; Constitucionais parciais, como a Carta da OIT e a Carta da OMC; Constituições supranacionais ou regionais, como a Constituição da União Europeia. Neste último caso, o Tribunal de Justiça da União Europeia costuma fazer menção ao princípio da supremacia do direito comunitário, embora não tenha sido aprovado o tratado que instituiu a Constituição para a Europa[10].

Entendo parcialmente correto esse posicionamento.

De fato, a Carta da ONU, a Convenção Europeia de Direitos Humanos, a Convenção Americana sobre Direitos Humanos (CADH) servem como parâmetro de validade de outras normas e das condutas dos Estados. Devido à

---

8. J. J. Gomes Canotilho. *Direito Constitucional e Teoria da Constituição*, pág. 703. 7ª ed. 6ª reimp. 2003.
9. J. J. Gomes Canotilho, ob. cit., pág. 703.
10. Siddharta Legale. *A Corte Interamericana de Direitos Humanos como Tribunal Constitucional*, pág. 7. 2ª ed. 2021.

importância desses documentos normativos internacionais, podemos nominá-los de verdadeiras *Cartas Principiológicas de proteção aos direitos humanos.*

Embora, no sistema regional interamericana, a CADH possa ser vista como uma *Carta Principiológica de Direitos Humanos*, não se trata de uma verdadeira Constituição Transnacional. Esta última engloba, é certo, a CADH, mas envolve alguns outros elementos, conforme já vimos neste tópico.

Por isso, a CADH é uma Carta Principiológica que faz parte de uma ideia maior de uma Constituição Transnacional, a qual apanha, para o seu interior, vários outros elementos.

Daí surge o que chamamos de *bloco de transconstitucionalidade interamericana*. Todo esse material que está presente na Constituição Transnacional Interamericana – não apenas a CADH – poderá servir como parâmetro de validade para a análise do direito interno e das condutas ou omissões violadoras dos direitos humanos.

É correto, portanto, falar-se em *controle de convencionalidade*, quando uma convenção internacional é colocada como parâmetro de validade para outros atos normativos ou condutas/omissões estatais.

Quando, porém, a transgressão se dá não à convenção, mas, sim, a outros elementos que integram a Constituição Transnacional, o mais correto é dizer *controle de transconstitucionalidade.*

Controle de transconstitucionalidade abrange o *controle de convencionalidade*, porém vai mais além. No controle de convencionalidade, o parâmetro superior de controle são as convenções internacionais de direitos humanos. Já, no controle de transconstitucionalidade, o parâmetro superior de controle não são apenas as convenções internacionais de direitos humanos, mas outros parâmetros superiores de proteção aos direitos humanos, inclusive nacionais. É possível afirmar, por exemplo, que as resoluções da Assembleia Geral da Organização dos Estados Americanos e a jurisprudência do Supremo Tribunal Federal (quando ambas forem protetivas aos direitos humanos) são componentes do bloco de transconstitucionalidade, mas não fazem parte, em geral, do bloco de convencionalidade.

Nesse sentido, *controle de transconstitucionalidade* está para Constituição Transnacional assim como *controle de convencionalidade* está para convenções internacionais protetivas de direitos humanos.

No sistema jurídico brasileiro, do qual faz parte o sistema interamericano de proteção dos direitos humanos, podemos afirmar que a Constituição Transnacional Interamericana de Direitos Humanos engloba a CADH, a Declaração Americana dos Direitos e Deveres do Homem (*rectius*: Humanos), a jurisprudência da Corte Interamericana de Direitos Humanos, a jurisprudência dos direitos humanos delineada pelo Supremo Tribunal Federal, os direitos humanos alinhavados na Constituição nacional. Enfim, todo o material que afirme e realize, com constância e elevado grau de força jurídica, os direitos humanos, faz parte do bloco de transconstitucionalidade, isto é, da Constituição Transnacional Interamericana.

Nota-se que, mesmo dispositivos legais e constitucionais, fazendo parte do sistema interno, quando protegem os direitos humanos, passam a compor, ao mesmo tempo, a Constituição Transnacional. O mesmo se diz da jurisprudência do Supremo Tribunal Federal. Há um controle de convencionalidade, se o parâmetro de validade for apenas a CADH. Mas há um controle de transconstitucionalidade, se o parâmetro de validade for outros elementos que componham a Constituição Transnacional Interamericana.

Podemos, então, apresentar assim a Constituição Transnacional dos Direitos Humanos, dentro do sistema jurídico brasileiro:

<table>
<tr><th colspan="2">ELEMENTOS NORMATIVOS DO SISTEMA JURÍDICO BRASILEIRO</th></tr>
<tr><th colspan="2">Norma fundamental de direitos humanos</th></tr>
<tr><td colspan="2">Constituição Transnacional de Direitos Humanos
• Tratados principiológicos de direitos humanos (Convenção Americana de Direitos Humanos, Pacto Internacional dos Direitos Civis e Políticos, Pacto Internacional dos Direitos Econômicos, Sociais e Culturais).
• Tratados específicos de direitos humanos (contra o racismo, contra a tortura, de proteção das mulheres, dos indígenas etc.).
• Jurisprudência e opiniões consultivas da Corte Interamericana de Direitos Humanos.
* Normas jurídicas do sistema interno, presentes na CF e nas leis, podem vir a compor a Constituição Transnacional de Direitos Humanos. Isso ocorrerá se essas normas internas protegerem os direitos humanos com constância e força jurídica. Igualmente ocorre com a jurisprudência do Supremo Tribunal Federal.</td></tr>
<tr><td>Sistema interno
• Constituição Federal
• Leis
• Atos administrativos
• Jurisprudência do Supremo Tribunal Federal</td><td>Sistema internacional
• Tratados internacionais comuns
• Outras normas de direito internacional, aplicáveis ao Brasil, e que não tratem de direitos humanos.</td></tr>
</table>

Portanto, há elementos jurídicos internos e internacionais que fazem parte da Constituição Transnacional Interamericana de Direitos Humanos. Caso uma lei interna brasileira viole a CTIDH, referida lei será inválida.

Como podemos afirmar que existem elementos jurídicos superiores internos e internacionais? De onde se retirou essa ideia?

A Corte Interamericana de Direitos Humanos tem decidido que a construção jurídica de cada direito humano específico depende da conjugação entre o *corpus juris interno e o corpus juris internacional de proteção aos direitos humanos*[11]. Nesse sentido, uma pluralidade de elementos jurídicos pode ser o fundamento de validade de leis internas, por exemplo.

A propósito, conforme tivemos a oportunidade de analisar no Capítulo 7, esses elementos jurídicos internos e internacionais, desde que protetivos de direitos humanos, servem como parâmetro superior de controle sobre condutas e normas nacionais.

Em termos de elementos jurídicos internos, a Constituição, leis, a jurisprudência do Supremo Tribunal Federal; em termos de elementos jurídicos internacionais, tratados internacionais de direitos humanos, declarações internacionais de direitos humanos, práticas de organizações internacionais, a jurisprudência da Corte Interamericana de Direitos Humanos. Tudo isso pode compor a Constituição Transnacional Interamericana de Direitos Humanos e servir de parâmetro superior para controlar a validade das condutas e normas domésticas. Nota-se que essa construção jurídica é notada a partir da própria jurisprudência da Corte Interamericana de Direitos Humanos.

2. CONVENÇÃO AMERICANA SOBRE DIREITOS HUMANOS (CADH) – CARTA PRINCIPIOLÓGICA ESTRUTURANTE E COMPONENTE DA CONSTITUIÇÃO TRANSNACIONAL INTERAMERICANA DE DIREITOS HUMANOS

A Convenção Americana de Direitos Humanos é uma *Carta Principiológica Estrutural* que faz parte da Constituição Transnacional Interamericana de Direitos Humanos. Em razão disso, a CADH compõe o bloco de transconstitucionalidade, passando a servir como parâmetro superior de controle de transconstitucionalidade.

Por se tratar de *Carta Principiológica Estrutural*, a CADH ocupa posição normativa e interpretativa relevante dentro da Constituição Transnacional Interamericana de Direitos Humanos (CTIDH). Se é certo que, no Brasil, o Supremo Tribunal Federal considera a CADH um tratado internacional de direitos humanos com força normativa supralegal (acima das leis, mas abaixo da Constituição), esse entendimento do Supremo Tribunal Federal, porém, não afasta a obrigação de o Brasil alterar a Constituição Federal, quando a Constituição Federal violar a CADH.

11. Corte Interamericana de Direitos Humanos. *Caso Poblete Vilchese outros vs. Chile*. Sentença de 8 de março de 2018, Mérito, Reparação e Custas, § 103.

Chega-se a essa conclusão pela possibilidade de responsabilidade internacional do Brasil, caso algum preceito da CADH seja descumprido – mesmo que o descumprimento se dê por norma da Constituição Federal.

Mas por que a CADH ocupa posição relevante no âmbito da CTIDH, a ponto de se considerar a primeira uma verdadeira Carta Principiológica Estrutural dentro da segunda?

Em primeiro lugar, é a CADH que cria a Corte Interamericana de Direitos Humanos e elenca as atribuições desta última. Sabemos que a Corte Interamericana é uma instituição judicial de natureza relevantíssima na proteção dos direitos humanos no âmbito do sistema regional interamericano.

Em segundo lugar, a CADH traz princípios e dispositivos enunciadores de diversos direitos humanos. Esses princípios e dispositivos muitas vezes orientam a interpretação de outros tratados e documentos internacionais e, até mesmo, da legislação interna dos países. Como exemplo, podemos citar o art. 26 da CADH, que enuncia genericamente os direitos econômicos, sociais e culturais. Referido dispositivo é o ponto de partida para que outros dispositivos, de outros diplomas normativos (internos e internacionais), consolidem a proteção dos direitos econômicos, sociais, culturais e ambientais[12].

Em terceiro lugar, a CADH é o tratado internacional principal do sistema regional interamericano, já que enuncia os deveres gerais dos Estados de respeito e garantia dos direitos humanos elencados na própria CADH (art. 1º, 1). Como a CADH é o tratado por excelência do qual emana a enunciação geral dos direitos humanos no sistema interamericano, quando anuncia esse dever geral de respeito e garantia, esse dever geral acaba repercutindo sobre todos os direitos humanos protegidos no sistema regional interamericano.

Em quarto lugar, a CADH é tão importante que algumas Cortes Constitucionais vêm integrando a CADH nos respectivos blocos de constitucionalidade. Para alguns Estados do sistema interamericano, portanto, a CADH tem força de verdadeiro diploma constitucional.

A propósito, a Corte Constitucional da Colômbia (CCC) e a Corte Constitucional do Equador (CCE) por exemplo, costumam integrar, ao seu bloco de constitucionalidade, a jurisprudência interamericana. O Tribunal Plurinacional Constitucional da Bolívia (TCP) entende que a CADH configura uma "engenharia constitucional". Essas Cortes Constitucionais, em maior ou menor grau, adotam uma interpretação mais simpática à jurisprudência da

12. Confira-se o Capítulo 6, onde analisamos o Caso Poblete Vilches vs. Chile. Na hipótese, a Corte Interamericana de Direitos Humanos partiu do art. 26 da CADH para extrair o direito à saúde. Em seguida, esse tribunal internacional complementou o referido art. 26 com normas nacionais chilenas e outras normas internacionais. Portanto, a CADH serviu como ponto de partida para a configuração do direito à saúde.

Corte Interamericana, assimilando tanto a CADH como a jurisprudência interamericana como partes integrantes do bloco de constitucionalidade[13].

O que ocorre com um Estado que venha a descumprir a CADH? Segundo a OC-14/94[14], esse Estado poderá vir a ser responsabilizado internacionalmente. Isso significa que a Corte Interamericana de Direitos Humanos, que emite, na jurisdição consultiva, as opiniões consultivas (OCs), exerce um controle de convencionalidade dos atos estatais que desrespeitem a CADH.

Em razão disso, é possível pensar-se em uma *supremacia convencional* da CADH, com a percepção de que há um controle de convencionalidade exercido pela Corte Interamericana. A CADH, então, no controle de convencionalidade, é o parâmetro superior de controle dos atos e condutas domésticas.

Nesse sentido, embora o tratado que aprovou a CADH não seja, em termos formais, uma Constituição, já que não aprovada segundo o rito do art. 5º, § 3º, da CF/88, o certo é que "(...) houve um processo costumeiro de ascensão normativa da mesma por meio do qual a CADH limita, por meio da CIDH [Comissão Interamericana de Direitos Humanos] e da Corte IDH, a ação estatal retirando efeitos jurídicos de normas incompatíveis com seu texto e, ao mesmo tempo, traça diretrizes que o Estado devem (sic) ser cumpridas para implementar os direitos humanos"[15].

Se é certo que a CADH nada mais é do que uma *Carta Principiológica Estruturante* dentro da Constituição Transnacional Interamericana de Direitos Humanos, a CADH não é, ela mesma, uma Constituição Transnacional. Isso porque ela pode, em determinados casos, ser substituída por dispositivos da legislação interna dos Estados, quando esses dispositivos internos tutelarem, com mais força, os direitos humanos. Isso se observa do art. 29, alínea *b*, da própria CADH.

Caso a CADH fosse tida como uma verdadeira Constituição, ela não poderia, em hipótese alguma, ceder passo à legislação nacional, ainda que esta última protegesse mais eficazmente determinados direitos humanos.

Por isso, embora não seja uma Constituição, a CADH compõe a Constituição Transnacional Interamericana de Direitos Humanos. Com essa ideia, a CADH, com a importante função de Carta Principiológica, poderá ceder diante de uma norma da legislação interna que proteja com maior intensidade os direitos humanos.

---

13. Siddharta Legale, *A Corte Interamericana de Direitos Humanos como Tribunal Constitucional. Exposição e análise crítica dos principais casos.*, págs. 8 e 9. 2020.

14. OC significa opinião de consulta. É o exercício da jurisdição consultiva da Corte Interamericana de Direitos Humanos (CIDH), que também tem uma jurisdição contenciosa.

15. Siddharta Legale, *A Corte Interamericana de Direitos Humanos como Tribunal Constitucional. Exposição e análise crítica dos principais casos*, pág. 8. 2ª ed. 2020.

A ideia, portanto, de uma Constituição Transnacional Interamericana de Direitos Humanos faz imprimir maior importância à substância do que a forma, tornando flexível o bloco de transconstitucionalidade. Se uma norma do direito interno não fizer parte do referido bloco, outra norma, protetiva dos direitos humanos, poderá fazê-lo, ocupando até mesmo o lugar de uma norma específica da CADH.

Assim, a dignidade da CADH, tida como Carta Principiológica Estruturante, fica devidamente reconhecida. Isso não impede que determinada norma da CADH deixe de estar presente na Constituição Transnacional Interamericana de Direitos Humanos, quando outra norma, do direito interno, proteja mais intensamente determinados direitos humanos (CADH, art. 29, alínea *b*).

Penso que a concepção de uma Constituição Transnacional, à qual foi elevada a CADH, e outros documentos internacionais de proteção dos direitos humanos, traduz uma ideia muito importante a ser desenvolvida.

A Constituição Transnacional não são apenas os documentos internacionais de proteção dos direitos humanos. É possível inscrir aí, também, dispositivos de direito interno, quando esses dispositivos assumam uma proteção maior aos direitos humanos do que os documentos internacionais.

Um caso bem esclarecedor é o das Convenções de Varsóvia e de Montreal, que limitam as indenizações por danos materiais por extravio de bagagens em voos internacionais. O Código de Defesa do Consumidor, no Brasil, porém, prevê o direito à reparação integral[16]. No conflito entre as convenções e os direitos humanos do consumidor, estes deverão prevalecer. Referida norma interna compõe o bloco de transconstitucionalidade presente na Constituição Transnacional Interamericana, que foi violada quando o Supremo Tribunal Federal (brasileiro) entendeu pela prevalência das Convenções de Varsóvia e Montreal[17].

Conforme se nota, um dispositivo de lei interna protege os direitos humanos de forma mais forte do que um tratado internacional.

Pode-se, então, afirmar que referido dispositivo da lei interna passa a compor, nos conflitos de direito internacional, o próprio conteúdo de uma Constituição Transnacional.

A propósito, nos termos do já citado art. 29 da CADH, deve-se aplicar a norma mais favorável ao ser humano, seja tal norma de direito interno seja ela de direito internacional.

---

16. Art. 6º, inciso VI, da Lei nº 8.078/90 (Código de Defesa do Consumidor – Brasil): "Art. 6º São direitos básicos do consumidor: (...) VI – a efetiva prevenção e reparação de danos patrimoniais e morais, individuais, coletivos e difusos".

17. Supremo Tribunal Federal, Repercussão Geral (Tema 210): "Por força do artigo 178 da Constituição Federal, as normas e tratados internacionais limitadores da responsabilidade das transportadoras aéreas de passageiros, especialmente as Convenções de Varsóvia e Montreal, têm prevalência em relação ao Código de Defesa do Consumidor".

Pode-se, portanto, falar em um *bloco de transconstitucionalidade*, que se compõe não apenas de normas de direito internacional de direitos humanos, mas, também, de normas internas estatais, desde que estas últimas tenham como objetivo a proteção do ser humano e tenham relevância e elevado grau de obrigatoriedade jurídica.

Por isso, devemos avançar da ideia de *bloco de convencionalidade*, para a ideia de *bloco de transconstitucionalidade*, ao menos em matéria de proteção dos direitos humanos.

No *bloco de convencionalidade*, em geral são os tratados humanos de direitos humanos que ocupam a posição de parâmetro superior de controle. Já, no *bloco de transconstitucionalidade*, o parâmetro superior de controle pode ser não apenas os tratados internacionais de direitos humanos, mas também os dispositivos das leis internas que projetam, com maior força, os direitos humanos.

Por isso, o *bloco de transconstitucionalidade* abrange outros elementos normativos que não apenas as convenções ou tratados internacionais de direitos humanos, como, por exemplo, dispositivos do direito interno que venham a tutelar intensamente os direitos humanos. Em suma, o bloco de transconstitucionalidade é o conjunto de elementos jurídicos que fazem parte da Constituição Transnacional Interamericana de Direitos Humanos. Dentro desse bloco, em regra está a CADH. Mas dentro desse bloco, a CADH pode, em certas situações, deixar de estar presente, quando ela, CADH, proteger menos os direitos humanos do que algum dispositivo do direito interno.

Assim, a CADH pode ser um dos componentes da Constituição Transnacional Interamericana de Direitos Humanos – e, quando o for, será como uma *Carta Principiológica Estruturante*. Mas a CADH não é uma verdadeira Constituição Transnacional, porque, em certas situações, mesmo um dispositivo do direito interno de um Estado poderá ocupar posição hierárquica superior (CADH, art. 29, *b*). Quem dirá sobre a hierarquia de um determinado dispositivo não é o posicionamento jurídico formal desse dispositivo no sistema, mas a proteção mesma dos direitos humanos que ele confere.

O grande desafio do sistema regional interamericano é o de proteger direitos e transformar realidades. É uma vocação transformadora. Para isso, é preciso fomentar uma nova cultura jurídica que envolva a estatalidade aberta, diálogos jurisdicionais, *prevalência da dignidade humana*. Temos como referência tradicional Hans Kelsen, Áustria, início do século XX. Pirâmide: Constituição acima. Ele defende o monismo com a primazia do Direito Internacional[18].

Porém, a nossa realidade atual é outra. Há novos paradigmas, com temas globais, corrupção transnacionalizada. Assim, saímos da pirâmide

18. Flávia Piovesan. O Direito Internacional de Direitos Humanos e a Corte Interamericana de Direitos Humanos, 11/3/2022. *In*: *A importância da Corte Interamericana de Direitos Humanos*. Fernando Antônio de Lima (organizador). Curso ministrado na Escola Paulista da Magistratura em 2022.

proposta por Kelsen e ingressamos na *pirâmide porosa, direitos humanos no ápice, trapézio poroso*, abertura do direito, impuro e não mais puro, diálogos pautados pela interdisciplinariedade. Ex.: audiências públicas, para ouvir a comunidade científica, religiosa, pessoas com deficiência; diálogos pautados pela interdisciplinariedade, abertura da Constituição a uma pluralidade de intérpretes (Häberle). Hoje, portanto, temos um *trapézio pontilhado*; em vez da lógica do Estado, a lógica dos Direitos Humanos. Segundo Luigi Ferrajoli, a dignidade humana é a referência para a constitucionalidade mundial. Já, para Canotilho, os direitos humanos, articulados com as organizações internacionais, fornecem elementos novos[19].

É essa pirâmide porosa, com os direitos humanos no ápice, que vai permitir a flexibilização do sistema jurídico brasileiro, mediante a ideia de uma Constituição Transnacional Interamericana de Direitos Humanos, cujo centro de validade é a norma fundamental de direitos humanos.

Portanto, à luz da Nova Hermenêutica dos Direitos Humanos (NHDH), a CADH não é uma Constituição Transnacional Interamericana de Direitos Humanos (CTIDH). Na maior parte das vezes, porém, a CADH será uma *Carta Principiológica Estruturante* dentro da CTIDH. Há, assim, uma flexibilidade normativa com a sistematização de uma Constituição Transnacional Interamericana, cujo bloco de transconstitucionalidade é composto por elementos jurídicos (internos e internacionais) que tutelem os direitos humanos.

3. A CONSTITUIÇÃO TRANSNACIONAL INTERAMERICANA DE DIREITOS HUMANOS (CTIDH) COMO DECORRÊNCIA DA NORMA FUNDAMENTAL DE DIREITOS HUMANOS (NFDH)

A Constituição Transnacional Interamericana de Direitos Humanos existe a partir da norma fundamental de direitos humanos. Expliquemos essa afirmação.

A norma fundamental de direitos humanos (NFDH) está no ápice do sistema e se constrói conforme o Direito vai-se abrindo a teorias interdisciplinares, à realidade social. É o que vimos ao analisar a tipologia universalista e a tipologia do cosmopolitismo subalterno, as quais são atributos, formas de realização da NFDH[20].

A operacionalização da NFDH depende de mecanismos jurídicos que permitam a implementação jurídica dos direitos humanos. E tudo isso deve ser pensado dentro de um panorama complexo, em que, dentro do sistema jurídico brasileiro, concorrem diversas normas jurídicas internas e internacionais,

19. Flávia Piovesan, *ibidem*.
20. Confira-se o capítulo 9.

decisões do Poder Judiciário nacional, decisões da Corte Interamericana de Direitos Humanos, práticas de organizações internacionais etc.

Daí deriva a Constituição Transnacional Interamericana de Direitos Humanos, que é o conjunto de elementos jurídico-normativos que se destinam à proteção dos direitos humanos. Esses elementos, que retiram a própria validade da norma fundamental de direitos humanos, vão servir de fundamento de validade para os demais elementos jurídico-normativos do sistema. Uma lei interna brasileira, por exemplo, deverá obedecer à Constituição Transnacional Interamericana de Direitos Humanos, sob pena de invalidade.

O sistema jurídico brasileiro pode ser visto internamente e, também, no conjunto.

Internamente, temos a Constituição Federal, que é fundamento de validade direta de todas as demais normas jurídicas internas (leis, atos administrativos etc.).

Porém, o sistema jurídico brasileiro não é composto apenas de normas jurídicas internas. Se nos limitarmos ao sistema regional interamericano de direitos humanos, iremos observar que o Brasil ratificou tratados internacionais de direitos humanos, entre os quais a Convenção Americana – o que faz com que nosso País se submeta às sentenças da Corte Interamericana de Direitos Humanos, criada pela aludida convenção.

Conforme vimos no decorrer deste livro, há diversas normas jurídicas provenientes da Organização dos Estados Americanos (subsistema não convencional) e, também, várias normas jurídicas decorrentes da Convenção Americana de Direitos Humanos e de outros tratados internacionais interamericanos (sistema convencional).

Essas normas jurídicas internacionais, do sistema regional interamericano, conforme já visto, são todas vinculantes ao Brasil, passando a pertencer ao sistema jurídico brasileiro.

Nesse sentido, o sistema jurídico brasileiro não é composto apenas do sistema interno de normas (Constituição, leis, atos administrativos). Pertence também ao sistema jurídico brasileiro um conjunto de elementos jurídico-normativos de origem internacional, provenientes, para fins deste estudo, do sistema regional interamericano de direitos humanos.

Mas esses elementos jurídico-normativos, do sistema interno e interamericano, não ficam jogados no interior do sistema jurídico brasileiro.

Como, no sistema jurídico brasileiro, atribui-se primazia à proteção dos direitos humanos, temos a *norma fundamental de direitos humanos*, que confere lógica ao sistema e que, ao mesmo tempo, serve como guia valorativo-normativo para o efetivo respeito e a efetiva garantia de direitos.

Daí nasce a necessidade de se estabelecer um conjunto de elementos normativo-jurídicos que sirva de fundamento de validade para todos os demais elementos normativo-jurídicos do sistema jurídico brasileiro.

Se, no sistema interno, a Constituição Federal se revela como o fundamento de validade das demais normas internas, é preciso que se pense em um edifício jurídico capaz de servir de fundamento de validade para todo o sistema jurídico brasileiro.

Nesse sentido, não basta pensar apenas na Constituição Federal. A Constituição Federal perde sua primazia no âmbito do sistema jurídico brasileiro, já que este último contém elementos jurídico-normativos que nem sempre derivam da Constituição Federal.

A própria Corte Interamericana de Direitos Humanos, cuja jurisdição contenciosa é obrigatória ao Brasil, revela a perda de validade das Constituição nacionais que deixem, em algum ponto, de tutelar os direitos humanos.

Daí que a Constituição Federal, se é fundamento de validade para as normas jurídicas internas, deixa de ser o fundamento de validade para todo o sistema jurídico brasileiro.

É nesse ambiente que nasce a Constituição Transnacional Interamericana de Direitos Humanos. Esta última, que deriva imediatamente da norma fundamental de direitos humanos, é que se revelará como o fundamento de validade de todos os elementos jurídico-normativos do sistema jurídico brasileiro.

Não há dúvida de que há valores transcendentais que servem de fundamento de validade para todo o sistema jurídico brasileiro, composto, inclusive, pelas normas do sistema regional interamericano de direitos humanos.

Para reforçar esse argumento, a Corte Interamericana de Direitos Humanos tem entendido que há *princípios essenciais*, com caráter de *jus cogens*, que fundamentam o sistema regional interamericano[21]. Esses *princípios essenciais* nada mais são do que aquilo que denominamos de norma fundamental de direitos humanos. Esta última, se é fundamento de validade de parte do sistema jurídico brasileiro (sistema regional interamericano), conforme entendeu a Corte Interamericana, acaba sendo o fundamento de validade de todo o sistema jurídico brasileiro, incluindo, naturalmente, da Constituição Federal.

Veremos que a Constituição Transnacional Interamericana de Direitos Humanos é bastante flexível. Mesmo um elemento normativo do sistema interno – como uma lei ou um dispositivo da própria Constituição Federal,

21. Corte Interamericana de Direitos Humanos. *Caso Gomes Lund e outros ("Guerrilha do Araguai") vs. Brasil*. Sentença de 24 de novembro de 2.010 (mérito, reparações e custas), § 105. Disponível em: https://www.corteidh.or.cr/docs/casos/articulos/seriec_219_por.pdf. Acesso: 13/6/2023.

ou a jurisprudência do Supremo Tribunal Federal – pode vir a compor a Constituição Transnacional Interamericana de Direito Humanos.

É a própria ideia de norma fundamental de direitos humanos que vai construir todo um edifício jurídico protetivo dos direitos humanos – e esse edifício, para o sistema jurídico brasileiro como um todo, é a Constituição Transnacional Interamericana de Direitos Humanos, assim como a Constituição Federal é o edifício jurídico para o sistema jurídico interno.

Isso nos mostra que o Brasil tem uma *certa margem de apreciação* para construir o sistema jurídico interno, que tem como ápice a Constituição Federal.

Porém, esse sistema jurídico interno não se sustentará, se for construído sem observar o fundamento de validade oferecido pela Constituição Transnacional Interamericana de Direitos Humanos.

A propósito, no dia 29 de abril de 2010, na ADPF nº 153, o Supremo Tribunal Federal considerou que a Lei de Anistia, mesmo na parte em que perdoa os crimes praticados por agentes do Estado durante a ditadura militar, não viola a Constituição Federal. Portanto, à luz do sistema interno, a Lei de Anistia respeita a Constituição Federal.

No entanto, essa decisão do Supremo Tribunal Federal não produz efeitos no âmbito da Convenção Americana de Direitos Humanos, que é um tratado internacional de direitos humanos ratificado pelo Brasil, conforme decidiu a Corte Interamericana no Caso Guerrilha do Araguaia vs Brasil.

No plano internacional, portanto, a interpretação dada pelo Supremo Tribunal Federal é nula. E esse plano internacional, relacionado ao sistema interamericano de direitos humanos, faz parte do sistema jurídico brasileiro.

Portanto, a jurisdição contenciosa obrigatória da Corte Interamericana determina que a decisão do Supremo Tribunal Federal, que fez uma análise interna da Constituição Federal, não tem validade jurídica no âmbito do respeito e garantia dos direitos humanos.

A decisão do Supremo Tribunal Federal é uma decisão que viola a jurisprudência da Corte Interamericana e a Convenção Americana de Direitos Humanos – dois elementos jurídico-normativos que fazem parte da Constituição Transnacional de Direitos Humanos ou do bloco de transconstitucionalidade, conforme veremos com maior profundidade.

Daí se pode afirmar que a Constituição Transnacional Interamericana de Direitos Humanos é o grande fundamento de validade de todos os elementos jurídico-normativos produzidos no sistema jurídico brasileiro. Mesmo uma decisão do Supremo Tribunal Federal e mesmo dispositivos da Constituição Federal podem ser inválidos, se não estiverem de acordo com a CTIDH.

A construção da CTDIH, portanto, é uma forma de operacionalizar a norma fundamental de direitos humanos, a qual, inclusive, é o fundamento de validade da própria CTDIH e o fundamento último de validade de todo o sistema jurídico brasileiro.

3.1. Pontos gerais sobre o diálogo entre cortes nacionais e a corte interamericana: possibilidade da prevalência de uma sentença da corte interamericana de humanos e da convenção americana sobre direitos humanos sobre a constituição federal brasileira e sobre a jurisprudência do supremo tribunal aplicada na interpretação da constituição federal

A norma fundamental de direitos humanos é o grande fundamento do sistema jurídico brasileiro. É ela que permite conceber a existência de uma Constituição Transnacional Interamericana de Direitos Humanos.

É possível afirmar, a partir da jurisprudência da Corte Interamericana de Direitos Humanos, que a Constituição Federal do Brasil e decisões do Supremo Tribunal Federal sobre essa Constituição podem ser destituídas de validade jurídica à luz da norma fundamental de direitos humanos e à luz da Constituição Transnacional de Direitos Humanos.

Em outras palavras, mesmo a Constituição brasileira e o órgão jurisdicional responsável por sua guarda (o Supremo Tribunal Federal) devem respeitar e garantir os direitos humanos tutelados pela Constituição Transnacional Interamericana, mais particularmente pela Convenção Americana de Direitos Humanos, nos termos em que esta última for interpretada pela Corte Interamericana de Direitos Humanos.

Anota-se que a Convenção Americana de Direitos Humanos (CADH) é uma Carta Principiológica Estrutural contida na Constituição Transnacional Interamericana de Direitos Humanos (CTIDH). Quando se viola a proteção de direitos humanos contida na CADH, viola-se, consequentemente, a própria CTIDH.

É que a CADH é apenas um dos elementos jurídico-normativos contidos na CTIDH. Portanto, quando houver uma violação àquela, esta última também poderá estar sendo violada. A CTIDH contém um bloco de transconstitucionalidade, no qual está inserida a CADH e outros elementos jurídico-normativos protetivos de direitos humanos. Isso será vista ainda neste capítulo, com mais profundidade. O importante, agora, é analisarmos violações à CADH (e, consequentemente, à CTDIH) produzidas por Constituições nacionais e por Cortes nacionais superiores.

Suponhamos uma norma da Constituição que permita a censura prévia de obras cinematográficas. Essa norma constitucional viola a Convenção Americana de Direitos Humanos, no ponto em que esta última protege a liberdade de expressão. Se o Poder Judiciário nacional, inclusive pelo seu órgão de cúpula, aplicar referida norma constitucional, aí, também, o Poder Judiciário nacional estará violando a Convenção Americana de Direitos Humanos. Em suma, o Executivo não pode aplicar a censura prévia, mesmo que a censura prévia venha prevista pela Constituição (Poder Legislativo) e venha autorizada por interpretação da Corte Suprema (Poder Judiciário). É que todos os órgãos e poderes estatais submetem-se à Convenção Americana de Direitos Humanos, se esta for mais protetiva. Mesmo a Constituição e uma decisão da Corte Suprema podem ser destituídas de validade, se houver descumprimento à CADH[22].

De onde vem a obrigatoriedade de a Constituição nacional observar a Convenção Americana de Direitos Humanos?

Há, no direito das gentes, uma regra consuetudinária que determina que os Estados, ao ratificarem um tratado, devam adequar as disposições do direito interno à convenção internacional ratificada. Trata-se de uma regra universalmente aceita, com respaldo jurisprudencial. Nesse sentido, o art. 2º da CADH estabelece que os Estados partes devem adotar disposições de direito interno para garantir os direitos nela consagrados. Não bastasse, esse dever geral impõe que as medidas de direito interno, adotadas pelo Estado, sejam efetivas (*princípio do efeito útil*). Isso significa que o ordenamento jurídico interno do Estado deve observar aquilo que foi estabelecido pela CADH. As medidas só serão efetivas se o Estado adaptar o ordenamento jurídico interno ao comando normativo da CADH, nos termos do que dispõe o art. 2º desta última[23].

Nesse sentido, se a Constituição do Estado não respeitar ou garantir os direitos humanos previstos na CADH, haverá violação ao dever geral do Estado de respeito e garantia dos direitos humanos (CADH, art. 1.1) e, também, ao dever jurídico de o Estado adotar disposições de direito interno que respeitem e garantam os direitos humanos (CADH, art. 2º)[24].

A propósito, a Corte Interamericana de Direitos já determinou que o Estado chileno alterasse a própria Constituição, para que esta última se adaptasse

22. Corte Interamericana de Direitos Humanos. Caso "A Última Tentação de Cristo" (Olmedo Bustos e outros vs. Chile), Sentença de 5 de fevereiro de 2001 (Mérito, Reparações e Custas), § 72.

23. Corte Interamericana de Direitos Humanos. Caso "A Última Tentação de Cristo" (Olmedo Bustos e outros vs. Chile), Sentença de 5 de fevereiro de 2001 (Mérito, Reparações e Custas), § 87.

24. Corte Interamericana de Direitos Humanos. Caso "A Última Tentação de Cristo" (Olmedo Bustos e outros vs. Chile), Sentença de 5 de fevereiro de 2001 (Mérito, Reparações e Custas), § 88.

à proteção dos direitos humanos ligados à liberdade de expressão tutelados pela Convenção Americana de Direitos Humanos[25].

Anote-se que o direito interno brasileiro deve observar não apenas a Convenção Americana de Direitos Humanos, mas, também, todo o *corpus iuris internacional e mesmo nacional de proteção aos direitos humanos*. É assim que vem entendendo a Corte Interamericana de Direitos Humanos, conforme tivemos a ocasião de estudar no decorrer deste trabalho.

O parâmetro superior de controle de transconstitucionalidade, portanto, não é apenas a CADH, mas um conjunto de elementos jurídicos presentes nas esferas nacional e interamericana, desde que tais elementos tenham caráter mais protetivo aos direitos humanos.

Examinando a jurisprudência da Corte Interamericana de Direitos Humanos, portanto, é possível identificar a prevalência da Convenção Americana de Direitos Humanos e da interpretação que a Corte Interamericana confere a essa Convenção. Essa prevalência vai ao ponto de invalidar até mesmo a Constituição Federal e decisões judiciais do Supremo Tribunal Federal sobre a interpretação da Constituição Federal.

Antes de tudo, é preciso afirmar que as sentenças da Corte Interamericana de Direitos Humanos, nos casos envolvendo o Brasil, vinculam o nosso País. Mais do que isso. A jurisprudência da aludida Corte, mesmo em casos não envolvendo o Brasil, têm que ser seguidas pelo Estado brasileiro.

A propósito, no dia 10 de dezembro de 1998, o Brasil reconheceu a competência da Corte Interamericana de Direitos Humanos[26]. Analisemos um caso específico, julgado pela Corte Interamericana de Direitos Humanos, em que esta última superou uma decisão do Supremo Tribunal Federal tomada em controle concentrado de constitucionalidade.

No dia no dia 29 de abril de 2010, na ADPF nº 153, o Supremo Tribunal Federal considerou válidas as disposições da Lei de Anistia editada em 1979.

---

25. Corte Interamericana de Direitos Humanos. Caso "A Última Tentação de Cristo" (Olmedo Bustos e outros vs. Chile), Sentença de 5 de fevereiro de 2001 (Mérito, Reparações e Custas), § § 97 e 98 e Ponto Resolutivo nº 4.

26. Desse modo, o " 'Brasil declara que reconhece, por prazo indeterminado, como obrigatória e de pleno direito, a competência da Corte Interamericana de Direitos Humanos, em todos os casos relacionados com a interpretação ou aplicação da Corte Interamericana de Direitos Humanos, em conformidade com o artigo 62, sob reserva de reciprocidade a essa Declaração'. Cf. B-32: Convenção Americana sobre Direitos Humanos. 4. Brasil. Reconhecimento da competência da Corte. Disponível em http://www.cidh.oas.org/Basicos/Portugues/d.Convencao_Americana_Ratif..htm. Acessado em 4 de outubro de 2010" (Roberto de Figueiredo Caldas. Voto proferido como juiz ad hoc no seguinte caso: Corte Interamericana de Direitos Humanos. *Caso Gomes Lund e outros ("Guerrilha do Araguai") vs. Brasil*. Sentença de 24 de novembro de 2.010 (mérito, reparações e custas), § 4º do voto fundamentado. Disponível em: https://www.corteidh.or.cr/docs/casos/articulos/seriec_219_por.pdf.

Essa lei perdoava os crimes praticados por agentes do Estado durante a ditadura militar brasileira. Por ocasião desse julgamento do Supremo Tribunal Federal, tramitava, contra o Brasil, na Corte Interamericana de Direitos Humanos, um caso que versava exatamente sobre a Lei da Anistia editada em 1979 – mais especificamente, sobre o desaparecimento de pessoas ocorrido na Guerrilha do Araguaia[27].

Na sentença proferida nesse caso, a Corte Interamericana de Direitos Humanos estabeleceu que não pretendia revisar o julgamento do Supremo Tribunal Federal. Referido tribunal internacional pretendia, apenas, verificar se o Estado brasileiro descumpriu diversas obrigações internacionais contidas em dispositivos da Convenção Americana de Direitos Humanos em prejuízo das vítimas – mais especificamente o direito a não ser submetido a desaparecimento forçado decorrente dos artigos 3º, 4º, 5º e 7º da CADH; o direito à proteção judicial e às garantias judiciais relacionados ao esclarecimento dos fatos e à determinação das respectivas responsabilidades individuais decorrentes dos artigos 8º e 25 da CADH[28].

É interessante que a jurisprudência da Corte Interamericana permite que se reexaminem os processos internos – incluindo as decisões de tribunais superiores. Isso se faz para apurar a responsabilidade internacional do Estado por violação às obrigações internacionais em virtude da *atuação dos órgãos judiciais internos*. Esse reexame é necessário para verificar se o Estado descumpriu as obrigações internacionais decorrentes da Convenção Americana de Direitos Humanos. Esse descumprimento, repita-se, pode decorrer até mesmo de decisões judiciais proferidas por tribunais superiores do Estado[29].

Nesse sentido, a Corte Interamericana de Direitos Humanos não está analisando se a Lei de Anistia violou a Constituição Federal – essa análise foi feita pelo Supremo Tribunal Federal na ADPF nº 153, o qual considerou que referida lei não violava a Constituição Federal. Essa análise é questão de direito interno que não entra na competência da Corte Interamericana. O que esta última faz, isto sim, é verificar a compatibilidade da Lei de Anistia com as obrigações internacionais do Brasil contidas na Convenção Americana de Direitos Humanos. Trata-se, na verdade, de um controle de convencionalidade,

---

27. *Caso Gomes Lund e outros ("Guerrilha do Araguai") vs. Brasil*. Sentença de 24 de novembro de 2.010 (mérito, reparações e custas). Disponível em: https://www.corteidh.or.cr/docs/casos/articulos/seriec_219_por.pdf.

28. *Caso Gomes Lund e outros ("Guerrilha do Araguai") vs. Brasil*. Sentença de 24 de novembro de 2.010 (mérito, reparações e custas), § 48. Disponível em: https://www.corteidh.or.cr/docs/casos/articulos/seriec_219_por.pdf.

29. *Caso Gomes Lund e outros ("Guerrilha do Araguai") vs. Brasil*. Sentença de 24 de novembro de 2.010 (mérito, reparações e custas), § 49. Disponível em: https://www.corteidh.or.cr/docs/casos/articulos/seriec_219_por.pdf.

isto é, a verificação da compatibilidade da Lei da Anistia com a Convenção Americana de Direitos Humanos[30].

Se o Supremo Tribunal Federal, na ADPF nº 153, promoveu um controle de constitucionalidade sobre a Lei de Anistia, a Corte Interamericana de Direitos Humanos promoveu um controle de convencionalidade internacional. No primeiro caso, o parâmetro superior de controle é a Constituição; no segundo caso, a Convenção Americana de Direitos Humanos.

É certo que a Corte Interamericana reexamina os fatos e provas examinados anteriormente pelo Supremo Tribunal Federal. No entanto, como a perspectiva de análise é diferente, já que é feito um controle de convencionalidade, e não um controle de constitucionalidade, entende-se que a análise feita pela Corte Interamericana não eleva esta última a uma categoria de *tribunal de quarta instância*[31].

A propósito, a Corte Interamericana de Direitos Humanos tem competência para promover a interpretação e aplicação das disposições da Convenção Americana. Basta que o Estado tenha reconhecido referida competência (CADH, art. 62, 3). Nesse sentido, o Brasil é Estado parte da CADH desde 25 de setembro de 1992, vindo a reconhecer a competência contenciosa da Corte Interamericana no dia 10 de dezembro de 1998[32].

Embora não seja um *tribunal de quarta instância*, em relação aos julgamentos promovidos pelo Supremo Tribunal, a Corte Interamericana de Direitos pode *invalidar* julgamentos do Supremo Tribunal Federal que vierem a violar as obrigações internacionais assumidas pelo Brasil em tema de direitos humanos.

Se o Supremo Tribunal Federal promover uma interpretação da Constituição Federal, e essa interpretação violar a proteção dos direitos humanos, tal decisão da mais alta corte do Brasil pode ser destituída de validade, se houver colidência com a jurisprudência da Corte Transnacional Interamericana de Direitos Humanos.

A Constituição Transnacional Interamericana de Direitos Humanos é composta não apenas pela Convenção Americana, mas por todo um arcabouço

---

30. *Caso Gomes Lund e outros ("Guerrilha do Araguai") vs. Brasil.* Sentença de 24 de novembro de 2.010 (mérito, reparações e custas), § 49. Disponível em: https://www.corteidh.or.cr/docs/casos/articulos/seriec_219_por.pdf.

31. *Caso Gomes Lund e outros ("Guerrilha do Araguai") vs. Brasil.* Sentença de 24 de novembro de 2.010 (mérito, reparações e custas), § 49. Disponível em: https://www.corteidh.or.cr/docs/casos/articulos/seriec_219_por.pdf.

32. *Caso Gomes Lund e outros ("Guerrilha do Araguai") vs. Brasil.* Sentença de 24 de novembro de 2.010 (mérito, reparações e custas), § 50. Disponível em: https://www.corteidh.or.cr/docs/casos/articulos/seriec_219_por.pdf.

jurídico-normativo internacional e, até mesmo, nacional de proteção aos direitos humanos.

Se o Supremo Tribunal Federal, ao interpretar a Constituição Federal, violar os direitos humanos protegidos pela Constituição Transnacional Interamericana de Direitos Humanos, essa decisão do STF e a própria Constituição Federal podem perder o fundamento de validade.

Rememore-se que o fundamento de validade das decisões do Supremo Tribunal Federal e da Constituição Federal encontram-se presentes na norma fundamental de direitos humanos e na própria Constituição Transnacional Interamericana de Direitos Humanos.

Mas voltemos à violação que a Constituição Federal e uma decisão do Supremo Tribunal Federal produzirem, especificamente, sobre a Convenção Americana de Direitos Humanos apenas – e não propriamente sobre a Constituição Transnacional Interamericana de Direitos Humanos. A Corte Interamericana de Direitos Humanos entendeu que a forma pela qual a Lei de Anistia foi interpretada e aplicada no Brasil afetou o *dever internacional do Estado de investigar e punir as graves violações de direitos humanos*. Os direitos humanos, no caso, encontram-se protegidos pelo art. 8.1 da CADH (impedir que os familiares das vítimas fossem ouvidos por um juiz), pelo art. 25 (direito às garantias judiciais – direito à investigação, julgamento e punição dos responsáveis) e pelo dever de respeito e garantia de direitos conforme o art. 1.1 da CADH[33].

Além disso, quando o Supremo Tribunal Federal reconhece que a Lei da Anistia observa a Constituição Federal, a Lei de Anistia e a própria Constituição Federal passam a violar a Convenção Americana de Direitos Humanos. É que, segundo a Corte Interamericana, o Estado brasileiro deixou de adequar o *direito interno* à proteção dos direitos humanos prevista na própria CADH (CADH, art. 2º)[34].

Nota-se que o art. 2º da Convenção Americana de Direitos Humanos apresenta-se intitulado como o *dever de adotar disposições interno*. Isso significa, na linha da jurisprudência da Corte Interamericana de Direitos Humanos, que as leis, a Constituição – isto, todos os dispositivos do direito interno – devem respeitar e garantir os direitos humanos.

Há, portanto, uma profunda ausência de validade na Constituição Federal, na lei ordinária e em decisão do Supremo Tribunal Federal, se esses programas decisórios e legislativos internos não observarem os direitos humanos.

---

33. *Caso Gomes Lund e outros ("Guerrilha do Araguai") vs. Brasil*. Sentença de 24 de novembro de 2.010 (mérito, reparações e custas), § 172. Disponível em: https://www.corteidh.or.cr/docs/casos/articulos/seriec_219_por.pdf.

34. *Caso Gomes Lund e outros ("Guerrilha do Araguai") vs. Brasil*. Sentença de 24 de novembro de 2.010 (mérito, reparações e custas), § 172. Disponível em: https://www.corteidh.or.cr/docs/casos/articulos/seriec_219_por.pdf. Acesso: 14/6/2023.

Isso nos leva a acreditar, conforme a jurisprudência da Corte Interamericana de Direitos, vinculante ao Estado brasileiro, que há um fundamento superior de validade das normas constitucionais, das normas legais e das decisões do Supremo Tribunal Federal.

Esse fundamento de validade não provém apenas da Convenção Americana de Direitos Humanos, ao contrário do que poderia supor-se inicialmente, mas sim da ideia maior de Constituição Transnacional Interamericana de Direitos Humanos. Expliquemos melhor essa ideia.

Vimos, no capítulo 7, que, segundo a Corte Interamericana, os direitos humanos decorrem não apenas da CADH, mas de todo um *corpus iuris internacional e interno* de proteção aos direitos humanos.

Isso nos faz concluir que existe um *bloco de transconstitucionalidade*, isto é, um conjunto de elementos jurídico-normativos, reunidos na Constituição Transnacional Interamericana de Direitos Humanos. É esse conjunto de elementos jurídico-normativos que servirá de fundamento de validade, juntamente com a norma fundamental de direitos humanos, ao direito interno brasileiro (CF, leis, jurisprudência do Supremo Tribunal Federal).

É interessante notar que o dever de os Estados partes da CADH alterar as disposições do direito interno não é uma decorrência apenas do art. 2º da CADH. Este último, já vimos, traz, explicitamente, o *dever de o Estado adotar disposições do direito interno* que não respeitem nem protejam os direitos humanos. Mas esse dever decorre, também, do art. 1.1 da CADH, segundo o qual os Estados devem respeitar e garantir os direitos previstos nessa Convenção[35].

Quando se diz, a partir do art. 1.1 da CADH, que o Estado deve *respeitar* e *garantir* os direitos humanos previstos na CADH, isso significa que a obrigação internacional do Estado não se dirige apenas no dever de adequação do direito interno. É que cabe ao Estado, além disso, promover *todas as medidas* que sejam necessárias ao respeito e à garantia dos direitos humanos, tornando, inclusive, sem efeito, as disposições legais que possam vir a contrariar esse dever de respeito e garantia[36].

Portanto, o *dever de respeito e de garantia* dos direitos humanos não se dirige apenas ao direito interno, mas, também, aos órgãos e instituições que aplicam o direito interno. Se o direito interno violar os direitos humanos

---

35. *Caso Gomes Lund e outros ("Guerrilha do Araguai") vs. Brasil*. Sentença de 24 de novembro de 2.010 (mérito, reparações e custas), § 172. Disponível em: https://www.corteidh.or.cr/docs/casos/articulos/seriec_219_por.pdf.

36. *Caso Gomes Lund e outros ("Guerrilha do Araguai") vs. Brasil*. Sentença de 24 de novembro de 2.010 (mérito, reparações e custas), § 172. Disponível em: https://www.corteidh.or.cr/docs/casos/articulos/seriec_219_por.pdf.

contidos na CADH, cabe ao Poder Judiciário nacional, por exemplo, deixar de aplicar o direito interno e se valer da própria CADH.

Daí se pode afirmar, sem sombra de dúvidas, a partir da Corte Interamericana, cuja atuação é vinculante ao Brasil, que o Supremo Tribunal Federal também deve submeter-se à interpretação que a Corte Interamericana promove em matéria de direitos humanos.

Nesse sentido, a Lei de Anistia brasileira *carece de efeitos jurídicos*, devido à manifesta incompatibilidade com a Convenção Americana de Direitos Humanos[37]. Se a Lei de Anistia carece de efeitos jurídicos, segue-se que os pronunciamentos judiciais e disposições constitucionais – ambos em sentido contrário – também haverão de carecer de efeitos jurídicos.

Em outras palavras, a Lei de Anistia e os procedimentos que a validam (decisão do STF e disposições da CF/88) são inválidos à luz da proteção dos direitos humanos prevista na Convenção Americana de Direitos Humanos.

Essa invalidade da Lei de Anistia não deriva de uma *questão formal*, mas, sim, do *aspecto material* relacionado aos direitos humanos protegidos pela CADH[38]. Ao aludir a um *aspecto material relacionado aos direitos humanos*, cremos que a Corte Interamericana está-se referindo a valores supremos, reunidos naquilo que estamos denominando de *norma fundamental de direitos humanos*. Esta última é o grande fundamento de validade do ordenamento jurídico brasileiro, que é composto não apenas de normas internas, mas também de elementos jurídico-normativos produzidos pelo sistema regional interamericano de direitos humanos.

Não se pode esquecer, é claro, de que as autoridades nacionais se sujeitam ao império da lei, de modo que devem aplicar as disposições do direito interno. Porém, quando um Estado é parte num tratado internacional, como a Convenção Americana, todos os órgãos estatais, incluindo os juízes, devem se submeter a esse tratado. Por isso, todos os órgãos estatais devem zelar para que a Convenção Americana de Direitos Humanos não se veja enfraquecida pela aplicação de dispositivos do direito interno contrárias a esse tratado[39].

Nesse sentido, cumpre ao Poder Judiciário nacional realizar o controle de convencionalidade, mesmo que de ofício, para verificar se as normas internas

---

37. *Caso Gomes Lund e outros ("Guerrilha do Araguai") vs. Brasil.* Sentença de 24 de novembro de 2.010 (mérito, reparações e custas), § 174. Disponível em: https://www.corteidh.or.cr/docs/casos/articulos/seriec_219_por.pdf.
38. *Caso Gomes Lund e outros ("Guerrilha do Araguai") vs. Brasil.* Sentença de 24 de novembro de 2.010 (mérito, reparações e custas), § 175. Disponível em: https://www.corteidh.or.cr/docs/casos/articulos/seriec_219_por.pdf.
39. *Caso Gomes Lund e outros ("Guerrilha do Araguai") vs. Brasil.* Sentença de 24 de novembro de 2.010 (mérito, reparações e custas), § 176. Disponível em: https://www.corteidh.or.cr/docs/casos/articulos/seriec_219_por.pdf.

observam a convenção internacional de direitos humanos. Para tanto, o Poder Judiciário nacional deve-se valer não apenas, na hipótese, da Convenção Americana de Direitos Humanos, mas, também, da interpretação que a Corte Interamericana confere a essa Convenção[40].

Segundo a Corte Interamericana, o Supremo Tribunal Federal, ao considerar válida a Lei de Anistia na ADPF nº 153, deixou de realizar o controle de convencionalidade. Nesse cenário, o STF deixou de levar em conta as obrigações internacionais do Brasil derivadas do Direito Internacional. Entre essas obrigações, estão aquelas derivadas do art. 1.1 (dever de respeito e garantia dos direitos humanos) e do art. 2º (dever de adotar disposições do direito interno que respeitem e garantam os direitos humanos), ambos da CADH[41].

A propósito, os Estados têm a obrigação de cumprir as obrigações voluntariamente contraídas. Isso é decorrência do *princípio básico do direito sobre a responsabilidade internacional dos Estados*. Esse princípio básico vem respaldado pela *jurisprudência internacional e pela jurisprudência nacional*, por meio das quais os Estados devem, de boa-fé, acatar as responsabilidades internacionais assumidas (*pacta sunt servanda*)[42].

Nesse sentido, nos termos do art. 29 da Convenção de Viena sobre o Direito dos Tratados, os Estados não podem deixar de cumprir as obrigações internacionais, alegando disposições do direito interno. É que as obrigações convencionais obrigam todos os órgãos e poderes do Estado parte. Esses órgãos e poderes, portanto, devem garantir o cumprimento das disposições convencionais e o *efeito útil* dessas disposições no plano do direito interno[43].

As obrigações internacionais assumidas pelo Brasil em matéria de direitos humanos estão incorporadas ao sistema jurídico brasileiro. Essas obrigações decorrem da norma fundamental de direitos humanos, que é o grande fundamento de validade de todo o sistema jurídico brasileiro.

Entre essas obrigações internacionais assumidas pelo Brasil, está a jurisprudência pacificada pela Corte Interamericana em temas específicos de

---

40. *Caso Gomes Lund e outros ("Guerrilha do Araguai") vs. Brasil.* Sentença de 24 de novembro de 2.010 (mérito, reparações e custas), § 176. Disponível em: https://www.corteidh.or.cr/docs/casos/articulos/seriec_219_por.pdf. Acesso: 14/6/2023.
41. *Caso Gomes Lund e outros ("Guerrilha do Araguai") vs. Brasil.* Sentença de 24 de novembro de 2.010 (mérito, reparações e custas), § 177. Disponível em: https://www.corteidh.or.cr/docs/casos/articulos/seriec_219_por.pdf.
42. *Caso Gomes Lund e outros ("Guerrilha do Araguai") vs. Brasil.* Sentença de 24 de novembro de 2.010 (mérito, reparações e custas), § 177. Disponível em: https://www.corteidh.or.cr/docs/casos/articulos/seriec_219_por.pdf.
43. *Caso Gomes Lund e outros ("Guerrilha do Araguai") vs. Brasil.* Sentença de 24 de novembro de 2.010 (mérito, reparações e custas), § 177. Disponível em: https://www.corteidh.or.cr/docs/casos/articulos/seriec_219_por.pdf.

direitos humanos – como é o caso, por exemplo, da invalidade das Leis de Anistia. Quando o Supremo Tribunal Federal validou a Lei de Anistia, o que fez esse órgão de cúpula do Poder Judiciário brasileiro foi deixar de observar o *jus cogens*, ou seja, normas peremptórias, obrigatórias ao Estado brasileiro, contidas na Convenção Americana de Direitos Humanos. Daí a condenação internacional do Brasil por, entre outras coisas, uma decisão judicial prolatada pela mais alta Corte do País[44].

Dessas considerações, surge um debate importante: como solucionar eventuais conflitos entre *Cortes Supremas internas* e a *Corte Interamericana de Direitos Humanos*?

As primeiras realizam o controle de constitucionalidade, isto é, costumam dar a última palavra sobre o direito interno dos Estados. Já a Corte Interamericana promove o controle de convencionalidade, proferindo a última palavra quando o tema encerrar debate sobre direitos humanos. Isso decorre do reconhecimento formal da competência jurisdicional da Corte Interamericana por um Estado, como o fez, por exemplo, o Brasil[45].

Por isso, se o órgão de cúpula do Poder Judiciário nacional, ao fazer o controle de constitucionalidade, desrespeitar a interpretação que a Corte Interamericana fez sobre a CADH, há de prevalecer esta última interpretação. Caso contrário, o Estado será responsabilizado por descumprimento de obrigação internacional assumida por meio da ratificação da CADH.

Há quem sustente, inclusive, que a CADH é uma *Constituição Supranacional de Direitos Humanos*. Assim, todos os poderes públicos, de todas as esferas (nacional, estadual e federal), bem assim as respectivas legislações federais, estaduais e municipais de todos os Estados aderentes devem respeitar a CADH[46].

Nesse sentido, uma norma da Constituição Federal ou uma decisão do Supremo Tribunal Federal devem respeito e obediência à CADH, que seria uma *Constituição Supranacional de Direitos Humanos*.

---

44. § 3º do voto proferido pelo juiz *ad hoc* Roberto de Figueiredo Caldas, no seguinte caso julgado pela Corte Interamericana: *Caso Gomes Lund e outros ("Guerrilha do Araguai") vs. Brasil*. Sentença de 24 de novembro de 2.010 (mérito, reparações e custas), § 177. Disponível em: https://www.corteidh.or.cr/docs/casos/articulos/seriec_219_por.pdf.
45. § 5º do voto proferido pelo juiz *ad hoc* Roberto de Figueiredo Caldas, no seguinte caso julgado pela Corte Interamericana: *Caso Gomes Lund e outros ("Guerrilha do Araguai") vs. Brasil*. Sentença de 24 de novembro de 2.010 (mérito, reparações e custas), § 177. Disponível em: https://www.corteidh.or.cr/docs/casos/articulos/seriec_219_por.pdf.
46. § 4º do voto proferido pelo juiz *ad hoc* Roberto de Figueiredo Caldas, no seguinte caso julgado pela Corte Interamericana: *Caso Gomes Lund e outros ("Guerrilha do Araguai") vs. Brasil*. Sentença de 24 de novembro de 2.010 (mérito, reparações e custas), § 177. Disponível em: https://www.corteidh.or.cr/docs/casos/articulos/seriec_219_por.pdf.

Entendemos que, de fato, a CADH assume uma importância capital dentro do sistema jurídico brasileiro. Defendemos a ideia, inclusive, de que a CADH seja uma *Carta Principiológica Estrutural* dentro da Constituição Transnacional Interamericana de Direitos Humanos.

Isso, no entanto, não eleva a CADH à categoria de uma Constituição Supranacional. É que, no âmbito do direito brasileiro, já temos a *Constituição Transnacional Interamericana de Direitos Humanos.*

No âmbito da Constituição Transnacional Interamericana de Direitos Humanos, temos um dever de respeito e garantia dos direitos humanos que é mais amplo do que a própria CADH. Esse dever geral de respeito e garantia abrange, é claro, as disposições da CADH, mas vai além, já que abrange, também, outros tratados de direitos humanos, outros documentos internacionais de direitos humanos, a jurisprudência da Corte Interamericana, entre vários outros elementos. Conheceremos, com maior rigor, esses outros elementos, ainda neste capítulo.

Tanto a CADH não é, ela mesma, uma Constituição Supranacional que ela, CADH, pode até mesmo deixar de ser aplicada, se houver um dispositivo do direito interno ou do direito internacional mais protetivo (CADH, art. 29, *b*).

Por isso, há algo que vai além da CADH e que comporta o respeito e adequação dos Estados. Esse algo além é a nossa *Constituição Transnacional Interamericana*, dentro da qual temos até documentos normativos da Organização dos Estados Americanos, como, por exemplo, a Carta Empresarial Interamericana, examinada no capítulo 5.

A propósito, a jurisprudência da Corte Interamericana prevê a existência de um *corpus juris internacional* e de um *corpus juris interno* de proteção aos direitos humanos – este último, inclusive, composto até mesmo por decisões judiciais internas protetivas dos direitos humanos[47].

Portanto, a Constituição Transnacional Interamericana de Direitos Humanos, abastecida por diversos elementos jurídico-normativos, sobre a qual a Corte Interamericana dá a última palavra, revela que os pronunciamentos jurisprudenciais da Corte Interamericana vinculam os pronunciamentos judiciais de qualquer órgão ou poder do Estado brasileiro.

Em outras palavras, o Poder Judiciário brasileiro e o direito interno brasileiro (incluindo a Constituição Federal) têm como fundamento de validade a Constituição Transnacional Interamericana de Direitos Humanos (CTIDH). Se a última palavra sobre a interpretação da CTIDH é dada pela Corte In-

47. Corte Interamericana de Direitos Humanos. *Caso Poblete Vilchese outros vs. Chile*. Sentença de 8 de março de 2018, Mérito, Reparação e Custas, § 103.

teramericana, segue-se que, em matéria de direitos humanos, o Supremo Tribunal Federal deve observar os pronunciamentos da Corte Interamericana.

Não se trata, porém, de uma visão vertical sobre o diálogo entre jurisdições nacionais e internacionais. É que até mesmo a construção da jurisprudência da Corte Interamericana dialoga com a jurisprudência dos tribunais nacionais, particularmente das Cortes Supremas.

De qualquer forma, o *princípio da supremacia dos direitos humanos* faz incorporar ao ordenamento jurídico brasileiro a *sentença internacional de proteção aos direitos humanos*[48], a qual passa a integrar a Constituição Transnacional Interamericana de Direitos Humanos.

Aliás, a Constituição Transnacional Interamericana de Direitos Humanos tem como fundamento de validade a norma fundamental de direitos humanos, e a norma fundamental de direitos humanos é o fundamento de validade de todo o sistema jurídico brasileiro (confiram-se os capítulos 8 e 9).

Por ser fundamento de validade de todo o direito brasileiro – incluindo a CTIDH, que faz parte deste –, a norma fundamental de direitos humanos pode, até mesmo, invalidar uma lei interna incompatível. É por isso que a Corte Interamericana, no Caso Guerrilha do Araguaia vs. Brasil, invalidou a Lei de Anistia com base numa aplicação serena mas incisiva do *direito e da justiça*[49], isto é, a partir de elementos valorativos contidos na norma fundamental de direitos humanos.

A norma fundamental de direitos humanos é uma *norma de jus cogens*, imperativa, impossível de ser derrogada e constitui fundamento de validade para todo o sistema jurídico brasileiro. A propósito, toda norma de *jus cogens* transcende o Direito dos Tratados e abarca o Direito Internacional em geral, incluindo o Direito Internacional dos Direitos Humanos[50].

Nesse sentido, a Corte Interamericana tem a obrigação de atribuir natureza de *jus cogens* àqueles direitos mais caros à pessoa, componentes, tais direitos,

---

48. § 10 do voto proferido pelo juiz *ad hoc* Roberto de Figueiredo Caldas, no seguinte caso julgado pela Corte Interamericana: *Caso Gomes Lund e outros ("Guerrilha do Araguai") vs. Brasil*. Sentença de 24 de novembro de 2.010 (mérito, reparações e custas), § 177. Disponível em: https://www.corteidh.or.cr/docs/casos/articulos/seriec_219_por.pdf.

49. § 10 do voto proferido pelo juiz *ad hoc* Roberto de Figueiredo Caldas, no seguinte caso julgado pela Corte Interamericana: *Caso Gomes Lund e outros ("Guerrilha do Araguaia") vs. Brasil*. Sentença de 24 de novembro de 2.010 (mérito, reparações e custas), § 177. Disponível em: https://www.corteidh.or.cr/docs/casos/articulos/seriec_219_por.pdf.

50. § 18 do voto proferido pelo juiz *ad hoc* Roberto de Figueiredo Caldas, no seguinte caso julgado pela Corte Interamericana: *Caso Gomes Lund e outros ("Guerrilha do Araguaia") vs. Brasil*. Sentença de 24 de novembro de 2.010 (mérito, reparações e custas), § 177. Disponível em: https://www.corteidh.or.cr/docs/casos/articulos/seriec_219_por.pdf.

do núcleo duro de proteção ("hard core of human rights"). Essa tarefa da Corte Interamericana visa a obter-se a maior proteção possível à pessoa[51].

Dada essa tarefa transcendental conferida à Corte Interamericana, por força inclusive de livre adesão pelo Estado brasileiro à Convenção Americana de Direitos Humanos, é que os pronunciamentos do referido tribunal internacional vinculam todos os poderes e órgãos do Estado brasileiro, incluindo o Supremo Tribunal Federal.

Isso não significa diminuir a função do Supremo Tribunal Federal, mas, sim, apresentar-lhe novos parâmetros interpretativos para que ele cumpra a missão de guardião interno maior da Constituição Transnacional Interamericana de Direitos Humanos.

Fechando o raciocínio desenvolvido neste subtópico, podemos afirmar o seguinte: a) as ideias de Constituição Transnacional Interamericana de Direitos e de uma norma fundamental de direitos humanos são uma construção jurídica extraída da própria jurisprudência da Corte Interamericana de Direitos Humanos; b) quem dá a última palavra, no sistema jurídico brasileiro, sobre a interpretação da Constituição Transnacional Interamericana de Direitos Humanos, é a Corte Interamericana; c) a jurisprudência da Corte Interamericana de Direitos Humanos, como componente da Constituição Transnacional Interamericana de Direitos Humanos, constitui, e como derivação da norma fundamental de direitos humanos, fundamento de validade para todo o direito interno brasileiro (incluindo a Constituição) e para os pronunciamentos judiciais do Supremo Tribunal Federal; d) obedecer aos parâmetros jurídicos previstos na Constituição Transnacional Interamericana de Direitos Humanos – mais particularmente, aos parâmetros fixados pela Corte Interamericana – fortalece o Supremo Tribunal Federal no papel de guardião dos direitos fundamentais.

4. AFINAL DE CONTAS: O QUE É UMA CONSTITUIÇÃO TRANSNACIONAL INTERAMERICANA DE DIREITOS HUMANOS

Por ora, ficou estabelecido que a Constituição Transnacional Interamericana de Direitos Humanos faz parte do sistema jurídico brasileiro. A Constituição Transnacional de Direitos Humanos revela-se, no Brasil, como um conjunto de elementos jurídicos que se situa acima das normas jurídicas

51. § 18 do voto proferido pelo juiz *ad hoc* Roberto de Figueiredo Caldas, no seguinte caso julgado pela Corte Interamericana: *Caso Gomes Lund e outros ("Guerrilha do Araguaia") vs. Brasil*. Sentença de 24 de novembro de 2.010 (mérito, reparações e custas), § 177. Disponível em: https://www.corteidh.or.cr/docs/casos/articulos/seriec_219_por.pdf.

internas (inclusive da Constituição) e internacionais (não relacionadas a direitos humanos) em vigor no País.

Nada impede que uma norma jurídica interna venha fazer parte da Constituição Transnacional de Direitos Humanos, desde que essa norma jurídica interna tenha elevada força normativa e elevado grau de proteção aos direitos humanos, como é o caso da Constituição Federal e de leis ordinárias como o Estatuto da Criança e do Adolescente, o Estatuto da Igualdade Racial, o Estatuto das Pessoas com Deficiência, o Código de Defesa do Consumidor, a Lei Maria da Penha, entre outros.

Para construir essa ideia de Constituição Transnacional Interamericana de Direitos Humanos, devemos partir de um pressuposto fundamental: a jurisprudência da Corte Interamericana vem entendendo que a Convenção Americana de Direitos sobre Direitos Humanos (CADH) é um tratado internacional que vincula todo o sistema jurídico dos países vinculados a essa Convenção. Assim, se, em algum desses países, há uma norma constitucional que viole a CADH, esse país tem o dever jurídico internacional de ajustar tal norma constitucional[52].

É interessante notar que, conforme veremos, a jurisprudência da Corte Interamericana vai no sentido de que as normas jurídicas internas dos países devem observar não apenas a CADH, mas todo um *corpus juris* de normas protetivas de direitos humanos derivadas da análise da própria CADH.

Assim, existe todo um *corpus juris* de normas protetivas de direitos humanos que vincula as normas jurídicas internas dos países que fazem parte do sistema interamericano de Direitos Humanos. Assim, até mesmo as Constituições desses países devem observar esse *corpus juris*, sob pena de invalidade, nos termos da jurisprudência da Corte Interamericana.

Esse *corpus juris* é a própria Constituição Transnacional de Direitos Humanos, composta não apenas pela CADH e por outros tratados internacionais de direitos humanos, mas também pela própria jurisprudência da Corte Interamericana, pela jurisprudência consolidada do Supremo Tribunal Federal (no caso do Brasil), por normas jurídicas internas brasileiras. Basta que essas normas e decisões constituam uma *forma reiterada* de proteção dos direitos humanos e tenham elevada força jurídica e um patamar elevado de proteção aos direitos humanos.

Portanto, partindo-se do pressuposto acima analisado, temos que a ideia de uma Constituição Transnacional de Direitos Humanos deriva do próprio

---

52. Corte Interamericana de Direitos Humanos. *Caso Gomes Lund e outros ("Guerrilha do Araguai") vs. Brasil*. Sentença de 24 de novembro de 2.010 (mérito, reparações e custas), § § 87 e 88. Disponível em: https://www.corteidh.or.cr/docs/casos/articulos/seriec_219_por.pdf.

entendimento da Corte Interamericana de Direitos Humanos, que é vinculativo ao Brasil, sob pena de responsabilidade internacional do Estado brasileiro.

A Constituição Transnacional Interamericana de Direitos Humanos, como parte fundamental do sistema jurídico brasileiro, é uma exigência decorrente da norma fundamental de direitos humanos. É preciso que haja uma construção jurídica que permita a concretização da norma fundamental de direitos humanos – e esse arcabouço jurídico é o desenho de uma Constituição Transnacional Interamericana de Direitos Humanos.

O sistema jurídico brasileiro, portanto, é composto por elementos jurídicos internos e internacionais. Ocupa o topo desse sistema a Constituição Transnacional Interamericana de Direitos Humanos.

Constituição Interamericana, porque os elementos do sistema regional interamericano de Direitos Humanos, principalmente as decisões da Corte Interamericana de Direitos Humanos, cujas decisões são vinculantes ao Brasil, é que vão definir essa Constituição Transnacional de Direitos Humanos.

4.1. Constituição transnacional interamericana de direitos humanos: elementos jurídicos internos e internacionais

A *Constituição Transnacional Interamericana de Direitos Humanos* é composta por elementos jurídico-normativos de natureza internacional e interna. O bloco de transconstitucionalidade é o conjunto de elementos jurídico-normativos que faz parte da Constituição Transnacional Interamericana de Direitos Humanos.

Quando dissemos *Constituição Transnacional*, parece-nos, a princípio, que referida Constituição é composta apenas de elementos jurídico-normativos internacionais. Normas jurídicas nacionais não fariam parte desse bloco de transconstitucionalidade.

Aliás, em *Transnacional*, notamos a presença do prefixo "trans". *Trans* significa algo que "vai além". Logo, Constituição Transnacional seria um conjunto de elementos jurídico-normativos que vão além do Estado, de modo que as normas jurídicas internas – como a Constituição nacional e as leis – jamais poderiam fazer parte da Constituição Transnacional Interamericana.

É importante observar, porém, que devemos ler em toda a sua extensão o instituto *Constituição Transnacional Interamericana de Direitos Humanos*.

Atualmente, *direitos humanos* são um tema cuja preocupação vai além do Estado. A comunidade internacional, dadas as atrocidades ocorridas no século XX, passou a ocupar-se dos direitos humanos, que deixaram de ser objeto de atuação exclusiva das soberanias estatais. Como os direitos humanos são assunto de preocupação internacional, seriam apenas elementos jurídicos internacionais que fariam parte da Constituição Transnacional Interamericana de Direitos Humanos.

Quando os direitos humanos são juridicamente protegidos internamente, essa proteção jurídica fará parte da Constituição Transnacional. Daí se pode afirmar que Constituição Transnacional significa que a proteção jurídica dos direitos humanos é tema de preocupação internacional, não importando se a proteção jurídica se dê no âmbito interno ou no âmbito internacional.

Em outras palavras, direitos humanos são transnacionais, porque assunto de preocupação internacional, de algo que vai além do Estado. Portanto, a Constituição Transnacional Interamericana de Direitos Humanos seria equipada apenas de elementos jurídicos internacionais. Assim, na *Constituição Interamericana dos Direitos Humanos Transnacionais*, o destaque que se dá é ao caráter transnacional dos direitos humanos.

A ideia de uma *Constituição Transnacional* não poderia sugerir que os elementos que a componham sejam apenas elementos jurídico-normativos que vão além do Estado, como as normas jurídicas internacionais? Em outras palavras, essa ideia não excluiria, do âmbito da Constituição Transnacional, as normas jurídicas nacionais, como, por exemplo, a Constituição Federal e leis internas brasileiras?

Não. *Trans* não significa apenas "algo que vai além". *Trans* também pode ser algo que cruza de um lado para o outro, isto é, de algo que frequenta dois lugares – no caso, o Estado e a ordem jurídica internacional.

Por isso, *Constituição Transnacional* não é apenas aquilo que está além do Estado, mas aquilo que está no Estado e, também, na ordem jurídica internacional – e tudo isso fazendo parte do mesmo sistema jurídico brasileiro.

Por isso, *trans* apresenta pelo menos dois significados. *Trans* é algo que "vai além". *Trans* é algo que "cruza de um lugar para o outro". No primeiro sentido, *trans* se vincula a direitos humanos, já que direitos humanos são uma preocupação que "vai além" dos Estados, alcançando a comunidade internacional. No segundo sentido, *trans* diz respeito a algo que "cruza de um lado para o outro".

Ao se entender que a *Constituição Transnacional* é composta de elementos que cruzam de um lado para o outro, é possível conceber-se, por exemplo, que uma lei interna ou mesmo a Constituição nacional saia da parte de baixo do sistema jurídico brasileiro e passe a compor a parte de cima, isto é, a própria *Constituição Transnacional Interamericana de Direitos Humanos*.

Assim, a *transnacionalidade* dos direitos humanos, que é uma preocupação com o conteúdo, vai exigir um edifício jurídico normativo que apresenta uma *forma* – a Constituição Transnacional Interamericana de Direitos Humanos. A *forma*, portanto, passa a ser importante exatamente para proteger o *conteúdo*.

Daí que a *Constituição Transnacional Interamericana de Direitos Humanos* compor-se de elementos jurídico-normativos internacionais e, também, às vezes, de elementos jurídico-normativos nacionais. Esses elementos jurídico-normativos nacionais, embora produzidos internamente no Estado, podem vir a integrar a Constituição Transnacional Interamericana de Direitos Humanos.

Nesse sentido, Constituição Transnacional transita na ordem jurídica nacional e na ordem jurídica internacional. Esse o sentido que pretendo usar. Assim, a proteção dos direitos humanos é tema que deve interessar aos Estados e, também, à comunidade internacional. Os direitos humanos podem estar em normas estatais (embora, nesse caso, em geral, sejam chamados de direitos fundamentais, quando a previsão se encontra na Constituição) e, também, em normas internacionais. Em ambos os casos, os direitos humanos fazem parte da Constituição Transnacional.

O Código de Defesa do Consumidor é uma lei ordinária (Lei nº 8.078/90) e se destina a proteger os direitos fundamentais dos consumidores, nos termos do que dispõe o art. 5º, inciso XXXII, da Constituição Federal brasileira. Trata-se de um diploma normativo interno, e não internacional, do sistema jurídico brasileiro.

Não obstante uma lei interna, o Código de Defesa do Consumidor é um conjunto de normas jurídicas que protegem os direitos humanos dos consumidores no Brasil. Ao assumir essa natureza de diploma normativo que intensifica a proteção de direitos humanos de uma categoria especial de sujeito de direito, tal lei compõe a *Constituição Transnacional Interamericana de Direitos Humanos.*

Isso concede, ao Código de Defesa do Consumidor, um *status normativo* superior. Caso o Brasil revogue o CDC, por exemplo, haverá uma violação à Constituição Transnacional Interamericana de Direitos Humanos, de modo que a norma revogatória será inválida. E essa invalidade há de ser aferida no âmbito do próprio sistema jurídico brasileiro, dentro do qual está contida, como conjunto normativo superior, a Constituição Transnacional Interamericana de Direitos Humanos.

Por isso se diz que a Constituição Transnacional Interamericana de Direitos Humanos transita entre os elementos normativos internos e internacionais do sistema jurídico brasileiro. *Trans*, já vimos, é um vocábulo que significa, também, algo que cruza de um lado para o outro. Por isso, a Constituição Transnacional Interamericana de Direitos Humanos cruza a parte interna e a parte internacional do sistema jurídico brasileiro.

Isso nos leva à outra construção teórica também muito importante. Um diploma normativo interno – como é o caso do Código de Defesa do Consumidor – embora produzido internamente, segundo o processo legislativo próprio das leis ordinárias –, passa a ocupar um lugar dentro da *Constituição Transnacional Interamericana de Direitos Humanos.*

Uma lei interna, portanto, sai do terreno normativo interno e se insere na *Constituição Transnacional Interamericana de Direitos Humanos*. Há uma transformação que ocorre em uma simples lei interna, que passa a fazer parte do bloco de transconstitucionalidade. Por isso se diz que houve uma *transubstanciação*, ou seja, uma transformação de uma coisa em outra.

É a *teoria da transubstanciação*, operada pela Constituição Transnacional Interamericana de Direitos Humanos. Esta última tem o poder de transformar simples normas jurídicas internas em normas de categoria superior, com a proteção e a dignidade que a Constituição Transnacional Interamericana de Direitos Humanos passa o conferir a essas normas.

Daí que uma simples lei interna, que passa a ocupar um lugar dentro da CTIDH, não pode desaparecer, por revogação, no sistema jurídico brasileiro, a não ser que o lugar seja ocupado por outro diploma normativo mais protetivo dos direitos humanos.

Isso promove uma profunda reconstrução da Hermenêutica Jurídica.

É que, tradicionalmente, nos termos do dispõe o art. 2º, § 1º da Lei de Introdução ao Direito Brasileiro (LINDB)[53], "a lei posterior revoga a anterior quando expressamente o declare, quando seja com ela incompatível ou quando regule inteiramente a matéria de que tratava a lei anterior".

Assim, uma lei, na visão tradicional, pode revogar outra lei. Porém, se a lei a ser revogada pertencer à CTIDH, essa revogação não ocorrerá, a menos que a nova lei seja mais protetiva aos direitos humanos.

É que o Estado brasileiro tem o dever de adotar disposições de direito interno que tornem efetivos os direitos humanos (CADH, art. 2º). É o *princípio do efeito útil*, por meio do qual as medidas do direito interno devem ser efetivas na proteção dos direitos humanos. Uma lei que revogue o Código de Defesa do Consumidor, por exemplo, é uma lei que torna inefetiva a proteção dos direitos humanos, tornando-se, por isso, inválida diante da Constituição Transnacional Interamericana de Direitos Humanos.

Por isso, à luz da *teoria da transubstanciação*, uma simples lei interna se transforma em um diploma normativo com dignidade superior dentro do sistema normativo brasileiro.

Isso revela que a Constituição *Transnacional Interamericana de Direitos Humanos* não é um conjunto de elementos jurídico-normativos de origem exclusivamente internacional. Há elementos jurídico-normativos, produzidos

53. Decreto-lei nº 4.657, de 4 de setembro de 1942.

dentro do sistema jurídico interno, que podem vir a compor a CTIDH, a qual, por isso, cruza de um lado para outro dentro do sistema jurídico brasileiro, vindo a incorporar tanto elementos normativos produzidos internamente quanto elementos normativos produzidos internacionalmente.

4.2. Constituição transnacional interamericana de direitos humanos: construção jurídico-teórica que viabiliza a implementação do *Ius Constitutionale Commune* na América Latina (iccal) no sistema jurídico brasileiro

O *Ius Constitutionale Commune* na América Latina (ICCAL) é um novo paradigma jurídico que faz parte da agenda constitucional latino-americana em direitos humanos. Esse novo paradigma é marcado por desafios comuns na América Latina e se vale de um *diálogo global-regional-local* a partir do impacto produzido pela *jurisprudência do sistema interamericano*. Daí se forma um novo Direito Público no século XXI[54].

É importante verificar que a *Constituição Transnacional Interamericana de Direitos Humanos* viabiliza o ICCAL no sistema jurídico brasileiro. Numa região marcada por gritantes desigualdades sociais e econômicas, é importante pensar em novos paradigmas jurídicos que permitam viabilizar o respeito e a garantia aos direitos humanos particularmente no âmbito do sistema jurídico brasileiro.

Nesse sentido, a CTIDH é uma derivação daquilo que se constata dentro da própria prática jurídica do sistema interamericano de direitos humanos, particularmente no seio da *jurisprudência da Corte Interamericana*.

É que a *jurisprudência da Corte Interamericana* costuma reunir os elementos jurídico-normativos dos *sistemas global, regional e local* para definir e proteger os direitos humanos. Assim, tratados, outros documentos normativos e decisões do sistema global ou onusiano e do sistema regional interamericano e mesmo decisões de Cortes superiores nacionais e leis internas e Constituições nacionais – tudo isso serve para construir juridicamente uma proteção efetiva dos direitos humanos.

Em outras palavras, conforme examinaremos neste capítulo, para a *jurisprudência da Corte Interamericana de Direitos Humanos*, não é apenas na Convenção Americana de Direitos Humanos (CADH) que estão presentes os dispositivos normativos que indicam os direitos humanos a serem protegidos.

---

54. Armin von Bogdandy; Mariela Morales Antoniazzi; Flávia Piovesan. Apresentação do livro: *Ius Constitutionale Commune* na América Latina, volume I, Marco conceptual, pág. 6. 2016.

A construção normativa de proteção dos direitos humanos, ao contrário, embora muitas vezes partindo da CADH, congrega diversos outros elementos jurídico-normativos, caracterizados por decisões, documentos normativos, práticas de Cortes Superiores internas, tratados internacionais, leis internas, Constituições nacionais, jurisprudência da Corte Interamericana de Direitos Humanos, documentos normativos produzidos pela Organização dos Estados Americanos, decisões e instrumentos normativos do sistema global ou onusiano, práticas de organizações internacionais.

Em geral, há uma *integração* entre elementos jurídico-normativos do *sistema global (onusiano), do sistema regional interamericano* e, também, no caso do Brasil, do próprio *sistema jurídico local (interno)*, como decisões do Supremo Tribunal Federal, programas normativos contidos em leis internas e na Constituição Federal brasileira.

Daí se pode dizer que, segundo a própria jurisprudência da Corte Interamericana, não é simplesmente a CADH que forma o padrão superior normativo que deve guiar os particulares e o Estado no respeito e garantia dos direitos humanos.

Há todo um conjunto de elementos jurídico-normativos que implementam um *diálogo normativo global, regional e local* e que viabiliza o chamado *Ius Constitutionale Commune na América Latina*. É uma construção jurídica que permite a proteção efetiva dos direitos humanos nessa região marcada pelo autoritarismo e pelas profundas desigualdades econômicas e sociais.

Em termos técnico-jurídicos, esse *diálogo global, regional e local (nacional)*, pensado pelo ICCAL, é realizado pela ideia de *Constituição Transnacional Interamericana de Direitos Humanos*, que produzirá uma profunda alteração no sistema jurídico brasileiro.

Nesse sentido, a CTIDH ocupará posição hierárquica superior no sistema jurídico brasileiro, servindo como fundamento de validade e de legitimidade para todas as normas, decisões e práticas jurídicas produzidas no seio do sistema jurídico brasileiro.

É interessante anotar que a CTIDH não é composta apenas por normas e práticas do sistema regional interamericano, mas também do sistema global (ou onusiano) e do sistema local (leis internas, Constituição brasileira). Essa *integração entre o global-regional-local*, característica do ICCAL, forma a Constituição Transnacional Interamericana de Direitos Humanos.

De qualquer forma, a CTIDH tem em si o vocábulo "interamericana", embora composta, também, por instrumentos jurídicos do sistema global ou onusiano. Isso porque a existência da CTIDH é observada por meio de uma análise da jurisprudência da Corte Interamericana. É essa jurisprudência que anuncia um modo específico de formação do Direito, que materialização a por nós criada Constituição Transnacional Interamericana de Direitos Humanos.

4.3. Direitos humanos: o denominador comum da CTIDH e do ICCAL

O diálogo entre o *geral, o regional e o local* na América Latina, proposto pelo *Ius Constitutional Comune na América Latina* (ICCAL), só é possível devido a um *denominador comum* a esses três âmbitos. Esse denominador comum são os *princípios de proteção dos direitos humanos*, do Estado de Direito e da democracia como guia de atuação do Estado. É esse denominador comum que permitirá o trânsito de categorias e instituições de uma ordem jurídica para outra. É esse *denominador comum* que deve guiar a *práxis*[55].

Por isso se pode afirmar que o ICCAL se baseia num *princípio comum de proteção dos direitos humanos* em torro do qual se articulam as ordens jurídico-normativas *global, regional e local.*

É assim que se opera também a CTIDH, que, ao articular, no sistema jurídico brasileiro, as ordens jurídico-normativas global, regional e local, retira o próprio fundamento de validade e legitimidade na *norma fundamental de direitos humanos*, conforme tivemos a oportunidade de apreciar nos capítulos 8 e 9.

Assim, a *proteção dos direitos humanos* é o grande denominador comum do ICCAL e da Constituição Transnacional Interamericana de Direitos Humanos: do ICCAL, que é o marco jurídico-teórico destinado à superação gradual das desigualdades sociais e econômicas e do autoritarismo marcantes na histórica da América Latina; da CTIDH, que é o instrumento jurídico-teórico capaz de implementar, no sistema jurídico brasileiro, as grandes ideias que se reúnem em torno do ICCAL.

4.4. Constituições nacionais: ponto de partida para se compreender uma constituição transnacional interamericana de direitos humanos

Dentro do sistema jurídico brasileiro, convivem a Constituição nacional e a Constituição Transnacional Interamericana de Direitos Humanos. A construção jurídica desta última é muito parecida, em alguns pontos essenciais, com a primeira.

Passemos a explicar isso.

55. Armin von Bogdandy; Mariela Morales Antoniazzi; Flávia Piovesan. Apresentação do livro: *Ius Constitutionale Commune* na América Latina, volume I, Marco conceptual, pág. 7. 2016.

A *Constituição (nacional) em sentido normativo* requer não a simples existência de um documento escrito, mas, sim, a existência de um (ou mais) documento impregnado de *princípios fundamentais* do constitucionalismo[56].

Por isso, a Constituição deve ter um *conteúdo específico*. Primeiro, ela deve ser constituída de regras que vinculem o corpo político. Segundo, nela deve haver *princípios materiais fundamentais*, como o princípio da separação de poderes, a *garantia de direitos e liberdades*, o controle político e/ou judicial do poder[57].

Percebe-se que a Constituição nacional não é um simples ser, isto é, uma simples descrição da estrutura de poder numa comunidade, mas é um *dever-ser*: há nela uma relação entre o texto e um *conteúdo específico*. Esse conteúdo específico é a consagração de *princípios fundamentais* numa ordem jurídico-política materialmente legitimada[58].

É preciso salientar que a *Constituição* é um conjunto de regras jurídicas (normas e princípios) *proeminente*, porque essas regras são dotadas de conteúdos com *valor específico superior* em uma comunidade política[59].

A *Constituição normativa* não se basta com regras jurídicas formalmente superiores, já que ela é um *dever-ser*, um *conceito de valor*. Por isso, as regras jurídicas da Constituição devem ser dotadas de *bondade material*. Essa bondade material é formada pela garantia de direitos e liberdades e pelos instrumentos que podem levar a essa garantia, como a separação de poderes, o controle do poder, o governo representativo[60].

A *Constituição normativa* é, portanto, um conjunto de regras jurídicas, algumas das quais cristalizadas em *costumes*, que revelam e garantem os direitos e liberdade fundamentais[61].

Daí que as *Constituições normativas* distinguem-se das *Constituições semânticas* ("Constituições de fachada"). Estas últimas têm um conjunto de regras, mas um conjunto de regras sem legitimidade constitucional.

Assim, a *Constituição normativa* contém regras jurídicas que estão em posição superior no sistema normativo interno. Por quê? Porque tais regras congregam *valores fundamentais* de uma comunidade política, ligados pela garantia de direitos e liberdades.

---

56. J. J. Gomes Canotilho. *Direito Constitucional e Teoria da Constituição*, pág. 1130. 7ª ed. 6ª reimpressão.
57. J. J. Gomes Canotilho. *Direito Constitucional e Teoria da Constituição*, pág. 1130. 7ª ed. 6ª reimpressão.
58. J. J. Gomes Canotilho. *Direito Constitucional e Teoria da Constituição*, págs. 1129 e 1130. 7ª ed. 6ª reimpressão.
59. J. J. Gomes Canotilho. *Direito Constitucional e Teoria da Constituição*, pág. 1131. 7ª ed. 6ª reimpressão.
60. J. J. Gomes Canotilho. *Direito Constitucional e Teoria da Constituição*, pág. 1131. 7ª ed. 6ª reimpressão.
61. J. J. Gomes Canotilho. *Direito Constitucional e Teoria da Constituição*, pág. 1131. 7ª ed. 6ª reimpressão.

São esses valores fundamentais que vão permitir que certas regras jurídicas ocupem o topo do sistema normativo interno de um país.

Nota-se que as Constituições normativas voltam-se, de início, para dentro da comunidade política. Enunciam-se elementos normativos que ordenam o Estado a partir da proteção e efetivação dos direitos e liberdades dentro de uma comunidade política específica.

Mas as *Constituições normativa modernas* voltam-se, também, para fora da comunidade política. As cláusulas de reenvio ou de abertura ou de simpatia, contidas nas próprias Constituições nacionais, impõe a estas uma abertura não a qualquer sistema internacional, mas ao *sistema normativo internacional de proteção aos direitos humanos.*

A CF/88 brasileira, nesse cenário, é uma típica *Constituição normativa moderna*, porque estrutura o poder estatal a partir da garantia de direitos. Ao mesmo tempo, ela se abre ao sistema internacional de direitos humanos por meio das cláusulas de reenvio ou de simpatia ou de abertura aos direitos (CF/88, art. 4º, II, e art. 5º, § 2º).

Se internamente a CF/88 associa o poder estatal à tarefa de garantia de direitos, ela, CF/88, busca a legitimidade interna do Estado na efetivação e garantia dos direitos e liberdades fundamentais.

Mas ela sabe que a fundamentação do Estado moderno não é apenas interna. A soberania estatal relativizou-se, porque, nos termos da própria CF/88, a legitimidade do Estado depende da chancela do sistema internacional de proteção aos direitos humanos.

A CF/88, por decisão dela própria, porque o Brasil não se pretende pária internacional, busca *novos fundamentos de validade*, que estão fora da ordem jurídica interna.

Daí surge a ideia de *Constituição Transnacional Interamericana de Direitos Humanos*, que bebe na fonte de validade da norma fundamental de direitos humanos – esta última o grande e último fundamento de validade de toda a ordem jurídica interna ou internacional.

É interessante que, ao visar à efetivação concreta dos direitos, a CTIDH em muito parece com a *Constituição nacional*. Por isso que dizemos a ideia de Constituição nacional é o ponto de partida para entendermos a CTIDH.

Em primeiro lugar, porque a CTIDH exige que o poder internacional (Comissão Interamericana de Direitos Humanos, Corte Interamericana de Direitos Humanos, Assembleia Geral da Organização dos Estados Americanos, entre outros) e o poder nacional (instituições nacionais) autem na preservação e garantia de direitos. A CF/88, por sua vez, exige que o Estado (poder interno) seja garante de direitos.

Assim, a *Constituição nacional* e a *Constituição Transnacional Interamericana de Direitos Humanos* têm em comum associar os poderes e as instituições aos valores fundamentais de proteção à pessoa. Ambas são *Constituições normativas*, porque em ambas os elementos normativos ligam-se a determinadas finalidades (dever-ser, valores) em geral voltadas ao dever jurídico de concretização de direitos e liberdades fundamentais.

Mas não é só nessa aproximação entre *poder e direitos* que a CTIDH se parece com uma *Constituição normativa nacional*. Esta última contém elementos com nítido *caráter fundacional*, ou seja, elementos que servem para conformar a ordem jurídica que venha a se formar. Assim, segundo os franceses, a Declaração dos Direitos do Homem e do Cidadão de 1789 funda e conforma o Estado francês; entre os portugueses, a Declaração Universal de Direitos Humanos funda e conforma o Estado português[62].

No caso do Brasil, o Estado brasileiro, aparentemente fundado pela CF/88, apresenta *elementos fundacionais* anteriores e posteriores à CF/88. Quem revela esses elementos fundacionais é a própria CF/88 com as cláusulas de abertura aos direitos humanos. Esses elementos fundacionais, é interessante anotar, antecedem a CF/88 porque já presentes anteriormente no Direito Internacional dos Direitos Humanos. Há elementos fundacionais, também, que sucedem a CF/88, já que alguns lançados após a CF/88 (vide tratados de direitos humanos aprovados após a CF/88). Isso revela que o Estado brasileiro é um Estado em construção – guiado pelas normas superiores de proteção aos direitos humanos.

São essas cláusulas de abertura aos direitos humanos que permitem revelar a existência, no sistema jurídico brasileiro, da Constituição Transnacional Interamericana de Direitos Humanos, a qual é recheada de elementos jurídicos fundacionais, isto é, de normas que fundam o Estado brasileiro edificado em 1988 e o Estado brasileiro que se pretende alcançar.

Em outras palavras, tanto a CF/88 quanto a CTIDH possuem elementos fundacionais, de modo que a CTIDH compartilha de algumas ideias que estão presentes em uma Constituição nacional.

Não bastasse a associação entre poder e direitos e a presença de elementos fundacionais, uma Constituição normativa nacional também assume função de *integração e coerência* dentro da ordem jurídica[63].

O mesmo se passa com a CTIDH. Esta última, ao trazer para dentro de si elementos normativos internos e internacionais, integra, coerentemente,

62. J. J. Gomes Canotilho. *Direito Constitucional e Teoria da Constituição*, págs. 1139 e 1140. 7ª ed. 6ª reimpressão.

63. J. J. Gomes Canotilho. *Direito Constitucional e Teoria da Constituição*, pág. 1140. 7ª ed. 6ª reimpressão.

todos os elementos do sistema jurídico brasileiro, a partir da norma fundamental de direitos humanos. Mais uma prova de que há similaridades entre a Constituição normativa nacional e a CTIDH.

Poderíamos dizer, por outro lado, que uma Constituição normativa nacional é um documento solene, formal, surgido de um processo rigoroso de aprovação diverso das leis comuns. Isso afastaria a CTIDH de uma Constituição nacional.

De fato, uma Constituição nacional é criada internamente, pelo Poder Constituinte Originário e renovada pelo Poder Constituinte Reformador.

Mas o que marca uma Constituição não é o método formal de aprovação das normas, e sim o estabelecimento de regras que fazem conformar o poder à tarefa de proteção de direitos. Por isso é que uma Constituição pode-se formar por meio de práticas reiteradas baseadas no costume, como se dá com a Constituição inglesa e com a Constituição de Israel.

Nesse sentido, a CTIDH não é dotada de normas que sempre seguirão um procedimento rígido de formação. A jurisprudência da Corte Interamericana de Direitos Humanos, por exemplo, pode compor a CTIDH, sem que essa jurisprudência seja, conforme sabemos, regras surgidas de um Poder Constituinte Originário ou Reformador.

Tudo isso é possível, porque as próprias Constituições nacionais modernas, ao abrirem-se para o sistema internacional de proteção, concordam em observar *standards internacionais (e mesmo nacionais) de proteção aos direitos*.

Se os elementos internos das Constituições nacionais focam na inter-relação entre poder estatal e direitos humanos, as Constituições nacionais promovem uma abertura para elementos normativos que combinam o nacional e o internacional na proteção dos direitos.

É daí que vem a CTIDH, que foca nos direitos humanos, porque os direitos humanos são o grande norte, a grande inspiração conferida às soberanias estatais.

Se a Constituição nacional tem a marca das normas materiais sobre poder nacional e direitos, a experiência internacional demonstrou que as normas internas sobre poder e direitos não bastavam para situar o Estado, no plano internacional, em uma ordem jurídica internacional de proteção aos direitos humanos.

Isso levou à constatação de que não bastava, com apenas Constituições nacionais, associar poder e direito. As Constituições nacionais, sozinhas, pecavam em acreditar na soberania estatal exclusiva como meio de proteção das pessoas.

Daí o surgimento de uma legitimidade também internacional do ordenamento jurídico interno e da própria Constituição nacional. É uma nova ordem normativa que exige a combinação de elementos normativos materiais superiores, voltados à proteção do ser humano, elementos normativos, esses, que, às vezes, ficam acima da própria Constituição no edifício jurídico--normativo de um país.

Eis, então, a CTIDH, no caso do Brasil. A CTIDH muitas vezes atrai a própria Constituição nacional, de modo que se enriquece de elementos normativos do sistema nacional e internacional.

A marca da CTIDH não é a de descrever o Poder, ao contrário do que se passa com algumas normas das Constituições nacionais. O foco da CTIDH é a proteção dos direitos humanos, servindo como um ambiente que legitima, normativamente, a construção jurídica do Estado nacional. No entanto, a CTIDH pode criar poderes e instituições internacionais capazes de promover a proteção dos direitos humanos.

A ideia de Constituição nacional não está ligada à existência posterior de poderes, de instituições estatais, além, é claro, da proteção de direitos?

Sim. E assim também acontece com a Constituição Transnacional Interamericana de Direitos Humanos. Além de documentos normativos protetivos de direitos, a CTIDH pressupõe a existência de poderes e instituições garantidores.

É que, se a Constituição nacional trabalha com instituições nacionais, a CTIDH, ao integrar o direito interno e o direito internacional dos direitos humanos, pressupõe a existência não apenas de instituições nacionais, como, também, de instituições internacionais garantidoras de direitos. No caso do Brasil, por exemplo, o Estado brasileiro se submete à Carta da Organização dos Estados Americanos, que é um tratado internacional que regula a Assembleia Geral da OEA a Comissão Interamericana de Direitos Humanos, e à Convenção Americana de Direitos Humanos, que instituiu a Corte Interamericana de Direitos Humanos.

Portanto, há, sim, uma inter-relação, presente na CTIDH, entre direitos e poderes, direitos e instituições, o que, mais uma vez, confere à CTIDH a natureza jurídica de uma verdadeira Constituição – embora uma Constituição Transnacional.

Constituição é o conjunto de princípios que se situa no vértice de *qualquer sistema normativo*, relativos a um número variado de entes, como Estados, organismos internacionais, a comunidade internacional[64]. Para nós, a CTIDH situa-se no vértice de todo ordenamento jurídico brasileiro, revelando-se como uma verdadeira Constituição.

---

64. Norberto Bobbio, Nicola Matteucci e Gianfranco Pasquino. *Dicionário de Política*, volume 1, pág. 259. 13ª ed.

A presença de *princípios substanciais* – que nem sempre estão reunidos em um documento único (vide Grã-Bretanha e Israel) – é o que marca uma Constituição[65]. Esses princípios substanciais, derivados da norma fundamental de direitos humanos, estão todos reunidos na CTIDH.

A Constituição (nacional) é a "norma das normas", composta não só por normas objetivas, mas, também, por uma *ordem de garantia dos direitos dos cidadãos no Estado*[66]. Do mesmo modo, a CTIDH, que congrega normas de conteúdo, isto é, de direitos humanos e que estão sobrepostas, situa-se no ápice do ordenamento jurídico brasileiro.

A CTIDH não é um *documento único*, mas um conjunto de elementos jurídico-normativos de várias matizes – como tratados internacionais, decisões da Corte Interamericana de Direitos Humanos, diplomas normativos internos de proteção de direitos (ex.: Estatuto da Criança e do Adolescente, Lei Maria da Penha, Código de Defesa do Consumidor), jurisprudência do Supremo Tribunal Federal. A propósito, mesmo normas derivadas da *práxis política*, embora não contidas no documento constitucional, podem fazer parte da Constituição[67].

No presente livro, demonstrou-se que a CTIDH faz parte do sistema jurídico brasileiro, situando-se no ápice desse sistema. Ela congrega elementos normativos que revelam valores fundamentais ligados aos direitos humanos. A CTIDH é o resultado da abertura que a CF/88 promove à normativa internacional de proteção aos direitos humanos.

Na América Latina, há um conjunto de valores normativos que une os respectivos países e que se manifesta por meio do sistema regional interamericano de direitos humanos.

Há, aí, uma verdadeira *Constituição Transnacional* – naquele sentido emprestado por Ana Maria Guerra Martins – de Constituição Transnacional como uma realidade que está além dos Estados e que os integra[68].

Essa *Constituição Transnacional* incorpora-se ao sistema normativo brasileiro, por meio das cláusulas de abertura ou de simpatia contidas no art. 4º, II, e no art. 5º, § 2º, da CF/88.

Para que a Constituição Transnacional Interamericana de Direitos Humanos seja operacional no Brasil, ela atrai para si elementos normativos internos e internacionais, dotando o Estado brasileiro da característica de

---

65. Norberto Bobbio, Nicola Matteucci e Gianfranco Pasquino. *Dicionário de Política*, volume 1, pág. 260. 13ª ed.
66. Cristina Queiroz. *Direito Constitucional*, pág. 119. 2009.
67. Cristina Queiroz. *Direito Constitucional*, pág. 122. 2009.
68. Ana Maria Guerra Martins. *Curso de Direito Constitucional da União Europeia*, pág. 124. 2004.

um verdadeiro partícipe da ordem internacional, sem a perda da essência e da soberania brasileiras.

De qualquer forma, a CTIDH tem muitas características marcantes de uma Constituição nacional. Ambas - a CTIDH e a CF/88 - convivem em plenitude no sistema jurídico brasileiro, a partir do fundamento comum e último de validade: a norma fundamental de direitos humanos.

4.5. A Constituição transnacional interamericana de direitos humanos haurida da própria CF/88: estatalidade aberta e o *Ius Constitutionalide Commune* na América Latina (ICCAL)

A ideia de um constitucionalismo transformador na América Latina se baseia na tríade direitos humanos, democracia e Estado de Direito. Essa tríade busca superar a exclusão social marcante nessa região do Globo. Para tanto, abandona-se o cardápio tradicional do conservadorismo, do liberalismo e do radicalismo, adotado na América Latina[69].

Trata-se de uma construção jurídica basicamente reunida no *Ius Constitutionale Commune* na América Latina, mediante a combinação da dogmática do *direito nacional* e do *direito internacional público*. Promove-se uma orientação metodológica focada em *princípios*, na *centralidade de direitos* e na estratégia de transformações sociais[70].

A Constituição Transnacional Interamericana de Direitos Humanos, construída a partir da análise da jurisprudência da Corte Interamericana de Direitos, apropria-se desses elementos fundamentais do ICCAL. A centralidade dos direitos e a análise focada em princípios - agrupadas pela norma fundamental de direitos humanos - promovem uma combinação intensa entre elementos jurídico-normativos internacionais e nacionais, dentro do marco principiológico do Estado social e democrático de Direito.

No ICCAL, associam-se o *direito interno do Estado*, o *direito internacional público universal*, o *direito de integração regional*, o *direito comparado* e a *teoria política*[71].

---

69. Armin von Bogdandy. *Ius Constitutionale Commune* na América Latina. Uma reflexão sobre um constitucionalismo transformador. *In*: *Ius Constitutionale Commune* na América Latina, volume I, Marco conceptual, págs. 12 e 13. 2016.

70. Armin von Bogdandy. *Ius Constitutionale Commune* na América Latina. Uma reflexão sobre um constitucionalismo transformador. *In*: *Ius Constitutionale Commune* na América Latina, volume I, Marco conceptual, pág.13. 2016.

71. Armin von Bogdandy. *Ius Constitutionale Commune* na América Latina. Uma reflexão sobre um constitucionalismo transformador. *In*: *Ius Constitutionale Commune* na América Latina, volume I, Marco conceptual, pág. 9. 2016.

Essa proposta metodológica é absorvida pelo novo sistema jurídico brasileiro que estamos a propor, construído a partir da norma fundamental de direitos humanos, em que a Constituição Transnacional Interamericana de Direitos Humanos apresenta-se como o bloco principiológico-normativo fundamental do sistema.

A *teoria política* auxilia esse empreendimento jurídico, já que a norma fundamental de direitos humanos, que se manifesta sob as tipologias universalista e do cosmopolitismo subalterno (confira-se capítulo 9), permite que a casa do Direito se abra para a realidade social.

O ICCAL é percebido nas próprias Constituições nacionais latino-americanas, as quais contêm dispositivos que as abrem a um discurso comum latino-americano em direitos humanos[72].

Nesse sentido, o direito interno se insere em contextos mais amplos do direito internacional, com o objetivo de se alcançar a transformação social[73].

Daí se pode lograr uma construção jurídico teórica mais ampla do sistema jurídico brasileiro. As disposições do direito interno permitem que o sistema nacional se abra para o direito internacional, com a possibilidade de se conceber um novo edifício teórico nomeado como Constituição Transnacional Interamericana de Direitos Humanos.

A Constituição Transnacional Interamericana de Direitos Humanos é um conglomerado de elementos jurídico-normativos cuja criação é autorizada pelo próprio direito interno brasileiro. Na Constituição Federal brasileira de 1988, há alguns dispositivos importantes que autorizam essa abertura do direito interno ao direito internacional - particularmente ao direito interamericano de direitos humanos.

A propósito, a República Federativa do Brasil rege-se, nas relações internacionais, pelo *princípio da prevalência dos direitos humanos* (CF, art. 4º, II).

Essa abertura do Brasil, nas relações internacionais, aos direitos humanos, baseia-se na *integração econômica, política, social e cultural dos povos da América Latina*, com o objetivo de se formar uma *comunidade latino-americana de Nações* (CF, art. 4º, parágrafo único).

Não bastasse, os direitos protegidos pela República Federativa do Brasil não são apenas aqueles previstos no direito interno, mas também aqueles

72. Armin von Bogdandy. *Ius Constitutionale Commune* na América Latina. Uma reflexão sobre um constitucionalismo transformador. *In*: *Ius Constitutionale Commune* na América Latina, volume I, Marco conceptual, pág. 17 a 23. 2016.

73. Armin von Bogdandy. *Ius Constitutionale Commune* na América Latina. Uma reflexão sobre um constitucionalismo transformador. *In*: *Ius Constitutionale Commune* na América Latina, volume I, Marco conceptual, pág. 23. 2016.

listados nos *tratados internacionais de direitos humanos* ratificados pelo Brasil (CF, art. 5º, § § 2º e 3º).

Assim, a CF/88 permite a construção de um *bloco de transconstitucionalidade interamericano*, com a formação de uma verdadeira Constituição Transnacional Interamericana de Direitos Humanos.

O sistema constitucional brasileiro se abre ao direito internacional dos direitos humanos, apropriando-se dos elementos normativos do sistema regional de direitos humanos, visando a implementar os direitos humanos sob a perspectiva de uma realidade comum latino-americana.

É por isso que se fala em *Constituição Transnacional Interamericana de Direitos Humanos. Interamericana*, porque há elementos comuns de direitos humanos nas Américas, particularmente na América Latina. *Transnacional*, porque temos a presença de elementos jurídico-normativos que cruzam de um lado para o outro do sistema jurídico nacional. Assim, na CTIDH, encontramos dispositivos e práticas jurídicas tanto do sistema nacional, quanto do sistema regional e, também, do sistema universal de direitos humanos.

No entanto, esse conglomerado disforme de elementos jurídico-normativos se reúne na norma fundamental de direitos humanos, a partir da realidade concreta comum latino-americana. Por isso se fala em Constituição *Interamericana*, que é uma construção teórico-jurídica haurida da própria Constituição brasileira, que se abre para o Direito Internacional dos Direitos Humanos, por meio de uma interação com os países latino-americanos, marcados por problemas em geral semelhantes de desigualdades sociais e econômicas e de regimes políticos autoritários.

Quando as Constituições nacionais, na América Latina, abrem-se, internacionalmente, para a prevalência dos direitos humanos, os sistemas jurídicos de cada país latino-americano apropriam-se de um *discurso jurídico comum latino-americano*. Daí se pode dizer que há, na região, um verdadeiro *constitucionalismo latino-americano transformador*, que se revela como o grande objetivo do ICCAL.

Esse *discurso comum latino-americano transformador* tem, na jurisprudência da Corte Interamericana, a grande voz que reverbera na região.

Tal discurso jurídico, no caso do Brasil, pode ser implementado pela Constituição Transnacional Interamericana de Direitos Humanos, mediante a combinação dos sistemas universal, regional e local, a partir da realidade latino-americana e, mais particularmente, da realidade sociojurídica brasileira.

Esses objetivos latino-americanos comuns, ressaltados pelo ICCAL, destinam-se a superar as injustiças percebidas na região, mediante a inclusão de grupos vulneráveis e o combate a diversos tipos de violência. Há, assim, discursos jurisprudenciais interamericanos inovadores, como a proibição da anistia por graves violações dos direitos humanos, o feminicídio, o desaparecimento forçado, a proteção especial dada a migrantes, aos povos indígenas e aos afrodescendentes[74].

Nesse sentido, articulam-se institutos emancipatórios, como a *indivisibilidade e interdependência dos direitos humanos*, em que os direitos sociais e os direitos civis não se separam, mas são analisados conjuntamente, de modo que uns não podem ser vistos de forma dissociada uns dos outros[75].

Para que o ICCAL se viabilize, o direito e os tribunais devem estar a serviço dos grupos marginalizados[76]. Por isso, o papel do Poder Judiciário brasileiro é essencial para assegurar a *força normativa da Constituição Transnacional Interamericana de Direitos Humanos*, a qual compõe, conforme visto por inúmeras vezes neste trabalho, o sistema jurídico brasileiro, dada a abertura epistemológica da Constituição Federal brasileira de 1988 aos direitos humanos a partir de uma perspectiva interamericana.

A construção desse novo Poder Judiciário, que para o formalismo tradicional seria voltado para o ativismo judicial, mas que na verdade é um Poder Judiciário comprometido com a democracia e os direitos humanos com base na realidade latino-americana, depende de uma série de fatores – entre os quais um programa enérgico de capacitação da Magistratura, uma academia crítica e construtiva e uma reforma na capacitação dos profissionais do Direito[77].

A implementação da CTIDH, portanto, depende muito do Poder Judiciário e dos demais atores que atuam no ambiente jurídico, como o Ministério Público, Defensorias Públicas, Advocacia Privada, Advocacia Pública, Polícias, entre outros.

Se a Constituição Federal brasileira de 1988 se abre ao direito internacional de direitos humanos – naquilo que, segundo Klaus Vogel, denomina-se de *estatalidade aberta*[78] –, a abertura aos novos ares dos direitos humanos depende, na prática, da atuação das instituições nacionais.

---

74. Armin von Bogdandy. *Ius Constitutionale Commune* na América Latina. Uma reflexão sobre um constitucionalismo transformador. *In*: *Ius Constitutionale Commune* na América Latina, volume I, Marco conceptual, págs. 24 e 25. 2016.
75. Armin von Bogdandy. *Ius Constitutionale Commune* na América Latina. Uma reflexão sobre um constitucionalismo transformador. *In*: *Ius Constitutionale Commune* na América Latina, volume I, Marco conceptual, pág. 25. 2016.
76. Armin von Bogdandy. *Ius Constitutionale Commune* na América Latina. Uma reflexão sobre um constitucionalismo transformador. *In*: *Ius Constitutionale Commune* na América Latina, volume I, Marco conceptual, pág. 25. 2016.
77. Armin von Bogdandy. *Ius Constitutionale Commune* na América Latina. Uma reflexão sobre um constitucionalismo transformador. *In*: *Ius Constitutionale Commune* na América Latina, volume I, Marco conceptual, pág. 31. 2016.
78. Armin von Bogdandy. *Ius Constitutionale Commune* na América Latina. Uma reflexão sobre um constitucionalismo transformador. *In*: *Ius Constitutionale Commune* na América Latina, volume I, Marco

Devido ao compromisso da Constituição Federal de 1988 com os valores comuns latino-americanos, podemos falar em uma verdadeira *interamericanização*[79], o que confere base jurídico-teórica à nossa Constituição Transnacional Interamericana de Direitos Humanos. Trata-se de um projeto teórico a favor dos projetos constitucionais vocacionados à transformação social.

Esses valores interamericanos comuns, que formam a base de sustentação da CTIDH, não são encontrados apenas na Convenção Americana de Direitos Humanos, ou seja, no subsistema convencional do sistema regional interamericano. No subsistema da Organização dos Estados Americanos, que também, a nosso sentir, pertence ao sistema regional interamericano, há vários documentos normativos importantes, que revelam princípios comuns interamericanos. Entre esses documentos, podemos citar a Carta Democrática Interamericana e a Carta Empresarial Interamericana, editados sob a forma de resolução da Organização dos Estados Americanos (confira-se o Capítulo 5).

4.6. O papel da cláusula de reenvio (ou cláusula de diálogo ou de abertura ou de simpatia), para a construção jurídica da constituição transnacional interamericana de direitos humanos: a permeabilidade e a estatalidade aberta

Por meio do *Estado aberto*, o constitucionalismo se abre para os direitos humanos, por meio de uma *integração normativa multinível* (integração do direito internacional, do direito supranacional e do direito constitucional)[80].

Na América Latina, esse fenômeno se dá mediante as chamadas *cláusulas de abertura* (ou cláusulas de *reenvio* ou *de diálogo* ou *de simpatia aos direitos*) relacionadas aos direitos humanos. Trata-se do fenômeno denominado de *estatalidade aberta* – conceito cunhado por *Klaus Vogel*, que descreve a abertura da esfera de competência do direito nacional do Estado, isto é, conforme afirma Karl-Peter Sommermann, a *permeabilidade* do ordenamento jurídico nacional[81].

---

conceptual, pág. 33. 2016.

79. Armin von Bogdandy. *Ius Constitutionale Commune* na América Latina. Uma reflexão sobre um constitucionalismo transformador. *In*: *Ius Constitutionale Commune* na América Latina, volume I, Marco conceptual, pág. 36. 2016.

80. Mariela Morales Antoniazzi. O Estado aberto: objetivo do *Ius Constitutionale Commune* em direitos humanos. *In: Ius Constitutionale Commune* na América Latina, volume I, Marco conceptual, pág. 54. 2016.

81. Mariela Morales Antoniazzi. O Estado aberto: objetivo do *Ius Constitutionale Commune* em direitos humanos. *In: Ius Constitutionale Commune* na América Latina, volume I, Marco conceptual, pág. 57. 2016.

As *cláusulas de abertura ou de reenvio ou de diálogo ou de simpatia aos direitos*, presentes nas Constituições modernas, promovem uma abertura do ordenamento jurídico interno ao direito internacional dos direitos humanos. Nota-se, aí, uma limitação imposta às soberanias estatais. Segundo a Corte Interamericana, o direito internacional acaba traçando limites à *discricionariedade estatal*, de modo que, ao lado das competências dos Estados, convergem requisitos da *proteção integral dos direitos humanos*[82].

De acordo com Javíer Garcia Roca, o Estado constitucional contemporâneo é um *Estado localizado internacionalmente*, especialmente em matéria de direitos humanos. No âmbito da União Europeia, essa abertura do Estado constitucional tem sido chamada de *dobradiça, cláusula europeia* ou *bridging mechanism*[83].

No Brasil, podemos falar, além da cláusula de abertura, em *cláusula de transubstanciação*. A CF/88, ao incorporar a ideia de CTIDH, permite que dispositivos da ordem interna transportem-se até a CTIDH, quando tais dispositivos tenham a força e a dignidade normativas necessárias à efetiva proteção dos direitos humanos. Lembremos que a CTIDH ocupa a posição hierarquicamente superior do sistema jurídico brasileiro, podendo prevalecer, até mesmo, sobre a Constituição Federal.

Daí se pode dizer que a *cláusula de transubstanciação* é uma decorrência da *cláusula de abertura*. Quando a Constituição Federal brasileira de 1988 se abre para a ordem jurídica internacional (cláusula de abertura), é possível incorporar, ao sistema jurídico brasileiro, um vasto conjunto normativo, composto não só por normas internacionais, mas, também, por normas internas – naquilo que denominamos de Constituição Transnacional Interamericana de Direitos Humanos.

É essa abertura constitucional que permite incorporamos a jurisprudência da Corte Interamericana, a qual, por sua vez, revela um conjunto de elementos jurídico-normativos, presentes na ordem interna e internacional, de proteção aos direitos humanos – conjunto, esse, que passa a compor a CTIDH.

Daí surge a *permeabilidade* do sistema jurídico, compreendendo-se por permeabilidade aquilo que se *pode transpassar, atravessar, passar de um lado a outro*. Isso significa a mudança de paradigma em direção a um *Estado não fechado*[84].

---

82. Corte Interamericana de Direitos Humanos. *Caso Castillo Petruzzi y otros versus Peru*. Sentença de 30.5.1999, § 101. Disponível em: https://www.corteidh.or.cr/docs/casos/articulos/seriec_52_esp.pdf.
83. Mariela Morales Antoniazzi. O Estado aberto: objetivo do *Ius Constitutionale Commune* em direitos humanos. *In: Ius Constitutionale Commune* na América Latina, volume I, Marco conceptual, pág. 57. 2016.
84. Mariela Morales Antoniazzi. O Estado aberto: objetivo do *Ius Constitutionale Commune* em direitos humanos. *In: Ius Constitutionale Commune* na América Latina, volume I, Marco conceptual, pág. 58. 2016.

Nesse sentido, a ordem constitucional interna brasileira, ao abrir-se para o direito internacional dos direitos humanos, não implica apenas a admissão normativa de dispositivos e princípios da ordem regional interamericana e da ordem universal (ONU).

A abertura constitucional, na verdade, seguindo os caminhos de uma ordem *permeável*, possibilita que elementos normativos do direito interno *migrem* de um ponto a outro do sistema.

Assim, um dispositivo, situado na Constituição ou no Código de Defesa do Consumidor, desde que proteja os direitos humanos, migra do sistema interno para a CTIDH.

Isso é a *permeabilidade* do sistema jurídico brasileiro: um elemento do direito interno pode deslocar-se até a Constituição Transnacional Interamericana de Direitos Humanos, sem que isso comprometa a integridade do sistema.

A *permeabilidade* só é possível, devido à *estatalidade aberta* contida na própria Constituição brasileira. Esta última se abre de tal maneira ao direito internacional dos direitos humanos, que dispositivos do direito interno podem ser transportados até a Constituição Interamericana de Direitos Humanos.

Esse cruzamento não se dá apenas de baixo para cima, isto é, da Constituição nacional para a Constituição Transnacional Interamericana de Direitos Humanos. O cruzamento pode-se dar de cima para baixo também. É comum que a Corte Interamericana comece definindo os direitos humanos a partir da Convenção Americana de Direitos Humanos. Os dispositivos da Convenção Americana descem até as Constituições e leis nacionais – até mesmo às decisões de Cortes Superiores nacionais –, para que se obtenham elementos jurídicos mais detalhados na proteção jurídica dos direitos humanos.

Essa descida da CADH até o direito interno promove o caminho inverso ao da subida da Constituição Federal à ordem internacional.

Há, portanto, duas possibilidades. Na primeira, com as *cláusulas de abertura ou de reenvio ou de abertura ou de simpatia aos direitos*, a Constituição nacional se abre para as ordens normativas universal e regional de proteção aos direitos humanos. Em sentido inverso, é possível que a definição dos direitos humanos se inicie nos tratados de direitos humanos (como, por exemplo, na CADH) e, depois, desça à Constituição ou às leis nacionais.

Há casos práticos interessantes, em que a ordem jurídica internacional acaba migrando para a ordem jurídica interna. Vejamos.

A Convenção Americana de Direitos Humanos pôs em movimento um *controle supranacional*, efetivada pela Comissão Interamericana e pela Corte Interamericana de Direitos Humanos. Em razão disso, foi implantado um *conjunto normativo* – por meio de tratados e convenções internacionais – que "(...) entra na corrente jurídica local e torna-se o direito positivo (...)".

Dessa maneira, o direito de resposta (ou de réplica) ou a "dupla instância nos elevadores do direito penal" passam a compor o direito positivo do Estado[85].

Assim, a *cláusula de abertura* aos direitos humanos, contida na CF/88, faz com que os tratados de direitos humanos, por exemplo, incorporem-se ao direito positivo brasileiro.

Essa cláusula de abertura permite desenvolver um setor, dentro do direito positivo brasileiro, que denominamos de Constituição Transnacional Interamericana de Direitos Humanos.

O redesenho do sistema jurídico brasileiro é verificado a partir da própria jurisprudência da Corte Interamericana de Direitos Humanos, em que se elevam, à categoria de Constituição Transnacional Interamericana de Direitos Humanos, diversos elementos jurídico-normativos, isto é, tanto diplomas normativos internos e internacionais e quanto decisões do Supremo Tribunal Federal e da própria Corte Interamericana.

Seja na migração da ordem interna para a ordem internacional, seja na migração da ordem internacional para a ordem interna, o processo de migração visa à delimitação dos elementos jurídico-normativos que irão compor a CTIDH. Esta última se forma, portanto, por meio de um *movimento de baixo para cima* e, também, por meio de um *movimento de cima para baixo*.

Esses movimentos são possíveis devido à cláusula de abertura presente na Constituição Federal brasileira de 1988 (estatalidade aberta) e, também, à própria permeabilidade do sistema jurídico brasileiro.

4.7. Constituição transnacional interamericana de direitos humanos: Cruzamento normativo e teoria da transubstanciação

Conforme vimos no subtópico anterior, para formar a Constituição Transnacional Interamericana de Direitos Humanos, os elementos jurídicos das ordens universal e regional e da ordem interna se mesclam, cruzam de um ponto a outro do sistema. Esse fenômeno de entrecruzamento recebe vários nomes na doutrina: *miscigenação jurídica* (J. Pampillo Baliño), *acoplamento* (Armin Von Bogdandy), *redes horizontais de colaboração*, *interconstitucionalidade* (J. J. Gomes Canotilho), *metaconstitucionalidade recíproca* (P. Cruz Villalón), *normativismo supranacional* (Gordillo), *transconstitucionalismo* (Marcelo Neves), *influxos e leituras simultâneas*[86].

---

85. J. C. Son Hitters. Son vinculantes los pronunciamentos de la Comisión y de la Corte Interamericana de Derechos Humanos? (control de constitucionalidade y convencionalidad). *Revista Iberoamericana de Derecho Procesal Constitucional*, n. 10, pág. 131 a 156, 2008.

86. Mariela Morales Antoniazzi. O Estado aberto: objetivo do *Ius Constitutionale Commune* em direitos humanos. *In: Ius Constitutionale Commune* na América Latina, volume I, Marco conceptual, págs. 58 e 59. 2016.

Referido cruzamento normativo vai desembocar na *teoria da transubstanciação*, isto é, na transformação do status normativo originário de um elemento jurídico-normativo. Uma lei nacional, como o Estatuto da Criança e do Adolescente, ao intensificar a proteção dos direitos humanos das crianças e dos adolescentes, deixa de ser uma simples lei interna, para compor o *bloco de transconstitucionalidade*, ou seja, o conjunto de elementos jurídico-normativos que integram a Constituição Transnacional Interamericana de Direitos Humanos.

4.8. A função das cláusulas de simpatia com os direitos (ou cláusulas de reenvio ou de abertura ou de diálogo), na construção de um padrão normativo comum (CTIDH) a partir da norma fundamental de direitos humanos

Cláusulas de simpatia com os direitos – também denominadas de cláusulas de reenvio ou de abertura ou de diálogo – são aquelas previsões constitucionais de abertura ao *standard* internacional de direitos humanos[87]. Por isso, a norma constitucional opera como uma *dobradiça*, de modo que o sistema constitucional de direitos se abre ao plano internacional. Por isso essas cláusulas são chamadas também de *normas constitucionais de reenvio ao internacional*[88].

As Constituições com cláusulas de simpatia aceitam as *futuras compreensões normativas* que venham de órgãos de garantia, como a Comissão Interamericana e a Corte Interamericana[89]. Daí a normatividade da jurisprudência da Corte Interamericana – jurisprudência, essa, que passa a integrar a Constituição Transnacional Interamericana de Direitos Humanos e que vincula inclusive os tribunais nacionais[90].

É interessante, conforme já foi visto várias vezes neste livro, que não só a jurisprudência da Corte Interamericana, mas, também, decisões judiciais

87. Ana Ruiz Legazpi. La cláusula de simpatia com los derechos em México: la aplicación de los tratados y la jurisprudencia internacional sobre los derechos humanos tras la reforma constitucional de 2011 (em especial, Convención y Corte Interamericana de Derechos Humanos. *Anuário Iberoamericano de Justicia Constitucional*, nº 17, pág. 288, Madrid, 2013.

88. Ana Ruiz Legazpi. La cláusula de simpatia com los derechos em México: la aplicación de los tratados y la jurisprudencia internacional sobre los derechos humanos tras la reforma constitucional de 2011 (em especial, Convención y Corte Interamericana de Derechos Humanos. *Anuário Iberoamericano de Justicia Constitucional*, nº 17, pág. 292, Madrid, 2013.

89. Ana Ruiz Legazpi. La cláusula de simpatia com los derechos em México: la aplicación de los tratados y la jurisprudencia internacional sobre los derechos humanos tras la reforma constitucional de 2011 (em especial, Convención y Corte Interamericana de Derechos Humanos. *Anuário Iberoamericano de Justicia Constitucional*, nº 17, pág. 293, Madrid, 2013.

90. Ana Ruiz Legazpi. La cláusula de simpatia com los derechos em México: la aplicación de los tratados y la jurisprudencia internacional sobre los derechos humanos tras la reforma constitucional de 2011 (em especial, Convención y Corte Interamericana de Derechos Humanos. *Anuário Iberoamericano de Justicia Constitucional*, nº 17, págs. 297 e 298, Madrid, 2013.

provindas das Cortes Supremas nacionais possuem eficácia vinculativa. Basta que tais decisões judiciais nacionais, que possam vir a formar jurisprudência, protejam os direitos humanos.

Ao se abrir para o sistema internacional de proteção aos direitos humanos, a Constituição permite que o próprio direito interno alcance outra dignidade normativa. É a partir dessa abertura que o direito interno irá compor o bloco de transconstitucionalidade, passando a fazer parte da Constituição Transnacional Interamericana de Direitos Humanos.

Daí nasce uma intensa dignidade normativa para os elementos jurídicos (diplomas normativos, decisões judiciais) nacionais e internacionais, os quais se engajam com o objetivo de se alcançar a efetiva proteção aos direitos humanos.

Não é por acaso que a Suprema Corte de Justiça mexicana decidiu que os juízes nacionais se encontram vinculados aos direitos humanos estabelecidos na Constituição mexicana e nos tratados internacionais. Daí que os juízes nacionais devem observar os *critérios judiciais* (isto é, os critérios fixados pela Suprema Corte de Justiça mexicana) e os *critérios interpretativos da Corte Interamericana*, sempre com a finalidade de *garantir a maior proteção de direitos*[91].

A Suprema Corte de Justiça mexicana, portanto, estabeleceu que os juízes nacionais se vinculam, em matéria de direitos humanos, tanto à jurisprudência da referida Corte nacional, quanto à jurisprudência da Corte Interamericana de Direitos Humanos. Referidas jurisprudências interna e internacional serão adotadas com a finalidade de se garantir a maior proteção aos direitos humanos.

Daí se nota a existência de um *standard jurisprudencial protetivo dos direitos humanos*, com caráter vinculante inclusivo em relação aos juízes e juízas nacionais.

Nota-se que o *corpus iuris de direitos humanos* não é composto apenas por tratados internacionais e pela jurisprudência da Corte Interamericana, mas também pela *jurisprudência da Corte Suprema de Justiça* – no caso do Brasil, pela jurisprudência do Supremo Tribunal Federal.

Daí que há um conjunto de elementos normativos disformes, diversos, que compõem uma *rede normativa de proteção aos direitos humanos* – na qual se incluem até mesmo decisões de Cortes Supremas internas.

A *vis atractiva* dessa rede normativa é a *melhor proteção aos direitos humanos*, o que faz desaguar vários elementos jurídico-normativos nas comportas da Constituição Transnacional Interamericana de Direitos Humanos.

---

91. Suprema Corte de Justiça mexicana, Resolução de 14 de julho de 2011, Considerandos 19 a 22 e Considerandos 42 e 43. *Apud* Ana Ruiz Legazpi. La cláusula de simpatia com los derechos em México: la aplicación de los tratados y la jurisprudencia internacional sobre los derechos humanos tras la reforma constitucional de 2011 (em especial, Convención y Corte Interamericana de Derechos Humanos. *Anuário Iberoamericano de Justicia Constitucional*, nº 17, pág. 300, Madrid, 2013.

A Constituição Transnacional Interamericana de Direitos Humanos é a figuração ou representação jurídica da norma fundamental de direitos humanos. Esta última, construída teoricamente por meio das tipologias universalistas e do cosmopolitismo subalterno, desce da teoria e vai atrair, para o entreposto jurídico da CTIDH, os elementos jurídico-normativos que melhor protejam os direitos humanos.

Nesse sentido, a CTIDH, que ocupa posição de primazia no sistema jurídico brasileiro, vai fixar um *padrão jurídico-normativo* ao qual se deve render qualquer lei, tratado, decisão judicial interna ou internacional, política pública adotada pelo Poder Executivo, conduta privada, políticas empresariais, ou seja, toda tomada de posição jurídica que venha referir-se aos direitos humanos.

Focada na melhor proteção aos direitos humanos, a CTIDH cultiva um diálogo jurisdicional entre a Corte Interamericana e as Supremas Cortes nacionais, entre leis internas, a Constituição[92] e tratados e outros diplomas internacionais de direitos humanos.

Abandona-se, então, a hermética pirâmide centrada no *state approach* e abre-se ao discurso normativo centrado no *human rights approach*, caracterizado pela permeabilidade da ordem jurídica[93].

Além de cláusula de abertura (ou de simpatia ou de reenvio ou de diálogo), a abertura da Constituição à ordem jurídica internacional é também chamada de *princípio da abertura internacional* ou de *princípio internacionalista*. O Estado, então, passa a ser incluído na comunidade internacional por força da própria Constituição nacional. Esta última deixa de ter o monopólio da regulação normativa, de modo que o *direito internacional* passa a ser o direito do próprio País, fixando princípios e regras como *medidas de justiça* vinculativas da própria ordem jurídica interna[94].

Nota-se que, com a cláusula de abertura, conforme temos proposto com a Constituição Transnacional Interamericana de Direitos Humanos, os

---

92. Quando se abre para o sistema internacional, a Constituição deixa de ocupar o topo da pirâmide jurídica. Isso não significa que a Constituição nacional perca a importância. Ao contrário. O catálogo de direitos humanos previsto na Constituição continua se situando no ápice do sistema jurídico, mas agora com a natureza de Constituição Transnacional Interamericana de Direitos Humanos. Não se pode esquecer de que o nascedouro dos direitos individuais deve-se muito à ideia de Constituição. Os direitos individuais, cuja proteção nasce das lutas burguesas contra o abuso de poder das monarquias absolutas, são até hoje invocados por socialistas quando o abuso de poder parte da burguesia (Norberto Bobbio. *Teoria Geral da Política*, pág. 278. 19ª reimpressão. 2000). Invocar a Constituição, muitas vezes, é solicitar a proteção de direitos fundamentais.

93. Flávia Piovesan. *Ius Constitutionale Commune* em direitos humanos e constitucionalismo regional transformador: o impacto do sistema interamericano. *In*: *Ius Constitutionale Commune* na América Latina, volume I, Marco conceptual, pág. 87. 2016.

94. J. J. Gomes Canotilho. *Direito Constitucional e Teoria da Constituição*, pág. 369. 7ª ed. 6ª reimpressão.

elementos jurídicos internacionais passam a compor o próprio direito positivo brasileiro. Daí se pode falar em uma verdadeira *amizade para com o direito internacional*, o que conduz à ideia de *Estado internacionalmente limitado*[95].

Passa-se, portanto, a levar em conta alguns princípios e regras de direito internacional como *medidas de justiça*. Isso justifica a aplicação do *princípio da interpretação em conformidade com os direitos humanos*[96], o que se confunde com a força atrativa da norma fundamental de direitos humanos. Esta última, que promove uma configuração da Constituição Transnacional Interamericana de Direitos Humanos, só permite que um elemento jurídico faça parte da CTIDH, se esse elemento normativo proteger os direitos humanos.

É por isso que a abertura do direito interno ao direito internacional dos direitos humanos permite considerar que o fundamento último do sistema jurídico seja a norma fundamental de direitos humanos.

Abrir-se ao direito internacional não significa abrir-se a qualquer direito internacional, mas sim a um direito internacional que, tal como o direito interno, esteja vinculado à norma fundamental de direitos humanos.

A norma fundamental de direitos humanos organiza e fundamenta toda a ordem jurídica brasileira, composta por elementos jurídicos internos e internacionais. Eis a grande função das cláusulas de simpatia aos direitos: permitir a abertura do direito interno ao direito internacional, de modo que ambos os direitos se reúnam em um só direito – o sistema jurídico brasileiro –, sempre a partir da norma fundamental de direitos humanos.

4.9. Por que a constituição transnacional de direitos humanos está no topo do sistema jurídico brasileiro, segundo se nota da jurisprudência da Corte Interamericana de Direitos Humanos?

Conforme analisado no decorrer deste trabalho, o Brasil se submete às decisões da Corte Interamericana de Direitos Humanos. Esta última é a que dá a última palavra sobre a interpretação da Convenção Americana de Direitos Humanos no Brasil.

Isso significa que não só as sentenças contra o Brasil, mas toda a jurisprudência da Corte Interamericana é vinculante ao Estado brasileiro em matéria de direitos humanos.

Conforme já visto, a jurisprudência da Corte Interamericana de Direitos Humanos promove uma interação entre o *corpus juris internacional* e o *corpus*

95. J. J. Gomes Canotilho. *Direito Constitucional e Teoria da Constituição*, pág. 369. 7ª ed. 6ª reimpressão.
96. J. J. Gomes Canotilho. *Direito Constitucional e Teoria da Constituição*, pág. 369. 7ª ed. 6ª reimpressão.

juris interno dos Estados partes na Convenção Americana. Dessa interação é que nasce a proteção específica a cada um dos direitos humanos.

Daí surge a nossa ideia de Constituição Transnacional Interamericana de Direitos Humanos. Esta última, como componente do sistema jurídico brasileiro, congrega elementos jurídicos internos e internacionais, a partir da norma fundamental de direitos humanos e, assim, passa a ocupar um espaço particular dentro do sistema jurídico brasileiro.

Em outras palavras, a Constituição Transnacional Interamericana de Direitos Humanos ocupa um espaço específico no sistema jurídico brasileiro – e esse espaço é na parte de cima, no cimo, no lugar mais elevado desse sistema.

Esse desenho normativo é percebido da própria jurisprudência da Corte Interamericana de Direitos Humanos, que dá a última palavra sobre a interpretação da Convenção Americana de Direitos Humanos no Brasil.

O Brasil, por todos os seus órgãos e instituições, deve seguir não apenas a Convenção Americana, mas toda a interpretação que a Corte Interamericana promove sobre a Convenção Americana. Como esta última é o ponto de partida em matéria de direitos humanos, segue-se que as instituições brasileiras – incluindo as judiciárias – encontram-se vinculadas aos parâmetros interpretativos assinalados pela Corte Interamericana de Direitos Humanos.

O Brasil incorporou internamente a Convenção Americana de Direitos Humanos em 1992 e, em 1998, passou a sujeitar-se às sentenças da Corte Interamericana de Direitos Humanos, que é uma instituição judicial criada pela CADH.

Nesse sentido, o Estado parte na Convenção Americana de Direitos Humanos deve observar não apenas a CADH, mas a interpretação que a Corte Interamericana promove sobre esse importante tratado internacional[97]. Esse dever abrange as instituições judiciárias nacionais e órgãos ligados à administração da justiça[98], mas não só: abrange também todo e qualquer órgão ou instituição estatal[99].

É interessante que a própria CADH, em seu art. 29, estipula que deve haver a prevalência da norma mais favorável aos direitos humanos – não importa se essa norma seja do direito interno ou do direito internacional.

Isso nos leva à compreensão de que o sistema jurídico brasileiro é composto por normas internas e internacionais – e as normas que mais protejam

97. Corte Interamericana de Direitos Humanos. *Caso Almonacid Arellano e outros vs. Chile*, sentença de 26 de setembro de 2006, § 124.

98. Corte Interamericana de Direitos Humanos. *Caso Cabrera García e Montiel Flores vs. México*, sentença de 26 de setembro de 2010.

99. Corte Interamericana de Direitos Humanos. *Caso Trabalhadores da Fazenda Brasil Verde vs. Brasil*, sentença de 20 de outubro de 2016.

os direitos humanos são as que prevalecem, as que ocupam posição de proeminência jurídica, que estão no topo do sistema jurídico brasileiro.

É daí que retiramos a Constituição Transnacional Interamericana de Direitos Humanos, que, fazendo parte do ordenamento jurídico brasileiro, congrega elementos jurídicos internos e internacionais. O ordenamento jurídico brasileiro, portanto, não é um conglomerado apenas de normas internas, mas, também, de elementos normativos internacionais que se incorporaram ao sistema jurídico brasileiro.

É a própria jurisprudência da Corte Interamericana de Direitos Humanos, vinculativa ao Brasil, que desenha a existência de uma verdadeira Constituição Transnacional Interamericana de Direitos Humanos incorporada ao nosso sistema jurídico de elementos normativos.

Há, então, uma norma fundamental de direitos humanos, conforme já vimos neste trabalho, que vai conceder fundamento de validade à Constituição Transnacional Interamericana de Direitos Humanos e, em última análise, a todo o sistema jurídico brasileiro.

O estar no topo do sistema jurídico brasileiro permite que a CTIDH atraia normas da Constituição Federal de 1988, desde que essas normas se afinem com a proteção intensa aos direitos humanos derivada da norma fundamental de direitos humanos.

O contrário também pode ocorrer. A CTIDH, estando no topo do sistema jurídico brasileiro, pode repudiar normas que estão previstas na própria Constituição brasileira de 1988. Trata-se de um fenômeno que pode impressionar quem esteja acostumado a lidar exclusivamente com o Direito Constitucional. Mas é um fenômeno recorrente nas sentenças da Corte Interamericana de Direitos Humanos, cuja jurisprudência vincula o Estado brasileiro.

Assim, a Constituição Federal brasileira e a interpretação que o Supremo Tribunal Federal lhe conceda podem violar a Constituição Transnacional Interamericana de Direitos Humanos – tudo a demonstrar que esta se situa no ápice do nosso sistema jurídico de normas.

4.10. Quando a Constituição nacional viola a Constituição Transnacional Interamericana de Direitos Humanos

O Brasil é um Estado parte da Convenção Americana de Direitos Humanos. Segundo esta última, o Estado parte tem que respeitar e garantir os direitos nela reconhecidos (art. 1º), comprometendo-se, inclusive, o dever de adotar disposições do direito interno nesse sentido (art. 2º).

Esse dever de respeito e de garantia, que leva ao dever de adoção de disposições de direito interno garantidoras, impõe ao Estado que altere até mesmo sua Constituição, se esta última colidir com os direitos humanos previstos na Convenção.

É interessante que uma norma da Constituição pode prevalecer sobre a CADH, desde que a primeira proteja mais intensamente um determinado direito humano. O contrário também pode ocorrer. É o que dispõe o art. 29, *a* e *b*, da CADH, que demonstra haver um fundamento superior do ordenamento jurídico. Esse fundamento superior é o que temos denominado de *norma fundamental de direitos humanos*.

Nesse fluxo de ideias, as normas mais favoráveis ao ser humano ocupam uma posição de proeminência no ordenamento jurídico brasileiro. Essas normas (e práticas jurisprudenciais nacionais e internacionais, e condutas de organizações internacionais) passam a fazer parte da Constituição Transnacional Interamericana de Direitos Humanos.

É interessante que mesmo um elemento do direito interno (lei, Constituição, jurisprudência do Supremo Tribunal) pode vir a compor o bloco de transconstitucionalidade, fazendo parte, então, da Constituição Transnacional Interamericana de Direitos Humanos.

Isso significa que é a Constituição Transnacional Interamericana de Direitos Humanos que ocupa o topo do ordenamento jurídico, e não mais a Constituição Federal.

Esta última, é claro, quando contiver elementos jurídicos mais protetivos aos direitos humanos – e geralmente o terá, porque as Constituições modernas são bastante garantistas –, passará a integrar a Constituição Transnacional Interamericana de Direitos Humanos.

Nesse cenário, a Constituição nacional estará no topo do ordenamento jurídico, porque pertencente à Constituição Transnacional Interamericana de Direitos Humanos.

Passemos a analisar situações em que a Constituição nacional pode violar a Constituição Transnacional Interamericana de Direitos Humanos.

4.10.1. Caso "a última tentação de cristo"

No Caso "A Última Tentação de Cristo" (Caso Olmedo Bustos e outros vs. Chile), a Corte Interamericana estabeleceu, como dever de garantia, que o Estado chileno alterasse as normas jurídicas internas – no que se incluiu a alteração da própria Constituição. Nota-se que o dever de garantia impõe, entre outras coisas, que o Estado adapte o ordenamento jurídico às normas da Convenção Americana de Direitos Humanos (CADH).

Esse dever de o Estado modificar o próprio direito interno resulta de uma norma consuetudinária do Direito Internacional. Segundo essa norma consuetudinária, quando aprova um tratado internacional de direitos humanos, o Estado deve adequar o ordenamento jurídico interno a esse tratado (§ 87 da sentença). As medidas do direito interno, portanto, devem ser efetivas (teoria do efeito útil) (§ 87 da sentença).

A Corte Interamericana de Direitos Humanos entendeu que, "ao manter a censura cinematográfica no ordenamento jurídico chileno (art. 19, 12, da Constituição Política e Decreto-lei nº 679), o Estado está descumprindo o dever de adequar o direito interno à Convenção, de modo que se devem tornar efetivos os direitos consagrados na CADH, conforme estabelecem os arts. 2 e 1.1 da CADH"[100].

Nesse sentido, quando a Corte Interamericana determina que o Estado chileno altere as disposições constitucionais violadoras do direito à liberdade de expressão, a Corte está concedendo uma forma de reparação não pecuniária, que, muitas vezes, é até mais importante do que a reparação pecuniária[101].

4.10.2. Propriedade/posse dos povos indígenas sobre as terras tradicionais – violação da CF/88 (bens da união) à constituição transnacional interamericana de direitos humanos

Segundo o art. 20, XI, da CF/88, são bens da União as terras tradicionalmente ocupadas pelos indígenas.

Essa disposição constitucional viola a Constituição Transnacional Interamericana de Direitos Humanos. Conforme se sabe, esta última é composta pelo *corpus juris internacional* e pelo *corpus juris interno* protetivos dos direitos humanos. Ambos os *corpus juris* podem abranger até mesmo a jurisprudência interna ou internacional mais protetiva.

Examinando a matéria, observa-se que a jurisprudência internacional da Corte Interamericana e a normativa internacional estipulam que as terras tradicionalmente ocupadas pelos indígenas são de *propriedade dos indígenas*, e não de propriedade da União.

Nos termos da Convenção nº 169 da OIT sobre Povos Indígenas e Tribais, ratificada pelo Brasil, os indígenas têm direito de propriedade e de posse sobre as terras que tradicionalmente ocupam (art. 14).

Por sua vez, o direito de propriedade, previsto no art. 21 da CADH, há de ser entendido, quanto aos povos indígenas, como um direito à propriedade

100. Corte Interamericana de Direitos Humanos. Caso Olmedo Bustos e outros vs. Chile-"A Última Tentação de Cristo", sentença de mérito, custas e reparações, de 5 de fevereiro de 2001, § 88.

101. Voto concordante do Juiz Antônio Augusto Cançado Trindade, § 25. *In:* Corte Interamericana de Direitos Humanos. Caso Olmedo Bustos e outros vs. Chile-"A Última Tentação de Cristo", sentença de mérito, custas e reparações, de 5 de fevereiro de 2001.

coletiva da terra. Esse direito é ligado aos costumes, às tradições, ao modo de vida dos povos indígenas, de modo que a propriedade coletiva, na hipótese, é um modo diferente de olhar o direito de propriedade clássico, de feição individualista. Por isso, a Corte Interamericana reconhece o *direito de propriedade dos indígenas sobre as terras tradicionais*[102].

Nota-se que a CF/88 viola o *corpus juris internacional* (jurisprudência da Corte Interamericana + art. 14 da Convenção nº 129 da OIT) presente na Constituição Transnacional de Direitos Humanos. Como se deve adotar a norma mais favorável aos direitos humanos, não importa de onde ela provenha (de elementos jurídica internos ou internacionais), nota-se que o art. 20, XI, da CF/88, ao reconhecer como bens da União as terras tradicionais indígenas, é inválida diante do parâmetro superior contido na Constituição Transnacional Interamericana de Direitos Humanos.

4.10.3. Dever jurídico de modificação da Constituição Nacional, para proteção dos direitos das mulheres (Convenção Belém do Pará)

Segundo o art. 2º, *a*, da Convenção sobre a Eliminação de Todas as Formas de Discriminação contra a Mulher, os Estados devem modificar suas próprias Constituições nacionais para assegurar a igualdade entre mulheres e homens.

Trata-se de um dispositivo do *corpus juris internacional* que compõe a Constituição Transnacional Interamericana de Direitos Humanos. Caso a Constituição nacional deixe de estipular a igualdade entre homens e mulheres ou o faça de modo insuficiente, ela, Constituição nacional, deve ser modificada.

Nota-se, portanto, que o fundamento de validade da Constituição nacional são as disposições de direitos contidas na Constituições Transnacional Interamericana de Direitos Humanos.

5. BLOCO DE TRANSCONSTITUCIONALIDADE OU DE TRANSCONVENCIONALIDADE: DEFINIÇÃO DOS ELEMENTOS QUE COMPÕEM A CONSTITUIÇÃO TRANSNACIONAL INTERAMERICANA DE DIREITOS – DIFERENÇA ENTRE BLOCO DE TRANSCONSTITUCIONALIDADE OU DE TRANSCONVENCIONALIDADE E OS BLOCOS DE CONSTITUCIONALIDADE E DE CONVENCIONALIDADE

A Constituição Transnacional Interamericana de Direitos Humanos ocupa uma posição hierárquica de proeminência dentro do ordenamento jurídico brasileiro.

---

102. Corte Interamericana de Direitos Humanos. *Caso do Povo Indígena Xucuru e seus membros vs. Brasil*. Sentença de 5 de fevereiro de 2018 (Exceções Preliminares, Mérito e Reparações), § § 115 e 116).

Não é ela um conjunto de elementos normativos que estão fora do sistema jurídico brasileiro de normas, mas é uma parte integrante deste. E não qualquer parte integrante, já que se encontra na parte de cima, na parte superior do sistema jurídico brasileiro.

A Constituição Transnacional Interamericana de Direitos Humanos apresenta-se como *parâmetro superior de controle* das normas e condutas praticadas no plano doméstico. Qualquer conduta, norma - particular ou estatal - que violar a Constituição Transnacional Interamericana de Direitos será nula, devendo ser invalidada pelo Poder Judiciário nacional.

É preciso, então, conhecer os elementos jurídicos que compõem a Constituição Transnacional Interamericana de Direitos Humanos. Esses elementos fazem parte daquilo que denominamos de *bloco de transconstitucionalidade ou de transconvencionalidade* - duas expressões sinônimas.

Trans tem pelo menos dois significados. O primeiro: algo que vai além. O segundo: algo que transita de um lugar para o outro.

Assim, temos *bloco de transconstitucionalidade*, porque, primeiro, as normas que o compõem "vão além" da Constituição Federal. "Vão além", porque, caso protejam com mais força os direitos humanos, poderão estar acima da própria Constituição Federal. Segundo, porque tais normas "transitam de um lugar para o outro". Isso significa que uma norma, da Constituição Federal, com força normativa significativa na proteção dos direitos humanos, sai da Constituição Federal e passa a ocupar uma posição dentro da Constituição Transnacional Interamericana de Direitos Humanos.

Bloco de transconstitucionalidade, portanto, abrange normas que vão além da Constituição Federal, superando-a em termos de hierarquia normativa. Essas normas, inclusive, podem estar dentro da própria Constituição e pertencer (ir de um lugar para o outro) à própria Constituição Transnacional Interamericana de Direitos Humanos.

O *bloco de transconstitucionalidade* também é chamado de *bloco de transconvencionalidade*. Isso porque as normas que compõem esse bloco podem "ir além" do bloco de convencionalidade ou "transitar" do bloco de convencionalidade até o bloco de transconvencionalidade.

O bloco de convencionalidade, conforme veremos, é ocupado pelo *corpus juris internacional* de normas protetivas dos direitos humanos. Assim, elementos normativos do sistema regional interamericano e do sistema universal de direitos humanos compõem o bloco de convencionalidade. Esses elementos normativos do *corpus juris internacional* transitam entre o bloco de convencionalidade e o bloco de transconvencionalidade, que é mais amplo do que o primeiro. Se um elemento normativo faz parte do bloco de convencionalidade também o fará do bloco de transconvencionalidade.

Por outro lado, o bloco de transconvencionalidade "vai além" do bloco de convencionalidade, porque composto por elementos normativos que não fazem parte deste último.

Expliquemos melhor o assunto.

O bloco de convencionalidade é integrado pelo *corpus juris internacional* de direitos humanos. Já o bloco de transconvencionalidade é composto não só pelo *corpus juris internacional* de direitos humanos, mas, também, por elementos normativos que fazem parte do direito interno brasileiro. Assim, uma norma da Constituição Federal ou de uma lei interna, um entendimento consolidado do Supremo Tribunal sobre um determinado tema – tudo isso pode vir a compor o bloco de transconvencionalidade, mas não o bloco de convencionalidade. Para tanto, basta que o elemento normativo do direito interno destaque-se, juridicamente, na proteção dos direitos humanos.

Por isso se pode afirmar que o *bloco de transconstitucionalidade ou de transconvencionalidade* pode abranger os elementos do bloco de constitucionalidade e do bloco de convencionalidade. Porém, o primeiro "vai além" dos dois últimos.

O *bloco de transconstitucionalidade ou de transconvencionalidade* pode ser conceituado como o conjunto de elementos jurídicos nacionais e internacionais que compõem a Constituição Transnacional Interamericana de Direitos Humanos.

Conforme veremos, é a jurisprudência da Corte Interamericana de Direitos Humanos que revela os elementos que vão compor a CTIDH. Há julgados importantes da Corte Interamericana que definem *certos direitos humanos* (como, por exemplo, o direito à saúde) a partir de uma conjugação entre o *corpus juris internacional* e o *corpus juris interno* de determinado país.

Até então, os estudos falavam em bloco de convencionalidade, isto é, de elementos normativos do *corpus juris internacional.* Compõem esse bloco tratados internacionais e outros instrumentos normativos internacionais tanto do sistema regional interamericano quanto do sistema universal (onusiano). A jurisprudência da Corte Interamericana de Direitos Humanos e práticas de organizações internacionais também compõem o bloco de convencionalidade.

O que não se percebeu, contudo, é que o *corpus juris interno* dos países em julgamento pela Corte Interamericana de Direitos Humanos também é relevante para definir e delimitar aqueles direitos humanos em discussão.

A Corte Interamericana de Direitos Humanos, a propósito, ao descobrir a essência normativa de um determinado direito humano, reúne o *corpus juris internacional* e o *corpus juris interno* de um determinado Estado.

No que se refere ao *corpus juris interno*, a Corte Interamericana costuma reunir normas da Constituição nacional e até de leis internas, além da jurisprudência da Corte Suprema do País. Para fazer parte do *corpus juris interno*, basta que o elemento se destaque na proteção dos direitos humanos.

Saber que a configuração de um direito humano específico depende da conjugação do *corpus juris internacional* e do *corpus juris interno* não é um empreendimento meramente acadêmico. Essa conjugação forma o bloco de transconstitucionalidade ou de transconvencionalidade. Essa conjugação funda a Constituição Transnacional Interamericana de Direitos Humanos. E é esse bloco, é essa Constituição Transnacional que gestam o *parâmetro superior* que o Poder Judiciário nacional deve levar em conta ao analisar a validade das condutas e normas domésticas. Portanto, uma norma ou conduta doméstica que violar o bloco de transconstitucionalidade será inválida.

Quando se estuda apenas o bloco de constitucionalidade em sentido estrito, é apenas a Constituição Federal (e normas correlatas) que é levada em consideração. Quando se estuda o bloco de convencionalidade, é só o *corpus juris internacional* que é levado em consideração. Já, quando se estuda o bloco de transconstitucionalidade ou de transconvencionalidade, é o *corpus juris internacional* que é levado em conta. Mas não só. O *corpus juris interno* também poderá fazer parte desse bloco.

Isso significa que a Constituição não se mostra isolada no mundo jurídico da proteção dos direitos humanos (bloco de constitucionalidade). Isso demonstra que não é só o *corpus juris internacional* que é levado em conta na proteção dos direitos humanos (bloco de convencionalidade). Há uma verdadeira interação entre o *corpus juris internacional* e o *corpus juris interno* no respeito e na garantia dos direitos humanos.

Assim, os elementos jurídicos internos e os elementos jurídicos internacionais não se isolam. Há uma verdadeira integração interna e internacional, reunida no seio do próprio sistema jurídico brasileiro. Não há um isolamento normativo, mas uma verdadeira comunhão normativa, a revelar que o plano normativo interno e o plano normativo internacional existem na medida em que tenham a grande missão de tutelar os direitos humanos.

O bloco de transconstitucionalidade ou de transconvencionalidade demonstra que a proteção dos direitos humanos não é uma aspiração apenas interna nem apenas internacional, mas, sim, uma dupla preocupação, que abrange as fronteiras internas do Estado e alcança os relevos da geografia internacional.

Além disso, ao conjugar não só normas jurídicas internas e internacionais, mas também a jurisprudência nacional e internacional de proteção aos direitos humanos, o bloco de transconstitucionalidade permite um diálogo entre Cortes nacionais e a Corte Interamericana, na promoção dos direitos humanos. Para viabilizar esse diálogo jurisdicional, basta trabalhar com as teorias tratadas no capítulo 11 e os princípios abordados no capítulo 12.

A propósito, essa interação entre o direito interno e o direito internacional oportuniza uma *viva interação* – dizia Diego García-Sayán, ex-presidente da Corte Interamericana – com *intensos vasos comunicantes que propiciam um diálogo jurisprudencial.* Esse *diálogo jurisprudencial* ocorre porque ambas as jurisdições (doméstica e internacional) necessariamente devem atender à normatividade "nacional" e à normatividade "internacional" em determinadas matérias[103].

Por exemplo: para valorar a legalidade de uma detenção, os órgãos nacionais (incluindo os juízes nacionais), além de aplicar a normatividade doméstica, têm a obrigação de seguir os delineamentos e pautas assinalados nos pactos internacionais que o Estado, no exercício da soberania, reconheceu expressamente e cujo compromisso internacional assumiu. Por sua vez, a jurisdição internacional deve valorar a legalidade de uma detenção à luz da normatividade interna, já que a própria Convenção Americana remete à legislação nacional para poder examinar a convencionalidade dos atos das autoridades estatais. A propósito, o art. 7.2 da CADH remete às "Constituições Políticas dos Estados partes ou às leis ditadas conforme tais Constituições" para poder resolver sobre a legalidade da detenção com o parâmetro de convencionalidade. Os juízes nacionais, por outro lado, devem cumprir com os demais pressupostos previstos no próprio art. 7º da CADH para não violentar o direito convencional à liberdade pessoal, devendo atender de igual forma à interpretação que a Corte Interamericana confere ao referido art. 7º[104].

Nesse sentido, a interação entre o *corpus juris interno* e o *corpus juris internacional* é um empreendimento que deve ser feito pela jurisdição nacional e pela jurisdição internacional, o que propicia um intenso diálogo entre Cortes na proteção e efetivação dos direitos humanos.

Essa interação permite atrair os elementos normativos internos e internacionais no seio da Constituição Transnacional Interamericana de Direitos Humanos, por meio da *norma fundamental direitos humanos*, já estudada neste livro.

Essa norma fundamental de direitos humanos pode ser percebida no art. 29 da Convenção Americana de Direitos Humanos, segundo o qual o que prevalece, sempre, é o elemento normativo que mais proteja os direitos

---

103. Eduardo Ferrer Mac-Gregor. Voto fundamentado, § 7º, no seguinte caso: Corte Interamericana de Direitos Humanos. *Caso Cabrera García e Montiel Flores vs. México,* sentença de 26 de novembro de 2010.

104. Eduardo Ferrer Mac-Gregor. Voto fundamentado, § 7º, no seguinte caso: Corte Interamericana de Direitos Humanos. *Caso Cabrera García e Montiel Flores vs. México,* sentença de 26 de novembro de 2010.

humanos – não importa se esse elemento normativo provenha do Estado ou do Direito Internacional.

Por isso, a norma fundamental de direitos é que atrai os elementos normativos internos e internacionais para o âmbito da Constituição Transnacional Interamericana de Direitos Humanos, vindo a se formar, então, aquilo que denominamos de bloco de transconstitucionalidade ou de transconvencionalidade.

É esse bloco que o Poder Judiciário nacional deve levar em conta na decisão sobre a validade de normas e condutas domésticas, sejam tais normas e condutas provindas do Estado ou de particulares.

Assim, devido a um movimento global preocupado com a proteção dos direitos humanos, o Direito Internacional e o Direito Constitucional acabam interagindo com o objetivo de aprimorar os instrumentos normativos destinados à proteção de direitos[105].

Toda essa compreensão de que há todo um *corpus juris interno e internacional* de proteção aos direitos humanos é uma compreensão da própria Corte Interamericana. Este tribunal internacional, aliás, tem entendido que a conjugação entre o *corpus juris interno e o corpus juris internacional* só é possível devido ao art. 29 da CADH, o qual permite a adoção do elemento normativo mais favorável aos direitos humanos, não importa se esse elemento provenha do direito interno e do direito internacional.

Em outras palavras, é a própria Corte Interamericana que empresta superioridade aos elementos jurídicos não só internacionais, mas também internos de proteção aos direitos humanos.

A doutrina em geral identifica apenas no *corpus juris internacional* o parâmetro superior a ser observado pelo Poder Judiciário nacional, naquilo que se vem denominando de bloco de convencionalidade[106].

Mas a própria jurisprudência da Corte Interamericana de Direitos Humanos estabelece que, para além do *corpus juris internacional*, há, também, um *corpus juris interno* que deve, igualmente, de servir como parâmetro superior para o controle das condutas e normas domésticas.

---

105. Melina Girardi Fachin, Ana Carolina Ricas e Lucas Carli Cavassin. Perspectivas do controle de convencionalidade do sistema interamericano de direitos humanos no Brasil: implicações para um novo constitucionalismo. *In: Ius Constitutionale Commune na América Latina*, volume III. Diálogos Jurisdicionais e Controle de Convencionalidade, pág. 284. Armin von Bogdandy, Mariela Morales Antoniazi e Flávia Piovezan (coordenadores).

106. Valério de Oliveira Mazzuoli, por exemplo, em obra seminal, sustenta que o bloco de convencionalidade *lato sensu* é composto pelo *corpus juris internacional* de proteção. Mencionado autor não reúne o *corpus juris interno* no bloco de convencionalidade, embora proponha um diálogo entre o bloco de convencionalidade *lato sensu* e o controle de constitucionalidade (Valério de Oliveira Mazzuoli. *Controle Jurisdicional da Convencionalidade das Leis*, págs. 54 e 55. 5ª ed. 2018).

Nesse sentido, segundo a jurisprudência pacífica da Corte Interamericana de Direitos Humanos, o *direito à propriedade coletiva das terras tradicionais dos povos indígenas* é um direito derivado não só do *corpus juris internacional* mas também do *corpus juris interno*. As normas jurídicas internas dos Estados também têm um papel fundamental na configuração do parâmetro superior de controle das normas e condutas internas.

Assim, nos *termos da jurisprudência da Corte Interamericana*, o direito à propriedade coletiva das terras tradicionais dos povos indígenas é um dever de proteção que emana do art. 21 da CADH, que prevê o direito à propriedade privada. Para tanto, o art. 21 da CADH, segundo vem entendendo de forma reiterada a Corte Interamericana, deve, no ponto, ser interpretado à luz das normas da Convenção 169 da OIT, da Declaração das Nações Unidas sobre os Direitos dos Povos Indígenas, assim como à luz dos *direitos reconhecidos pelos Estados em suas leis internas* e nas decisões internacionais. Isso confirma, nas palavras da própria Corte Interamericana, que existe todo um *corpus juris (interno e internacional)* que viabiliza a proteção dos direitos humanos à propriedade coletiva das terras tradicionais pelos povos indígenas[107].

Portanto, o *corpus juris interno e o corpus juris internacional* de proteção dos direitos humanos compõem aquilo que denominamos de bloco de transconstitucionalidade ou de transconvencionalidade e, por consequência, passam a fazer parte da Constituição Transnacional Interamericana de Direitos Humanos. Para novas compreensões acerca do Direito, é preciso que haja uma revisão do dogmatismo, sobretudo em uma época na qual se preza o *rule of law* nos planos nacional e internacional[108].

Compreender o que compõe esse bloco é compreender aquilo que serve de parâmetro superior de controle para as normas internas e condutas internas. É um bloco, repita-se, que vai além do que se vem compreendendo tradicionalmente como bloco de convencionalidade.

Portanto, toda norma ou conduta doméstica, isto é, praticada ou produzida no âmbito nacional será inválida, se não observa o *corpus juris interno e internacional de direitos humanos*, ou seja, o bloco de transconstitucionalidade ou o bloco de transconvencionalidade. Em outras palavras, é inválida a conduta ou norma doméstica que violar a Constituição Transnacional Interamericana de Direitos Humanos.

Trata-se do controle de transconstitucionalidade ou de transconvencionalidade, que vai além dos já conhecidos controles de convencionalidade

107. Corte Interamericana de Direitos Humanos. *Caso Comunidade Garífuna Trunfo de La Cruz e seus Membros vs. Honduras*. Sentença de 8 de outubro de 2015 (Mérito, Reparação e Custas), § 103.

108. Antonio Augusto Cançado Trindade. *Direito das Organizações Internacionais*, pág. XI. 6ª ed. 2014.

e controle de constitucionalidade. Se no controle de constitucionalidade o parâmetro superior de controle é a Constituição, no controle de convencionalidade o parâmetro superior de controle são os tratados e demais instrumentos jurídicos internacionais de direitos humanos. Já, no controle de transconstitucionalidade ou de transconvencionalidade, o parâmetro superior de controle vai além da Constituição e dos tratados internacionais de direitos humanos, porque abrange todo o *corpus juris interno e internacional de proteção aos direitos humanos.*

Passemos a verificar o que compõe o bloco de transconstitucionalidade ou de transconvencionalidade, a partir do que vem decidindo a jurisprudência da Corte Interamericana.

5.1. *Corpus juris internacional*

O *bloco de convencionalidade* é o conjunto de elementos jurídicos internacionais que servem como parâmetro superior de controle para as normas e condutas domésticas. O que está no bloco de convencionalidade também estará no bloco de transconstitucionalidade, porque este abrange aquele.

Em primeiro lugar, faz parte dos referidos blocos a Convenção Americana de Direitos Humanos, denominada, por nós, de *Carta Principiológica Estruturante.* O motivo desse nome é que a CADH contém a enunciação geral de tarefas estatais no respeito e garantia de direitos humanos, a configuração detalhada de direitos civis e políticos, uma previsão geral de progressividade de direitos econômicos, sociais e culturais, funcionando como um grande guia para, em análise conjunta com outros instrumentos jurídicos, definir a configuração jurídica dos direitos humanos.

É a partir dos princípios e normas jurídicas da CADH que a Corte Interamericana inicia o caminho na definição e proteção dos direitos humanos. A CADH é um verdadeiro tratado-principiológico, que serve de guia para interpretar e analisar outros tratados e documentos jurídicos relacionados à proteção dos direitos humanos.

Além de carta principiológica, a CADH é uma carta estruturante, porque é a CADH que cria e estrutura, em termos jurídicos, a principal instituição de proteção dos direitos humanos no sistema interamericano: a Corte Interamericana de Direitos Humanos.

Como *Carta Principiológica Estruturante*, a CADH ocupa posição de destaque no bloco de transconstitucionalidade e, por consequência, na Constituição Transnacional Interamericana de Direitos Humanos. Isso não significa que a CADH será sempre o instrumento aplicável na análise de um determinado caso. É possível que um dispositivo da CADH ceda, se houver outro dispositivo (em documento jurídico nacional ou internacional) mais protetivo aos direitos humanos (CADH, art. 29).

Mas não é só a CADH; existem outros documentos normativos internacionais que também integram o *corpus juris internacional* do bloco de transconstitucionalidade.

A propósito, nos termos do art. 64, 1, da própria CADH, é possível que os Estados membros da OEA consultem a Corte Interamericana não só sobre a interpretação da CADH, mas, também, sobre a interpretação de qualquer outro tratado que se refira à proteção dos direitos humanos nos Estados americanos.

Isso quer dizer que qualquer outro tratado, ratificado pelos Estados membros da OEA, pode servir de parâmetro superior de controle de convencionalidade e, por consequência, de controle de transconstitucionalidade.

Assim, no caso do Brasil em especial, os tratados internacionais do sistema regional interamericano e os tratados internacionais do sistema universal podem servir como parâmetro superior de controle, passando a pertencer ao *corpus juris internacional* do bloco de transconstitucionalidade. Ex.: suponhamos que um caso só envolva violação aos direitos de uma mulher que seja, ao mesmo tempo, criança, indígena, pessoa com deficiência e refugiada. O Poder Judiciário nacional, então, deverá aplicar, controlando a convencionalidade da lei interna, todo o mosaico internacional protetivo: o direito das mulheres, das crianças, dos povos indígenas, das pessoas com deficiência e dos refugiados[109].

No *corpus juris internacional de proteção aos direitos humanos*, inserem-se não apenas tratados internacionais. Há outros documentos internacionais, não aprovados sob o formato de tratados, que constituem instrumentos jurídicos de observância obrigatória em matéria de proteção aos direitos humanos.

Assim, num caso em que duas pessoas do mesmo sexo foram advertidas por trocar carícias dentro de um supermercado, o Peru foi condenado porque deixou de punir adequadamente essa empresa.

Nesse caso específico, a Corte Interamericana, depois de invocar o direito à vida privada, previsto no art. 11.2 da CADH[110], considerou que o Peru deveria responder por omissões praticadas pela empresa privada (supermercado). Isso porque, nesse campo, os Estados e as empresas devem obedecer aos *Princípios Orientadores sobre Empresas e Direitos Humanos*, aprovados no dia 16 de junho de 2011 pelo Conselho de Direitos Humanos da ONU. Esse documento implementa o programa *"Proteger, Respeitar e Reparar"* e foi utilizado, pela Corte Interamericana de Direitos Humanos, para considerar ilegal a conduta

109. Valério de Oliveira Mazzuoli. *Curso de Direitos Humanos*, pág. 209. 2021.

110. Corte Interamericana de Direitos Humanos. *Caso Oliveira Fuentes vs. Peru*. Sentença de 4 de fevereiro de 2023 (Exceções Preliminares, Mérito, Reparação e Custas), § 94.

estatal que deixou de apurar a discriminação sexual promovida por empresa contra duas pessoas em relação homoafetiva[111]. Assim, os *Princípios Orientadores sobre Empresas e Direitos Humanos* compõem o bloco de transconstitucionalidade, mesmo que aprovados pelo Conselho de Direitos Humanos da ONU, ou seja, sem o formato de um tratado internacional.

Outro documento internacional, que não contou com a aprovação própria dos tratados internacionais, também foi invocado pela Corte Interamericana na proteção dos direitos humanos contra a discriminação estrutural em relação às pessoas do grupo LGBTQIAPN+. Trata-se dos *Princípios de Yogyarkarta*, elaborados no ano de 2007 na Indonésia, e que se referem à aplicação da legislação internacional de direitos humanos no que toca à orientação sexual e de gênero. Referidos princípios foram fruto do trabalho de vários especialistas em direitos humanos de distintas localidades e de diferentes formações – ao final relatados e revisados pelo Professor O'Flaherty, que então era membro do Comitê de Direitos Humanos da ONU[112].

Nota-se que a Corte Interamericana de Direitos Humanos invocou os *Princípios de Yogyarkarta*, para considerar uma violação aos direitos humanos a omissão estatal em reparar e punir empresa privada que discriminou pessoas do grupo LGBTQIAPN+, bem assim em adotar medidas preventivas nesse campo[113]. Os *Princípios de Yogyarkarta*, portanto, também compõem o bloco de transconstitucionalidade.

A *Declaração Americana dos Direitos e Deveres do Homem* (DADDH) compõe o *corpus juris internacional* de proteção aos direitos humanos?

Entendemos que sim.

A DADDH foi aprovada na 9ª Conferência Internacional Americana, em maio de 1948, na cidade de Bogotá, Colômbia. Nessa mesma ocasião foi aprovada a Carta da OEA, que é um tratado internacional.

Aprovada sob o formato de resolução, poderíamos supor que a DADDH seria uma simples *norma de soft law*, sem força normativa. Sabemos que uma *norma de soft law* é aquela norma (de Direito Internacional) sem efeitos vinculantes, podendo, porém, produzir alguns efeitos, auxiliando, por exemplo, na interpretação de normas vinculantes. Já a *norma de hard law* é a norma (de Direito Internacional) com efeitos vinculativos, de modo que o descumprimento pode levar a sanções internacionais a serem impostas ao Estado violador.

---

111. Corte Interamericana de Direitos Humanos. *Caso Oliveira Fuentes vs. Peru*. Sentença de 4 de fevereiro de 2023 (Exceções Preliminares, Mérito, Reparação e Custas), § 97.
112. Valério de Oliveira Mazzuoli. *Curso de Direitos Humanos*, pág. 308. 2021.
113. Corte Interamericana de Direitos Humanos. *Caso Oliveira Fuentes vs. Peru*. Sentença de 4 de fevereiro de 2023 (Exceções Preliminares, Mérito, Reparação e Custas), § 101.

Segundo a Corte Interamericana, o entendimento reiterado da Assembleia Geral da OEA é o de que a DADDH configura *fonte de obrigações internacionais* para os Estados membro da OEA[114]. Isso significa que a DADDH *contém e define* aqueles direitos essenciais previstos na Carta da OEA. Logo, não se podem aplicar as normas de direitos humanos previstas na Carta da OEA sem a aplicação conjugada da DADDH, conforme a prática seguida e reiterada pelos Estados da OEA[115].

A propósito, a DADDH já foi utilizada, pela Corte Interamericana, como documento normativo indispensável para se obter a proteção autônoma e direta do direito à saúde[116], o que revela a *força normativa* desse instrumento jurídico do sistema regional interamericano de direitos humanos. Portanto, a DADDH também compõe o bloco de transconstitucionalidade.

Os instrumentos normativos editados pelas organizações internacionais também podem fazer parte do *corpus juris internacional*. É que as organizações internacionais em geral são associações voluntárias de Estados constituídas por *tratados internacionais*[117]. A Organizações dos Estados Americanos, por exemplo, é uma organização resultante da Carta da OEA, que é tratado internacional. Por isso, as resoluções editadas pelos órgãos da OEA – particularmente pela Assembleia Geral da OEA – possuem efeitos vinculantes, podendo vir a compor o *corpus juris internacional* de direitos humanos.

A propósito, a Corte Interamericana de Direitos Humanos tem conferido eficácia vinculante a resoluções da Assembleia Geral da OEA, como, por exemplo, ocorreu com a Resolução AG/RES 2656 (XLI-0/11), que reafirmou a importância do serviço de assistência judiciária gratuita na promoção e proteção do direito de acesso à justiça, em particular em relação àquelas pessoas que se encontram em situação de vulnerabilidade[118].

Por sua vez, faz parte do *corpus juris internacional* a *jurisprudência da Corte Interamericana de Direitos Humanos*. Os tribunais internacionais – por meio de tribunais internacionais de direitos humanos – ampliam o âmbito da própria solução de controvérsias, ao promover também a tarefa de *dizer o que é o Direito*. Há, assim, uma crescente atuação legiferante (*law-making*) dos tribunais internacionais contemporâneos[119], em relação a cujas decisões não

114. Corte Interamericana de Direitos Humanos. Opinião Consultiva nº 10/89, § 43.

115. Corte Interamericana de Direitos Humanos. Opinião Consultiva nº 10/89, § 43.

116. Corte Interamericana de Direitos Humanos. *Caso Poblete Vilchese outros vs. Chile*. Sentença de 8 de março de 2018 (Mérito, Reparação e Custas), § 107.

117. João Mota de Campos e João Luís Mota de Campos. Teoria Geral das Organizações Nacional, pág. 36. *In: Organizações Internacionais*. João Mota de Campos (coordenador). 2019.

118. Corte Interamericana de Direitos Humanos. *Caso Ruano Torres vs. El Salvador*. Sentença de 5 de outubro de 2015 (Mérito, Reparação e Custas), § 156.

119. Antonio Augusto Cançado Trindade. *Direito das Organizações Internacionais*, págs. XII e XIII. 6ª ed. 2014.

há como negar o caráter de "fonte" do direito internacional[120]. Uma decisão judicial não apenas declara, mas, também, *cria* o Direito[121].

É por isso que o Poder Judiciário nacional, ao efetuar o controle de convencionalidade, não deve levar em conta apenas o tratado, mas, também, a interpretação que a Corte Interamericana realiza sobre o tratado[122].

As decisões e sentenças da Corte Interamericana vinculam não só o Estado que foi condenado (*res judicata*), mas também terceiros Estados (*res interpretata*)[123]. Isso significa que um Estado, mais particularmente o Poder Judiciário nacional, deve observar a jurisprudência da Corte, isto é, o entendimento que a Corte Interamericana adotou sobre determinado tema em outros casos. É por isso que a Recomendação nº 123, de 7 de janeiro de 2022, do Conselho Nacional de Justiça, estipula que o Poder Judiciário brasileiro deve não só observar as convenções e tratados internacionais de direitos humanos, mas, também, fazer uso da *jurisprudência da Corte Interamericana de Direitos Humanos.*

As opiniões consultivas da Corte Interamericana (competência consultiva), ao analisar a compatibilidade das normas domésticas com o *corpus juris interno e internacional*, têm efeitos vinculantes, embora o tema seja controvertido[124].

Em suma, o *corpus juris internacional* de proteção aos direitos humanos é composto por tratados internacionais e outros documentos normativos internacionais, decisões e atos normativos de organizações internacionais, jurisprudência da Corte Interamericana estabelecida na competência contenciosa e na competência consultiva. Tudo isso compõe o bloco de transconstitucionalidade ou de transconvencionalidade, fazendo parte da Constituição Transnacional Interamericana de Direitos Humanos, cujos elementos figuram-se como parâmetro superior de controle das normas e condutas domésticas.

5.2. *Corpus juris interno*

Segundo a jurisprudência da Corte Interamericana, não só tratados e demais elementos normativos internacionais (*corpus juris internacional*) servem como parâmetro superior de controle para as normas e condutas domésticas. Também a Constituição nacional e leis internas se incluem nesse parâmetro superior.

---

120. Antonio Augusto Cançado Trindade. *Princípios do Direito Internacional Contemporâneo*, pág. 90. 2ª ed. 2017.
121. Hans Kelsen. *Teoria Pura do Direito*, págs. 263 e 265. 1997.
122. Corte Interamericana de Direitos. *Caso Almonacid Arellano e outros vs. Chile*. Sentença de 26 de setembro de 2006 (Reparação, Mérito e Custas), § 124; *Caso Gelman* vs Uruguai, Supervisao de Cumprimento de Sentença, Resolução de 2 de março de 2013, § § 65 e seguintes.
123. Valério de Oliveira Mazzuoli. *Controle Jurisdicional de Convencionalidade das leis*, pág. 63. 5ª ed. 2018.
124. Confira-se análise que fizemos sobre o tema no item 6.4.2 deste capítulo.

Nesse sentido, o direito à propriedade coletiva dos povos indígenas às terras tradicionais não deriva apenas de tratados e outros documentos internacionais e da própria jurisprudência da Corte Interamericana. Esse direito é, também, uma derivação da Constituição nacional e das leis internas de cada Estado membro da OEA.

Por isso, segundo a jurisprudência da Corte Interamericana de Direitos Humanos, a Constituição nacional, leis internas e até mesmo decretos afiguram-se como um *corpo juris interno* de proteção aos direitos humanos. Esses diplomas nacionais servem para auxiliar a Convenção Americana na configuração de determinado direito humano a ser respeitado e garantido[125].

A propósito, mesmo o direito à saúde dos povos indígenas pode ser extraído da própria legislação interna do Estado[126]. A Constituição e as leis internas também já foram utilizadas pela Corte Interamericana para estabelecer a proteção direta do direito à saúde[127].

Isso tudo já se sabia quando examinávamos o controle de controle de constitucionalidade, cujo parâmetro superior é a Constituição e normas correlatas.

Agora, porém, o que se começa a descobrir, a partir da jurisprudência da Corte Interamericana de Direitos Humanos, é que o *corpus juris interno* passa a ser parâmetro de controle conjuntamente com o *corpus juris internacional*. Ambos se aliam para a criação de um bloco normativo ao mesmo tempo interno e internacional de controle das normas e condutas domésticas.

Entre esses elementos internos, ganha destaque, é claro, a Constituição nacional. Esta última, inclusive, já foi reconhecida, pela Corte Interamericana, como um documento normativo que prevê a existência dos povos indígenas antes mesmo da formação do próprio Estado[128].

Note-se que o Poder Judiciário nacional, ao verificar uma violação de um direito, não pode circunscrever a análise apenas ao âmbito do direito interno nem só ao seio do direito internacional. É preciso descobrir todo o contexto jurídico-normativo que enleia o direito e, daí, extrair as consequências jurídicas necessárias.

---

125. Corte Interamericana de Direitos Humanos. *Caso Comunidade Garífuna Trunfo de La Cruz e seus Membros vs. Honduras*. Sentença de 8 de outubro de 2015 (Mérito, Reparação e Custas), § § 103, 106 a 109; *Caso dos Povos Indígenas Kuna de Madungandí e Emberá de Bayano*.e seus membros vs. Panamá. Sentença de 14 de outubro de 2014 (Mérito, Reparação e Custas, § 118).

126. Caso Comunidade Indígena Sawhoyamaxa Vs. Paraguai. Sentença de 29 de março de 2006 (Mérito, Reparação e Custas, § 167.

127. Corte Interamericana de Direitos Humanos. *Caso Poblete Vilchese outros vs. Chile*. Sentença de 8 de março de 2018 (Mérito, Reparação e Custas), § 113.

128. Corte Interamericana de Direitos Humanos. Caso Comunidade Indígena Sawhoyamaxa Vs. Paraguai. Sentença de 29 de março de 2006 (Mérito, Reparação e Custas), § 122.

É interessante notar que o *corpus juris interno* de proteção aos direitos humanos é composto não apenas pela Constituição nacional e pelas leis internas. Segundo a Corte Interamericana de Direitos Humanos, até mesmo as decisões dos Tribunais Superiores nacionais podem definir e configurar o direito humano a ser examinado.

Nesse sentido, as decisões dos Tribunais Superiores, quando protetivas aos direitos humanos, irão compor o bloco de transconstitucionalidade, passando a pertencer, também, à Constituição Transnacional Interamericana de Direitos Humanos.

Para comprovar isso, examinemos um *direito humano específico: o direito de defesa no processo penal.*

Segundo a Corte Interamericana de Direitos Humanos, o direito de defesa no processo penal é uma decorrência das garantias judiciais previstas no art. 8º da Convenção Americana[129]. A responsabilidade internacional do Estado pode vir a ocorrer, se o comprometimento da defesa técnica decorrer de uma negligência inescusável ou de uma falha manifesta no exercício da defesa que possa levar a um efeito decisivo contra os interesses do imputado[130].

Interessante que, para descobrir essas hipóteses de *grave ofensa ao direito de defesa*, a Corte Interamericana de Direitos Humanos reporta-se a situações assim reconhecidas por Tribunais Superiores nacionais, tais como[131]: a) não desempenho de nenhuma atividade probatória por parte do Advogado[132]; b) inatividade argumentativa a favor dos interesses do imputado[133]; c) carência de conhecimento técnico do processo penal[134]; d) falta de interposição de recursos em detrimento dos direitos do imputado[135]; e) indevida fundamentação dos recursos interpostos[136].

Nota-se, portanto, que, para detectar a *gravidade da ofensa ao direito de defesa no processo penal*, a Corte Interamericana articulou o art. 8º da CADH,

---

129. Corte Interamericana de Direitos Humanos. *Caso Ruano Torres vs. El Salvador*. Sentença de 5 de outubro de 2015 (Mérito, Reparação e Custas), § 152.

130. Corte Interamericana de Direitos Humanos. *Caso Ruano Torres vs. El Salvador*. Sentença de 5 de outubro de 2015 (Mérito, Reparação e Custas), § 152.

131. Corte Interamericana de Direitos Humanos. *Caso Ruano Torres vs. El Salvador*. Sentença de 5 de outubro de 2015 (Mérito, Reparação e Custas), § 164.

132. Corte Constitucional da Colômbia, Sala 7ª de Revisão de Tutelas, Sentença T-395/10, 24 de março de 2010.

133. Corte Suprema de Justiça da Colômbia, Sala de Cassação Penal, Depósito 42337, Sentença de 18 de março de 2015.

134. Tribunal de Apelação Penal, II Circuito Judicial de São José da Costa Rica, Sentença 00323, Expediente 10-003213-0042-PE, de 21 de fevereiro de 2014.

135. Corte Constitucional da Colômbia, Sala 7ª de Revisão de tutelas, Sentença T0395/10, de 24 de maio de 2010.

136. Corte Suprema de Justiça da Argentina, !guzmán, Jorge Alberto", Fatos 333: 1671, 31 de agosto de 2010.

que trata das garantias judiciais, com decisões proferidas por Tribunais Superiores nacionais.

Por sua vez, ao analisar o princípio da progressividade dos direitos sociais, econômicos, culturais e ambientais (DESCAs), previsto no art. 26 da CADH, a Corte Interamericana de Direitos Humanos tem buscado, na jurisprudência das Cortes Superiores nacionais, os parâmetros para definir as medidas regressivas.

É que, devido ao princípio da progressividade, os Estados não podem adotar medidas que regridam na proteção desses direitos. Entre essas medidas regressivas proibidas, está o aumento de requisitos exigidos para o acesso aos DESCAs e, também, a diminuição sensível dos recursos públicos destinados à satisfação desse direito. Essas medidas regressivas, que são proibidas, foram mencionadas pela Corte Constitucional da Colômbia[137].

Assim, conforme reconhecido pela jurisprudência da Corte Interamericana de Direitos Humanos, a jurisprudência nacional e a jurisdição constitucional nacional têm contribuído firmemente para a consolidação do direito à saúde[138].

Portanto, a Corte Interamericana de Direitos Humanos tem associado o *corpus juris internacional* e o *corpus juris interno*, na tarefa de conformar juridicamente os direitos humanos. Estabelece-se, portanto, um diálogo entre a ordem jurídica interna e a ordem jurídica internacional, sedimentadas pela jurisprudência nacional e internacional e pela atuação de órgãos internacionais.

Se esse diálogo entre o *corpus juris internacional* e o *corpus juris interno* encontra-se bastante presente na jurisprudência Corte Interamericana de Direitos Humanos, tal diálogo começa a aparecer, com razoável frequência, também no Supremo Tribunal Federal brasileiro.

Assim, o art. 109, § 5º, da Constituição Federal de 1988 prevê a possibilidade de uma causa ser deslocada para a Justiça Federal, na hipótese de

---

137. É o que consta do substancioso voto proferido pelo Juiz Eduardo Ferrer Mac-Gregor (Corte Interamericana, *Caso Cuscul Pivaral e outros vs. Guatemala* – 2018). Confira-se: Eduardo Ferrer Mac-Gregor. La Exigibilidad Directa del Derecho a la Salud y la Obligación de Progresividad y no Regresividad (a propósito del caso Cuscul Pivaral vs. Guatemala). *In*: *Constitucionalismo transformador, inclusão e direitos sociais*. Desafios do *Ius Constitutionale* Commune Latino-Americano à luz do Direito Econômico Internacional, pág. 352. Armin von Bogdandy, Flávia Piovesan e Mariela Morales Antoniazzi (coordenadores). A decisão da Corte Constitucional da Colômbia, a que faz referência o Juiz Eduardo Ferrer Mac-Gregor, é a seguinte: Corte Constitucional da Colômbia, Sentença C-313/14, Magistrado Relator Gabriel Eduardo Mendoza Martelo. Sentença de 29 de maio de 2014, págs. 7 e 8.

138. É o que consta do substancioso voto proferido pelo Juiz Eduardo Ferrer Mac-Gregor (Corte Interamericana, *Caso Cuscul Pivaral e outros vs. Guatemala* – 2018). Confira-se: Eduardo Ferrer Mac-Gregor. La Exigibilidad Directa del Derecho a la Salud y la Obligación de Progresividad y no Regresividad (a propósito del caso Cuscul Pivaral vs. Guatemala). *In*: *Constitucionalismo transformador, inclusão e direitos sociais*. Desafios do *Ius Constitutionale* Commune Latino-Americano à luz do Direito Econômico Internacional, págs. 355 e 358. Armin von Bogdandy, Flávia Piovesan e Mariela Morales Antoniazzi (coordenadores).

grave violação dos direitos humanos. É possível que o Procurador-Geral da República suscite, no Superior Tribunal de Justiça, o incidente de deslocamento de competência. Isso ocorrerá, por exemplo, quando a Justiça Estadual não tomar medidas suficientes para investigar e punir a grave violação de direitos humanos. O Superior Tribunal de Justiça, então, encaminha o caso para a Justiça Federal.

Mas o que são *graves violações dos direitos humanos*, aptas a autorizar o incidente de deslocamento de competência?

Segundo o Supremo Tribunal Federal, a expressão *graves violações dos direitos humanos* deve ser lida a partir de construções argumentativas realizadas pela Corte Interamericana de Direitos Humanos[139].

Nota-se que o Supremo Tribunal Federal (jurisdição constitucional nacional) dialoga com a Corte Interamericana, na afirmação de direitos humanos. Esse diálogo se dá, ainda, num contexto de interação entre a CF/88 e tratados internacionais de direitos humanos. É que o incidente de deslocamento de competência existe na CF/88 para que o Estado brasileiro observe as obrigações assumidas por meio de tratados internacionais de direitos humanos, conforme prevê o próprio art. 109, § 5º, da CF/88.

Nesse fluxo de ideias, é possível verificar que a conjugação entre ordem jurídica interna e ordem jurídica internacional, entre jurisprudência nacional e jurisprudência internacional, na *conformação dos direitos humanos*, é fruto não só do entendimento da Corte Interamericana de Direitos Humanos, mas, também, do Supremo Tribunal Federal brasileiro.

Por isso se pode afirmar que, na configuração dos direitos humanos, isto é, do parâmetro superior a ser observado pelas normas e condutas domésticas, o Poder Judiciário nacional deve articular o *corpus juris interno* e o *corpus juris internacional* aplicáveis à matéria. Dentro do *corpus juris interno*, podem[140] estar a Constituição Federal de 1988, leis internas brasileiras e a jurisprudência nacional (em particular, a jurisprudência do Supremo Tribunal Federal).

Temos aí, então, bem definidos os elementos do *corpus juris interno* que irão compor o bloco de transconstitucionalidade ou de transconvencionalidade

139. STF, ADPF nº 635 MC, TPI/RJ, Relator Ministro Edson Fachin, julgado em 18/8/2020.

140. É importante assinalar que a jurisprudência nacional, a Constituição Federal e as leis internas só farão parte do *corpus juris interno* de proteção aos direitos humanos, quando, naturalmente, efetivarem os direitos humanos. Se protegerem menos os direitos humanos do que a jurisprudência da Corte Interamericana ou do que um tratado internacional de direitos humanos ou do que uma prática de uma organização internacional, a CF/88, a lei interna e a jurisprudência nacional não farão mais parte do *corpus iuris interno*. Não fazendo parte do *corpus iuris interno*, deixarão de compor o bloco de transconstitucionalidade ou de transconvencionalidade, deixando de pertencer à Constituição Transnacional Interamericana de Direitos Humanos. Assim sendo, não mais servirão de parâmetro superior de controle das normas e condutas domésticas.

e, por consequência, a própria Constituição Transnacional Interamericana de Direitos Humanos.

A CTIDH é o diploma normativo que está no ápice do sistema jurídico brasileiro. É ela que confere o *fundamento de validade* para as demais normas. Nada impede que se estabeleça uma *validade interna* para as normas internas do País. Assim, a Constituição Federal é fundamento de validade direto para as leis ordinárias e as leis complementares. Já as leis ordinárias e as leis complementares são fundamento de validade direta para os atos administrativos. O pressuposto, porém, para que esse sistema interno valha, é a não violação ao sistema da Constituição Transnacional Interamericana de Direitos Humanos. Essa *validade interna* concretiza a *teoria da margem de apreciação*, para proporcionar o funcionamento do sistema normativo interno o qual, por sua vez, deverá obedecer à CTIDH.

De qualquer forma, e para finalizar, o *corpus juris interno* de proteção aos direitos humanos pode pertencer à Constituição Transnacional Interamericana de Direitos Humanos. Esse *corpus juris interno* tanto pode ser a Constituição Federal de 1988 e leis internas brasileiras, como a jurisprudência brasileira, particularmente aquela provinda do Supremo Tribunal Federal. O pressuposto para esse pertencimento é a proteção jurídica efetiva que o *corpus juris interno* vier a conferir aos direitos humanos.

5.3. Teoria da substanciação: o reposicionamento das normas jurídicas a partir da proteção conferida aos direitos humanos

Como se admitir que um elemento interno (Constituição, leis internas, jurisprudência nacional) venha a compor a Constituição Transnacional Interamericana de Direitos Humanos?

As normas jurídicas internas (e os demais elementos internos citados) fazem parte do sistema interno de normas. Elas podem vir a pertencer, também, à Constituição Transnacional Interamericana de Direitos Humanos. Para isso, as normas internas têm que assumir uma função jurídica de proteção dos direitos humanos.

Aqui entra a *teoria da substanciação*, em que uma coisa é transformada em outra. Uma norma exclusiva do direito interno, isto é, produzida no direito interno, transforma-se em uma norma da própria Constituição Transnacional Interamericana de Direitos Humanos.

Vejamos alguns exemplos.

Nos termos do art. 5º, III, da Constituição Federal brasileira, ninguém será submetido a tortura, tampouco a tratamento desumano ou degradante.

Temos, aí, uma norma jurídica produzida internamente, elevada ao status normativo de norma constitucional.

Dada a relevância desse dispositivo constitucional na proteção dos direitos humanos, tal dispositivo passa a pertencer à Constituição Transnacional Interamericana de Direitos Humanos. Nesse sentido, uma norma da Constituição Federal se torna fundamento de validade para todas as demais normas produzidas pelo sistema jurídico brasileiro. Assim, uma norma do sistema interno ou mesmo do sistema internacional, que verse sobre o tema (tortura, tratamento desumano ou degradante), só será válida, se obedecer ao art. 5º, III, da CF/88.

Assim, uma norma produzida internamente passa a compor o bloco de transconstitucionalidade, apresentando-se como parâmetro superior de controle de transconstitucionalidade. A violação ao art. 5º, III, da CF/88 não passará pelo controle de constitucionalidade (interno) nem pelo controle de transconstitucionalidade.

Por outro lado, há normas na Constituição Federal que não fazem parte da Constituição Transnacional Interamericana de Direitos Humanos. Nos termos do art. 242, § 2º, da CF/88, o Colégio Pedro II, localizado na cidade do Rio de Janeiro, será mantido na órbita federal. Temos, aí, uma norma constitucional que não trata de direitos humanos. Essa norma jurídica, dentro do sistema jurídico brasileiro, compõe o sistema interno de normas.

O fato de uma norma jurídica interna não pertencer à Constituição Transnacional Interamericana de Direitos Humanos (CTIDH) não significa que essa norma jurídica seja inválida. Será inválida, claro, se violar a CTIDH. Se não houver essa violação, a norma jurídica interna será plenamente válida.

A explicação para isso é que os Estados nacionais têm uma certa margem para editar normas jurídicas, adequando-as às peculiaridades internas (princípio da margem de apreciação nacional, estudado no capítulo 12). A existência de uma CTIDH não vem para descaracterizar e uniformizar os Estados, mas, sim, para promover a proteção dos direitos humanos. Há uma baliza comum a ser seguida por todos os Estados nacionais, havendo, no entanto, uma margem de discricionariedade para o tratamento especial de situações adequadas a cada Estado.

É devido ao princípio da margem de apreciação que os Estados têm alguma discricionariedade para produzir diversas espécies de leis (leis ordinárias, leis delegadas, leis complementares) e de outros atos normativos. Nem sempre essas leis e atos normativos comporão a CTIDH; serão válidos, porém, se não violarem esta última.

De qualquer forma, uma norma interna pode ter um papel de destaque na proteção jurídica dos direitos humanos. Nem mesmo um tratado internacional de direitos humanos, que seja menos protetivo, poderá superar a referida norma interna.

É que, nesse caso, há de prevalecer a norma mais favorável ao ser humano, conforme o princípio da preferência ou primazia da norma mais favorável ao indivíduo, prevista no art. 29, *b*, da Convenção Americana de Direitos Humanos.

A propósito, mesmo que não haja um conflito entre um tratado e uma norma interna, esta última, por si só, já pertencerá à Constituição Transnacional Interamericana de Direitos Humanos. Basta que a norma interna intensifique a proteção dos direitos humanos. É que um dos princípios substanciais da Hermenêutica dos Direitos Humanos é o *princípio da interpretação pro homine* ou *pro persona*, segundo o qual, em matéria de direitos humanos, a norma a ser adotada é sempre aquela mais favorável à pessoa. Portanto, aplicando-se referido princípio, uma norma do direito interno, por ser protetiva ao indivíduo, passa a fazer parte da Constituição Transnacional Interamericana dos Direitos Humanos (CTIDH).

A Constituição Transnacional Interamericana de Direitos atrai até mesmo as normas jurídicas do direito interno e a jurisprudência nacional, por meio de uma alavanca protetiva dos direitos humanos.

As normas jurídicas internas e a jurisprudência nacional, em vez de simples elementos do direito interno, transformam-se em elementos juridicamente graduados da Constituição Transnacional Interamericana de Direitos Humanos. É essa transformação da natureza normativa de certos elementos jurídicos que marca a flexibilidade atrativa da Constituição Transnacional Interamericana de Direitos Humanos. Eis a teoria da transubstanciação, que é essencial em um sistema jurídico que busque estruturar-se em ambiente de tutela da dignidade humana.

6. CONTROLE DE TRANSCONSTITUCIONALIDADE OU DE TRANSCONVENCIONALIDADE NO SISTEMA REGIONAL INTERAMERICANO DE DIREITOS HUMANOS

Controle de transconstitucionalidade ou de transconvencionalidade é a verificação da compatibilidade das condutas domésticas em relação ao *corpus juris interno e internacional* de proteção aos direitos humanos. Trata-se de examinar se as normas e condutas produzidas ou praticadas no interior do Estado – seja por particulares ou pelo próprio Estado – violam, ou não, a Constituição Transnacional Interamericana de Direitos Humanos, composta, naturalmente, pelo referido *corpus interno e internacional* de proteção aos direitos humanos.

Nos subitens seguintes teremos uma melhor compreensão sobre o tema.

6.1. Diferença entre controle de transconstitucionalidade, de um lado, e controle de constitucionalidade e controle de convencionalidade, de outro lado

Quando analisamos o bloco de transconstitucionalidade ou de transconvencionalidade (item 5 e subitens, neste capítulo), foi possível verificar quais os elementos jurídicos que compõem a Constituição Transnacional Interamericana de Direitos Humanos – lembrando, sempre, que a CTIDH integra a parte hierarquicamente superior do sistema jurídico brasileiro.

Esse bloco de transconstitucionalidade ou de transconvencionalidade é composto por elementos jurídicos internos e elementos jurídicos internacionais de proteção aos direitos humanos (*corpus juris interno + corpus juris internacional*).

São esses elementos contidos no bloco de transconstitucionalidade que servem de *parâmetro superior de controle de transconstitucionalidade*. Assim, cabe ao intérprete examinar se as condutas domésticas observam esse parâmetro superior de controle. As normas e condutas domésticas, por sua vez, serão o *parâmetro inferior* do referido controle, de modo que serão inválidas se não estiverem de acordo com o bloco de transconstitucionalidade.

Podemos falar, então, em *controle de transconstitucionalidade* ou de *transconvencionalidade*, que nada mais é do que a verificação de compatibilidade entre as condutas domésticas em relação ao *corpus juris interno* e ao *corpus juris internacional* de proteção aos direitos humanos.

O controle de *transconstitucionalidade* ou de *transconvencionalidade* difere do *controle de constitucionalidade* por força da maior amplitude do *parâmetro superior de controle*. O primeiro tem como parâmetro superior de controle todo o *corpus juris interno e internacional de proteção aos direitos humanos*, isto é, todas os elementos jurídicos que compõem o bloco de transconstitucionalidade e que fazem parte da Constituição Transnacional Interamericana de Direitos Humanos.

Nesse sentido, no controle de *transconstitucionalidade*, mesmo uma norma da Constituição nacional ou a jurisprudência da Corte Interamericana ou leis internas ou tratados internacionais de direitos humanos (mesmo que não aprovados segundo o art. 5º, § 3º, da CF/88) podem servir como *parâmetro superior de controle*. Basta que tais elementos sejam atraídos pela *norma fundamental de direitos humanos*, que funciona como fundamento de validade de todo o sistema jurídico brasileiro.

Em suma, no *controle de transconstitucionalidade*, o *parâmetro superior de controle* é bastante amplo, abrangendo todo o *corpus juris interno e internacional de proteção aos direitos humanos*.

Já, no *controle de constitucionalidade*, o parâmetro superior de controle é bem mais restrito. Em linhas bem gerais, o parâmetro superior do controle de constitucionalidade são as normas constitucionais. Dois dos maiores constitucionalistas brasileiros afirmam, a propósito, que o parâmetro do processo de controle abstrato de normas é a Constituição brasileira vigente, nos termos do art. 102, I, *a*, da CF/88[141].

Mas aqui precisamos tecer algumas considerações sobre o parâmetro superior de controle de constitucionalidade, para que possamos diferenciar bem o controle de constitucionalidade e o controle de transconstitucionalidade. Em outras palavras, precisamos saber quais elementos que compõem o *bloco de constitucionalidade*, pois são tais elementos que servirão como parâmetro superior do controle de constitucionalidade. Realizando esse empreendimento jurídico, estaremos, ao final, aptos a diferenciar o parâmetro superior do controle de constitucionalidade e o parâmetro superior do controle de transconstitucionalidade.

Passemos, então, a descobrir quais elementos jurídicos que compõem o bloco de constitucionalidade e que, por isso, servem como parâmetro superior no controle de constitucionalidade.

No controle de constitucionalidade, temos: a) parâmetro superior: é a Constituição, que funciona como critério fundamental para saber se um ato será válido; b) parâmetro inferior: é o ato impugnado, que deve ser analisado a partir da Constituição.

Surge, porém, o seguinte problema: o que é Constituição, ou seja, o que serve como parâmetro superior para definir se um ato (normativo ou não) é válido ou não. Cumpre saber se por Constituição devemos entender apenas aquilo que está escrito no texto constitucional (art. 1º a 250 da CF/88), ou se há outros elementos, fora do texto constitucional, que também fazem parte da Constituição.

Surge, então, a ideia de bloco de constitucionalidade[142]. Bloco de constitucionalidade é o conjunto de normas que podem ser utilizadas como parâmetro superior (paradigma de controle), para se verificar se uma lei, um ato normativo ou mesmo um ato não normativo é constitucional. Por meio da ideia de bloco de constitucionalidade, é possível conceber a existência de normas, fora do texto expresso da Constituição, capazes de servir como parâmetro superior para o controle de constitucionalidade de atos normativos e

---

141. Gilmar Ferreira Mendes e Paulo Gustavo Gonet Branco. *Curso de Direito Constitucional*, pág. 1394. 16ª ed. 2021.

142. Francisco Braga. *Direito Constitucional grifado*, pág. 222 a 225. 2ª ed. 2022; Flávio Martins. *Curso de Direito Constitucional*, pág. 484 a 487. 5ª ed. 2021; Eduardo dos Santos. *Manual de Direito Constitucional*, págs. 1347 e 1348. 2ª ed. 2022; Dirley da Cunha Júnior. *Curso de Direito Constitucional*, pág. 348. 16ª ed. 2022.

não normativos. Só aquilo que está dentro do bloco de constitucionalidade é que pode servir como parâmetro superior de controle de constitucionalidade. O que está fora, não. Daí a importância de se examinar os elementos que compõem o bloco de constitucionalidade.

A origem do bloco de constitucionalidade provém da França, a partir da doutrina administrativista do jurista francês Hauriou. Este último tratou do chamado "bloco de legalidade" ou "bloco legal". O "leading case" (= caso principal) sobre o tema foi julgado pelo Conselho Constitucional da França, no dia 16 de julho de 1971. Referido Tribunal entendeu o seguinte: a) O bloco de constitucionalidade abrange outros elementos que não apenas os previstos no texto e no preâmbulo da Constituição francesa; b) O preâmbulo da Constituição francesa de 1958 atrai para o bloco de constitucionalidade a Declaração dos Direitos do Homem e do Cidadão de 1789 e o preâmbulo da Constituição francesa anterior; c) o direito à liberdade de associação faz parte do bloco de constitucionalidade.

Ao integrar ao bloco de constitucionalidade até mesmo a Declaração dos Direitos do Homem e do Cidadão de 1789, observa-se que o Direito francês segue uma teoria ampliativa. Isso porque a Declaração dos Direitos do Homem e do Cidadão é uma norma materialmente constitucional, mas não formalmente constitucional. Ou seja, trata-se de um diploma que não foi aprovado formalmente como Constituição, porém essa Declaração traz, no próprio bojo, matérias constitucionais (como é o caso dos direitos fundamentais).

Portanto, para a *teoria ampliativa*, compõem o bloco de constitucionalidade as normas materialmente constitucionais e as normas formalmente constitucionais.

Já, para a *teoria restritiva*, adotada pelo STF, o bloco de constitucionalidade é composto, apenas, pelas normas formalmente constitucionais. As normas apenas materialmente constitucionais, que não foram formalmente incorporadas na CF/88, não fazem parte do bloco de constitucionalidade.

Porém, é preciso registrar o seguinte: mesmo para a teoria restritiva, o bloco de constitucionalidade é composto não apenas pelas normas que estão, expressamente, no texto da CF/88 (art. 1º a 250). Em outras palavras, a teoria restritiva admite que outras normas, desde que implicitamente previstas no texto da Constituição, venham a fazer parte do bloco de constitucionalidade.

Segundo a *teoria restritiva*, adotada pelo STF, fazem parte do bloco de constitucionalidade:

1º) O próprio texto da CF/88 (art. 1º ao art. 250 da CF/88). Aqui temos as normas originárias da CF/88 e, também, as normas que foram inseridas no texto da CF/88 por emendas constitucionais.

2º) Dispositivos de emendas constitucionais não incorporados no texto da Constituição Federal. Ex.:

a) a EC nº 91/2006 não inseriu nenhum artigo seja no corpo da CF/88, seja no corpo do ADCT. Porém, a EC nº 91/2006 alterou a regra sobre a perda do mandato eletivo por infidelidade partidária – assim, em caso excepcional, seria possível a desfiliação sem prejuízo do mandato.
b) as ECs nº 106 e 107/2020 estipularam algumas regras específicas para o contexto da pandemia da Covid-19. Essas regras não foram incorporadas no texto da CF/88.

De qualquer forma, ainda que não previstas no texto da CF/88, referidas emendas constitucionais fazem parte da Constituição, isto é, compõem o bloco de constitucionalidade.

3º) Princípios constitucionais implícitos, direitos e garantias fundamentais implícitos: esses princípios, direitos e garantias devem decorrer da CF/88, nos termos do art. 5º, § 2º, da CF/88. Vejamos alguns princípios/direitos/garantias implícitos, conforme já reconhecido pelo STF e que, portanto, fazem parte do bloco de constitucionalidade:

a) Busca da felicidade: o STF reconheceu a existência do princípio implícito da busca da felicidade: a1) Ao reconhecer a proteção das uniões estáveis homoafetivas (STF, ADPF 132 e ADI 4.277); a2) Ao reconhecer que a paternidade socioafetiva não exime de responsabilidade o pai biológico (STF, RE 898.060).
b) Ninguém é obrigado a produzir provas contra si mesmo ("nemo tenetur se detegere") (STF, HC 119.941). Trata-se de um princípio constitucional implícito, segundo o qual ninguém é obrigado a se autoincriminar. É desse princípio que decorre, por exemplo, o direito ao silêncio. Assim, mesmo que convocado a depor numa Comissão Parlamentar de Inquérito (CPI), ninguém é obrigado a responder às indagações, quando as respostas acarretarem grave dano à pessoa que está sendo inquirida (STF, HC 95.037).
c) Direito das minorias: trata-se de um *princípio constitucional implícito* já reconhecido pelo STF nas seguintes oportunidades: c1) Proteção da união civil de pessoas do mesmo sexo: a proteção das minorias e dos grupos vulneráveis é imprescindível no Estado Democrático de Direito. Trata-se de um princípio constitucional implícito que impõe, ao STF, a função contramajoritária: o STF deve atuar contra os excessos da maioria, para garantir os direitos das minorias. Poder "contramajoritário" é poder a ser exercido, em certas hipóteses, contra a vontade da maioria, para se preservar o Estado Democrático de Direito e, em última análise, a CF/88 (STF,

RE 477.554); c2) As minorias parlamentares têm, segundo a CF/88, o direito de instalar CPIs, mesmo contra a vontade das minorias. Tanto é verdade que apenas 1/3 da Câmara dos Deputados ou 1/3 do Senado Federal poderá instalar uma CPI (CF/88, art. 58, § 3º). Assim, atingido esse quorum de 1/3, não pode o líder de partido político que compõe a maioria no Congresso impedir a instalação da CPI (STF, Mandado de Segurança nº 26.441).

d) Duplo grau de jurisdição: trata-se de um princípio constitucional implícito que deriva do devido processo legal previsto no art. 5º, inciso LIV, da CF/88 (STF, HC 88.420, Relator Ministro Ricardo Lewandowski, julgamento em 17-4-2007).

4º) Tratados internacionais de direitos humanos, incorporados nos termos do art. 5º, § 3º, da CF/88: serão equivalentes às emendas constitucionais os tratados de direitos humanos que seguirem o seguinte procedimento: a) aprovação em cada Casa do Congresso Nacional, por 3/5 dos votos dos respectivos membros; b) aprovação em 2 turnos nas 2 Casas do Congresso Nacional. Logo, segundo o entendimento do STF (STF, Plenário, RE 349703, Relator Ministro Ayres Britto, julgamento no dia 3/12/2018):

a) Os tratados de direitos humanos, aprovados seguindo o rito do art. 5º, § 3º, da CF/88, são equivalentes às emendas constitucionais. Logo, esses tratados fazem parte do bloco de constitucionalidade.
b) Os tratados de direitos humanos que não foram aprovados segundo o rito do art. 5º, § 3º, da CF/88 têm natureza supralegal: estão acima das leis, mas abaixo da CF/88. Por isso, esses tratados não compõem o bloco de constitucionalidade.
c) Tratados comuns, que não sejam de direitos humanos, têm força de lei.

Atualmente, estes são os tratados de direitos humanos, no Brasil, com força de emenda constitucional:

a) 3 do sistema global ou onusiano: 1º) Convenção sobre os Direitos das Pessoas com Deficiência; 2º) Protocolo Facultativo da Convenção sobre os Direitos da Pessoa com Deficiência; 3º) Tratado de Marraqueche para Facilitar o Acesso a Obras Publicadas às Pessoas Cegas, com Deficiência Visual ou com Outras Dificuldades Para Ter Acesso às Obras Impressas.
b) 1 do sistema regional interamericano: 4º) Convenção Interamericana contra o Racismo, a Discriminação Racial e Formas Correlatas de Intolerância (2022).

5º) O espírito e os valores da CF/88: assim o reconheceu o Ministro Celso de Mello, em voto proferido na ADI 595. Porém, não é um entendimento adotado pelo Plenário do STF. É preciso, portanto, bastante cuidado, nas provas, em reconhecer o espírito e os valores da CF/88 como algo que pertença ao bloco de constitucionalidade.

O preâmbulo, isto é, aquele texto que inaugura a CF/88, é recheado de valores constitucionais, como, por exemplo, "valores supremos de uma sociedade fraterna, pluralista e sem preconceitos". Sobre o preâmbulo, é importante tecer as seguintes considerações, na linha da jurisprudência do STF (STF, ADI 2.076/2002): a) O preâmbulo não possui força normativa; b) Embora sem força normativa, o preâmbulo é um elemento hermenêutico-constitucional, isto é, tem a função de auxiliar na interpretação e na integração do texto constitucional. Como, segundo o STF, o preâmbulo tem apenas função interpretativa sem força normativa, a conclusão só pode ser esta: para o STF, o preâmbulo não compõe o bloco de constitucionalidade.

6º) As normas do ADCT (Ato das Disposições Constitucionais Transitória): prevalece, na doutrina, que as normas do ADCT fazem parte do bloco de constitucionalidade, desde que essas normas não tenham se exaurido. Assim, as normas do ADCT que já produziram os efeitos não fazem mais parte do bloco de constitucionalidade.

Cumpre saber se, ao menos segundo a *teoria restritiva*, as normas constitucionais interpostas fazem parte do bloco de constitucionalidade, servindo como parâmetro superior de controle de constitucionalidade. A resposta parece ser negativa.

Normas constitucionais interpostas: são aquelas normas referidas expressamente pelas normas constitucionais. Vamos entender melhor o tema. Temos vários dispositivos constitucionais que fazem referência a normas infraconstitucionais, isto é, a normas que estão abaixo da Constituição. Essas normas constitucionais aparecem com as seguintes expressões: "nos termos da lei"; "na forma da lei"; "segundo a lei" etc. Por exemplo: são invioláveis as comunicações telefônicas, salvo, por ordem judiciais, nas hipóteses e na forma que a lei estabelecer (...) (CF/88, art. 5º, XII). Logo, uma interceptação telefônica só ocorrerá nas hipóteses e na forma que a lei estabelecer. Observa-se que o art. 5º, XII, da CF/88 fez referência a uma lei. Essa lei referida pela norma constitucional é chamada de norma constitucional interposta. Essa nomenclatura foi criada pelo constitucionalista italiano Gustavo Zagrebelsky. Referida jurista entende que a norma constitucional interposta cumpre um mandamento constitucional. Logo, a norma constitucional interposta tem força de norma constitucional.

Por esse entendimento, uma norma constitucional interposta, mesmo que aprovada na forma de lei, comporia o bloco de constitucionalidade. A norma constitucional interposta, portanto, poderia servir como parâmetro superior no controle de constitucionalidade.

Mas o Brasil, ao menos segundo a teoria restritiva sobre o bloco de constitucionalidade, não adotou essa ideia. As leis que regulamentam a CF/88 não perdem a natureza de lei pelo simples fato de exercerem a atividade regulamentadora. Portanto, no Brasil, as "normas constitucionais interpostas" são simples leis que regulamentam a CF/88. Essas leis não compõem o bloco de constitucionalidade.

Em razão disso, segundo o STF, "não cabe controle abstrato de constitucionalidade por violação de norma infraconstitucional interposta, sem ocorrência de ofensa direta à Constituição Federal" (STF, Plenário, ADI 2122, Relator Ministro Ilmar Galvão, julgamento no dia 4/5/2000; STF, Plenário, ADI 2344 QO, Relator Ministro Celso de Mello, julgamento no dia 23/11/2000). Quando se alega a violação de uma norma constitucional interposta (lei), o que está sendo violado não é diretamente a CF/88. A violação direta é à lei; a CF/88 só é violada reflexamente. Nessa hipótese, de violação reflexa, não cabe controle de constitucionalidade (STF, Plenário, ADI 3132, Relator Ministro Sepúlveda Pertence, julgamento no dia 15/2/2006). Um exemplo é a Lei de Interceptações Telefônicas (Lei nº 9.296/96): essa lei, embora regule o art. 5º, XII, da CF/88, não compõe o bloco de constitucionalidade. Por isso, referida lei não serve como parâmetro superior no controle de constitucionalidade.

Em suma, segundo a *teoria restritiva*, o bloco de constitucionalidade é composto por normas constitucionais expressas e implícitas – normas, essas, que podem estar dentro ou mesmo fora da Constituição. Para tanto, tais normas têm que ter sido aprovadas formalmente como normas constitucionais ou derivar das normas constitucionais formais (normas constitucionais implícitas).

Nesse sentido, ao menos segundo a *teoria restritiva*, adotada pelo Supremo Tribunal Federal, o parâmetro superior de controle de constitucionalidade são apenas normas constitucionais formais (ou normas que decorram desta, isto é, normas constitucionais implícitas). Um tratado internacional de direitos humanos, não incorporado ao Brasil com força de emenda constitucional (CF, art. 5º, § 3º) não faz parte do bloco de constitucionalidade.

Diverso se passa no controle de transconstitucionalidade. Aqui, o parâmetro superior de controle pode ser até mesmo uma lei interna, desde que esta última, em conjunto com tratados internacionais e com as demais normas e jurisprudência protetivas, tenham a força normativa de asseguramento dos direitos humanos.

Nesse sentido, a jurisprudência da Corte Interamericana de Direitos e a Convenção Americana de Direitos Humanos (que não foi incorporada com o status formalmente constitucional) podem compor o bloco de transconstitucionalidade, servindo, portanto, como parâmetro superior de controle de transconstitucionalidade.

Em suma, o parâmetro superior do controle de constitucionalidade é, segundo a teoria restritiva seguida pelo Supremo Tribunal Federal, as normas constitucionais assim aprovadas formalmente e as normas constitucionais que decorram destas últimas. Já o parâmetro superior do controle de transconstitucionalidade é todo o *corpus juris interno e internacional de proteção aos direitos humanos.*

Por sua vez, o parâmetro superior do controle de transconstitucionalidade é mais amplo também que o parâmetro superior do controle de convencionalidade. Enquanto aquele último engloba todo o *corpus juris interno e internacional de proteção aos direitos humanos*[143], o parâmetro superior do controle de convencionalidade são apenas os elementos componentes do *corpus juris internacionais* – mais precisamente o *corpus formal* (tratados e costumes), a jurisprudência internacional (sentenças e opiniões consultivas) e outros instrumentos jurídicos internacionais protetivos[144].

6.2. Parâmetro superior do controle de transconstitucionalidade ou de transconvencionalidade

Parâmetro superior do controle de transconstitucionalidade são todos aqueles elementos jurídicos que serão levados em conta para declarar a invalidade de condutas e normas domésticas. Em outras palavras, as condutas e normas praticadas no plano nacional só serão válidas se observarem o parâmetro superior do controle de transconstitucionalidade.

No item 5 deste capítulo, examinamos quais os elementos jurídicos que fazem parte do *bloco de transconstitucionalidade ou de transconvencionalidade.* Esses elementos jurídicos são aqueles que compõem o *corpus juris interno e internacional de proteção aos direitos humanos* e que, portanto, revelam-se como *parâmetro superior de controle de transconstitucionalidade.*

Assim, para se verificar se um determinado Estado cumpre com as obrigações internacionais de respeito e garantia dos direitos humanos, é necessário observar a *intrínseca correlação entre o direito interno e o direito internacional*[145].

---

143. Confira-se, no item 5 deste capítulo, o que compõe o bloco de transconstitucionalidade, ou seja, quais os elementos que fazem parte do parâmetro superior do controle de transconstitucionalidade ou de transconvencionalidade. Lembremos que, no bloco de transconstitucionalidade ou de transconvencionalidade, estão os elementos jurídicos internos e internacionais que compõem a Constituição Transnacional Interamericana de Direitos Humanos.

144. Valério de Oliveira Mazzuoli. *Controle jurisdicional de convencionalidade*, pág. 54. 5ª ed. 2018.

145. Corte Interamericana de Direitos Humanos. *Caso Cabrera García Montiel Flores vs. México*. Sentença de 26 de novembro de 2010 (Exceções Preliminares, Mérito, Reparações e Custas), § 16.

Daí que o parâmetro superior para verificar-se a validade das condutas praticadas no plano interno não são apenas os elementos jurídicos contidos no direito internacional, mas, também, elementos jurídicos presentes no direito interno.

Não se pode esquecer, é claro, de que os elementos jurídicos internos e internacionais – todos eles – fazem parte do ordenamento jurídico brasileiro. Este último não é dotado apenas de normas internas. Tanto é que a Constituição Transnacional Interamericana de Direitos Humanos, que se situa na parte superior do ordenamento jurídico brasileiro, compõe-se de elementos jurídicos internos e internacionais de proteção aos direitos humanos.

Isso significa que não apenas a Corte Interamericana, mas também o Poder Judiciário nacional tem a obrigação de examinar as condutas domésticas a partir dos elementos jurídicos internos e internacionais de proteção aos direitos humanos[146].

Portanto, o *parâmetro superior do controle de transconstitucionalidade ou de transconvencionalidade* é o *corpus juris interno e o corpus juris internacional de proteção aos direitos humanos*, examinados no item 5 deste capítulo (bloco de transconstitucionalidade). Esse parâmetro superior de controle de transconstitucionalidade deve ser observado pela Corte Interamericana de Direitos Humanos e pelo Poder Judiciário nacional, no exame das condutas e normas domésticas.

É interessante que essa interação entre a normatividade internacional e interna se converte em uma *viva interação* (a expressão é do ex-Juiz Presidente da Corte Interamericana, Diego García-Sayán) com *intensos vasos comunicantes* que propiciam o *diálogo jurisprudencial*. Isso porque ambas as jurisdições (doméstica e internacional) devem necessariamente atender à *normatividade "nacional"* e à *normatividade internacional* em determinados casos. Isso ocorre, por exemplo, com a valoração sobre a legalidade de uma prisão[147].

Aliás, a própria jurisdição internacional deve valorar a legalidade da detenção à luz da *normatividade interna*, já que a própria CADH remete à jurisdição nacional para poder examinar a *convencionalidade* dos atos das autoridades nacionais. Com efeito, o artigo 7.2 da CADH faz alusão às "Constituições Políticas dos Estados partes ou às leis editadas conforme essas

146. Confira-se o voto fundamentado do Juiz Eduardo Ferrer Mac-Gregor Poisot, § § 1º a 11, no seguinte caso julgado pela Corte Interamericana de Direitos Humanos: *Caso Cabrera García Montiel Flores vs. México*. Sentença de 26 de novembro de 2010 (Exceções Preliminares, Mérito, Reparações e Custas).

147. Voto fundamentado do Juiz Eduardo Ferrer Mac-Gregor Poisot, § 7, no seguinte caso julgado pela Corte Interamericana de Direitos Humanos: *Caso Cabrera García Montiel Flores vs. México*. Sentença de 26 de novembro de 2010 (Exceções Preliminares, Mérito, Reparações e Custas).

Constituições", para poder resolver-se sobre a detenção como parâmetro de convencionalidade[148].

Os juízes nacionais, por sua vez, devem cumprir com os demais pressupostos previstos no art. 7º da CADH para não violentarem o *direito convencional* à liberdade pessoal, devendo de igual forma atender à interpretação que a Corte Interamericana tem dado aos pressupostos previstos no art. 7º da CADH[149].

Assim, para se determinar se a atuação dos juízes nacionais é compatível com a CADH, em determinados casos é preciso analisar a atuação referida à luz da própria *normatividade interna e sempre atendendo à CADH*, especialmente para valorar aquilo que poderíamos denominar de *devido processo convencional*[150].

Não há mais muros entre o direito interno e o direito internacional. Por isso o sistema jurídico multinível deve abraçar as arenas global, regional e nacional, dialogando. Chegamos ao mesmo objetivo: pluralismo do sistema jurídico, dignidade da humana, princípio pro persona (art. 29 da CADH)[151].

Em suma, o parâmetro superior de controle de transconstitucionalidade é o *corpus juris interno e o corpus júri internacional* a ser observado tanto pelo Poder Judiciário nacional quanto pela Corte Interamericana – o que permite o diálogo entre Cortes e a interação entre a ordem jurídica interna e internacional na proteção aos direitos humanos.

6.3. Parâmetro inferior ou objeto do controle de transconstitucionalidade: condutas estatais e condutas de particulares no plano doméstico

Parâmetro inferior ou objeto do controle de transconstitucionalidade são aquelas normas ou condutas cuja validade é analisada em relação ao *corpus juris interno e internacional de proteção aos direitos humanos.*

---

148. Voto fundamentado do Juiz Eduardo Ferrer Mac-Gregor Poisot, § 7º, no seguinte caso julgado pela Corte Interamericana de Direitos Humanos: *Caso Cabrera García Montiel Flores vs. México*. Sentença de 26 de novembro de 2010 (Exceções Preliminares, Mérito, Reparações e Custas).

149. Voto fundamentado do Juiz Eduardo Ferrer Mac-Gregor Poisot, § 7º, no seguinte caso julgado pela Corte Interamericana de Direitos Humanos: *Caso Cabrera García Montiel Flores vs. México*. Sentença de 26 de novembro de 2010 (Exceções Preliminares, Mérito, Reparações e Custas).

150. Voto fundamentado do Juiz Eduardo Ferrer Mac-Gregor Poisot, § 8º, no seguinte caso julgado pela Corte Interamericana de Direitos Humanos: *Caso Cabrera García Montiel Flores vs. México*. Sentença de 26 de novembro de 2010 (Exceções Preliminares, Mérito, Reparações e Custas).

151. Flávia Piovesan. O Direito Internacional de Direitos Humanos e a Corte Interamericana de Direitos Humanos. *In*: *A importância da jurisprudência da Corte Interamericana de Direitos Humanos para o Direito brasileiro*. Curso ministrado na Escola Paulista da Magistratura (EPM). Fernando Antônio de Lima (organizador). 11/3/2022.

Não só condutas estatais, mas, também, condutas praticadas por particulares podem ser objeto do controle de transconstitucionalidade. Esse controle pode ser feito pelo Poder Judiciário nacional e, também, caso haja omissão ou falha das instituições nacionais, pela Corte Interamericana de Direitos Humanos.

O controle de transconstitucionalidade é feito constantemente pelo Poder Judiciário nacional, quando esse poder examina condutas estatais e condutas praticadas por particulares. Embora sem dizê-lo expressamente, ao repudiar uma conduta estatal ou particular que viole os direitos humanos, o Poder Judiciário nacional estará realizando controle de transconstitucionalidade.

A Corte Interamericana de Direitos Humanos, por sua vez, realiza o controle de transconstitucionalidade sobre as condutas estatais. Essa é a função corriqueira da aludida Corte, cuja sentença vincula o Estado parte que está sendo julgado (CADH, art. 68, 1).

Cumpre, agora, verificar se a Corte Interamericana de Direitos Humanos pode realizar o controle de transconstitucionalidade, quando a violação a direitos humanos partir de particulares, particularmente de empresas.

A responsabilidade internacional do País pode surgir de violações ou omissões praticadas por qualquer dos órgãos ou poderes estatais. Assim, o Estado brasileiro[152], segundo a Corte Interamericana, tem a obrigação positiva de garantir os direitos humanos previstos na CADH, protegendo tais direitos *inclusive na esfera privada*[153]. Nesse cenário, as autoridades públicas, tanto judiciais quanto administrativas, têm o dever de examinar se as entidades privadas violam a legislação interna e a legislação internacional que protegem os direitos humanos. Em havendo essa violação na esfera privada, o Estado deverá corrigir essa violação e oferecer a proteção adequada do direito[154].

Segundo a Corte Interamericana, a responsabilidade internacional do Estado se fundamenta em *ações ou omissões* de qualquer dos órgãos ou poderes do Estado, *independentemente da hierarquia desses órgãos ou poderes*. Basta que, por meio dessas ações ou omissões, haja a violação aos direitos reconhecidos na CADH[155]. Há, assim, uma obrigação de garantia dos Estados quanto aos

152. Repita-se: Por Estado brasileiro compreendem-se todos os órgãos estatais, todas as instituições (ex.: Ministério Público, Defensoria Pública, Procuradorias, Advocacia da União, Polícias) e todos os poderes (Executivo, Legislativo e Judiciário).

153. Caio Paiva e Thimotie Aragon. *Jurisprudência Internacional de Direitos Humanos*, pág. 319. 3ª ed. 2020. A propósito, confira-se: Corte Interamericana, *Caso Lagos del Campo vs. Peru*. Sentença de 31 de agosto de 2017. Exceções Preliminares, Mérito, Reparações e Custas, § 92.

154. Corte Interamericana, *Caso Lagos del Campo vs. Peru*. Sentença de 31 de agosto de 2017. Exceções Preliminares, Mérito, Reparações e Custas, § 92.

155. Corte Interamericana: *Caso Empregados da Fábrica de Fogos de Santo Antônio de Jesus e seus Familiares vs. Brasil*. Sentença de 15 de julho de 2020. Exceções Preliminares, Mérito, Reparações e Custas, § 115.

direitos protegidos pela CADH[156]. Essa *obrigação de garantia* se projeta para *além* das ações estatais. Isso porque tal obrigação abarca o dever de *prevenir, na esfera privada*, que terceiros violem os bens jurídicos protegidos, de modo que o Estado pode vir a ser responsabilizado caso não previna ou repare uma violação praticada por particulares[157].

Mas o Estado não pode ser responsabilizado internacionalmente por todo e qualquer ato praticado por empresas privadas em termos de violação a direitos humanos. Conforme a jurisprudência da Corte Interamericana, a responsabilidade internacional do Estado, nesse tema, depende de que se analisem as *circunstâncias particulares do caso* e se analise se o Estado concretizou (ou não) as *obrigações de garantia* dos direitos protegidos pela CADH[158].

Isso significa que as *circunstâncias particulares do caso e a inobservância das obrigações de garantia* é que permitirão responsabilizar internacionalmente o Estado no âmbito da jurisdição contenciosa da Corte Interamericana. É o caso concreto, com suas peculiaridades, das quais se deduzem a falta de fiscalização e atuação do Estado na proteção dos direitos humanos, que provocará a responsabilização internacional.

Uma causa não pode ser levada à Corte Interamericana tendo um particular no polo passivo. Quem é acionado na referida corte é um Estado parte da CADH que aceitou a jurisdição contenciosa da Corte Interamericana. Nada impede, porém, que o Estado venha ser acionado em referido tribunal internacional, na hipótese em que ele, Estado, omitiu-se no dever de prevenir, reparar e punir violações direitos humanos praticadas por particulares, incluindo, aqui, as empresas.

Em suma, condutas domésticas estatais e particulares podem ser objeto de controle de transconstitucionalidade tanto pelo Poder Judiciário quanto pela Corte Interamericana de Direitos Humanos. Quanto a esta, o exercício da jurisdição contenciosa não pode ser realizado contra os particulares, mas, sim, contra o Estado, seja quando a conduta doméstica violadora partir do Estado ou quando a conduta doméstica, embora não parta do Estado, conte com a omissão estatal.

6.4. Controle de transconstitucionalidade internacional

Controle de Transconstitucionalidade Internacional é o realizado pela Corte Interamericana de Direitos Humanos, ao examinar se as condutas ou normas domésticas violam o *corpus juris interno e internacional de proteção aos direitos humanos.*

---

156. CADH, art. 1º, 1.

157. Corte Interamericana: *Caso Empregados da Fábrica de Fogos de Santo Antônio de Jesus e seus Familiares vs. Brasil*. Sentença de 15 de julho de 2020. Exceções Preliminares, Mérito, Reparações e Custas, § 149.

158. Corte Interamericana: *Caso Empregados da Fábrica de Fogos de Santo Antônio de Jesus e seus Familiares vs. Brasil*. Sentença de 15 de julho de 2020. Exceções Preliminares, Mérito, Reparações e Custas, § 148.

Quem tem o dever primário ou principal de realizar o controle de transconstitucionalidade é o Estado. Apenas se este se omitir ou falhar é que nasce o dever de a Corte Interamericana realizar o controle.

6.4.1. Controle de transconstitucionalidade internacional concentrado concreto

O controle de transconstitucionalidade internacional concentrado concreto é aquele exercido pela Corte Interamericana de Direitos Humanos no julgamento de demandas concretas propostas contra os Estados partes.

Trata-se de um controle realizado no exercício da *competência contenciosa* da Corte Interamericana, que é chamada a analisar, em uma situação concreta, se um determinado Estado deva ser responsabilizado internacionalmente.

Embora realizado em um caso concreto, esse controle é chamado de *concentrado*, porque se concentra na Corte Interamericana. É só ela que o realiza.

O *controle de transconstitucionalidade concentrado concreto* – ou mesmo o *controle de convencionalidade concentrado concreto* – vem sendo realizado pela Corte Interamericana desde as primeiras sentenças[159].

Não obstante a sentença se aplique contra um determinado Estado, essa sentença, quando gera *jurisprudência*, ou seja, quando o entendimento é repetido pela Corte, produz efeitos contra outros Estados.

Em outras palavras, a sentença da Corte Interamericana produz efeitos concretos sobre o Estado que está sendo julgado (*res judicata*) e sobre os demais Estados submetidos à jurisdição da Corte (*res interpretata*).

Por isso se pode dizer que a sentença da Corte Interamericana, embora seja prolatada em um caso concreto, tem efeitos *erga omnes* e *vinculantes* também a outros Estados não julgados mas que se submetem à jurisdição contenciosa da Corte Interamericana.

A) Cabimento do controle de transconstitucionalidade concentrado concreto contra decisões do poder judiciário nacional – corte interamericana como tribunal de alçada ou tribunal de quarta instância?

É possível que se acione a Corte Interamericana de Direitos Humanos quando decisões do Poder Judiciário nacional violarem os direitos humanos?

---

159. Voto fundamentado do Juiz Eduardo Ferrer Mac-Gregor Poisot, § 22, no seguinte caso julgado pela Corte Interamericana de Direitos Humanos: *Caso Cabrera García Montiel Flores vs. México*. Sentença de 26 de novembro de 2010 (Exceções Preliminares, Mérito, Reparações e Custas).

Em outras palavras, as decisões judiciais, incluindo as do Superior Tribunal de Justiça e as do Supremo Tribunal Federal, podem ser objeto de controle de transconstitucionalidade?

Quando examinamos a Arguição de Descumprimento de Preceito Fundamental (ADPF), observamos que decisões judiciais podem ser objeto dessa ação específica do controle de constitucionalidade. Temos, aí, a chamada ADPF-incidental.

Nesse sentido, decisões judiciais, pelo Brasil, que violarem preceito fundamental da Constituição Federal, podem ser impugnadas, no Supremo Tribunal Federal, pela ADPF-incidental.

De modo similar, é possível acionar um Estado na Corte Interamericana, caso as decisões judiciais desse Estado violem os direitos humanos[160]. Essa possibilidade se aplica mesmo quando as decisões judiciais partam de tribunais dispostos no grau mais elevado da hierarquia judiciária[161], como é o caso, no Brasil, do Superior Tribunal de Justiça e do Supremo Tribunal.

Nem por isso se pode dizer que a Corte Interamericana de Direitos Humanos seja um *tribunal de alçada* ou *de quarta instância*. A Corte Interamericana de Direitos Humanos só atuará quando for para verificar se os tribunais nacionais fizeram um correto controle de convencionalidade – correto à luz da CADH, dos Protocolos Adicionais e da própria jurisprudência da Corte Interamericana. Em outras palavras, a Corte Interamericana só atua se for para verificar se os tribunais nacionais observaram os compromissos assumidos internacionalmente pelo Estado em matéria de direitos humanos, já que a atuação da Corte Interamericana é apenas subsidiária ou complementar[162].

Suponhamos que o Supremo Tribunal Federal aprecie uma questão constitucional, sem que o tema diga respeito a direitos humanos. O Estado brasileiro não poderá ser acionado na Corte Interamericana nessa hipótese.

Suponhamos, por outro lado, que o Supremo Tribunal Federal considere que a lei de anistia aos militares, editada durante a ditadura militar, não viola os direitos humanos. Nesse caso, o Estado brasileiro poderá ser acionado na

---

160. Corte Interamericana de Direitos Humanos, *Caso das "Crianças de Rua" (Villagrán Morales e outros) vs. Guatemala*, Sentença de 19 de novembro de 1999 (Mérito), § 222; *Caso Escher e outros vs. Brasil*. Sentença de 6 de julho de 2009 (Exceções Preliminares, Mérito, Reparação e Custas), § 44; *Caso da Costa Cadogan vs. Barbados*. Sentença de 24 de setembro de 2009 (Exceções Preliminares, Mérito, Reparações e Custas), § 12.

161. Corte Interamericana de Direitos Humanos. *Caso Gomes Lund e outros ("Guerrilha do Araguaia") vs. Brasil*. Sentença de 24 de novembro de 2010 (Exceções Preliminares, Mérito, Reparações e Custas).

162. Voto fundamentado do Juiz Eduardo Ferrer Mac-Gregor Poisot, § 7º, no seguinte caso julgado pela Corte Interamericana de Direitos Humanos: *Caso Cabrera García Montiel Flores vs. México*. Sentença de 26 de novembro de 2010 (Exceções Preliminares, Mérito, Reparações e Custas); *Caso Scot Cochran vs. Costa* Rica. Sentença de 10 de março de 2023 (Excepções Preliminares e Mérito), § 31.

Corte Interamericana, porque o Supremo Tribunal Federal produziu uma decisão judicial violadora dos direitos humanos.

Registre-se que, na hipótese, a Corte Interamericana, embora possa reapreciar provas e reexaminar fatos, não pode ser chamada como um *tribunal de alçada* ou *de quarta instância*. Isso porque esse tribunal internacional não foi criado como instância recursal, mas, sim, como uma corte que analisa se o Estado brasileiro observou os compromissos internacionais assumidos em matéria de direitos humanos.

Além disso, a jurisdição internacional tem *caráter subsidiário, coadjuvante ou complementar* em relação à jurisdição nacional. Nesse sentido, a Corte Interamericana só atua se houver omissão ou falha da jurisdição nacional, de modo que não se pode falar em *tribunal de alçada ou de quarta instância*. A jurisdição internacional não se aplica, por exemplo, para reavaliar provas e fatos que não têm nada que ver com a obrigação internacional assumida pelo Estado em matéria de direitos humanos[163].

6.4.2. Controle de transconstitucionalidade internacional concentrado abstrato

Controle de Transconstitucionalidade Internacional Concentrado Abstrato é a verificação abstrata, desvinculada de um caso concreto, feita pela Corte Interamericana de Direitos Humanos, sobre a compatibilidade de uma norma doméstica interna em relação ao *corpus juris interno e internacional de proteção aos direitos humanos.*

A Corte Interamericana de Direitos Humanos exerce a *competência contenciosa* e a *competência consultiva.*

Na *competência contenciosa*, a Corte Interamericana aprecia uma demanda concreta ajuizada contra um Estado parte da CADH que tenha aderido à jurisdição contenciosa (CADH, art. 62, 1 a 3).

Na *competência consultiva*, a Corte Interamericana atua de duas maneiras, sempre de maneira abstrata, sem vínculo a um caso concreto: a) emitindo opinião ou parecer sobre a interpretação da CADH ou de outro tratado internacional de direitos humanos em vigor nos Estados americanos (CADH, art. 64.1) (*opinião consultiva de interpretação*); b) emitindo pareceres ou opiniões sobre a compatibilidade de leis internas em relação aos tratados de direitos humanos em vigor nos Estados americanos (CADH, art. 64, 2) (*opinião consultiva de compatibilidade*)[164].

163. Corte Interamericana de Direitos Humanos, *Caso Cabrera García Montiel Flores vs. México*. Sentença de 26 de novembro de 2010 (Exceções Preliminares, Mérito, Reparações e Custas), § 16.

164. Bruno Del Preti e Paulo Lépore. *Manual de Direitos Humanos*, pág. 450. 2020.

Quando, na *competência consultiva*, a Corte Interamericana emite pareceres ou opiniões sobre a compatibilidade de normas domésticas internas em relação aos tratados em vigor nos Estados americanos, a Corte Interamericana está realizando *controle de transconstitucionalidade internacional concentrado abstrato*.

Em primeiro lugar, tal espécie de controle é de *transconstitucionalidade ou de transconvencionalidade*, porque, não obstante a redação do art. 64.2 da CADH, o parâmetro superior de controle não são apenas os tratados internacionais de direitos humanos em vigor nos Estados americanos. Vimos que a jurisprudência da Corte Interamericana é pacífica no sentido de que, em tema de direitos humanos, deve-se levar em conta todo o parâmetro superior encontrado não só no *corpus juris internacional*, mas, também, no *corpus juris interno de proteção aos direitos humanos*. Portanto, mesmo no exercício da competência consultiva, o parâmetro superior de controle é o conjunto formado pelos elementos jurídicos internos do Estado que faz a consulta e pelo conjunto de elementos jurídicos internacionais aplicáveis à hipótese. Daí *controle de transconstitucionalidade ou de transconvencionalidade*, e não simples controle de convencionalidade.

Em segundo lugar, o controle de transconstitucionalidade, realizado na competência consultiva, é *internacional*, porque exercido pela Corte Interamericana de Direitos Humanos.

Em terceiro lugar, o controle de transconstitucionaidade referido é *concentrado*, porque feito, exclusivamente, por referida Corte, e não por outros órgãos internacionais, como a Comissão Interamericana de Direitos Humanos.

Em quarto lugar, o controle de transconstitucionalidade é *abstrato*, porque desvinculado de um caso concreto, ao contrário do que se passa na *competência contenciosa*. O Estado ou a Comissão Interamericana de Direitos Humanos consulta a Corte Interamericana, para que esta última, de forma abstrata, decida se uma norma doméstica viola o *corpus juris interno e internacional de proteção aos direitos humanos*. A propósito, caso haja uma demanda específica contra o Estado já na Corte Interamericana (competência contenciosa), esse mesmo Estado não poderá solicitar uma opinião consultiva da Corte (competência consultiva). Isso porque, na competência consultiva, as vítimas poderiam ser privadas de participação[165], porque "os indivíduos são representados no processo contencioso perante a Corte pela Comissão [Interamericana], cujos interesses podem ser de outra ordem no processo consultivo"[166].

---

165. André de Carvalho Ramos. *Processo Internacional de Direitos Humanos*, pág. 288. 7ª ed. 2022.

166. Corte Interamericana de Direitos Humanos. *Parecer Consultivo sobre a compatibilidade de um projeto de lei com o artigo 8.2 da Convenção*. Parecer nº 12/91 de 6 de dezembro de 1991, Série A, nº 12, § 28.

Há quem sustente que as opiniões consultivas da Corte Interamericana não têm caráter vinculante, servindo, porém, como uma forma de declarar o Direito Internacional e, assim, possibilitar maior certeza jurídica aos sujeitos de Direito Internacional[167].

A competência consultiva da Corte não realizaria propriamente um *controle de convencionalidade*, mas sim uma *aferição de convencionalidade*. Isso porque a Corte apenas demonstraria a inconvencionalidade, para que, depois, a mesma Corte Interamericana, na competência contenciosa, e os juízes nacionais pudessem fazer o *controle de convencionalidade* das normas domésticas. Assim, as opiniões consultivas serviriam apenas para *auxiliar posterior controle de convencionalidade* a ser exercido pela própria Corte, no julgamento de casos concretos, e pelo Poder Judiciário nacional[168].

Não concordamos com esse ponto de vista. Entendemos que, na competência consultiva, quando examina a compatibilidade das normas domésticas com o *corpus juris interno e internacional*, a Corte Interamericana produz uma *decisão de caráter vinculante*. As opiniões consultivas não são simples parâmetros interpretativos a ser observados em posterior controle de transconstitucionalidade.

Os pronunciamentos vinculantes da Corte Interamericana não se dão apenas no exercício da competência contenciosa, mas, também, no âmbito da competência consultiva. A diferença se dá apenas na *maneira* pela qual ocorre o caráter vinculante desses pronunciamos.

Com efeito, na competência contenciosa, a Corte Interamericana, além de declarar a violação na parte dispositiva da sentença, impõe obrigações de fazer, reparações às vítimas e outras medidas concretas contra o Estado. Já, na competência consultiva, a Corte Interamericana apenas declara a invalidade de uma norma doméstica em relação ao *corpus juris interno do Estado e ao corpus juris internacional*.

Em ambos os casos, o pronunciamento da Corte Interamericana é *vinculante*, com a diferença de que, em um (competência contenciosa), a Corte declara a violação e impõe medidas específicas contra o Estado, ao passo que, no outro (competência consultiva), a Corte apenas declara a violação ao *corpus juris interno e internacional de direitos humanos*.

Pode-se, então, afirmar que, na competência contenciosa, a Corte Interamericana realiza um *controle concentrado concreto internacional de transconstitucionalidade*. Concentrado e internacional, porque só realizado pela Corte

167. André de Carvalho Ramos. *Processo Internacional de Direitos Humanos*, pág. 285. 7ª ed. 2022.

168. Valerio de Oliveira Mazzuoli. *Controle Jurisdicional da Convencionalidade das Leis*, págs. 51 e 52. 5ª ed. 2018.

Interamericana; concreto, porque se dá no exame de um caso concreto. De qualquer forma, mesmo que no exame de um caso concreto, esse controle forma jurisprudência – jurisprudência que vincula outros Estados (*res interpretata*).

Já, na competência consultiva, a Corte Interamericana declara, em abstrato, a violação, pelas normas domésticas, ao *corpus juris interno e internacional de direitos humanos*. Esse pronunciamento é vinculativo. Tanto é verdade que, ao julgar futuros casos concretos (competência contenciosa), é comum que a Corte Interamericana invoque e observe as opiniões consultivas.

O caráter vinculante das decisões nas competências consultiva e contenciosa da Corte Interamericana apresenta similaridade com o caráter vinculante observado nos controles de constitucionalidade concentrado abstrato e difuso exercidos pelo Supremo Tribunal Federal.

É comum ao Supremo Tribunal Federal declarar a inconstitucionalidade de uma lei ou de outros atos do Poder Público no controle concentrado de constitucionalidade, principalmente no julgamento das Ações Diretas de Inconstitucionalidade (ADIs) e das Arguições de Descumprimento Fundamental (ADPFs). Esses pronunciamentos vinculantes não se referem a um caso concreto e, em geral, não impõem, por exemplo, reparações individuais às vítimas.

De qualquer forma, esses pronunciamentos vinculantes do controle concentrado são reproduzidos quando o próprio Supremo Tribunal Federal exerce o controle difuso de constitucionalidade. Assim, se, numa ADI, o STF declarou a inconstitucionalidade de uma lei tributária, o STF, posteriormente, no julgamento de um caso concreto, ao analisar um recurso extraordinário, reproduz o entendimento firmado em controle concentrado e, assim, considera a possibilidade de o contribuinte receber de volta o tributo pelo qual pagou indevidamente.

Ou seja, ainda que não haja uma reparação específica à vítima no controle concentrado abstrato, nem por isso se nega o caráter vinculante desse julgamento. Esse caráter vinculante se nota na reprodução posterior desse entendimento no controle difuso concreto exercido pelo Supremo Tribunal Federal.

Assim também ocorre na competência consultiva, em que a Corte Interamericana não estabelece uma reparação específica às vítimas, mas declara que uma norma doméstica violou o *corpus juris interno e internacional*. Nota-se que a Corte Interamericana, em futuros casos concretos relacionados à matéria, acaba seguindo aquilo que foi estabelecido na opinião consultiva e, agora sim, determina que o Estado violador repare as vítimas.

Isso demonstra que, na competência contenciosa, a Corte Interamericana observa aquilo que foi estabelecido na competência consultiva, vindo a, então, com base na opinião consultiva estabelecida anteriormente, determinar a reparação das vítimas no julgamento do caso concreto.

Nesse sentido, "[os] pareceres não têm o mesmo efeito vinculante que se reconhece para suas sentenças em matéria contenciosa"[169]. Isso porque, na competência consultiva, o efeito vinculante é abstrato, obrigando o Estado a segui-lo e servindo como interpretação vinculante à própria Corte Interamericana no julgamento dos casos contenciosos. Mas é um efeito vinculante um pouco diferente do que o efeito vinculante que se opera na competência contenciosa, na qual, além de se declarar a violação, impõem-se medidas concretas contra o Estado, como o dever de reparação das vítimas.

Assim, conforme reconhecido pela própria Corte Interamericana, a competência consultiva *não produz o mesmo efeito vinculante* observado na competência contenciosa: na primeira, só se declara a violação; na segunda, declara-se a violação e impõem-se medidas concretas contra o Estado. Na primeira, o efeito vinculante é abstrato; na segunda, é concreto.

Por isso, entendemos que as opiniões consultivas da Corte Interamericana têm efeito vinculante para invalidar, abstratamente, as normas domésticas que violarem o *corpus juris interno e internacional de direitos humanos*. Nesse sentido, as opiniões consultivas *vinculam* a própria Corte Interamericana quando esta for julgar casos concretos (competência contenciosa) e *vinculam* o Poder Judiciário nacional nas decisões de controle abstrato concentrado ou difuso.

A propósito, a Unidade de Monitoramento e Fiscalização das Decisões e Deliberações da Corte Interamericana de Direitos Humanos (UMF/CNJ) foi criada pelo Conselho Nacional de Justiça (CNJ). Essa unidade tem por atribuição monitorar e fiscalizar o cumprimento das decisões e deliberações da Corte Interamericana de Direitos Humanos. É interessante notar que, por decisões e deliberações, na hipótese, incluem-se não apenas as sentenças e medidas provisórias (jurisdição contenciosa), mas, também, as opiniões consultivas (jurisdição consultiva) da Corte Interamericana[170]. Isso significa que o Conselho Nacional de Justiça entende que as opiniões consultivas da Corte Interamericana de Direitos Humanos também têm efeito vinculante sobre o Estado Brasileiro. Não fosse assim, o CNJ não monitoraria nem fiscalizaria as deliberações da Corte Interamericana adotadas nas opiniões consultivas.

A propósito, toda a *jurisprudência da Corte Interamericana* é parâmetro superior de controle de transconstitucionalidade. Por jurisprudência, na hipótese, haverão de se compreender não só as decisões e sentenças prolatadas na

169. Corte Interamericana de Direitos Humanos. *Parecer relativo aos outros tratados objeto da competência consultiva da Corte* (Art. 64 da Convenção Americana de Direitos Humanos), Parecer Consultivo nº 1/82, de 24 de setembro de 1982, Série A, nº 1, § 51, pág. 25).

170. Art. 1º, parágrafo único, da Resolução nº Resolução CNJ nº 364, de 12 de janeiro de 2021.

competência contenciosa da Corte, mas, também, as interpretações realizadas nas opiniões consultivas (competência consultiva). Portanto, as opiniões consultivas também compõem o bloco de transconstitucionalidade, apresentando caráter vinculativo[171].

Portanto, na emissão de opiniões consultivas que verificam a compatibilidade das normas e condutas domésticas com o *corpus juris interno e internacional de direitos humanos*, a Corte Interamericana de Direitos Humanos realiza *controle de transconstitucionalidade internacional concentrado abstrato.*

6.5. Controle de transconstitucionalidade interno

Controle de Transconstitucionalidade Interno é a verificação de compatibilidade, feita pelo Poder Judiciário nacional, das normas e condutas domésticas em relação ao *corpus juris interno e internacional de proteção aos direitos humanos.*

Esse controle de transconstitucionalidade interno pode ser *difuso*, quando realizado no caso concreto por todos os órgãos do Poder Judiciário, ou *concentrado*, quando realizado abstratamente apenas pelo Supremo Tribunal Federal.

6.5.1. Controle de Transconstitucionalidade Interno Difuso

O *controle de transconstitucionalidade interno ou difuso* é aquele feita por todos os juízes e juízas nacionais - desde, no Brasil, o juiz substituto, que acabou de tomar posse, até o Supremo Tribunal Federal.

Trata-se de uma modalidade de controle exercido no caso concreto. O pedido a ser solucionado não é a declaração de transconstitucionalidade, mas, por exemplo, uma reparação por danos morais. O exame da transconstitucionalidade de uma conduta doméstica é realizado sobre a causa de pedir da demanda.

Numa demanda concreta envolvendo medicamento de alto custo ajuizada contra a União, o juiz federal de primeira instância defere o pedido principal, para que o medicamento seja fornecido. Ao analisar a causa de pedir, o juiz federal traz fundamentos em torno da violação, pela União, ao *corpus juris interno e internacional de proteção aos direitos humanos relacionados à saúde.*

Ao se conceber a existência de um controle difuso de transconstitucionalidade, ou, mesmo, de convencionalidade por todos os juízes nacionais,

---

171. Voto fundamentado do Juiz Eduardo Ferrer Mac-Gregor Poisot, § 7º, no seguinte caso julgado pela Corte Interamericana de Direitos Humanos: *Caso Cabrera García Montiel Flores vs. México*. Sentença de 26 de novembro de 2010 (Exceções Preliminares, Mérito, Reparações e Custas).

algumas lições do Direito Constitucional sobre controle de constitucionalidade são transportadas para o Direito Internacional dos Direitos Humanos. Há uma verdadeira *internacionalização do Direito Constitucional.* Mecanismos processuais de garantia de direitos – como é o caso do controle de constitucionalidade – saem do Direito Constitucional e vão para o Direito Internacional dos Direitos Humanos, o que reforça a tutela dos direitos humanos. Trata-se de uma verdadeira *internacionalização de categorias constitucionais*[172].

O controle de transconstitucionalidade difuso interno revela que os juízes nacionais têm um dever de atuação, no plano interno, para verificar se as normas e condutas domésticas observam o *corpus juris nacional e internacional de proteção aos direitos humanos.* De qualquer forma, esse dever de atuação dos juízes nacionais não retira a tarefa conferida à Corte Interamericana de ser a última intérprete da Convenção Americana de Direitos Humanos, mesmo quando essa análise é feita sobre o direito interno[173].

É interessante que o controle de transconstitucionalidade difuso interno converte o juiz nacional em um verdadeiro *juiz interamericano*, isto é, uma autoridade que tem o dever de promover a guarda da Convenção Americana e dos Protocolos Adicionais, de outros tratados internacionais de direitos humanos e da jurisprudência da Corte Interamericana que interpreta esses documentos internacionais[174].

Nesse sentido, as juízas e juízes nacionais continuam com a missão tradicional de salvaguardar os direitos fundamentais previstos no âmbito interno. Mas não só isso. Todo o Poder Judiciário nacional passa a ter a missão, também, de salvaguardar o conjunto de valores, princípios e direitos humanos que o Estado tem reconhecido nos instrumentos internacionais e cujo compromisso internacional assumiu[175].

Nota-se, por isso, que o juiz nacional não tem o dever apenas de guardar os direitos fundamentais previstos na Constituição (controle de constitucionalidade), nem apenas os direitos humanos assegurados na Convenção

---

172. Voto fundamentado do Juiz Eduardo Ferrer Mac-Gregor Poisot, § § 21 e 22, no seguinte caso julgado pela Corte Interamericana de Direitos Humanos: *Caso Cabrera García Montiel Flores vs. México*. Sentença de 26 de novembro de 2010 (Exceções Preliminares, Mérito, Reparações e Custas).

173. Voto fundamentado do Juiz Eduardo Ferrer Mac-Gregor Poisot, § 22, no seguinte caso julgado pela Corte Interamericana de Direitos Humanos: *Caso Cabrera García Montiel Flores vs. México*. Sentença de 26 de novembro de 2010 (Exceções Preliminares, Mérito, Reparações e Custas).

174. Voto fundamentado do Juiz Eduardo Ferrer Mac-Gregor Poisot, § 23, no seguinte caso julgado pela Corte Interamericana de Direitos Humanos: *Caso Cabrera García Montiel Flores vs. México*. Sentença de 26 de novembro de 2010 (Exceções Preliminares, Mérito, Reparações e Custas).

175. Voto fundamentado do Juiz Eduardo Ferrer Mac-Gregor Poisot, § 24, no seguinte caso julgado pela Corte Interamericana de Direitos Humanos: *Caso Cabrera García Montiel Flores vs. México*. Sentença de 26 de novembro de 2010 (Exceções Preliminares, Mérito, Reparações e Custas).

Americana (controle de convencionalidade). Trata-se de um dever, isto sim, de tutelar os direitos previstos no plano interno e no plano interno, de modo que o correto é reportar-se à expressão *controle de transconstitucionalidade ou de transconvencionalidade difuso.* Essa mescla entre o Direito Constitucional e o Direito Internacional dos Direitos Humanos é uma interação entre o *Direito Constitucional Internacional* e o *Direito Internacional dos Direitos Humanos.* Isso exige uma contínua capacitação dos juízes nacionais sobre a dinâmica da jurisprudência convencional[176].

Como o dever de proteção dos direitos humanos pelo Estado é primário, principal, e o da Corte Interamericana é subsidiário ou complementar, é o juiz nacional que promove o primeiro controle de transconstitucionalidade. Por isso se fala em uma verdadeira *nacionalização do direito internacional dos direitos humanos*[177].

Os juízes dos Estados partes na Convenção Americana devem conhecer a fundo e aplicar não apenas o Direito Constitucional, mas, também, o Direito Internacional dos Direitos Humanos. Esses juízes nacionais devem, inclusive, promover, de ofício, tanto o controle de constitucionalidade quanto o controle de convencionalidade tomados em conjunto (naquilo que, neste trabalho, temos denominado de controle de transconstitucionalidade ou de transconvencionalidade). Por isso os ordenamentos jurídicos internacional e nacional se encontram em constante interação no presente domínio de proteção à pessoa[178].

É importante destacar que o controle de transconstitucionalidade difuso realizado pelos juízes nacionais têm efeitos vinculantes ao caso concreto apenas.

Por outro lado, não podemos nos esquecer de que o Supremo Tribunal Federal também pode fazer o controle de transconstitucionalidade difuso, quando uma demanda concreta lhe chega por meio de recurso extraordinário ou de *habeas corpus*, por exemplo.

Quando o controle de transconstitucionalidade difuso é realizado pelo Supremo Tribunal Federal – principalmente pelo Plenário – é possível que a decisão do STF, mesmo que aplicada em um caso concreto, possa ter efeitos vinculantes *erga omnes.*

---

176. Voto fundamentado do Juiz Eduardo Ferrer Mac-Gregor Poisot, § 31, no seguinte caso julgado pela Corte Interamericana de Direitos Humanos: *Caso Cabrera García Montiel Flores vs. México*. Sentença de 26 de novembro de 2010 (Exceções Preliminares, Mérito, Reparações e Custas).

177. Voto fundamentado do Juiz Eduardo Ferrer Mac-Gregor Poisot, § 29, no seguinte caso julgado pela Corte Interamericana de Direitos Humanos: *Caso Cabrera García Montiel Flores vs. México*. Sentença de 26 de novembro de 2010 (Exceções Preliminares, Mérito, Reparações e Custas).

178. Voto fundamentado do Juiz Antonio Augusto Cançado Trindade, § 3º, no seguinte caso julgado pela Corte Interamericana de Direitos Humanos: *Caso Trabalhadores Demitidos de Petroperu e outros vs. Peru*. Sentença de 23 de novembro de 2017 (Exceções Preliminares, Mérito, Reparação e Custas).

É que, atualmente, existe uma tendência de *abstrativização* do controle difuso no âmbito do Supremo Tribunal Federal, de modo que as decisões tomadas pelo Plenário, mesmo que no julgamento de casos concretos, acaba gerando teses de repercussão geral que afetam outros casos semelhantes.

Por isso se pode dizer afirmar que, em geral, o controle de transconstitucionalidade difuso exercido pelos juízes nacionais têm efeito concreto. Já, se o controle de transconstitucionalidade difuso for exercido pelo Supremo Tribunal Federal, este último, por meio do Plenário, poderá imprimir efeitos vinculantes *erga omnes* sobre a declaração de invalidade de normas e condutas domésticas que viole a Constituição Transnacional Interamericana de Direitos Humanos.

Como as normas domésticas violadoras dos direitos humanos são inválidas, a declaração de inconvencionalidade pelos órgãos do Poder Judiciário nacional produz efeitos retroativos (*ex tunc*). É possível, no entanto, diante das peculiaridades do caso concreto, que a declaração de inconvencionalidade produza efeitos *ex nunc*. De qualquer forma, embora tenha se pronunciado sobre o tema, a Corte Interamericana ainda não firmou um entendimento pacífico sobre os efeitos da declaração jurisdicional de inconvencionalidade[179].

6.5.2. Controle de transconstitucionalidade interno concentrado abstrato

É possível levar ao Supremo Tribunal Federal, por meio de ações de controle concentrado, violações à Constituição Transnacional Interamericana de Direitos Humanos – naquilo que denominamos de controle de transconstitucionalidade interno concentrado.

Para tanto, é preciso que o legitimado ativo, ao lado da violação ao *corpus juris internacional de direitos humanos*, demonstre a violação à Constituição.

Assim, uma lei ou ato normativo estadual ou federal que violar a CF/88 e o *corpus normativo internacional de direitos humanos* poderá ser objeto de Ação Direta de Inconstitucionalidade (ADI) no Supremo Tribunal Federal.

Já um ato do Poder Público que viole *preceito fundamental da Constituição* e que não possa vir a ser atacado por ADI poderá sujeitar-se a uma Arguição de Descumprimento de Preceito Fundamental (ADPF), ajuizada também no Supremo Tribunal Federal.

179. Confira-se, a propósito: Voto fundamentado do Juiz Eduardo Ferrer Mac-Gregor Poisot, § § 53 a 55, no seguinte caso julgado pela Corte Interamericana de Direitos Humanos: *Caso Cabrera García Montiel Flores vs. México*. Sentença de 26 de novembro de 2010 (Exceções Preliminares, Mérito, Reparações e Custas).

Ao julgar a ADI e a ADPF citadas, o Supremo Tribunal Federal, além de analisar alguma violação à Constituição Federal, acaba examinando se o *corpus juris internacional de direitos humanos* foi respeitado. Por isso, o Supremo Tribunal Federal promove um controle de transconstitucionalidade, ou seja, verifica se determinado ato normativo viola, ou não, a Constituição e o *corpus juris internacional de proteção aos direitos humanos.*

Foi o que fez o Supremo Tribunal Federal na ADPF nº 758, em que se questionou a Resolução nº 500/2020 do Conselho Nacional do Meio Ambiente (CONAMA). Essa resolução revogou outras importantes resoluções do CONAMA que promoviam parâmetros, definições e limitações de áreas de proteção permanente e que estabeleciam a necessidade de licenciamento de empreendimentos de irrigação. O Supremo Tribunal Federal entendeu que a Resolução nº 500/2020 do CONAMA violou preceitos fundamentais constitucionais ligados à proteção do meio ambiente, da saúde e da vida e, também, violou o *marco convencional de proteção ao meio ambiente.* Por isso, nesse ponto, referida resolução foi invalidada[180].

Temos, aí, na ADPF nº 758 uma exemplo de *controle de transconstitucionalidade interno concentrado abstrato*: de transconstitucionalidade, porque se examina se uma conduta ou norma doméstica viola a Constituição e o *corpus juris internacional de proteção aos direitos humanos*; *interno*, porque decidido por um órgão do Poder Judiciário brasileiro (o Supremo Tribunal Federal); *concentrado*, porque decidido não por todos os juízes, mas apenas pelo Supremo Tribunal Federal; *abstrato*, porque é um controle desvinculado de um caso concreto, produzindo efeitos *erga omnes.*

6.6. Teoria do duplo controle ou do duplo crivo de direitos humanos e teoria do controle integrado ou agregador

A interpretação dos direitos humanos implica um pluralismo normativo, de modo que se aplicam, conjuntamente, o *corpus juris interno* e o *corpus juris internacional* sobre a matéria analisada.

Esse pluralismo normativo poderá implicar decisões em sentidos diferentes sobre a mesma matéria. Assim, se o Supremo Tribunal Federal se limitar a examinar o direito interno, a decisão poderá colidir com o *corpus juris internacional*, isto é, com tratados internacionais de direitos humanos ou com uma decisão ou com a jurisprudência da Corte Interamericana de Direitos Humanos sobre a mesma matéria.

Isso ocorreu quando o Supremo Tribunal Federal entendeu que a lei de anistia brasileira (Lei nº 6.683/79), editada em 1979, fora recepcionada pela

180. STF, Plenário, ADPF nº 748/DF, Relatora Ministra ROSA WEBER, julgamento no dia 23/5/2022.

Constituição Federal de 1988[181]. Referida lei anistiou os *crimes políticos e os crimes conexos* praticados durante o período de 2 dezembro de 1961 e 15 de agosto de 1979 (art. 1º). Ao se referir aos crimes conexos, citada lei acabou anistiando os agentes públicos que cometeram graves violações a direitos humanos durante o regime civil-militar brasileiro iniciado em 1964.

Meses depois desse julgamento pelo Supremo Tribunal Federal, a Corte Interamericana de Direitos Humanos entendeu que a lei de anistia brasileira violava direitos humanos previstos na Convenção Americana de Direitos Humanos[182].

Argumentou-se que a análise feita pelo Supremo Tribunal Federal implicou exame da questão a partir da Constituição Federal. Já a análise da Corte Interamericana não se traduz no exame de compatibilidade entre a lei de anistia brasileira e a Constituição Federal brasileira de 1988, questão de direito interno cuja análise não compete ao referido tribunal internacional e que já foi resolvida pelo Supremo Tribunal Federal. Cabe, isto sim, à Corte Interamericana, nesse ponto, proceder ao controle de convencionalidade, isto é, verificar se a lei de anistia condiz com as obrigações internacionais do Brasil contidas na Convenção Americana[183].

Na tentativa de solucionar esse impasse, criou-se a *teoria do duplo controle ou crivo de direitos humanos*. Nesse sentido, cada uma das Cortes (STF e Corte Interamericana) tem um âmbito de atuação diversa. O Supremo Tribunal Federal (e juízes nacionais) procede ao *controle de constitucionalidade*. Já a Corte Interamericana promove o *controle de convencionalidade*. Os direitos humanos, no Brasil, contam com uma dupla garantia: o controle de constitucionalidade nacional e o controle e convencionalidade internacional. Qualquer norma doméstica só será válida se passar pelo duplo controle, para que, assim, os direitos humanos sejam observados no Brasil[184].

Assim, segundo a *teoria do duplo controle*, a lei de anistia passou pelo controle de constitucionalidade, mas não pelo controle de convencionalidade, de modo que deve ser declarada inválida. Só seria válida se tivesse passado incólume pelos dois controles.

Concordamos com o resultado dessa tese, que, diga-se de passagem, continua muito importante na solução de problemas jurídicos envolvendo direitos humanos – em particular, nas divergências entre o Poder Judiciário

181. STF, Plenário, ADPF nº 153, Relator Ministro EROS GRAU, julgamento no dia 29/4/2010.

182. Corte Interamericana de Direitos Humanos. *Caso Gomes Lund e outros ("Guerrilha do Araguai") vs. Brasil*. Sentença de 24 de novembro de 2.010 (mérito, reparações e custas).

183. Corte Interamericana de Direitos Humanos. *Caso Gomes Lund e outros ("Guerrilha do Araguai") vs. Brasil*. Sentença de 24 de novembro de 2.010 (mérito, reparações e custas), § 49.

184. André de Carvalho Ramos. *Processo Internacional de Direitos Humanos*, pág. 436. 7ª ed. 2022.

nacional e a Corte Interamericana. Nesse sentido, reportando ao exemplo acima, concordamos com a teoria do duplo controle no ponto em que ela também entende que a lei de anistia seja inválida. Mas adotamos outra teoria para fundamentar nosso ponto de vista: a *teoria do controle integrado ou agregador*, que se baseia na própria análise que a Corte Interamericana vem fazendo em matéria de direitos humanos. Passemos a explicar melhor esse tema, que é complexo.

A *teoria do duplo controle* separa os controles de constitucionalidade e de convencionalidade. É como se o Poder Judiciário nacional examinasse apenas violação à Constituição e a Corte Interamericana examinasse apenas a violação à Convenção Americana de Direitos Humanos.

Não obstante, conforme amplamente analisado nos itens 5, 6.1, 6.2 e 6.3 deste capítulo, o Poder Judiciário nacional não se atém apenas à Constituição Federal e ao direito interno, e a Corte Interamericana não se atém apenas à CADH e a outros tratados internacionais de direitos humanos.

Temos, então, o controle de transconstitucionalidade ou de transconvencionalidade. Isso significa que o parâmetro superior de controle das condutas domésticas é o conjunto formado pelo *corpus juris interno e pelo corpus juris internacional*. Essa análise conjugada de elementos jurídicos internos e internacionais deve ser realizado tanto pelo Poder Judiciário nacional quanto pela Corte Interamericana.

Assim, em matéria de direitos humanos, os juízes nacionais e a Corte Interamericana levam em conta ambos os *corpus juris* (*interno e internacional*). Por isso, não se pode falar em separação entre controle de constitucionalidade, cujo parâmetro superior seria a Constituição nacional, e em controle de convencionalidade, cujo parâmetro superior seria a CADH e outros tratados e instrumentos jurídicos internacionais de direitos humanos.

É que o Poder Judiciário nacional e a Corte Interamericana devem reunir, em tema de direitos humanos, o *corpus juris interno e o corpus juris internacional*, naquilo que denominamos de *teoria do controle integrado ou do controle agregador*.

Assim, e isto se deduz da própria jurisprudência da Corte Interamericana, conforme já amplamente analisado neste livro, a *teoria do controle integrado ou agregador* exige que se integrem o *corpus juris interno* e o *corpus juris internacional* como parâmetro superior de controle *em matéria de direitos humanos*. Temos um parâmetro superior agregador ou integrado, já que tal parâmetro superior é integrado pelos dois *corpus juris* (interno e internacional), e não só por um dos dois.

Não é possível, assim, separar os controles de constitucionalidade e de convencionalidade, porque a Constituição Federal e a normatividade internacional, como parâmetros superiores do controle de transconstitucionalidade, devem ser levados em conta, de forma conjunta, tanto pelo Poder Judiciário nacional quanto pela Corte Interamericana de Direitos Humanos.

A análise conjunta sobre o *corpus juris interno e internacional* recebe a última palavra da Corte Interamericana, cuja jurisprudência, que analisa os ordenamentos jurídicos nacionais e internacionais de direitos humanos, gera um verdadeiro *ius constitutitionale commune* nas Américas[185].

Não obstante a última palavra em direitos humanos acabe sendo dada pela Corte Interamericana, que gera os padrões normativos interpretativos comuns aos países americanos, é importante registrar que o *corpus juris interno e o corpus juris internacional* devem ser analisados também pelo Poder Judiciário nacional. As juízas e os juízes nacionais se convertem nos *primeiros juízes interamericanos*, já que eles é que têm o dever primário de interpretar a legislação interna e internacional em matéria de direitos humanos[186].

Assim, não é possível separar os controles de constitucionalidade (sobre a legislação interna) e de convencionalidade (sobre a legislação internacional), os quais, segundo a *teoria do controle integrado ou agregador*, devem ser reunidos para que sejam realizados em conjunto.

Dentro da exigência contida na própria jurisprudência da Corte Interamericana de o Poder Judiciário nacional e a própria Corte Interamericana procederem a uma análise integralizada do *corpus juris interno e do corpus juris internacional*, não se concebe, jamais, que, de forma isolada, o Poder Judiciário nacional proceda ao controle de constitucionalidade, e, também de forma isolada, a Corte Interamericana proceda ao controle de convencionalidade.

No caso da lei da anistia brasileira, tida como recepcionada pela Constituição segundo o Supremo Tribunal Federal, a solução não está em dizer que o STF fica com o controle de constitucionalidade, e a Corte Interamericana, com o controle de convencionalidade.

A solução, sim, está em dizer que o Supremo Tribunal Federal, no referido tema, procedeu apenas ao controle de constitucionalidade (e de maneira errônea, porque a CF/88 não admite a impunidade de graves violações aos direitos humanos). Deveria o Supremo Tribunal Federal, isto sim, submeter a questão ao controle de transconstitucionalidade ou de transconvencionalidade,

185. Voto fundamentado do Juiz Eduardo Ferrer Mac-Gregor Poisot, § § 88, no seguinte caso julgado pela Corte Interamericana de Direitos Humanos: *Caso Cabrera García Montiel Flores vs. México*. Sentença de 26 de novembro de 2010 (Exceções Preliminares, Mérito, Reparações e Custas).

186. Voto fundamentado do Juiz Eduardo Ferrer Mac-Gregor Poisot, § § 87, no seguinte caso julgado pela Corte Interamericana de Direitos Humanos: *Caso Cabrera García Montiel Flores vs. México*. Sentença de 26 de novembro de 2010 (Exceções Preliminares, Mérito, Reparações e Custas).

examinando, ao mesmo tempo, o *corpus juris interno* e o *corpus juris internacional* referente à matéria.

Ao examinar o *corpus juris internacional*, forçosamente o Supremo Tribunal Federal deveria verificar qual o posicionamento da Corte Interamericana em relação às leis de anistia, o que levaria à declaração de inconstitucionalidade (ou de não recepção) da lei de anistia brasileira.

Essa possibilidade interpretativa de integrar o *corpus juris interno e internacional de proteção aos direitos humanos* encontra-se presente na própria Constituição Federal de 1988.

Isso porque esta última, no art. 4º, II, estabelece que a República Federativa do Brasil se regerá, nas relações internacionais, pelo *princípio da prevalência dos direitos humanos*. Nota-se que ela, Constituição, em matéria de direitos humanos, integra-se ao *corpus juris internacional*.

A propósito, essa integração entre a Constituição Federal de 1988 e o *corpus juris internacional* se refere a uma integração jurídico-política com os países da América Latina (CF, art. 4º, parágrafo único).

Observa-se, assim, que o art. 4º, II, e parágrafo único, da CF/88 permite uma perfeita integração entre a ordem jurídica interna e a ordem jurídica interamericana na proteção dos direitos humanos. Trata-se de uma integração a ser observada pela República Federativa do Brasil, da qual, naturalmente, faz parte todo o Poder Judiciário nacional, incluindo o Supremo Tribunal Federal.

Ao ordenamento jurídico brasileiro se incorpora, portanto, a *ordem jurídica interamericana*, cuja última palavra, em matéria de direitos humanos, é dada pela Corte Interamericana.

Essa última palavra dada pela Corte Interamericana tem uma razão de ser. Para conferir coerência e integridade à ordem jurídica interamericana, os grandes parâmetros dessa ordem jurídica deverão ser assinalados pela Corte Interamericana. Isso, contudo, não significa que a construção dessa ordem jurídica interamericana comum aos países americanos ignore o papel das instituições judiciárias nacionais. Ao contrário. Em vários casos analisados neste trabalho, a Corte Interamericana construiu a proteção dos direitos humanos com o apoio da análise jurisdicional realizada por altas Cortes nacionais.

Daí que a construção da *jurisprudência interamericana* se dá mediante a comunhão entre leis internas, Constituições nacionais e decisões do Poder Judiciário nacional, de um lado, e a normativa internacional, práticas de organizações internacionais e, principalmente, a jurisprudência da Corte Interamericana, de outro lado.

Nesses termos, o Poder Judiciário nacional e a Corte Interamericana de Direitos Humanos devem procedem a uma análise conjunta do *corpus juris interno e do corpus juris internacional de direitos humanos*. Aplica-se, portanto, a *teoria do controle integrado ou do controle agregador*.

Se o Poder Judiciário nacional, tal como ocorreu na análise da lei da anistia brasileira (ADPF nº 153), proceder apenas ao controle de constitucionalidade, a solução não está em acudir à *teoria do duplo controle*. Em outras palavras, não se pode invocar, no caso, que a decisão do Supremo Tribunal Federal passou pelo controle de constitucionalidade, mas não passou pelo controle de convencionalidade. É que não é concebível que uma decisão passe pelo filtro de um desses controles e não passe pelo filtro do outro.

Na verdade, esses dois controles são conjugados, integrados, por isso chamados de *controle de transconstitucionalidade ou de transconvencionalidade*. O controle de transconstitucionalidade ou de transconvencionalidade, ao mesmo tempo que vai além dos controles de constitucionalidade e de convencionalidade, acaba perpassando por estes dois.

Na hipótese da ADPF nº 153, em verdade, o Supremo Tribunal Federal efetuou erroneamente o controle de constitucionalidade. Como a República Federativa do Brasil rege-se, nas relações internacionais, pela prevalência dos direitos humanos (CF/88, art. 4º, II), nenhuma análise constitucional dispensa a análise do Direito Internacional dos Direitos Humanos, mais particularmente a jurisprudência da Corte Interamericana que integra os países americanos (CF, art. 4º, parágrafo único).

Portanto, à luz da *teoria do controle integrado ou agregador*, na ADPF nº 153, o Supremo Tribunal Federal não fez *controle de constitucionalidade*, já que não integrou as órbitas internas e internacionais de proteção aos direitos humanos. O problema há ser resolvido, portanto, não pela exigência de um controle duplo (de constitucionalidade e de convencionalidade), mas de um controle único, integrador, que reúna, ao mesmo tempo e de forma inseparável, o controle das normas domésticas com base no *corpus juris interno e internacional de proteção aos direitos humanos*. Eis o controle de transconstitucionalidade, que se afina com a *teoria do controle integrador ou agregador*, que jamais dispensa a análise conjunta e indissociável dos elementos jurídicos internos e internacionais de proteção aos direitos humanos.

Assim, poderíamos, é claro, dizer que, na ADPF nº 153, a lei da anistia passou pelo crivo da constitucionalidade, mas não pelo crivo da convencionalidade. Essa lei só seria válida se passasse por esse duplo crivo (*teoria do duplo controle ou duplo crivo de direitos humanos*). Essa é, reconheça-se, uma solução engenhosa, que muito auxilia na proteção dos direitos humanos. É que quem dá a última palavra em matéria de convencionalidade é a Corte Interamericana; logo, se a norma doméstica passar pelo crivo da constitucionalidade exercido pelo STF, mas não pelo crivo da convencionalidade realizado pela Corte Interamericana, essa norma será inválida, porque não passou pelo duplo crivo (*teoria do duplo controle ou duplo crivo de direitos humanos*).

No entanto, conforme a jurisprudência da Corte Interamericana analisada neste livro, o parâmetro superior de controle das normas domésticas, em matéria de direitos humanos, é a conjugação indissociável entre o *corpus juris interno e o corpus juris internacional de proteção aos direitos humanos.*

Quando o Supremo Tribunal Federal, em matéria de direitos humanos, limita-se a examinar o assunto à luz apenas da normatividade interna, a análise é incompleta. Isso porque a definição do âmbito de proteção dos direitos humanos depende da conjugação entre *corpus juris interno e corpus juris internacional.*

A propósito, a Corte Interamericana de Direitos Humanos, para entender o que seja *grave violação ao direito de defesa no processo penal*, conjugou a jurisprudência da Corte Interamericana e a CADH (*corpus juris internacional*) com decisões proferidas por Cortes Superiores nacionais (*corpus juris interno*)[187].

Não é possível, portanto, extrair a proteção dos direitos humanos a partir de uma análise isolada do *corpus juris interno* nem de uma análise isolada do *corpus juris internacional.*

Poderíamos dizer que o controle sobre as normas domésticas seria duplo, porque agregaria os parâmetros superior do *corpus juris interno* e, depois, os parâmetros superiores do *corpus juris internacional.*

Mas, não.

O controle, na verdade, não é duplo, mas *conjugado*, mas *integrado*, mas *agregado.* Uma coisa, no exemplo acima, é analisar o direito de defesa apenas sob a ótica do direito interno ou do direito internacional. Em cada uma dessas análises poderíamos chegar a uma concepção diferente sobre a proteção conferida ao direito de defesa.

Diverso se passa quando o direito de defesa no processo penal é visto a partir da análise conjunta do *corpus juris interno e do corpus juris internacional de direitos humanos.* A configuração do direito de defesa, nesse empreendimento conjugado, será bem diversa.

Nesse sentido, há uma pluralidade de ordens jurídicas, as quais, à luz do *transconstitucionalismo*, relacionam-se complementarmente entre identidade e alteridade. Cada ordem jurídica se reconstrói a partir da relação com a outra. Há um entrelaçamento transconstitucional, de modo que a identidade de cada ordem jurídica é rearticulada a partir do inter-relacionamento com

187. Corte Interamericana de Direitos Humanos. *Caso Ruano Torres vs. El Salvador*. Sentença de 5 de outubro de 2015 (Mérito, Reparação e Custas).

a outra ordem jurídica (alteridade). Na relação com a outra ordem jurídica (alteridade), cada ordem jurídica se reconstrói (identidade)[188].

Por isso não é possível dizer que uma norma doméstica deva passar por um *duplo controle* – o de constitucionalidade e o de convencionalidade. Um controle de constitucionalidade, sozinho, poderia levar a resultado diverso em relação a controle de convencionalidade, também sozinho.

O correto, então, ao menos à luz da jurisprudência da Corte Interamericana, é aglutinar os *corpus juris interno e internacional de proteção aos direitos humanos* e, a partir dessa integração, obter os delineamentos do direito humano a ser protegido. Essa inter-relação permite que surja um produto normativo diverso caso considerássemos isoladamente o *corpus juris interno* e o *corpus juris internacional.* Os elementos jurídicos internos e internacionais, em vez de serem vistos isoladamente, acabam-se cruzando, o que faz surgir um novo *corpus*, resultado desse cruzamento.

Nesse sentido, ao considerar que a lei de anistia brasileira não viola a Constituição Federal, o STF, na ADPF nº 153, desobedeceu ao parâmetro superior de direitos humanos obtido a partir da conjugação inseparável entre o *corpus juris interno e o corpus juris internacional.* A decisão referida não passou pelo crivo da *teoria do controle integrado ou do controle agregador*, a qual, na verdade, representa o exercício daquilo que concebemos como controle de transconstitucionalidade (verificação da compatibilidade de normas e condutas domésticas tendo como parâmetro de controle o conjunto compreendido pelo *corpus juris interno e pelo corpus juris internacional de proteção aos direitos humanos*).

Não houve, portanto, violação ao duplo controle, porque jamais se concebe, à luz da jurisprudência da Corte Interamericana, que uma norma doméstica seja cotejada exclusivamente com o *corpus juris interno*, ao menos no que se refere a temas relacionados a direitos humanos.

A decisão do STF, na ADPF nº 153, que supostamente realizou controle de constitucionalidade, na verdade não realizou controle algum. O controle das normas domésticas, em matéria de direitos humanos, exige sempre que a norma doméstica seja analisada à luz do *corpus juris interno e do corpus juris internacional.* Essa exigência, conforme a jurisprudência da Corte Interamericana, é voltada não só à própria Corte Interamericana, mas também ao Poder Judiciário nacional. Quando este último verifica uma norma doméstica a partir do *corpus juris interno* apenas, ele, Poder Judiciário, em tema relacionado a direitos humanos, não está procedendo a controle algum, segundo se nota da *teoria do controle integrado ou agregador*, que é uma construção jurídica retirada do próprio controle que a Corte Interamericana faz sobre as normas e condutas domésticas.

188. Marcelo Neves. *Transconstitucionalismo*, pág. XXV. São Paulo: Martins Fontes, 2009.

6.7. Quem deve fazer o controle de transconstitucionalidade interno

O controle de transconstitucionalidade interno é a verificação de compatibilidade, feita por instituições, poderes e órgãos estatais, das normas e condutas domésticas com o *corpus juris interno e internacional de direitos humanos.*

Devido à natureza de dar a última palavra, no plano interno, sobre a interpretação do Direito, é o Poder Judiciário que tem a obrigação principal de realizar o controle de transconstitucionalidade interno.

Não obstante, atualmente, a jurisprudência da Corte Interamericana estende esse dever aos *órgãos ligados à Administração da justiça* (ex.: Ministério Público, Defensoria Pública, Advocacia, Conselho Nacional de Justiça, entre outros) e aos órgãos e instituições estatais em geral (Poder Executivo e Poder Legislativo).

6.7.1. Poder judiciário nacional

Quando um Estado ratifica um tratado internacional de direitos humanos, como a Convenção Americana de Direitos Humanos, os juízes, como parte do aparato do Estado, também estão submetidos ao tratado. Isso significa que o Poder Judiciário nacional tem o dever de verificar a compatibilidade das normas domésticas em relação ao tratado, naquilo que se denomina de *controle de convencionalidade.* Nessa tarefa, o Poder Judiciário nacional deve levar em conta não apenas a Convenção Americana (CADH), mas a interpretação que a Corte Interamericana fez da CADH, já que a Corte Interamericana é a *intérprete última da Convenção Americana*[189].

Portanto, o Poder Judiciário nacional, além de aplicar a Constituição, tem o dever de verificar se as normas e condutas domésticas observam os tratados internacionais de direitos humanos – particularmente a CADH. Essa verificação de compatibilidade entre as normas e condutas domésticas e os tratados internacionais de direitos humanos é denominada de *controle de convencionalidade.*

Acontece, conforme vimos nos itens 5 e 6 deste capítulo, que essa verificação tem como parâmetro superior não apenas os tratados internacionais de direitos humanos, mas todo o *corpus juris interno e internacional de proteção aos direitos humanos.*

O Poder Judiciário nacional deve, então, examinar se as normas e condutas domésticas violam todo esse *corpus juris interno e internacional de direitos humanos.* O parâmetro superior de controle não são apenas os tratados internacionais de direitos humanos. Por isso temos denominado que

189. Corte Interamericana de Direitos Humanos. *Caso Almonacid Arellano e outros vs. Chile*. Sentença de 26 de setembro de 2006 (Exceções Preliminares, Mérito, Reparação e Custas), § 124.

essa atividade é denominada de *controle de transconstitucionalidade ou de transconvencionalidade.*

Nesse sentido, segundo a jurisprudência da Corte Interamericana de Direitos Humanos, as juízas e os juízes nacionais - de todas as hierarquias do Poder Judiciário - têm o dever de realizar o controle de transconstitucionalidade ou de transconvencionalidade das normas domésticas.

Nesse contexto, ao aplicar todo esse *corpus juris interno e internacional*, o Poder Judiciário nacional acaba dialogando com os parâmetros interpretativos fixados pela Corte Interamericana. Daí se pode dizer que os juízes nacionais são verdadeiros *juízes interamericanos.*

O *controle jurisdicional de transconstitucionalidade das normas domésticas internas* eleva o Poder Judiciário à categoria de um agente fundamental na reconfiguração de um novo Estado de Direito.

Os elementos jurídicos internos, reunidos pela Constituição nacional, intercambiam-se com o Sistema Interamericano de Direitos Humanos. O tradicional *Estado de Direito*, baseado na Constituição, transforma-se em *Estado de Direito Interamericano.* No *Estado de Direito Interamericano*, promove-se uma dinâmica relação entre o direito constitucional e o direito internacional dos direitos humanos a partir do princípio *pro persona*, estabelecido no art. 29 da Convenção Americana de Direitos Humanos[190].

Eis a *Constituição Transnacional Interamericana de Direitos Humanos*, composta por elementos jurídicos internos e internacionais. Essa Constituição Transnacional tem como fundamento de validade a norma fundamental de direitos humanos. O princípio *pro persona*, previsto no art. 29 da CADH, é que permite, a partir da norma fundamental de direitos humanos, a atração de elementos jurídicos internos e internacionais para o seio da Constituição Transnacional de Direitos Humanos, cuja proteção conta com um ator estatal importante: o Poder Judiciário nacional, no exercício do controle de transconstitucionalidade.

6.7.2. Órgãos ligados à administração da justiça

Não só Poder Judiciário nacional, mas todos os *órgãos vinculados à administração da justiça* têm o dever de realizar o controle de convencionalidade[191] - para nós, na verdade, controle de transconstitucionalidade.

190. Carolina Cyrillo, Siddarta Legale e Edgar Hérnan Fuentes-Contreras. O Estado de Direito Interamericano no constitucionalismo sul-americano. *In*: *Interamericanização do Direito Constitucional e Constitucionalização do Sistema Interamericano*, pág. 24 a 26. Siddharta Legale, Melina Fachin e André de Carvalho Ramos (organizadores).

191. Corte Interamericana de Direitos Humanos. *Caso Cabrera García e Montiel Flores vs. México*. Senntença de 26 de novembro de 2010 (Exceções Preliminares, Mérito, Reparação e Custas), § 225.

Nesse sentido, o Ministério Público, a Defensoria Pública, o Conselho Nacional de Justiça (CNJ), o Conselho Nacional do Ministério Público (CNMP), a Advocacia Pública têm o dever de realizar o controle de transconstitucionalidade.

6.7.3. *Qualquer autoridade pública (incluindo poder executivo e poder legislativo)*

Não só o Poder Judiciário nacional e os órgãos ligados à administração da justiça, mas, sim, *todos os órgãos do Estado* devem realizar o controle de convencionalidade[192] (para nós, repita-se, controle de transconstitucionalidade). Assim, o Poder Executivo e o Poder Legislativo também devem promover o controle de transconstitucionalidade.

No caso do Poder Executivo, por exemplo, o Presidente da República, os Governadores e Prefeitos devem adotar políticas públicas que respeitem e protejam os direitos humanos – por exemplo: políticas de amplo acesso aos serviços públicos de saúde.

No caso do Poder Legislativo, por exemplo, na tramitação dos projetos de lei, a Comissão de Constituição e Justiça (CCJ) deve verificar se o projeto é compatível não só com a Constituição, mas, também, com os tratados internacionais de direitos humanos[193].

6.8. Caráter primário ou principal do controle de transconstitucionalidade interno e caráter subsidiário ou complementar do controle de transconstitucionalidade internacional

Quem exerce primariamente o controle de convencionalidade sobre atos domésticos são os juízos e tribunais nacionais. No sistema regional interamericano, a Corte Interamericana só realizará o controle de convencionalidade, se os (as) juízes (as) e tribunais nacionais: a) não realizarem o controle de convencionalidade; b) realizarem, de forma insuficiente, referido controle.

Nos termos do 2º Considerando da Convenção Americana de Direitos Humanos, nota-se que a proteção dos direitos humanos por instituições internacionais é coadjuvante ou complementar da que deve oferecer o Estado.

Portanto, quem tem o dever primário de realizar o controle de transconstitucionalidade são os órgãos e instituições do Estado. Somente se estas não protegerem os direitos humanos ou o fizerem de modo insuficiente é que sobrevém a jurisdição da Corte Interamericana e a intervenção da Comissão Interamericana de Direitos Humanos.

---

192. Corte Interamericana de Direitos Humanos. *Caso Gelman vs. Uruguai*. Sentença de 24 de fevereiro de 2011 (Mérito e Reparações), § 193.

193. Valerio de Oliveira Mazzuoli. *Curso de Direitos Humanos*, pág. 210. 8ª ed. 2021.

7. EFETIVAÇÃO DA RESPONSABILIDADE DAS EMPRESAS POR VIOLAÇÃO A DIREITOS HUMANOS A PARTIR DA JURISPRUDÊNCIA DA CORTE INTERAMERICANA

Quando um Estado viola os direitos humanos, é possível acionar o sistema doméstico. Se este último falhar, cabe o acesso ao sistema internacional de proteção aos direitos humanos. Há, porém, obstáculos consideráveis, quando o agente da violação são as empresas.

No âmbito do sistema universal, temos, atualmente, os chamados *Princípios Orientadores para Empresas e Direitos Humanos* ou *Princípios Ruggie*. Esses princípios foram aprovados, por unanimidade, em 2011, no Conselho de Direitos Humanos da Organização das Nações Unidas.

Prevalece o entendimento de que tais princípios não têm conteúdo vinculante, servindo, porém, como um padrão mínimo aceitável de atuação das empresas. O documento encontra-se estruturado em três grandes pilares – Proteger, Respeitar e Remediar. Quanto ao terceiro pilar (remediar), exige-se a criação de mecanismos de reparação judicial e extrajudicial na hipótese de violação de direitos humanos por empresas[194].

É certo que o entendimento dominante é de que os *Princípios de Ruggie*, criados no âmbito do sistema universal sem a força de um tratado, não têm conteúdo vinculativo. Não há, a propósito, no sistema universal, um tratado internacional que permita a responsabilização internacional das empresas transnacionais por violação aos direitos humanos. Para piorar, as empresas transnacionais nem são consideradas sujeitos de direito internacional[195].

Porém, no sistema regional interamericano de direitos humanos, a partir de documentos normativos importantes já aprovados e da jurisprudência da Corte Interamericana de Direitos, é possível extrair a responsabilidade internacional das empresas por violações a direitos humanos.

Em primeiro lugar, temos um importante documento normativo internacional, que é a *Carta Empresarial Interamericana*, aprovada sob a forma de resolução da Assembleia Geral da Organização dos Estados Americanos. Essa Carta tem efeito vinculante aos Estados partes da OEA, conforme tivemos a oportunidade de analisar no Capítulo 4.

---

194. Anna Luisa Walter de Santana e Danielle Anne Pamplona. Contribuições do ICCAL: o constitucionalismo transformador frente às violações de direitos humanos por empresas. *In: Constitucionalismo transformador, inclusão e direitos sociais*. Desafios do *Ius Constitutionale Commune* Latino-Ameircano à luz do Direito Econômico Internacional. Armin von Bogdandy, Flávia Piovesan e Mariela Morales Antoniazzi (coordenadores), págs. 187 e 188. 2019.

195. Anna Luisa Walter de Santana e Danielle Anne Pamplona, ob. cit., págs. 189 e 190.

Em segundo lugar, a Corte Interamericana de Direitos Humanos tem desenvolvido uma jurisprudência bastante firme. Estados têm sido condenados internacionalmente, porque não promoveram a devida fiscalização e punição de empresas que violaram os direitos humanos[196].

No Brasil, temos várias violações, por exemplo, aos direitos humanos dos consumidores. Essas violações em geral partes de grandes corporações econômicas. Ao Estado cabe fiscalizar e punir essas condutas e promover a reparação devida.

Há vários exemplos possíveis. No caso de uma criança com autismo, titular de um plano de saúde, o Poder Judiciário nega o direito ao tratamento e dá razão à operadora. Outro exemplo: um consumidor perde parte do tempo vital para resolver um problema de consumo e não obtém a reparação devida pelo Poder Judiciário.

Nesses casos, o Estado brasileiro pode vir a ser condenado internacionalmente, por omissão na fiscalização, prevenção, punição e reparação de condutas praticadas por empresas.

Em outras palavras, o Estado brasileiro, segundo a Corte Interamericana, tem a obrigação positiva de garantir os direitos humanos previstos na Convenção Americana de Direitos Humanos, protegendo direitos *inclusive na esfera privada*[197].

Assim, verificando a violação aos direitos humanos praticada por empresas, o Estado deve corrigir essa violação e oferecer a proteção adequada do direito[198].

Nota-se que a obrigação de garantir os direitos humanos, aplicada ao Estado, projeta-se para *além* da relação entre agentes estatais e as pessoas submetidas à jurisdição do Estado. É que tal obrigação abarca o dever de *prevenir, na esfera privada*, que terceiros violem os bens jurídicos protegidos[199]. É importante notar que a responsabilidade internacional do País pode surgir de violações ou omissões praticadas por qualquer dos órgãos ou poderes estatais. Em outras palavras, o Estado brasileiro[200], segundo a Corte Interamericana,

---

196. Confira-se: Corte Interamericana de Direitos Humanos, Caso Ximenes Lopes vs. Brasil, sentença de 4 de julho de 2006, § 99; Corte Interamericana de Direitos Humanos, Caso Suarez Peralta vs. Equador, sentença de 21 de maio de 2013, § 134;

197. PAIVA, Caio; HEEMANN, Thimotie Aragon. *Jurisprudência Internacional de Direitos Humanos*, pág. 319. 3ª ed. Belo Horizonte: CEI, 2020. A propósito, confira-se: Corte Interamericana, *Caso Lagos del Campo vs. Peru*. Sentença de 31 de agosto de 2017. Exceções Preliminares, Mérito, Reparações e Custas, § 92.

198. Corte Interamericana, *Caso Lagos del Campo vs. Peru*. Sentença de 31 de agosto de 2017. Exceções Preliminares, Mérito, Reparações e Custas, § 92.

199. Corte Interamericana: *Caso Empregados da Fábrica de Fogos de Santo Antônio de Jesus e seus Familiares vs. Brasil*. Sentença de 15 de julho de 2020. Exceções Preliminares, Mérito, Reparações e Custas, § 149.

200. Repita-se: Por Estado brasileiro compreendem-se todos os órgãos estatais, todas as instituições (ex.: Ministério Público, Defensoria Pública, Procuradorias, Advocacia da União, Polícias) e todos os poderes (Executivo, Legislativo e Judiciário).

tem a obrigação positiva de garantir os direitos humanos previstos na CADH, protegendo tais direitos *inclusive na esfera privada*[201].

Assim, as autoridades estatais, sejam judiciais ou administrativas, têm o dever de verificar se as atuações das entidades privadas violam a legislação interna e a legislação internacional que protegem os direitos humanos. Se houver essa violação na esfera privada, o Estado deverá corrigir essa violação e oferecer a proteção adequada do direito[202]. Assim, se o Poder Judiciário brasileiro negar a indenização por perda do tempo existencial de um consumidor, numa relação de consumo, é possível que o Estado brasileiro venha a ser responsabilizado perante a Corte Interamericana.

No caso, a violação direta aos direitos humanos dos consumidores se deu por uma empresa privada. O Estado brasileiro acabou sendo responsabilizado internacionalmente porque, por meio de um dos seus poderes (Poder Judiciário), deixou de indenizar o consumidor.

Segundo a Corte Interamericana, a responsabilidade internacional do Estado se fundamenta em *ações ou omissões* de qualquer dos órgãos ou poderes do Estado, *independentemente da hierarquia desses órgãos ou poderes.* Basta que, por meio dessas ações ou omissões, haja a violação aos direitos reconhecidos na CADH[203].

Assim, mesmo que a proteção do direito do consumidor deixe de ser feita pelo Supremo Tribunal Federal ou pelo Superior Tribunal de Justiça brasileiros, o Brasil pode sofrer essa responsabilização internacional.

Há, pois, uma obrigação de garantia dos Estados quanto aos direitos protegidos pela CADH[204].

Essa *obrigação de garantia* se projeta para *além* da relação entre agentes estatais e as pessoas submetidas à jurisdição do Estado. Isso porque tal obrigação abarca o dever de *prevenir, na esfera privada*, que terceiros violem os bens jurídicos protegidos[205].

Mas o Estado não pode ser responsabilizado internacionalmente por todo e qualquer ato praticado por empresas privadas em termos de violação a direitos humanos.

---

201. PAIVA, Caio; HEEMANN, Thimotie Aragon. *Jurisprudência Internacional de Direitos Humanos*, pág. 319. 3ª ed. Belo Horizonte: CEI, 2020. A propósito, confira-se: Corte Interamericana, *Caso Lagos del Campo vs. Peru*. Sentença de 31 de agosto de 2017. Exceções Preliminares, Mérito, Reparações e Custas, § 92.
202. Corte Interamericana, *Caso Lagos del Campo vs. Peru*. Sentença de 31 de agosto de 2017. Exceções Preliminares, Mérito, Reparações e Custas, § 92.
203. Corte Interamericana: *Caso Empregados da Fábrica de Fogos de Santo Antônio de Jesus e seus Familiares vs. Brasil*. Sentença de 15 de julho de 2020. Exceções Preliminares, Mérito, Reparações e Custas, § 115.
204. CADH, art. 1º, 1.
205. Corte Interamericana: *Caso Empregados da Fábrica de Fogos de Santo Antônio de Jesus e seus Familiares vs. Brasil*. Sentença de 15 de julho de 2020. Exceções Preliminares, Mérito, Reparações e Custas, § 149.

Conforme vimos, o Estado pode ser responsabilizado perante a Corte Interamericana, mesmo quando a violação a direitos protegidos pela CADH seja praticada por empresas privadas.

Porém, essa responsabilidade internacional não é automática. É que o Estado não responde por qualquer violação promovida pelo agente privado.

Assim, nos termos da jurisprudência da Corte Interamericana, a responsabilidade internacional do Estado, nesse tema, depende de que se analisem as *circunstâncias particulares do caso* e se verifique se o Estado concretizou (ou não) as *obrigações de garantia* dos direitos protegidos pela CADH[206].

São, portanto, as *circunstâncias particulares do caso e a inobservância das obrigações de garantia* que permitirão responsabilizar internacionalmente o Estado no âmbito da jurisdição contenciosa da Corte Interamericana.

É o caso concreto, com suas peculiaridades, das quais se deduzem a falta de fiscalização e atuação do Estado na proteção dos direitos humanos, é que indicará a responsabilização internacional.

No caso do Brasil, embora muitas demandas sejam levadas ao Poder Judiciário em matéria de consumo, é comum encontrarmos uma jurisprudência que negue direitos dos consumidores – no que se refere à indenização por perda do tempo existencial na solução de problemas de consumo.

Assim, para que uma violação a direitos humanos seja levada à Corte Interamericana, é preciso verificar, a partir das circunstâncias do caso, se, de fato, essa violação ocorreu. Além disso, é preciso comprovar que o Estado brasileiro venha, sistematicamente, faltando com a obrigação de garantia, deixando de fiscalizar e punir as empresas violadoras.

Mas como se admitir a responsabilidade internacional da empresa, que não é sujeito de direito internacional e, por isso, não pode figurar no polo passivo em uma demanda ajuizada na Corte Interamericana de Direitos Humanos?

Há ao menos uma responsabilidade indireta da empresa, o que permite, de alguma forma, a punição e a reparação por violação de direitos. Se uma empresa viola os direitos humanos, e o Estado não pune essa empresa nem determina a reparação, o Estado poderá ser acionado na Corte Interamericana de Direitos. Caso o Estado seja condenado a uma reparação econômica, esse mesmo Estado poderá apresentar, posteriormente, direito de regresso contra essa empresa.

Nota-se que há uma responsabilização internacional indireta à empresa violadora de direitos humanos, que acaba, por força do direito de regresso, tendo que suportar a indenização que o Estado pagou à vítima.

---

206. Corte Interamericana: *Caso Empregados da Fábrica de Fogos de Santo Antônio de Jesus e seus Familiares vs. Brasil*. Sentença de 15 de julho de 2020. Exceções Preliminares, Mérito, Reparações e Custas, § 148.

8. EFETIVAÇÃO DAS SENTENÇAS DA CORTE INTERAMERICANA NO BRASIL, SEM A NECESSIDADE DE ALTERAÇÃO DA LEGISLAÇÃO INTERNA

Se, num caso concreto, o Brasil sofrer uma condenação da Corte Interamericana, há vários mecanismos que permitem a implementação dessa sentença no Brasil.

Algumas formas de implementação das sentenças da Corte Interamericana não dependem de nenhuma alteração legislativa no Brasil. Passamos a examinar algumas dessas formas.

8.1. Unidade de Monitoramento e Fiscalização de Decisões e Deliberações da Corte Interamericana de Direitos Humanos (UFM/CNJ), no Conselho Nacional de Justiça (CNJ)

A Unidade de Monitoramento e Fiscalização de Decisões e Deliberações da Corte Interamericana de Direitos Humanos (UFM/CNJ) foi aprovada pelo Conselho Nacional de Justiça, na 323ª Sessão Ordinária, realizada no dia 15 de novembro de 2021.

Essa Unidade foi regulamentada pela Resolução CNJ nº 364, de 12 de janeiro de 2021. Em um dos seus considerados, referida resolução faz menção à abertura do direito constitucional brasileiro ao direito internacional dos direitos humanos. Essa abertura, explica o considerando, é possível pela menção a tratados internacionais de direitos humanos e a compromissos internacionais pelos artigos 1º e 5º, § § 2º e 3º, da Constituição Federal brasileira.

Outro considerando dessa resolução relembra a força vinculante dos tratados internacionais de direitos humanos, bem como a impossibilidade de normas internas justificarem o inadimplemento de obrigações internacionais, nos termos dos artigos 26 e 27 da Convenção de Viena sobre o Direito dos Tratados.

Por sua vez, em mais um considerando, a resolução estabelece que o governo nacional deve reunir esforços, dentro da Constituição e das leis, para que as autoridades das unidades federativas também cumpram com a obrigações internacionais relacionadas aos direitos humanos.

É importante assinalar que a UFM/CNJ vincula-se ao Departamento de Monitoramento e Fiscalização do Sistema Carcerário e do Sistema de Execução de Medidas Socioeducativas (DFM)[207].

---

207. Art. 1º, *caput*, da Resolução nº Resolução CNJ nº 364, de 12 de janeiro de 2021.

A UFM/CNJ é responsável por monitorar e fiscalizar o cumprimento das decisões e deliberações da Corte Interamericana de Direitos Humanos. Por decisões e deliberações, na hipótese, incluem-se não apenas as sentenças e medidas provisórias (jurisdição contenciosa), mas, também, as opiniões consultivas (jurisdição consultiva) da Corte Interamericana[208].

São várias as atribuições da UFM/CNJ, como, por exemplo, a de criar um banco de dados com as deliberações e decisões da Corte Interamericana, de modo que se possa verificar o que já foi cumprido e identificar as pendências na implementação integral das determinações proferidas[209].

Além da criação desse banco de dados, compete à UFM/CNJ adotar as providências para monitorar e fiscalizar as medidas adotadas pelo Poder Público para o cumprimento das sentenças, medidas provisórias e opiniões consultivas proferidas pela Corte Interamericana envolvendo o Estado brasileiro"[210].

Além de monitorar e fiscalizar as medidas adotadas pelo Poder Público, a UFM/CNJ tem como atribuição monitorar e fiscalizar a tramitação de processos e procedimentos internos relativos à reparação por danos materiais ou imateriais imposta pela Corte Interamericana[211]. Ex.: a Corte Interamericana determinou que o Brasil reparasse economicamente uma vítima. A vítima executa essa sentença no Brasil. Cabe à UFM/CNJ verificar se essa execução está tramitando adequadamente para propiciar a reparação econômica efetiva à vítima.

Assim, por exemplo, no *Caso Empregados da Fábrica de Fogos de Santo Antônio de Jesus e seus familiares*, a Corte Interamericana, em julho de 2020, estipulou várias condenações e obrigações de fazer contra o Brasil. O caso envolveu a explosão de uma fábrica de artifícios, com a morte de mulher e crianças, grande parte delas negras – em situação de pobreza estrutural e discriminação interseccional.

Entre as determinações e condenações dirigidas ao Brasil pela Corte Interamericana, estão: a) dar continuidade às ações penais, ações civis e ações trabalhistas, para que tais ações sejam concluídas em um prazo razoável; b) dar tratamento médico, psicológico ou psiquiátrico às vítimas – de forma gratuita e imediata; c) desenvolvimento de um programa de desenvolvimento socioeconômico, para que as vítimas tenham acesso a outros mercados de trabalho; d) pagamento de indenizações às vítimas sobreviventes e aos familiares das vítimas.

---

208. Art. 1º, parágrafo único, da Resolução nº Resolução CNJ nº 364, de 12 de janeiro de 2021.
209. Art. 2º, I, da Resolução nº Resolução CNJ nº 364, de 12 de janeiro de 2021.
210. Art. 2º, I, da Resolução nº Resolução CNJ nº 364, de 12 de janeiro de 2021.
211. Art. 2º, VI, da Resolução nº Resolução CNJ nº 364, de 12 de janeiro de 2021.

Sabemos que a própria Corte Interamericana supervisiona o cumprimento integral da própria sentença que proferiu. Além disso, no caso do Brasil, temos a Unidade de Monitoramento e de Fiscalização de Decisões e Deliberações da Corte Interamericana de Direitos Humanos (UFM/CNJ). Por meio da UFM/CNJ, o próprio Poder Judiciário brasileiro se engaja no cumprimento das sentenças e decisões proferidas pela Corte Interamericana de Direitos Humanos contra o Brasil.

Quando uma sentença da Corte Interamericana se volta contra o Estado brasileiro, mas a violação de direitos humanos foi praticada por particulares, sabemos que quem foi condenado foi o Estado brasileiro. Não é possível acionar um particular na Corte Interamericana.

Porém, a Corte Interamericana pode impor ao Estado brasileiro as obrigações de prevenir, reparar e punir as violações praticadas por particulares. Foi isso o que fez a Corte Interamericana no *Caso Empregados da Fábrica de Fogos de Santo Antônio de Jesus e seus familiares*. O Estado brasileiro foi obrigado a dar andamento às ações civis, penais e trabalhistas propostas contra os particulares violadores dos direitos humanos das vítimas.

Nesse sentido, embora os ofensores privados não figurem no polo passivo da demanda concreta em trâmite na Corte Interamericana, a sentença produzida por esta última produz efeitos indiretos em relação a esses ofensores. Tanto é que a própria UFM/CNJ monitora o trâmite das ações civis, penais e trabalhistas, bem assim o cumprimento de outras obrigações impostas pela Corte Interamericana.

8.1.2. Unidade de monitoramento e fiscalização de decisões do sistema interamericano de direitos humanos, no Tribunal de Justiça do Estado de São Paulo (UFM/TJSP): primeiro Tribunal de Justiça Brasileiro a implementar a UFM

No dia 20 de fevereiro de 2024, por meio da Portaria nº 10.380/2024, o Tribunal de Justiça do Estado de São Paulo criou a Unidade de Monitoramento e Fiscalização de decisões do Sistema Interamericano de Direitos Humanos (UFM/TJSP).

Trata-se do primeiro tribunal estadual brasileiro a criar a UFM. Assim o Tribunal de Justiça do Estado de São Paulo, sob a presidência do eminente doutor Fernando Antônio Torres Garcia, busca reunir esforços para efetivar o disposto na Recomendação nº 123/2022 do Conselho Nacional de Justiça. Segundo essa recomendação, cumpre ao Poder Judiciário brasileiro aplicar os tratados internacionais de direitos humanos, ou seja, promover o controle de convencionalidade, e, nesse sentido, fazer uso da jurisprudência da Corte Interamericana.

Dos considerandos da Portaria nº 10.380/2024 do TJSP, observa-se que referido tribunal estadual busca, por meio da UFM: a) supervisionar o cumprimento das decisões do Sistema Interamericano de Direitos Humanos; b) disseminar, na Justiça Paulista, a jurisprudência da Corte Interamericana de Direitos Humanos e conferir maior visibilidade às recomendações da Comissão Interamericana de Direitos Humanos; c) difundir, na cultura jurídica da Justiça de São Paulo, maior consciência em direitos humanos; d) fortalecer, como prática jurídica da Justiça de São Paulo, o controle de convencionalidade de atos normativos domésticos incompatíveis com o Sistema Interamericano de Direitos Humanos.

Há várias funções atribuídas pela Portaria nº 10.380/2024 ao UFM/TJSP, tais como:

a) monitorar os processos em curso no Tribunal de Justiça de São Paulo abrangidos pelos efeitos de sentenças, medidas provisórias e opiniões consultivas da Corte Interamericana de Direitos Humanos e pelas recomendações e medidas cautelares da Comissão Interamericana, bem como supervisionar o seu respectivo cumprimento
b) divulgar oficialmente, no âmbito do Tribunal de Justiça de São Paulo, o teor das decisões da Comissão Interamericana e da Corte Interamericana de Direitos Humanos, apontando o possível impacto na prestação jurisdicional exercida pelo Tribunal;
c) apoiar na estruturação de planos de ação para fomentar o célere cumprimento das determinações oriundas das decisões da Comissão Interamericana e da Corte Interamericana de Direitos Humanos relacionadas com a jurisdição exercida pela Justiça Paulista;
d) propor à Escola Paulista da Magistratura a realização de cursos de aperfeiçoamento de magistrados sobre a jurisprudência Interamericana, controle de convencionalidade e o impacto de decisões do Sistema Interamericano de Direitos Humanos na jurisdição exercida pela Justiça Paulista, em cooperação com a Unidade de Monitoramento e Fiscalização de decisões do Sistema Interamericano de Direitos Humanos do CNJ, em observância à Resolução CNJ n° 364/202.

Portanto, de forma pioneira entre os tribunais estaduais, o Tribunal de Justiça do Estado de São Paulo pretende atuar em duas frentes:

1ª) Fiscalizar o cumprimento das decisões ou recomendações provindas do Sistema Regional Interamericano de Direitos Humanos (Corte Interamericana e Comissão Interamericana) – naquilo que diz respeito à Justiça Paulista.

2ª) Capacitar, tecnicamente, a Magistratura Paulista a fazer o controle de convencionalidade dos atos normativos domésticos. Para tanto, com o apoio da Escola Paulista da Magistratura (EPM), a Justiça Paulista passará a se equipar, juridicamente, dos conhecimentos necessários para aplicar tratados e outros instrumentos jurídicos internacionais de direitos humanos. Além disso, a Magistratura Paulista conhecerá a jurisprudência da Corte Interamericana de Direitos Humanos e recomendações da Comissão Interamericana de Direitos Humanos.

Trata-se de um passo fundamental para que o Poder Judiciário paulista aplique a jurisprudência interamericana de direitos humanos, que vincula todo o Estado brasileiro.

8.2. Exequibilidade direta das sentenças da corte interamericana no Brasil

Segundo a legislação brasileira, as *sentenças estrangeiras* dependem, para ter exequibilidade no Brasil, de homologação pelo Superior Tribunal de Justiça[212].

As *sentenças proferidas pela Corte Interamericana* são sentenças internacionais, e não sentenças estrangeiras, de modo dispensam a homologação pelo Superior Tribunal de Justiça.

Nesse sentido, se uma sentença da Corte Interamericana condenar o Brasil a reparar economicamente uma vítima, essa vítima poderá executar essa sentença no Poder Judiciário brasileiro.

É interessante observar que essa execução será feita na Justiça Federal. Isso porque quem é condenada internacionalmente é a República Federativa do Brasil, representada, no plano internacional, pela União. Isso ocorre mesmo que a violação aos direitos humanos tenha sido praticada por um Estado da Federação ou por um Município.

É claro: se o Estado da Federação violou os direitos humanos, a União poderá, posteriormente, ajuizar ação de regresso contra esse Estado, para recuperar o valor dispendido na reparação à vítima.

A competência da Justiça Federal, em caso de condenação advinda da Corte Interamericana, advém de previsão constitucional. Uma sentença condenatória da Corte Interamericana de Direitos advém da Convenção Americana de Direitos Humanos, que é um tratado internacional ratificado pelo Brasil.

Ora, nos termos do art. 103, III, da Constituição Federal de 1988, compete aos juízes federais processar e julgar as *causas fundadas em tratados*. Daí a competência da Justiça Federal para processar e julgar a execução promovida contra a União, no caso de sentença proferida pela Corte Interamericana contra o Brasil.

212. CF/88, art. 105, *i*; CPC, arts. 960 a 965; LINDB, arts. 15 e 17.

Por sua vez, nos termos do art. 62, 2, da CADH, "a parte da sentença que determinar indenização compensatória poderá ser executada no país respectivo pelo processo interno vigente para a execução de sentenças contra o Estado".

A vítima, então, promoverá uma execução de sentença contra a União na Justiça Federal. A depender do valor da execução, o crédito será recebido pelo sistema dos precatórios[213].

Suponhamos, agora, que a Corte Interamericana de Direitos Humanos condene o Brasil por uma violação de direitos humanos produzida por um Estado-membro brasileiro. Suponhamos, ainda, que, na sentença da Corte, haja a determinação para que o Estado brasileiro desenvolva políticas públicas de emprego e saúde em favor de um grupo vulnerável.

Conforme ocorreu no *Caso Empregados da Fábrica de Fogos de Santo Antônio de Jesus e seus familiares*, foi determinado que o Brasil fornecesse, de forma gratuita, tratamento médico, psiquiátrico e psicológico às vítimas sobreviventes e aos familiares das vítimas. Ainda se determinou que o Brasil desenvolvesse uma política de acesso ao mercado de trabalho específica para aquelas pessoas que são obrigadas a trabalhar em fábricas de fogos de artifícios.

É interessante notar que essas determinações, embora dirigidas ao Estado brasileiro, voltaram-se, também, naquele caso, ao Estado da Bahia e ao Município baiano de Santo Antônio de Jesus.

Caso a sentença da Corte Interamericana não seja cumprida, cabe ao Ministério Público Federal e à Defensoria Pública da União promover a execução de sentença na Justiça Federal.

Ocupará o polo passivo, nesse caso, não só a União, já que foi a República Federativa do Brasil, no plano internacional, que sofreu a condenação. Também ocuparão o polo passivo da execução o Estado da Bahia e o Município de Santo Antônio de Jesus, os quais, ao lado da União, também têm a obrigação de desenvolver as políticas públicas em favor das pessoas da região que são obrigadas a procurar empregos precários nas fábricas de fogos de artifício.

8.3. Direito de regresso do estado brasileiro contra a empresa violadora dos direitos humanos

Só Estados nacionais podem compor o polo passivo nas demandas propostas na Corte Interamericana de Direitos Humanos. Empresas, não.

Porém, conforme já vimos, o Estado brasileiro pode vir a ser condenado pela Corte Interamericana, porque falhou na prevenção, reparação ou punição de violações praticadas por empresas.

---

213. Sobre a exequibilidade das sentenças da Corte Interamericana no Brasil, confira-se: Valerio de Oliveira Mazzuoli. *Curso de Direitos Humanos*, pág. 128 a 130. 8ª ed. 2021.

Sabemos que a ação regressiva é aquela "fundada no direito de uma pessoa (direito de regresso) de haver de outrem importância por si despendida ou paga no cumprimento de obrigação, cuja responsabilidade direta e principal a ele pertencia"[214].

Nesse sentido, ao solver uma obrigação que pertencia a uma empresa, o Estado tem direito de regresso contra essa empresa. Embora o Estado tenha falhado na fiscalização da empresa, quem violou, diretamente, os direitos humanos, não foi o Estado. Daí o direito de regresso.

8.4. Dever de encaminhamento às autoridades nacionais competentes, para o cumprimento das decisões e deliberações da corte interamericana

Quando o Brasil sofre uma condenação da Corte Interamericana de Direitos Humanos, a Unidade de Monitoramento e Fiscalização do Conselho Nacional de Justiça (UMF/CNJ) deve encaminhar a determinação da Corte Interamericana às autoridades brasileiras competentes para a tomada de providências, de modo que haja a responsabilização civil, penal e administrativa dos envolvidos com a violação[215].

Nesse sentido, cabe à UFM/CNJ comunicar o Ministério Público, para que este último promova a ação penal contra aqueles que violaram os direitos humanos.

Cabe, igualmente, a devida comunicação à Defensoria Pública, para que esta adote medidas judiciais com o objetivo de se implantar políticas públicas aos grupos vulneráveis afetos pela violação.

A UFM/CNJ, também, poderá comunicar o Poder Executivo, para que este adote medidas de respeito e garantia dos direitos humanos das vítimas.

214. De Plácido e Silva. Vocabulário Jurídico, 4v, 11ª ed, p. 61.

215. Art. 2º, VI, da Resolução nº Resolução CNJ nº 364, de 12 de janeiro de 2021.

11

TEORIAS PARA O DIÁLOGO JURISDICIONAL ENTRE A CORTE INTERAMERICANA DE DIREITOS HUMANOS E O PODER JUDICIÁRIO BRASILEIRO

1. LINHAS GERAIS

A Constituição Transnacional Interamericana de Direitos Humanos é composta pelo *corpus juris interno e* pelo *corpus juris internacional de proteção aos direitos humanos.*

No *corpus juris interno*, temos leis, a Constituição, decisões de Cortes Superiores Nacionais. No *corpus juris internacional*, temos tratados e outros documentos internacionais, práticas de organizações internacionais, jurisprudência da Corte Interamericana.

Essa inter-relação entre os elementos jurídicos internos e internacionais permite um profundo diálogo entre o Poder Judiciário nacional e a Corte Interamericana, em matéria de proteção dos direitos humanos.

Veremos, a partir de agora, as teorias que podem ajudar na fundamentação desse diálogo. No próximo capítulo, estudaremos os *princípios* que operacionalizam essa interação.

2. TRANSCONSTITUCIONALISMO

Os problemas constitucionais ultrapassaram as fronteiras do Estado. Cada vez mais, problemas de direitos humanos e de limitação ao Estado exigem conversações entre diversas ordens jurídicas. O direito constitucional se emancipou da ordem originária do Estado. Há uma correlação entre diversas ordens jurídicas, não bastando buscar a solução dos problemas apenas no direito constitucional[1].

Nesse sentido, surge o *transconstitucionalismo*, em que os problemas constitucionais, particularmente os relacionados aos direitos humanos, devem ser solucionados a partir do cruzamento entre diversas ordens jurídicas (internacionais, transnacionais, supranacionais, estatais e locais). Um problema transconstitucional pode envolver tribunais estatais, internacionais, supranacionais e transnacionais arbitrais, assim como instituições locais nativas, com o objetivo de se buscar uma solução[2].

Nesse fluxo de ideais, é possível, inclusive, falar-se em *transconstitucionalismo pluridimensional dos direitos humanos*. Problemas jurídicos de direitos humanos podem envolver uma multiplicidade de ordens jurídicas[3].

É interessante que o transconstitucionalismo não leva em conta uma ordem jurídica específica como ponto de partida ou como *ultima ratio*, mas sim aponta para a necessidade de se construírem *pontes de transição, conversações constitucionais* entre as diversas ordens jurídicas (estatais, internacionais, transnacionais, supranacionais e locais)[4].

Nossa ideia de *Constituição Transnacional Interamericana de Direitos Humanos* compartilha com o *transconstitucionalismo* a necessidade de se integrar as ordens jurídicas nacionais e internacionais. É preciso extrair pontos de conversação entre essas diversas ordens jurídicas.

No entanto, esse entrelaçamento não é qualquer entrelaçamento entre ordens jurídicas, mas um entrelaçamento que se nutre da norma fundamental de direitos humanos. Trata-se de um cruzamento intenso entre elementos jurídicos, para que surja um produto normativo diferente, uma nova identidade que tenha como substância o fortalecimento dos direitos humanos.

A *reparação econômica dos consumidores brasileiros, por perda do tempo vital ou existencial na resolução de problemas de consumo*, é um direito humano fundamental que se revela pela conjugação do *corpus juris interno e do corpus juris internacional de proteção aos direitos humanos*. O reconhecimento desse direito depende de um cruzamento entre a ordem jurídica nacional e internacional. Vejamos.

Segundo a *teoria do desvio produtivo do consumidor*, criado pelo jurista Marcos Dessaune, caberá indenização ao (à) consumidor (a) que despender tempo para, sem sucesso, tentar a solução de um problema de consumo.

1. Marcelo Neves. *Transconstitucionalismo*, pág. XIX a XXI. São Paulo: Martins Fontes, 2009.
2. Marcelo Neves. *Transconstitucionalismo*, pág. XXII. São Paulo: Martins Fontes, 2009.
3. Marcelo Neves. *Transconstitucionalismo*, pág. XXIV. São Paulo: Martins Fontes, 2009.
4. Marcelo Neves. *Transconstitucionalismo*, pág. XXV. São Paulo: Martins Fontes, 2009.

Isso porque a pessoa perde parte de seu tempo, que poderia ser utilizado em outras atividades (lazer, trabalho, educação, convivência familiar). Essa perda do tempo produtivo ou existencial, por afetar direitos humanos dos consumidores, implica o direito à indenização[5].

O reconhecimento desse direito depende de uma engenharia jurídica que combina, no plano interno, decisões de Tribunais, a Constituição Federal de 1988 e o Código de Defesa do Consumidor e, no plano internacional, dispositivos da Convenção Americana de Direitos Humanos, da Declaração Americana de Direitos e Deveres do Homem e a jurisprudência da Corte Interamericana de Direitos Humanos.

No plano interno, de forma mais genérica, a Constituição Federal estabelece que os direitos dos consumidores são *direitos fundamentais* (CF/88, art. 5º, XXXII) e *princípio da ordem econômica* (CF, art. 170, V). Os direitos dos consumidores, como o da reparação integral (Código de Defesa do Consumidor, art. 6º, VI), são previstos de forma mais específica.

Ainda no plano interno, a jurisprudência do Superior Tribunal de Justiça admite a reparação econômica do consumidor, parte vulnerável na relação de consumo, na hipótese de *desvio produtivo*[6].

Já, no plano internacional, a Convenção Americana de Direitos Humanos, ao prever uma cláusula geral de proteção aos direitos econômicos, sociais e culturais (CADH, art. 26), estabelece a possibilidade de direitos humanos virem a ser protegidos em normas internas ou internacionais, incluindo normas previstas na Declaração Americana de Direitos e Deveres do Homem (CADH, art. 29).

Por sua vez, o art. XV da Declaração Americana de Direitos e Deveres do Homem prevê o *direito a aproveitar utilmente o tempo livre*. Esse *direito ao tempo livre* é expressamente reconhecido pelo artigo XV da Declaração Americana dos Direitos e Deveres dos Homens (DAADH)[7]. A conjugação do direito de aproveitar utilmente o tempo livre com as disposições de direito interno de proteção ao direito do consumidor permite deduzir o *direito à reparação econômica por perda do tempo produtivo ou vital ou existencial do consumidor*.

Esse direito, aliás, acaba sendo garantido, também, pela *jurisprudência da Corte Interamericana de Direitos Humanos*. É que o Estado tem o dever

5. DESSAUNE, Marcos. *Teoria aprofundada do Desvio Produtivo do Consumidor. O prejuízo do tempo desperdiçado e da vida alterada*, págs. 88 e 89. 2ª ed. Vitória-ES, Edição Especial do Autor, 2017.

6. STJ, 3ª Turma, REsp n. 2.017.194/SP, Relatora Ministra Nancy Andrighi, julgado em 25/10/2022, DJe de 27/10/2022.

7. Nos termos do art. XV da DADDH, que trata do *direito ao descanso e ao seu aproveitamento*, "toda pessoa tem direito ao descanso, ao recreio honesto e à oportunidade de aproveitar utilmente o seu tempo livre em benefício de seu melhoramento espiritual, cultural e físico".

de garantir os direitos humanos. Essa *obrigação de garantia* se projeta para *além* da relação entre agentes estatais e as pessoas submetidas à jurisdição do Estado. Isso porque tal obrigação abarca o dever que o Estado tem de *prevenir, na esfera privada*, que terceiros violem os bens jurídicos protegidos[8]. Em havendo essa violação, o Estado tem o dever de exigir a reparação.

Observa-se, portanto, que há um verdadeiro intercâmbio entre a legislação interna e internacional, a jurisprudência interna e internacional, com o objetivo de se proteger um *direito humano específico*, que é o *direito dos consumidores em obter reparação econômica na hipótese de perda do tempo produtivo ou vital na solução de problemas de consumo (teoria do desvio produtivo do consumidor).*

Essa conversação entre ordens jurídicas nacional e internacional é o que caracteriza o *transconstitucionalismo*, revelando-se como mecanismo indispensável na solução de problemas jurídicos relacionados aos direitos humanos[9].

Em um caso bastante importante, relacionado à cassação, pelo Congresso Nacional, de um membro do Tribunal Superior Eleitoral, a Corte Interamericana promoveu uma *conversação transversal* entre a Convenção Americana de Direitos Humanos e a legislação interna do Peru. Essa conversação transversal foi realizada para se estabelecer o conteúdo do *princípio da independência judicial* dos membros do Tribunal Superior Eleitoral no âmbito do Estado Peruano[10].

Nesse sentido, o *princípio da independência judicial* vem previsto no art. 8.1 da CADH, em conformidade com o que tem estabelecido a *jurisprudência da Corte Interamericana*. Referido princípio é relevante ao Estado de Direito e se traduz como uma das garantias básicas do *devido processo*. Quando se desrespeita a permanência dos juízes nos respectivos cargos acaba-se por violar o *direito à independência judicial* previsto no art. 8.1. da CADH[11].

Referido princípio vem previsto, além disso, nos *Princípios Básicos das Nações Unidas relativos à Independência da Magistratura*[12].

Além disso, sem a independência judicial não existe Estado de Direito nem é possível a democracia, nos termos do art. 3º da Carta Democrática Interamericana[13].

---

8. Corte Interamericana: *Caso Empregados da Fábrica de Fogos de Santo Antônio de Jesus e seus Familiares vs. Brasil*. Sentença de 15 de julho de 2020. Exceções Preliminares, Mérito, Reparações e Custas, § 149.
9. Marcelo Neves. *Transconstitucionalismo*, pág. 129. São Paulo: Martins Fontes, 2009.
10. Corte Interamericana de Direitos Humanos, *Caso Aguinaga Aillón vs. Equador*, sentença de 30 de janeiro de 2023 (Mérito, Reparação e Custas), § 55.
11. Corte Interamericana de Direitos Humanos, *Caso Aguinaga Aillón vs. Equador*, sentença de 30 de janeiro de 2023 (Mérito, Reparação e Custas), § 55.
12. Corte Interamericana de Direitos Humanos, *Caso Aguinaga Aillón vs. Equador*, sentença de 30 de janeiro de 2023 (Mérito, Reparação e Custas), § 66.
13. Corte Interamericana de Direitos Humanos, *Caso Aguinaga Aillón vs. Equador*, sentença de 30 de janeiro de 2023 (Mérito, Reparação e Custas), § 68.

Além de consagrada em nível internacional e regional, a independência judicial vem assegurada nas Constituições dos Estados que têm reconhecido a jurisdição da Corte Interamericana[14].

Dessa maneira, os tribunais e juízes com competência eleitoral têm assegurados direitos de independência judicial, para que os direitos políticos possam ser exercidos em uma democracia. Esses direitos políticos se referem não só àqueles que votam, mas, também, aqueles que são escolhidos (candidatos). Ambos os direitos políticos devem ser assegurados pelo Poder Judiciário eleitoral que, para tanto, deve contar com garantias de independência judicial[15]. Qualquer regressividade ou demérito nas garantias de independência, estabilidade e inamovibilidade são inconvencionais, com possíveis impactos sobre o Estado de Direito, as garantias institucionais e o exercício dos direitos fundamentais em geral[16].

Segundo a Corte Interamericana, ao analisar a Constituição Política do Peru, era possível que o Congresso Nacional peruano destituísse membro do Tribunal Peruano. Porém, essa destituição deveria observar os marcos assinalados pela lei e pela Constituição. Fora desses marcos, a destituição viola o *princípio da independência judicial*[17].

Observa-se que a Corte Interamericana de Direitos articulou instrumentos jurídicos do sistema regional interamericano e do sistema universal, a jurisprudência da Corte Interamericana e dispositivos da Constituição peruana, para, então, delinear o direito à independência judicial dos membros do Tribunal Superior Eleitoral peruano.

Mais uma vez, a Corte Interamericana promove uma *integração entre o corpus juris interno e internacional* e, assim, obtém a necessária tutela de um *direito humano específico*.

Nota-se que essa integração entre diversas ordens jurídicas, na solução de problemas complexos, é um procedimento recorrente na Corte Interamericana e envolve a aplicação do *transconstitucionalismo*.

Sem dúvida nenhuma, o *transconstitucionalismo*, que é uma proposta de articulação e diálogo entre diversas ordens jurídicas, acaba sendo um

14. Corte Interamericana de Direitos Humanos, *Caso Aguinaga Aillón vs. Equador*, sentença de 30 de janeiro de 2023 (Mérito, Reparação e Custas), § 69.
15. Corte Interamericana de Direitos Humanos, *Caso Aguinaga Aillón vs. Equador*, sentença de 30 de janeiro de 2023 (Mérito, Reparação e Custas), § 70.
16. Corte Interamericana de Direitos Humanos, *Caso Aguinaga Aillón vs. Equador*, sentença de 30 de janeiro de 2023 (Mérito, Reparação e Custas), § 71.
17. Corte Interamericana de Direitos Humanos, *Caso Aguinaga Aillón vs. Equador*, sentença de 30 de janeiro de 2023 (Mérito, Reparação e Custas), § § 78 a 88.

procedimento utilizado, em matéria de direitos humanos, para concebermos a *Constituição Transnacional Interamericana de Direitos Humanos.*

Esta última nada mais é do que uma reunião do *corpus juris interno e internacional de proteção aos direitos humanos* no seio do próprio sistema jurídico brasileiro.

O sistema jurídico brasileiro, portanto, em seu ápice, abriga a Constituição Transnacional Interamericana de Direitos Humanos, a qual, por sua vez, é composta por essa articulação, diálogo, pontos de contato entre elementos jurídicos recolhidos, ao mesmo tempo, do *corpus juris interno e do corpus juris internacional de proteção aos direitos humanos.*

Eis a importância do *transconstitucionalismo* para a construção da ideia de uma Constituição Transnacional Interamericana de Direitos Humanos, o que se mostra relevante até para estabelecer um diálogo entre a jurisdição interna e a jurisdição da Corte Interamericana. Ambas as jurisdições, na tarefa de proteção dos direitos humanos recolher, criticamente, na análise dos casos concretos e no desempenho do controle concentrado, os elementos do *corpus juris interno e internacional* dos quais se nutre a Constituição Transnacional Interamericana de Direitos Humanos.

3. *IUS CONSTITUTIONALE COMMUNE* NAS AMÉRICAS

É profunda a relação contemporânea entre o Direito Constitucional e o Direito Internacional dos Direitos Humanos. As cláusulas constitucionais de abertura aos direitos humanos - tal como o art. 5º, § 2º, da CF/88 - permitem essa integração entre os dois ramos do Direito, os quais passam a pertencer a um só sistema jurídico - no caso do Brasil, ao sistema jurídico brasileiro.

Nesse sentido, categorias próprias do âmbito interno do Estado *internacionalizam-se*, por meio dos tratados internacionais de direitos humanos e da criação dos sistemas universal e regional de proteção aos direitos humanos. Garantias constitucionais se transformam garantias convencionais, conforme se nota de sentenças produzidas por tribunais internacionais[18].

Assim, se, no plano interno, costuma-se falar em *controle difuso de constitucionalidade*, no plano internacional, fala-se em *controle difuso de convencionalidade.* No controle difuso de convencionalidade, surge o dever de todos os juízes nacionais verificarem se as condutas e normas domésticas observam os tratados internacionais de direitos humanos. Um instituto do Direito Constitucional - controle difuso de constitucionalidade - influencia

18. Eduardo Ferrer Mac-Gregor Poisot. Voto fundamentado, § 85, proferido no seguinte caso: Corte Interamericana de Direitos Humanos. *Caso Cabrera García e Montiel Flores vs. México,* sentença de 26 de novembro de 2010.

no desenvolvimento de um instituto do Direito Internacional dos Direitos Humanos – controle difuso de convencionalidade.

Ocorre, aí, uma *internacionalização de categorias constitucionais*, o que demonstra a profunda aproximação entre os dois ramos do Direito. Ao se apropriar desses dois ramos do Direito, o Poder Judiciário nacional acaba dialogando com a ordem internacional de proteção aos direitos humanos. Mais do que isso, o Poder Judiciário nacional dialoga com quem dá a última palavra sobre a ordem internacional de proteção aos direitos humanos – no caso do sistema interamericano, com a Corte Interamericana de Direitos Humanos.

Por sua vez, a Corte Interamericana de Direitos Humanos produz uma interpretação que aponta um verdadeiro *padrão internacional de proteção aos direitos humanos*. Esse padrão há de ser absorvido pelos Estados, de modo que, agora, em sentido inverso, é o Direito Internacional dos Direitos Humanos que vai influenciar o Direito Constitucional[19].

A propósito, mais do que afirmar que a Corte Interamericana tem a última palavra em direitos humanos, o que se observa, na verdade, é que, ao apresentar o *padrão internacional de direitos humanos*, a Corte Interamericana acaba trazendo parâmetros interpretativos para o Poder Judiciário nacional.

A partir desse padrão interpretativo, o Poder Judiciário acaba tendo ampla liberdade para articular a jurisprudência interna e internacional, o Direito Constitucional e o Direito Internacional de Direitos Humanos, a fim de efetivar, o máximo possível, a proteção dos direitos humanos.

Esse diálogo entre jurisdição nacional e jurisdição da Corte Interamericana transforma os juízes nacionais em verdadeiros *juízes interamericanos*. São os juízes nacionais que têm o maior dever de harmonizar a legislação nacional com os parâmetros interamericanos. Se é a Corte Interamericana que desenvolve os *padrões internacionais de proteção aos direitos humanos*, ela tem a consciência de que existe uma margem de apreciação pelos juízes nacionais para interpretar o *corpus juris interamericano*[20].

Esse diálogo entre Poder Judiciário nacional e Corte Interamericana converte-se em um novo referencial jurisdicional para a efetividade dos direitos humanos no século XXI. Essa conversação jurisdicional pode vir a estabelecer um autêntico *ius constitutionale commune* nas Américas[21].

19. Eduardo Ferrer Mac-Gregor Poisot. Voto fundamentado, § 85, proferido no seguinte caso: Corte Interamericana de Direitos Humanos. *Caso Cabrera García e Montiel Flores vs. México,* sentença de 26 de novembro de 2010.

20. Eduardo Ferrer Mac-Gregor Poisot. Voto fundamentado, § 87, proferido no seguinte caso: Corte Interamericana de Direitos Humanos. *Caso Cabrera García e Montiel Flores vs. México,* sentença de 26 de novembro de 2010.

21. Eduardo Ferrer Mac-Gregor Poisot. Voto fundamentado, § 87, proferido no seguinte caso: Corte Interamericana de Direitos Humanos. *Caso Cabrera García e Montiel Flores vs. México,* sentença de 26 de novembro de 2010.

Em suma, essa inter-relação entre Direito Constitucional e Direito Internacional de Direitos Humanos, com a fixação de padrões internacionais de proteção fixados pela Corte Interamericana, e o papel do Poder Judiciário nacional em adaptar a legislação nacional a esses padrões, tudo isso é a grande marca do verdadeiro *ius constitutionale commune* nas Américas. Trata-se de um diálogo jurisdicional criativo, que pode produzir uma grande modificação nos padrões jurisdicionais internos em matéria de proteção aos direitos humanos.

4. TRANSCONSTITUCIONALIDADE OU TRANSCONVENCIONALIDADE E CONSTITUIÇÃO TRANSNACIONAL INTERAMERICANA DE DIREITOS HUMANOS

No capítulo anterior, verificamos o que é controle de transconstitucionalidade ou de transconvencionalidade e Constituição Transnacional Interamericana de Direitos Humanos.

Em linhas gerais, pode-se dizer que o sistema jurídico brasileiro é preenchido, em sua parte superior, pela Constituição Transnacional Interamericana de Direitos Humanos.

A Constituição Transnacional Interamericana de Direitos Humanos, por sua vez, é composta pelo *corpus juris interno e* pelo *corpus juris internacional de proteção aos direitos humanos.* O *corpus juris interno* é formado pela Constituição Federal, por leis internas, pela jurisprudência de tribunais nacionais mais graduados, desde que todos esses elementos estejam afinados com a proteção aos direitos humanos. Já o *corpus juris internacional* é formado por tratados internacionais de direitos humanos, por práticas de organizações internacionais, jurisprudência da Corte Interamericana – desde que tais elementos também sejam protetivos dos direitos humanos.

Esse *corpus juris interno e internacional* são o parâmetro superior de controle das normas e condutas domésticas. Portanto, uma conduta ou norma estatal deve observar tal parâmetro, naquilo que denominamos de *controle de transconstitucionalidade ou de transconvencionalidade.*

Nota-se que esses institutos (controle de transconstitucionalidade ou de transconvencionalidade) e a própria ideia que desenvolvemos sobre a Constituição Transnacional Interamericana de Direitos Humanos permitem um diálogo profícuo entre o Poder Judiciário nacional e a Corte Interamericana de Direitos Humanos.

É que a Corte Interamericana, ao formar entendimento sobre a proteção de um direito humanos específico, articula todo o *corpus juris interno e internacional.* Assim, não só os tratados internacionais, mas, também, normas da Constituição nacional e de leis internas dos Estados podem ajudar nessa construção interpretativa. Mais do que isso. Mesmo a jurisprudência desenvolvida por altas Cortes nacionais é aproveitada pela Corte Interamericana na determinação do âmbito de proteção dos direitos humanos.

Por sua vez, o Poder Judiciário nacional se utiliza não só dos parâmetros internos, mas, também, dos tratados internacionais e dos parâmetros fixados pela Corte Interamericana. Para verificar se uma norma ou conduta doméstica é válida, o Poder Judiciário nacional observa não só a Constituição Federal e a jurisprudência nacional, mas também todo o *corpus juris internacional*, incluindo a jurisprudência da Corte Interamericana.

Eis, portanto, a criação de um diálogo jurisdicional entre o Poder Judiciário nacional e a Corte Interamericana de Direitos Humanos, tomando como parâmetro o *corpus juris interno e internacional de proteção aos direitos humanos*, por meio da *teoria da transconstitucionalidade ou da transconvencionalidade* e da ideia de uma *Constituição Transnacional Interamericana de Direitos Humanos*.

5. CONSTITUCIONALISMO MULTINÍVEL

Os sistemas internacionais e os sistemas internos são unidades integradas, não podendo ser analisados separadamente. Atualmente se fala em *globalização* ou *universalização* do Direito – mais particularmente, do Direito Constitucional. Em vez da rede tradicional dos Estados, há um *sistema político integrado a vários níveis*, com uma regulamentação jurídica própria[22].

Isso tudo gera problemas de colaboração, coordenação e compatibilidade entre os diversos níveis. Ingolf Pernice foi um dos primeiros a se utilizar dessa concepção de "união de constituições a vários níveis", logo seguido de Martin Morlok. O objetivo era revelar a relação entre o direito constitucional interno dos Estados e o direito da União Europeia. Referidos autores utilizaram-se da expressão inglesa *multi-level constitutionalism*[23].

No constitucionalismo de nível múltiplo, esses múltiplos níveis exigem um *idêntico grau de validade*. Se houver um conflito entre uma norma do direito interno e uma norma do direito supranacional, prevalece o direito supranacional. No entanto, todo o restante do direito interno é conservado, não perdendo sua validade[24].

---

22. Cristina Queiroz. *Direito Constitucional. As instituições do Estado Democrático e Constitucional*, pág. 408. 2009.
23. Cristina Queiroz. *Direito Constitucional. As instituições do Estado Democrático e Constitucional*, pág. 409. 2009.
24. Cristina Queiroz. *Direito Constitucional. As instituições do Estado Democrático e Constitucional*, pág. 408. 2009.

É algo muito parecido com o que ocorre com o sistema jurídico brasileiro. Neste último, concorrem elementos normativos do direito interno e do direito internacional dos direitos humanos. Na parte superior desse sistema, temos a Constituição Transnacional Interamericana de Direitos Humanos, que é o fundamento de validade de todas as normas do sistema jurídico brasileiro.

No constitucionalismo de nível múltiplo, porém, o direito supranacional parece formado apenas por normas do direito da União Europeia. É claro que esse direito supranacional integra-se com o direito interno de cada Estado considerado. Porém, no conflito entre a norma interna e a norma do direito supranacional, prevalece esta última.

No modelo jurídico brasileiro, porém, o direito que está acima é a Constituição Transnacional Interamericana de Direitos Humanos. Ao contrário do direito supranacional do constitucionalismo de nível múltiplo, a Constituição Transnacional Interamericana de Direitos Humanos é composta não só por tratados internacionais e outros elementos normativos internacionais, mas, também, por elementos normativos do próprio direito interno brasileiro.

No modelo jurídico português, por exemplo, as normas de direito internacional convencional vigoram na própria ordem interna[25], isto é, fazem parte do próprio ordenamento jurídico português. Assim também se passa com os elementos normativos do sistema interamericano de direitos humanos, que se incorporam ao ordenamento jurídico brasileiro.

Daí que o sistema jurídico brasileiro não é apenas um conjunto de normas produzidas internamente pelo Estado brasileiro, mas, também, um conjunto de normas internacionais em vigor no Brasil.

Esse intercâmbio entre elementos jurídicos internos e internacionais permite que a jurisdição internacional da Corte Interamericana e do Poder Judiciário brasileiro convirjam em torno da proteção dos direitos humanos. Essa convergência se dá por meio de uma interpretação compartilhada, em que a Corte Interamericana se vale da interpretação do Poder Judiciário brasileiro (e dos demais Poderes Judiciários nacionais latino-americanos), e o Poder Judiciário se vale também da jurisprudência da Corte Interamericana.

Trata-se de um verdadeiro compartilhamento de elementos jurídicos internos e internacionais dentro de um mesmo e único sistema jurídico brasileiro. Este último também se transforma num constitucionalismo multinível.

A propósito, na parte hierarquicamente superior, o sistema jurídico brasileiro conta com a Constituição Transnacional Interamericana de Direitos Humanos. Na parte inferior, temos a Constituição, leis internas e tratados

25. Cristina Queiroz. *Direito Constitucional. As instituições do Estado Democrático e Constitucional*, pág. 411. 2009.

internacionais comuns. Nada impede que uma norma da Constituição e de leis internas venham a compor a Constituição Transnacional, desde que tais normas tenham força normativa de proteção aos direitos humanos.

De qualquer forma, pode-se observar que há níveis múltiplos dentro do próprio sistema jurídico brasileiro - um, na parte de cima, integrado pela Constituição Transnacional; outro, na parte de baixo, ocupado por normas jurídicas do sistema interno. Ao contrário do que se sucede no constitucionalismo de nível múltiplo, no modelo de Constituição Transnacional Interamericana de Direitos Humanos é possível que uma norma interna brasileira supere uma norma do direito supranacional, desde que a norma interna seja mais protetiva dos direitos humanos.

6. FERTILIZAÇÃO CRUZADA (*CROSS-FERTILIZATION*)

Quando, no sistema interamericano de direitos humanos, o Poder Judiciário brasileiro e a Corte Interamericana dialogam na construção de uma melhor interpretação sobre os direitos humanos, há um diálogo judicial que pode favorecer uma verdadeira *diplomacia judicial.*

Esse diálogo entre tribunais nacionais e supranacionais cria um frutífero processo de fertilização cruzada (*cross-fertilization*)[26], de modo que a invocação de um precedente de outra Corte tem caráter persuasivo. Isso demonstra o desejo de se ampliar os horizontes a partir de abordagens apresentadas por outras ordens jurídicas[27].

Por meio da fertilização cruzada, há uma verdadeira troca entre Cortes nacionais e Cortes Internacionais, o que permite afirmar que as decisões judiciais tornam-se verdadeiras fontes formais de direito[28]. Isso porque uma decisão judicial é utilizada como fonte formal de construção de outra decisão judicial.

Quando uma Corte nacional, por exemplo, utiliza-se dos argumentos de uma Corte Internacional, a primeira se socorre de um *argumento comparativo*, o qual assume as características de *argumento de autoridade* e de *argumento por analogia*. Trata-se de *argumento de autoridade*, porque um tribunal se utiliza

26. André Rufino do Vale. *O argumento comparativo na jurisdição constitucional*. Site "Consultor Jurídico. 2014.

27. Tércio Godim Maia. *Os Precedentes da Corte Interamericana de Direitos Humanos e a Responsabilidade Internacional do Estado Brasileiro por violações aos direitos humanos causadas por decisões do Supremo Tribunal Federal: uma abordagem transconstitucional*. Recife, 2014.

28. Marcelo Benacchio e Diego Basilio Vailatti. A fertilização cruzada e o redimensionamento das decisões judiciais enquanto fonte formal do direito internacional dos direitos humanos. *In:* Revista de Direitos Humanos em perspectiva,volume 2, nº 1, pág. 126. Disponível em: https://www.indexlaw.org/index.php/direitoshumanos/article/view/882/876.

do prestígio de outro. Trata-se, também, de *argumento por analogia*, porque o tribunal se utiliza de argumentos construídos em uma situação semelhante[29].

Isso tudo revela que os argumentos transitam entre Cortes nacionais e Cortes Transnacionais, podendo-se falar, então, em *circulação transnacional de métodos ou argumentos*[30].

29. André Rufino do Vale. *O argumento comparativo na jurisdição constitucional*. Site "Consultor Jurídico. 2014.
30. André Rufino do Vale. *O argumento comparativo na jurisdição constitucional*. Site "Consultor Jurídico. 2014.

12

PRINCÍPIOS DA HERMENÊUTICA DOS DIREITOS HUMANOS

SEÇÃO I

LINHAS GERAIS

1. PRINCÍPIOS INSTRUMENTAIS E PRINCÍPIOS SUBSTANCIAIS (OU MATERIAIS) DA HERMENÊUTICA DOS DIREITOS HUMANOS

A *Hermenêutica dos Direitos Humanos* conta com princípios próprios de interpretação. Por *princípio* devemos compreender aquelas prescrições ou métodos de análise que constituem o germe, o começo, o ponto de partida.

Nesse sentido, os *princípios da Hermenêutica dos Direitos Humanos* são responsáveis por dar início à ordenação do sistema. Sem os princípios, as regras jurídicas, as decisões judiciais, ou seja, os elementos jurídicos em geral ficam desordenados. Na desordem normativa, não há sistema. Os princípios são responsáveis por dar início a toda a lógica organizativa do sistema.

A *Hermenêutica dos Direitos Humanos* conta com *princípios instrumentais* e *princípios substanciais*.

Os *princípios instrumentais* são *métodos jurídicos* de integração das ordens jurídicas internas e internacionais em vigor no sistema jurídico brasileiro, com o objetivo de se alcançar a mais sofisticada e plena proteção dos direitos humanos.

Já os *princípios substanciais* ou *materiais* são *normas jurídicas* que consagram os grandes valores do sistema jurídico e orientam a aplicação e a interpretação dos demais elementos normativos do sistema jurídico. Ex.: princípio da igualdade ou da não discriminação, princípio da segurança jurídica em direitos humanos, princípio do devido processo convencional.

Percebe-se, nos princípios instrumentais, o objetivo primeiro de articular elementos jurídicos internos e internacionais, para, só depois, obter-se a proteção jurídica dos direitos humanos. Por isso, os princípios instrumentais não são normas jurídicas, mas são métodos essenciais para auxiliar na integração, aplicação e integração das normas jurídicas internas e internacionais.

Os *princípios substanciais*, por sua vez, são, eles próprios, direitos humanos incorporados em normas jurídicas, são os próprios direitos humanos revelados para o mundo do Direito. Os princípios substanciais, ao contrário dos princípios instrumentais, não são métodos de interpretação. Mas os princípios substanciais, ao revelarem grandes valores governativos do sistema, acabam influenciando na interpretação dos elementos jurídicos internos e internacionais.

Entre os *princípios instrumentais*, por exemplo, temos o *princípio da ressignificação conceitual-funcional por força dos direitos humanos*. Em matéria de demarcação de terras indígenas, o direito de propriedade, em geral visto a partir de uma visão patrimonial, ganha um novo significado, transformando-se em direito de propriedade coletiva das terras tradicionais pelos povos indígenas. Isso porque o *princípio da ressignificação conceitual-funcional por força dos direitos humanos* reconfigura o direito de propriedade, e o faz integrando elementos jurídicos internos e internacionais à luz da proteção dos direitos humanos.

Nota-se que um *princípio instrumental* tem por objetivo articular a ordem jurídica interna e internacional, com o objetivo de extrair dessa articulação o máximo grau protetivo dos direitos humanos. Trata-se de verdadeiro método de interpretação do Direito, dirigido a revelar o significado jurídico resultante da análise integrada do direito interno e do direito internacional dos direitos humanos.

Daí se nota que os *princípios instrumentais* não corporificam direitos humanos específicos, mas, sim, revelam métodos de aplicação e interpretação do Direito, para que se possa alcançar o patamar máximo de respeito e garantia dos direitos humanos. Pode-se, então, afirmar que os princípios instrumentais da Hermenêutica dos Direitos Humanos têm como objetivo imediato a interpretação dos elementos jurídicos internos e internacionais e como objetivo mediato a proteção jurídica dos direitos humanos.

Os *princípios substanciais*, por sua vez, revelam direitos humanos específicos, de alta significação para o sistema jurídico. Ao revelar esses direitos, os princípios substanciais acabam influenciando a maneira pela qual as demais normas jurídicas serão interpretadas. Portanto, o objetivo imediato dos princípios substanciais é a revelação, em termos jurídicos, de direitos humanos específicos, e o objetivo mediato é influenciar na interpretação das normas jurídicas internas e internacionais.

Vejamos quais são os princípios instrumentais e os princípios substanciais da Hermenêutica dos Direitos Humanos:

HERMENÊUTICA DOS DIREITOS HUMANOS (PRINCÍPIOS DE INTEGRAÇÃO E DE APLICAÇÃO DAS ORDENS JURÍDICAS INTERNA E INTERNACIONAL NO ÂMBITO DA INTERPRETAÇÃO DOS DIREITOS HUMANOS)	
PRINCÍPIOS INSTRUMENTAIS	**PRINCÍPIOS SUBSTANCIAIS**
1º) Princípio da integração normativa	1º) Princípio da progressividade dos direitos econômicos, sociais, culturais e ambientais (DESCAs)
2º) Princípio da integração valorativa	2º) Princípio da reparação integral
3º) Princípio da ressignificação conceitual-funcional por força dos direitos humanos	3º) Princípio da segurança jurídica em matéria de direitos humanos
4º) Princípio da interpretação *pro persona* (*pro homine* ou *favor libertatis*)	4º) Princípio do devido processo convencional
5º) Princípio da primazia ou da prevalência da norma mais favorável à pessoa	5º) Princípio da igualdade ou da não discriminação
6º) Princípio da integração funcional	6º) Princípio do diálogo jurisdicional interamericano em matéria de direitos humanos
7º) Princípio da densificação nacional das normas internacionais de direitos humanos	
8º) Princípio da ampliação dos direitos humanos pelas normas internacionais	
9º) Princípio do *pacta sunt servanda* internacional em matéria de direitos humanos	
10º) Princípio da interpretação autônoma dos tratados internacionais de direitos humanos	
11º) Princípio da interpretação internacionalista dos direitos	
12º) Princípio da margem de apreciação nacional em matéria de direitos humanos (*margin of apreciation*)	
13º) Princípio da preservação dos instrumentos, órgãos e instituições garantidores dos direitos humanos	
14º) Princípio da irrevogabilidade dos tratados internacionais de direitos humanos	
15º) Princípio da máxima efetividade dos direitos humanos ou do gozo eficaz do direito violado ou do efeito útil	

HERMENÊUTICA DOS DIREITOS HUMANOS (PRINCÍPIOS DE INTEGRAÇÃO E DE APLICAÇÃO DAS ORDENS JURÍDICAS INTERNA E INTERNACIONAL NO ÂMBITO DA INTERPRETAÇÃO DOS DIREITOS HUMANOS)	
PRINCÍPIOS INSTRUMENTAIS	**PRINCÍPIOS SUBSTANCIAIS**
16º) Princípio da proibição do retrocesso ou "efeito cliquet" ou princípio do não retorno da concretização ou princípio da proibição da evolução reacionária ou entrincheiramento 17º) Princípio da interpretação conforme os direitos humanos 18º) Princípio do estoppel 19º) Princípio da interpretação dinâmica ou evolutiva dos tratados internacionais de direitos humanos 20º) Princípio da atipicidade dos meios de controle de convencionalidade 21º) Princípio da presunção relativa de convencionalidade das normas jurídicas internas	

2. HERMENÊUTICA JURÍDICA: HERMENÊUTICA TRADICIONAL + HERMENÊUTICA CONSTITUCIONAL + HERMENÊUTICA DOS DIREITOS HUMANOS: QUADRO SINÓTICO DOS PRINCÍPIOS E MÉTODOS DE CADA UMA DELAS

A Hermenêutica Jurídica se subdivide em: 1º) Hermenêutica Tradicional; 2º) Hermenêutica Constitucional; 3º) Hermenêutica dos Direitos Humanos[1].

Vejamos o quadro sinótico seguinte, que sintetiza os princípios e/ou métodos de cada um desses setores da Hermenêutica Jurídica.

HERMENÊUTICA JURÍDICA (GÊNERO)	
HERMENÊUTICA TRADICIONAL (1ª ESPÉCIE)	
Objeto	Criada para interpretar as leis em geral, com um enfoque em que predomina a análise normativa, sem muita abertura a valores.

1. Confira-se o Capitulo 1.

<table>
<tr><th colspan="2">HERMENÊUTICA JURÍDICA
(GÊNERO)</th></tr>
<tr><td>Métodos de Interpretação</td><td>• Gramatical
• Histórico
• Sistemático
• Teleológico</td></tr>
<tr><td>Métodos de Integração</td><td>• Costumes
• Analogia</td></tr>
<tr><th colspan="2">HERMENÊUTICA CONSTITUCIONAL
(2ª ESPÉCIE)</th></tr>
<tr><td>Objeto</td><td>Criada para interpretar a Constituição.</td></tr>
<tr><td>Princípios</td><td>• Princípio da supremacia da Constituição
• Princípio da presunção de constitucionalidade das leis e dos atos do Público
• Princípio da interpretação conforme a Constituição
• Princípio da unidade da Constituição
• Princípio da razoabilidade e da proporcionalidade
• Princípio da efetividade</td></tr>
<tr><th colspan="2">HERMENÊUTICA DOS DIREITOS HUMANOS
(3ª ESPÉCIE)</th></tr>
<tr><td>Objeto</td><td>Criada para interpretar e integrar elementos jurídicos internos e internacionais em matéria de direitos humanos.</td></tr>
<tr><td>Princípios Instrumentais</td><td>1º) Princípio da integração normativa
2º) Princípio da integração valorativa
3º) Princípio da ressignificação conceitual-funcional por força dos direitos humanos
4º) Princípio da interpretação pro persona (pro homine ou favor libertatis)
5º) Princípio da primazia ou da prevalência da norma mais favorável à pessoa
6º) Princípio da integração funcional
7º) Princípio da densificação nacional das normas internacionais de direitos humanos
8º) Princípio da ampliação dos direitos humanos pelas normas internacionais
9º) Princípio do pacta sunt servanda internacional em matéria de direitos humanos</td></tr>
</table>

<table>
<tr><th colspan="2">HERMENÊUTICA JURÍDICA
(GÊNERO)</th></tr>
<tr><td>Princípios Instrumentais</td><td>10º) Princípio da interpretação autônoma dos tratados internacionais de direitos humanos
11º) Princípio da interpretação internacionalista dos direitos
12º) Princípio da margem de apreciação nacional em matéria de direitos humanos (margin of apreciation)
13º) Princípio da preservação dos instrumentos, órgãos e instituições garantidores dos direitos humanos
14º) Princípio da irrevogabilidade dos tratados internacionais de direitos humanos
15º) Princípio da máxima efetividade dos direitos humanos ou do gozo eficaz do direito violado ou do efeito útil
16º) Princípio da proibição do retrocesso ou "efeito cliquet" ou princípio do não retorno da concretização ou princípio da proibição da evolução reacionária ou entrincheiramento
17º) Princípio da interpretação conforme os direitos humanos
18º) Princípio do estoppel
19º) Princípio da interpretação dinâmica ou evolutiva dos tratados internacionais de direitos humanos
20º) Princípio da atipicidade dos meios de controle de convencionalidade
21º) Princípio da presunção relativa de convencionalidade das normas jurídicas internas</td></tr>
<tr><td>Princípios Substanciais</td><td>1º) Princípio da progressividade dos direitos econômicos, sociais, culturais e ambientais (DESCAs)
2º) Princípio da reparação integral
3º) Princípio da segurança jurídica em matéria de direitos humanos
4º) Princípio do devido processo convencional
5º) Princípio da igualdade ou da não discriminação
6º) Princípio do diálogo jurisdicional interamericano em matéria de direitos humanos</td></tr>
</table>

SEÇÃO II

PRINCÍPIOS INSTRUMENTAIS

1. PRINCÍPIO DA INTEGRAÇÃO NORMATIVA

Problemas de direitos humanos podem encontrar soluções normativas tanto na ordem jurídica interna quanto na ordem jurídica internacional.

Em geral a solução desses problemas é complexa. Isso exige, muitas vezes, que o intérprete não se limite a invocar os preceitos de direito interno. A combinação das normas internas com as normas internacional pode enriquecer o debate, fornecendo argumentos mais sólidos para o caso.

Esse entrelaçamento entre normas internas e internacionais ganha mais riqueza argumentativa, se o diálogo também se der entre Cortes Nacionais e Internacionais.

O estudo da jurisprudência nacional e da jurisprudência internacional, aliando-se com os dispositivos normativos de cada uma das ordens jurídicas, revela-se um expediente farto para uma solução mais justa e enriquecida com diversos pontos de vista.

Nesse sentido, o *princípio da integração normativa* é um princípio instrumental que visa a articular e harmonizar elementos jurídicos do direito interno e do direito internacional, de modo que se possa alcançar a proteção de um direito humano específico. Essa integração se dá não só entre normas jurídicas, mas, também, entre a jurisdição nacional e internacional.

1.1. Modelos de resistência, de convergência e de articulação

É comum a incidência de normas jurídicas internas e internacionais quando se busca solucionar um problema específico relacionado a direitos humanos. É comum, também, que haja decisões judiciais nacionais e internacionais sobre esse mesmo problema.

Sobre a forma de esses diversos elementos jurídicos se inter-relacionarem, há três modelos possíveis. O primeiro é o chamado *modelo de resistência*, por meio do qual o intérprete se vale do ordenamento jurídico interno, praticamente desprezando a ordem jurídica internacional, sob o argumento de que é preciso preservar a ordem jurídica interna contra as investigadas da globalização. Nesse modelo, o Poder Judiciário nacional costuma opor-se à aplicação da jurisprudência internacional.

O segundo é o denominado *modelo de convergência*, por meio do qual as Constituições nacionais serviriam como locais para implementação do direito internacional.

Já o terceiro é o *modelo de articulação*, por meio do qual o direito constitucional interno abre-se para um encadeamento com as fontes e práticas internacionais. Há, portanto, uma ponte de articulação entre direito interno e direito internacional, de forma que este último, em vez de arruinar o segundo, empresta subsídios para enriquecê-lo[2].

2. Os modelos de resistência, convergência e articulação foram propostos por Vicki C. Jacson. Confira-se: NEVES, Marcelo. *Transconstitucionalismo*. 1ª ed. 5ª tiragem.

O *modelo de articulação* permite uma acumulação de saberes, de forma que as experiências interpretativas sobre o direito interno se aliam às experiências interpretativas sobre o direito internacional.

Esse modelo trabalha na base do diálogo entre fontes, jurisprudência, preceitos de direito nacional e internacional.

Daí, então, surge o *princípio da integração normativa*. Esse princípio pode ser conceituado como um meio de articulação das normas jurídicas nacionais e internacionais, com vista à solução de problemas jurídicos em geral relacionados à promoção dos direitos humanos, mesmo no âmbito das relações privadas.

Tribunais nacionais e internacionais já vêm promovendo esse diálogo entre essas duas ordens jurídicas, o que revela a atualidade e a praticabilidade desse princípio, que estamos, desde já, a criar e sistematizar.

Vamos, agora, colher alguns exemplos concretos, em que a jurisprudência nacional e a jurisprudência internacional recolheram elementos normativos das ordens jurídicas internas e internacional, para a solução de casos relacionados aos direitos humanos.

Por ora, é importante esclarecer que o Brasil mesclou os modelos de articulação e de convergência.

De fato, a partir do modelo normativo proposto neste trabalho, elementos jurídicos protetivos dos direitos humanos se amalgamam e passam a compor a parte superior do sistema jurídico brasileiro, isto é, a Constituição Transnacional Interamericana de Direitos Humanos. Essa mistura entre elementos jurídicos internos e internacionais é empreendimento típico do modelo de articulação.

Por outro lado, as normas jurídicas internacionais, ao contrário do que propõe o modelo de articulação puro, tornam-se vinculantes. E tornam-se vinculantes, porque a própria Constituição Federal, mediante as cláusulas de abertura ou de reenvio ou de simpatia aos direitos, faz incorporar, no sistema jurídico brasileiro, os elementos jurídicos internacionais de proteção aos direitos humanos. Assim, a própria Constituição Federal permite a incorporação do direito internacional dos direitos humanos, de modo que o Brasil adota, também, o modelo de convergência.

Em suma, o sistema jurídico brasileiro segue, em parte, o modelo de articulação. De fato, os elementos jurídicos interno e internacional de proteção aos direitos humanos se mesclam no interior da Constituição Transnacional Interamericana de Direitos Humanos. Eis a aplicação do modelo de articulação. Por outro lado, os elementos jurídicos internacionais incorporados ao sistema jurídico brasileiro são vinculantes, ao contrário do que propõe o modelo de articulação puro.

Por sua vez, o Brasil adota, também, o modelo de convergência, já que a integração entre elementos jurídicos internos e internacionais nasce da cláusula de abertura ou de reenvio ou de simpatia aos direitos prevista na própria Constituição Federal. O caráter vinculante do Direito Internacional dos Direitos Humanos resulta da própria previsão constitucional.

Portanto, é correto afirmar que o *princípio da integração normativa*, no Brasil, adota o modelo misto de convergência e de articulação.

1.2. Exemplo de aplicação do princípio da integração normativa Caso Valada Matos das Neves c. Portugal, Tribunal Europeu de Direitos Humanos – indenização por danos morais por violação ao princípio da duração razoável do processo

A indenização por danos morais por violação ao princípio da duração razoável do processo pode ser obtida mediante a articulação e convergência entre normas jurídicas internas e internacionais, com o incremento, além disso, da jurisprudência nacional e internacional.

Trabalhemos com um julgamento do Tribunal Europeu de Direitos Humanos. Esse julgamento serve como exemplo para implementar o princípio da integração normativa no sistema jurídico brasileiro, quando em jogo a interpretação sobre direitos humanos.

Foi ajuizada uma ação trabalhista contra a Câmara Municipal de Lisboa, no Tribunal Administrativo e Fiscal de Lisboa, com recurso ao Tribunal Central Administrativo Sul. O processo tramitou por 10 anos.

Em razão dessa demora, a parte-autora ajuizou uma queixa contra a República Portuguesa por violação à duração razoável do processo. O Tribunal Europeu de Direitos Humanos condenou Portugal na indenização por danos morais no valor de 11 830 euros, a ser paga em 3 meses[3].

O interessante nesse julgamento é que o Tribunal Europeu de Direitos Humanos articulou dispositivos do ordenamento jurídico português e da Convenção Europeia de Direitos Humanos. Houve um verdadeiro diálogo entre ordem jurídica interna e internacional, gerando uma decisão bem razoável e justa.

Mais do que isso. O Tribunal Europeu de Direitos Humanos combinou decisões anteriores desse próprio Tribunal e, também, do Supremo Tribunal

3. Tribunal Europeu de Direitos Humanos. *Caso Valada Matos c. Portugal*, Queixa nº 73768/13. Estrasburgo, julgamento no dia 29/10/2015. [Consult 24 março 2021]. Disponível em: https://gddc.ministeriopublico.pt/sites/default/files/case_valada_matos_neves_portugal_portuguese_translation.pdf.

Administrativo português. Com esse diálogo entre Cortes nacional e internacional, o debate enriqueceu-se em termos retóricos e argumentativos.

O que fez o TEDH foi, exatamente, aplicar o *princípio da integração normativa*, a partir de um *modelo de articulação e convergência* entre ordenamentos jurídicos internos e internacionais e entre uma Corte Internacional e um Tribunal nacional.

Assim, o TEDH invocou, em termos de legislação interna de Portugal: 1º) O art. 20.º, n.º 4, da Constituição da República Portuguesa (1976), que prevê o direito a uma decisão judicial em prazo razoável[4]; 2º) O art. 22 da Constituição da República Portuguesa, que estabelece a responsabilidade civil objetiva dos Estados e dos órgãos deste último[5]; 3º) A Lei n.º 67/2007, de 31 de dezembro de 2007, que prevê a responsabilidade civil do Estado por funcionamento anormal de um serviço[6].

Em termos de legislação internacional, o TEDH invocou a Convenção Europeia Para a Proteção dos Direitos Humanos e das Liberdades Fundamentais (a "Convenção"), cujo art. 6.º, n.º 1, estipula que o direito a um processo equitativo compreende, entre outras coisas, o *direito ao julgamento dentro de um prazo razoável*[7].

---

4. Dispõe o art. 20.º, n.º 4, da Constituição da República Portuguesa: "(...) 4. Todos têm direito a que uma causa em que intervenham seja objeto de decisão em prazo razoável e mediante processo equitativo" (Constituição da República Portuguesa [em linha]. Lisboa. Assembleia da República. [consult 25 março 2021]. Disponível em: https://www.parlamento.pt/Legislacao/Paginas/ConstituicaoRepublicaPortuguesa.aspx.

5. Dispõe o art. 22.º da Constituição da República Portuguesa: " Responsabilidade das entidades públicas: "O Estado e as demais entidades públicas são civilmente responsáveis, em forma solidária com os titulares dos seus órgãos, funcionários ou agentes, por ações ou omissões praticadas no exercício das suas funções e por causa desse exercício, de que resulte violação dos direitos, liberdades e garantias ou prejuízo para outrem" (Constituição da República Portuguesa [em linha]. Lisboa. Assembleia da República. [consult 25 março 2021]. Disponível em: https://www.parlamento.pt/Legislacao/Paginas/ConstituicaoRepublicaPortuguesa.aspx).

6. Dispõe o art. 7.º, n.º 4, da Lei nº 67/2007, de 31 de dezembro de 2007: (...) "4 – Existe funcionamento anormal do serviço quando, atendendo às circunstâncias e padrões médios de resultado, fosse razoavelmente exigível ao serviço uma actuação suscetível de evitar os danos produzidos" (Lei nº 67/2007, de 31 de dezembro de 2007. Procuradoria Geral-Distrital de Lisboa [consult 25 março 2021]. Disponível em: https://www.pgdlisboa.pt/leis/lei_mostra_articulado.php?nid=2073&tabela=leis&so_miolo=).

7. Dispõe o art. 6.º, n.º 1, da Convenção Europeia para a Proteção dos Direitos Humanos e das Liberdades Fundamentais: "Direito a um processo equitativo: 1. Qualquer pessoa tem direito a que a sua causa seja examinada, equitativa e publicamente, num prazo razoável por um tribunal independente e imparcial, estabelecido pela lei, o qual decidirá, quer sobre a determinação dos seus direitos e obrigações de carácter civil, quer sobre o fundamento de qualquer acusação em matéria penal dirigida contra ela. O julgamento deve ser público, mas o acesso à sala de audiências pode ser proibido à imprensa ou ao público durante a totalidade ou parte do processo, quando a bem da moralidade, da ordem pública ou da segurança nacional numa sociedade democrática, quando os interesses de menores ou a protecção da vida privada das partes no processo o exigirem, ou, na medida julgada estritamente" (Convenção para a Proteção dos Direitos Humanos e das Liberdades Fundamentais. [consult 25 março 2021]. Disponível em: https://www.echr.coe.int/documents/convention_por.pdf).

É interessante notar que, para estabelecer o verdadeiro sentido do *direito à duração razoável do processo*, o Tribunal Europeu de Direitos Humanos invocou vários precedentes do Supremo Tribunal Administrativo (STA) de Portugal.

Assim, por acórdão de 28 de novembro de 2007, o STA teve a oportunidade de decidir (processo interno nº 308/2007) – e nesse caso foi o STA que dialogou com o TEDH – que[8]:

> "(...) a legislação interna aplicável devia ser interpretada em conformidade com a jurisprudência do Tribunal Europeu dos Direitos Humanos e que o dano moral resultante de uma verificação de violação do art.º da Convenção, pela duração excessiva de um processo, devia ser indenizado".

Em outra caso, por acórdão de 9 de outubro de 2009, o STA (processo interno nº 0319/08) decidiu que o direito à reparação por danos morais, por ofensa ao direito à duração razoável do processo, independe de prova do grande sofrimento da vítima ou de mudança sensível de vida ou de comportamento do ofendido[9].

Noutra situação, por acórdão de 21 de maio de 2015, o STA (processo interno nº 072/14) entendeu que a duração razoável do processo deve ser apreciada segundo o caso concreto. O ponto de partida há de ser a data da propositura da demanda, e o ponto final, a data da decisão definitiva – passando pela fase dos recursos, incluindo a dos recursos ao Tribunal Constitucional até chegar-se ao processo de execução. Para isso, decidiu o STA, é preciso observar os critérios assinalados pelo TDH: "complexidade do caso, comportamento das partes, modo de atuação das autoridades e objeto do litígio"[10].

O que se observa, portanto, é um diálogo profícuo, uma articulação substanciosa entre a legislação interna portuguesa e a Convenção Europeia de Direitos Humanos, entre o Supremo Tribunal Administrativo Português e o Tribunal Europeu de Direitos Humanos.

Essa troca de experiência normativa e de jurisprudência serviu para fixar os parâmetros ao direito à duração razoável do processo, assinalando-se os requisitos que devem ser atendidos para que a vítima possa obter uma reparação econômica.

---

8. Tribunal Europeu de Direitos Humanos, Caso Valada Matos c. Portugal, Queixa nº 73768/13. Estrasburgo, julgamento no dia 29/10/2015, p. 5. [Consult 24 março 2021]. Disponível em: https://gddc.ministerio-publico.pt/sites/default/files/case_valada_matos_neves_portugal_portuguese_translation.pdf.
9. Tribunal Europeu de Direitos Humanos, Caso Valada Matos c. Portugal, Queixa nº 73768/13. Estrasburgo, julgamento no dia 29/10/2015, p. 5. [Consult 24 março 2021]. Disponível em: https://gddc.ministerio-publico.pt/sites/default/files/case_valada_matos_neves_portugal_portuguese_translation.pdf.
10. Tribunal Europeu de Direitos Humanos, Caso Valada Matos c. Portugal, Queixa nº 73768/13. Estrasburgo, julgamento no dia 29/10/2015, p. 6. [Consult 24 março 2021]. Disponível em: https://gddc.ministerio-publico.pt/sites/default/files/case_valada_matos_neves_portugal_portuguese_translation.pdf.

Eis, aqui, o nosso *princípio da integração normativa*, que permite essa articulação normativa e jurisprudencial, atribuindo às instituições nacionais e internacionais um diálogo fecundo na promoção dos direitos humanos[11].

2. PRINCÍPIO DA INTEGRAÇÃO VALORATIVA

Quando estudamos, no tópico anterior, o *princípio da integração normativa*, descobrimos a riqueza interpretativa que se recolhe na combinação de ordenamentos jurídicos internos e internacionais e na mistura e aproximação entre as interpretações promovidas pelas Cortes nacionais e internacionais.

Esse empreendimento dialogal é importante, mas, às vezes, insuficiente para a solução dos graves problemas que envolvem a proteção dos direitos humanos.

Há muito mais do que uma simples combinação e um simples diálogo entre ordens jurídicas e entre Cortes.

A interpretação dos direitos humanos requer a percepção de uma *tábua de valores*, que serve como substância imunológica contra as enfermidades que atacam o corpo dos direitos humanos.

É preciso que o intérprete capte *os valores* por intermédio dos quais se constroem os edifícios dos ordenamentos jurídicos interno e internacional.

Esses valores é que irão atrair as ordens jurídicas nacionais e internacionais no entorno da efetiva proteção dos direitos humanos. A percepção desses valores não é um empreendimento abstrato, mas depende de um mergulho no processo histórico sobre o qual se assenta o problema de direitos humanos que o intérprete há de resolver.

Daí podemos conceituar o *princípio da integração valorativa* como um modelo interpretativo que visa a integrar as ordens jurídicas interna e internacional, a partir de valores que iluminam e materializam o respeito e a garantia aos direitos humanos, mergulhando-se no processo histórico-social gerador de opressões sociais aos grupos vulnerabilizados.

Mas o que é valor? Como esse elemento serve para integrar ordens jurídicas às vezes díspares, às vezes semelhantes?

Em filosofia, há duas categorias fundamentais. Uma é o *ser* – aquilo que é; outra, o *valor* – aquilo que vale. Assim, ou vemos as coisas como elas *são*, ou enxergamos as coisas como elas *devem ser*[12].

---

11. O debate e a discussão são ricos para nos esclarecer melhor. Por isso, quando ouvimos os outros, extraímos deles as ideias que enriquecem os nossos próprios pensamentos, dando, muitas vezes, direção aos argumentos que empregamos (PERELMAN, Chaïm; OLBRECHTS-TYTECA, Lucie. *Tratado da argumentação. A nova retórica*. Tradução Maria Ermantina de Almeida Prado Galvão. 2ª ed. São Paulo: Martins Fontes, 2005, p. 46. ISBN 85-336-2207-4).

12. Miguel Reale. *Filosofia do Direito*, volume I, Tomo I. São Paulo: Saraiva, 1953, p. 179.

Um *homicídio*, por exemplo, pode ser visto a partir de suas causas, das leis de causa e efeito. Assim fazem as ciências naturais, como a Medicina, que verificará quais os fatores determinantes, de ordem fisiológica ou biológica, que levaram à extinção física da vida de um ser humano[13].

Já o Direito, à frente de um homicídio, não procurará as causas físicas da morte, mas, dentro da *tábua de valores* fixada pelas leis, dirá como *deve ser* o comportamento a se adotar. O Delegado, então, por exemplo, vai verificar, diante das circunstâncias do caso, se é possível determinar uma *prisão em flagrante*[14].

Assim, as ciências naturais, como a Medicina, verificam o *ser*, isto é, as causas pelas quais alguma coisa *é*. Já o Direito, como ciência cultural, verifica como algo *deve ser*. Um homicídio tem suas causas físicas e essas causas revelam como a morte é fisicamente, segundo a Medicina. Um homicídio, por outro lado, gera um *dever ser*, um comportamento, a ser determinado pelo Direito. No primeiro caso, o *ser* é ligado à causa; no segundo, o *ser* é ligado ao *dever ser*, de modo que um fato leva a um comportamento a ser adotado, e não à investigação de uma causa fisiológica.

Se o Delegado de Polícia, à frente da investigação de um homicídio, adota um *dever ser*, isto é, efetua a prisão em flagrante, é porque ele, Delegado de Polícia, acaba *tomando posição perante um fato*. O *dever ser*, portanto, refere-se a uma tomada de posição, o que torna relevante, segundo já dizia Rudolf Von Jhering (1818 a 1892), conhecer o *problema dos fins no mundo jurídico*[15].

Quando se interpretam os ordenamentos jurídicos nacionais e internacionais, o jurista, analisando o material jurídico à disposição, acaba procurando um *dever ser*, sempre se atendo para os fins que devem ser alcançados pelo Direito – no nosso caso, pelo Direito Internacional dos Direitos Humanos.

Nesse sentido, o Direito não se esgota naquilo que os Estados dizem o que é Direito, mas, sim, nos padrões finalísticos e principiológicos que guardam os grandes interesses, as legítimas aspirações com as quais se abastece o rico manancial da humanidade.

O *valor*, portanto, é um *dever-ser*, já que impõe comportamentos a partir de finalidades a serem alcançadas.

O valor, a propósito, contém a marca da *bipolaridade*. No valor, detecta-se o bom e o ruim, o lícito e o ilícito, o belo e o feio, o justo e o injusto, o direito e o torto. Valores negativos e positivos existem em conflito, de modo que o sentido de um pressupõe o sentido do outro. A *dinâmica do Direito*

13. Miguel Reale. *Filosofia do Direito*, volume I, Tomo I. São Paulo: Saraiva, 1953, p. 181.
14. Miguel Reale. *Filosofia do Direito*, volume I, Tomo I. São Paulo: Saraiva, 1953, p. 181.
15. Miguel Reale. *Filosofia do Direito*, volume I, Tomo I. São Paulo: Saraiva, 1953, p. 182.

resulta desse processo bipolar, nessa tensão entre valores positivos e negativos. O Direito, portanto, existe, porque há a possibilidade de se violarem os valores que a sociedade reputa como essenciais à convivência[16].

Por isso que se diz que "viver é tomar posição perante valores e integrá-los em nosso 'mundo'"[17].

O intérprete dos Direitos Humanos, portanto, ao estudar as ordens jurídicas nacionais e internacionais, consegue integrar essas ordens jurídicas diversas, tomando uma posição.

Essa tomada de posição se dá em direção aos valores positivos que governam a boa convivência humana, valores, esses, que se encontram, sim, em geral cristalizados nos dispositivos e princípios jurídicos, mas que dependem, sempre, de uma confrontação com o panorama histórico da época e as peculiaridades do problema concreto a ser resolvido.

O processo interpretativo é complexo e envolve não apenas a intelecção, a interpretação das regras jurídicas. O intérprete, portanto, faz uma análise sintática[18] e semântica[19] do texto normativo, naquilo que denominamos *momento estático* da interpretação, mas não para por aí.

É preciso, além disso, descobrir os *valores* que se encontram presentes nos ordenamentos jurídicos, enriquecendo a análise sintática e semântica obtida do texto normativo com a substanciosa tábua de valores que norteia a atuação do Direito. Aqui, neste empreendimento de busca de valores, temos o *momento dinâmico* da interpretação.

Mas isso não basta.

O Direito não é uma idealização e uma abstração para ser aplicado no espaço sideral. O Direito existe para solucionar problemas existentes no mundo da vida, e é no mundo da vida que a riqueza interpretativa recolhe os frutos mais poderosos. Essa busca, na interpretação, pela realidade social, política, psicológica e econômica é um empreendimento que demos o nome de *momento referencial* da interpretação jurídica.

Por isso, a interpretação jurídica traduz uma busca complexa do verdadeiro sentido do texto normativo, de modo que exige, do intérprete, um esforço que vai na busca do sentido linguístico do texto (momento estático),

16. Miguel Reale. *Filosofia do Direito*, volume I, Tomo I. São Paulo: Saraiva, 1953, pp. 182 e 183.
17. Miguel Reale. *Filosofia do Direito*, volume I, Tomo I. São Paulo: Saraiva, 1953, p. 184.
18. A sintática, aqui, é tomada como uma inter-relação promovida aos termos da frase, isto é, uma comparação lógico-linguística que se faz sobre os termos de uma oração, destacando qual a função linguística que cada termo desempenha na frase ou na oração.
19. A semântica, aqui, é vista como uma procura pelo significado dos termos de uma frase ou de uma oração.

com apoio na tábua de valores que governa o sistema jurídico (momento dinâmico), sempre com base nos elementos colhidos da realidade (momento referencial)[20]. Isso significa que "a hospedagem dos fenômenos sociais e econômicos não destrói os alicerces da casa, mas, torna, a casa do Direito, embebida de alegria e de vida"[21].

A preservação dos direitos humanos muitas vezes exige uma concepção contra-hegemônica dos próprios direitos humanos. O conceito hegemônico ocidental de direitos humanos pode esconder um pensamento que divide, profundamente, o mundo entre sociedades metropolitanas e coloniais. Por trás de um suposto universalismo jurídico ocidental, que em tese eliminou o colonialismo histórico, pode haver um colonialismo que se revela de outras formas, por meio do neocolonialismo, do racismo, da xenofobia, do estado de exceção permanente em relação aos chamados terroristas, a da questão do trabalhador indocumentado, das políticas de austeridade impostas pelo capital financeiro[22], da interseccionalidade entre raça, gênero e classe que envolve a continua violação de direitos das mulheres negras.

A riqueza do poderio econômico, que corrompe os Estados, que impõe políticas neoliberais ao Estado, que transforma os parlamentos em verdadeiros balcões de negócios, subverte as políticas públicas ao sabor dos interesses das multinacionais hegemônicas. Tudo isso reflete nos direitos sociais ligados ao trabalho, à previdência social, à educação e à dignidade humana dos povos – principalmente nas nações que ainda não alcançaram graus consideráveis de desenvolvimento econômico e social. É preciso, diante disso, indagar: de que lado estão os intérpretes dos direitos humanos – do lado dos opressores ou dos oprimidos?[23]

Daí que o encontro dos grandes *valores*, na interpretação dos direitos humanos, não pode dispensar a investigação profunda sobre as realidades sociais e econômicas. Uma concepção unicamente liberal acerca dos direitos humanos esconde verdadeiros interesses de classe, tornando rasteira, pobre e imperfeita a proteção da dignidade humana.

Valor serve como um ímã, um polo de atração dos ordenamentos jurídicos nacionais e internacionais. O valor, porém, deve ser percebido na profundida

20. Para um aprofundamento sobre os momentos da interpretação jurídica, confira-se: LIMA, Fernando Antônio de; LIMA, Adriana Monteiro de. *Hermenêutica tributária: a proteção constitucional dos contribuintes*. Jales, Estado de São Paulo, Brasil: Edição especial dos autores, 2019, pp. 159 a 299.
21. Fernando Antônio de Lima e Adriana Monteiro de Lima. *Hermenêutica tributária: a proteção constitucional dos contribuintes*. Jales, Estado de São Paulo, Brasil: Edição especial dos autores, 2019, p. 185.
22. Boaventura de Souza Santos. *Direitos humanos, democracia e desenvolvimento*. 1ª ed. 3ª reimpressão. São Paulo: Cortez, 2013, pp. 43 e 44.
23. Boaventura de Souza Santos. *Direitos humanos, democracia e desenvolvimento*. 1ª ed. 3ª reimpressão. São Paulo: Cortez, 2013, pp. 51 a 53.

das relações de poder, para não produzir um mascaramento daquilo que inibe verdadeiramente a concretização dos direitos humanos.

É que o valor impõe deveres de conduta – daí constituir um *dever-ser*. No entanto, é um *dever-ser* que impõe uma tomada de posição diante dos problemas da vida, exigindo do intérprete que assuma um lado – o lado dos mais fracos, o lado dos injustiçados, o lado economicamente enfraquecidos e explorados.

Não se desprezam, claro, as grandes conquistas liberais, que serviram a um discurso universalizante dos direitos humanos, num momento histórico em que o poder absoluto do Estado, ao lado do obscurantismo religioso, sufocava o ser humano no desejo de empreender economicamente e de exercer direitos civis e políticos.

Esse discurso universalizante, porém, não se basta sozinho. Sozinho é insuficiente. Sozinho é esmagador. Sozinho é legitimador de uma ordem econômica e social que preza pela consolidação do capital em detrimento dos direitos humanos da maioria da população.

Até mesmo o discurso feminista, que corretamente identificou *todas* as mulheres como vítimas da discriminação própria de uma sociedade patriarcal, deve descer a maiores particularidades, para abraçar a causa das *mulheres negras* – estas últimas ausentes do discurso feminista tradicional.

Já na segunda metade do século XIX, o feminismo, ao lutar pelo direito das mulheres ao sufrágio, não deu voz à mulher negra, esta última invisível até mesmo nas lutas feministas por justiça social. Por isso, ao feminismo tradicional cumpre aliar o combate ao racismo, de forma que, no universo dos direitos humanos das mulheres, sejam incorporados os direitos humanos das mulheres negras[24].

Enfim, os valores são elementos que integram as ordens jurídicas internas e internacional, com o objetivo de proteção efetiva dos direitos humanos – não com base em valores abstratos, mas, sim, com fundamento em valores retirados da realidade social. Essa agregação axiológica é que constitui o objetivo do princípio da integração valorativa.

Vamos, agora, analisar dois casos, que constituem exemplo claro de aplicação do princípio da integração valorativa. Um caso foi julgado pela

---

24. Djamila Ribeiro. *Lugar de fala*. São Paulo: Sueli Carneiro; Pólen, 2019, pp. 18 a 23. No século XIX, a ideologia da feminilidade compreendia a mulher como mãe protetora, parceira e dona de casa. A mulher negra, por outro lado, dedicava-se grande parte do tempo ao proprietário, deixando, por isso, de ser mulher, segundo a feminilidade que prevalecia. A mulher negra era tida como uma *anomalia* (Angela Davis. *Mulheres, raça e classe*. Tradução Heci Regina Candiani. São Paulo: Boitempo, 2016, pp. 17 e 18.).

Corte Interamericana de Direitos Humanos; o outro, pelo Tribunal Europeu de Direitos Humanos.

2.1. Corte interamericana de direitos humanos: direito à saúde, segurança e higiene no trabalho + princípio da igualdade e da não discriminação – caso "empregados da fábrica de fogos de Santo Antônio de Jesus e seus familiares vs. Brasil"

No dia 11 de novembro de 1998, uma fábrica de fogos de artifícios, situada na cidade Santo Antônio de Jesus[25], explodiu. Em razão disso, 60 pessoas morreram e 6 pessoas sobreviveram – grande parte das vítimas, mulheres e meninas negras.

Esse caso chegou à Corte Interamericana de Direitos Humanos, em razão de pedido formulado pela Comissão Interamericana de Direitos Humanos[26].

Para reconhecer o direito das vítimas à reparação econômica, a Corte, cremos, acabou por adotar o nosso *princípio da integração valorativa*. De que maneira?

Os valores em destaque foram o *direito do trabalho* (direito a condições equitativas e satisfatórias que garantam a segurança, a saúde e a higiene no trabalho) e o *princípio da igualdade e da não discriminação*. Em torno desses dois valores fundamentais, a Corte Interamericana de direitos humanos integrou tratados de direitos humanos e a legislação interna do Brasil.

Assim, a Corte entendeu que a proteção do direito a condições de segurança, saúde e higiene do trabalho encontra proteção no *corpus juris* internacional e na legislação interna do Brasil.

Quanto ao *corpus juris* internacional, decidiu a Corte Interamericana, o próprio art. 29 da Convenção Americana de Direitos Humanos (CADH)[27], que prevê o princípio *pro persona*, faz menção às normas do Direito Internacional

25. Estado da Bahia, Brasil.

26. Corte Interamericana de Direitos Humanos. *Caso Empregados da Fábrica de Fogos de Santo Antônio de Jesus e seus familiares vs. Brasil*. Sentença de 15 de julho de 2020. [consult 27 março 2021]. Disponível em: http://www.global.org.br/wp-content/uploads/2020/10/Sentencia_Fabrica_de_Fogos.pdf.

27. Dispõe o art. 29 da CADH: "Normas de interpretação – Nenhuma disposição desta Convenção pode ser interpretada no sentido de: a. permitir a qualquer dos Estados Partes, grupo ou pessoa, suprimir o gozo e exercício dos direitos e liberdades reconhecidos na Convenção ou limitá-los em maior medida do que a nela prevista; b. limitar o gozo e exercício de qualquer direito ou liberdade que possam ser reconhecidos de acordo com as leis de qualquer dos Estados Partes ou de acordo com outra convenção em que seja parte um dos referidos Estados; c. excluir outros direitos e garantias que são inerentes ao ser humano ou que decorrem da forma democrática representativa de governo; e d. excluir ou limitar o efeito que possam produzir a Declaração Americana dos Direitos e Deveres do Homem e outros atos internacionais da mesma natureza" (Convenção Americana de Direitos Humanos. [consult 27 março 2021]. Disponível em: https://www.cidh.oas.org/basicos/portugues/c.convencao_americana.htm).

para que a própria CADH seja interpretada e aplicada. Assim, outros tratados internacionais e outras normas internacionais podem ser levadas em conta para definir, a partir da própria CADH, o âmbito de proteção dos direitos humanos[28].

Assim, por força do art. 29 da CADH, a Corte Interamericana desenhou um *corpus juris* internacional e, assim, integrou várias legislações internacionais - incluindo, até mesmo, a Declaração Americana de Direitos Humanos e a Convenção de Viena -, a fim de encontrar dispositivos e princípios que tutelassem os direitos das vítimas.

Nesse cenário, a Corte Interamericana aplicou dispositivos dos seguintes diplomas internacionais: CADH, Carta da OEA, Convenção de Viena, Declaração Americana de Direitos Humanos, art. 7º do Protocolo Adicional à Convenção Americana sobre Direitos Humanos em Matéria de Direitos Econômicos, Sociais e Culturais, o "Protocolo de San Salvador", Declaração Universal dos Direitos Humanos, Pacto Internacional de Direitos Econômicos, Sociais e Culturais, Convenção sobre a Eliminação de Todas as Formas de Discriminação contra as Mulheres, Convenção nº 155 da Organização Internacional do Trabalho, entre outros.

Além da previsão em tratados e outras normas internacionais, entendeu a Corte Interamericana que o direito a condições adequadas de trabalho (saúde, segurança e higiene) está presente na legislação interna e Constituição dos países que reconhecem a competência da Corte, incluindo a legislação interna e a Constituição do Brasil[29].

Nota-se que, com base no *valor* presente nas condições adequadas de trabalho, a Corte Interamericana juntou vários diplomas internacionais de proteção dos direitos humanos e a legislação e Constituição do Brasil. Houve, portanto, uma integração perfeita das legislações interna e internacional, em torno de um valor essencial aos direitos humanos. Eis, portanto, o *princípio da integração valorativa*, em sua manifestação mais clara, rica e notável.

Não parou por aí a Corte.

Fixou-se o entendimento - aliás, já consolidado na jurisprudência interamericana de proteção dos direitos humanos - de que o *princípio da igualdade e da não discriminação* traduz norma de *jus cogens*, isto é, norma imperativa e inderrogável que não precisa vir prevista, expressamente, nos tratados. Esse

---

28. Corte Interamericana de Direitos Humanos. "Caso Empregados da Fábrica de Fogos de Santo Antônio de Jesus e seus familiares" vs. Brasil. Sentença de 15 de julho de 2020, § 156. [consult 27 março 2021]. Disponível em: http://www.global.org.br/wp-content/uploads/2020/10/Sentencia_Fabrica_de_Fogos.pdf.
29. Corte Interamericana de Direitos Humanos. "Caso Empregados da Fábrica de Fogos de Santo Antônio de Jesus e seus familiares" vs. Brasil. Sentença de 15 de julho de 2020, § § 169 a 171 [consult 27 março 2021]. Disponível em: http://www.global.org.br/wp-content/uploads/2020/10/Sentencia_Fabrica_de_Fogos.pdf.

princípio fundamental (da igualdade e da não discriminação), por isso, serve para iluminar a interpretação de todo o ordenamento jurídico, presidindo à ordem interna e internacional[30].

A partir desse princípio fundamental, a Corte destacou que as vítimas – em geral mulheres e meninas afrodescendentes – eram pessoas inseridas em situação de pobreza estrutural. Referidas pessoas detinham pouca escolaridade e não havia outra oportunidade de emprego, senão trabalhar na fábrica de produção de fogos de artifício.

O Brasil, então, falhou, ao não promover políticas públicas que pudessem oferecer melhores condições de trabalho a essas pessoas e não fiscalizar as condições de trabalho presentes na aludida fábrica.

Em razão disso, entendeu a Corte Interamericana, a República Federativa do Brasil violou o princípio da igualdade e da não discriminação. O Brasil foi condenado na reparação por danos materiais, no valor de 50 mil dólares, bem assim na reparação por danos morais, no valor de 60 mil dólares, em favor das vítimas falecidas e das vítimas sobreviventes[31]. Além disso, ainda a título de danos morais, a Corte condenou o Brasil ao pagamento de mais 10 mil dólares aos familiares próximos das vítimas.

Novamente aqui, a Corte Interamericana invocou um valor fundamental – advindo do princípio da igualdade e da não discriminação – para integrar as legislações interna e internacional e, assim, promover a defesa intransigente dos direitos humanos das vítimas. Eis o *princípio da integração valorativa*.

O valor invocado não assumiu caráter abstrato, porque se envolveu com as condições de desigualdade estrutural de gênero, raça e classe em que inseridas as mulheres e meninas negras.

2.2. A importância do princípio da integração valorativa para a combinação dos elementos jurídicos internos e internacionais na proteção dos direitos humanos e para o diálogo entre cortes nacionais e internacionais

A *Hermenêutica dos Direitos Humanos* é a ciência que estabelece método, teorias e princípios para interpretar, aplicar e integrar a ordem jurídica interna e a ordem jurídica internacional, com o objetivo de se obter a maior proteção possível aos direitos humanos.

---

30. Corte Interamericana de Direitos Humanos. "Caso Empregados da Fábrica de Fogos de Santo Antônio de Jesus e seus familiares" vs. Brasil. Sentença de 15 de julho de 2020, § 182 [consult 27 março 2021]. Disponível em: http://www.global.org.br/wp-content/uploads/2020/10/Sentencia_Fabrica_de_Fogos.pdf.
31. No caso das vítimas falecidas, naturalmente a reparação será destinada a familiares próximos, segundo determinou a Corte Interamericana.

Temos pensado e desenvolvido vários princípios próprios dessa ciência, a partir das reflexões em torno de decisões, estudos doutrinários envolvendo o diálogo entre tribunais nacionais e tribunais internacionais de direitos humanos.

Mais particularmente, no que interessa a este ponto específico do trabalho, concebemos o *princípio da integração valorativa*, que viabiliza o casamento, em termos de comunhão de valores, entre o direito interno e o direito internacional dos direitos humanos.

Assim, podemos verificar se a lei interna ou a conduta doméstica viola dispositivos e princípios da Constituição Federal (controle de constitucionalidade) e de tratados internacionais de direitos humanos (controle de convencionalidade), segundo valores comuns de direitos humanos. Essa integração entre controle de constitucionalidade e controle de convencionalidade é o que denominamos de controle de transconstitucionalidade ou controle de transconvencionalidade[32].

Essa análise envolve não apenas a literalidade desses dispositivos e desses princípios, mas, também, como a doutrina e como os tribunais nacionais e os tribunais internacionais de direitos humanos interpretam essas normas jurídicas.

Essa *integração* permite extrair o máximo de argumentos possíveis para estabelecer o conteúdo do instituto jurídico analisado, fomentando a proteção mais firme, mais eficaz e mais efetiva dos direitos humanos.

Em outras palavras, determinado *instituto jurídico* é analisado segundo a ordem jurídica interna e a ordem jurídica internacional. Essa dupla análise permite extrair do instituto jurídico a máxima proteção possível aos direitos humanos, a partir de valores que são comuns a todo o sistema jurídico brasileiro e sempre levando em conta elementos da realidade social.

Quando reunimos esses argumentos, conseguimos organizar o conteúdo do instituto jurídico analisado e, assim, estabelecer o conteúdo mais preciso do princípio. Note-se que a empreitada serve-se da experiência interna dos Estados, por meio do controle de constitucionalidade, e, também, da experiência internacional, por meio do controle de convencionalidade.

É possível que as duas concepções coincidam em alguns pontos, tragam algo novo, isto é, algo percebido por uma concepção e não percebido por outra. O interessante é a riqueza argumentativa que essa dupla análise permite, *integrando* pontos de vista que permitem uma concretização mais efetiva do instituto jurídico analisado à luz da proteção aos direitos humanos.

A propósito, a Corte Interamericana de Direitos Humanos, em suas decisões, promove um diálogo entre tribunais nacionais e internacionais, com o

32. Confira-se o item 6 do Capítulo 10.

objetivo de fortalecer a proteção aos direitos humanos. É aquilo que Manuel Góngora Mera denomina de *diálogo coevolutivo*[33].

A interação entre a Corte Interamericana de Direitos Humanos e tribunais nacionais conduz ao *processo de interamericanização dos direitos humanos de ordens nacionais*. Isso permite avançar em torno de um *conjunto comum de normas* que salvaguardam os direitos, a democracia e o estado de direito, com o objetivo de se alcançar um *constitucionalismo transformador*[34].

Recolher esses grandes valores é o objetivo principal das ciências jurídicas. A propósito, "a ciência jurídica é um acúmulo de conhecimentos que só ganha sabor se for temperada com a justiça, a liberdade, a igualdade e a dignidade dos seres humanos"[35].

A percepção desses grandes valores sempre exige uma *interpretação madura* sobre a ordem jurídica. Assim, "a *interpretação verde* é miúda e simples, a regra jurídica é sem vida, um pedaço morto, estilhaçado, sem os pingos da luz que hão de sair, como uma enxurrada de brilho, do centro do sistema jurídico.

"Já a *interpretação madura* é a interpretação constitucional. A regra não se despoja de sua roupa colorida; veste-se com apuro, delicadeza, familiariza-se com outras regras; dobra-se e desdobra-se na dança rítmica do sistema constitucional, um olhar sorridente entre as regras, que as faz abraçar-se no beijo melódico da justiça.

"Em outras palavras, as regras jurídicas a *interpretação verde* as vê no exterior, nas linhas vistas e desenhadas pelos olhos. À *interpretação madura*, porém, não basta o olhar externo sobre as regras, pois deve ocorrer de as ver no restante, desde a maciez dos valores até a celebridade do elemento humano que o coração das normas faz brilhar"[36].

O princípio da integração valorativa dialoga com o *transconstitucionalismo*, do professor Marcelo Neves. O ponto central do transconstitucionalismo é promover conversações constitucionais entre os planos locais, estatais, transnacionais, internacionais ou supranacionais, com o objetivo de melhorar a qualidade das decisões[37] – qualidade, diria eu, no plano da efetivação dos direitos humanos.

---

33. Mariela Morales Antonomazi. Interamericanização: fundamentos e impactos. *In: Interamericanização do Direito Constitucional & Constitucionalização do Sistema Interamericano*, pág. 326.
34. Mariela Morales Antonomazi. Interamericanização: fundamentos e impactos. *In: Interamericanização do Direito Constitucional & Constitucionalização do Sistema Interamericano*, pág. 326.
35. Fernando Antônio de Lima. *Sentimentos em frase*. 2023.
36. Fernando Antônio de Lima e Adriana Monteiro Sanches de Lima. *Hermenêutica tributária. A proteção constitucional dos contribuintes*. Questões atuais e relevantes de ISS, ICMS, IR, Isenção, Contribuições Sociais e Planejamento Tributário, págs. 42 e 43. 2019.
37. Siddarta Legale, Luis Cláudio Martins de Araújo e Luiza Deschamps. O Diálogo entre a Corte Interamericana de Direitos Humanos e o Supremo Tribunal Federal: uma análise a partir do pensado de Marcelo

3. PRINCÍPIO DA RESSIGNIFICAÇÃO CONCEITUAL-FUNCIONAL POR FORÇA DOS DIREITOS HUMANOS

O princípio da ressignificação conceitual-funcional por força dos direitos humanos é um método de hermenêutica jurídica que permite a reconfiguração de um instituto do Direito a partir de uma interpretação focada nos direitos humanos.

Por exemplo: a propriedade privada, protegida pelo art. 21 da CADH, transforma-se em propriedade coletiva, quando se levam em conta os direitos originários dos povos indígenas.

4. PRINCÍPIO DA INTERPRETAÇÃO *PRO PERSONA* (*PRO HOMINE* OU *FAVOR LIBERTATIS*)

O **princípio da interpretação pro persona ou pro homine ou favor libertatis** é um método interpretativo por meio do qual a interpretação sobre as normas deve ser feita em prol da proteção da pessoa. Trata-se de uma exegese própria do Direito Internacional dos Direitos Humanos, consagrada pela jurisprudência internacional[38], em que se reconhece a superioridade das normas de direitos humanos.

Referido princípio deriva do art. 1º, 1, da Convenção Americana de Direitos Humanos, segundo o qual o Estado deve respeitar e garantir direitos humanos. Por isso, qualquer norma jurídica, nacional e internacional, aplicável ao Estado deverá ser interpretada no sentido de se proteger e garantir os direitos humanos.

A aplicação do *princípio da interpretação pro persona* implica, entre outras coisas, efetivar a interpretação mais favorável à pessoa, com o objetivo de se alcançar o efetivo gozo e exercício dos direitos e liberdades fundamentais[39].

Nesse sentido, a intepretação jurídica não pode ser orientada para a proteção dos interesses dos Estados, mas, sim, para a tutela dos direitos das pessoas. A não observância do *princípio da interpretação pro persona* pode ensejar a responsabilidade internacional do Estado por violação aos direitos humanos.

Vejamos, a seguir, a aplicação do *princípio da interpretação pro persona.*

Neves. *In: Temas de Direitos Humanos. Estudos sobre o Sistema Interamericano de Direitos Humanos*, pág. 84.

38. André de Carvalho Ramos. *Teoria Geral dos Direitos Humanos na Ordem Internacional*, pág. 134. 7ª ed. 2019.

39. Eduardo Ferrer Mac-Gregor Poisot. Voto Fundamentado, § 38, no seguinte caso: Corte Interamericana de Direitos Humanos. *Caso Cabrera García Montiel Flores vs. México*. Sentença de 26 de novembro de 2010 (Exceções Preliminares, Mérito, Reparações e Custas).

4.1. Exemplo de aplicação do princípio da interpretação *pro persona* na proteção dos direitos humanos das mulheres ao trabalho digno e das crianças com deficiência

Suponhamos uma servidora pública ou uma trabalhadora do setor privado tenha, por recomendação médica, de trabalhar em casa. Isso porque a filha de 6 meses é cardiopata e pessoa com deficiência. O Estado ou a empresa, contudo, nega esse direito, sob o argumento de que não existe previsão legal para o trabalho presencial.

Segundo o *princípio da interpretação pro persona*, é possível, sim, identificar normas jurídicas nacionais e internacionais de proteção à criança com deficiência e à saúde psicológica da própria mãe. Essas normas jurídicas têm natureza jurídica superior no sistema e devem ser interpretadas de modo que se proteja a criança e a genitora.

Com efeito, no plano interno, temos normas jurídicas segundo as quais os interesses da criança e do adolescente devem assumir absoluta prioridade[40], o que envolve, entre outras coisas, a primazia de receber proteção em quaisquer circunstâncias[41]. Portanto, os direitos da criança têm preferência sobre os interesses estatais e empresariais, inclusive em matéria de saúde, para se permitir o desenvolvimento sadio e harmonioso[42].

Ainda no plano interno, é proibido todo tipo de discriminação contra pessoas com deficiência, o que engloba as formas de exclusão ou restrição que venham a prejudicar ou eliminar direitos. Na discriminação incluem-se a recusa a adaptações razoáveis e ao uso de tecnologias assistivas[43]. Não bastasse,

---

40. Dispõe o art. 227, *caput*, da Constituição Federal de 1988: "227. É dever da família, da sociedade e do Estado assegurar à criança, ao adolescente e ao jovem, com absoluta prioridade, o direito à vida, à saúde, à alimentação, à educação, ao lazer, à profissionalização, à cultura, à dignidade, ao respeito, à liberdade e à convivência familiar e comunitária, além de colocá-los a salvo de toda forma de negligência, discriminação, exploração, violência, crueldade e opressão".

41. Confira-se o que dispõe o art. 4º, parágrafo único, alínea *a*, do Estatuto da Criança e do Adolescente (Lei nº 8.069/1990): "Art. 4º É dever da família, da comunidade, da sociedade em geral e do poder público assegurar, com absoluta prioridade, a efetivação dos direitos referentes à vida, à saúde, à alimentação, à educação, ao esporte, ao lazer, à profissionalização, à cultura, à dignidade, ao respeito, à liberdade e à convivência familiar e comunitária. Parágrafo único. A garantia de prioridade compreende: a) primazia de receber proteção e socorro em quaisquer circunstâncias".

42. Confira-se o que dispõe o art. 7º do Estatuto da Criança e do Adolescente (Lei nº 8.069/1990): "A criança e o adolescente têm direito a proteção à vida e à saúde, mediante a efetivação de políticas sociais públicas que permitam o nascimento e o desenvolvimento sadio e harmonioso, em condições dignas de existência".

43. Dispõe, a respeito, o art. 4º, *caput*, e § 1º, do Estatuto da Pessoa com Deficiência (Lei nº 13.146/2015): "Art. 4º Toda pessoa com deficiência tem direito à igualdade de oportunidades com as demais pessoas e não sofrerá nenhuma espécie de discriminação. § 1º Considera-se discriminação em razão da deficiência toda forma de distinção, restrição ou exclusão, por ação ou omissão, que tenha o propósito ou o

a pessoa com deficiência tem direito a receber atendimento prioritário, o que envolve proteção em quaisquer circunstâncias e uso de recursos tecnológicos que propiciam atendimento em condições de igualdade[44].

Por sua vez, as pessoas com deficiência têm direito à habilitação e reabilitação[45], de modo que se exige a aplicação de métodos, técnicas e recursos para atender às características de cada pessoa com deficiência, bem assim tecnologia assistiva[46]. A técnica do teletrabalho, na hipótese, auxiliará a mãe no desenvolvimento da criança.

Já, no plano internacional, mais especificamente no que se refere ao sistema regional interamericano, a Convenção Americana de Direitos Humanos estipula que o Estado tem a obrigação de respeitar e garantir os direitos humanos, sem discriminação de nenhuma natureza[47], no que se inclui o direito à igual proteção da lei[48]. Para isso, o Estado tem que adotar disposições legislativas e de outra natureza, de forma que os direitos humanos possam ser respeitados e garantidos[49], inclusive na esfera empresarial.

O dever de respeitar e garantir direitos, sem discriminação, de modo que se promova a igual proteção da lei, com medidas administrativas se necessário, são postulados previstos na Convenção Americana de Direitos Humanos

---

efeito de prejudicar, impedir ou anular o reconhecimento ou o exercício dos direitos e das liberdades fundamentais de pessoa com deficiência, incluindo a recusa de adaptações razoáveis e de fornecimento de tecnologias assistivas".

44. Eis o que estipula o art. 9º, I e III, do Estatuto da Pessoa com Deficiência (Lei nº 13.146/2015): "Art. 9º A pessoa com deficiência tem direito a receber atendimento prioritário, sobretudo com a finalidade de: I – proteção e socorro em quaisquer circunstâncias; II – atendimento em todas as instituições e serviços de atendimento ao público; III – disponibilização de recursos, tanto humanos quanto tecnológicos, que garantam atendimento em igualdade de condições com as demais pessoas".

45. Nos termos do art. 14, *caput*, do Estatuto da Pessoa com Deficiência (Lei nº 13.146/2015), "o processo de habilitação e de reabilitação é um direito da pessoa com deficiência".

46. Dispõe, a respeito, o art. 16, I e III, do Estatuto da Pessoa com Deficiência (Lei nº 13.146/2015): "Art. 16. Nos programas e serviços de habilitação e de reabilitação para a pessoa com deficiência, são garantidos: I – organização, serviços, métodos, técnicas e recursos para atender às características de cada pessoa com deficiência; (...) III – tecnologia assistiva, tecnologia de reabilitação, materiais e equipamentos adequados e apoio técnico profissional, de acordo com as especificidades de cada pessoa com deficiência".

47. Dispõe o art. 1º, 1, da Convenção Americana de Direitos Humanos: "Os Estados Partes nesta Convenção comprometem-se a respeitar os direitos e liberdades nela reconhecidos e a garantir seu livre e pleno exercício a toda pessoa que esteja sujeita à sua jurisdição, sem discriminação alguma por motivo de raça, cor, sexo, idioma, religião, opiniões políticas ou de qualquer outra natureza, origem nacional ou social, posição econômica, nascimento ou qualquer outra condição social".

48. Nos termos do art. 24 da Convenção Americana de Direitos Humanos, "Todas as pessoas são iguais perante a lei. Por conseguinte, têm direito, sem discriminação, a igual proteção da lei".

49. Dispõe o art. 2º da Convenção Americana de Direitos Humanos: " Se o exercício dos direitos e liberdades mencionados no artigo 1 ainda não estiver garantido por disposições legislativas ou de outra natureza, os Estados Partes comprometem-se a adotar, de acordo com as suas normas constitucionais e com as disposições desta Convenção, as medidas legislativas ou de outra natureza que forem necessárias para tornar efetivos tais direitos e liberdades".

que proíbem, o Estado e as empresas, de tratar, de maneira discriminatória, os grupos sociais em situação de vulnerabilidade, como é o caso das pessoas com deficiência, os povos indígenas, as mulheres, as pessoas afrodescendentes, entre outros e outras.

No particular exemplo da genitora à qual se negou o direito ao teletrabalho, cumpre ao Estado ou à empresa autorizar a adoção de medidas específicas que permitam o pleno desenvolvimento de uma criança com cardiopatia e síndrome de Down, por exemplo, de forma que se impõem adaptações físicas ao trabalho exercido pela genitora.

Em razão disso, nos termos da jurisprudência da Corte Interamericana de Direitos Humanos, para efetivar o direito de igualdade e não discriminação, não basta ao Estado respeitar direitos (obrigação negativa), é preciso que o Estado implemente medidas para garantir esses direitos (obrigação positiva). Essas medidas positivas são determináveis em função das necessidades específicas de proteção do sujeito de direito, seja pela condição especial, seja pela situação específica em que se encontre[50]. Portanto, para assegurar os direitos da criança – pessoa com deficiência (condição especial) e com cardiopatia (situação especial) –, é preciso que se adotem medidas positivas de proteção, como é o caso da permissão para a genitora executar trabalho telepresencial. Esse dever de respeito e de garantia se estende à esfera empresarial.

Por isso, aplicando o *princípio da interpretação pro persona*, é possível extrair direitos humanos implícitos, caso considerássemos a inexistência de previsão ao teletrabalho, no exemplo citado. Além disso, nos termos desse princípio, nenhuma norma ou conduta estatal deve ser instrumento para satisfação dos interesses estatais ou empresariais, mas, sim, deve assegurar os direitos da pessoa.

Por sua vez, ainda no âmbito do sistema regional de proteção aos direitos humanos, é relevante fazer menção à Convenção Interamericana para a Eliminação de Todas as Formas de Discriminação contra as Pessoas Portadoras de Deficiência, que entrou em vigor no Brasil no dia 14 de setembro de 2001. Não obstante a convenção adote a expressão "portadores de deficiência", o correto é dizer "pessoa com deficiência"[51]. Referida convenção determina que o Estado deve tomar medidas de qualquer natureza para eliminar a discrimi-

50. Corte Interamericana de Direitos. *Caso Empregados da Fábrica de Fogos Santo Antônio de Jesus e Familiares vs. Brasil*. Sentença de 15 de julho de 2020 (Exceções Preliminares, Mérito, Reparação e Custas), § 115.

51. Ninguém é portador de deficiência, já que deficiência não é um defeito pessoal, mas uma condição especial. Essa condição especial exige que a sociedade e o Estado rompam as barreiras que impedem a inclusão social das pessoas com deficiência. Portanto, existem "pessoas com deficiência", mas não "pessoas portadoras de deficiência".

nação contra as pessoas com deficiência[52]. Portanto, mais uma vez se nota a autorização convencional para a adoção do trabalho telepresencial em favor da genitora, o que acaba por favorecer a filha de pouquíssima idade. Caso essa ofensa aos direitos humanos seja praticada por uma empresa, cumpre ao Estado atuar para garantir tais direitos.

Além disso, também no seio do sistema regional de proteção aos direitos Humanos, a Convenção Interamericana para Prevenir, Punir e Erradicar a Violência Contra a Mulher ("Convenção de Belém do Pará"), em vigor no Brasil desde 1995, repudia qualquer forma de violência física, sexual e psicológica contra a mulher, seja na esfera pública ou na esfera privada[53]. Não há dúvida de que negar o teletrabalho para a genitora, quando há essa recomendação médica para o tratamento da filha, significa impingir inegável violência psicológica contra a mulher.

O exemplo citado permite extrair possíveis aplicações ao princípio da interpretação *pro persona*, segundo o qual as normas jurídicas nacionais e internacionais devem ser interpretadas de modo que se garanta o respeito e a garantia dos direitos humanos. Nesse sentido, eis as possíveis aplicações desse princípio: a) as normas jurídicas nacionais e internacionais devem ser interpretadas de forma que se extraia a maior proteção possível às pessoas; b) não é possível invocar omissão legislativa para deixar de proteger o ser humano; c) os interesses da pessoa sempre se sobrepõem aos interesses do Estado e aos interesses das empresas.

4.2. Diferença entre o princípio da interpretação *pro persona* ou *pro homine* e o princípio da primazia da norma mais favorável à pessoa

O **princípio da interpretação pro persona** impõe que as normas jurídicas nacionais e internacionais sejam interpretadas a favor da pessoa. Ele se dirige

52. Nos termos do art. III, 1, da Convenção Interamericana para a Eliminação de Todas as Formas de Discriminação contra as Pessoas Portadoras de Deficiência, os Estados partes devem "Tomar as medidas de caráter legislativo, social, educacional, trabalhista, ou de qualquer outra natureza, que sejam necessárias para eliminar a discriminação contra as pessoas portadoras de deficiência (...)".

53. Eis o que dispõem os artigos 1º, 2º e 3º da Convenção Interamericana para Prevenir, Punir e Erradicar a Violência Contra a Mulher ("Convenção de Belém do Pará"): "Art. 1º. Para os efeitos desta Convenção, entender-se-á por violência contra a mulher qualquer ato ou conduta baseada no gênero, que cause morte, dano ou sofrimento físico, sexual ou psicológico à mulher, tanto na esfera pública como na esfera privada". ". Art. 2º. Entende-se que a violência contra a mulher abrange a violência física, sexual e psicológica. a) ocorrida no âmbito da família ou unidade doméstica ou em qualquer relação interpessoal, quer o agressor compartilhe, tenha compartilhado ou não a sua residência, incluindo-se, entre outras turmas, o estupro, maus-tratos e abuso sexual; b) ocorrida na comunidade e comedida por qualquer pessoa, incluindo, entre outras formas, o estupro, abuso sexual, tortura, tráfico de mulheres, prostituição forçada, sequestro e assédio sexual no local de trabalho, bem como em instituições educacionais, serviços de saúde ou qualquer outro local; e c) perpetrada ou tolerada pelo Estado ou seus agentes, onde quer que ocorra". "Art. 3º. Toda mulher tem direito a uma vida livre de violência, tanto na esfera pública como na esfera privada".

fundamentalmente às normas jurídicas em si mesma consideradas e nisso se distingue **do princípio da primazia da norma mais favorável à pessoa**, que se volta à escolha, no conflito entre normas, daquela mais favorável ao indivíduo. Façamos a distinção com exemplos.

O art. 21 da Convenção Americana de Direitos Humanos prevê o direito à propriedade privada. A Corte Interamericana de Direitos Humanos tem entendido que o art. 21 da CADH abrange a proteção do direito à propriedade coletiva das terras pelos povos indígenas[54]. Nota-se que o art. 21 da CADH foi interpretado de forma tal que se obtivesse a maior proteção dos direitos humanos dos povos indígenas. Eis a aplicação do *princípio da interpretação pro persona.*

Já o *princípio da primazia da norma mais favorável à pessoa* é extraído do art. 29, alíneas *a*, *b* e *d*, da Convenção Americana de Direitos Humanos, segundo o qual, no conflito entre normas jurídicas, deve-se dar preferência àquela que concede maior proteção ao ser humano. Não importa se a norma provenha do direito interno ou do direito internacional: a preferência é sempre pela norma mais protetiva. Nesse sentido, uma norma prevista na Constituição Federal poderá dar lugar a uma norma prevista em um tratado internacional, desde que esta última proteja com mais força os direitos humanos.

Assim, se o **princípio da interpretação por persona** se volta à interpretação de uma norma específica, para extrair dessa norma a maior proteção possível aos direitos humanos, o **princípio da primazia da norma mais favorável à pessoa** aplica-se ao conflito entre normas, abraçando aquelas mais favoráveis ao indivíduo e rejeitando aquelas menos favoráveis.

4.3. Diretrizes interpretativas do princípio da interpretação *pro persona* (*pro homine*)

Cumpre, agora, conhecer as *diretrizes interpretativas* do *princípio da interpretação pro persona.*

4.3.1. 1ª diretriz interpretativa: reconhecimento de direitos humanos implícitos

O princípio da interpretação *pro homine* ou *pro persona* permite que se reconheçam direitos humanos implícitos, isto é, direitos não previstos expressamente nas normas. Esses direitos humanos implícitos surgem a partir

54. Corte Interamericana de Direitos Humanos. *Caso Povo Indígena Xucuru e seus membros vs. Brasil.* Sentença de 5 de fevereiro de 2018, § 115.

da interpretação sistemática das normas de direitos humanos[55]. Nota-se que não existe um conflito entre normas jurídicas, mas uma reunião de normas jurídicas para que se reconheça um direito humano específico que não se apresenta de modo claro no sistema.

Por exemplo: o art. 6º, 1, da Convenção Europeia de Direitos Humanos, que prevê o direito a um processo equitativo e justo, não prevê, em termos expressos, o *direito ao acesso aos tribunais*. Porém, o mesmo art. 6º, 1, estabelece vários direitos específicos, que, vistos de forma integrada, podem levar ao direito ao acesso aos tribunais, tais como: a) todas as pessoas têm direito a que a causa seja examinada, de forma equitativa, por um tribunal; b) todas as pessoas têm direito a que a causa seja julgada em prazo razoável; c) toda pessoa tem direito a que a causa seja julgada por um tribunal independente e imparcial. À luz da interpretação sistemática e integrada de todo o art. 6º, 1, da Convenção Europeia de Direitos Humanos, em conjunto com o preâmbulo dessa convenção e com princípios gerais de direito reconhecidos pelas Nações civilizadas, é possível extrair o *direito implícito de acesso aos tribunais*[56].

Ao estipular que as normas jurídicas devem ser interpretadas no sentido de proteger os seres humanos, o princípio da interpretação *pro persona* permite que se faça uma interpretação sistemática das normas de direitos humanos, para delas extrair *direitos humanos implícitos*, não previstos expressa e claramente nas normas jurídicas.

Nota-se que uma das diretrizes do princípio da interpretação *pro persona* é a de extrair direitos humanos não previstos expressamente no ordenamento jurídico. Para isso, pode-se recorrer à interpretação sistemática, de modo que se reúnem, organizadamente, mais de uma norma jurídica expressa e se obtenha o direito humano a ser protegido. As normas jurídicas a serem reunidas podem ser normas jurídicas internas e internacionais.

O socorro à interpretação sistemática dos tratados, a propósito, é previsto na Convenção de Viena do Direito dos Tratados. Segundo a referida Convenção, os tratados devem ser interpretados segundo o próprio texto, anexos e preâmbulo (art. 31, 2) e levando em conta, também, regras de Direito Internacional (art. 31, 3, *c*). Isso significa que, à luz da própria Convenção de Viena do Direito dos Tratados, é possível aplicar aos tratados a interpretação sistemática. É essa interpretação sistemática dos tratados que permitirá extrair *direitos humanos implícitos*.

É interessante notar, assim, que a interpretação sistemática, que permite extrair direitos humanos implícitos, pode integrar normas jurídicas internas e internacionais.

55. André de Carvalho Ramos. *Teoria Geral dos Direitos Humanos na Ordem Internacional*, pág. 134. 7ª ed. 2019.

56. Corte Europeia de Direitos Humanos. Caso Golder vs. Reino Unido, sentença de 21 de fevereiro de 1975, § § 26 a 36.

Assim se faz, por exemplo, com o *direito humano implícito à reparação do consumidor pela perda do tempo existencial ou vital na solução de problemas de consumo.*

Esse direito não está previsto expressamente no sistema jurídico brasileiro, mas resulta de uma combinação de normas jurídicas internas e internacionais de proteção aos direitos humanos.

No plano interno, temos decisões de Tribunais, a Constituição Federal de 1988 e o Código de Defesa do Consumidor. No plano internacional, dispositivos da Convenção Americana de Direitos Humanos, da Declaração Americana de Direitos e Deveres do Homem e a jurisprudência da Corte Interamericana de Direitos Humanos podem auxiliar nesse empreendimento.

Com efeito, no plano interno, a Constituição Federal de 1988 estipula que os direitos dos consumidores são *direitos fundamentais* (CF/88, art. 5º, XXXII) e *princípio da ordem econômica* (CF, art. 170, V). Os direitos dos consumidores, como o da reparação integral (Código de Defesa do Consumidor, art. 6º, VI), são previstos de forma mais específica. Por sua vez, o art. 5º, § 2º, da CF/88 estipula a possibilidade de se extrair outros direitos a partir de outras fontes normativas.

Ainda no plano interno, a jurisprudência do Superior Tribunal de Justiça admite a reparação econômica do consumidor, parte vulnerável na relação de consumo, na hipótese de *desvio produtivo*[57].

Já, no plano internacional, a Convenção Americana de Direitos Humanos, ao prever uma cláusula geral de proteção aos direitos econômicos, sociais e culturais (CADH, art. 26), estabelece a possibilidade de direitos humanos virem a ser protegidos em normas internas ou internacionais, incluindo normas previstas na Declaração Americana de Direitos e Deveres do Homem (CADH, art. 29, alínea "d").

Por sua vez, o art. XV da Declaração Americana de Direitos e Deveres do Homem prevê o *direito a aproveitar utilmente o tempo livre*. Esse *direito ao tempo livre* é expressamente reconhecido pelo artigo XV da Declaração Americana dos Direitos e Deveres dos Homens (DAADH)[58]. A conjugação do direito de aproveitar utilmente o tempo livre com as disposições de direito interno de proteção ao direito do consumidor permite deduzir o *direito à reparação econômica por perda do tempo produtivo ou vital ou existencial do consumidor.*

---

57. STJ, 3ª Turma, REsp n. 2.017.194/SP, Relatora Ministra Nancy Andrighi, julgado em 25/10/2022, DJe de 27/10/2022.

58. Nos termos do art. XV da DADDH, que trata do *direito ao descanso e ao seu aproveitamento*, "toda pessoa tem direito ao descanso, ao recreio honesto e à oportunidade de aproveitar utilmente o seu tempo livre em benefício de seu melhoramento espiritual, cultural e físico".

Esse direito, aliás, acaba sendo previsto, também, pela *jurisprudência da Corte Interamericana de Direitos Humanos*. É que o Estado tem o dever de garantir os direitos humanos. Essa *obrigação de garantia* se projeta para *além* da relação entre agentes estatais e as pessoas submetidas à jurisdição do Estado. Isso porque tal obrigação abarca o dever que o Estado tem de *prevenir, na esfera privada*, que terceiros violem os bens jurídicos protegidos[59]. Em havendo essa violação, o Estado tem o dever de exigir a reparação.

Assim, uma interpretação sistemática de normas jurídicas internas e internacional possibilita a descoberta de direitos humanos não previstos expressamente (*direitos humanos implícitos*).

A revelação de direitos humanos implícitos, a partir da interpretação sistemática, é uma diretriz importante do *princípio da interpretação pro persona ou pro homine*. Isso porque este último é um método para encaminhar as normas jurídicas em direção à proteção do ser humano.

O *princípio da interpretação pro persona ou pro homine* é um importantíssimo método interpretativo, da Hermenêutica dos Direitos Humanos, em que toda interpretação sobre as normas deve ser feita de modo que se extraia a maior proteção possível ao ser humano.

Nesse sentido, a primeira diretriz do *princípio da interpretação por persona ou pro homine* é a de extrair *direitos humanos implícitos* das próprias normas jurídicas já existentes.

Essa possibilidade de extrair a proteção de direitos humanos implícitos das normas expressas de direitos humanos é uma previsão do art. 29, *c*, da CADH. Segundo esse dispositivo, nenhuma disposição da própria CADH poderá excluir outros *direitos inerentes ao ser humano ou que decorram da forma democrática representativa de governo*.

Portanto, das normas expressas de direitos humanos é possível extrair *direitos humanos implícitos*, isto é, aqueles direitos humanos que são inerentes ao ser humano (direitos naturais) ou aqueles direitos que decorram da forma democrática representativa de governo.

É que a forma democrática representativa de governo e os direitos naturais são dois dos grandes fundamentos para os direitos humanos expressos nas normas jurídicas nacionais e internacionais já existentes. Esses dois grandes fundamentos é que irão permitir a extração de *novos* direitos humanos a partir das referidas normas jurídicas expressas.

Em outras palavras, a partir do *princípio da interpretação pro persona ou pro homine*, deve-se imprimir às normas expressas a maior proteção possível

---

59. Corte Interamericana: *Caso Empregados da Fábrica de Fogos de Santo Antônio de Jesus e seus Familiares vs. Brasil*. Sentença de 15 de julho de 2020. Exceções Preliminares, Mérito, Reparações e Custas, § 149.

aos direitos humanos. Essa maior proteção é que irá permitir que, dessas normas expressas, sejam extraídos direitos humanos implícitos, isto é, direitos humanos não previstos expressamente nas normas.

Vejamos outro exemplo de aplicação da terceira diretriz do princípio da interpretação *pro homine* ou *pro persona*. A Corte Interamericana de Direitos Humanos entende que, de fato, o art. 26 da CADH prevê, de forma bem genérica, os direitos econômicos sociais e culturais. Esses direitos genericamente previstos podem ensejar, por exemplo, a proteção de um *direito social específico*, como o direito do trabalho. Basta que o intérprete deduza esse direito social específico da Carta da OEA, ainda que a Carta da OEA preveja implicitamente esse direito[60].

Mesmo direitos sociais protegidos genericamente protegidos pelo art. 26 da CADH, como o direito ao trabalho, podem derivar implicitamente da Carta da OEA.

Em suma, mesmo que haja omissões em normas jurídicas internacionais (e nacionais), é possível deduzir direitos humanos específicos, aplicando-se o princípio da interpretação *pro persona*.

4.3.2. 2ª Diretriz interpretativa: interpretação restritiva das limitações aos direitos humanos

A segunda diretriz interpretativa do princípio da interpretação *pro persona* é a de que as limitações aos direitos humanos devem ser interpretadas de forma restritiva, de modo que se evite a diminuição à proteção do ser humano[61].

Por força do *princípio da interpretação pro persona*, devem ser descartadas aquelas interpretações de menor alcance protetivo ao ser humano. Por consequência, quando se tratar de restrições ou limitações a direitos e liberdades, deve-se realizar a interpretação mais restritiva dessa limitação[62].

É por isso que as reservas à Convenção Americana de Direitos Humanos devem ser interpretadas restritivamente[63].

Outra aplicação possível dessa diretriz do princípio da interpretação *pro homine* ou *pro persona* se dá na fixação da pena pelos Magistrados e Magistradas

60. Corte Interamericana de Direitos Humanos. *Caso Benites Cabrera e outros vs. Cabrera*. Sentença de 4 de outubro de 2022 (Exceções Preliminares, Mérito, Reparações e Custas), § 111.
61. André de Carvalho Ramos. *Teoria Geral dos Direitos Humanos na Ordem Internacional*, pág. 135. 7ª ed. 2019.
62. Eduardo Ferrer Mac-Gregor Poisot. Voto Fundamentado, § 69, no seguinte caso: Corte Interamericana de Direitos Humanos. *Caso Cabrera Garcia Montiel Flores vs. México*. Snenteça de 26 de novembro de 2010 (Exceções Preliminares, Mérito, Reparações e Custas).
63. Corte Interamericana de Direitos Humanos. Opinião Consultiva nº 2, de 24 de setembro de 1982, referente à interpretação dos artigos 74 e 75 da Convenção Americana de Direitos Humanos.

brasileiros. Se é certo que o Juiz não tem poder ilimitado para a fixação da quantidade ou regime da pena de prisão, o Código Penal brasileiro confere, nessa tarefa, certa margem de discricionariedade judicial[64].

Considerando que o encarceramento produz drásticos efeitos sobre a saúde dos presos, com hiperendemicidade da tuberculose e maior incidência de HIV[65], o princípio da interpretação *pro persona* impõe que o Juiz, dentro da discricionariedade que lhe compete, interprete as normas penais de fixação de pena de modo que os regimes fechado e semiaberto sejam adotados em caráter absolutamente excepcional. As limitações aos direitos humanos, portanto, devem ser interpretadas de forma absolutamente restritivas.

4.3.3. 3ª Diretriz interpretativa: repercussão sobre as omissões e lacunas das normas de direitos humanos

A terceira diretriz do *princípio da interpretação pro persona* se dá na análise das omissões e lacunas em normas de direitos humanos. Em havendo essas lacunas e omissões, a interpretação deve ser aquela que vise à proteção do ser humano.

Por exemplo: quando ratifica a Convenção Americana de Direitos Humanos, o Estado parte pode, nesse momento ou em momento posterior, aderir à jurisdição contenciosa da Corte Interamericana (CADH, art. 62, 1).

Cumpre, então, saber se, no curso de um caso concreto em que está sendo julgado, pode o Estado denunciar a jurisdição contenciosa da Corte Interamericana.

A Convenção Americana de Direitos Humanos não trouxe nenhuma previsão específica sobre isso. A lacuna, porém, deve ser interpretada à luz da proteção do ser humano, nos termos do que dispõe o *princípio da interpretação pro persona ou pro homine*.

Nesse sentido, a competência contenciosa da Corte Interamericana é uma *cláusula pétrea* que não admite limitações a não ser aquelas previstas no art. 62.1 da CADH[66]. A única hipótese de o Estado desvincular-se da competência

---

64. Cristiana de Faria Cordeiro. *Condenação e personalidade: considerações sobre a personalidade em sentenças criminais no Rio de Janeiro*, pág. 31. Dissertação de Mestrado. Orientadora Maria Helena Barros de Oliveira, Coorientadora Lúcia Regina Florentino Souzo. Fundação Oswaldo Cruz, Escola Nacional de Saúde Pública Sergio Arouca. Rio de Janeiro, 2020.

65. Cristiana de Faria Cordeiro. *Condenação e personalidade: considerações sobre a personalidade em sentenças criminais no Rio de Janeiro*, pág. 21. Dissertação de Mestrado. Orientadora Maria Helena Barros de Oliveira, Coorientadora Lúcia Regina Florentino Souzo. Fundação Oswaldo Cruz, Escola Nacional de Saúde Pública Sergio Arouca. Rio de Janeiro, 2020.

66. Corte Interamericana de Direitos Humanos. *Caso Ivcher Bronstein vs. Peru*, Competência, § 36. Confira-se: Caio Paiva e Thimotie Aragon Heemann. *Jurisprudência Internacional de Direitos Humanos*, pág. 105. 3ª ed. 2020.

contenciosa da Corte Interamericana é denunciando integralmente o tratado, isto é, a CADH. Mesmo assim, nos termos do art. 78 da CADH, essa denúncia sujeita-se a um pré-aviso de um ano[67].

A propósito, o art. 44.1 da Convenção de Viena sobre Direito dos Tratados possibilita a denúncia do tratado, desde que essa denúncia se dê em relação à totalidade do tratado, a não ser que o próprio tratado permita a denúncia de apenas parte do tratado. Como a CADH não prevê a denúncia parcial no que diz respeito à competência contenciosa da Corte, essa denúncia parcial não é possível. Assim se preserva a integridade das obrigações convencionais[68].

Observa-se, assim, que a Convenção Americana de Direitos Humanos não previu a possibilidade de o Estado, que aderiu à jurisdição contenciosa da Corte Interamericana, deixar de aceitar essa jurisdição quando ele, Estado, estiver sendo julgado.

Essa omissão da CADH deve ser lida a partir do *princípio da interpretação pro persona ou pro homine*, segundo o qual as normas jurídicas devem ser analisadas com foco na proteção da pessoa.

Ora, admitir que um Estado deixe, no curso de uma demanda, de ser julgado pela Corte Interamericana, pode implicar grave dano aos direitos humanos das vítimas. Portanto, à luz do *princípio da interpretação pro homine*, a omissão referida deve ser lida no sentido de se proibir que o Estado retire, no curso de uma demanda, a competência contenciosa da Corte Interamericana.

4.3.4. 4ª Diretriz interpretativa: rejeição às hierarquias sociais e culturais

A quarta diretriz do *princípio da interpretação pro persona ou pro homine* é a interpretação das normas jurídicas de modo que se rejeitem as hierarquias sociais e culturais[69]. Assim, as normas jurídicas passam a ser interpretadas a favor da pessoa e contra qualquer diminuição do ser humano.

No que se refere à rejeição das hierarquias culturais e sociais, o Poder Judiciário, na interpretação das normas jurídicas, deve considerar os saberes não eurocêntricos, de modo que, assim, repudie-se o eurocentrismo, caracte-

67. Corte Interamericana de Direitos Humanos. *Caso Ivcher Bronstein vs. Peru*, Competência, § 40. Confira-se: Caio Paiva e Thimotie Aragon Heemann. *Jurisprudência Internacional de Direitos Humanos*, pág. 105. 3ª ed. 2020.

68. Corte Interamericana de Direitos Humanos. *Caso Ivcher Bronstein vs. Peru*, Competência, § 50. Confira-se: Caio Paiva e Thimotie Aragon Heemann. *Jurisprudência Internacional de Direitos Humanos*, pág. 105. 3ª ed. 2020.

69. Sobre rejeição das hierarquias sociais e culturais como componente da igualdade e, por consequência, da dignidade da pessoa humana, confira-se: Daniel Sarmento. *Dignidade da pessoa humana. Conteúdo, trajetórias e metodologia*, pág. 92. 2ª ed. 3ª reimpressão. 2020.

rizado, fundamentalmente, pela exploração dos territórios e de pessoas. Nesse cenário, povos europeus colocaram-se em posição racialmente superior às sociedades originárias do continente e aos africanos trazidos à força para a escravidão. Interessante notar que a rejeição a essas hierarquias requer, muitas vezes, um diálogo interdisciplinar entre o Direito e as Ciências Sociais, mais propriamente uma interação entre estudos do Direito Antidiscriminatório e analises da Sociologia e da Antropologia Decoloniais[70].

É preciso, portanto, que haja uma *virada ontológica*, de modo que não apenas os saberes europeizados, mas, também, os saberes relacionados a outras populações sejam utilizados na interpretação do Direito. A própria Constituição Federal brasileira permite uma análise descolonizadora do Direito – mais particularmente o art. 3º, I e IV (construção de uma sociedade livre, justa e solidária, com erradicação da pobreza e marginalização e redução das desigualdades sociais), o art. 5º, *caput*, (igualdade) e o art. 231 (direitos dos povos indígenas). Trata-se de uma perspectiva hermenêutica pautada na *horizontalidade*, de modo que o eurocentrismo, tomado como perspectiva hierarquicamente superior, seja abandonado[71].

A rejeição das hierarquias sociais e culturais é uma das importantes diretrizes do *princípio da interpretação pro homine ou pro persona.* Essa diretriz foi empregada pela Corte Interamericana, quando esta última reconfigurou o direito à propriedade privada, previsto no art. 21 da CADH. Ao levar em conta os saberes, costumes e modo de vida dos povos indígenas, o direito previsto no art. 21 da CADH foi transformado em *direito dos povos indígenas à propriedade coletiva das terras tradicionalmente ocupadas.*

Nesse sentido, sem desprezar o tradicional direito de propriedade privada, a Corte Interamericana, quanto aos povos indígenas, reconfigurou esse direito, possibilitando a proteção jurídica também da propriedade coletiva dos povos indígenas sobre as terras tradicionais[72].

Tanto é verdade que a Corte Interamericana, sem depreciar o direito clássico de propriedade privada (visão europeizante), reconheceu, também, a *forma* pela qual os indígenas enxergam e praticam a propriedade sobre as terras. Nesse cenário, considerou-se que "entre os povos indígenas e tribais existe uma tradição comunitária sobre uma forma comunal da propriedade

---

70. André Augusto Salvador Bezerra. Por uma virada ontológica no Judiciário brasileiro: um novo papel a ser desempenhado por negros e indígenas. Revista Direito e Práxis, Ahead of print, págs 3 e 4. Rio de Janeiro, 2022.
71. André Augusto Salvador Bezerra. Por uma virada ontológica no Judiciário brasileiro: um novo papel a ser desempenhado por negros e indígenas. Revista Direito e Práxis, Ahead of print, pág. 16. Rio de Janeiro, 2022.
72. Corte Interamericana de Direitos Humanos. *Caso Povo Indígena Xucuru e seus membros vs. Brasil.* Sentença de 5 de fevereiro de 2018, § 115.

coletiva da terra, no sentido de que a posse desta não se centra em um indivíduo, mas no grupo e sua comunidade"[73].

4.3.5. 5ª Diretriz interpretativa: pessoa vista como um fim em si, e não como mero instrumento a serviço do estado, da comunidade e de terceiros

Segundo mais uma das diretrizes do *princípio da interpretação pro persona ou pro homine*, as normas jurídicas devem ser interpretadas de modo tal que nenhuma pessoa seja mero instrumento a serviço do Estado, da comunidade e de terceiros. Os seres humanos são seres tidos como um fim em si[74].

Nesse sentido, por exemplo, a interpretação sobre as normas jurídicas penais sobre a fixação de regimes e a quantificação de penas tem que levar em conta o cenário das prisões brasileiras, as quais constituem, segundo expressou o Ministro Ricardo Lewandowski, um verdadeiro processo de 'coisificação' de seres humanos presos, amontoados em verdadeiras masmorras medievais' "[75]. Os pretensos fins punitivos do Estado não podem suplantar os direitos humanos da pessoa sujeita ao processo penal.

Além de proibir a simples invocação de razões de Estado, o *princípio da interpretação pro persona ou pro homine* também rechaça a invocação de razões comunitárias no que se refere à interpretação das normas jurídicas que venham a afetar os direitos humanos.

Em outras palavras, nenhuma norma jurídica poderá ser interpretada de modo que a pessoa seja simples meio para os interesses do Estado, da comunidade e mesmo de particulares. Embora se admita a consecução de interesses coletivos por força das normas de direitos humanos, a eleição de interesses coletivos ou públicos não pode servir para aniquilar o ser humano.

Essa diretriz, a propósito, pode permitir um interessante diálogo (ou mesmo divergência) entre Cortes nacionais e Tribunais Internacionais de Direitos Humanos. Vejamos o que se passou em um caso muito importante.

A princesa Carolina, de Hannover, buscou a proteção judicial contra reportagens invasivas da imprensa. Os tribunais alemães - no que se incluiu o próprio Tribunal Constitucional Federal alemão (TCF) - invocaram o conceito de *figura da sociedade contemporânea por excelência*. Desse modo,

73. Corte Interamericana de Direitos Humanos. *Caso Povo Indígena Xucuru e seus membros vs. Brasil*. Sentença de 5 de fevereiro de 2018, § 115.

74. Daniel Sarmento. *Dignidade da pessoa humana. Conteudo, trajetórias e metodologia*, pág. 92. 2ª ed. 3ª reimpressão. 2020.

75. Confira-se voto do Ministro Ricardo Lewandowski, no seguinte julgamento: STF, Plenário, RE 592.581, julgamento no dia 13.8.2015.

pessoas públicas, como a princesa Carolina, só poderiam invocar a proteção da privacidade em lugares isolados, fora da vista pública. Com isso os tribunais alemães procuraram estabelecer um equilíbrio entre a liberdade de imprensa e os direitos de personalidade do indivíduo[76].

A Corte Europeia de Direitos Humanos, por meio de decisão da 3ª Sala (Caso Hannover vs. Alemanha, 2004, nº 1), discrepou das decisões tomadas pelos tribunais alemães. O tribunal de Estrasburgo considerou que tais decisões estabelecem uma proteção insuficiente ao direito de respeito à vida privada previsto no art. 8º da Convenção Europeia de Direitos Humanos. Nesse sentido, qualificar uma pessoa simplesmente como uma figura da sociedade contemporânea por excelência não permite justificar uma invasão à vida privada se a pessoa não exerce funções oficiais ou se a reportagem não está relacionada de modo algum com o exercício das funções oficiais. A Corte Europeia de Direitos Humanos entendeu que a reportagem só tinha por objeto satisfazer a curiosidade pública e não contribuía em nada com o debate de interesse geral[77].

Nota-se, portanto, que, segundo o *princípio da interpretação pro persona ou pro homine*, nenhuma norma jurídica poderá ser interpretada de modo que o ser humano seja mero instrumento do Estado, da comunidade e de particulares. Referido princípio protege o ser humano enquanto verdadeiro sujeito de direitos[78]. A decisão do Tribunal Europeu de Direitos Humanos, portanto, protegeu os direitos humanos à vida privada e à intimidade contra a curiosidade pública.

5. PRINCÍPIO DA PRIMAZIA OU PREFERÊNCIA DA NORMA MAIS FAVORÁVEL À PESSOA

O **princípio da primazia ou da preferência da norma mais favorável à pessoa** significa que, no conflito entre normas jurídicas, deverá prevalecer aquela que mais proteja o ser humano.

---

76. Rainer Grote. Las sentencias de La Corte Europea de Derechos Humanos em el Caso Hannover contra Alemania y el diálogo permanente entre esta Corte y los Tribunales alemanes em los casos de conflitos entre libertad de prensa y derecho a la privacidad. *In*: *Ius Constitutionale Commune na América Latina*, volume III. Diálogos Jurisdicionais e Controle de Convencionalidade. Curitiba: Juruá Editora, 2016, pág. 190.

77. Rainer Grote. Las sentencias de La Corte Europea de Derechos Humanos em el Caso Hannover contra Alemania y el diálogo permanente entre esta Corte y los Tribunales alemanes em los casos de conflitos entre libertad de prensa y derecho a la privacidad. *In*: *Ius Constitutionale Commune na América Latina*, volume III. Diálogos Jurisdicionais e Controle de Convencionalidade. Curitiba: Juruá Editora, 2016, pág. 190.

78. Melina Girardi Fachin e Dilermando Aparecido Borges Martins. Diálogo multinível: uma aproximação entre o sistema interamericano e europeu de proteção de direitos humanos no tangente à temática LGBTI. *In*: *Interamericanização do Direito Constitucional & Constitucionalização do Sistema Interamericano*, pág. 127.

Não importa a origem da norma – se proveniente do direito interno ou do direito internacional: em havendo conflito, a escolha deve ser sempre pela norma que mais proteja o ser humano.

Entre outros tratados internacionais de direitos humanos, referido princípio encontra previsto no art. 29, alíneas **a**, **b** e **c**, da Convenção Americana de Direitos Humanos. Passemos a apreciar o art. 29 da CADH e verificar como esse dispositivo revela o princípio da primazia ou da preferência da norma mais favorável à pessoa.

Nos termos do art. 29, **a**, da CADH, não é possível ao Estado, a um grupo de pessoas ou à pessoa que suprima ou restrinja direitos previstos na CADH. Assim, se o Estado produzir uma norma jurídica interna que elimine ou diminua um direito previsto em uma norma da CADH, é a norma da CADH que deverá prevalecer. Nessa hipótese, a **norma de direito internacional** prevalece sobre a **norma interna do Estado.**

O art. 29, **b**, da CADH, por sua vez, estipula que nenhuma norma da CADH pode limitar direitos reconhecidos pelo Estado ou por convenções adotadas por esse Estado. Verifica-se, portanto, que a CADH pode dar lugar a uma norma mais favorável prevista: a) nas normas jurídicas internas do Estado; b) em outras convenções internacionais. O art. 29, **b**, da CADH, portanto, trata de potenciais conflitos entre a **normas internas** e **normas internacionais da CADH** ou entre **normas internacionais da CADH** e outras **normas internacionais.**

Já o art. 29, **d**, da CADH determina que nenhuma norma da CADH poderá excluir ou eliminar direitos previstos na **Declaração Americana de Direitos Humanos** e em **outros atos internacionais da mesma natureza**, como é o caso da Declaração Universal dos Direitos Humanos de 1948. O conflito se dá, aí, entre a CADH e documentos internacionais que não têm a natureza jurídica de tratado internacional de direitos humanos.

O que é comum ao art. 29, alíneas **a**, **b**, **c** e **d** da CADH é que pode prevalecer, na análise de um caso, ou uma norma internacional ou uma norma interna. A origem e o formato da norma não importam; importa é identificar qual delas proteja mais o ser humano. A norma protetiva é a que vai sobreviver nos braços do princípio da primazia ou da preferência da norma mais favorável à pessoa.

Nota-se que o princípio da primazia ou da preferência da norma mais favorável à pessoa é a maior prova de que o fundamento de validade do sistema jurídico brasileiro é a Norma Fundamental de Direitos Humanos (NFDH).

A NFDH, conforme já se demonstrou nesta obra, atrai para um lugar superior do sistema jurídico brasileiro todos os elementos jurídicos (internos e internacionais). Esse lugar superior é a Constituição Transnacional Interamericana de Direitos Humanos.

Portanto, toda produção jurídica interna e internacional, presente no sistema jurídico brasileiro, deverá obedecer ao conjunto de elementos jurídicos presente na Constituição Transnacional Interamericana de Direitos Humanos.

Uma norma jurídica constitucional, por isso, poderá dar lugar a uma norma internacional ou mesmo a outra norma interna, desde que as duas últimas protejam com mais intensidade os direitos humanos do que a primeira.

Esse é o efeito prático da Norma Fundamental de Direitos Humanos e da Constituição Transnacional Interamericana de Direitos Humanos. Esse efeito prático é viabilizado pelo princípio instrumental da primazia ou da preferência da norma mais favorável à pessoa.

Há várias possibilidades de aplicação do princípio instrumental da primazia ou da preferência da norma mais favorável à pessoa. É o que veremos.

5.1. 1ª Aplicação do princípio: prevalência de uma norma de tratado internacional de direitos humanos sobre uma norma constitucional: a prisão do depositário infiel

Um caso bem interessante, de aplicação do princípio da primazia ou da preferência, fazendo com que uma norma internacional supere uma norma constitucional, diz respeito à prisão do depositário infiel.

Essa modalidade de prisão é autorizada por norma constitucional[79]. Não obstante, o próprio Supremo Tribunal Federal considera, por meio da Súmula Vinculante nº 25, que "é ilícita a prisão civil de depositário infiel, qualquer que seja a modalidade de depósito".

O Supremo Tribunal Federal afasta a prisão civil do depositário infiel, baseando-se em tratados internacionais de direitos humanos. Assim, argumenta-se que, não obstante a autorização constitucional dessa prisão, os tratados internacionais de direitos humanos proíbem que leis brasileiras venham a dispor sobre essa modalidade de prisão.

Para o Supremo Tribunal Federal, os tratados internacionais de direitos humanos não superam a Constituição Federal de 1988 nesse ponto. A norma constitucional autorizativa da prisão do depositário infiel fica intacta. O que ocorre, por força dos tratados, é a paralisação da legislação infraconstitucional, que não poderá autorizar essa modalidade de prisão.

Nesse sentido, o art. 652 do Código Civil, que permite a prisão do depositário infiel, é inválido à luz dos tratados internacionais de direitos humanos em vigor no Brasil.

---

79. Nos termos do art. 5º, LXVII, da CF/88, "não haverá prisão civil por dívida, salvo a do responsável pelo inadimplemento voluntário e inescusável de obrigação alimentícia e a do depositário infiel".

Essa construção argumentativa, feita pelo Supremo Tribunal Federal, busca impedir que um tratado internacional de direitos humanos prevaleça sobre a Constituição Federal de 1988.

A Corte Suprema brasileira, nesse ponto, argumenta que, devido ao princípio da supremacia da Constituição, a Constituição não poderia ser revogada ou atingida por um tratado internacional de direitos humanos.

Por isso, o caminho é deixar intacta a previsão constitucional que autoriza a prisão civil do depositário infiel e, ao mesmo tempo, proibir que a legislação infraconstitucional autorize essa modalidade de prisão.

Os tratados internacionais de direitos humanos, por isso, estariam acima das leis (caráter supralegal), mas abaixo da Constituição[80].

Não obstante essa engenhosa argumentação, o certo é que os tratados internacionais de direitos humanos, proibitivos da prisão civil do depositário infiel, estão acima da Constituição Federal.

Caso não estivessem, o dispositivo constitucional que autoriza essa modalidade de prisão deveria ser aplicado. O STF, ao esticar o raciocínio para dizer que são as leis autorizativas dessa prisão é que são proibidas, na verdade está dizendo, sem querer dizê-lo expressamente, que é a norma constitucional referida que não pode ser aplicada.

O receio do STF é de que a tradicional pirâmide que põe no ápice a Constituição desmorone.

Essa preocupação, contudo, é desnecessária.

À luz do modelo vinculante apresentado pela jurisprudência da Corte Interamericana de Direitos Humanos, há elementos jurídicos internos e internacionais que formam um corpo normativo que pode superar, até mesmo, as normas constitucionais. Esse corpo normativo forma a chamada Constituição Transnacional Interamericana de Direitos Humanos, cujo fundamento de validade é a Norma Fundamental de Direitos Humanos (NFDH).

Nada impede que uma norma constitucional faça parte da Constituição Transnacional Interamericana de Direitos Humanos, desde que essa norma constitucional tenha a força normativa para a proteção intensa dos direitos humanos. Nas Constituições modernas, aliás, há diversas normas dessa natureza.

Por outro lado, o princípio da primazia ou da preferência da norma mais favorável à pessoa permite que uma norma de um tratado internacional de direitos humanos prevaleça sobre uma norma constitucional.

80. Confira-se o voto do Ministro GILMAR MENDES no seguinte caso: STF, RE 466.343, Relator Ministro CEZAR PELUSO, julgamento no dia 3.12.2008.

O exemplo mais claro é, exatamente, a da prisão civil do depositário infiel. Se essa prisão vem autorizada pelo art. 5º, XLVII, da CF/88, essa modalidade de prisão é repudiada por tratados internacionais em vigor no Brasil, como, por exemplo, a CADH, cujo art. 7º, 7, proíbe a prisão por dívidas.

5.2. 2ª Aplicação do princípio: prevalência de uma norma de tratado internacional de direitos humanos sobre uma norma constitucional: a liberdade sindical

Sobre a **liberdade sindical**, há um conflito entre o que dispõe a Constituição Federal brasileira e tratados internacionais de direitos humanos em vigor no Brasil.

A Constituição Federal de 1988 restringiu a liberdade sindical, ao estipular, no art. 8º, II, o princípio da unicidade sindical: "é vedada a criação de mais de uma organização sindical, em qualquer grau, representativa de categoria profissional ou econômica, na mesma base territorial".

Por outro lado, o art. 22 do Pacto Internacional dos Direitos Civis e Políticos consagrou a ampla liberdade sindical. Nos termos do art. 22, I, do referido tratado, toda pessoa tem direito de associar-se livremente a outras, inclusive o de constituir sindicatos.

A restrição à liberdade sindical, nos termos do art. 22, II, do aludido pacto, deve vir prevista em lei e, além disso, deve ser necessária, em uma sociedade democrática, para atingir uma das seguintes finalidades: segurança nacional; segurança pública; ordem pública; saúde ou moral públicas; direitos e liberdades das demais pessoas.

Quando, no art. 8º, II, a CF/88 veda a criação de mais de uma organização sindical na mesma base territorial, está-se a restringir a liberdade sindical, sem a ocorrência de nenhuma das hipóteses autorizadas pelo art. 22, II, do Pacto Internacional dos Direitos Civis e Políticos.

A propósito, as mesmas restrições previstas no art. 22, II, do Pacto Internacional dos Direitos Civis e Políticos constam, também: a) no art. 8º, 1, c, do Pacto Internacional sobre Direitos Econômicos, Sociais e Culturais; b) no art. 16, II, da Convenção Americana de Direitos Humanos.

Portanto, nos termos do **princípio da primazia ou da prevalência da norma mais favorável à pessoa**, devem prevalecer as normas dos três tratados internacionais referidos em detrimento da norma constitucional que prevê a unicidade sindical[81].

---

81. No mesmo sentido: Flávia Piovesan. *Direitos Humanos e o Direito Constitucional Internacional*, pág. 195. 19ª ed. São Paulo: Saraiva, 2021.

5.3. 3ª Aplicação do princípio: prevalência de uma lei interna sobre um tratado internacional de direitos humanos aprovado com força de norma constitucional: pessoas com deficiência e o acesso facilitado a obras publicadas

O tratado de Marraqueche sobre acesso facilitado a obras publicadas prevê, nos artigos 2º e 4º, a figura da **entidade autorizada**. Essa previsão poderia sugerir que só essa entidade autorizada tem o direito de editar o livro acessível à pessoa com dificuldade de acesso. Isso geraria uma espécie de tutela indevida sobre as pessoas com deficiência, com um possível retorno ao assistencialismo[82].

Por outro lado, o art. 42, I, da Lei Brasileira de Inclusão (LBI) estipula o direito das pessoas com deficiência ao acesso a bens culturais em formato acessível[83].

Conforme se nota, segundo o Tratado de Marraqueche, as pessoas com deficiência podem ter acesso às obras publicadas, desde que a obra fosse publicada por entidade autorizada. Já a Lei Brasileira de Inclusão não condiciona o acesso à publicação da obra por uma entidade autorizada.

Aplicando-se o do **princípio da primazia ou da prevalência da norma mais favorável à pessoa**, deve prevalecer a norma da lei interna em detrimento da norma do tratado internacional de direitos humanos. Isso porque a primeira norma é mais protetiva às pessoas com deficiência em relação à segunda.

É interessante destacar que o próprio Tratado de Marraqueche consagra que a **legislação nacional** poderá trazer novas limitações do direito do autor em favor das pessoas com deficiência. Daí que o referido tratado ressalva a própria aplicação, quando houver uma norma interna mais favorável à proteção das pessoas com deficiência[84].

---

82. André de Carvalho Ramos. *Curso de Direitos Humanos*, pág. 301. 9ª ed. São Paulo: Saraiva, 2022.
83. A Lei Brasileira de Inclusão das Pessoas com Deficiência, também chamada de Estatuto das Pessoas com Deficiência, é a Lei nº 13.146/2015.
84. Confira-se o disposto no art. 12, 1e 2 do Tratado de Marraqueche:
   1. As Partes Contratantes reconhecem que uma Parte Contratante pode implementar em sua legislação nacional outras limitações e exceções ao direito de autor para o proveito dos beneficiários além das previstas por este Tratado, tendo em vista a situação econômica dessa Parte Contratante e suas necessidades sociais e culturais, em conformidade com os direitos e obrigações internacionais dessa Parte Contratante, e, no caso de um país de menor desenvolvimento relativo, levando em consideração suas necessidades especiais, seus direitos e obrigações internacionais particulares e as flexibilidades derivadas destes últimos.
   2. Este Tratado não prejudica outras limitações e exceções para pessoas com deficiência previstas pela legislação nacional.

Não bastasse, o Tratado de Marraqueche, ao mencionar **direitos e obrigações internacionais do Estado na matéria**, confere a possibilidade de disposições mais favoráveis à pessoa com deficiência possam vir a ser aplicadas em detrimento do próprio Tratado de Marraqueche.

Nesse sentido, ao estipular o direito à acessibilidade (art. 11) e ao direito à informação (art. 21), a Convenção das Nações Unidas sobre Direito das Pessoas com Deficiência não pactua com a intervenção de uma entidade autorizada para que a pessoa com deficiência tenha acesso a obras publicadas. Referida Convenção é, do mesmo modo que a LBI, no que se refere ao acesso a obras publicadas, mais protetiva que o Tratado de Marraqueche.

Por fim, cumpre apresentar uma discussão importante. O Tratado de Marraqueche foi aprovado observando o rito previsto no art. 5º, § 3º, da CF/88. Logo, esse tratado tem natureza de norma constitucional.

Não obstante, a Lei Brasileira de Inclusão possui uma norma mais favorável em termos de acesso a obras publicadas. Devido ao princípio da primazia ou da prevalência da norma mais favorável à pessoa, essa norma da lei interna brasileira tem preferência a uma norma do Tratado de Marraqueche, que exige a figura da entidade autorizada para o acesso a obras publicadas às pessoas com deficiência.

Daí que, surpreendentemente, uma lei passa a valer mais do que a Constituição Federal.

Se isso causa estranheza para a visão tradicional de que a Constituição Federal sempre prevalece sobre qualquer norma do sistema jurídico brasileiro, o estudo da Norma Fundamental de Direitos Humanos e da Constituição Transnacional Interamericana de Direitos Humanos afasta qualquer estranheza que se possa ter a respeito.

Foi visto que, no ápice do sistema jurídico brasileiro, está a Constituição Transnacional Interamericana de Direitos Humanos. Esta última é composta por um conjunto de elementos jurídicos internos e internacionais, desde que tais elementos tenham a força normativa necessária para a proteção dos seres humanos.

Isso possibilita que leis subam à Constituição Transnacional Interamericana de Direitos Humanos e que normas constitucionais saiam desse lugar. Tudo vai depender do grau de proteção ao ser humano que a norma apresentar.

Portanto, nada impede que uma lei venha a prevalecer sobre uma norma constitucional, desde que a primeira seja mais protetiva à pessoa do que a segunda. A prevalência de uma norma da LBI sobre uma norma do Tratado de Marraqueche é um exemplo claro disso.

5.4. 4ª Aplicação do princípio: prevalência de uma lei interna sobre um tratado internacional comum: reparação integral dos consumidores por danos materiais decorrentes de extravio de bagagem em viagens aéreas

O art. 22, 1, da Convenção de Varsóvia, atualizado por normas posteriores, autoriza a limitação dos valores de reparação por danos materiais, na hipótese de transporte aéreo internacional.

Portanto, se houver o extravio de bagagem em transporte aéreo internacional, o consumidor brasileiro não poderá pedir a reparação integral, se o valor do dano superar o limite estipulado em convenções internacionais.

Por sua vez, o art. 14 do Código de Defesa do Consumidor (Lei nº 8.078/90) estipula o dever de o fornecedor reparar os danos causados. Já o art. 6º, VI, desse mesmo dispositivo legal estipula o direito dos consumidores à efetiva reparação patrimonial.

Qual das disposições deve prevalecer? A da Convenção de Varsóvia, que limita a indenização por danos materiais, ou as do CDC, que preveem o direito à reparação integral por danos materiais?

A situação se complica mais ainda, porque o art. 178, *caput*, da Constituição Federal determina que "a lei disporá sobre a ordenação dos transportes aéreo, aquático e terrestre, devendo, quanto à ordenação do transporte internacional, observar os acordos firmados pela União, atendido o princípio da reciprocidade".

Portanto, numa interpretação literal do art. 178, *caput*, da CF/88, a lei, quando regular o transporte aéreo internacional, deverá observar os acordos firmados pela União.

Em razão disso, segundo o STF, a Convenção de Varsóvia, no caso de indenização por danos materiais por extravio de bagagem internacional, prevalece sobre o Código de Defesa do Consumidor, que é uma lei ordinária[85].

Não obstante o texto constitucional e a Convenção de Varsóvia, o certo é que a Norma Fundamental de Direitos Humanos e a Constituição Transnacional Interamericana de Direitos Humanos determinam, sempre, a prevalência da norma jurídica mais favorável à pessoa.

---

85. Confira-se tese firmada em repercussão geral pelo Supremo Tribunal no Tema nº 210: "Nos termos do art. 178 da Constituição da República, as normas e os tratados internacionais limitadores da responsabilidade das transportadoras aéreas de passageiros, especialmente as Convenções de Varsóvia e Montreal, têm prevalência em relação ao Código de Defesa do Consumidor" (STF, Plenário, RE 636331, Relator Ministro GILMAR MENDES, julgamento no dia 25 de maio de 2017).

No conflito entre qualquer norma jurídica, interna ou internacional, haverá, sempre, de ter primazia aquela norma jurídica que conferir maior proteção ao ser humano, principalmente se o conflito se entre uma norma que proteja o interesse econômico de uma empresa e uma norma que proteja os direitos da pessoa. Os dispositivos normativos sobre direitos humanos sempre preferem aos dispositivos normativos que cuidam de outras matérias, conforme estipula o art. 29 da Convenção Americana de Direitos Humanos.

Anote-se que, mesmo pela Constituição Federal, o direito dos consumidores é um direito fundamental (CF/88, art. 5º, XXXII), de modo que o direito dos transportadores aéreos, regulado pelo art. 178 da CF/88, sendo um direito exclusivamente econômico, não pode ter prevalência sobre o direito fundamental dos consumidores.

Portanto, a lei interna brasileira (CDC), à luz do **princípio da primazia ou da preferência da norma mais favorável à pessoa**, deve prevalecer sobre as normas limitativas previstas na Convenção de Varsóvia e em posteriores alterações promovidas pela Convenção de Montreal.

5.5. Possível crítica ao princípio da primazia ou da prevalência da norma mais favorável à pessoa

O princípio da primazia ou da prevalência da norma mais favorável à pessoa escolhe, entre as normas passíveis de incidência em um caso, aquela mais favorável à pessoa.

Há quem sustente que esse princípio é de pouca aplicação. Os direitos humanos se expandiram, de modo que é possível haver *vários direitos* (de titulares distintos) em colisão. Como, então, escolher a norma mais favorável quando houver vários direitos (e titulares) em colisão?[86]

Não obstante essa relevante crítica, entende-se que referido princípio tem uma larga funcionalidade na resolução de casos envolvendo direitos humanos.

De fato, quando se tomam abstratamente os direitos humanos, fica muito difícil verificar qual dos direitos humanos em disputa haverá de prevalecer. Nesse caso, é complicado mesmo descobrir qual a norma jurídica, entre as várias em discussão, deverá ser escolhida.

O problema, contudo, deve ser resolvido concretamente, a partir dos sujeitos em conflito, das relações sociais subjacentes ao caso e dos valores tutelados pelo sistema jurídico.

Portanto, há um processo interpretativo prévio, de identificação do sujeito a ser protegido à luz dos valores do sistema jurídico e das relações históricas de poder percebidas na análise do caso.

86. André de Carvalho Ramos. *Curso de Direitos Humanos*, pág. 126. 9ª ed. São Paulo: Saraiva, 2022.

Feita essa análise prévia, aí, sim, juntam-se as normas jurídicas em torno do sujeito jurídico identificado, o qual pode ser um consumidor, um indígena, o titular de uma propriedade privada, uma mulher negra.

Não se trata de fazer uma análise abstrata. Se o fosse, teríamos, por exemplo, de um lado, a livre iniciativa e, de outro lado, o consumidor; o direito de um proprietário rural e, de outro lado, o direito de uma comunidade indígena à terra. Nessa análise exclusivamente abstrata, não se poderia identificar qual direito e qual norma a prevalecer.

É preciso, portanto, antes de escolher qual norma jurídica será aplicada, entre as tantas em disputa, promover uma **construção argumentativa a partir dos grandes valores do sistema jurídico, mediante um profundo mergulho na realidade social.**

Há, assim, o rompimento do grande edifício dos conceitos jurídicos tradicionais e a abertura aos princípios de justiça emancipatórios dos grupos vulnerabilizados e marginalizados, conforme já se estudou no Capítulo 9.

Suponhamos uma relação de consumo, em que uma criança, titular de um plano de saúde, pretenda o custeio de um tratamento raro de comprovada eficácia científica. Dois direitos e dois titulares estão em disputa: o direito do consumidor à vida e à saúde; o direito da operadora de plano de saúde à propriedade e à livre iniciativa.

Antes de identificar qual norma deva prevalecer (a norma que tutela a vida e a saúde ou a norma que tutela a iniciativa privada), o intérprete verifica qual sujeito de direito há de ser protegido à luz dos grandes valores edificados pelo ordenamento jurídico e à luz das relações sociais de poder em que estão envolvidos os sujeitos.

No exemplo, os valores jurídicos ligados à vida, à saúde e à dignidade humana devem prevalecer sobre a livre iniciativa na hipótese, levando-se em conta que a relação social apresenta um sujeito hipervulnerável em conflito com uma empresa economicamente poderosa.

Identificado o sujeito cujo direito há de ser protegido (no caso, a criança), aí se apresentam as normas jurídicas (umas, tutelares da vida e da dignidade humana; outras, protetivas da livre iniciativa).

Assim, à luz do princípio da primazia ou da prevalência da norma mais favorável à pessoa, o intérprete deve escolher a norma jurídica que melhor tutele os direitos da criança.

Isso nos revela que o princípio da primazia ou da prevalência da norma mais favorável terá maior aplicação quando um dos sujeitos de direito for pessoas ou grupos em situação de vulnerabilidade. É que, nessas hipóteses, não bastará uma análise abstrata das normas em disputa, mas, sim, uma investigação da realidade social a partir dos grandes valores albergados pelo sistema jurídico.

É por isso que o ex-Ministro do Supremo Tribunal Federal, CELSO DE MELLO, entendeu que o **princípio da primazia ou da prevalência da norma mais favorável** destina-se a viabilizar a "viabilizar o acesso dos indivíduos e dos grupos sociais, notadamente os mais vulneráveis, aos sistemas institucionalizados de proteção aos direitos fundamentais da pessoa humana, sob pena de a liberdade, a tolerância e o respeito à alteridade humana tornarem-se palavras vãs"[87].

6. PRINCÍPIO DA INTEGRAÇÃO FUNCIONAL

A *Hermenêutica dos Direitos Humanos* é a ciência que estabelece parâmetros, princípios e diretrizes para interpretar, aplicar e integrar a ordem jurídica interna e a ordem jurídica internacional, com o objetivo de se obter a maior proteção possível aos direitos humanos.

O presente livro pensou e desenvolveu vários princípios próprios dessa ciência, a partir das reflexões em torno de decisões, estudos doutrinários envolvendo o diálogo entre tribunais nacionais e tribunais internacionais de direitos humanos.

Um dos princípios aqui concebidos é o *princípio da integração nacional*, a partir do qual os institutos jurídicos passam a ser analisados sob as óticas constitucional e convencional.

Em outras palavras, um determino instituto jurídico é formatado a partir da análise conjunta do *corpus juris interno e internacional de direitos humanos.*

Assim, pode-se verificar, por exemplo, se a lei interna viola dispositivos e princípios do direito interno e do direito internacional em vigor no sistema jurídico brasileiro.

Essa análise envolve não apenas a literalidade desses dispositivos e desses princípios, mas, também, como a doutrina e como os tribunais nacionais e os tribunais internacionais de direitos humanos interpretam essas normas jurídicas.

Essa *integração* permite extrair o máximo de argumentos possíveis para estabelecer o conteúdo do instituto jurídico analisado, fomentando a proteção mais firme, mais eficaz e mais efetiva dos direitos humanos.

Em outras palavras, determinado *instituto jurídico* é analisado segundo a ordem jurídica interna e a ordem jurídica internacional. Essa dupla análise

87. STF, 2ª Turma, HC 91.361.Relator Ministro CELSO DE MELLO, julgamento no dia 23 de setembro de 2008.

permite extrair do instituto jurídico a máxima proteção possível aos direitos humanos.

É o que se pode fazer, por exemplo, sobre o instituto jurídico denominado *princípio fundamental da igualdade ou da não discriminação*. Analisa-se a Constituição Federal brasileira e a interpretação dada por tribunais constitucionais de outros países e do Brasil e, assim, chegam-se a uma concepção sobre esse princípio. Depois, verifica-se o conteúdo do referido princípio em tratados de direitos humanos – a Convenção Americana de Direitos Humanos (CADH) e o Pacto Internacional dos Direitos Civis e Políticos, por exemplo – e na jurisprudência da Corte Interamericana de Direitos Humanos.

Portanto, o **princípio da integração funcional** é o princípio instrumental de Hermenêutica dos Direitos Humanos, segundo o qual elementos jurídicos internos e internacional, em vigor no Brasil, combinam-se para definir a configuração jurídica de um determinado instituto, de modo que se alcance a maior proteção possível aos direitos humanos.

7. PRINCÍPIO DA DENSIFICAÇÃO NACIONAL DAS NORMAS INTERNACIONAIS DE PROTEÇÃO AOS DIREITOS HUMANOS

Nos termos do *princípio da densificação nacional das normas internacionais de proteção aos direitos humanos*, cabe ao sistema nacional pormenorizar e intensificar as previsões gerais de proteção aos direitos humanos.

Em geral, as normas internacionais de proteção aos direitos humanos são normas gerais, muitas delas de conteúdo indefinido, que comportam uma densificação interpretativa e, até mesmo, em alguns casos, normativa.

No ponto em que as normas gerais de direitos humanos, previstas em documentos normativos instrumentais, são especificadas pela produção normativa nacional, é que temos, então, realizado o princípio em questão.

O papel de especificar e intensificar, em nível nacional, a proteção dos direitos humanos prevista genericamente é um papel que permite a concretização de um princípio. Entendemos, seguindo Flores-Váldes e Karl Larenz, que os princípios são importantes critérios para a constituição de normas e modelos jurídicos. São os princípios que dão unidade ao direito, o que permite ao direito formar um sistema – um conjunto ordenado conforme princípios[88]. Esses critérios genéricos são densificados por normas jurídicas mais específicas.

O *princípio da densificação nacional das normas internacionais de proteção aos direitos humanos*, nesse sentido, aproxima as ordens jurídicas nacional e

---

88. *Apud* Francisco Amaral. *Direito civil:* introdução, pág. 92. 5ª ed. 2003.

internacional, de modo que os dispositivos e princípios de ambas se integrem no seio do sistema jurídico brasileiro. Eis, aí, um importante instrumental interpretativo capaz de conferir unidade ao sistema jurídico. O Direito brasileiro, assim, unifica-se a partir da conjugação das normas jurídicas nacionais e internacionais aplicáveis ao Brasil.

É certo que o referido princípio aplica-se nas hipóteses em que as normas jurídicas internacionais sobre um tema de direitos humanos apresentam um conteúdo mais genérico.

Pode ocorrer, no entanto, de as normas jurídicas internacionais serem mais protetivas e mais específicas que as normas jurídicas nacionais. Nesses cenários, não incide o princípio em comento, mas, sim, o princípio da primazia ou da prevalência da norma mais favorável à pessoa, previsto no art. 29 da Convenção Americana de Direitos Humanos.

Passemos a exemplificar a possível aplicação do princípio da densificação nacional das normas internacionais de proteção aos direitos humanos.

7.1. Sistema regional interamericano: previsão geral de proteção dos direitos humanos pelas empresas – densificação nacional da proteção por meio do código de defesa do consumidor

O sistema regional interamericano prevê algumas normas jurídicas gerais de proteção aos direitos humanos pelas empresas.

Antes de tudo, é importante lembrar que, quanto ao sistema regional interamericano de proteção aos direitos humanos, vinculante ao Brasil, temos dois subsistemas. O primeiro subsistema é o da Organização dos Estados Americanos, formado por instituições, documentos internacionais e procedimentos importantes na tutela dos direitos humanos. O segundo subsistema é o da Convenção Americana de Direitos Humanos (Pacto de São José da Costa Rica), em que se juntam tratados e documentos internacionais importantíssimos, sem contar o valioso papel da Corte Interamericana de Direitos Humanos.

Fazendo uma análise dos dois subsistemas componentes do sistema regional interamericano de direitos humanos, é possível observar que temos uma normativa internacional, vinculante ao Brasil, que vai exigir das empresas que atuem no País – e das empresas que comercializem com consumidores situados no Brasil – um respeito indisputável aos direitos humanos. Em outras palavras, em ambos os subsistemas encontraremos normas de proteção aos direitos humanos no âmbito das atividades empresariais.

No subsistema da Organização dos Estados Americanos (OEA), temos a Carta Empresarial Interamericana, adotada em 2021 sob o formato de resolução da Assembleia Geral da OEA - Resolução nº 2969/2021, vinculativa ao Estado brasileiro.

A Carta Empresarial Interamericana estipula que a pessoa humana deve ser o centro das preocupações não só das políticas públicas, mas, também, da atuação empresarial.

As empresas, segundo esse documento internacional, do sistema regional interamericano, devem oferecer uma atuação baseada na proteção dos direitos humanos. Nesse sentido, cabe ao Estado parte da OEA - como é o caso do Brasil -, dispõe a referida Carta, prevenir, investigar, punir e reparar as violações aos direitos humanos produzidas pelas empresas.

Nesse cenário, a Carta Empresarial Interamericana recorda que a Carta Democrática Interamericana reforça a importância do Estado de Direito. No âmbito do Estado de Direito, são interdependentes o crescimento econômico (lucro) e o desenvolvimento social baseado na justiça, na equidade e na democracia.

Diferente não é a disciplina do subsistema da Convenção Americana de Direitos Humanos. A Convenção Americana de Direitos Humanos é um tratado internacional ratificado pelo Brasil em pleno vigor em nosso País. É esse tratado que cria a Corte Interamericana de Direitos Humanos.

O Poder Judiciário brasileiro não só deve aplicar a Convenção Americana, como também fazer uso da jurisprudência da Corte Interamericana de Direitos Humanos, que é a última intérprete da CADH[89].

Nos termos do art. 1º, 1, da Convenção Americana de Direitos Humanos, cabe ao Estado parte *respeitar e garantir* os direitos previstos na CADH. Entre esses direitos, incluem-se os *direitos econômicos e sociais* (CADH, art. 26), entre os quais estão situados, naturalmente, os direitos dos consumidores.

Em razão disso, a Corte Interamericana de Direitos Humanos tem entendido que cabe ao Estado regular a prestação de serviços públicos e, também, de serviços privados, para que se obtenham serviços de qualidade[90].

Portanto, na proteção de direitos, o Estado, segundo a Convenção Americana de Direitos Humanos, interpretada pela Corte Interamericana, deve exigir que mesmo os serviços privados sejam adequadamente prestados. É claro que, por serviços, a Corte Interamericana compreende qualquer tipo de fornecimento de bens e serviços no âmbito das relações de consumo,

89. Confira-se: Recomendação nº 123, de 7 de janeiro de 2.022, do Conselho Nacional de Justiça.

90. Corte Interamericana. Caso Poblete Vilches e outros vs. Chile, sentença de 8 de março de 2018, Mérito Reparação e Custas, § 119. Disponível em: https://www.corteidh.or.cr/docs/casos/articulos/seriec_349_esp.pdf. Acesso: 28/4/23.

as quais se encontram tuteladas pelo art. 26 da Convenção Americana de Direitos Humanos.

De qualquer forma, a proteção dos direitos humanos, pelas empresas, é tema previsto de forma genérica tanto no subsistema da Convenção Americana de Direitos Humanos quanto no subsistema da Organização dos Estados Americanos.

Formulando, a partir de agora, uma *interação* entre a ordem jurídica nacional e a ordem jurídica internacional de proteção aos direitos humanos, podemos nos utilizar do *princípio da densificação nacional das normas internacionais de direitos humanos*. De que maneira?

Diante das previsões mais gerais, no plano internacional, sobre o dever de proteção aos direitos humanos pelas empresas, podemos densificar essa proteção por meio da integração com a legislação nacional brasileira.

Nesse fluxo de ideais, é no plano do direito interno, em concretização aos direitos humanos previstos de forma mais genérica na legislação internacional, que podemos extrair a proteção dos direitos humanos, em temas mais específicos.

A seguir, traremos dois institutos previstos no Código de Defesa do Consumidor (Lei nº 8.078/1990), que ilustram bem como o referido diploma legal protege os direitos humanos dos consumidores na relação jurídica com as empresas.

7.1.1. Densificação nacional da proteção dos direitos humanos do consumidor, por meio da proibição da venda casada (código de defesa do consumidor, art. 39, I) – o problema da venda casada direta e da venda casada indireta

No item 7.1., vimos que o sistema regional interamericano de direitos humanos estabelece um dever geral de respeito aos direitos humanos pelas empresas. Essa proteção internacional à pessoa humana, como norte obrigatório às empresas, encontra densificação nacional em diversas normas jurídicas internas. Vejamos uma previsão específica nesse sentido encontrada no Código de Defesa do Consumidor.

Nos termos do art. 39, I, do Código de Defesa do Consumidor, é proibido ao fornecedor, entre outras práticas abusivas, "condicionar o fornecimento de produto ou de serviço ao fornecimento de outro produto ou serviço, bem como, sem justa causa, a limites quantitativos".

A *venda casada direta* é aquela em que o fornecedor se nega a fornecer o produto ou serviço, a não ser que o consumidor concorde em adquirir conjuntamente outro produto ou serviço. Já a *venda casada indireta*, também conhecida como *venda casada às avessas ou dissimulada*, é aquela em que o uso do produto ou do serviço fica condicionado a uma única opção oferecida pelo fornecedor, limitando a liberdade de escolha do consumidor[91].

Um exemplo típico de venda casada direta: quando financia um imóvel perante uma instituição financeira, o consumidor não pode ser compelido, por esta última, a contratar, também, um seguro fornecido por ela ou por uma seguradora indicada por ela[92].

Se o sistema regional interamericano, de forma geral, estabeleceu o dever de as empresas atuarem sem desrespeitar (e garantindo) os direitos humanos, o Código de Defesa do Consumidor especificou (densificou) essa proteção, ao proibir, nas relações de consumo, a venda casada.

Nesse sentido, a legislação nacional brasileira protegeu, de forma bem específica, a liberdade do consumidor, que, ao adquirir um produto ou um serviço, não fica obrigado à aquisição de outro.

7.1.2. Densificação nacional da proteção dos direitos humanos do consumidor, por meio da proibição de vantagem manifestamente excessiva ou exagerada ao consumidor (código de defesa do consumidor, art. 39, IV, e art. 51, § 1º, IV) – o problema da venda de Iphone Apple sem o bico carregador e os direitos humanos comunicativos no âmbito digital

Se, conforme já visto, no sistema interamericano, há uma previsão genérica de proteção dos direitos humanos pelas empresas, essa proteção pode vir a ser densificada e especificada no plano do direito interno. Assim o fez o Código de Defesa do Consumidor, ao proibir que os fornecedores exijam uma vantagem que seja manifestamente excessiva ao consumidor.

Antes de mais nada, convém salientar que exigir do consumidor *vantagem manifestamente excessiva* configura conduta repudiada pelo Código de Defesa Consumidor. Essa conduta é denominada de *prática abusiva* (CDC, art. 39, IV).

É importante destacar que o Código de Defesa do Consumidor, no art. 51, § 1º, IV, equipara a *vantagem manifestamente excessiva* à *vantagem*

---

91. Confira-se: STJ, 3ª Turma, REsp 1.737.428/RS, Relatora Ministra Nancy Andrighi, julgamento no dia 12 de março de 2019. Confira-se, também: Antonio Herman V. Benjamin, Claudia Lima Marques e Leonardo Roscoe Bessa. *Manual de Direito do Consumidor*, págs. 340 a 342. 9ª ed. 2020.

92. STJ, 2ª Seção, REsp 1.639.320/SP, Rel. Ministro PAULO DE TARSO SANSEVERINO, julgado em 12/12/2018, DJe de 17/12/2018; STJ, 4ª Turma, AgInt no REsp n. 2.018.402/RS, Relator Ministro Raul Araújo, julgado em 13/2/2023, DJe de 28/2/2023.

exagerada[93]. Nesse sentido, nos termos do art. 51, § 1º, IV, do Código de Defesa do Consumidor, presume-se *vantagem exagerada* aquela vantagem que "(...) se mostra excessivamente onerosa para o consumidor, considerando-se a natureza e conteúdo do contrato, o interesse das partes e outras circunstâncias peculiares ao caso".

Portanto, para o Código de Defesa do Consumidor, a vantagem manifestamente excessiva equivale à vantagem exagerada, o que se revela como *prática abusiva e cláusula abusiva*, conforme o caso.

Precisamos, agora, saber no que consiste uma *desvantagem exagerada ou excessivamente onerosa ao consumidor*. O Código de Defesa do Consumidor o explica com clareza, conforme o já citado art. 51, § 1º, IV.

Assim, a vantagem ao fornecedor será exagerada ou excessivamente onerosa ao consumidor, se levarmos em conta a *natureza e o conteúdo do contrato, o interesse das partes e outras circunstâncias peculiares do caso*.

Expliquemos melhor com um exemplo. É prática comum da Apple, atualmente, vender o Iphone sem o bico carregador.

Quanto à *natureza ou conteúdo*, esse contrato de compra e venda de um aparelho celular Iphone Apple se destina a que o consumidor, sem maiores exigências, possa fazer uso desse aparelho e desfrutar do pleno acesso ao serviço de telefonia.

Anote-se que a onerosidade excessiva ao consumidor não diz respeito apenas à natureza ou conteúdo do contrato, mas a *qualquer circunstância peculiar ao caso*, conforme está bem claro no art. 51, § 1º, IV, do Código de Defesa do Consumidor.

Nessa ordem de ideias, tudo o que, numa relação consumerista, provocar onerosidade excessiva ao consumidor, ainda que não seja algo relacionado ao próprio conteúdo do contrato (produto principal fornecido), poderá caracterizar desvantagem exagerada ao consumidor.

Não há dúvida de que o *bico carregador* é um *acessório indispensável* à realização plena do contrato de compra e venda do Iphone (natureza do contrato), ao uso do aparelho celular (objeto do contrato) e ao próprio desfrute do serviço de telecomunicações e internet (peculiaridades do caso).

O Iphone só liga mediante o carregamento de energia por meio do bico carregador. É como o pneu de um carro. O pneu é acessório indispensável para que o carro possa andar.

Há, é certo, outros acessórios, que são dispensáveis ao celular, como é o caso da película protetora de tela, a capa protetora, o carregador veicular,

---

93. Antonio Herman V. Benjamin, Claudia Lima Marques e Leonardo Roscoe Bessa. *Manual de Direito do Consumidor*, págs. 340 a 342. 9ª ed. 2020.

o carregador por indução, o suporte veicular. Esses acessórios podem faltar; o Iphone não deixará de funcionar. É como o "Santo Antônio", para uma caminhonete, ou uma roda mais sofisticada para um carro esportivo.

O mesmo não se passa com o volante, os pneus, o motor, o tanque, sem os quais os veículos comuns não funcionariam - ou não funcionariam adequadamente, trazendo grandes exigências (onerosidade excessiva, desvantagem exagerada) ao consumido). O mesmo se passa com o carregador do celular.

É certo que o celular pode ser carregado por meio de alguns computadores - os mais novos -, os mais antigos nem sempre. Mas exigir que o consumidor ande com um computador ao lado, para carregar o celular, é imprimir, à parte mais vulnerável na relação de consumo, uma desvantagem exagerada. É o mesmo que exigir de um motorista de um veículo que o carro, em cima de um caminhão, sem pneus.

Por isso não se pode admitir a prática extremamente abusiva de se fornecer um Iphone sem o carregador, assim como não se pode admitir a venda de carros sem pneus. A permitir essas práticas abusivas, daqui a pouco os compradores de veículos terão que comprar separadamente os pneus, o volante, os bancos, até mesmo os para-brisas.

Em outras palavras, separar o produto principal e o acessório essencial é uma partilha indesejada que se há de fazer aos produtos, com prejuízo evidente à parte mais vulnerável na relação de consumo. Mesmo que terceiros - e não apenas a Apple - vendam o bico carregador, há terceiros - e não só as fabricantes dos veículos - que também vendem os pneus.

Nem se pode afirmar que a Apple busca proteger o meio ambiente. Argumenta-se que muitos consumidores de Iphone já possuem o bico carregador, de modo que seria desnecessária nova aquisição.

No entanto, a ré pode investir em tecnologias menos lesivas ao meio ambiente, ao se produzir os bicos carregadores. Não bastasse isso, é o Iphone - com mais de 2 bilhões de consumidores no mundo - que lesiona, muito mais, o meio ambiente. Segundo a ciência, um Iphone Apple é composto por elementos raros - como o neodímio, o praseodímio, o gadolídio, o disprósio - extraídos de minérios importantes para a natureza, provocando uma enorme pressão sobre o planeta.

É preciso recordar, ainda, que, "(...) na era da comunicação (especialmente da comunicação *digital*) pela qual passa o mundo [Dario Edoardo Viganò], os direitos comunicativos integram o eixo fundamental da concepção contemporânea dos direitos humanos [David Zaret][94].

94. Valerio de Oliveira Mazzuoli. *Curso de Direitos Humanos*, pág. 370. 8ª ed. Rio de Janeiro: Forense; Método, 2021.

Não há dúvida de que o Iphone Apple é um aparelho que materializa a comunicação *digital*, apresentando óbvios contributos para a realização dos direitos comunicativos, os quais são uma das formas de realizar, contemporaneamente, os direitos humanos.

O Código de Defesa do Consumidor repudia a onerosidade excessiva imprimida ao consumidor, que é a parte mais fraca na relação de consumo, o que autoriza, até mesmo, afastar a autonomia privada e alterar os termos do negócio jurídico[95]. Assim se protege o direito do consumidor e, no caso específico da venda de Iphones Apple, efetivam-se os direitos humanos comunicativos digitais.

Portanto, ao interpretar o Código de Defesa do Consumidor, o Superior Tribunal de Justiça estabelece que os direitos dos consumidores são direitos ligados à parte mais fraca da relação de consumo, o que tem muito que ver com a proteção haurida da Constituição aos direitos fundamentais.

Direitos fundamentais do consumidor, no plano interno, ligam-se, indissociavelmente, com os direitos humanos, os quais, no plano internacional, também têm estreita ligação com a proteção dos grupos mais vulneráveis. Não é por acaso que Luigi Ferrajoli enxerga os direitos humanos como a lei do mais fraco contra a lei dos mais fortes, isto é, uma luta contra todas as formas de absolutismos, sejam estes provindos do Estado, do setor privado ou da esfera doméstica[96].

Se, no plano do direito interno, o direito do consumidor é um direito constitucional fundamental ligado à proteção dos mais vulneráveis na relação de consumo, não há dúvida de o que o direito do consumidor traduz, ao mesmo tempo, um direito humano.

É que os direitos humanos têm em comum com os direitos fundamentais a proteção das pessoas e grupos mais vulneráveis. Se, tradicionalmente, a proteção dos direitos fundamentais encontra apoio no direito interno, a proteção dos direitos humanos encontra guarida no Direito Internacional dos Direitos Humanos. Os mesmos direitos, portanto, podem encontrar proteção interna e internacional.

No caso específico do *princípio da densificação nacional das normas internacionais de proteção aos direitos humanos*, o diálogo entre as normas nacionais e as normas internacionais se dá mediante a especificação das primeiras às previsões gerais contidas nas segundas. Ambos os sistemas (nacional e internacional) de qualquer forma têm como fonte comum a

---

95. STJ, REsp 1358159/SP, 4ª Turma, Relator Ministro Antonio Carlos Ferreira, julgamento no dia 8 de junho de 2.021.

96. Flávia Piovesan. *Direitos humanos e justiça internacional*, pág. 56. 9ª ed. 2ª tiragem. 2019.

norma fundamental de proteção aos direitos humanos, que é o fundamento de validade de todas as normas (nacionais e internacionais) que compõem o sistema jurídico brasileiro.

8. PRINCÍPIO DA AMPLIAÇÃO DOS DIREITOS HUMANOS PELAS NORMAS INTERNACIONAIS

O rol de direitos nunca é taxativo. A evolução social e histórica pode sempre apresentar novas aspirações humanas, que vão exigir a proteção de novos direitos.

O catálogo de direitos previsto no direito interno pode ser ampliado por normas internacionais. Esses direitos, previstos em normas internacionais, passam a integrar a corrente sanguínea do ordenamento jurídico em vigor no Estado – no caso do Brasil, com natureza jurídica de norma da Constituição Transnacional Interamericana de Direitos Humanos (confira-se capítulo 10).

Segundo o **princípio da ampliação dos direitos humanos pelas normas internacionais**, as normas jurídicas internacionais em vigor no Brasil podem ampliar o rol de direitos previsto no direito interno. Assim, direitos não previstos no âmbito interno podem vir a ser previstos em normas do Direito Internacional dos Direitos vigorante no Estado brasileiro.

Um bom exemplo é o **direito ao duplo grau de jurisdição**, previsto no art. 8.2, "h" (direito de recorrer da sentença) e no art. 25.2, "b", ambos da CADH (direito a recurso judicial). Trata-se de um direito não previsto nas normas internas, mas que, devido à previsão na CADH (um tratado internacional de direitos humanos), tal direito se incorpora ao ordenamento jurídico brasileiro.

Há vários direitos, não previstos no direito interno, mas previstos em tratados internacionais ratificados pelo Brasil, e que, por isso, passam a fazer parte do ordenamento jurídico do Estado brasileiro[97]:

1º) **Direito a um nível de vida adequado** para si próprio e para a família, inclusive no que se refere à alimentação, vestimenta e moradia adequadas (Pacto Internacional dos Direitos Econômicos, Sociais e Culturais de 1966, art. 11.1).

2º) **Proibição, por lei, de qualquer propaganda em favor da guerra** (Pacto Internacional sobre Direitos Civis e Políticos de 1966, art. 20.1).

3º) **Proibição, por lei, de qualquer apologia ao ódio nacional, racial ou religioso**, que constitua incitação à discriminação, à hostilidade ou à

97. Flávia Piovesan. *Direitos Humanos e o Direito Constitucional Internacional*, págs. 184 a 187. 19ª ed. 2021.

violência (Pacto Internacional sobre Direitos Civis e Políticos de 1966, art. 20.2).

4º) **Direito de toda pessoa presa, por infração penal, a ser conduzida, sem demora, a um juiz ou a uma autoridade que exerça função judicial** (Pacto Internacional sobre Direitos Civis e Políticos de 1966, art. 9.3; CADH, art. 7.5). Trata-se de direito público subjetivo de toda pessoa presa à **audiência de custódia**[98].

9. PRINCÍPIO DO *PACTA SUNT SERVANDA* INTERNACIONAL EM MATÉRIA DE DIREITOS HUMANOS

Segundo o **princípio do *pact sunt servanta* internacional em matéria de direitos humanos**, os Estados partes de uma norma internacional de direitos humanos não podem invocar o direito interno para deixar de cumpri-la.

Ao ratificar a norma internacional, o Estado o fez voluntariamente. Ao dizer, por exemplo, que tal norma internacional colide com a Constituição, esse Estado está deixando de lado a boa-fé, que deve nortear a atuação estatal nas relações internacionais.

O princípio do *pacta sunt servanda* internacional é aplicável aos tratados internacionais em geral e, também, aos tratados internacionais de direitos humanos. Advém do art. 26 da Convenção de Viena sobre o Direitos dos Tratados (1969), segundo o qual "todo tratado em vigor obriga as partes e deve ser cumprido por elas de boa-fé.

Por detrás do princípio *pacta sunt servanta* internacional em matéria de direitos humanos está a obrigatoriedade dos tratados em geral e dos tratados de direitos humanos em particular. Trata-se de um imperativo necessário para se alcançar uma convivência harmoniosa no âmbito da comunidade internacional.

Se o Estado aderiu, voluntariamente, ao tratado, não poderá, depois, dizer que o direito interno impede a aplicação do tratado. Caso contrário, o Estado adotaria um comportamento contraditório, de todo contrário ao princípio da boa-fé.

É por isso que, nos termos do art. 27 da Convenção de Viena sobre o Direitos dos Tratados (1969), "uma parte não pode invocar as disposições de seu direito interno para justificar o inadimplemento de um tratado".

Por exemplo: o art. 7.5 da Convenção Americana sobre Direitos Humanos estipula que toda pessoa presa, detida ou retida deve ser conduzida, sem demora, à presença de um juiz ou de outra autoridade que exerça função judicial.

---

98. STF, HCs nº 186490 e 187225, Relator Ministro CELSO DE MELLO, julgamento de ambos os HCs no dia 10 de outubro de 2020.

O Brasil não pode invocar eventual lacuna no direito interno para negar esse direito à chamada audiência de custódia. Isso porque, segundo o princípio do *pacta sunt servanda* em matéria de direitos humanos, as disposições dos tratados de direitos humanos têm força obrigatória, não podendo ser descumpridas mesmo se contrariarem a Constituição Federal.

Se o Brasil descumprir um tratado internacional de direitos humanos, o Estado brasileiro poderá sofrer sanções em decorrência da responsabilidade internacional.

10. PRINCÍPIO DA INTERPRETAÇÃO AUTÔNOMA DOS TRATADOS INTERNACIONAIS DE DIREITOS HUMANOS

Segundo o **princípio da interpretação autônoma dos tratados internacionais de direitos humanos**, os termos e conceitos previstos nos tratados internacionais de direitos humanos podem ter **sentido próprio**, diferente do sentido que tais termos e conceitos possam vir a ter no direito interno. Essa diferença de sentido visa a conferir maior efetividade aos tratados internacionais de direitos humanos[99].

Assim, os tratados de direitos humanos podem empregar conceitos e termos com um sentido autônomo, muitas vezes sem vínculo com o sentido encontrado no direito interno. Daí princípio da interpretação autônoma dos tratados internacionais de direitos humanos.

Vamos a um exemplo.

Lei formal é aquela que é aprovada no âmbito do Poder Legislativo. Lei material é aquela prescrição genérica que não é aprovada pelo Poder Legislativo (ex.: um decreto do Presidente da República, que abrange uma generalidade de situações).

Nos termos do art. 30 da Convenção Americana sobre Direitos Humanos, as restrições aos direitos previstos nesse tratado dependem de **lei** em sentido geral.

Para o direito interno, lei pode ser tanto a lei formal, editada pelo Poder Legislativo, como a lei material, que é aquela com conteúdo normativo e que não é editada pelo Poder Legislativo.

Precisamos, então, descobrir qual o sentido de lei não para o direito interno, mas, sim, segundo a CADH, que é um tratado internacional de direitos humanos[100].

99. André de Carvalho Ramos. *Teoria Geral dos Direitos Humanos na Ordem Internacional*, pág. 139. 7ª ed. 2019.

100. Corte Interamericana de Direitos Humanos. Opinião Consultiva nº 6/86, § 19.

Se, para o direito interno, lei pode ser tanto a lei formal quanto a lei material, para o art. 30 da CADH lei é, apenas, a lei formal, isto é, o instrumento normativo editado pelo Poder Legislativo.

Isso porque, como o art. 30 da CADH cuida de restrições de direitos, a lei restritiva deve ser uma lei que se insira no regime de proteção dos direitos. Por isso, lei, na hipótese, é a lei formal, ou seja, a lei editada pelo Poder Legislativo, no qual as vontades da maioria e da minoria conjugam-se. Uma lei material, que não provenha do Poder Legislativo, tem maior potencial de provocar o arbítrio, mormente se a lei material cuidar de restrições de direito[101].

Assim, para os fins das restrições aos direitos humanos, nos termos do art. 30 da CADH, **lei** deve ser compreendida como aquele veículo normativo editado pelo Poder Legislativo e que segue os procedimentos assinalados pela Constituição. Decreto do Poder Executivo, ainda que editado em caráter geral e com força normativa, não pode ser tido como lei para fins de restrição aos direitos humanos.

Nota-se que a interpretação do tratado é **autônoma**, de forma que não se vincula aos conceitos e termos extraídos do direito interno.

Em outra oportunidade, a Corte Interamericana compreendeu o termo "lei" de forma diferente não apenas em relação ao direito interno, mas, também, de forma diferente ao que ela, Corte Interamericana, entendeu, quando interpretou o vocábulo "lei", para fins de restrições aos direitos humanos.

Conforme se sabe, qualquer Estado-membro da Organização dos Estados Americanos (OEA) pode consultar a Corte Interamericana, para que esta emita os chamados pareceres consultivos de compatibilidade.

Por meio de um parecer consultivo de compatibilidade, a Corte Interamericana diz se **leis internas** de um Estado-membro da OEA são compatíveis, ou não, com a Convenção Americana sobre Direitos Humanos ou com outro tratado de direitos humanos aplicável aos Estados Americanos. É o que dispõe o art. 64.2 da CADH.

Mas o que são **leis internas**, na hipótese?

Para o direito interno, lei interna é, naturalmente, aquele projeto de lei que já foi votado e aprovado pelo Poder Legislativo, com sanção do chefe do Poder Executivo.

Porém, para fins do art. 64.2 da CADH, lei interna não é só a lei que já foi aprovada e sancionada, mas, também, o **projeto de lei**. Caso contrário, teríamos que aguardar o Estado aprovar a lei, para, só depois, o mesmo

101. Corte Interamericana de Direitos Humanos. Opinião Consultiva nº 6/86, § 22.

Estado provocar a jurisdição consultiva da Corte Interamericana[102]. Essa espera não faria sentido, já que a Corte Interamericana, na opinião consultiva de compatibilidade, auxilia os Estados para que os atos normativos internos e as leis internas em geral possam ser editados de acordo com os tratados internacionais de direitos humanos nos Estados americanos[103].

A propósito, não faria sentido forçar o Estado a aprovar uma lei, mesmo que incompatível com a CADH, para, só depois, permitir ao Estado a formular o pedido de opinião consultiva de compatibilidade à Corte Interamericana[104].

Portanto, quando o art. 64.2. da CADH permite que o Estado-membro da OEA consulte a Corte Interamericana sobre a compatibilidade entre leis internas em relação a certos tratados internacionais de direitos humanos, deve-se emprestar uma concepção ampla de leis internas.

Por **leis internas**, para esse fim, devem-se compreender não apenas as leis e emendas constitucionais em vigor, ou seja, já prontas e acabadas, mas, também, os projetos de lei e os projetos de emenda constitucional.

Se, no direito interno, lei interna é a lei pronta e acabada, no âmbito da CADH, por outro lado, no que se refere às opiniões consultivas de compatibilidade, leis internas são as leis e emendas constitucionais prontas e acabadas e, também, os projetos de lei e os projetos de emenda constitucional.

Assim, o sentido que se empresta ao vocábulo **leis internas**, em termos de interpretação de um tratado de direitos humanos (o art. 64.2 da CADH), é **autônomo** em relação ao sentido que o direito interno confere ao mesmo vocábulo.

É interessante notar que, mesmo dentro de um mesmo tratado internacional de direitos humanos, o mesmo vocábulo pode assumir sentidos diferentes.

Tomemos como exemplo o mesmo vocábulo **lei.**

Para fins de veículo normativo apropriado para impor restrições aos direitos humanos, lei, no sentido empregado pelo art. 30 da CADH, é, apenas, a lei formal, ou seja, a lei pronta e acabada proveniente do Poder Legislativo[105].

Já, para fins de obter-se uma opinião consultiva da Corte Interamericana, lei interna pode ser uma lei (ou uma emenda constitucional) pronta e acabada, isto é, que já tenha passado por todas as etapas do processo legislativo. Por outro lado, lei interna pode ser, também, os simples projetos de lei ou de emenda constitucional, ou seja, aqueles projetos ainda que não tenham finalizado o processo legislativo[106].

---

102. Corte Interamericana de Direitos Humanos. Opinião Consultiva nº 4/84, § 18.
103. Corte Interamericana de Direitos Humanos. Opinião Consultiva nº 4/84, § 19.
104. Corte Interamericana de Direitos Humanos. Opinião Consultiva nº 4/84, § 12.
105. Corte Interamericana de Direitos Humanos. Opinião Consultiva nº 6/86, § 22.
106. Corte Interamericana de Direitos Humanos. Opinião Consultiva nº 4/84, § 12.

Essa diferença de sentido, dentro de um mesmo tratado, em relação a um mesmo termo (no caso, "lei"), justifica-se pelo seguinte. Um tratado internacional deve ser interpretado sempre de boa-fé, de acordo com o **contexto** e à luz do **objetivo e da finalidade** do mesmo tratado.

É possível que um mesmo termo seja empregado mais de uma vez dentro de um mesmo tratado – e, em cada vez, o contexto pode ser diverso. Considerar a existência de contextos diversos, na hipótese, significa atender aos objetivos e finalidades do tratado. No que se refere à Convenção Americana sobre Direitos Humanos propriamente dita, os objetivos e finalidades ligam-se à proteção efetiva dos direitos humanos.

Pode-se, então, afirmar o seguinte sobre o **princípio da interpretação autônoma dos tratados internacionais de direitos humanos**: a) um vocábulo ou um conceito, empregados em um tratado internacional de direitos humanos, pode ter um sentido diferente do que foi adotado no direito interno; b) um mesmo vocábulo ou um mesmo conceito podem apresentar sentidos diversos dentro do mesmo tratado internacional de direitos humanos, a depender do contexto e da finalidade ou objetivo que o tratado pretende alcançar.

11. PRINCÍPIO DA INTERPRETAÇÃO INTERNACIONALISTA DOS DIREITOS

Segundo o **princípio da interpretação internacionalista dos direitos**, deve-se prevalecer a interpretação que os órgãos e tribunais internacionais de direitos humanos conferirem aos direitos humanos.

Nesse sentido, no caso do Brasil especificamente, ao interpretar um dispositivo da Convenção Americana sobre Direitos Humanos, os tribunais brasileiros não podem estabelecer a própria **interpretação nacional** sobre esse tratado. Os tribunais nacionais devem observar, isto sim, aquilo que vem decidindo a Corte Interamericana, que é a intérprete última da CADH[107].

Se casa Estado der sua própria interpretação de um tratado internacional de direitos humanos, teremos várias e diferentes interpretações sobre um dispositivo especifico desse tratado. Isso geraria insegurança jurídica e esvaziaria as jurisdições consultiva e contenciosa da Corte Interamericana de Direitos Humanos[108].

Ocorrerá aquilo que André de Carvalho Ramos bem denominou de **truque de ilusionista dos Estados no plano internacional**: os Estados assumem

107. Corte Interamericana de Direitos Humanos. *Caso Almonacid Arellano e outros vs. Chile*. Sentença de 26 de setembro de 2006 (Exceções Preliminares, Mérito, Reparação e Custas), § 124.

108. Caio Paiva e Thimotie Aragon Heemann. *Jurisprudência internacional de Direitos Humanos*, pág. 184. 3ª ed. 2020.

compromissos internacionais de direitos humanos, mas descumprem com desfaçatez esses compromissos, sob a alegação de que eles, Estados, estão conferindo a própria interpretação nacional sobre o tema[109].

Nesse caso, ocorre uma verdadeira **internacionalização ambígua ou imperfeita dos direitos humanos**: o Estado ratifica o tratado internacional de direitos humanos, mas interpreta *localmente* esse tratado[110].

Há uma corrente de pensamento para a qual os direitos fundamentais são aqueles protegidos no plano interno, ao passo que os direitos humanos são aqueles protegidos no plano internacional.

Ainda que consideremos correta essa distinção, jamais os direitos fundamentais poderiam ser invocados para desrespeitar os direitos humanos. Esse proceder constituiria uma interpretação nacionalista dos tratados internacionais, o que violaria o princípio da interpretação internacionalista dos direitos.

Por isso está com a razão o Ministro Edson Fachin, do Supremo Tribunal Federal, ao assinalar que não se podem invocar os direitos fundamentais para descumprir os direitos humanos[111].

12. PRINCÍPIO DA MARGEM DE APRECIAÇÃO NACIONAL EM MATÉRIA DE DIREITOS HUMANOS ("MARGING OF APPRECIATION")

12.1. Conceito, origem e fundamento

O **princípio ou teoria da margem de apreciação nacional** é a possibilidade de o Estado regular e tratar uma determinada matéria de direitos humanos, conforme as peculiaridades desse Estado. Assim, o Estado tem um certo espaço de liberdade, espaço, esse, em relação ao qual a jurisdição internacional não pode atuar.

Nota-se que esse espaço de liberdade, conferido aos Estados, demarca limites decisórios aos sistemas internacionais em matéria de direitos humanos. É uma espécie de deferência dos tribunais internacionais aos órgãos nacionais - Legislativo, Executivo e Judiciário[112].

---

109. André de Carvalho Ramos. *Teoria Geral dos Direitos Humanos na Ordem Internacional*, pág. 354. 7ª ed. 2019.

110. https://www.conjur.com.br/2021-dez-27/contribuicoes-cnj-construcao-direito-internacional-eleitoral

111. Voto vencido do Ministro Edson Fachin, no seguinte julgamento: STF, Plenário, ADPF nº 496, Relator Ministro ROBERTO BARROSO, julgamento entre os dias 12 a 19 de junho de 2020.

112. Jânia Maria Lopes Saldanha e Márcio Morais Brum. A margem nacional de apreciação e sua (in) aplicação pela Corte Interamericana de Direitos Humanos em matéria de anistia: uma figura hermenêutica a serviço do pluralismo ordenado? *In:* Anuário Mexicano de Derecho Internacional, vol. XV, 2015, pág. 203.

Portanto, dentro dessa margem de apreciação, os Estados têm ampla atuação, não podendo sofrer restrições dos tribunais internacionais de direitos humanos.

O princípio da margem de apreciação nacional é uma das principais ferramentas interpretativas utilizadas pela Corte Europeia de Direitos Humanos. O objetivo é conciliar a diversidade, a soberania nacional e a vontade das maiorias nacionais, de um lado, com os direitos previstos na Convenção Europeia para Proteção e Salvaguarda dos Direitos Humanos, de outro[113].

Trata-se de um mecanismo adotado pela Corte Europeia de Direitos Humanos desde a década de 1960. Essa é a **origem** do princípio da margem de apreciação nacional. Segundo esse princípio, para a solução de algumas matérias de direitos humanos, o juiz local (Estado) está mais próximo da realidade do seu povo em detrimento do juiz internacional. Em razão disso, o juiz nacional reúne melhores condições para apreciar questões de direitos humanos do Estado-nação[114].

Portanto, o **princípio da margem de apreciação nacional se origina**, como critério hermenêutico, nos organismos do Sistema Europeu, na tarefa de interpretar e a aplicar a Convenção Europeia de Direitos Humanos. É um instituto jurídico de construção pretoriana, com alcance indeterminado, o que exige, muitas vezes, que se recorra a precedentes judiciais para uma cabal compreensão desse princípio[115].

Em termos ainda mais específicos, referido princípio surgiu quando os órgãos do sistema europeu se viram obrigados a interpretar o art. 15 da Convenção Europeia de Direitos Humanos. Esse dispositivo estabelece a possibilidade de suspender certos direitos, quando houver uma situação de emergência pública.

Nesse sentido, a margem consistia em o Estado avaliar a presença de uma situação de emergência. Isso limitava a intensidade da supervisão da Comissão Europeia no papel de valorar as medidas adotadas pelo Estado[116].

No sistema europeu, o princípio da margem de apreciação confere aos Estados nacionais um espaço de discricionariedade. Nesse sentido, dentro

113. Jânia Maria Lopes Saldanha e Márcio Morais Brum. A margem nacional de apreciação e sua (in) aplicação pela Corte Interamericana de Direitos Humanos em matéria de anistia: uma figura hermenêutica a serviço do pluralismo ordenado? *In:* Anuário Mexicano de Derecho Internacional, vol. XV, 2015, pág. 208.

114. André de Carvalho Ramos. *Teoria Geral dos Direitos Humanos*, pág. 82. 7ª e. 2019.

115. Marcelo Alberto López Alfonsín. La doctrina del Margem de apreciación nacional. Su recepción em el Sistema Europeo de Derechos Humanos, em el Sistema Interamericano de Derechos Humanos y em Argentina, em relación com los derechos económicos, Sociales e culturales. *In*: Revista de la Faculdad de Derecho y Ciencia Politica de la Universidad Alas Peruanas, vol. 15, nº 19, 2017, pág. 54.

116. Javier García Roca. La muy discrecional doctrine del margem de apreciación nacional según el Tribunal Europeo de Derechos Humanos: soberania e Integración. *Teoria y Realidad Constitucional*, nº 20, 2007, pág. 122.

desses limites, os Estados nacionais contam com a faculdade de estabelecer o conteúdo e o alcance dos direitos previstos na Convenção Europeia, tomando em consideração determinadas circunstâncias jurídicas, sociais e culturais[117].

A existência do princípio da margem de apreciação nacional se justifica pela ausência de um consenso entre os diferentes Estados parte dentro dos tratados, de modo que os tribunais regionais ficariam impedidos de construir uma regra de interpretação unificada[118].

Esse poder de deferência do tribunal regional reforça o caráter subsidiário da jurisdição internacional, que só intervém se houver esgotamento dos recursos internos. Entende-se que o Estado se encontra em melhor posição que os organismos internacionais para resolver sobre determinados aspectos do caso[119].

Em outras palavras, o **fundamento do princípio da margem de apreciação nacional** é o caráter complementar, coadjuvante ou subsidiário da jurisdição internacional. Primeiro, deve atuar o sistema nacional; se este falhar, aí entra o sistema internacional de proteção aos direitos humanos.

Nesse sentido, o Estado nacional tem uma certa margem para atuar em tema de direitos humanos. Nessa tarefa, o Estado exerce um papel principal, que só cede, se houver omissão ou falha na proteção e garantia dos direitos.

Por sua vez, é possível afirmar que o princípio da margem de apreciação nacional busca conciliar a democracia interna do Estado e a proteção internacional dos direitos[120].

12.2. O princípio da margem de apreciação nacional no sistema regional interamericano de direitos humanos

O sistema regional interamericano de direitos humanos, do mesmo modo que ocorreu com o sistema regional europeu, não recepcionou, expressamente, o **princípio ou teoria da margem de apreciação nacional**. Porém, ambos os sistemas aplicam, com algum temperamento, o instituto[121].

Na Opinião Consultiva nº 4/84, a Corte Interamericana de Direitos Humanos foi chamada a interpretar a compatibilidade das disposições da CADH, em particular os direitos de igualdade e de não discriminação.

---

117. Marcelo Alberto López Alfonsín, ob. cit., pág. 55.

118. Marcelo Alberto López Alfonsín, ob. cit., pág. 55.

119. Marcelo Alberto López Alfonsín, ob. cit., pág. 58.

120. Mireille Delmas Marty e Marie-Loure Izorche. Marge nationale d'appréciation et internationaliration du droit. Réflexions sur la validité formelle d'um droit comum pluraliste. *Revue Internationale de droit compare*, vol. 52, nº 4, 2000, pág. 214.

121. Marcelo Alberto López Alfonsín. Ob. cit., pág. 58.

O caso se referia a um projeto de reforma da Constituição Política da Costa Rica. Esse projeto estipulava condições preferenciais para obter a naturalização costarriquenha em favor de certos grupos de estrangeiros em detrimento dos demais[122].

A Corte Interamericana de Direitos Humanos entendeu que o Estado tem uma **certa margem de apreciação** para o estabelecimento de requisitos para a naturalização de estrangeiros ou para precisar os imperativos do bem comum, no momento de realizar uma distinção de tratamento[123].

Não obstante, a Corte Interamericana entendeu que a decisão tomada **à luz da margem de apreciação** não pode ser ilegítima, de acordo o **princípio da proporcionalidade** que deve guiar o agir estatal[124].

Assim, nos termos da OC-4/84, de 19 de janeiro de 1984, Série A, nº 4, § § 57 e 58, da Corte Interamericana, as decisões estatais, em termos de naturalização, não podem restringir, exagerada e injustificadamente, o âmbito de exercício dos direitos políticos dos naturalizados.

A ideia de margem de apreciação também foi adotada pela Corte Interamericana de Direitos Humanos em matéria de direito a recursos, previsto no art. 8º da CADH. Entendeu-se que o Estado tem uma certa margem de apreciação para regular a utilização dos recursos. Porém, fica vedada a utilização de restrições ou requisitos que infrinjam a essência mesma do direito de recorrer.

Assim, segundo a Corte Interamericana, "não basta a existência formal dos recursos, mas, sim, que os recursos sejam eficazes, ou seja, devem dar resultados ou respostas de acordo com o fim em que foram concebidos[125].

12.2.1. *Direitos decorrentes da união homoafetiva, proibição da suspensão do habeas corpus e desnecessidade de diploma de jornalista: três hipóteses nas quais a corte interamericana impede a aplicação do princípio da margem de apreciação nacional*

A essencialidade e a fundamentalidade dos direitos humanos, reiteradamente reconhecidos pela Corte Interamericana de Direitos Humanos, impede que os Estados tenham margem de apreciação nacional desses direitos[126].

122. Marcelo Alberto López Alfonsín. Ob. cit., pág. 59.
123. Marcelo Alberto López Alfonsín. Ob. cit., pág. 59.
124. Marcelo Alberto López Alfonsín. Ob. cit., págs. 59 e 60.
125. Corte Interamericana de Direitos Humanos. *Caso Herrera Ulloa vs. Costa Rica*. Sentença de 2 de julho de 2004 (Exceções Preliminares, Mérito, Reparação e Custas), Série C, nº 107, § 161.
126. Mireille Delmas Marty e Marie-Loure Izorche. Marge nationale d'appréciation et internationaliration du droit. Réflexions sur la validité formelle d'um droit comum pluraliste. Revue Internationale de droit compare, vol. 52, nº 4, 2000, pág. 214.

Portanto, em muitas hipóteses, a Corte Interamericana impede a aplicação do princípio da margem de apreciação nacional. Vejamos três delas.

Na primeira, a Corte Interamericana proíbe que os Estados neguem direitos decorrentes da união homoafetiva. Assim, os Estados partes da CADH não podem deixar que as pessoas fruam direitos decorrentes dessa união.

Assim, na **Opinião Consultiva nº 24/17**, o Estado da Costa Rica consultou a Corte Interamericana sobre o seguinte, entre outros temas: a **Convenção Americana de Direitos Humanos (CADH)**, que é um tratado internacional de direitos humanos, **permite a proteção de direitos nas uniões entre pessoas do mesmo sexo?**

A Corte Interamericana emitiu a Opinião Consultiva nº 24/17, vindo a estabelecer que a CADH impõe ao Estado o dever de proteger os direitos decorrentes da união entre as pessoas do mesmo sexo. Entre esses direitos, estão o direito ao matrimônio e o direito à proteção patrimonial (como é o caso do direito de herança).

Para chegar a essa conclusão, a Corte Interamericana interpretou os **seguintes dispositivos da CADH:**

a) **Art. 1.1 da CADH:** estipula o dever de os Estados respeitarem e garantir direitos, sem discriminação.
b) **Art. 2 da CADH:** estabelece o dever de os Estados adotarem disposições de direito interno para tornar efetivos os direitos humanos previstos na CADH.
c) **Art. 11.2 da CADH:** prevê o direito à vida privada.
d) **Art. 17 da CADH:** estipula o direito à proteção da família.
e) **Art. 24 da CADH:** estabelece o direito à igualdade perante a lei.

Na segunda, a Corte Interamericana entendeu que os Estados partes da CADH não podem, de modo algum, suspender a garantia do habeas corpus. por meio da **Opinião Consultiva nº 8/87**, solicitada pela Comissão Interamericana, a Corte Interamericana considerou que **o *habeas corpus* é uma espécie de garantia judicial que jamais pode ser suspensa, mesmo em situações de emergência**. Para chegar a essa conclusão, a Corte interpretou o **art. 27 da CADH, que cuida da suspensão de garantias.**

Na terceira, a Corte Interamericana apresentou o entendimento de que, para publicar matérias jornalísticas, não se exige diploma de jornalista nem filiação a Conselho Profissional de Jornalistas.

Com efeito, a Lei nº 4.420/69, de Costa Rica, exige de jornalistas **diploma universitário e filiação ao Conselho Profissional dos Jornalistas**. Por meio da Opinião Consultiva nº 5/1985, solicitada pela Costa Rica, a Corte

Interamericana entendeu que essa exigência viola o **direito à liberdade de expressão e de pensamento, previsto no art. 13 da CADH**. A restrição imposta viola, segundo a Corte, não só o direito de expressão de um indivíduo, mas o direito de toda a sociedade em receber informações.

Conforme se vê, o princípio da margem de apreciação nacional não é absoluto. Ele fica condicionado tanto pelas obrigações assumidas pelo Estado em virtude do tratado de que seja parte, como pela vigilância que exercem os mecanismos de controle a partir de um estrito exame de proporcionalidade.

12.3. Diálogo entre o princípio da margem de apreciação nacional e o princípio da primazia ou da preferência da norma mais favorável ao ser humano

Embora o princípio da margem de apreciação nacional possa assegurar o pluralismo e a diversidade dos sistemas jurídicos nacionais, não há espaço para aplicá-lo, quando as normas do direito interno oferecerem menor proteção que as normas do direito internacional[127].

Por isso, o princípio da margem de apreciação nacional pode ceder ao influxo do princípio da primazia ou da preferência da norma mais favorável ao ser humano[128].

Suponhamos que uma norma internacional seja mais favorável à proteção dos direitos humanos do que uma norma nacional. Nesse caso, prevalece a norma internacional.

Isso significa que o Estado (norma nacional) deve ceder à norma internacional. Não há margem para apreciação nacional. A proteção internacional prevalece, na hipótese.

12.4. Subsidiariedade própria da jurisdição internacional e subsidiariedade imprópria da jurisdição internacional

Levado aos extremos, o princípio da margem de apreciação nacional confere ao Estado ampla esfera de atuação. A jurisdição internacional, nesse sentido, não poderia intervir na atuação estatal.

Por isso se diz que o **princípio da margem de apreciação nacional** tem forte vínculo com a **subsidiariedade imprópria da jurisdição internacional.** Segundo a **subsidiariedade imprópria**, em algumas situações, mesmo que

---

127. Mireille Delmas Marty e Marie-Loure Izorche. Marge nationale d'appréciation et internationaliration du droit. Réflexions sur la validité formelle d'um droit comum pluraliste. *Revue Internationale de droit compare*, vol. 52, nº 4, 2000, pág. 214.

128. Mireille Delmas Marty e Marie-Loure Izorche. ob. cit., pág. 214.

esgotados os recursos internos, a jurisdição internacional fica proibida de intervir[129]. Assim, ao Estado se confere uma ampla margem de atuação.

Já, para a **subsidiariedade própria da jurisdição internacional**, a jurisdição internacional poderá intervir, quando esgotados os recursos internos da jurisdição nacional[130].

Conforme se vê, a subsidiariedade imprópria, que fundamenta a teoria da apreciação nacional, revela a preponderância da soberania popular nacional. Nesse sentido, a visão local sobre um determino direito prepondera sobre a visão internacional[131].

O correto é adotar a subsidiariedade própria. Ao se exigir, em regra, o esgotamento dos recursos internos, prestigia-se a jurisdição nacional, sem descuidar da possível proteção internacional no caso de omissão ou falha da jurisdição interna.

12.5. Margem de apreciação plena (ou clássica) e margem de apreciação nacional mitigada ou anômala

Segundo a **margem de apreciação nacional plena (ou clássica)**, fica vedado o escrutínio internacional. Logo, o Estado tem discricionariedade para delinear determinado direito[132].

Já, na **margem de apreciação mitigada (ou anômala)**, o Estado tem a opção de concretizar determinado direito ou de dirimir conflitos relacionados à aplicação de certos direitos, sob o crivo do juízo internacional[133].

A margem de apreciação nacional mitigada ou anômala reflete as várias formas de implementação de um direito. Essas formas podem variar de acordo com o entendimento de cada Estado. Assim, confere-se um arco de possibilidades ao Estado, dentro, porém, de um critério de proporcionalidade à luz dos direitos internacionalmente protegidos[134].

No próximo subtópico, veremos que a Corte Interamericana de Direitos vem adotando a margem de apreciação mitigada ou anômala.

12.5.1. Adoção da margem de apreciação mitigada ou anômala pela Corte Interamericana de Direitos Humanos

Conforme vimos no subitem 14.5, a margem de apreciação nacional mitigada ou anômala confere ao Estado um certo espaço de discricionariedade

129. André de Carvalho Ramos. *Teoria Geral dos Direitos Humanos*, pág. 145. 7ª ed. 2019.
130. André de Carvalho Ramos. *Teoria Geral dos Direitos Humanos*, págs. 144 e 145. 7ª ed. 2019.
131. André de Carvalho Ramos. *Teoria Geral dos Direitos Humanos*, págs. 144 e 145. 7ª ed. 2019.
132. André de Carvalho Ramos. *Teoria Geral dos Direitos Humanos*, pág. 145. 7ª ed. 2019.
133. André de Carvalho Ramos. *Teoria Geral dos Direitos Humanos*, pág. 145. 7ª ed. 2019.
134. André de Carvalho Ramos. *Teoria Geral dos Direitos Humanos*, pág. 145. 7ª ed. 2019.

para regulamentar os direitos. Esse espaço de discricionariedade, contudo, deve ficar dentro dos parâmetros definidos pela esfera internacional de proteção dos direitos humanos.

A Corte Interamericana adotou a margem de apreciação mitigada ou anômala. Isso porque podem, de fato, os Estados regulamentar os direitos. Nesse papel, os Estados ficam limitados ao traçado geral dos direitos feita pela Corte Interamericana de Direitos Humanos.

Eis um caso interessante de aplicação da margem de apreciação nacional mitigada ou anômala pela Corte Interamericana. O Estado do México negou a **candidatura avulsa ou independente** do Senhor Jorge Castañeda Gutman à Presidência da República.

Segundo a Corte Interamericana, o sistema interamericano não impõe modalidades ou formas específicas para o sistema eleitoral garantir o direito de votar ou ser votado. Nesse sentido, a Convenção Americana sobre Direitos Humanos (CADH) estabelece padrões gerais que indicam um conteúdo mínimo dos direitos políticos.

O Estado, dentro desses padrões gerais, pode regular os direitos políticos de acordo com as necessidades históricas, políticas, sociais e culturais. Isso significa que essa regulação poderá variar de uma sociedade para outra, ou mesmo dentro de uma mesma sociedade, em distintos momentos históricos[135].

Daí que o Estado tem uma **certa margem de apreciação nacional** ao regular os direitos políticos, desde que o faça observando os padrões gerais mínimos assinalados pela Convenção Americana sobre Direitos Humanos.

Em razão disso, a faculdade de os Estados restringirem os direitos políticos **não é discricionária**, mas **limitada pelo direito internacional** – mais particularmente pela CADH[136].

É que, nos termos do art. 29, "a", parte final, da CADH, nenhuma norma da CADH poderá ser interpretada no sentido de limitar os direitos em maior ou medida do que for previsto nesse tratado[137]. Segundo o sistema interamericano, a partir dos direitos de reunião (art. 15), de associação (art. 16), de circulação (art. 22), assinalados pela CADH, qualquer restrição a direitos só será aceita se for necessária para uma sociedade democrática[138].

135. Corte Interamericana de Direitos Humanos. *Caso Castañeda Gutman vs. México*. Sentença de 6 de agosto de 2008 (Exceções Preliminares, Mérito e Custas), § 166.

136. Corte Interamericana de Direitos Humanos. *Caso Castañeda Gutman vs. México*. Sentença de 6 de agosto de 2008 (Exceções Preliminares, Mérito e Custas), § 174.

137. Corte Interamericana de Direitos Humanos. *Caso Castañeda Gutman vs. México*. Sentença de 6 de agosto de 2008 (Exceções Preliminares, Mérito e Custas), § 174.

138. Corte Interamericana de Direitos Humanos. *Caso Castañeda Gutman vs. México*. Sentença de 6 de agosto de 2008 (Exceções Preliminares, Mérito e Custas), § 185.

Segundo a Corte Interamericana de Direitos Humanos, exigir a inscrição em partidos políticos, para disputar eleições federais, é uma medida idônea para organizar, de maneira eficaz, os processos eleitorais, de modo que sejam realizadas eleições legítimas[139].

Assim, segundo a Corte Interamericana, ambos os sistemas – um construído sobre a base exclusiva de partidos políticos e outros que também admitam candidaturas independentes – podem ser compatíveis com a Convenção Americana sobre Direitos Humanos. Portanto, a decisão de qual sistema escolher está entregue à decisão política a ser adotada pelo Estado, de acordo com as respectivas normas constitucionais[140].

Observa-se que o caso de **candidaturas avulsas ou independentes** é uma forma muito clara de se aplicar a **margem de apreciação mitigada ou anômala**. O Estado tem várias possibilidades de organizar o respectivo sistema político, desde que observe os padrões gerais mínimos estabelecidos pelo sistema interamericano de direitos humanos (direito internacional dos direitos humanos). Proibir as candidaturas avulsas pode ser, principalmente nas eleições federais, uma forma legítima de organizar o sistema eleitoral. Por isso, proibir candidaturas avulsas está dentro da margem de apreciação nacional.

Se a **margem de apreciação nacional mitigada ou anômala** confere algumas possibilidades ao Estado, mas dentro de limites assinalados pelo direito internacional, a **margem de apreciação plena ou clássica** assegura a faculdade irrestrita de o Estado regular os direitos, tolhendo o controle internacional. É que, nos termos margem de apreciação plena ou clássica, as sociedades democráticas têm o direito de adotar as próprias deliberações, sem interferências internacionais.

12.6. Consenso regional em matéria de margem de apreciação nacional: aceito pela Corte Europeia de Direitos Humanos, mas repudiado pela Corte Interamericana de Direitos Humanos

Segundo a Corte Europeia de Direitos Humanos, se houver um certo **consenso regional** que permita restrições a determinados direitos humanos, essas restrições estarão dentro da margem de apreciação nacional[141].

Por outro lado, a invocação de **consenso regional**, para sustentar restrições a direitos humanos, não é aceita pela Corte Interamericana. O Estado

139. Corte Interamericana de Direitos Humanos. *Caso Castañeda Gutman vs. México*. Sentença de 6 de agosto de 2008 (Exceções Preliminares, Mérito e Custas), § 203.

140. Corte Interamericana de Direitos Humanos. *Caso Castañeda Gutman vs. México*. Sentença de 6 de agosto de 2008 (Exceções Preliminares, Mérito e Custas), § 204.

141. Corte Europeia de Direitos Humanos. *A, B e C vs. Irlanda*, julgamento de 16 de dezembro de 2010, § 232.

da Costa Rica alegou consenso regional para impedir a guarda de crianças, por motivo de orientação sexual da guardiã.

Segundo a Corte Interamericana, "(...) a suposta falta de consenso interno de alguns países sobre o respeito pleno aos direitos das minorias sexuais não pode ser considerado argumento válido para negar-lhes ou restringir-lhes os direitos humanos ou para perpetuar e reproduzir a discriminação histórica e estrutural que essas minorias têm sofrido"[142].

Ainda segundo a Corte Interamericana, "o fato de que esta pudesse ser matéria controversa em alguns setores e países, e de que não seja necessariamente matéria de consenso, não pode levar o Tribunal a abster-se de decidir, pois ao fazê-lo deve ater-se única e exclusivamente às obrigações internacionais contraídas por decisão soberana dos Estados por meio da Convenção Americana"[143].

Portanto, a Corte Interamericana de Direitos Humanos, ao contrário da Corte Europeia de Direitos Humanos, não admite a invocação de consenso regional para restringir direitos humanos.

12.7. Crime de desacato e a margem de apreciação nacional

12.7.1. Segundo a Comissão Interamericana de Direitos Humanos

A Comissão Interamericana de Direitos Humanos já considerou que a lei brasileira que criminaliza o desacato pode violar dispositivos da Convenção Americana sobre Direitos Humanos (CADH). Referida punição, então, violaria os seguintes direitos previstos na CADH: integridade pessoal (CADH, art. 5º); garantias judiciais (CADH, art. 8º); honra e dignidade (CADH, art. 11); liberdade de pensamento e expressão (CADH, art. 13); proteção judicial (CADH, art. 25)[144].

A Comissão Interamericana considerou que a figura penal do desacato presta-se a abusos, ao silenciar ideias e opiniões. Assim, **a lei que prevê o desacato: a) reprime o debate, que é fundamental para o efetivo funcionamento da democracia; b) outorga um privilégio aos funcionários públicos, já que igual direito não é concedido aos particulares; c) viola a liberdade de expressão, ao permitir multa ou encarceramento**[145].

---

142. Corte Interamericana de Direitos Humanos. *Caso Atala Riffo e crianças vx. Chile*. Sentença de 24 de fevereiro de 2012 (Exceções Preliminares, Reparação e Custas), § 92.

143. Corte Interamericana de Direitos Humanos. *Caso Atala Riffo e crianças vx. Chile*. Sentença de 24 de fevereiro de 2012 (Exceções Preliminares, Reparação e Custas), § 92.

144. Confira-se o seguinte relatório de admissibilidade da Comissão Interamericana de Direitos Humanos: Relatório nº 358/2021.

145. Confira-se o seguinte relatório de admissibilidade da Comissão Interamericana de Direitos Humanos: Relatório nº 358/2021, § 10.

Considerou-se, ainda, que o art. 331 do Código Penal brasileiro, que prevê o crime de desacato, não tem sido afastado pelo Poder Judiciário. Isso violaria standards interamericanos de proteção aos direitos humanos[146].

Portanto, **segundo a Comissão Interamericana de Direitos Humanos, o Brasil não tem margem de apreciação para criminalizar o desacato**. O art. 331 do Código Penal, que tipifica esse crime, viola a Convenção Americana sobre Direitos Humanos.

Esse entendimento, da Comissão Interamericana, não tem sido aceito pelo Superior Tribunal de Justiça e pelo Supremo Tribunal Federal.

12.7.2. Segundo a Corte Interamericana de Direitos Humanos

No *caso Palamara Iribarne* vs. Chile, julgado pela Corte Interamericana de Direitos Humanos, o Senhor Humberto Antônio Palamara Iribarne publicou um livro relacionado à inteligência militar. Nesse livro, referido senhor defende que a inteligência militar deveria se adequar a certos parâmetros éticos.

A publicação do referido livro foi proibida. Além disso, o livro foi apreendido e houve a suposta eliminação do texto integral do livro no disco rígido do computador – computador, esse, que estava na residência do Senhor Palamara Iribarne, ex-funcionário das Forças Armadas chilenas.

Por esses fatos, referido senhor foi condenado pelos crimes de desobediência e de **desacato** por meio de processo penal militar[147].

A Corte Interamericana considerou que a proibição de difundir a obra constituiu ato de censura prévia não compatível com os parâmetros previstos no art. 13 da CADH[148].

É certo que o direito de liberdade de expressão não é absoluto, permitindo responsabilidade ulterior pelo abuso no exercício desse direito, nos termos do art. 13.2. da CADH[149].

Por outro lado, **segundo a jurisprudência da Corte Interamericana**, em matéria de restrições à liberdade de expressão por meio de estabelecimento de responsabilidades ulteriores, **as expressões contra funcionários públicos ou a outras pessoas que exercem funções de natureza pública gozam, segundo o art. 13.2 da CADH, de maior proteção**. É isso que permite uma

146. Confira-se o seguinte relatório de admissibilidade da Comissão Interamericana de Direitos Humanos: Relatório nº 358/2021, § 10.

147. Corte Interamericana de Direitos Humanos. *Caso Palamara Iribarne Vc. Chile*, sentença de 22 de novembro de 2005 (Mérito, Reparação e Custas), § § 2º e 70.

148. Corte Interamericana de Direitos Humanos. *Caso Palamara Iribarne Vc. Chile*, sentença de 22 de novembro de 2005 (Mérito, Reparação e Custas), § 78.

149. Corte Interamericana de Direitos Humanos. *Caso Palamara Iribarne Vc. Chile*, sentença de 22 de novembro de 2005 (Mérito, Reparação e Custas), § 79.

margem de abertura para um debate amplo, essencial para o funcionamento de um sistema verdadeiramente democrático. Esses parâmetros assinalados pela jurisprudência da Corte Interamericana se aplicam ao referido caso – seja no que se refere às opiniões críticas ou declarações de interesse público vertidas pelo Senhor Palamara Iribarne[150].

Assim, tratando-se de funcionários públicos, de pessoas que exercem funções de alguma natureza pública, de políticos e de instituições estatais, deve-se aplicar um critério diferente de proteção. Esse critério diferente de proteção não se baseia na qualidade do sujeito, mas sim no caráter de interesse público que convém às atividades ou atuações de uma pessoa determinada[151].

Nesse sentido, a necessidade e a legalidade das restrições à liberdade de expressão, nos termos do art. 13.2 da CADH, dependem de que se busque alcançar o interesse público. Entre as várias opções para alcançar esse objetivo, deve-se escolher aquela que restrinja em menor escala o direito protegido. Posto esse parâmetro, não é suficiente que se demonstre, por exemplo, que a lei cumpra um propósito útil e oportuno. **Para que sejam compatíveis com a CADH, as restrições devem-se justificar segundo objetivos coletivos que, por sua importância, preponderem claramente sobre a necessidade social de pleno gozo do direito à liberdade de expressão.** Além disso, as restrições não podem limitar mais do que o estritamente necessário o direito referido. Ou seja, a restrição deve ser proporcional ao interesse que a justifica e ajustar-se estritamente ao gozo desse legítimo objetivo, interferindo na menor medida possível no efetivo exercício do direito à liberdade de pensamento e de expressão[152].

Segundo a Corte Interamericana, no caso referido, de proibição de se publicar obra crítica à inteligência militar, a aplicação do **delito de desacato** se utilizou da persecução penal de uma forma desproporcional e desnecessária em uma sociedade democrática. Isso porque se privou o Senhor Palamara Iribarne do exercício de seu direito à liberdade de pensamento e de expressão, no que se refere às opiniões críticas que teria em relação à forma pela qual as autoridades militares cumpriam com as funções públicas[153].

Isso significa que **a legislação sobre desacato aplicada ao referido senhor estabelecia sanções desproporcionais, já que a sanção se voltava às críticas**

---

150. Corte Interamericana de Direitos Humanos. *Caso Palamara Iribarne Vc. Chile*, sentença de 22 de novembro de 2005 (Mérito, Reparação e Custas), § 82.
151. Corte Interamericana de Direitos Humanos. *Caso Palamara Iribarne Vc. Chile*, sentença de 22 de novembro de 2005 (Mérito, Reparação e Custas), § 84.
152. Corte Interamericana de Direitos Humanos. *Caso Palamara Iribarne Vc. Chile*, sentença de 22 de novembro de 2005 (Mérito, Reparação e Custas), § 85.
153. Corte Interamericana de Direitos Humanos. *Caso Palamara Iribarne Vc. Chile*, sentença de 22 de novembro de 2005 (Mérito, Reparação e Custas), § 88.

sobre o funcionamento das instituições estatais e aos respectivos membros. Assim se suprimia o debate essencial para o funcionamento de um sistema verdadeiramente democrático, restringindo-se desnecessariamente o direito à liberdade de pensamento e de expressão[154].

Anote-se que o art. 2º da CADH obrigado os Estados Partes a adotar, com base nos respectivos procedimentos constitucionais e nas disposições da CADH, as medidas legislativas e de outro caráter que forem necessárias para tornar efetivos os direitos e liberdades protegidos por essa convenção. É necessário reafirmar que a obrigação de adaptar a legislação interna somente se satisfaz quando efetivamente se realiza a reforma quando dita reforma abarca todas as normas que impedem o exercício dos referidos direitos e liberdades[155].

Portanto, para a Corte Interamericana de Direitos Humanos, a legislação que pune o desacato viola o direito de liberdade de expressão e de pensamento. Isso porque traz restrições indevidas ao referido direito, em hipóteses nas quais as críticas aos funcionários públicos são essenciais a uma sociedade democrática. Eventual restrição à liberdade de expressão e pensamento se justifica apenas quando em jogo objetivos coletivos. Mesmo assim, a restrição deve ser proporcional ao interesse que a justifica.

Isso significa que faltaria aos Estados Partes da CADH margem de apreciação nacional para criminalizar o desacato.

12.7.3. Segundo o Superior Tribunal de Justiça

Embora já tenha reconhecido que a criminalização do desacato viola a Convenção Americana sobre Direitos Humanos[156], o posicionamento que, atualmente, prevalece no Superior Tribunal de Justiça é de que essa violação não existe[157].

Considerou-se que os relatórios da Comissão Interamericana têm função de recomendação, sem função jurisdicional, ao contrário do que se passa com as sentenças da Corte Interamericana. Tais relatórios, portanto, não têm caráter vinculante, mas sim "poder de embaraço" e "mobilização da vergonha", conforme assinalado por André de Carvalho Ramos[158].

---

154. Corte Interamericana de Direitos Humanos. *Caso Palamara Iribarne Vc. Chile*, sentença de 22 de novembro de 2005 (Mérito, Reparação e Custas), § 88.

155. Corte Interamericana de Direitos Humanos. *Caso Palamara Iribarne Vc. Chile*, sentença de 22 de novembro de 2005 (Mérito, Reparação e Custas), § 89.

156. STJ, 5ª Turma, REsp 1640084/SP Relator Ministro RIBEIRO DANTAS, julgamento no dia 15/12/2016.

157. STJ, 3ª Seção, HC 379.269, Relator (para acórdão) Ministro ANTONIO SALDANHA PALHEIRO, julgamento no dia 24/5/2017.

158. Confira-se o voto do Ministro ANTONIO SALDANHA PALLHEIRO, págs. 11 e 12: STJ, 3ª Seção, HC 379.269, Relator (para acórdão) Ministro ANTONIO SALDANHA PALHEIRO, julgamento no dia 24/5/2017.

Considerou-se, além disso, que a Corte Interamericana já se manifestara sobre as leis do desacato, no Caso Palamara Iribarne vs. Chile. No entanto, as circunstâncias do caso julgado pela Corte Interamericana eram diferentes[159].

Nesse sentido, a 3ª Seção do Superior Tribunal de Justiça entendeu que a criminalização do desacato, pelo Código Penal brasileiro, está dentro da margem de apreciação nacional.

12.7.4. Segundo o Supremo Tribunal Federal

Para o Supremo Tribunal Federal, o art. 331 do Código Penal, que tipifica o crime de desacato, está de acordo com a Convenção Americana sobre Direitos Humanos (CADH)[160].

Em primeiro lugar, considerou-se que não há, na hipótese, tratamento privilegiado ao agente público. Trata-se de uma via de mão dupla. O agente público está sujeito a um regime de controle não aplicável ao particular. Por sua vez, há, também, um regime diferente quando o agente público for vítima.

A propósito, considerou o Supremo Tribunal Federal, os agentes públicos estão mais sujeitos à crítica e ao escrutínio dos cidadãos, o que exige dos primeiros, naturalmente, maior tolerância à reprovação.

Assim, a figura do desacato limita-se a casos graves e evidentes de menosprezo à função pública. Não se trata de tratamento privilegiado ao agente público, mas, sim, de uma forma de proteção à função pública.

Em razão disso, o Supremo Tribunal Federal fixou a seguinte tese: "Foi recepcionada pela Constituição de 1988 a norma do art. 331 do Código Penal, que tipifica o crime de desacato"[161].

De qualquer forma, entendeu-se que o Brasil, ao aderir à jurisdição contenciosa da Corte Interamericana por meio do Decreto Legislativo nº 89, de 3 de dezembro de 1998, submete-se à interpretação e à aplicação que a Corte Interamericana der à CADH.

Nesse sentido, o Supremo Tribunal Federal deverá levar em consideração a interpretação que a Corte Interamericana vier a dar sobre o dispositivo nacional que criminaliza o desacato. No entanto, ainda não há manifestação da Corte Interamericana sobre referido dispositivo nacional[162].

---

159. Confira-se o voto do Ministro ANTONIO SALDANHA PALLHEIRO, pág. 13: STJ, 3ª Seção, HC 379.269, Relator (para acórdão) Ministro ANTONIO SALDANHA PALHEIRO, julgamento no dia 24/5/2017.
160. STF, ADPF nº 496, Relator Ministro ROBERTO BARROSO, julgamento entre os dias 12 a 19 de junho de 2020.
161. STF, ADPF nº 496, Relator Ministro ROBERTO BARROSO, julgamento entre os dias 12 a 19 de junho de 2020.
162. Confira-se o voto do Ministro ROBERTO BARROSO, pág. 2: STF, ADPF nº 496, Relator Ministro ROBERTO BARROSO, julgamento entre os dias 12 a 19 de junho de 2020.

É certo que existe recomendação da Comissão Interamericana em que a criminalização brasileira do desacato violaria a CADH. No entanto, segundo o art. 41, "b", da CADH, a Comissão Interamericana formula **recomendações**, as quais não vinculam os Estados Partes da CADH, não gerando responsabilidade no âmbito internacional[163].

No que toca à legislação penal brasileira sobre o desacato, entendeu o Supremo Tribunal Federal, não há nenhuma condenação específica contra o Brasil pela Corte Interamericana. Precedentes envolvendo outros Estados não se aplicam ao Brasil[164].

Em voto vencido, o Ministro Edson Fachin sustenta, em síntese, que há farta jurisprudência da Corte Interamericana protegendo a liberdade de expressão. O Brasil deve seguir o entendimento da Corte Interamericana não apenas quando parte em uma demanda. A jurisprudência do referido tribunal internacional também deve ser observada pelo Estado brasileiro.

A propósito, revelou o Ministro Edson Fachin, o crime de desacato viola o princípio da igualdade. Um médico, que atenda em um hospital privado, se for ofendido, pode ser vítima de injúria (detenção de 1 a 6 meses). No caso de desacato contra um médico que atenda em um hospital público, o ofensor poderá se sujeitar a uma pena que varia de 6 meses a 2 anos. Mesma conduta, mesmo serviço, mas penas distintas.

Ainda nos termos do voto do Ministro Edson Fachin, a Organização dos Estados Americanos, por meio da Comissão Interamericana de Direitos Humanos, aprovou, em outubro de 2000, a **Declaração de Princípios sobre a Liberdade de Expressão**. Segundo o art. 11 dessa Declaração, "as leis que punem a expressão ofensiva contra funcionários públicos, geralmente conhecidas como 'leis de desacato', atentam contra a liberdade de expressão e o direito à informação".

Além disso, esclareceu o Ministro Edson Fachin, a criminalização brasileira do desacato não leva em conta a **teoria do impacto diferenciado (disparate impact doctrine)**[165]. O tipo penal aberto do desacato leva à maior punição da população negra, que é mais criminalizada e encarcerada. A norma penal aberta do desacato cerceia a liberdade de expressão e a resistência civil-democrática do povo negro.

---

163. Confira-se o voto do Ministro ROBERTO BARROSO, pág. 3: STF, ADPF nº 496, Relator Ministro ROBERTO BARROSO, julgamento entre os dias 12 a 19 de junho de 2020.

164. Confira-se o voto do Ministro ROBERTO BARROSO, pág. 4: STF, ADPF nº 496, Relator Ministro ROBERTO BARROSO, julgamento entre os dias 12 a 19 de junho de 2020.

165. Essa teoria, segundo o Ministro Edson Fachin, foi reconhecida pela Suprema Corte dos Estados Unidos no caso Griggs vs. Duke Power Company.

A teoria do impacto diferenciado, cumpre lembrar, é uma construção do direito da antidiscriminação, que visa a corrigir assimetrias e afastar neutralidades discriminatórias. Daí a discriminação indireta, para a qual não é necessário provar intencionalidade para demonstrar diferenciação injusta e arbitrária[166].

12.7.5. Segundo nosso entendimento

Pelos seguintes argumentos entendemos que o crime de desacato, tipificado no art. 331 do Código Penal, não passa pelo controle de convencionalidade, isto é, não observa a Convenção Americana sobre Direitos Humanos e a interpretação que a Corte Interamericana dá a essa Convenção:

1º) Punir um particular pelo desacato viola o art. 1.1 da CADH, que exige dos Estados a proteção e garantia de direitos, **sem discriminação**. Se um particular ofende outro particular, poderá responder pelo crime de injúria, de ação privada. Terá que contratar um Advogado para ajuizar a ação penal privada. Um agente público ofendido na função poderá comunicar o fato ao Ministério Público, que, então, ajuizará a ação penal pública incondicionada. Não há custos pelo ofendido.

2º) Argumenta-se que o agente público está mais sujeito a ofensas, devido à função pública que exerce. Isso não é motivo para cercear a liberdade de expressão, cuja proteção conta com copiosa jurisprudência da Corte Interamericana. Vem entendendo referido tribunal internacional que a liberdade de expressão é fundamental para uma sociedade democrática e que críticas aos agentes públicos conta com maior proteção pelo art. 13 da CADH, que tutela a liberdade de expressão.

3º) Há recomendações da Comissão Interamericana de Direitos Humanos sobre a inconvencionalidade das leis de desacato. Essas recomendações foram editadas pela Comissão Interamericana enquanto órgão da OEA previsto na Carta da OEA, que é um tratado internacional. Por isso, tais recomendações são vinculantes aos Estados Partes.

4º) Criminalizar o desacato desconsidera a teoria do impacto diferenciado. O tipo penal aberto do desacato leva à maior punição da população negra, que é mais criminalizada e encarcerada. A norma penal aberta do desacato cerceia a liberdade de expressão e a resistência civil-democrática do povo negro.

5º) A punição pelo desacato pode levar a outra situação de desigualdade. Uma ofensa a um médico que trabalha em um hospital privado pode

166. Confira-se o voto do Ministro EDSON FACHIN, no seguinte julgamento: STF, ADPF nº 496, Relator Ministro ROBERTO BARROSO, julgamento entre os dias 12 a 19 de junho de 2020.

caracterizar injúria (pena de 1 a 6 meses detenção). Se o mesmo médico trabalhasse em um hospital público, o crime seria de desacato (pena de 6 meses a 2 anos de detenção).

Portanto, o tipo penal aberto do art. 331, que fala em "desacatar", está fora, segundo entendemos, da margem de apreciação nacional.

13. PRINCÍPIO DA PRESERVAÇÃO DOS ÓRGÃOS E INSTITUIÇÕES GARANTIDORES DOS DIREITOS HUMANOS

De nada adianta a existência de avançados instrumentos normativos internacionais e nacionais de proteção aos direitos humanos, sem órgãos e instituições que garantam a efetiva proteção desses direitos.

Segundo o **princípio da preservação dos órgãos e instituições garantidores dos direitos humanos**, fica vedado ao Estado suprimir ou enfraquecer os órgãos e instituições que têm como competência ou atribuição a proteção efetiva dos direitos humanos.

Referido princípio é uma decorrência do art. 1.1 e do art. 2 da Convenção Americana sobre Direitos Humanos (CADH).

Segundo o art. 1.1. da CADH, os Estados Partes devem proteger e garantir os direitos humanos. Entre os deveres de garantia, segundo o art. 2 da CADH, cumpre aos Estados a adoção de medidas legislativas e **medidas de outra natureza** que permitam tornar efetivos os direitos previstos na CADH.

Entre essas medidas de outra natureza, há o dever de o Estado fortalecer as instituições, de modo que seja dada uma resposta efetiva contra violações de direitos humanos[167].

Não basta, portanto, que os Estados prevejam medidas legislativas de proteção dos direitos humanos. É preciso que exista um aparato institucional que torne operacional aquilo que foi contemplado na norma[168].

Nem basta a mera existência formal desse aparato institucional. Cumpre às instituições, isto sim, além da sua previsão formal, zelar materialmente por aquilo que foi previsto nas normas[169].

---

167. Eduardo Ferrer Mac-Groger Poisot. Voto Fundamentado, § 17, no seguinte caso: Corte Interamericana de Direitos Humanos. *Caso Empregados da Fábrica de Fogos de Santo Antônio de Jesus e seus familiares vs. Brasil*. Sentença de 15 de julho de 2020 (Exceções Preliminares, Mérito, Reparação e Custas).

168. Eduardo Ferrer Mac-Groger Poisot. Voto Fundamentado, § 18, no seguinte caso: Corte Interamericana de Direitos Humanos. *Caso Empregados da Fábrica de Fogos de Santo Antônio de Jesus e seus familiares vs. Brasil*. Sentença de 15 de julho de 2020 (Exceções Preliminares, Mérito, Reparação e Custas).

169. Eduardo Ferrer Mac-Groger Poisot. Voto Fundamentado, § 19, no seguinte caso: Corte Interamericana de Direitos Humanos. *Caso Empregados da Fábrica de Fogos de Santo Antônio de Jesus e seus familiares vs. Brasil*. Sentença de 15 de julho de 2020 (Exceções Preliminares, Mérito, Reparação e Custas).

Assim, segundo o **princípio da preservação dos órgãos e instituições garantidores dos direitos humanos**, o Estado deve instituir um aparato institucional que, além de contar com competência formal, seja capaz de proteger e garantir os direitos humanos. Esse aparato institucional não pode ser suprimido, a não ser que seja substituído por outro aparato institucional que efetive igualmente ou ainda mais os direitos humanos.

Em outras palavras, segundo o aludido princípio, o aparato institucional deve ser preservado, sob pena de violação à Convenção Americana sobre Direitos Humanos – mais propriamente às obrigações de proteção e garantia de direitos (CADH, art. 1.1) e à obrigação de adotar medidas internas de efetivação dos direitos humanos (CADH, art. 2).

O princípio da preservação dos instrumentos, órgãos e instituições garantidores dos direitos humanos determina que o Estado: **a) fortaleça o aparato institucional protetivo; b) não suprima esse aparato, a não ser que o substitua por outra de idêntica ou superior proteção**; **c) estabeleça garantias para que os membros dos referidos órgãos e instituições atuem com independência.**

No caso do Brasil, por exemplo, quanto ao **dever de fortalecer o aparato institucional protetivo**, a **Defensoria Pública** não pode ser tratada de modo inconsequente pelo Poder Público. Isso porque a defesa de pessoas necessitadas e carentes – milhões de seres humanos no Brasil – depende da **adequada organização e da efetiva organização desse órgão**. É o **direito a ter direitos**, isto é, o fato de se ter acesso efetivo a instituições que viabilizem os direitos humanos[170].

Por sua vez, ainda segundo referido princípio, fica **vedado ao Estado suprimir o aparato protetivo**. Tal supressão só será possível se for para substituir o órgão ou instituição por outro que entregue a mesma ou maior proteção aos direitos.

Por fim, o princípio da preservação dos órgãos e instituições garantidores dos direitos humanos pressupõe que o Estado estabeleça **garantias de independência de atuação aos membros esses órgãos e instituições**. Essas garantias não se voltam apenas ao órgão ou à instituição, mas às pessoas que os integra.

No que se refere propriamente ao Poder Judiciário, cumpre ao Estado, para reforçar a independência desse Poder, garantir a independência dos juízes. As garantias de independência, já decidiu a Corte Interamericana, aplicam-se não só ao Poder Judiciário como sistema, mas aos Magistrados como integrantes desse sistema. Trata-se de garantias institucionais e, ao mesmo tempo,

170. STF, Plenário, ADI 2903, Relator Ministro Celso de Mello, julgamento no dia 1º de dezembro de 2005.

específicas de cada Juiz. Assim se busca evitar que o Poder Judiciário e os seus integrantes sejam cerceados no âmbito da atuação jurisdicional – tanto por órgãos alheios ao sistema judicial tanto quanto por aqueles Magistrados que exercem função de revisão ou apelação[171].

O princípio da preservação dos órgãos e instituições garantidores dos direitos humanos também comporta aplicação sobre a Advocacia. A violação às prerrogativas da Advocacia pode ensejar a **responsabilidade internacional do Estado por violação ao direito de defender direitos humanos.**

A propósito, a Corte Interamericana de Direitos Humanos reconheceu, pela primeira vez, de forma clara, essa responsabilidade internacional, no dia 18 de outubro de 2023 (CORTE INTERAMERICANA DE DIREITOS HUMANOS. *Caso Membros da Corporação Coletiva de Advogados "José Alvear Restrepo" vs. Colômbia.* Sentença de 18 de outubro de 2023. Exceções Preliminares, Mérito, Reparações e Custas).

Nesse sentido, cabe ao Estado facilitar o direito a defender direitos. Para tanto, o Estado deve fornecer um entorno seguro a defensores de direitos humanos, de modo que sejam afastadas hostilidades, ameaças, perseguições, intimidações e violência (Voto concorrente do Juiz brasileiro Rodrigo Mudrovitsch, §24).

Entendeu-se que o Estado colombiano é responsável por várias ações clandestinas de inteligência, intimidação e violência contra os membros da Corporação Coletiva de Advogados "José Alvear Restrepo". Referida Organização não Governamental se dedica à defesa e à promoção dos direitos humanos na Colômbia. Atua, mais propriamente, representando familiares de pessoas desaparecidas e/ou assassinadas pelo Estado ou por grupos paramilitares e outras vítimas de agentes estatais ou de terceiros com a conivência do Estado.

A proteção convencional às Advogadas e aos Advogados não se promove por meio da garantia de estabilidade no cargo público, mas por meio de prerrogativas que têm por objetivo estabelecer as condições essenciais para a livre representação dos clientes (Voto concorrente do Juiz brasileiro Rodrigo Mudrovitsch, §207).

As Advogadas e os Advogados, a propósito, são a primeira trincheira na defesa dos direitos humanos, pois são eles que acodem, em primeiro lugar, as vítimas que têm sido prejudicadas pela arbitrariedade estatal (Voto concorrente do Juiz brasileiro Rodrigo Mudrovitsch, §209).

Há algumas consequências práticas desse entendimento adotado pela Corte Interamericana: a) o Estado deve respeitar e garantir as prerrogativas

171. Corte Interamericana de Direitos Humanos. *Caso Revéron Trujillo vs. Venezuela*. Sentença de 30 de junho de 2006 (Exceções Preliminares, Mérito, Reparação e Custas), § 67.

da Advocacia; b) entre essas prerrogativas, está a proibição de se aviltar os honorários advocatícios, fonte de subsistência da Advocacia.

O princípio da preservação dos órgãos e instituições garantidores dos direitos humanos tem larga aplicação para se obter o fortalecimento institucional da Defensoria Pública. Há decisões importantes do Supremo Tribunal Federal no sentido de se alcançar o aparelhamento institucional e funcional da Defensora Pública, com o objetivo de se extrair a máxima proteção dos direitos humanos das pessoas em vulnerabilidade. Confira-se:

a) Prerrogativa de requisição de documentos, informações e esclarecimentos (STF, Plenário, ADI 6.852 e outras, Plenário, Relator Ministro Edson Fachin, fevereiro de 2022).

b) Atuação, nas ações de controle concentrado de constitucionalidade, como *custos vulnerabilis*, e não como simples *amicus curiae*. Assim, a Defensoria Pública da União pode, numa ADFP ou em uma ADI, por exemplo, interpor todo e qualquer incidente processual e formular requerimentos autônomos (como medida cautelar, produção de provas), interpor recursos, fazer sustentação oral do mesmo modo que as partes do processo (STF, ADPF 709 ED, Decisão monocrática, Relator Ministro Luís Roberto Barroso, DJ 17.10.2023).

c) Atuação, em ação de controle concentrado de constitucionalidade, como *custos vulnerabilis*, na defesa de povos indígenas isolados e de recente contato (STF, ADPF 991/DF ED, Decisão monocrática, Relator Ministro Edson Fachin, decisão proferida no dia 12.8.2024).

d) Legitimidade da Defensoria Pública para pedidos de suspensão às presidências dos tribunais, quando o interesse público primário e a ordem pública resguardados protegerem também os interesses da coletividade vulnerável e os direitos humanos institucionalmente protegidos pelo Estado defensor. O STF emprestava uma interpretação gramatical ao art. 4º da Lei nº 8.437/1992, que permite apenas à pessoa jurídica de direito público interessada e ao Ministério Público a legitimidade para formular pedido de suspensão de tutelas provisórias. Com o novo entendimento, o STF passa a entender que o pedido de suspensão se coaduna com a competência constitucional da Defensoria Pública de promover os direitos humanos e a defesa das pessoas necessitadas (CF/88, art. 134) (STF, Plenário, Referendo em Medida Cautelar na Suspensão de Tutela Provisória – STP – nº 1.007, publicação em 19/8/2024)[172].

172. Confira-se: MAIA, Maurilio Casas. Defensoria pode usar pedido de suspensão para defender vulneráveis, diz STF. *In*: ***Consultor Jurídico***. Disponível em: https://www.conjur.com.br/2024-ago-24/defensoria-pode-usar-pedido-de-suspensao-para-defender-vulneraveis-diz-stf/.

14. PRINCÍPIO DA IRREVOGABILIDADE DOS TRATADOS INTERNACIONAIS DE DIREITOS HUMANOS

Segundo o **princípio da irrevogabilidade dos tratados internacionais de direitos humanos**, os tratados internacionais de direitos humanos, ratificados pelo Brasil, não podem ser objeto de revogação ou, mesmo, de derrogação (revogação parcial). Por dois motivos: a) natureza jurídica de norma de *jus cogens*; b) incidência do princípio do não retrocesso.

Quanto ao primeiro motivo, os tratados internacionais de direitos humanos veiculam normas fundamentais e valores essenciais da comunidade internacional, vindo a caracterizar-se como verdadeiras **normas de *jus cogens*.**

Uma norma de *jus cogens* não pode ser alterada pela vontade de um só Estado, mas, sim, apenas por uma norma de igual hierarquia jurídica. Assim, se a comunidade internacional foi quem inicialmente aprovou o tratado internacional de direitos humanos, apenas a mesma comunidade internacional é que poderá revogá-lo.

Dessa maneira, entendemos que o Estado não pode apresentar a denúncia de um tratado internacional de direitos humanos, que nada mais é do que o ato unilateral pelo qual referido Estado manifesta a vontade de não mais permanecer vinculado ao tratado.

Para que o Estado abandone um tratado internacional de direitos humanos, é preciso que a própria comunidade internacional revogue esse tratado. Entendimento em sentido contrário implicaria reconhecer a possibilidade de o Estado, unilateralmente, revogar ou derrogar uma norma de *jus cogens*.

A propósito, nos termos do art. 53 da Convenção de Viena sobre o Direitos dos Tratados (1969), uma norma de *jus cogens* não admite derrogação. A modificação dessa norma só pode ser feita por norma posterior de Direito Internacional geral da mesma natureza.

Não bastasse, a revogação, pelo Estado brasileiro, de um tratado de direitos humanos pode implicar ofensa ao princípio da vedação do retrocesso em matéria de direitos humanos, já que a denúncia pode traduzir diminuição de direitos protegidos[173].

Não obstante isso, o atual posicionamento do Supremo Tribunal Federal admite a denúncia de tratados internacionais de direitos (e também de tratados comuns). Se antes essa denúncia dependia apenas da vontade do Poder Executivo, o posicionamento mais atual é no sentido de que a denúncia de qualquer tratado (mesmo o de direitos humanos) sujeita-se às vontades do Poder Executivo e do Poder Legislativo (*teoria da junção de*

---

173. André de Carvalho Ramos. *Curso de Direitos Humanos*, pág. 625. 9ª ed. 2022.

vontades). Para as denúncias ocorridas antes desse novo entendimento do Supremo Tribunal Federal, basta a vontade do Poder Executivo, em nome da segurança jurídica e do costume internacional gerado pela reiterada prática brasileira nesse sentido.

Em outras palavras, para prestigiar a segurança jurídica, mantendo-se a integridade das denúncias anteriores, o Supremo Tribunal Federal decidiu que o novo entendimento só se aplica a partir das denúncias efetuadas a partir da publicação da ata do novo julgamento – julgamento, esse, ocorrido no dia 19 de junho de 2023[174].

15. PRINCÍPIO DA MÁXIMA EFETIVIDADE DOS DIREITOS HUMANOS OU DO GOZO EFICAZ DO DIREITO VIOLADO OU DO EFEITO ÚTIL (EFFET UTILE)

Segundo o princípio da máxima efetividade dos direitos humanos – também denominado de princípio do gozo eficaz do direito violado ou do efeito útil –, é preciso extrair, dos dispositivos dos tratados de direitos humanos, os efeitos esperados, pretendidos, ou seja, a efetividade desses dispositivos[175].

A partir disso, observa-se que os dispositivos dos tratados de direitos humanos são vinculantes, devendo assegurar ao titular o maior proveito possível do direito protegido.

Princípio da máxima efetividade dos direitos humanos, porque é esse objetivo que se deve aguardar dos tratados de direitos humanos. **Princípio do efeito útil**, porque é obter a efetividade dos dispositivos dos tratados de direitos humanos que é o objetivo desses tratados. **Princípio do gozo eficaz do direito violado**, porque o objetivo primeiro desses tratados é assegurar a realização plena do direito humano violado.

Referido princípio vem previsto no art. 63.1 da CADH, segundo o qual, quando houver a violação de um direito, caberá à Corte Interamericana de Direitos Humanos **assegurar o gozo eficaz do direito violado**.

Suponhamos que o Estado brasileiro negou o tratamento a uma criança com autismo. A Corte Interamericana, então, pode determinar que o Brasil assegure o gozo do direito violado, ou seja, o tratamento que foi negado.

Tal princípio encontra-se previsto, também, no art. 2º da CADH, segundo o qual cabe aos Estados Partes adotar medidas legislativas ou de outra natureza que tornem **efetivos** os direitos previstos na CADH.

174. STF, Plenário, ADC 39/DF, Relator Ministro DIAS TOFFOLI, julgamento no dia 19/6/2023.

175. André de Carvalho Ramos. *Teoria Geral dos Direitos Humanos*, págs. 133 e 137. 7ª ed. 2019.

Em suma, segundo o princípio da máxima efetividade dos direitos humanos ou do efeito útil ou do gozo eficaz do direito violado, as medidas tomadas pelo Estado, para garantir os direitos humanos, devem ser **efetivas**[176].

Quando, por exemplo, o Estado mantém, em sua Constituição, dispositivo que autoriza a censura prévia de produções cinematográficas, está-se descumprindo o dever de adequar o direito interno à Convenção Americana sobre Direitos Humanos. Isso quer dizer que referido Estado não está tornando efetivos os direitos assegurados pela CADH – na hipótese, o direito à liberdade de pensamento e de expressão (CADH, art. 13)[177].

Outro exemplo de aplicação do princípio: o Estado deve adotar todas as medidas adequadas para que a defesa de uma pessoa seja efetiva. Por isso, o direito de defesa surge desde o momento em que se iniciam as investigações[178].

Assim, a Corte Interamericana, quando julga procedente uma demanda contra o Estado, pode, se ainda for possível, determinar que se assegure o gozo do direito violado. Desse modo, o direito previsto na CADH torna-se efetivo por força da atuação da Corte Interamericana.

Antes disso, porém, é dever de o Estado tomar medidas legislativas e de outra natureza, para tornar efetivos os direitos previstos na Convenção Americana (CADH, art. 2º).

Diante dessas considerações, é possível extrair as seguintes **consequências do princípio da máxima efetividade dos direitos humanos ou do efeito útil ou do gozo eficaz do direito violado**:

1ª) Cabe ao Estado adotar as **medidas legislativas ou de outra natureza** para tornar **efetivos** os direitos previstos nos tratados internacionais de direitos humanos.

2ª) Caso o Estado não assegure o direito previsto no tratado internacional de direitos humanos, poderá a Corte determinar que referido Estado assegure o gozo eficaz do direito violado (CADH, art. 63.1).

3ª) A extração da **máxima efetividade dos direitos** insere-se no dever que têm os Estados de proteger e garantir os direitos humanos (CADH, art. 1.1).

4ª) Os direitos humanos previstos nos tratados incidem diretamente nos casos concretos, mediante a aplicação direta[179].

---

176. Corte Interamericana de Direitos Humanos. Caso "A Última Tentação de Cristo" (Olmedo Bustos e outros) vs. Chile. Sentença de 5 de fevereiro de 2001 (Mérito, Reparação e Custas), § 87.
177. Corte Interamericana de Direitos Humanos. Caso "A Última Tentação de Cristo" (Olmedo Bustos e outros) vs. Chile. Sentença de 5 de fevereiro de 2001 (Mérito, Reparação e Custas), § 88.
178. Corte Interamericana de Direitos Humanos. *Caso Cabrera García y Montiel Flores vs. México*. Sentença de 26 de novembro de 2010 (Exceções Preliminares, Mérito, Reparação e Custas), § 155.
179. André de Carvalho Ramos. *Curso de Direitos Humanos*, pág. 125. 9ª ed. 2022.

Se pudéssemos reunir as três expressões que fazem parte desse mesmo princípio, diríamos o seguinte: cabe ao Estado tomar as medidas necessárias para tornar **efetivos**[180] os direitos, assegurando o **gozo eficaz** desses direitos, de acordo com a **máxima efetividade** que se possa alcançar em termos de proteção e garantia dos direitos humanos.

16. PRINCÍPIO DA PROIBIÇÃO DO RETROCESSO OU "EFEITO CLIQUET", OU PRINCÍPIO DO NÃO RETORNO DA CONCRETIZAÇÃO OU PRINCÍPIO DA PROIBIÇÃO DA EVOLUÇÃO REACIONÁRIA OU ENTRINCHEIRAMENTO

16.1. Conceito, sinônimos e a ação erosiva do legislador

Segundo o **princípio da proibição do retrocesso**, as conquistas alcançadas na concretização de um direito não podem ser suprimidas ou diminuídas, podendo, isto sim, apenas ser aperfeiçoadas ou incrementadas.

Qualquer medida administrativa ou legislativa que diminua ou suprima direitos protegidos jurídicos será inválida por violação ao princípio da proibição do retrocesso.

O princípio da vedação do retrocesso possui alguns sinônimos: "efeito cliquet", princípio do não retorno da concretização, princípio da proibição da evolução reacionária e entrincheiramento[181].

Cliquet é uma expressão de origem francesa. Quando um alpinista alcança um determinado ponto da escala, ele não pode retornar, de modo que deverá prosseguir para cima. Portanto, **efeito cliquet** quer dizer que os direitos já protegidos não podem retornar ao ponto inferior, isto é, a proteção desses direitos não pode ser diminuída ou suprimida. O que se admite, apenas, é dar passos para frente, ou seja, aumentar a proteção do direito.

Entrincheiramento ou entrenchment, por sua vez, significa a preservação do mínimo já alcançado, de modo que fica proibido o retrocesso. O retrocesso, no caso, poderia ocorrer tanto pela supressão de uma norma protetiva ou, ainda, pelo amesquinhamento ou diminuição das prestações do direito à coletividade[182].

Em momentos de crise financeira, há, em geral, alguns movimentos normativos de diminuição ou supressão de direitos. Esses movimentos normativos

---

180. Efeito útil.

181. André de Carvalho Ramos. *Curso de Direitos Humanos*, pág. 125. 9ª ed. 2022.

182. Walber de Moura Agra. *O entrenchment* como condição para a efetivação dos direitos fundamentais. *In*: André Ramos Tavares (coordenador). *Justiça constitucional*: pressupostos teóricos e análises concretas. 2007.

são conhecidos como **ação erosiva do legislador** ou **reforma constitucional erosiva**[183] e que, por violarem o princípio da proibição do retrocesso, são nulos ou inválidos.

16.2. Previsão normativa interna e internacional

Não há uma previsão específica clara acerca do princípio da proibição do retrocesso. Há, isto sim, dispositivos constitucionais e de instrumentos normativos internacionais de direitos humanos dos quais referido princípio deriva.

No plano constitucional (interno), é possível dizer que o princípio da proibição do retrocesso é fruto dos seguintes princípios e dispositivos[184]:

1º) Estado democrático de Direito (CF, art. 1º, *caput*).

2º) Princípio da dignidade da pessoa humana (CF, art. 1º, III). Há uma relação umbilical entre dignidade humana e democracia[185].

3º) Aplicabilidade imediata e direta das normas definidoras dos direitos fundamentais (CF, art. 5º, § 1º);

4º) Proteção da confiança e da segurança jurídica (CF, art. 1º, *caput*; art. 5º, XXXVI, segundo o qual a lei não prejudicará o direito adquirido, o ato jurídico perfeito e a coisa julgada);

5º) Cláusula pétrea de direitos (CF, art. 4º, IV).

Já, no **plano internacional**, o princípio da proibição do retrocesso pode ser derivar tanto de instrumentos jurídicos do **sistema regional interamericano** quanto do **sistema global, universal ou onusiano.**

No **sistema regional interamericano**, o princípio da proibição do retrocesso deriva do **art. 1.1 e do art. 2º da CADH**. Segundo o art. 1.1, os Estados Partes têm a obrigação de respeitar e garantir direitos. Para tanto, nos termos do art. 2º, tais Estados devem adotar medidas legislativas ou de outra natureza que tornem efetivos os direitos humanos.

O que se percebe, portanto, do art. 1.1 e do art. 2º da CADH é que os Estados, no que se refere aos direitos, têm que **andar para frente.** Andar para frente significa proteger e garantir direitos o máximo possível. Por consequ-

183. Luísa Cristina Pinto e Netto. *O princípio de proibição do retrocesso social*, pág. 95. 2010.

184. Ingo Wolfgang Sarlet. Direitos fundamentais sociais e proibição de retrocesso: algumas notas sobre o desafio da sobrevivência dos direitos sociais num contexto de crise. *Revista Brasileira de Direito Constitucional* (RBDC), nº 4, jul-dez/2004, São Paulo, págs. 241 a 271.

185. Ingo Wolfgang Sarlet. Os direitos fundamentais (sociais) e a assim chamada proibição de retrocesso: contributo para uma discussão. *Revista do Instituto do Direito Brasileiro* (RIDB), ano 2, 2013, nº 1, págs. 769-820.

ência, é proibido ao Estado **andar para trás**, ou seja, diminuir ou suprimir os direitos já protegidos.

Ainda no **sistema regional interamericano**, o preâmbulo do **Protocolo de San Salvador** (1988) estipula ser possível incluir, progressivamente, novos direitos e liberdades. Daí se conclui que novos direitos podem ser protegidos, ou seja, uma maior proteção de direitos é admitida – o andar para frente. De forma intuitiva, fica vedado o andar para trás, isto é, a supressão ou diminuição de direitos.

No **plano do sistema global ou universal**, o princípio da proibição do retrocesso deriva do art. 2.1 do **Pacto Internacional dos Direitos Econômicos, Sociais e Culturais** (1966). Segundo esse dispositivo, os Estados Partes devem adotar medidas que assegurem, **de forma progressiva**, o pleno exercício dos direitos econômicos, sociais e culturais. Portanto, os Estados estão autorizados a **progredir** na concretização dos direitos e, consequentemente, estão proibidos de **regredir** na proteção desses direitos.

Prevalece o entendimento de que é possível diminuir os direitos protegidos, desde que se assegure o núcleo essencial, que é o mínimo existencial de proteção da dignidade humana.

Em momentos de crise econômica e financeira, para não dizer de crises morais, são sempre os direitos sociais que acabam perecendo. Em vez de se fortalecer esses direitos nas crises, busca-se amesquinhá-los. Interesses econômicos poderosos, em geral inimigos dos direitos, acabam ficando intactos.

Assim, a diminuição de direitos, mesmo garantindo-se o núcleo essencial, viola a dignidade humana e, consequentemente, a democracia. No plano internacional, há uma desconsideração aos direitos convencionais, cuja proteção deve ser cada vez mais fortalecida, e não enfraquecida. Em suma, suavizar a proteção de direitos, mesmo assegurando o núcleo essencial, implica uma degradação ao princípio da proibição do retrocesso.

16.3. Espécies: proibição do retrocesso social, do retrocesso político, retrocesso civil, do retrocesso institucional e do retrocesso ecológico

Ao contrário do que muitas vezes se supõe, o princípio da proibição do retrocesso não se destina apenas aos direitos sociais. Trata-se de um princípio amplo, que abrange até mesmo os direitos civis. Por isso, dentro do referido princípio, é possível falar em proibição do retrocesso social, do retrocesso político, do retrocesso civil, do retrocesso institucional e do retrocesso ecológico[186].

186. André de Carvalho Ramos. *Curso de Direitos Humanos*, pág. 112 a 114. 9ª ed. 2022.

O **subprincípio da proibição do retrocesso social** impede que as conquistas na concretização dos direitos sociais sejam enfraquecidas, a não ser que se adotem medidas compensatórias. Há, assim, uma *dimensão negativa* no princípio, que impede a adoção de medidas regressivas, isto é, de ações e omissões que enfraquecem os direitos já conquistados[187].

O **subprincípio da proibição do retrocesso político** bloqueia qualquer tentativa – legislativa ou administrativa – de debilitar os direitos políticos assegurados. Assim, o art. 5º da Lei nº 12.034/2009, que dispunha sobre a volta do "voto impresso", foi suspenso. Isso porque referido dispositivo permitia que se retrocedesse a um modelo superado. O voto impresso é vulnerável, porque impede a garantia de voto secreto pela urna eletrônica[188].

No mesmo sentido, foi suspenso o art. 59-A da Lei nº 9.504, incluído pela Lei nº 13.165/2015 (Lei da Minirreforma Eleitoral). Esse dispositivo previa um modelo híbrido: o eleitor votava eletronicamente e, ao mesmo tempo, referido voto deveria ser impresso e, depois, era guardado em local lacrado. Esse modelo implicava retrocesso ao modelo de voto eletrônico puro, ao permitir a identificação de quem votou. Assim, haveria uma diminuição da liberdade de votar, ou seja, o enfraquecimento de um direito político assegurado[189]. Daí a violação ao subprincípio da proibição do retrocesso político. Esse entendimento do Supremo Tribunal Federal foi definitivamente mantido em 2020[190].

O **subprincípio da proibição do retrocesso civil** veda a diminuição dos direitos civis já assegurados. Por exemplo: o Código Civil de 2022 debilitou a proteção sucessória na união estável, em comparação ao que protegiam as Leis nº 8.971/94 e 9.278/96. Tratou-se de um retrocesso em direitos civis (na hipótese, direitos sucessórios) vedado pela proteção feita pela Constituição Federal. Logo, o mesmo regime sucessório, previsto no art. 1.829 do CC/2002 para o casamento, deve ser aplicado às uniões estáveis[191].

O **subprincípio da proibição da vedação do retrocesso institucional** bloqueia medidas legislativas e administrativas que enfraqueçam os órgãos e instituições voltados à proteção e garantia dos direitos humanos. Assim, por meio do Decreto nº 9.831, de 11 de junho de 2019, foram remanejados onze cargos de perito do Mecanismo Nacional de Prevenção e Combate à Tortura

187. Voto do Ministro Celso de Mello, STA 175-AgR/CE (STF, Informativo nº 582, de abril de 2010).
188. STF, Plenário, ADI 4.543-MC, Relatora Ministra Carmen Lúcia, julgamento no dia 19.10.2011.
189. STF, Plenário, ADI 5.889/DF, Relator originário Ministro Gilmar Mendes, relator para o acórdão Ministro Alexandre de Moraes, julgamento no dia 6 de junho de 2018.
190. STF, Plenário, ADI 5.889/DF, Relator Ministro Gilmar Mendes, julgamento no dia 15 de setembro de 2020.
191. STF, Plenário, RE 878694/MG, Relator Ministro Roberto Barroso, julgamento no dia 10 de maio de 2017.

(MNPCT). Esses onze cargos, remunerados, foram transferidos para outra área do Poder Público Federal, sem remuneração dos integrantes.

O MNPCT é órgão essencial para o combate à prática de tortura e demais tratamentos degradantes ou desumanos nos ambientes de detenção e custódia coletiva de pessoas.

Dessa maneira, a participação no MNPCT passou a ser uma "prestação de serviço público relevante, não remunerado". Houve, portanto, um grave enfraquecimento nesse importante órgão de proteção aos direitos humanos.

Tal enfraquecimento implica violação ao subprincípio da vedação do retrocesso institucional. Uma importante instituição de direitos humanos foi fortemente debilitada pelo Governo Federal[192].

Por fim, segundo o **subprincípio da proibição do retrocesso ecológico ou ambiental**, ficada vedada a adoção de medidas que diminuam a proteção legislativa ou administrativa ao meio ambiente.

Assim, não é possível suprimir ou enfraquecer órgãos ou instituições encarregadas de proteger o meio ambiente, nem revogar a legislação que traz regramentos jurídicos protetivos do meio ambiente. Quanto a esse último aspecto, o Supremo Tribunal Federal considerou inconstitucional e violadora de normas internacionais de direitos humanos resoluções do Conselho Nacional do Meio Ambiente que destruíssem certo marco normativo protetivo do meio ambiente.

Discutia-se a Resolução nº 500, de 28 de setembro de 2020, do Conselho Nacional do Meio Ambiente (CONAMA). Esse ato normativo revogou as Resoluções nºs 284/2001, 302/2002 e 303/2002. Os atos normativos revogados dispõem, respectivamente, sobre: a) licenciamento de empreendimentos de irrigação; b) parâmetros, definições e limites de Áreas de Preservação Permanente de reservatórios artificiais e entorno; c) parâmetros, definições e limites de Áreas de Preservação Permanente.

A supressão de marcos regulatórios ambientais viola o **princípio da proibição do retrocesso em matéria de meio ambiente ecologicamente equilibrado** (CF/88, art. 225, *caput*). Por consequência, há, também, violação aos direitos fundamentais à vida (CF/88, art. 5º, *caput*) e à saúde (CF/88, art. 6º). A supressão desses marcos regulatórios ambientais deixa de observar, também, compromissos internacionais, assumidos pelo Brasil, de natureza supralegal[193].

Segundo entendeu o Supremo Tribunal Federal nesse julgamento, o **princípio da proibição do retrocesso ambiental** não está previsto expressamente, com nome e sobrenome, na CF/88 e na legislação infraconstitucional. Todavia, traduz

192. Confira-se a petição inicial da Procuradoria Geral da República, na ADPF nº 607, Relator Ministro Luiz Fux).

193. STF, Informativo nº 1041, de 17 de dezembro de 2021 – STF, Plenário, ADPF 747/DF e 749/DF, Relatora Ministra ROSA WEBER, julgamento virtual finalizado no dia 13.12.2021.

um princípio geral de direito, que visa a aferir medidas legislativas destinadas a reduzir o patamar de tutela legal do meio ambiente (Antonio Herman Benjamin)[194].

17. PRINCÍPIO DA INTERPRETAÇÃO CONFORME OS DIREITOS HUMANOS

Quando se examinam as normas jurídicas do direito interno – particularmente as leis –, presume-se que essas normas estão de acordo com o ordenamento jurídico.

Em primeiro lugar, quanto às leis propriamente ditas, elas foram editadas pelo Parlamento, dentro de um processo democrático reconhecido pela Constituição. Daí a presunção de constitucionalidade com que contam esses instrumentos jurídicos aprovados pelo Poder Legislativo.

Em segundo lugar, no plano internacional, também se presume a observância aos instrumentos jurídicos internacionais de direitos humanos. Devido ao critério da complementariedade ou subsidiariedade, é o Estado quem primeiro deve proteger e garantir os humanos. Apenas se não o fizer, ou se o fizer de forma insuficiente, é que o sistema internacional passa a atuar. Daí que as normas jurídicas internas, principalmente as leis, são tidas como presumidamente adequadas ao sistema internacional de proteção aos direitos humanos.

No plano do direito interno, caso haja duas interpretações possíveis de uma lei, deve-se escolher aquela interpretação condizente com a Constituição. Trata-se da técnica da interpretação conforme a Constituição, em que se salva a lei de eventual vício de inconstitucionalidade, considerando-se o princípio da presunção de constitucionalidade das leis.

No plano internacional, por outro lado, o parâmetro superior de controle não é a Constituição, mas, sim, os instrumentos jurídicos internacionais de proteção aos direitos humanos.

Devido à centralidade dos direitos no plano internacional, as leis e demais normas jurídicas internas devem estar de acordo com os direitos humanos, sob pena de invalidade a ser reconhecida por meio do controle de convencionalidade.

Por outro lado, conforme vimos, como é o Estado que tem o dever primeiro de observar os direitos humanos, presume-se que as normas jurídicas editadas pelo Estado observam os instrumentos jurídicos internacionais de proteção aos direitos.

194. Confira-se o voto da Ministra Rosa Weber, proferido no seguinte julgamento: STF, Informativo nº 1041, de 17 de dezembro de 2021 – STF, Plenário, ADPF 747/DF e 749/DF, Relatora Ministra ROSA WEBER, julgamento virtual finalizado no dia 13.12.2021.

Se a norma jurídica estatal contiver dois sentidos possíveis – um, que observa os instrumentos jurídicos internacionais de direitos humanos; outro, que não observa –, o intérprete deve escolher aquele sentido que coloca a norma jurídica interna de acordo com tais instrumentos jurídicos internacionais.

É aí que entra o **princípio da interpretação conforme os direitos humanos**: entre vários sentidos possíveis da norma jurídica interna, o intérprete escolhe aquele sentido compatível com os instrumentos jurídicos internacionais de direitos humanos.

É claro que, se a norma contiver apenas um sentido – o do desacordo aos instrumentos jurídicos internacionais –, nada será possível fazer a não ser reconhecer que a norma interna viola tais instrumentos.

Assim, o princípio da interpretação conforme os direitos humanos só tem lugar nas **normas polissêmicas ou plurissignificativas**: normas polissêmicas ou plurissignificativas são aquelas normas que ensejam diferentes possibilidades de interpretação.

Nota-se que o princípio da interpretação conforme os direitos humanos é uma técnica ou um mecanismo hermenêutico que busca, ao mesmo tempo: a) preservar, na medida do possível, a competência dos Estados em tratar de matérias relacionadas aos direitos humanos; b) preservar a higidez dos instrumentos jurídicos internacionais de direitos humanos.

As técnicas próprias da interpretação conforme a Constituição podem ser utilizadas para conferir operacionalidade ao princípio da interpretação conforme a Constituição.

18. PRINCÍPIO DO ESTOPPEL

Segundo o **princípio do estoppel**, quando uma parte, em litígio, adota um determinado comportamento, não pode, depois, adotar outro comportamento, se o novo comportamento for prejudicial à outra parte.[195].

Suponhamos que o Estado brasileiro, em uma demanda contra si proposta na Corte Interamericana, tenha reconhecido, no procedimento perante a Comissão Interamericana, que a demanda deveria ser admitida.

Posteriormente, quando a demanda tramitava pela Corte Interamericana, o Estado brasileiro alega a exceção preliminar de ausência de esgotamento dos recursos internos.

---

195. Corte Interamericana de Direitos Humanos. *Caso Empregados Fábrica de Fogos de Santo Antônio de Jesus e familiares e outros vs. Brasil*. Sentença de 15 de julho de 2020 (Exceções Preliminares, Mérito, Reparação e Custas), § 33.

Observa-se o comportamento contraditório do Estado brasileiro, que, inicialmente, reconheceu ser admissível a demanda internacional e, posteriormente, alegou que referida demanda não deveria ser admitida.

Esse comportamento é vedado pelo princípio do estoppel, que repudia comportamentos contraditórios na esfera internacional.

Em matéria de direitos humanos, referido princípio tem larga aplicação no exame das exceções preliminares apresentadas perante a Corte Interamericana de Direitos Humanos, conforme visto.

19. PRINCÍPIO DA INTERPRETAÇÃO DINÂMICA OU EVOLUTIVA DOS TRATADOS INTERNACIONAIS DE DIREITOS HUMANOS

Segundo o **princípio da interpretação dinâmica ou evolutiva dos tratados internacionais de direitos humanos**, a interpretação desses instrumentos normativos internacionais deve levar em conta o momento presente.

Não são as circunstâncias do momento da aprovação do tratado que norteiam a interpretação dos tratados internacionais de direitos humanos, mas, sim, as circunstâncias sociais que se aplicam ao momento em que o tratado está sendo interpretado.

Os tratados internacionais de direitos humanos são **instrumentos vivos**, que acompanham a dinâmica social e a evolução dos tempos. O intérprete não pode olhar as circunstâncias que se apresentavam quando o tratado foi aprovado. Como filha do tempo, a interpretação deve acompanhar os novos ventos que trazem novas sementes de direitos.

Assim, segundo a Corte Interamericana de Direitos Humanos, os tratados internacionais de direitos humanos são instrumentos vivos, cuja interpretação deve acompanhar a evolução dos tempos e as condições de vida vigentes[196].

Vejamos onde podemos encontrar os fundamentos para a interpretação evolutiva ou dinâmica dos tratados internacionais de direitos humanos.

De acordo com o art. 29, alínea "c", da Convenção Americana sobre Direitos Humanos, nenhum dispositivo da CADH pode excluir outros direitos que sejam inerentes ao ser humano ou que decorram da forma democrática representativa de governo.

Assim, as novas condições sociais que se apresentam podem trazer a possibilidade de novos direitos, nem sempre previstos expressamente na CADH.

---

196. Corte Interamericana de Direitos Humanos. *Caso Empregados Fábrica de Fogos de Santo Antônio de Jesus e familiares e outros vs. Brasil*. Sentença de 15 de julho de 2020 (Exceções Preliminares, Mérito, Reparação e Custas), § 158.

Esta última, então, deve ser interpretada de forma dinâmica e evolutiva, para abranger esses novos direitos que os novos tempos trouxeram.

É por isso que se diz que os tratados de direitos humanos – incluindo naturalmente a CADH – são instrumentos vivos, que não se estacionaram no momento em que foram aprovados.

O princípio da interpretação evolutiva ou dinâmica dos tratados internacionais de direitos humanos também deriva do art. 31.1. da Convenção de Viena sobre o Direito dos Tratados (1969). Segundo esse dispositivo, um tratado deve ser interpretado a partir do **contexto**, isto é, segundo as condições que se encontram presentes no momento da interpretação. As descobertas científicas, a necessidade de proteção de novos direitos, tudo isso é um contexto importante para que o instrumento jurídico internacional seja analisado.

Juntamente com o contexto, a interpretação dos tratados pode levar em conta qualquer **prática** seguida posteriormente na aplicação do tratado, bem assim **regras pertinentes de Direito Internacional** aplicáveis ao Estado (Convenção de Viena sobre o Direito dos Tratados, art. 31.3, alíneas "b" e "c).

Como práticas seguidas posteriormente na aplicação do tratado, podemos mencionar as regulamentações que os Estados têm desenvolvido, nos respectivos ordenamentos jurídicos, sobre a matéria objeto de apreciação.

Já as regras pertinentes de Direito Internacional podem ser até mesmo decisões de tribunais internacionais sobre o tema analisado.

Portanto, **o contexto, as práticas dos Estados e as regras pertinentes de Direito Internacional** podem revelar novas situações que permitem a interpretação evolutiva ou dinâmica dos tratados internacionais de direitos humanos. As práticas dos Estados podem ser, por exemplo, como o ordenamento jurídico interno desses Estados regulamenta a matéria. Já as regras pertinentes de Direito Internacional podem ser desde dispositivos de outros tratados até a jurisprudência de tribunais internacionais.

Um exemplo muito interessante se deu com a fertilização in vitro (FIA). O art. 4.1 da Convenção Americana sobre Direitos Humanos estipula que toda pessoa tem direito a que se respeite a respectiva vida. Ao tempo em que aprovada a CADH (1969), pouco ou nada se falava sobre fertilização em vitro.

O Estado da Costa Rica proibia a fertilização in vitro. Cumpre, então, saber se o art. 4.1 da CADH, que protege o direito à vida, abrange o embrião utilizado na fertilização in vitro.

De fato, o art. 4.1 da CADH, embora tenha assegurado a toda pessoa o direito à vida, nada falou sobre o embrião. Cumpre descobrir se a mulher tem direito à fertilização in vitro. Esse direito não existirá, se o embrião for considerado pessoa.

Se nos restringíssemos ao contexto em que a CADH foi aprovada (1969), teríamos muita dificuldade em afirmar o direito da mulher à fertilização in vitro. Sem o conhecimento atual da ciência, poderíamos chegar à conclusão de que o embrião tem direito à vida.

No entanto, segundo a interpretação evolutiva ou dinâmica, os tratados internacionais de direitos humanos devem levar em conta o contexto atual.

Para se entender qual o contexto atual sobre o tema, é preciso olhar quais as **práticas dos Estados** a respeito (Convenção de Viena sobre o Direito dos Tratados, art. 31.1, alínea "b"). Grande parte dos Estados da região (Brasil, Colômbia, Argentina, Chile, Uruguai) admite a fertilização in vitro para algumas situações[197].

Além disso, o contexto pode ser analisado ao lado das **regras de Direito Internacional aplicáveis à matéria** (Convenção de Viena sobre o Direito dos Tratados, art. 31.1, alínea "c"). Essas regras de Direito Internacional podem compreender decisões de tribunais internacionais. Nesse ponto, o Tribunal Europeu de Direitos Humanos e o Tribunal de Justiça da União Europeia não consideram o embrião como pessoa, de modo que o embrião não tem direito à vida[198].

Portanto, **o contexto, a prática dos Estados e as regras internacionais** aplicáveis têm negado ao embrião o direito à vida. Isso, então, permite que o embrião seja utilizado para fins de fertilização in vitro, segundo entendeu a Corte Interamericana de Direitos Humanos[199].

Observa-se que o art. 4.1 da CADH não disse se o embrião tem direito à vida, mas, sim, que toda pessoa tem direito à proteção da vida. A interpretação dinâmica ou evolutiva, contudo, foi aplicada ao art. 4.1 da CADH, a partir da evolução dos tempos e das condições de vida atuais. Assim se permitiu o direito de a mulher fazer a fertilização in vitro, com isso não se ofendendo o direito à vida.

Portanto, o princípio da interpretação dinâmica ou evolutiva atualiza o sentido e o alcance dos tratados, que não se prendem às circunstâncias em que eles, tratados, foram aprovados. Os tratados, como instrumentos vivos, caminham lado ao lado com a evolução dos tempos.

---

197. Corte Interamericana de Direitos Humanos. *Caso Artavia Murillo e outros ("Fecundação in vitro") vs. Costa Rica*. Sentença de 28 de novembro de 2012 (Exceções Preliminares, Mérito, Reparações e Custas), § § 254 a 256.

198. Corte Interamericana de Direitos Humanos. *Caso Artavia Murillo e outros ("Fecundação in vitro") vs. Costa Rica*. Sentença de 28 de novembro de 2012 (Exceções Preliminares, Mérito, Reparações e Custas), § § 247 a 253.

199. Corte Interamericana de Direitos Humanos. *Caso Artavia Murillo e outros ("Fecundação in vitro") vs. Costa Rica*. Sentença de 28 de novembro de 2012 (Exceções Preliminares, Mérito, Reparações e Custas), § § 254 a 256.

20. PRINCÍPIO DA ATIPICIDADE DOS MEIOS DE CONTROLE DE CONVENCIONALIDADE

Segundo o **princípio da atipicidade dos meios de controle de convencionalidade**, não há uma forma específica predeterminada para que os Estados efetuem o controle de convencionalidade. As questões meramente formais são colocadas em segundo plano; o importante é que os atos internos se ajustem às normas internacionais de direitos humanos[200].

A propósito, segundo a Corte Interamericana de Direitos Humanos, a Convenção Americana sobre Direitos Humanos (CADH) não impõe um modelo específico para que os Estados efetuem o controle de constitucionalidade e o controle de convencionalidade. Caso, por exemplo, não exista, no Estado, uma Corte Constitucional, caberá aos juízes e aos demais órgãos da administração da justiça exercer o controle de convencionalidade das normas internas em relação à CADH[201].

Em alguns países (Uruguai, México e Costa Rica), os juízes singulares não realizam controle de constitucionalidade e, por consequência, controle de convencionalidade. Esses controles são feitos ou pela Corte Suprema ou por uma Sala Constitucional da Corte Suprema.

Nesses países, cabe aos juízes singulares pensarem em uma fórmula de exercício do controle de convencionalidade. Eles podem, por exemplo, dentro dos meios processuais em vigor no Estado, encontrar em um meio de eles mesmos, juízes singulares, realizarem o controle de convencionalidade, ou remeter os autos para a Corte Suprema fazê-lo. O ideal, no entanto, é que o Estado promova uma reforma constitucional e passe a admitir o controle de convencionalidade pelos juízes singulares[202].

De qualquer forma, mesmo os juízes singulares não realizando o controle de convencionalidade, é preciso que se encontre um meio para que o Poder Judiciário desses países faça essa verificação. Não há um meio certo ou predeterminado para fazê-lo, segundo reconhece o princípio da atipicidade dos meios de controle de convencionalidade. O mais importante é que esse controle seja feito.

Em suma, seja pelos juízes singulares, seja pela Suprema Corte, o Estado deve encontrar meios efetivos de realizar o controle de convencionalidade. Não existe uma forma predeterminada para isso, contudo.

---

200. Caio Paiva e Thimotie Aragon Heemann. *Jurisprudência internacional e direitos humanos*, pág. 194. 3ª ed. 2020.
201. Corte Interamericana de Direitos Humanos. *Caso Liakat Alibux vs. Suriname*. Sentença de 30 de janeiro de 2014 (Exceções Preliminares, Mérito, Reparação e Custas), § 124.
202. Valeria de Oliveira Mazzuoli. *Curso de Direitos Humanos*, págs. 207 e 208. 8ª ed. 2021.

21. PRINCÍPIO DA PRESUNÇÃO RELATIVA DE CONVENCIONALIDADE DAS NORMAS JURÍDICAS INTERNAS

Segundo o princípio da presunção relativa de convencionalidade das normas jurídicas internas, presume-se, de forma relativa, e não absoluta, que as normas internas estão de acordo com as normas jurídicas internacionais de proteção aos direitos humanos[203].

Quando uma norma interna é editada, parte-se do pressuposto de que o Estado observou os compromissos internacionais que assumiu no âmbito da proteção e da garantia dos direitos humanos. Por isso é que se presume que as normas internas, assim que nascem, estejam de acordo com os instrumentos jurídicos internacionais e com a jurisprudência internacional de direitos humanos.

Essa presunção, contudo, é relativa, e não absoluta. Cabe aos órgãos, instituições e pessoas legitimadas oferecer os argumentos necessários para romper a presunção de convencionalidade das normas jurídicas internas.

O **treaty override** é o fenômeno mediante o qual uma lei interna colide com os acordos internacionais assumidos pelo Estado. O Poder Legislativo nacional, portanto, edita uma lei que desrespeita os instrumentos jurídicos internacionais[204].

No âmbito dos direitos humanos, o **treaty override** é uma forma de se romper a presunção relativa de convencionalidade das leis.

SEÇÃO III
PRINCÍPIOS SUBSTANCIAIS

1. PRINCÍPIO DA PROGRESSIVIDADE DOS DIREITOS ECONÔMICOS, SOCIAIS E CULTURAIS (DESCAS)

A Convenção Americana sobre os Direitos Humanos (CADH) é o coração do sistema interamericano de Direitos Humanos. Trata-se, sem dúvida, do tratado internacional mais importante desse sistema de proteção.

Isso porque é na CADH que encontramos a criação e regulamentação da Corte Interamericana de Direitos Humanos, o órgão jurisdicional por

203. Caio Paiva e Thimotie Aragon Heemann. *Jurisprudência internacional de direitos humanos*, pág. 183. 3ª ed. 2020.

204. Beatriz Mattei de Cabane Oliveira. O Treaty Override no Brasil: considerações sobre a jurisprudência pátria e o art. 98 do Código Tributário Nacional. *Revista de Direito Internacional Tributário atual*, nº 6. São Paulo: IBDT, 2º semestre de 2019, pág. 58.

excelência que exige dos Estados Partes a proteção e garantia efetivas dos direitos humanos.

Além disso, é na CADH que estão delineados, de forma bem específica, os direitos civis e políticos, bem assim é nela que encontramos uma cláusula geral dos direitos econômicos, sociais e culturais (DESCAs).

No capítulo II (artigos 3º a 25), denominado de "Direitos Civis e Políticos", a CADH enumera e detalha os direitos civis e políticos.

Já, no capítulo III (art. 26), denominado de "Direitos Econômicos, Sociais e Culturais", a CADH traz uma cláusula geral sobre esses direitos, sem realizar um detalhamento específico de cada um dos direitos econômicos, sociais, econômicos e culturais.

Assim, no Capítulo II, que trata dos direitos civis e políticos, a CADH menciona vários desses direitos e trata, de forma relativamente pormenorizada, de cada um deles. Por exemplo: no art. 13, a CADH cuida do direito à liberdade de pensamento e de expressão. Além de fazer menção a esse direito, há um cuidadoso delineamento sobre o âmbito de proteção da liberdade de pensamento e de expressão.

Já, no capítulo III, o art. 26 é o único dispositivo da CADH que trata dos direitos econômicos, sociais e culturais e, ainda assim, de forma bastante genérica. Não se diz, por exemplo, sobre o direito à saúde e à previdência social. Muito menos existe uma regulamentação específica sobre cada um dos direitos sociais, econômicos e culturais.

A propósito, com o nome de **desenvolvimento progressivo**, o art. 26 da CADH enuncia o **princípio da progressividade dos direitos econômicos, sociais e culturais**.

Nesse sentido, nos termos do **princípio da progressividade dos direitos econômicos, sociais e culturais**, conforme previsto no art. 26 da CADH, os Estados Partes são obrigados a adotar providências, com o objetivo de conseguir, progressivamente, a **plena efetividade dos direitos** que decorrem das normas econômicas, sociais e sobre educação ciência e cultura, constantes da Carta da Organização dos Estados Americanos.

Isso significa que os Estados partes da CADH têm a obrigação de adotar todas as medidas técnicas, econômicas, legislativas e de outra natureza, para que os DESCAs tenham plena efetividade.

Nota-se que o art. 26 da CADH reporta-se, ao mesmo tempo, à progressividade e à efetividade dos DESCAs. Isso leva a uma profunda relação entre o **princípio da progressividade** e o **princípio da máxima efetividade dos direitos humanos**, também denominado de **princípio do gozo eficaz do direito ou do efeito útil**. É que o Estado tem o dever de, progressivamente, alcançar a máxima proteção, ou seja, a proteção efetiva dos direitos sociais, econômicos e culturais.

Se o Estado tem o dever de, cada vez mais, lograr a maior proteção possível desses direitos, cumpre ao Estado sempre andar para a frente, isto é, proteger e garantir cada vez tais direitos. Nunca andar para trás. Por isso é que o **princípio da progressividade dos DESCAs** tem larga aproximação com o **princípio da proibição do retrocesso**, segundo o qual os direitos cuja proteção já se encontra consolidada não podem ser diminuídos ou suprimidos. Não se podem, portanto, adotar medidas regressivas em matéria de direitos sociais, econômicos e culturais.

O art. 26 da CADH, ao tratar do princípio da progressividade, estipula que a efetivação progressiva dos DESCAs há de ser feita na medida dos recursos disponíveis do Estado. Numa leitura apressada, poderíamos supor que se permitiria ao Estado alegar ausência de recursos para deixar de implementar esses direitos.

Essa, contudo, não é a leitura correta do dispositivo. Ao aludir a "na medida dos recursos disponíveis", o que o art. 26 da CADH está dizendo é que cada Estado terá a sua própria maneira de concretizar os direitos sociais, econômicos e culturais. Não se trata de uma carta branca para que os Estados se omitam na concretização desses direitos, sob a alegação de inexistência de recursos disponíveis. Afinal, os Estados Partes, segundo o art. 2º da CADH, devem adotar as medidas necessárias para tornar efetivos os direitos e as liberdades.

Quando se fala em princípio da progressividade, não se diz que a implantação do direito deva ser gradativa. O princípio é da progressividade, e não da gradatividade. Progresso é algo que produz aumento, que produz crescimento, algo que progride. Daí a incompatibilidade do princípio da progressividade dos DESCAs com as chamadas normas constitucionais programáticas, as quais propõem programas que ficam no aguardo de um futuro incerto para serem realizados.

A propósito, a Corte Interamericana de Direitos Humanos leva os DESCAs a sério, conforme se pode afirmar em linguagem dworkiniana. As normas sobre os DESCAs não são meros compromissos programáticos ou simples objetivos políticos cedem a cenários contingentes[205].

O art. 26 da CADH receba o nome de **desenvolvimento progressivo**. Desse dispositivo é possível extrair, no que se refere aos direitos econômicos, sociais e culturais, duas espécies de obrigações direcionadas aos Estados Partes.

205. Voto concorrente do Juiz Rodrigo Mudrovitsch, § 39, no seguinte julgamento: Corte Interamericana de Direitos Humanos. *Caso Guevara Días vs. Costa Rica*. Sentença de 22 de junho de 2022 (Exceções Preliminares, Mérito, Reparação e Custas).

Assim, segundo a Corte Interamericana, o art. 26 da CADH impõe duas espécies de obrigação: a) **obrigações de natureza progressiva**; b) **obrigações de caráter imediato**.

Por meio das **obrigações de natureza progressiva**, o Estado tem a obrigação concreta e constante de avançar, o mais rápido e eficazmente possível, até a plena efetividade dos DESCAs. Os Estados não podem, portanto, adiar, indefinidamente, a adoção de medidas necessárias à efetividade dos direitos em questão[206]. Conforme já foi escrito acima, progressividade significa crescer, aumentar, sempre com efetividade, e nunca de modo gradativo, lento, ineficaz.

Além disso, ainda segundo a Corte Interamericana, **obrigações de natureza progressiva** também significam **obrigação de não regressividade** em relação aos direitos já alcançados[207]. Em outras palavras, conforme também já dito acima, o princípio da progressividade se relaciona, intimamente, com o princípio da proibição do retrocesso, segundo o qual não é possível diminuir ou suprimir os direitos cuja proteção se encontra consolidada.

Além de obrigações de natureza progressiva, o art. 26 da CADH contempla as **obrigações de caráter imediato**. Estas últimas consistem na adoção de medidas eficazes, que garantam o acesso sem discriminação às prestações reconhecidas para cada direito. Essas medidas devem ser adequadas, deliberadas e concretas para a plena realização dos direitos econômicos, sociais e culturais[208].

É certo que certos DESCAs não podem ser implementados imediatamente, por mais esforçado tenha sido o Estado na tentativa de concretizá-los.

É o caso, por exemplo, de violações massivas aos direitos humanos, como as que acontecem a comunidades indígenas, a populações carcerárias, a mulheres negras, entre outros casos.

Isso não significa que se deva negar a plena efetividade de tais direitos, porque o Estado continua com a obrigação de tomar todas as medidas possível para a efetivação dos direitos econômicos, sociais e culturais.

Nesses casos de difícil concretização imediata, cumpre à Corte Interamericana subministrar **remédios dialógicos deferentes ao processo democrático,**

---

206. Corte Interamericana de Direitos Humanos. *Caso Poblete Vilches e outros vs. Chile*. Sentença de 8 de março de 2018 (Mérito, Reparação e Custas), § 104.
207. Corte Interamericana de Direitos Humanos. *Caso Poblete Vilches e outros vs. Chile*. Sentença de 8 de março de 2018 (Mérito, Reparação e Custas), § 104.
208. Corte Interamericana de Direitos Humanos. *Caso Poblete Vilches e outros vs. Chile*. Sentença de 8 de março de 2018 (Mérito, Reparação e Custas), § 104.

à repartição de responsabilidades e à necessidade de planejamento econômico e fiscal para a implementação do direito que foi negado[209].

É preciso, portanto, que haja um **diálogo transnacional** entre a Corte Interamericana e o Estado violador, para que se garanta a restauração de um DESCA eventualmente vulnerado[210].

1.1. Justiciabilidade direta dos DESCAs

É nesse ambiente de intensa concretização que a Corte Interamericana de Direitos considera, atualmente, que os direitos sociais e econômicos comportam justiciabilidade direta. Esses direitos não são uma simples derivação dos direitos civis e políticos. Devem ser protegidos de forma autônoma.

O direito à saúde, por exemplo, não é uma simples decorrência do direito civil à vida e à integridade pessoal (direitos civis), mas, sim, um direito autônomo[211]. Os direitos sociais, econômicos e culturais e ambientais sujeitam-se aos princípios da interdependência e indivisibilidade em relação aos direitos civis e políticos. Não é possível garantir o direito à vida (direito civil) sem garantir o direito à saúde (direito social). Os direitos - todos eles - devem ser compreendidos integralmente e de forma conglobada, sem hierarquia entre si exigíveis em todos os casos perante as autoridades competentes[212].

Por meio da teoria da justiciabilidade direta dos direitos econômicos, sociais, culturais e ambientais (DESCAs), referidos direitos comportam proteção jurisdicional direta, sem a necessidade de considerá-los derivados dos direitos civis e políticos.

Já, para a teoria da justiciabilidade indireta dos DESCAs, tais direitos só podem ser protegidos a partir do momento em que são compreendidos como uma derivação dos direitos civis e políticos.

Prevalece, atualmente, na Corte Interamericana, a partir do *Caso Lagos Del Campo vs. Chile*, julgado no dia 31 de agosto de 2017, a teoria da justiciabilidade direta dos direitos econômicos, sociais, culturais e ambientais.

---

209. Voto concorrente do Juiz Rodrigo Mudrovitsch, § 50, no seguinte julgamento: Corte Interamericana de Direitos Humanos. *Caso Guevara Días vs. Costa Rica*. Sentença de 22 de junho de 2022 (Exceções Preliminares, Mérito, Reparação e Custas).

210. Voto concorrente do Juiz Rodrigo Mudrovitsch, § 50, no seguinte julgamento: Corte Interamericana de Direitos Humanos. *Caso Guevara Días vs. Costa Rica*. Sentença de 22 de junho de 2022 (Exceções Preliminares, Mérito, Reparação e Custas).

211. Corte Interamericana de Direitos Humanos. *Caso Poblete Vilches e outros vs. Chile*. Sentença de 8 de março de 2018 (Mérito, Reparação e Custas), § 104.

212. Voto do Juiz Eduardo Ferrer Mac-Gregor, § 1º, no seguinte julgamento: Corte Interamericana de Direitos Humanos. *Caso Lagos del Campo*. Sentença de 31 de agosto de 2017 (Exceções Preliminares, Mérito, Reparações e Custas).

A Corte superou a jurisprudência que acolhia a teoria da justiciabilidade indireta desses direitos.

1.2. A competência da Corte Interamericana para analisar a violação a qualquer Direito Econômico, Social, Cultural ou Ambiental (DESCA)

Cumpre descobrir se a Corte Interamericana de Direitos Humanos pode julgar a violação a quais direitos sociais, econômicos, sociais e ambientais, ou se ela se limitar a julgar as violações, apenas, aos direitos sociais à liberdade de associação sindical e à educação, nos termos da interpretação literal e restritiva dada ao art. 19.6 do Protocolo de San Salvador.

Segundo a **interpretação restritiva**, a Corte Interamericana só pode julgar as violações aos direitos sociais à liberdade sindical e à educação; a violação a outros direitos econômicos, sociais e culturais, não. Passemos a analisar os argumentos dessa corrente[213].

A Convenção Americana sobre Direitos Humanos trata, de forma pormenorizada, dos direitos civis e políticos (arts. 3º a 25) e faz uma referência bem genérica aos direitos econômicos, sociais e culturais (art. 26).

Ao fazer um uma previsão genérica sobre os DESCAs, a CADH não permitiria que a Corte Interamericana protegesse todos esses direitos. A previsão genérica de direitos sociais não autorizaria, por exemplo, a proteção do direito à saúde, que não está previsto na CADH.

Foi então que foi aprovado um protocolo à CADH, denominado de *Protocolo Adicional à Convenção Americana em Matéria de Direitos Econômicos, Sociais e Culturais*, conhecido como *Protocolo de San Salvador*.

O Protocolo de San Salvador admite o **direito de petição** ao **sistema interamericano**, mas, apenas, com base nos **direitos sociais à livre associação sindical** (art. 8º) **e à educação** (art. 13), nos termos do art. 19.6. Quanto aos demais direitos sociais, econômicos e culturais reconhecidos no Protocolo de San Salvador, não se reconheceu o direito de petição ao sistema interamericano.

Em suma, para a **interpretação restritiva**, a Corte Interamericana pode-se pronunciar sobre todos os direitos civis e políticos previstos na CADH. Isso porque tais direitos contam com previsão detalhada e específica na CADH. Quanto aos direitos econômicos, sociais, culturais e ambientais, a Corte Interamericana só pode decidir sobre o direito à livre associação sindical e o

213. A interpretação restritiva da jurisdição da Corte sobre os DESCAs não prevalece na Corte Interamericana. Adotam-na os Juízes da Corte Interamericana Sierra Porto e Vio Grossi. Na doutrina brasileira, partilha dessa interpretação restritiva Valerio de Oliveira Mazzuoli. Confira-se: Valerio de Oliveira Mazzuoli e outras. *Comentários à Convenção Americana sobre Direitos Humanos*, págs. 254 a 256. 2019.

direito à educação. Não poderá, portanto, pronunciar-se sobre outros direitos sociais, econômicos e culturais, como, por exemplo, o direito à saúde, o direito à previdência social, o direito a condições dignas de trabalho.

Eis, em resumo, os motivos pelos quais a Corte Interamericana, quanto aos DESCAs, só poderá, segundo a interpretação restritiva, julgar violações relacionadas apenas ao direito à liberdade sindical e à educação:

1º) A CADH, que é o tratado que criou a Corte Interamericana, trouxe, detalhadamente, a previsão apenas de direitos civis e políticos. A previsão dos DESCAs foi feita de forma bastante genérica no art. 26.

2º) O Protocolo de San Salvador, que é um protocolo adicional da CADH, só permite o acesso, mediante petição individual, ao sistema regional interamericano, quando a violação for praticada contra o direito à liberdade de associação sindical e o direito à educação (art. 19.6). Não há uma previsão específica de acesso a outros DESCAs tanto na CADH quanto no Protocolo de San Salvador.

Já, para a **interpretação ampliativa**, a Corte Interamericana pode julgar casos de violações de todos os DESCAs, e não apenas dos direitos à liberdade de associação sindical e à educação. Esse é o entendimento que prevalece atualmente na Corte Interamericana.

Passemos a analisar os principais argumentos da interpretação ampliativa, que nos parece a mais correta:

1º) As obrigações de respeito e de garantia (CADH, art. 1.1) e a determinação para a adoção de medidas que tornem efetivos os direitos (CADH, art. 2º) não se restringe aos direitos civis e políticos, mas abrange todos os direitos, incluindo os de natureza econômica, social, cultural e ambiental. A CADH não faz nenhuma restrição a qual tipo de direito pretende proteger nos artigos 1.1 e 2º. Nesse sentido, todos os direitos são interdependentes e indivisíveis, não havendo hierarquia entre eles e ausência de exigibilidade de nenhum deles[214]: não é possível que o ser humano possa desfrutar, por exemplo, do direito civil à vida, sem desfrutar do direito à saúde.

2º) Por meio da **interdependência ou dependência recíproca**, o desfrute de uns direitos depende da realização de outros. Já, para a **indivisibilidade**, não há nenhuma separação, categorização ou hierarquização

214. Eduardo Ma-Gregor Poison, Voto Fundamentado, § 4º, no seguinte julgamento: Corte Interamericana de Direitos Humanos. *Caso Suarez Peralta vs. Equador*. Sentença de 21 de maio de 2013 (Exceções Preliminares, Mérito, Reparações e Custas).

entre os direitos para os efeitos de respeito, proteção e garantia[215]. Logo, todos os direitos – sejam civis e políticos, sejam econômicos, culturais e econômicos – comportam a mesma proteção da Corte Interamericana.

3º) O art. 26 da CADH, embora traga uma proteção genérica dos DESCAs, remete à Carta da OEA, que traz previsões mais específicas de DESCAs. O próprio art. 29, alínea "d", da CADH faz referência à Declaração Americana sobre Direitos e Deveres do Homem, que é ainda mais específica quanto aos DESCAs.

4º) Nenhum dispositivo da CADH pode ser interpretado com o objetivo de limitar direitos reconhecidos por leis dos Estados ou por Convenções ratificadas por algum dos Estados Partes (CADH, art. 29, alínea "b") ou pela Declaração Americana dos Direitos e Deveres do Homem e outros atos internacionais da mesma natureza (CADH, art. 29, "d"). Assim, o art. 29 da CADH, que prevê a proteção dos DESCAs, não pode ser interpretado no sentido de limitar direitos previstos nas leis ou nas Constituições dos Estados Partes. Esse dispositivo também não limitar direitos previstos em outras convenção ou tratados internacionais de direitos Humanos, como, por exemplo, o Pacto Internacional sobre Direitos Econômicos, Sociais e Culturais, que estipula vários direitos econômicos, sociais e culturais, como o direito a condições de trabalho justas e favoráveis (art. 7º), direito à licença-gestante (art. 10.3), direito à saúde (art. 12.1), direito à educação (art. 13.1), entre outros[216].

5º) Cumpre emprestar uma interpretação sistemática, teleológica e evolutiva do art. 26 da CADH, de modo que se garanta a mais efetiva proteção dos DESCAs. Eventual conflito entre esse dispositivo e o limitativo art. 19.6 do Pacto de San Salvador deve ser resolvido com base no princípio da interpretação mais favorável ao ser humano, previsto no art. 29 da CADH: entre dois dispositivos conflitantes, deve-se adotar aquele que mais protege a pessoa.

6º) Quanto à interpretação evolutiva, os tratados internacionais de direitos humanos são instrumentos vivos, que devem acompanhar a evolução dos tempos e as condições atuais de vida atuais. É importante assinalar, nesse sentido, que a interpretação dos tratados deve ser realizada a partir do contexto (Convenção de Viena sobre o Direito dos Tratados,

---

215. Eduardo Ma-Gregor Poison, Voto Fundamentado, § 24º, no seguinte julgamento: Corte Interamericana de Direitos Humanos. *Caso Suarez Peralta vs. Equador*. Sentença de 21 de maio de 2013 (Exceções Preliminares, Mérito, Reparações e Custas).

216. Eduardo Ma-Gregor Poison, Voto Fundamentado, § § 44, 45 e 64, no seguinte julgamento: Corte Interamericana de Direitos Humanos. *Caso Suarez Peralta vs. Equador*. Sentença de 21 de maio de 2013 (Exceções Preliminares, Mérito, Reparações e Custas).

art. 29.2). E, juntamente com o contexto, deve-se levar em conta as práticas seguidas posteriormente pelos Estados na aplicação do tratado (Convenção de Viena sobre o Direito dos Tratados, art. 29.3, alínea "b"). Entre essas práticas, temos a jurisprudência dos Estados e o direito em geral dos Estados, que protegem eficazmente os direitos econômicos, sociais e culturais[217].

7º) Tem sido uma prática reiterada da Corte Interamericana de Direitos Humanos utilizar distintos instrumentos jurídicos e fontes internacionais para, conjuntamente com a CADH, extrair os direitos sociais, econômicos e culturais e, assim, precisar as obrigações dos Estados. Até mesmo o Pacto de San Salvador tem sido utilizado nessa empreitada[218].

8º) Segundo o art. 29 da CADH, nenhum dispositivo dela pode ser interpretado no sentido de limitar direitos previstos nas leis dos Estados partes, em outras Convenções, na Declaração Americana dos Direitos e Deveres do Homem (DADDH) e em outras declarações similares DADDH (CADH, art. 29, alíneas "a", "b" e "d). Isso significa que os direitos previstos nas leis e Constituições dos Estados, em outras Convenções e em Declarações de direitos humanos incorporam-se, por exemplo, ao art. 26 da CADH, o qual prevê as normas jurídicas sobre direitos econômicos, sociais, culturais e educacionais[219].

9º) O princípio da interpretação *pro persona*, previsto no art. 29 da CADH, ao estipular que se deve utilizar a norma mais favorável à pessoa, impede que dispositivos de leis ou de tratados sejam utilizados para limitar os direitos humanos previstos na CADH. Portanto, o Protocolo de San Salvador, ao limitar no art. 19.6 a competência da Corte Interamericana em matéria de DESCAs, não pode ser utilizado para fins de limitar os direitos econômicos, sociais e culturais previstos no art. 26 da CADH[220].

---

217. Eduardo Ma-Gregor Poison, Voto Fundamentado, § 46, no seguinte julgamento: Corte Interamericana de Direitos Humanos. *Caso Suarez Peralta vs. Equador*. Sentença de 21 de maio de 2013 (Exceções Preliminares, Mérito, Reparações e Custas).

218. Eduardo Ma-Gregor Poison, Voto Fundamentado, § 56, no seguinte julgamento: Corte Interamericana de Direitos Humanos. *Caso Suarez Peralta vs. Equador*. Sentença de 21 de maio de 2013 (Exceções Preliminares, Mérito, Reparações e Custas).

219. Eduardo Ma-Gregor Poison, Voto Fundamentado, § § 64 a 66, no seguinte julgamento: Corte Interamericana de Direitos Humanos. *Caso Suarez Peralta vs. Equador*. Sentença de 21 de maio de 2013 (Exceções Preliminares, Mérito, Reparações e Custas).

220. Eduardo Ma-Gregor Poison, Voto Fundamentado, § § 64 a 66, no seguinte julgamento: Corte Interamericana de Direitos Humanos. *Caso Suarez Peralta vs. Equador*. Sentença de 21 de maio de 2013 (Exceções Preliminares, Mérito, Reparações e Custas).

2. PRINCÍPIO DA REPARAÇÃO INTEGRAL

A Convenção Americana sobre Direitos Humanos (CADH) centraliza o seu sistema de proteção, com apoio da Corte Interamericana, no **direito da vítima à reparação integral**.

Nos termos do art. 63.1 da CADH, a Corte Interamericana, no caso de acolhido o direito da vítima, deve determinar não só pagamento de uma **justa indenização**, mas, também, **reparar as consequências da lesão**.

Portanto, quando se fala em reparação integral, não se fala apenas em indenização. Cabe ao Estado aplicar todas as reparações cabíveis à espécie, conforme veremos.

Em tema de reparação integral, não se deve desconhecer que, no sistema regional interamericano, imperam violações estruturais aos direitos humanos. Há causas estruturais de violação aos direitos das mulheres, das pessoas negras, dos povos indígenas, das crianças e adolescentes.

Por isso, é muito comum que a Corte Interamericana, além de determinar uma indenização a vítima, imponha ao Estado a adoção de políticas públicas que permitam eliminar ou diminuir as causas estruturas de violação de direitos. Numa causa que envolva a discriminação de uma mulher pelo sistema de justiça, a Corte Interamericana pode determinar, por exemplo, que o Poder Judiciário do Estado adote medidas de capacitação dos servidores e juízes, para que cesse a discriminação de gênero no sistema de justiça.

A Corte Europeia de Direitos Humanos, num caso de violação aos direitos das mulheres, por exemplo, responsabilizaria o Estado e determinaria a reparação econômica. A Corte Europeia não determina a adoção de políticas de mudança da estrutura de violação. A **reparação integral** é a joia da coroa da Corte Interamericana. Há, pois, um desejo transformador no sistema interamericano[221].

Anote-se que o art. 63, I, da CADH, além de possibilitar que o direito seja assegurado, possibilita que se confiram reparações à vítima. Referido dispositivo prevê, então, que se reparem as consequências da lesão e, além disso, seja concedida uma justa indenização à vítima.

Portanto, a indenização é uma das formas de se reparar a vítima ou familiares, mas não é a única forma de reparação. Há várias outras formas de reparação, em geral na forma de obrigações de fazer, incluindo, naturalmente,

221. Flávia Piovesan. O Direito Internacional de Direitos Humanos e a Corte Interamericano de Direitos Humanos. *Aula proferida, no dia 11/3/2022, no curso A importância da Corte Interamericana de Direitos Humanos da Escola Paulista da Magistratura (EPM).* Fernando Antônio de Lima (juiz coordenador).

as indenizações por danos materiais e morais[222] Valerio de Oliveira Mazzuoli. *In*: Valerio de Oliveira Mazzuoli, Flávia Piovesan e Melina Fachin. *Comentários à Convenção Americana Sobre Direitos Humanos*, págs. 342 a 344. Rio de Janeiro: Forense, 2019:

a) Obrigação de restituição na íntegra, como, por exemplo, a determinação para a soltura de um preso (CORTE INTERAMERICANA. *Caso Loaysa Tamayo*).
b) Condenação por danos morais e danos materiais (danos emergentes e lucros cessantes).
c) Obrigação de construir posto médico e escolar (CORTE INTERAMERICANA. *Caso Aloboetoe*).
d) Obrigação de editar determinada norma interna ou de modificar dispositivo de lei existente (CORTE INTERAMERICANA *Caso Suáres Rosero e outros*).
e) Obrigação de investigar e punir os responsáveis pelas violações (*Caso Velásquez Rodríguez*).
f) Obrigação de tornar nulo um processo judicial (CORTE INTERAMERICANA. *Caso Cesti Hurtado*).
g) Determinação que o Estado levantasse um *monumento* de recordação em homenagem às vítimas. Essa determinação se dirigiu ao Peru, onde 15 pessoas foram assassinadas e 4 pessoas foram feridas pelo Governo Fujimori (CORTE INTERAMERICANA. *Caso Barrios Altos vs. Peru*).
h) Determinação para que o Estado reparasse os danos ao projeto de vida do Senhor Luiz Alberto Cantoral Benavides.

A indenização é apenas uma das modalidades de reparação. Conforme já visto, há várias formas de reparação não pecuniária. Uma dessas formas, aliás muito interessante, consistiu no seguinte: A Constituição do Chile não protegia, integralmente, a liberdade de expressão.

Em razão disso, a Corte Interamericana determinou que o Chile promovesse uma reforma constitucional, de forma que a Constituição chilena passasse a contemplar uma proteção efetiva à liberdade de expressão (CORTE INTERAMERICANA. *Caso A Última Tentação de Cristo vs. Chile*).

Aliás, em termos de **princípio da reparação integral**, a Corte Interamericana já determinou a reparação do dano ao projeto de vida. É o que veremos no próximo subitem.

222. Valerio de Oliveira Mazzuoli. *In*: Valerio de Oliveira Mazzuoli, Flávia Piovesan e Melina Fachin. *Comentários à Convenção Americana Sobre Direitos Humanos*, págs. 342 a 344. Rio de Janeiro: Forense, 2019.

2.1. Reparação do dano ao projeto de vida

Dano ao projeto de vida é aquele dano que impede a pessoa de realizar aquilo que ela, pessoa, decidiu realizar na própria vida. São negadas as escolhas vitais, aqueles projetos por meio dos quais a pessoa poderia exercer a própria liberdade como ser humano dotado de dignidade.

Natureza jurídica da reparação do dano ao projeto de vida: referida reparação é uma **espécie autônoma de reparação.** Por isso, não se confunde com a reparação por danos morais nem por danos materiais e lucros cessantes[223].

Isso significa que é possível cumular a reparação do dano ao projeto de vida com outras espécies de reparação – como, por exemplo, a reparação por danos morais e materiais.

Vejamos um caso real, julgado pela Corte Interamericana, em que houve a reparação pelo dano ao projeto de vida. O Senhor **Luiz Alberto Cantonal Bonavides** foi **preso ilegalmente e sofreu tortura em presídio peruano.** Devido à prisão, esse senhor **não conseguiu realizar o projeto de cursar uma universidade.**

O Estado peruano não puniu os responsáveis nem investigou o caso. Foi, então, ajuizada uma demanda contra o Estado do Peru na Corte Interamericana de Direitos Humanos.

A Corte Interamericana, então, determinou que **o Estado do Peru concedesse uma bolsa de estudos superiores ou universitários.** Essa bolsa deveria **cobrir os custos da carreira profissional** do Senhor Luiz Alberto Cantonal **e os gastos de manutenção durante o período de estudos.**

Além disso, a bolsa deveria ser concedida para estudos em um centro de reconhecida qualidade acadêmica escolhido de comum acordo entre Estado e vítima.

Nota-se que, no período em que ficou injustamente preso, o Senhor Cantonal teve negado o projeto de vida relacionado à construção de uma carreira profissional. A **concessão da bolsa** foi uma **forma de reparação ao dano ao projeto de vida**[224].

---

223. Confira-se: CORTE INTERAMERICANA. *Caso Loayza Tamayo vs. Peru*. Reparações e Custas. Sentença de 27 de novembro de 1998.

224. CORTE INTERAMERICANA. *Caso Cantoral Bonavides vs. Peru*. Sentença de 3 de dezembro de 2001. Reparações e Custas. Série C, nº 88, § 80; Thimotie Aragon Heeman. Dano ao projeto de vida e grupos vulneráveis. *In*: *Jota*, 15/7/2021. Disponível em: https://www.jota.info/opiniao-e-analise/colunas/direito-dos-grupos-vulneraveis/dano-ao-projeto-de-vida-e-grupos-vulneraveis-15072021.

3. PRINCÍPIO DA SEGURANÇA JURÍDICA EM MATÉRIA DE DIREITOS HUMANOS

Segundo o **princípio da segurança jurídica em matéria de direitos humanos**, cabe aos Estados conferir estabilidade jurídica aos direitos, os quais, por isso, devem estar livres de incertezas, de alterações legislativas e mudanças prejudiciais na jurisprudência protetiva.

Suponhamos que a Corte Interamericana venha, de forma reiterada, protegendo os direitos econômicos, sociais e culturais. Não é possível que haja uma alteração brusca nessa jurisprudência, sob pena de violação ao princípio da segurança jurídica em matéria de direitos humanos. A proteção e garantia dos direitos humanos requer estabilidade, não podendo ficar refém de alterações hermenêuticas contingentes.

A propósito, quando a jurisprudência da Corte Interamericana, por vários anos, venha protegendo direitos de várias espécies, não se permite que uma nova composição da Corte, por novos juízes, produza uma alteração drástica nessa jurisprudência.

A consolidação de uma jurisprudência, é importante dizer, decorre do esforço transgeracional de magistradas e magistrados da Corte Interamericana, para produzir aquilo que Dworkin denomina da **novela em cadena**, que é um dos elementos centrais para a integridade de uma jurisprudência centrada em direitos[225].

A **novela em cadeia**, ou romance em cadeia, é, segundo Dworkin, um processo interpretativo que usa a metáfora de um romance escrito por vários autores. Cada autor é responsável por escrever um capítulo. Cada autor deve prosseguir no romance onde o antecessor parou, dando sempre continuidade ao sistema de interpretação do Direito[226].

Não se pode, assim, em cada composição da Corte Interamericana, haver mudança jurisprudencial brusca na jurisprudência protetiva dos direitos humanos. Cada juiz que entra não pode desconsiderar aquilo que foi escrito por cada juiz que saiu, sob pena de desrespeitar o princípio da segurança jurídica, que prescreve exigências de estabilidade em matéria de proteção aos direitos humanos.

225. Voto concorrente do Juiz Rodrigo Mudrovitsch, § 33, no seguinte julgamento: Corte Interamericana de Direitos Humanos. *Caso Guevara Días vs. Costa Rica*. Sentença de 22 de junho de 2022 (Exceções Preliminares, Mérito, Reparação e Custas).

226. Gleydson Andrade. *A teoria do romance em cadeia de Dwordin e o processo penal brasileiro*. Disponível em: https://www.jusbrasil.com.br/artigos/a-teoria-do-romance-em-cadeia-de-dworkin-e-o-processo--penal-brasileiro/1109810045.

Eis o **direito como integridade**: o juiz, ao escrever sua decisão, deve levar em consideração a história já escrita, o que confere harmonia ao sistema jurídico. O juiz pode até não concordar nominalmente com o que já foi escrito, desde que busque amparo nos princípios que sustentam o direito. Deve ser rechaçado o decisionismo, o subjetivismo, que nada mais é do uma interpretação destrutiva[227].

Portanto, a preservação de uma jurisprudência protetiva é uma das formas de se observar o princípio da segurança jurídica em matéria de direitos humanos.

Do princípio da segurança jurídica em matéria de direitos humanos, não se segue, apenas, a necessidade de as novas composições da Corte Interamericana observar a jurisprudência protetiva dos direitos humanos.

As instituições e órgãos internos também têm o dever jurídico de observar essa jurisprudência protetiva, ou seja, os julgados consolidados da Corte Interamericana de Direitos Humanos.

A Corte Interamericana, na competência contenciosa, julga casos, proferindo sentenças; não emite recomendações. Por isso se diz que as sentenças da Corte Interamericana são de cumprimento obrigatório pelo Estado infrator.

Em outras palavras, **quanto ao Estado infrator, a sentença da Corte Interamericana faz coisa julgada (res judicata)**, não podendo ser descumprida, sob pena de responsabilidade do Estado.

A sentença da Corte Interamericana tem força obrigatória apenas em relação ao Estado infrator que está sendo julgado (res judicata) ou projeta seus efeitos para também para outros Estados que aderiram à CADH?

Suponhamos que a Corte Interamericana tenha condenado a Argentina por violações de direitos humanos praticadas durante o regime da ditadura militar. Assim, a Corte Interamericana determinou que a Argentina indenizasse as vítimas, bem assim investigasse e punisse os responsáveis. Essa sentença afeta de algum modo o Brasil, embora o Brasil não tenha sido parte dessa demanda ajuizada contra a Argentina?

SIM. **As sentenças da Corte Interamericana, quando decidem em um mesmo sentido uma determinada matéria, formam jurisprudência. Essa jurisprudência produz efeitos sobre todos os demais Estados que aderiram à CADH.** Por isso, a jurisprudência formada sobre um determinado tema vincula os demais Estados aderentes da CADH.

---

227. Gleydson Andrade. *A teoria do romance em cadeia de Dwordin e o processo penal brasileiro.* Disponível em: https://www.jusbrasil.com.br/artigos/a-teoria-do-romance-em-cadeia-de-dworkin-e-o-processo-penal-brasileiro/1109810045.

É que a Corte Interamericana é quem dá a última palavra sobre a interpretação da CADH. Se a Corte Interamericana determina, em um caso concreto, a reparação, investigação e punição nas graves violações praticadas durante a ditadura militar em um Estado, outros Estados, que também passaram por ditaduras e que aderiram à CADH, devem tomar essas providências também.

Segundo vem entendendo a própria Corte Interamericana, a sentença proferida num caso pela Corte vincula, ainda que de maneira indireta, os demais Estados-partes da CADH a título de **res interpretata**.

Portanto, **a sentença da Corte Interamericana** produz os seguintes **efeitos**:

a) **Res judicata:** em relação ao Estado que está sendo julgado pela Corte Interamericana.

b) **Res interpretata:** em relação aos demais Estados que aderiram à CADH. A interpretação que a Corte Interamericana dá em caso afeta os outros Estados que ratificaram a CADH. Daí que as autoridades dos demais Estados têm a obrigação não apenas de interpretar a CADH, mas de interpretar a CADH conforme a CADH foi interpretada pela Corte Interamericana[228].

O efeito de *res* interpretata das sentenças da Corte Interamericana foi consagrado no Brasil pela Recomendação nº 123, de 7 de janeiro de 2022, do Conselho Nacional de Justiça (CNJ).

Segundo o art. 1º, I, da referida recomendação, **cabe aos órgãos do Poder Judiciário brasileiro**: a) observar os tratados e convenções internacionais de direitos humanos em vigor no Brasil; b) **utilizar a jurisprudência da Corte Interamericana de Direitos Humanos (Corte IDH).**

Portanto, a jurisprudência da Corte Interamericana vincula o Brasil, ainda que tal jurisprudência tenha sido formada no julgamento de outros Estados partes da CADH. Trata-se de uma manifestação possível do princípio da segurança jurídica em matéria de direitos humanos.

EFEITOS DAS SENTENÇAS DA CORTE INTERAMERICANA DE DIREITOS HUMANOS	
RES JUDICATA	**RES INTERPRETATA**
• É a vinculação que a sentença da Corte Interamericana produz sobre o Estado infrator, isto é, sobre o Estado que foi julgado pela Corte.	• É o efeito que a sentença da Corte Interamericana produz sobre outros Estados, ou seja, sobre os Estados que não estão sendo julgados em um caso concreto.

228. Confira-se: CORTE INTERAMERICANA. *Caso Almonacid Arellano e outros.* Sentença de 2006, § 124; CORTE INTERAMERICANA DE DIREITOS HUMANOS. *Caso Gelman vs. Uruguai*. Resolução de Supervisão de Cumprimento de Sentença (2013), § 69.

EFEITOS DAS SENTENÇAS DA CORTE INTERAMERICANA DE DIREITOS HUMANOS	
• A sentença da Corte, portanto, produz efeitos de coisa julgada sobre o Estado infrator. • Daí que o Estado infrator tem o dever de cumprir referida sentença.	• Portanto, se a Corte Interamericana vem julgando em um certo sentido, esse entendimento se reflete sobre todos os Estados partes da CADH que tenham aderido à jurisdição contenciosa da Corte Interamericana. • O efeito da "res interpretata" se aplica ao Brasil. Isso porque, nos termos da Recomendação nº 123/2022 do Conselho Nacional de Justiça (CNJ), o Poder Judiciário brasileiro deverá seguir a jurisprudência da Corte Interamericana, isto é, o entendimento que a Corte vem adotando ao prolatar suas sentenças.

Pode-se, então, dizer que o princípio da segurança jurídica em direitos humanos, no que se refere à jurisprudência protetiva da Corte Interamericana de Direitos Humanos, pode produzir dois efeitos:

1º) Exigir que a nova composição da Corte Interamericana observa a jurisprudência protetiva da própria Corte.

2º) Exigir que os Estados, por todos os seus órgãos e instituições – principalmente pelo Poder Judiciário nacional – observem a jurisprudência protetiva da Corte Interamericana.

4. PRINCÍPIO DO DEVIDO PROCESSO CONVENCIONAL

O **princípio do devido processo convencional** é a adequação das normas processuais e procedimentais (internas e internacionais) às normas processuais e procedimentais previstas nos tratados de direitos humanos e em outros instrumentos internacionais protetivos.

Logo, devem observar as normas processuais e procedimentais previstas em tratados de direitos humanos: a) Os processos e procedimentos em trâmite no âmbito interno; b) Os processos e procedimentos em trâmite em Tribunais e órgãos internacionais.

A **inconvencionalidade** é o fato de as normas e condutas internas deixarem de observarem tratados internacionais de direitos humanos. A inconvencionalidade pode ser:

a) **Material ou substancial:** normas do direito interno desrespeitam as previsões materiais previstas nos tratados internacionais de direitos humanos.

b) **Formal ou procedimental (ou violação do devido processo convencional):** normas processuais e procedimentais do direito interno e do direito internacional desrespeitam as normas processuais e procedimentais previstas em tratados de direitos humanos ratificados pelo Estado.

Por sua vez, o **devido processo convencional** pode ser[229]:

a) **Internacional:** é a observância, pelos órgãos e tribunais internacionais, às normas processuais e procedimentais previstas em tratados internacionais de direitos humanos e em outros instrumentos internacionais protetivos.

b) **Interno:** é a observância, pelos órgãos do Estado, às normas processuais e procedimentais previstas em tratados e outros instrumentos internacionais protetivos. Ex.: no Brasil, é a observância, pelos processos judiciais e processos administrativos, às normas processuais e procedimentais previstas, por exemplo, na CADH.

4.1. Devido processo convencional internacional

Devido processo convencional internacional é a obrigação de as instâncias internacionais observarem as normas processuais e procedimentais previstas nos tratados e outros instrumentos internacionais protetivos. Exemplo: num processo instaurado perante a Corte Interamericana de Direitos Humanos, a Corte e a Comissão Interamericana devem observar as normas processuais e procedimentais previstas na Convenção Americana de Direitos Humanos (CADH).

4.2. Devido processo convencional interno

Devido processo convencional interno é a obrigação de os órgãos e poderes internos observar as normas processuais e procedimentais previstas nos tratados internacionais de direitos humanos ratificados pelo Estado e em outros instrumentos internacionais aplicáveis ao Estado. Ex.: os processos judiciais e os processos não judiciais (administrativos, trabalhistas, cíveis etc.) precisam seguir as normas jurídicas internacionais processuais e procedimentais previstas na Convenção Americana sobre Direitos Humanos, que é um tratado internacional de direitos humanos.

229. Sobre o devido processo convencional, confira-se: Valerio de Oliveira Mazzuoli. *Curso de Direitos Humanos*, pág. 217 a 221.

Assim, devido processo convencional interno, segundo a jurisprudência da Corte Interamericana de Direitos Humanos, pode-se manifestar, por exemplo, na necessidade de os processos criminais e não criminais de se orientarem pelas garantias judiciais previstas no art. 8º da CADH (juiz natural, juiz imparcial, presunção de inocência, ampla defesa, direito de não ser obrigado a depor-se contra si mesmo etc.)[230].

Caso os órgãos e instituições internas não observem as normas processuais da CADH, nos processos (penais, trabalhistas, administrativos etc.), ocorrerá a **inconvencionalidade formal ou procedimental**. O Estado poderá vir a sofrer uma condenação internacional.

A **audiência de custódia** é um exemplo no qual o Brasil observou o devido processo convencional interno. É que o Conselho Nacional de Justiça (CNJ) implantou essa garantia judicial, tornando-a obrigatória para todo o Poder Judiciário brasileiro.

Nesse sentido, o CNJ observou o art. 7º, § 5º, da CADH, segundo o qual "toda pessoa detida ou retida deve ser conduzida, sem demora, à presença de um juiz ou outra autoridade autorizada pela lei a exercer funções judiciais e tem direito a ser julgada dentro de um prazo razoável ou a ser posta em liberdade, sem prejuízo de que prossiga o processo".

O CNJ observou, também, o art. 9º, § 3º, 1ª parte, do Pacto Internacional sobre Direitos Civis e Políticos: "qualquer pessoa presa ou encarcerada em virtude de infração penal deverá ser conduzida, sem demora, à presença do juiz ou de outra autoridade habilitada por lei a exercer funções judiciais e terá o direito de ser julgada em prazo razoável ou de ser posta em liberdade".

Assim, segundo a Resolução nº 213 CNJ, de 15.12.2015, art. 1º: "toda pessoa presa em flagrante delito, independentemente da motivação ou natureza do ato, seja obrigatoriamente apresentada, em até 24 horas da comunicação do flagrante, à autoridade judicial competente e ouvida sobre as circunstâncias em que se realizou sua prisão ou apreensão".

Porém, a garantia da audiência de custódia já deveria ter sido implantada. Isso porque, desde 25 de setembro de 1992, já vigorava, no direito brasileiro, a CADH, cujo art. 7º, § 5º já previa essa garantia judicial.

Outra hipótese de aplicação, ao menos parcial, do devido processo convencional se deu no seguinte caso. Nos termos do art. 333, inciso I, do Regimento Interno do Supremo Tribunal Federal (RISTF), cabem embargos infringentes nas ações penais originárias do STF julgadas procedentes, de forma não unânime, pela Turma ou Plenário do STF (RISTF, art. 333, inciso I).

230. Confira-se: Corte Interamericana de Direitos Humanos. Caso Lopez Mendoza vc. Venezuela (sentença de 1 de setembro de 2011).

Esse dispositivo respeita, ao menos em parte, a CADH, que garante a toda pessoa que for acusada de uma infração penal o "direito de recorrer da sentença para juiz ou tribunal superior" (CADH, art. 8º,1º, *h*).

No Caso *Mensalão*, que tramitou de forma originária no STF, a condenação dos réus em um único julgamento, sem os embargos infringentes, viola o postulado do duplo reexame (STF, Emb. Inf. na Ação Penal 470/MG, voto do Min. Celso de Mello, j. em 18.9.2013).

Os processos judiciais e não judiciais (administrativos, civis, trabalhistas, tributários etc.), em trâmite nos órgãos e poderes brasileiros, devem observar:

1º) O **princípio do devido processo legal**: normas internas processuais e procedimentais que garantam um processo legalmente hígido, íntegro, correto.

2º) O **princípio do devido processo convencional**: normas processuais e procedimentais previstas nos tratados internacionais de direitos humanos ratificados pelo Estado e em outros instrumentos jurídicos internacionais aplicáveis ao Estado.

4.2.1. Devido processo convencional interno nos processos de natureza não criminal

Nos termos do devido processo convencional interno, os processos internos devem observar o devido processo convencional, ou seja, as normas processuais e procedimentais previstas em tratados internacionais de direitos humanos e outros instrumentos internacionais protetivos.

Esse dever de observância não se aplica apenas aos processos criminais, mas, também, aos processos de natureza não criminal - como, por exemplo, nos processos administrativos.

No caso *López Mendoza Vs. Venezuela*, a Corte Interamericana de Direitos Humanos enfrentou a situação do Senhor López Mendoza, que foi desqualificado, administrativamente, pelo Estado venezuelano em exercer funções públicas e de participar das eleições regionais de 2008 (sentença de 1.9.2011)[231].

Nesse caso, a Corte Interamericana de Direitos Humanos entendeu que as sanções administrativas e disciplinares traduzem, como as sanções penais, uma expressão do poder punitivo do Estado, com natureza, às vezes, semelhante ao poder de punir do Estado. Por isso, é preciso, nos processos sancionatórios administrativos e disciplinares, observar o art. 8º da Convenção

231. Confira-se ficha técnica da citada sentença no sítio eletrônico da Corte Interamericana de Direitos Humanos. Disponível em: https://translate.google.com/translate?hl=pt-BR&sl=es&u=https://www.corteidh.or.cr/CF/jurisprudencia2/ficha_tecnica.cfm%3FnId_Ficha%3D354&prev=search&pto=aue.

Americana de Direitos Humanos (CADH). Confira-se item número 111 (da respeitável sentença citada), dentro do título "**garantias judiciais em relação aos procedimentos administrativos**":

> 111. A esse respeito, a Corte indicou que **todos os órgãos que exerçam funções de natureza materialmente jurisdicional, sejam eles criminais ou não, têm o dever de adotar decisões justas com base no pleno respeito às garantias do devido processo estabelecidas no artigo 8 do Convenção Americana** (grifei). Da mesma forma, a Corte recorda o que foi afirmado em sua jurisprudência anterior no sentido de que as sanções administrativas e disciplinares são, como as penais, uma expressão do poder punitivo do Estado e que às vezes têm uma natureza semelhante a deste último.

Entre as **garantias judiciais previstas no art. 8º da CADH**, temos, precisamente no art. 8º, item 2, exatamente o **princípio da presunção de inocência.**

A propósito, nessa sentença prolatada no caso *López Mendoza Vs. Venezuela*, a Corte Interamericana aplicou o princípio da presunção de inocência ao processo administrativo disciplinar sancionatório (confiram-se os números 128 a 132 da referida sentença)[232].

Assim, porque, à maneira do processo penal, o processo administrativo disciplinar sancionatório prevê sanções semelhantes ao poder punitivo criminal do Estado, é necessário, para garantir a higidez daquele processo, que se observem as garantias judiciais do processo penal, entre as quais o princípio da presunção de inocência.

5. PRINCÍPIO DA IGUALDADE OU DA NÃO DISCRIMINAÇÃO

5.1. Linhas gerais

O princípio da igualdade ou da não discriminação encontra-se disciplinado em vários tratados internacionais de direitos humanos, bem assim em várias Constituições.

No que se refere especificamente à Convenção Americana sobre Direitos Humanos, o princípio da igualdade ou da não discriminação encontra-se presente em mais de um dispositivo.

Nos termos do art. 1.1 da CADH, os Estados Partes devem **respeitar e garantir direitos, sem discriminação.**

---

232. Tratando-se especificamente do caso *López Mendoza Vs. Venezuela*, julgado pela Corte Interamericana de Direitos Humanos, escreveram Caio Paiva e Thimotie Aragon Heeman: "**46.2.1. Reconhecimento da extensão da presunção de inocência aos processos administrativos.** Embora concebido originariamente para os processos criminais, o princípio da presunção de inocência também deve ser aplicado aos processos administrativos, conforme decidiu a Corte IDH no julgamento do *Caso López Mendonza*" (*Jurisprudência internacional de Direitos Humanos*, pág. 222. 3ª ed. 2020).

O **dever de respeito** é uma **obrigação negativa**: o Estado deve abster-se de agir, para que o direito seja respeitado. Ex.: os agentes estatais não podem torturar os presos.

Já o **dever de garantia** é uma **obrigação positiva**: o Estado deve atuar, para que o direito seja garantido. Ex.: o Estado deve promover ações afirmativas em favor da população negra e das mulheres, com o objetivo de estancar a desigualdade estrutural que nega direitos a essas pessoas.

No que se refere ao dever de garantir, deve o Estado promover medidas legislativas e de outra natureza, para que os direitos humanos possam vir a ser efetivados (CADH, art. 2º). Essas medidas, inclusive, objetivam promover a efetiva proteção e garantia de direitos, sem discriminação.

Há, portanto, um vínculo indissociável entre, de um lado, a obrigação do Estado de respeitar e garantir direitos e, de outro lado, o princípio da igualdade ou da não discriminação[233].

O princípio da igualdade ou da não discriminação também se encontra presente no art. 24 da CADH. Segundo esse dispositivo, todas as pessoas são iguais perante a lei, de modo que têm direito a receber, sem discriminação, a mesma proteção da lei.

Segundo a Corte Interamericana, o art. 1.1 da CADH, ao estabelecer que os direitos sejam protegidos e garantidos, diz respeito aos direitos previstos na Convenção Americana sobre Direitos Humanos. Já o art. 24 da CADH, ao aludir à igual proteção da lei, refere-se à proibição das desigualdades que venham a ser previstas nas leis internas do Estado[234].

O art. 24 da CADH, ao prever o **princípio da igualdade**, revela duas dimensões desse princípio. Primeiro, a **dimensão formal**, em que todas as pessoas devem ter o mesmo tratamento da lei. Segundo, a **dimensão material ou substancial**, pela qual se devem adotar medidas positivas em favor de grupos historicamente discriminados ou marginalizados em razão dos fatos de discriminação mencionados no art. 1.1. da CADH[235].

Por isso, conforme veremos no subitem 6.2.2, e no que toca à dimensão material ou substancial, o enfoque da discriminação estrutural é importantíssimo para identificar violação ao princípio da igualdade ou da não discriminação, quando se discutem os direitos de grupos discriminados ou marginalizados.

233. Corte Interamericana de Direitos Humanos. Caso Barbosa de Souza e outros vs. Brasil. Sentença de 7 de setembro de 2021 (Exceções Preliminares, Mérito, Reparações e Custas), § 182.

234. Corte Interamericana de Direitos Humanos. Caso Barbosa de Souza e outros vs. Brasil. Sentença de 7 de setembro de 2021 (Exceções Preliminares, Mérito, Reparações e Custas), § 182.

235. Corte Interamericana de Direitos Humanos. Caso Barbosa de Souza e outros vs. Brasil. Sentença de 7 de setembro de 2021 (Exceções Preliminares, Mérito, Reparações e Custas), § 139.

É possível, portanto, a partir das dimensões formal e material, observar duas concepções possíveis sobre o princípio da igualdade ou da não discriminação.

No âmbito da **dimensão formal**, é **proibida a adoção de diferenças arbitrárias de tratamento**. Essas diferenças de tratamento serão arbitrárias quando não tiverem uma justificativa objetiva e razoável, ou seja, quando não perseguirem um fim legítimo e não exista uma relação de proporcionalidade entre os meios utilizados e o objetivo perseguido. A discriminação legítima, nesse ponto, exige uma argumentação rigorosa e exaustiva[236].

No âmbito da **dimensão material**, o princípio da igualdade ou da não discriminação determina que o Estado crie condições de igualdade real aos grupos que são historicamente excluídos ou que se encontrem em uma situação de maior risco de discriminação[237].

5.2. Identificação dos sujeitos, classes e categorias discriminados

O ordenamento jurídico apresenta dificuldades em apontar quem é discriminado, isto é, quem são os sujeitos, classes e categorias discriminados. Nesse sentido, não se reconhece que as questões-chave da discriminação residem nas estruturas sociais de opressão, dominação e subordinação. Daí que, conforme apontam Barrere e Morondo, não se pode contar com legislações ou tendências jurisprudenciais claras na justificação das categorias "grupos em desvantagem"[238].

A identificação dessas categorias ("grupos em desvantagem") deve implicar mudanças na interpretação das cláusulas mais formais de igualdade. É preciso, para tanto, levar em conta a realidade social desses grupos, assim como o impacto das normas e os impactos das políticas sobre eles. Portanto, deve-se ir mais além de uma mera interpretação formalista da igualdade, superada há muito tempo em sede teórica e, ao menos em parte, na prática jurídica[239].

Em termos de desigualdades estruturais, a Corte Interamericana tem decidido que a interpretação jurídica deve, de fato, identificar os sujeitos, sob a perspectiva da realidade social em que tais sujeitos estão inseridos.

236. Corte Interamericana de Direitos Humanos. *Caso Guevara Días vs. Costa Rica*. Sentença de 22 de junho de 2022 (Mérito, Reparação e Custas), § 49.

237. Corte Interamericana de Direitos Humanos. *Caso Guevara Días vs. Costa Rica*. Sentença de 22 de junho de 2022 (Mérito, Reparação e Custas), § 49.

238. María Añon Roig. Princípio antidiscriminatório y determinación de la desvantaja. *Isonomía*, nº 39, México, outubro de 2013, pág. 128.

239. María Añon Roig. Princípio antidiscriminatório y determinación de la desvantaja. *Isonomía*, nº 39, México, outubro de 2013, págs. 129 e 130.

Assim, segundo a Corte Interamericana de Direitos Humanos, não basta ao Estado deixar de violar direitos. O Estado deve adotar medidas positivas, determináveis em função das necessidades específicas de proteção do sujeito de direito, seja pela condição especial desse sujeito, seja pela situação específica em que tal sujeito se encontre[240].

Portanto, para viabilizar o princípio da igualdade ou da não discriminação, quando em jogo discriminações estruturais, a Corte Interamericana entende ser necessário identificar os sujeitos, classes e categorias discriminados, a partir da realidade em que tais vítimas encontram-se imersas.

Nesse sentido, o fundamento próprio do juízo de igualdade precisa introduzir alguns parâmetros que exigem a inclusão, na argumentação jurídica, de conhecimentos característicos de igualdade material, como o são o contexto social, os efeitos sociais e de toda a ordem das normas jurídicas, os pressupostos estruturais que existem por trás das normas, ou os estereótipos que continuam sendo utilizados para justificar o tratamento diferenciado. É preciso ampliar o plexo de argumentos justificatórios com base em um enfoque que leve em conta a discriminação sistêmica ou estrutural e a perspectiva de interseccionalidade nos processos discriminatórios[241].

Captar a discriminação exige reconhecer as estruturas sociais de opressão, subordinação e dominação, algo que deve ser feito por meio de categorias ou enfoques que têm sua origem na discriminação estrutural e na perspectiva da interseccionalidade[242].

Assim já o fez a Corte Interamericana. Ao analisar um caso de explosão de uma fábrica de artifícios que matou 60 pessoas e feriu mais 6 pessoas, a Corte Interamericana utilizou-se de conhecimentos sociológicos e estatísticos para identificar a situação de desigualdade estrutural em que estavam as vítimas. Tratava-se de um trabalho reservado a pessoas negras – em geral, mulheres, incluindo crianças – descendentes de escravos[243].

---

240. Corte Interamericana de Direitos Humanos. Empregados da Fábrica de Fogos de Santo Antônio de Jesus e seus familiares vs. Brasil. Sentença de 15 de julho de 2020 (Exceções Preliminares, Mérito, Reparação e Custas), § 115.

241. María Añon Roig. Princípio antidiscriminatório y determinación de la desventaja. *Isonomía*, nº 39, México, outubro de 2013, pág. 130.

242. María Añon Roig. Princípio antidiscriminatório y determinación de la desventaja. *Isonomía*, nº 39, México, outubro de 2013, pág. 130.

243. Corte Interamericana de Direitos Humanos. Empregados da Fábrica de Fogos de Santo Antônio de Jesus e seus familiares vs. Brasil. Sentença de 15 de julho de 2020 (Exceções Preliminares, Mérito, Reparação e Custas), § § 56 a 70.

5.2.1. Critério do estereótipo, para detectar a desigualdade contra as mulheres

Os direitos das mulheres devem ser analisados a partir de um contexto de desigualdade estrutural em relação aos homens. Dentro desse aspecto, a Corte Interamericana tem incorporado o **critério de estereótipo**, desde a sentença no caso conhecido como Campo Algodonero vs. México, ano 2009. Em outras palavras, o critério de estereótipo é um dos critérios possíveis para detectar a desigualdade estrutural quando se fala em direitos das mulheres[244].

A forma de raciocínio utilizada pela Corte Interamericana para estabelecer a existência de um estereótipo e logo avaliar se a prática estatal se viu influenciada por ele é uma forma de decantar e aplicar concretamente os pressupostos da discriminação estrutural. Para isso, a Corte Interamericana, em primeiro lugar, no caso Campo Algodonero, evidenciou a existência de um estereótipo contra as mulheres no Estado de Chihuahua (México)[245].

A Corte Interamericana tem utilizado essa ferramenta para levar a cabo a prática da ideia de discriminação estrutural principalmente em casos relacionados aos direitos das mulheres.

5.2.2. O enfoque da desigualdade estrutural, no caso de grupos em situação de vulnerabilidade

Quanto aos grupos histórica e estruturalmente excluídos do processo democrático, é possível adotar o **enfoque da discriminação estrutural** como critério interpretativo. Esse enfoque consegue situar a origem do estado de privação em que se encontra a maioria dos grupos marginalizados nos processos sociais e nas práticas culturais que definem esse status[246].

O enfoque da discriminação estrutural pode ser entendido como um padrão interpretativo adicional à discriminação indireta[247]. Trata-se de um critério hermenêutico que se refere àquelas situações de desigualdade social, de subordinação ou de dominação, em que não é possível identificar uma conduta específica de discriminação.

---

244. Jaime Gajardo Falcón. Araucaria. Revista Iberoamericana de Filosofia Política, Humanidades y Relaciones Internacionales. Ano 23, nº 46, pág. 622.

245. Jaime Gajardo Falcón. Araucaria. Revista Iberoamericana de Filosofia Política, Humanidades y Relaciones Internacionales. Ano 23, nº 46, pág. 622.

246. Jaime Gajardo Falcón. Araucaria. Revista Iberoamericana de Filosofia Política, Humanidades y Relaciones Internacionales. Ano 23, nº 46, págs. 615 e 617.

247. Jaime Gajardo Falcón. Araucaria. Revista Iberoamericana de Filosofia Política, Humanidades y Relaciones Internacionales. Ano 23, nº 46, pág. 618.

Podem ser observadas, então, na discriminação estrutural, dinâmicas sociais reiteradas que levam à persistência de estruturas de subordinação e resultados sistematicamente desvantajosos para certos grupos, incluindo a ausência de motivos discriminatórios explícitos amparados pelo direito. Nesse caso, de modo similar ao que ocorre na discriminação indireta, acreditar na existência de discriminação supõe aportar dados empíricos ou provas estatísticas que demonstrem esse viés "invisível" na tomada de decisões[248].

Uma das formas de desigualdade estrutural é a **discriminação estrutural em função da condição de pobreza das vítimas**. Esse tipo específico de discriminação faz confluírem diferentes desvantagens estruturais que impactam a vitimização. Essas desvantagens, em geral, são econômicas e sociais e afetam, em geral com mais força, grupos determinados de pessoas, como as pessoas afrodescendentes. Daí que, na discriminação estrutural em razão da pobreza, podem aportar vários fatores de discriminação, como classe social (discriminação em razão da renda), gênero e raça[249].

A igualdade se depreende diretamente da unidade da natureza do gênero humano e, por isso, é indissociável da dignidade humana. Daí ser incompatível com o princípio da igualdade toda situação que, ao considerar superior um determinado grupo, passe a tratar com privilégio esse grupo. Também é incompatível com o princípio da igualdade a situação em que, ao considerar inferior um certo grupo, passe a tratar tal grupo de forma hostil ou discriminatória, negando direitos concedidos a outros grupos[250].

Portanto, o enfoque da desigualdade estrutural é muito importante para a aplicação princípio da igualdade ou da não discriminação, principalmente quando em jogo direitos de categorias, pessoas ou grupos em situação de vulnerabilidade.

5.2.3. Protocolo de julgamento com perspectiva de gênero

O caso Márcia Barbosa vs. Brasil, julgado pela Corte Interamericana de Direitos Humanos, diz respeito à falta de investigação e punição, pelo Estado brasileiro, de deputado estadual. Márcia Barbosa havia se encontrado com esse deputado em um motel e foi morta por asfixia. Uma das testemunhas viu quando o corpo de Márcia foi jogado, do carro do deputado, em um terreno baldio.

---

248. María Añon Roig. Princípio antidiscriminatório y determinación de la desvantaja. *Isonomía*, nº 39, México, outubro de 2013, pág. 148.

249. Corte Interamericana de Direitos Humanos. Empregados da Fábrica de Fogos de Santo Antônio de Jesus e seus familiares vs. Brasil. Sentença de 15 de julho de 2020 (Exceções Preliminares, Mérito, Reparação e Custas), § § 190 e 191.

250. Corte Interamericana de Direitos Humanos. *Caso Guevara Días vs. Costa Rica*. Sentença de 22 de junho de 2022 (Mérito, Reparação e Custas), § 46.

Devido ao regime de imunidade parlamentar que existia na época, a Assembleia Legislativa do Estado da Paraíba não autorizou o processamento da ação penal que o Ministério Público ajuizou contra o deputado.

Durante o processamento do caso no Tribunal do Júri, a vítima sofreu grave discriminação pelo simples fato de ser mulher. Isso porque o Advogado do réu utilizou-se de **estereótipos negativos de gênero no julgamento.**

A propósito, referido Advogado solicitou, ao Tribunal do Júri, a incorporação de 150 páginas de artigos de jornais que se referiam à prostituição, overdose e suposto suicídio da vítima[251].

Observa-se que, nos termos do art. 5.a da CEDAW[252], os Estados partes devem modificar os padrões socioculturais de homens e de mulheres, com vistas a alcançar a eliminação dos preconceitos e práticas consuetudinárias, e de qualquer outra índole que estejam baseadas na ideia de inferioridade ou superioridade de qualquer dos sexos ou em funções estereotipadas de homens e de mulheres.

Nesse sentido, o Comitê CEDAW entendeu que a presença de **estereótipos de gênero no sistema judicial** impacta de forma grave o exercício dos direitos humanos pelas mulheres. Isso pode impedir o pleno acesso à justiça, particularmente das mulheres vítimas e sobreviventes de violência[253].

Nesse sentido, os preconceitos pessoais e os estereótipos de gênero podem levar os funcionários estatais a deixar de apurar episódios de violência contra a mulher. Em vez de se basear na realidade, tais funcionários levam em conta mitos, fantasias, retirando a devida imparcialidade para verificar se ocorreu, ou não, a violação de direitos das mulheres. As decisões se baseiam em ideias preconcebidas ou mitos, e não em fatos, o que pode levar à denegação de justiça[254].

Daí que, no caso Barbosa e outros vs. Brasil, no Ponto Resolutivo nº 9, a Corte Interamericana determinou o seguinte: **"O Estado criará e implementará um plano de formação, capacitação e sensibilização continuada** para as forças policiais responsáveis pela investigação e **para operadores de justiça do Estado da Paraíba, com perspectiva de gênero e raça, nos termos do parágrafo 196 da presente Sentença"**.

251. Corte Interamericana de Direitos Humanos. Caso Barbosa de Souza e outros vs. Brasil. Sentença de 7 de setembro de 2021 (Exceções Preliminares, Mérito, Reparações e Custas).
252. Convenção sobre a Eliminação de todas as formas de Discriminação contra a Mulher.
253. Corte Interamericana de Direitos Humanos. Caso Barbosa de Souza e outros vs. Brasil. Sentença de 7 de setembro de 2021 (Exceções Preliminares, Mérito, Reparações e Custas), § 141.
254. Corte Interamericana de Direitos Humanos. Caso Barbosa de Souza e outros vs. Brasil. Sentença de 7 de setembro de 2021 (Exceções Preliminares, Mérito, Reparações e Custas), § 144.

Com base nessa importante sentença da Corte Interamericana, o Conselho Nacional de Justiça (CNJ) publicou o **Protocolo de Julgamento com Perspectiva de Gênero.**

Assim, segundo o Protocolo de Julgamento com Perspectiva de Gênero, por exemplo, num crime de estupro, não se pode, jamais, fazer perguntas sobre a intimidade da vítima (se ela já teve vários parceiros, se ela estava com roupa curta no momento do crime etc.). Não se pode revitimizar a mulher vítima de violência.

Nos termos desse Protocolo, existe uma **assimetria de poder entre homens e mulheres na sociedade**. A essa assimetria se denomina **Patriarcado, ou Dominação Masculina** – um sistema que mantém as mulheres, de algum modo, subordinada aos homens.

Isso se reflete, por exemplo, na **epidemia de violência doméstica contra a mulher no Brasil**. Mas não só nisso. Há várias **outras formas de violência contra a mulher**, nem sempre de ordem física, mas, também, psicológica: a) **Interromper a fala de uma mulher numa reunião** (em 2016, um certo candidato à Presidência da República nos EUA interrompeu 56 vezes uma candidata concorrente em um debate; em 2020, esse mesmo candidato não interrompeu, por várias vezes, o concorrente homem); c) **controle sobre o que a esposa ganha**; d) **controle das redes sociais da mulher**; e) **controle sobre como a mulher se veste etc.**

Portanto, o Protocolo de Julgamento com Perspectiva de Gênero vai ao encontro do princípio da igualdade ou da não discriminação, ao introduzir o critério da desigualdade estrutural de gênero para debelar as diversas formas de violência contra a mulher.

5.2.4. O juízo de racionalidade para identificar a discriminação contra alguns grupos vulneráveis

Em termos argumentativos, é importante considerar, para se aferir a discriminação contra alguns grupos vulneráveis, o **juízo de racionalidade**. Deve-se averiguar a razão de ser de uma norma a partir dos sujeitos que são levados em conta para interpretar referida norma. Em razão disso, o **juízo de racionalidade** deve levar em conta **3 (três) critérios: a) o exame do contexto histórico do grupo; b) Os efeitos passados e presentes da norma analisada; c) a revelação do estereótipo e do padrão de discriminação estrutural**[255]**.**

Quanto ao **exame do contexto histórico do grupo**, a gravidade dos padrões de dominação e dos estereótipos depende, em ampla medida, do entorno social em que são produzidos.

255. María Añon Roig. Princípio antidiscriminatório y determinación de la desvantaja. *Isonomía*, nº 39, México, outubro de 2013, págs. 138 e 139.

Nesse sentido, o Tribunal Europeu de Direitos Humanos entendeu que o sistema de pensões da República Checa se baseia no estereótipo de que o varão é provedor, e a mulher é responsável pela casa (TEDH. Caso Adrle vs. Czech Republic - 6268/08, 17/2/2011).

Em outro caso, o Tribunal Europeu de Direitos Humanos analisou um caso em que a República Checa adota escolas especiais para as crianças ciganas. Segundo o Tribunal Europeu de Direitos Humanos, essa política educacional segrega a população infantil cigana. Há uma violação ao art. 14 da Convenção Europeia de Direitos Humanos, que proíbe a discriminação (TEDH, Caso D. H and Others vs. Czech Republic, 57325, 13/11/2007).

Em ambos os casos, ou seja, tanto na discriminação contra a mulher quanto na discriminação contra as crianças ciganas, considerou-se o contexto histórico de vulnerabilidade do grupo cujos direitos foram violados (mulheres e povos ciganos). No caso específico das mulheres, utilizou-se de estereótipos de gênero para se produzir a discriminação[256].

Outro critério para aplicar o juízo de racionalidade em termos de apuração do princípio da igualdade são os **efeitos passados e presentes da norma analisada**. Assim, o tribunal deve avaliar que tipo de prejuízo causa a norma e sobre quais sujeitos. Devem-se examinar os efeitos sociais de todo tipo: de ordem psicológica, econômica, cultural, que podem afetar o status material das pessoas ou o status social. Trata-se do âmbito adequado para efetuar o enfoque interseccional dos efeitos da aplicação das normas[257].

Por fim, o terceiro critério para aplicar o juízo de racionalidade, em termos de apuração do princípio da igualdade, é a **revelação do estereótipo e do padrão de discriminação**. Deve-se, aqui, deixar claras as obrigações internacionais do Estado para combater esse tipo de discriminação. Nessa análise, deve-se explicitar o tipo de experiências que a sociedade considera como "naturais" e plenamente interiorizadas que, com frequência, formam parte das razões que os Estados alegam para justificar as normas discriminatórias[258].

Nota-se que descobrir o padrão de discriminação estrutural faz com que esse terceiro critério dialogue fortemente com o primeiro critério, que se relaciona com o contexto histórico do grupo em situação de vulnerabilidade. Em outras palavras, descobrir a discriminação estrutural implica examinar o contexto histórico em que se encontra inserido o grupo vulnerável.

---

256. Confira-se: María Añon Roig. Princípio antidiscriminatório y determinación de la desvantaja. *Isonomía*, nº 39, México, outubro de 2013, pág. 139.

257. María Añon Roig. Princípio antidiscriminatório y determinación de la desvantaja. *Isonomía*, nº 39, México, outubro de 2013, págs. 139 e 140.

258. María Añon Roig. Princípio antidiscriminatório y determinación de la desvantaja. *Isonomía*, nº 39, México, outubro de 2013, págs. 139 e 140.

Em palavras mais resumidas, cumpre exercitar o juízo de racionalidade sobre o princípio da igualdade ou da não discriminação, quando se averiguam os direitos dos grupos em situação de vulnerabilidade.

Esse juízo de racionalidade implica examinar o contexto histórico do grupo, os efeitos passados e futuros da norma interpretada, bem assim o exame sobre o padrão de discriminação estrutural. É um juízo bem complexo, que requer, muitas vezes, o apoio interdisciplinar, conforme se pôde ver no item 6.2.2.

5.3. Juízo agravado ou exigente de igualdade

O **princípio da igualdade ou da não discriminação** dedica especial proteção aos grupos em situação de vulnerabilidade. O critério da desigualdade estrutural, por exemplo, concretiza o aspecto material ou substancial do princípio da igualdade.

A propósito, com o objetivo de se estabelecer uma maior proteção aos grupos em situação de vulnerabilidade, é possível se falar em um **juízo exigente ou agravado de igualdade**.

Assim, segundo o Tribunal Constitucional espanhol, o juízo exigente ou agravado de igualdade se subdivide em três espécies: a) juízo agravado estrito; b) juízo agravado intermediário; c) juízo agravado mínimo.

O **juízo agravado estrito** é utilizado para julgar normas, medidas ou classificações legislativas que se valem do **"traço suspeito"** para prejudicar os grupos vulneráveis. O juízo agravo estrito estipula que essas normas, medidas ou classificações têm a **presunção de inconstitucionalidade ou de ilegalidade**, desde que haja, é claro, um tratamento desfavorável aos sujeitos vulneráveis com base no critério dos "traços suspeitos". Suponhamos uma lei que proíba o casamento homoafetivo, sob o argumento de que essa união foge ao padrão moral vigente. Há uma presunção de inconstitucionalidade da lei, por força da aplicação do juízo agravado estrito.

Já o **juízo agravado intermediário** se aplica às normas que beneficiam os grupos vulneráveis. Esse juízo incorpora o critério de igualdade material como elemento integrante da finalidade constitucional que justifica o tratamento desigual.

Por sua vez, o **juízo agravo mínimo** é o que reconhece a presunção de constitucionalidade sobre as normas e medidas que não favorecem nem prejudicam os grupos vulneráveis[259].

259. Sobre as três espécies de juízo agravado ou exigente de igualdade, confira-se: David Giménez Gluck. *Juicio de igualdad y Tribunal Constitucional*. Barcelona: Bosch, 2004, págs. 171 a 173.

Esses três juízos não se referem, apenas, à questão da constitucionalidade, mas, também, à questão da convencionalidade. Trata-se de juízo de validação de normas e comportamentos, juízo, esse, feito não apenas no plano interno (controle de constitucionalidade), mas, também, no que toca ao plano internacional (observância de padrões normativos internacionais de proteção aos direitos humanos).

5.4. Categorias jurídicas de proteção e garantia

É preciso que haja **categorias jurídicas de proteção e garantia**, para que o princípio da igualdade ou da não discriminação tenha plena aplicabilidade, particularmente no que se refere aos direitos das pessoas ou grupos que partilhem alguma sorte de vulnerabilidade.

Assim, podem ser listadas algumas dessas categorias jurídicas de proteção e garantia do princípio da igualdade ou da não discriminação: **a) indenização às vítimas; b) nulidade dos atos que causem a discriminação; c) princípio da tutela jurisdicional como direito a exigir a proteção dos tribunais; d) princípio da distribuição da carga probatória**[260].

5.4.1. Princípio da tutela jurisdicional como direito a exigir a proteção dos tribunais

O **princípio da tutela jurisdicional como direito a exigir a proteção dos tribunais** vem assegurado no art. 25 da CADH com o nome **proteção judicial**.

Segundo o **direito à proteção judicial**, previsto no art. 25 da CADH, toda pessoa tem direito a um recurso simples e rápido ou a qualquer outro recurso efetivo, perante juízes ou tribunais. Esse recurso deve proteger a pessoa contra atos que violem direitos reconhecidos pela Constituição, pelas leis ou pela própria CADH, mesmo quando a violação parta de pessoas que estejam desempenhando funções oficiais.

O **direito à proteção judicial** se complementa com as **garantias judiciais** mencionadas no art. 8º da CADH. Essas garantias judiciais compreendem medidas garantidoras do devido processo legal, como o direito de ser ouvido, dentro de um prazo razoável, por um juiz ou tribunal competente.

O direito à proteção judicial (CADH, art. 25) e o direito às garantias judiciais (CADH, art. 8º) se conjugam com o art. 1.1 da CADH, segundo o qual os Estados Partes devem proteger e garantir direitos, sem discriminação[261].

260. María Añon Roig. Princípio antidiscriminatório y determinación de la desvantaja. *Isonomía*, nº 39, México, outubro de 2013, pág. 145.

261. Corte Interamericana de Direitos Humanos. Empregados da Fábrica de Fogos de Santo Antônio de Jesus e seus familiares vs. Brasil. Sentença de 15 de julho de 2020 (Exceções Preliminares, Mérito, Reparação e Custas), § § 216 e 217.

Conjugando-se os direitos à proteção judicial (CADH, art. 25) e o direito às garantias judiciais (CADH, art. 8º), exige-se dos Estados que deem uma resposta, em um prazo razoável, às solicitações de direitos formuladas pelas pessoas[262].

No âmbito do processo penal, por exemplo, deve o Estado promover a devida diligência, dentro de um prazo razoável, para investigar e punir os responsáveis, de modo que se erradique a impunidade. Para tanto, o Estado deverá remover os obstáculos, de fato e de direito, que impeçam a responsabilização daqueles que violaram direitos[263].

Ainda no âmbito dos direitos à proteção judicial (CADH, art. 25) e às garantias judiciais (CADH, art. 8º), não basta ao Estado proferir sentenças e decisões que reconheçam a violação. Cumpre ao Estado fornecer os meios para que essas sentenças e decisões sejam efetivamente executadas. A execução, portanto, tem que ser completa, perfeita, integral e sem delonga, conforme vem entendendo o Tribunal Europeu de Direitos Humanos e que vem sendo aceito pela Corte Interamericana de Direitos Humanos[264].

Nota-se que o **direito à proteção judicial** (CADH, art. 25) e o **direito às garantias judiciais** (CADH, art. 8º) materializam o **princípio da tutela jurisdicional como direito a exigir a proteção dos tribunais.**

Esses direitos e esse princípio viabilizam o amplo **acesso à justiça** de que devem desfrutar as vítimas. Tais direitos, vimos da jurisprudência da Corte Interamericana, vinculam-se ao art. 1.1. da CADH, segundo o qual os Estados devem proteger e garantir os direitos, **sem discriminação.**

Em outras palavras, o princípio da tutela jurisdicional como direito a exigir a proteção dos tribunais tem ampla relação com o princípio da igualdade ou da não discriminação. Isso envolve, naturalmente, como é da índole do princípio da igualdade ou da não discriminação, a proteção efetiva das pessoas ou grupos em situação de desigualdade estrutural.

262. Corte Interamericana de Direitos Humanos. Empregados da Fábrica de Fogos de Santo Antônio de Jesus e seus familiares vs. Brasil. Sentença de 15 de julho de 2020 (Exceções Preliminares, Mérito, Reparação e Custas), § § 218.

263. Corte Interamericana de Direitos Humanos. Empregados da Fábrica de Fogos de Santo Antônio de Jesus e seus familiares vs. Brasil. Sentença de 15 de julho de 2020 (Exceções Preliminares, Mérito, Reparação e Custas), § § 220.

264. Corte Interamericana de Direitos Humanos. Empregados da Fábrica de Fogos de Santo Antônio de Jesus e seus familiares vs. Brasil. Sentença de 15 de julho de 2020 (Exceções Preliminares, Mérito, Reparação e Custas), § § 243.

5.4.2. Princípio da distribuição da carga probatória

O **princípio da distribuição da carga probatória** é fruto de uma construção jurisprudencial do Tribunal de Justiça da União Europeia. Trata-se de um novo equilíbrio probatório que abandona o elemento intencional e se baseia na constatação objetiva da diferença de tratamento. Com exceção ao âmbito penal, o Tribunal de Justiça da União Europeia tem reconhecido que as regras probatórias comuns estavam privando as vítimas da possibilidade de valer-se do direito de ação[265].

O Tribunal Europeu dos Direitos Humanos, por sua vez, reconheceu as dificuldades na prática de provar a "motivação racista". Por isso, entendeu-se que cabe ao governo demandado a carga probatória, mediante o auxílio de elementos probatórios suplementares ou de uma explicação plausível de que não houve discriminação proibida[266].

Nesse sentido, cabe ao demandante apresentar apenas indícios suficientes da existência de uma medida discriminatória. A prova da discriminação indireta é extremamente complexa, e a argumentação é difícil[267]. Ao Estado, por outro lado, cabe demonstrar que a discriminação não existiu.

Na discriminação estrutural, é possível identificar processos sociais difusos, sistêmicos – à margem da intencionalidade das pessoas individualmente consideradas – que se reproduzem institucionalmente, porquanto se projetam em todas as dimensões da existência, tanto em âmbito público ou social como em âmbito privado[268]. Daí a dificuldade de a vítima provar, concretamente, uma discriminação específica.

A discriminação interseccional pode fortalecer os argumentos que servem para identificar os padrões de discriminação das normas que são consideradas discriminatórias. Isso porque se trata de um ponto de vista que permite verificar as estruturas de discriminação nos sistemas de opressão ou de subordinação[269]. Se a vítima demonstrar essa discriminação interseccional, cumpre ao Estado produzir prova em contrário, devido ao princípio da distribuição da carga probatória.

---

265. María Añon Roig. Princípio antidiscriminatório y determinación de la desvantaja. *Isonomía*, nº 39, México, outubro de 2013, pág. 145.
266. Tribunal Europeu de Direitos Humanos. *Nachova e outros vs. Bulgaria*, 43577/98 e 435/79/98, 6 de julho de 2005.
267. María Añon Roig. Princípio antidiscriminatório y determinación de la desvantaja. *Isonomía*, nº 39, México, outubro de 2013, pág. 146.
268. María Añon Roig. Princípio antidiscriminatório y determinación de la desvantaja. *Isonomía*, nº 39, México, outubro de 2013, pág. 148.
269. María Añon Roig. Princípio antidiscriminatório y determinación de la desvantaja. *Isonomía*, nº 39, México, outubro de 2013, pág. 151.

A propósito, no caso de ação de indenização contra o Estado, quando se atribui aos agentes policiais ingresso ilegal em domicílio, é possível inverter-se o ônus da prova. Cabe ao ente público demonstrar que não houve a aludida invasão. Isso porque o Estado está em melhores condições de fornecer as provas que estão sob controle exclusivo do próprio ente estatal, tais como as gravações do atendimento prestado pelos policiais. Portanto, "diante da possível violação de direitos humanos, cabe a inversão do ônus da prova, quando o Estado está em melhor posição de comprovar a legalidade das ações de seus agentes frente à dificuldade excessiva da parte-autora, pessoa vulnerável, de produzir suas alegações"[270].

Esse entendimento, adotado pela 4ª Turma da Fazenda, do Colégio Recursal de São Paulo, baseia-se em diversos precedentes da Corte Interamericana, no que se refere à proteção das vítimas de violência estatal, tais como Velásquez Rodrigues vs. Honduras, Godínez Cruz vs. Honduras; Barrios Altos vs. Peru; Myra Mack Chang vs Guatemala; e Honorato vs Brasil[271].

5.5. Princípio da igualdade ou da não discriminação no domínio do "jus cogens"

Norma cogente ou norma de jus cogens, também denominada de **norma imperativa em sentido estrito**, é aquela norma que contém os valores essenciais para a comunidade internacional. Em razão disso, uma norma de jus cogens possui superioridade normativa, prevalecendo sobre outras normas do Direito Internacional[272].

Quando uma norma pertence ao *jus cogens*, não significa, por si só, que essa norma seja obrigatória, já que todas as normas internacionais são obrigatórias. Pertencer ao *jus cogens* significa, isto sim, que, além de ser obrigatória, tal norma não pode ser alterada pela vontade de um Estado. Assim, uma norma de *jus cogens* só poderá ser modificada por outra norma de mesma força normativa, ou seja, por norma aprovada pela comunidade internacional como um todo[273].

---

270. FRESCA, Fábio. Voto proferido no seguinte julgamento: Colégio Recursal de São Paulo, 4ª Turma Recursal da Fazenda Pública, Agravo de Instrumento nº 0110838-50.2024.8.26.9061, Relator Juiz Fabio Fresca, julgamento no dia 23 de setembro de 2024.
271. FRESCA, Fábio. Voto proferido no seguinte julgamento: Colégio Recursal de São Paulo, 4ª Turma Recursal da Fazenda Pública, Agravo de Instrumento nº 0110838-50.2024.8.26.9061, Relator Juiz Fabio Fresca, julgamento no dia 23 de setembro de 2024.
272. André de Carvalho Ramos. *Teoria Geral dos Direitos Humanos na Ordem Internacional*, pág. 190. 7ª ed. 2019.
273. André de Carvalho Ramos. *Teoria Geral dos Direitos Humanos na Ordem Internacional*, pág. 191. 7ª ed. 2019.

A Convenção de Viena sobre Direito dos Tratados (CVDT) não trouxe um rol de normas de *jus cogens*. O papel dos tribunais internacionais é fundamental para identificar quais normas têm essa natureza.

Segundo a Corte Interamericana de Direitos Humanos, o **princípio da igualdade ou da não discriminação**, na atual etapa do Direito Internacional, ingressou no **domínio do *jus cogens*** e permeia todo ordenamento jurídico[274]. Assim, um Estado não pode denunciar um tratado internacional de direitos humanos que preveja o princípio da igualdade ou da não discriminação.

5.6. Fundamento da ordem interna e da ordem internacional

O **princípio da igualdade ou da não discriminação** fundamenta toda a ordem interna e toda a ordem internacional, o que pode ser observado quando se analisam o art. 1.1 e o art. 24 da CADH[275].

O art. 1.1 da CADH estabelece o dever de os Estados Partes respeitar e garantir os direitos previstos na CADH, sem discriminação. Daí se pode dizer que, ao não respeitar e garantir os direitos previstos na CADH, o Estado Parte incorre em responsabilidade internacional[276]. Ademais, ao aludir à locução "sem discriminação" e aos direitos previstos na CADH, o art. 1.1 aproxima o princípio da igualdade com o Direito Internacional, de tal sorte que tal princípio deve ser observado na ordem internacional[277].

É interessante que o art. 1.1 da CADH enumera situações que podem caracterizar discriminação. Esse rol, contudo, é exemplificativo, e não taxativo[278].

Já o art. 24 da CADH estabelece que todas as pessoas têm direito à igual proteção da lei. Isso significa que o princípio da igualdade ou da não discriminação também fundamenta a ordem jurídica interna.

---

274. Corte Interamericana de Direitos Humanos. Empregados da Fábrica de Fogos de Santo Antônio de Jesus e seus familiares vs. Brasil. Sentença de 15 de julho de 2020 (Exceções Preliminares, Mérito, Reparação e Custas), § 182.

275. Corte Interamericana de Direitos Humanos. Empregados da Fábrica de Fogos de Santo Antônio de Jesus e seus familiares vs. Brasil. Sentença de 15 de julho de 2020 (Exceções Preliminares, Mérito, Reparação e Custas), § 182.

276. Corte Interamericana de Direitos Humanos. Empregados da Fábrica de Fogos de Santo Antônio de Jesus e seus familiares vs. Brasil. Sentença de 15 de julho de 2020 (Exceções Preliminares, Mérito, Reparação e Custas), § 184.

277. Corte Interamericana de Direitos Humanos. Empregados da Fábrica de Fogos de Santo Antônio de Jesus e seus familiares vs. Brasil. Sentença de 15 de julho de 2020 (Exceções Preliminares, Mérito, Reparação e Custas), § 182.

278. Corte Interamericana de Direitos Humanos. Empregados da Fábrica de Fogos de Santo Antônio de Jesus e seus familiares vs. Brasil. Sentença de 15 de julho de 2020 (Exceções Preliminares, Mérito, Reparação e Custas), § 184.

Assim, se a discriminação envolver a não observância de um direito previsto na CADH, a pessoa pode buscar a proteção jurídica no art. 1.1. da CADH. Se a discriminação envolver o descumprimento de um dispositivo da lei interna, é possível buscar a proteção no art. 24 da CADH[279].

Como fundamento da ordem interna e da ordem internacional, o princípio da igualdade ou da não discriminação traz as seguintes obrigações ao Estado[280]:

a) Adoção de medidas positivas para reverter ou alterar situações discriminatórias existentes em prejuízo de determinado grupo de pessoas;
b) Adotar medidas positivas em função das necessidades especiais de proteção do sujeito de direito – seja pela condição, seja pela condição pessoal, seja pela situação específica em que se encontra determinada pessoa, como, por exemplo, a extrema pobreza e a marginalização.
c) Abster-se de tomar medidas que impliquem, direta ou indiretamente, alguma discriminação de fato ou de direito.

6. PRINCÍPIO DO DIÁLOGO JURISDICIONAL INTERAMERICANO EM MATÉRIA DE DIREITOS HUMANOS

No âmbito da Convenção Americana sobre Direitos Humanos, ratificada pelo Brasil em 1992, com reconhecimento brasileiro da jurisdição contenciosa da Corte Interamericana em 1998, não é só a Corte Interamericana que tem o dever de aplicar os dispositivos da CADH.

Trata-se de uma obrigação que se estende a todas as juízas e juízes nacionais. A propósito, quem primeiro deve fazer o controle de convencionalidade, isto é, a verificação da compatibilidade das normas e condutas internas com os tratados e demais instrumentos internacionais de direitos humanos, é o Poder Judiciário nacional. Apenas na omissão total ou parcial deste é que entra a Corte Interamericana de Direitos Humanos[281].

O Poder Judiciário nacional, portanto, verifica não apenas a compatibilidade das normas e condutas internas com a Constituição (controle de constitucionalidade), mas, também, a compatibilidade das normas e condutas

---

279. Corte Interamericana de Direitos Humanos. Empregados da Fábrica de Fogos de Santo Antônio de Jesus e seus familiares vs. Brasil. Sentença de 15 de julho de 2020 (Exceções Preliminares, Mérito, Reparação e Custas), § 182.

280. Corte Interamericana de Direitos Humanos. Empregados da Fábrica de Fogos de Santo Antônio de Jesus e seus familiares vs. Brasil. Sentença de 15 de julho de 2020 (Exceções Preliminares, Mérito, Reparação e Custas), § § 182 e 183.

281. Confiram-se os seguintes precedentes da Corte Interamericana de Direitos Humanos: *Caso Almonacid Arellano e outros* Vs. Chile, Exceções Preliminares, Mérito, Reparações e Custas, sentença de 26 de setembro de 2006, Série C, nº 154, § 124;*Caso Cabrera García e Montiel Flores Vs México*, Exceção Preliminar, Mérito, Reparações e Custas, sentença de 26 de novembro de 2010, Série C, nº 220, § 225-233

internas com instrumentos internacionais de direitos humanos (controle de convencionalidade).

Há, portanto, quanto à Magistratura nacional, a missão tradicional de salvaguardar os direitos fundamentais previstos no âmbito interno. Mas não só isso. A Magistratura nacional passa a ter a missão, igualmente, de salvaguardar o conjunto de valores, princípios e direitos humanos que o Estado tem reconhecido nos instrumentos internacionais e cujo compromisso internacional assumiu[282].

Em suma, na verificação da integridade das condutas e normas internas, o Poder Judiciário nacional analisa se a Constituição e instrumentos internacionais de direitos humanos estão sendo observados. Para tanto, examina-se, com profundidade, como, no caso do Brasil, o Supremo Tribunal Federal e o Superior Tribunal de Justiça vêm decidindo sobre determinada matéria e, ao mesmo tempo, como a Corte Interamericana de Direitos Humanos tem interpretado a CADH e outros instrumentos internacionais de direitos humanos.

Já se verifica, assim, um primeiro diálogo: o Poder Judiciário nacional, por todos os seus juízes e juízas, deve fazer dialogar os intérpretes da Constituição (todos os juízes nacionais) com a principal intérprete da CADH e de outros instrumentos internacionais de direitos humanos (a Corte Interamericana).

Em outras palavras, o Poder Judiciário nacional assume o compromisso de promover um intenso diálogo com os seus próprios precedentes e com os precedentes da Corte Interamericana de Direitos Humanos.

Mas o contrário também acontece.

A Corte Interamericana de Direitos Humanos não aplica apenas os seus próprios precedentes. Ela também costuma dialogar com os Poderes Judiciários nacionais, particularmente com os precedentes das Cortes Supremas nacionais.

Para a construção de certos direitos, como, por exemplo, o direito de defesa efetiva, a Corte Interamericana, além de analisar os próprios precedentes e aplicar a CADH, socorre-se, muitas vezes, do ordenamento jurídico interno dos Estados Partes e, também, dos precedentes das Cortes Supremas nacionais.

A propósito, a Corte Interamericana faz uso do *corpus juris interno*, para delinear hipóteses de falha grave ao direito de defesa. Assim, segundo referida Corte, os tribunais nacionais de diversos países têm considerado, de forma não exaustiva, algumas situações que implicam negligência inescusável ou

---

282. Voto fundamentado do Juiz Eduardo Ferrer Mac-Gregor Poisot, § 24, no seguinte caso julgado pela Corte Interamericana de Direitos Humanos: *Caso Cabrera García Montiel Flores vs. México*. Sentença de 26 de novembro de 2010 (Exceções Preliminares, Mérito, Reparações e Custas).

falha manifesta no exercício do direito de defesa[283]. Vejamos algumas dessas situações: a) *inatividade argumentativa a favor dos interesses do imputado*[284]; b) *carência de conhecimento técnico do processo penal*[285].

Portanto, há um movimento de o Poder Judiciário nacional deslocar-se até a Corte Interamericana, e outro movimento de a Corte Interamericana deslocar-se até o Poder Judiciário nacional.

Nesse sentido, ocorre um verdadeiro **diálogo transnacional** entre a Corte e os Estados partes da CADH, de modo que se possa, assim, garantir-se a restauração de direitos que tenham sido vulnerados[286].

Daí surge o **princípio do diálogo jurisdicional interamericana em matéria de direitos humanos**, segundo o qual uma efetiva proteção e garantia judiciais de direitos humanos exige uma intensa troca interpretativa entre o Poder Judiciário nacional e a Corte Interamericana de Direitos Humanos

Se é certo que a Corte Interamericana é a última intérprete da CADH, ou seja, quem dá a última palavra em direitos humanos no sistema regional interamericano, a construção interpretativa de direitos depende de um cenário de diálogo. A própria Corte Interamericana acaba se valendo de precedentes judiciários nacionais para que os direitos humanos possam ser, juridicamente, construídos.

Fenômeno semelhante se passa na Europa. Todos os que vivem o contexto da norma acabam sendo intérpretes dela. Adaptando-se esse fenômeno ao sistema interamericano, é possível falar-se em uma verdadeira sociedade aberta latino-americana dos intérpretes da Convenção – fazendo uma comparação com a sociedade aberta dos intérpretes da Constituição, de Peter Häberle[287].

No que se refere aos direitos econômicos, sociais e culturais (DESCAs), unindo-se as interpretações jurisdicionais nacionais e interamericanas, surge a "rede latino-americana de constitucionalismo dirigente, integrada pela Corte Interamericana e por órgãos jurídicos nacionais". Nessa comunhão interpretativa, podem-se incluir a atividade hermenêutica produzida por outros parceiros,

283. CORTE INTERAMERICANA DE DIREITOS HUMANOS. *Caso Ruano Torres vs. El Salvador*. Sentença de 5 de outubro de 2015 (Mérito, Reparação e Custas), § 166.

284. CORTE SUPREMA DE JUSTIÇA DA COLÔMBIA, Sala de Cassação Penal, Depósito 42337, sentença de 18 de março de 2015.

285. TRIBUNAL DE APELAÇÃO PENAL, II Circuito Judicial de São José da Costa Rica, Sentença 00323, Expediente 10-003213-0042-PE, de 21 de fevereiro de 2014.

286. MUDROVIDISCH, Rodrigo. Voto concorrente proferido no seguinte caso: Corte Interamericana de Direitos Humanos. *Caso Guevara Días vs. Costa Rica*. Sentença de 22 de junho de 2022 (Exceções Preliminares, Mérito, Reparação e Custas), § 51.

287. MUDROVIDISCH, Rodrigo. Voto concorrente proferido no seguinte caso: Corte Interamericana de Direitos Humanos. *Caso Guevara Días vs. Costa Rica*. Sentença de 22 de junho de 2022 (Exceções Preliminares, Mérito, Reparação e Custas), § § 64, 65, 93 e 94.

como as vítimas, a Comissão Interamericana, o Ministério Público, a Defensoria Pública, entre vários outros.

No Brasil, o Conselho Nacional de Justiça já vem se atentando para a necessidade de o Poder Judiciário nacional dialogar com a Corte Interamericana de Direitos Humanos.

Isso porque, nos termos do art. 1º, I, da Recomendação nº 123/2022, do Conselho Nacional de Justiça, o Poder Judiciário nacional tem que aplicar a jurisprudência da Corte Interamericana de Direitos Humanos.

Eis a materialização do **princípio do diálogo jurisdicional interamericano de em matéria de direitos humanos**: a Magistratura nacional com a obrigação de aplicar a jurisprudência interamericana produzida pela Corte Interamericana de Direitos Humanos.

Nesse sentido, o juiz nacional se converte em um verdadeiro **juiz interamericano**, isto é, uma autoridade que tem o dever de promover a guarda da Convenção Americana e dos Protocolos Adicionais, de outros tratados internacionais de direitos humanos e da jurisprudência da Corte Interamericana que interpreta esses documentos internacionais[288].

O Poder Judiciário nacional, nesse cenário, compromete-se com a jurisprudência interamericana, isto é, com o direito aplicado segundo a realidade latino-americana, cuja integração é obrigatória ao Brasil (CF/88, art. 4º, parágrafo único). Eis o **Ius Constutionale Commune na América Latina**, fenômeno jurídico que não deixa de levar em conta a sustentação universal dos direitos humanos, com base, porém, nas especificidades da América Latina. Daí se aplicam inovações latino-americanas, tais como a proibição da anistia por violações graves de direitos humanos, a punição do feminicídio, do desaparecimento forçado, a proteção especial dos migrantes, dos povos indígenas e afrodescendentes[289].

---

288. Voto fundamentado do Juiz Eduardo Ferrer Mac-Gregor Poisot, § 23, no seguinte caso julgado pela Corte Interamericana de Direitos Humanos: *Caso Cabrera García Montiel Flores vs. México*. Sentença de 26 de novembro de 2010 (Exceções Preliminares, Mérito, Reparações e Custas).

289. Armin von Bogdandy. *Ius Constitutionale Commune* na América Latina. Uma reflexão sobre um constitucionalismo transformador. *In: Ius Constitutionale Commune na América Latina*, volume I, Marco Conceptual. Armin von Bogdandy, Mariela Morales Antoniazzi e Flávia Piovesan (coordenadores). Curitiba: Juruá, 2016, págs. 24 e 25.

13

CONTROLE DE CONVENCIONALIDADE

1. CONCEITO

Controle de constitucionalidade é a verificação de compatibilidade de normas jurídicas com a Constituição Federal de 1988.

Já o **controle de convencionalidade** é a verificação da compatibilidade de normas jurídicas domésticas com as normas jurídicas internacionais de direitos humanos (tratados, declarações, costumes internacionais, princípios gerais de direito, resoluções vinculantes de organizações internacionais) e com a jurisprudência e opiniões consultivas da Corte Interamericana de Direitos Humanos.

Em outras palavras, no controle de convencionalidade é preciso analisar se normas jurídicas produzidas no Brasil são compatíveis com normas jurídicas internacionais e com a interpretação que a Corte Interamericana faz sobre essas normas jurídicas internacionais.

2. O CONTROLE DE CONVENCIONALIDADE NO ÂMBITO DO PACTO NACIONAL DO JUDICIÁRIO PELOS DIREITOS HUMANOS (CNJ)

O Conselho Nacional de Justiça (CNJ) editou o **Pacto Nacional do Judiciário pelos Direitos Humanos.** Esse Pacto se inspira na Resolução nº 123, de 7 de janeiro de 2022, do CNJ, segundo a qual o Poder Judiciário Nacional deve aplicar os tratados internacionais de direitos humanos em vigor no Brasil, fazer uso da jurisprudência da Corte Interamericana de Direitos Humanos e realizar o controle de convencionalidade.

O **Pacto Nacional do Judiciário pelos Direitos Humanos** é um conjunto de medidas adotadas pelo Conselho Nacional de Justiça (CNJ), com o objetivo de se concretizar os direitos humanos no âmbito do Poder Judiciário brasileiro.

Esse Pacto tem como objetivo central fortalecer a cultura de direitos humanos no Poder Judiciário, com enfoque especial no **controle de convencionalidade**. Pretende-se fazer uma mudança significativa nesse Poder, que, em geral, ainda faz pouco uso desse tipo de controle.

O **Pacto Nacional do Judiciário pelos Direitos Humanos** compreende **5 ações iniciais:**

1ª) **Concurso Nacional de Decisões Judiciais e Acórdãos em Direitos Humanos, com ênfase no controle de convencionalidade e na jurisprudência da Corte Interamericana**. Esse concurso foi realizado em 2022.

2ª) **Meta de inclusão da Disciplina Direitos Humanos nos editais de concursos públicos para ingresso na carreira da magistratura em todas as esferas do Poder Judiciário nacional, com destaque ao sistema interamericano, jurisprudência da Corte Interamericana, controle de convencionalidade,** jurisprudência do STF em matéria de tratados de Direitos Humanos e diálogos jurisdicionais.

* Meta cumprida: **Vide Resolução nº 496, de 12 de abril de 2.023, que inseriu o Anexo VII na Resolução nº 75/2009 do CNJ. Esse Anexo VII diz respeito à Disciplina "Direitos Humanos"**, que passa a ser obrigatória nos concursos de todos os ramos da Magistratura nacional.

3º) **Fomento a programas de capacitação em Direitos Humanos e controle de convencionalidade em todas as esferas federativas,** em cooperação com as Escolas Judiciais Estaduais e Federais, em parceria com a Escola Nacional de Formação e Aperfeiçoamento de Magistrados (ENFAM), a Corte Interamericana de Direitos Humanos, a Comissão Interamericana e o *Max-Planck-Institute for Comparative Public Law and International Law*, **com destaque ao controle de convencionalidade**; à jurisprudência interamericana; aos diálogos jurisdicionais; e ao impacto transformador do sistema interamericano considerando a experiência regional e brasileira.

4º) Publicação dos "Cadernos de Jurisprudência do STF: Concretizando Direitos Humanos", com volumes específicos dedicados a relevantes temas da agenda de Direitos Humanos, como Direitos Humanos das mulheres, das pessoas LGBTI, dos povos indígenas, da população afrodescendente, das pessoas privadas de liberdade, liberdade de expressão, dentre outros. A publicação contará com o apoio institucional do *Max-Planck-Institute for Comparative Public Law and International Law.*

5º) **Seminário internacional sobre "Direitos Humanos e Diálogos Jurisdicionais: Controle de Convencionalidade"**, com Ministros(as) do STF, do STJ, Juízes da Corte Interamericana, membros da Comissão

Interamericana e experts na área, para ampla promoção e divulgação do Pacto Nacional do Judiciário pelos Direitos Humanos, fomentando sua adesão em todas as esferas jurisdicionais.

3. ORIGEM

O gérmen mais claro do controle de convencionalidade é o caso, julgado pela Corte Interamericana de Direitos Humanos, denominado de *Caso Barrios Altos vs. Peru* (2001). Trata-se do caso emblemático (*Leading case*) sobre a inconvencionalidade das leis de anistia ou de autoanistia[1].

Em referido caso, a Corte Interamericana entendeu que, de fato, as leis de anistia são incompatíveis com a CADH. Por consequência disso, tais leis carecem de efeitos jurídicos, não podendo continuar configurando obstáculo para a investigação dos fatos e punição dos responsáveis[2].

Contudo, a expressão controle de convencionalidade tem sua origem, mesmo, nos votos fundamentados do Juiz Sérgio García Ramírez, em casos como *Myrna Mack Chang* vs. Guatemala (2003)[3].

Em termos formais, a doutrina do controle de convencionalidade se desenvolveu no *Caso Almonacid Arellano e outros vs. Chile* (2006). Esse caso se referiu à responsabilidade internacional do Chile, que editou um decreto-lei que anistiou os responsáveis pelos fatos cometidos entre 11 de setembro de 1973 e 10 de março de 1978. Referido decreto-lei foi aplicado pelo Poder Judiciário chileno, de modo que foram arquivados os expedientes de investigação sobre a morte do Senhor Luis Alfredo Almonacid Arellano, que foi executado no contexto das graves violações de direitos humanos que se seguiram ao golpe de Estado promovido pelo general Augusto Pinochet, em 1973. A falta de investigação desse fato implicou violação ao art. 1.1 (direito de respeitar e garantir direitos humanos), ao art. 8 (direito às garantias judiciais) e ao art. 25 (direito à proteção judicial) da CADH.

---

1. POISOT, Eduardo Ferrer Mac-Gregor. El Control de Convencionalidad en la Jurisprudencia de la Corte Interamericana de Derechos Humanos, pág. 13. *In:* Controle de Convencionalidade / Conselho Nacional de Justiça; Coordenação: Fabiane Pereira de Oliveira Duarte, Fabrício Bittencourt da Cruz, Tarciso Dal Maso Jardim – Brasília: CNJ, 2016, pág. 13 a 34. Disponível em: https://www.cnj.jus.br/wp-content/uploads/conteudo/arquivo/2016/09/2ec6678e8e725f2509d87aa661bc6926.pdf.
2. CORTE INTERAMERICANA DE DIREITOS HUMANOS. *Caso Barrios Altos vs. Peru*. Sentença de 14 de março de 2001 (Mérito), §44.
3. POISOT, Eduardo Ferrer Mac-Gregor. El Control de Convencionalidad en la Jurisprudencia de la Corte Interamericana de Derechos Humanos, pág. 14. *In:* Controle de Convencionalidade / Conselho Nacional de Justiça; Coordenação: Fabiane Pereira de Oliveira Duarte, Fabrício Bittencourt da Cruz, Tarciso Dal Maso Jardim – Brasília: CNJ, 2016, pág. 13 a 34. Disponível em: https://www.cnj.jus.br/wp-content/uploads/conteudo/arquivo/2016/09/2ec6678e8e725f2509d87aa661bc6926.pdf.

A Corte Interamericana de Direitos Humanos é consciente de que as juízas e os juízes nacionais se submetem ao império da lei. Contudo, quando o Estado ratifica um tratado internacional de direitos humanos, os juízes, como parte do aparato estatal, também se submetem ao tratado. Os juízes, então, devem velar para que o tratado seja aplicado, de modo que leis contrárias não neutralizem a aplicação do tratado – ao contrário, tais leis devem ser declaradas como sem efeitos jurídicos. Nesse sentido, o Poder Judiciário nacional deve exercer uma espécie de **controle de convencionalidade** entre as normas jurídicas internas aplicáveis nos casos concretos e a Convenção Americana sobre Direitos Humanos. Para tanto, os juízes nacionais devem levar em conta não apenas a CADH, mas, também, a interpretação que a Corte Interamericana de Direitos Humanos emprega sobre dispositivos da CADH, já que a Corte Interamericana é a intérprete última da CADH[4].

ORIGEM DO CONTROLE DE CONVENCIONALIDADE		
ORIGEM DO INSTITUTO, SEM MENÇÃO EXPRESSA AO NOME Corte Interamericana, Caso *Barrios Altos* vs. Peru (2001): lei de anistia é incompatível com a CADH, carecendo de efeitos jurídicos.	**PRIMEIRA MENÇÃO EXPRESSA AO NOME DO INSTITUTO** Voto fundamentado do Juiz Sérgio García Ramíres *Myrna Mack Chang* vs. Guatemala (2003), julgado pela Corte Interamericana.	**PRIMEIRO DESENVOLVIMENTO DO INSTITUTO** A doutrina do controle de convencionalidade tem seu primeiro desenvolvimento formal no seguinte caso: CORTE INTERAMERICANA DE DIREITOS HUMANOS. *Caso Almonacid Arellano e outros* vs. Chile. Sentença de 26 de setembro de 2006 (Exceções Preliminares, Mérito, Reparações e Custas), §124.

4. FUNDAMENTO NORMATIVO

O controle de convencionalidade tem os seguintes fundamentos normativos[5]:

1º) Art. 1.1 (dever de garantia de direitos) e art. 2 (adoção de medidas que tornem efetivos os direitos) da CADH: obrigação de desenvolver práticas estatais que estejam de acordo com a observância efetiva dos

4. CORTE INTERAMERICANA DE DIREITOS HUMANOS. *Caso Almonacid Arellano e outros* vs. Chile. Sentença de 26 de setembro de 2006 (Exceções Preliminares, Mérito, Reparações e Custas), §124.

5. POISOT, Eduardo Ferrer Mac-Gregor. El Control de Convencionalidad en la Jurisprudencia de la Corte Interamericana de Derechos Humanos, pág. 14. *In:* Controle de Convencionalidade / Conselho Nacional de Justiça; Coordenação: Fabiane Pereira de Oliveira Duarte, Fabrício Bittencourt da Cruz, Tarciso Dal Maso Jardim - Brasília: CNJ, 2016, pág. 13 a 34. Disponível em: https://www.cnj.jus.br/wp-content/uploads/conteudo/arquivo/2016/09/2ec6678e8e725f2509d87aa661bc6926.pdf.

direitos e liberdades consagrados na CADH. Logo, é necessária a interpretação e a criação de leis nacionais que se ajustem às obrigações de respeito e garantia.

2º) Art. 29 da CADH (princípio da preferência ou da prevalência da norma mais favorável aos direitos humanos): as autoridades nacionais devem permitir, da forma mais ampla possível, o gozo e exercício dos direitos previstos na CADH, por meio de uma interpretação mais favorável para o efetivo gozo dos direitos e liberdades fundamentais.

3º) Art. 26 da Convenção de Viena do Direito dos Tratados, segundo o qual "todo tratado em vigor obriga as partes e deve ser cumprido por elas de boa fé".

4º) Art. 27 da Convenção de Viena do Direito dos Tratados, segundo o qual "Uma parte não pode invocar as disposições de seu direito interno para justificar o inadimplemento de um tratado".

5º) Art. 25.1 (direito à proteção judicial) da CADH, segundo o qual "toda pessoa tem direito a um recurso simples e rápido ou a qualquer outro recurso efetivo, perante os juízes ou tribunais competentes, que a proteja contra atos que violem seus direitos fundamentais reconhecidos pela constituição, pela lei ou pela presente Convenção (...)". Portanto, ao referir-se a direitos fundamentais reconhecidos na Constituição, nas leis e na própria CADH, o art. 25.1 da CADH estabelece um direito à garantia, de fonte nacional e convencional, dos direitos fundamentais.

5. PARADIGMAS OU PARÂMETROS INFERIORES DO CONTROLE DE CONVENCIONALIDADE

O **parâmetro inferior** é aquilo que será objeto do controle de convencionalidade. São as normas jurídicas internas, isto é, as normas jurídicas em sentido amplo que são produzidas no Brasil.

Ex.: o Brasil, em 1979, editou a Lei da Anistia, por meio da qual foram perdoados crimes políticos e crimes conexos. Ao fazer referência a crimes conexos, a referida lei perdoou as graves violações de direitos humanos praticadas por agentes públicos da ditadura militar brasileira iniciada em 1964.

A Lei da Anistia viola tratados internacionais de direitos humanos, particularmente a Convenção Americana sobre Direitos Humanos, que protege, entre outros, o direito à vida (art. 4) e o direito à integridade pessoal (art. 5).

Portanto, ao anistiar a tortura e homicídios praticados por agentes estatais, a Lei da Anistia violou a CADH.

Nesse sentido, a Lei da Anistia é o parâmetro inferior ou objeto do controle de convencionalidade. Já a CADH é o parâmetro superior do controle de convencionalidade.

O **parâmetro inferior ou o objeto** do controle de convencionalidade são as normas jurídicas internas (domésticas) em sentido amplo, tais como leis, atos normativos, atos administrativos, políticas públicas, normas constitucionais.

Suponhamos que a Constituição de um determinado País proíba o controle de constitucionalidade de leis editadas antes da Constituição em vigor. Essa lei estipula a pena de morte para certos delitos e viola, portanto, a Constituição, no ponto em que esta última proíbe pena degradante. Referida lei, que no sistema interno não pode ser objeto de controle de constitucionalidade, pode ser parâmetro inferior para o controle de convencionalidade?

Segundo a Corte Interamericana de Direitos Humanos, sim. Isso aconteceu com uma lei interna de Barbados. O tribunal máximo de apelação aplicou a Constituição nacional e decidiu que a lei não poderia ser objeto de controle de constitucionalidade, já que editada antes da Constituição de 1996. Esta Constituição proibia o controle de constitucionalidade de leis editadas antes da Constituição então vigente.

A Corte Interamericana de Direitos Humanos, contudo, entendeu que o tribunal máximo de apelação limitou-se a fazer uma interpretação puramente constitucional, sem levar em conta as obrigações que o Estado assumiu em relação à Convenção Americana sobre Direitos Humanos (CADH) e à Corte Interamericana de Direitos Humanos. Segundo o art. 26 da Convenção de Viena sobre o Direito dos Tratados, Barbados deve cumprir de boa-fé as obrigações que assumiu perante a CADH e não poderá invocar as disposições de direito interno como justificativa para o não cumprimento das obrigações convencionais[6].

É interessante notar que, nesse caso envolvendo Barbados, a Constituição proibia o exame judicial de lei anterior à Constituição vigente, ainda que tal lei violasse direitos humanos. Na hipótese, a lei previa a pena de morte.

A Corte Interamericana de Direitos Humanos entendeu que, ao editar essa norma constitucional, Barbados não cumpriu com os seguintes dispositivos da CADH: a) art. 2 (dever de adotar medidas que tornem efetivos os direitos humanos) da CADH: o Estado deve adotar medidas legislativas e de outra natureza para tornar efetivos os direitos humanos; b) art. 1.1 (dever de garantia dos direitos humanos) da CADH: o Estado deve garantir, sem discriminação, os direitos humanos. Na hipótese, estava em jogo o direito

6. CORTE INTERAMERICANA DE DIREITOS HUMANOS. *Caso Boyce e outros vs. Barbados*. Sentença de 20 de novembro de 2007 (Exceções Preliminares, Mérito, Reparações e Custas), §77.

humano em não ser arbitrariamente privado do direito à vida (CADH, art. 4.1 e art. 4.2); c) direito à proteção judicial (CADH, art. 25.1)[7].

5.1. Norma constitucional pode ser parâmetro inferior do controle de convencionalidade?

Uma norma constitucional, mesmo que provinda do Poder Constituinte Originário, pode ser objeto de controle de convencionalidade?

Entendo que sim. É possível que uma norma constitucional viole um dispositivo mais protetivo dos direitos de um tratado internacional. Essa norma constitucional pode ser invalidada por meio do controle de convencionalidade, ou, pelo menos, afastada na análise de um caso concreto, para dar lugar a uma norma jurídica internacional mais protetiva.

A propósito, segundo o art. 2 da CADH, os Estados devem adotar normas de direito interno que tornem efetivos os direitos humanos previstos na CADH. Se uma norma constitucional proteger menos os direitos humanos que um tratado internacional de direitos humanos, a norma desse tratado prevalece.

É que, no âmbito da Hermenêutica dos Direitos Humanos, há o **princípio da prevalência ou da preferência da norma mais favorável aos direitos humanos**. Não importa a hierarquia ou a origem (interna ou internacional): sempre prevalece a norma mais protetiva, conforme, aliás, dispõe o art. 29 da CADH.

A Corte Interamericana de Direitos Humanos já afastou uma norma constitucional menos protetiva aos direitos humanos. Analisemos o *Caso Olmedo Bustos e outros vs. Chile*, julgado pela Corte Interamericana (sentença de 5.2.2001). Em referido caso, um órgão do Poder Executivo chileno proibiu a veiculação do filme "A Última Tentação de Cristo". A Suprema Corte chilena, com base na Constituição Chilena, que possibilitava a censura cinematográfica, manteve a proibição da veiculação do filme. Argumento: **princípios cristãos e honra de Jesus Cristo.**

A Corte Interamericana, então, responsabilizou o Estado do Chile por violação ao direito à liberdade de pensamento e de expressão, previsto no art. 13 da CADH. Não houve violação à liberdade religiosa, prevista no art. 12 da CADH, porque as pessoas continuam com o direito de expressar sua religião.

Esse caso demonstra que qualquer norma interna, de qualquer hierarquia (lei, Constituição), se violar tratados internacionais de direitos humanos, pode ensejar a responsabilidade internacional do Estado. A Corte determinou

7. CORTE INTERAMERICANA DE DIREITOS HUMANOS. *Caso Boyce e outros vs. Barbados*. Sentença de 20 de novembro de 2007 (Exceções Preliminares, Mérito, Reparações e Custas), §80.

que o Estado chileno reformasse a Constituição. O Chile cumpriu essa determinação e alterou a redação do dispositivo constitucional que autorizava a censura prévia.

Portanto, uma norma constitucional pode, sim, ser objeto de controle de convencionalidade, caso tal norma violar um tratado internacional de direitos humanos.

É importante destacar que o controle de convencionalidade é apenas uma ferramenta para assegurar a supremacia das normas internacionais das quais é parte cada Estado membro do Sistema Interamericano de Direitos Humanos[8]. Sustentar que uma norma constitucional pode ser invalidada diante de um tratado internacional de direitos humanos quer dizer que se busca, com isso, a máxima proteção dos direitos humanos.

Nesse sentido, se a norma constitucional for mais protetiva que a norma do tratado, aquela deve prevalecer, segundo o princípio da prevalência ou da preferência da norma mais favorável aos direitos humanos, previsto no art. 29 da CADH.

Esclareça-se que, no direito das gentes, existe uma **norma consuetudinária** segundo a qual, ao ratificar um tratado de direitos humanos, o Estado tem o dever de introduzir, em seu direito interno, as modificações necessárias para assegurar o cumprimento das obrigações assumidas. Essa norma consuetudinária é universalmente aceita e encontra respaldo jurisprudencial[9].

Daí que, segundo o art. 2 da CADH, cumpre ao Estado adotar medidas legislativas necessárias para tornar efetivos os direitos humanos. É a consagração do princípio do efeito útil ou do gozo eficaz do direito violado. Quando a Constituição viola os direitos assegurados na CADH, tal Estado tem que modificar a própria Constituição, para alcançar a proteção assegurada por esse tratado internacional de direitos humanos[10].

Nesse sentido, em consequência do próprio controle de convencionalidade, a regra constitucional que lesiona um tratado internacional de direitos humanos não pode ser aplicada, ou deve ficar paralisada[11].

Se uma norma constitucional do Poder Originário pode ser objeto de **controle de convencionalidade**, segundo entendeu a Corte Interamericana de Direitos Humanos, uma norma constitucional do Poder Originário não

8. MIDÓN, Mario A. R. *Control de convencionalidad*, pág. 83. 1ª ed. Buenos Aires: Astrea, 2016.
9. CORTE INTERAMERICANA DE DIREITOS HUMANOS. *Caso A Última Tentação de Cristo*. Sentença de 5 de fevereiro de 2001.
10. CORTE INTERAMERICANA DE DIREITOS HUMANOS. *Caso A Última Tentação de Cristo*. Sentença de 5 de fevereiro de 2001 (Mérito, Reparações e Custas), §87.
11. SAGÜES, Néstor P. *El control de convencionalidad*, en particular sobre las Constituciones nacionales.

pode ser objeto de **controle de constitucionalidade**, conforme entendimento do Supremo Tribunal Federal (STF, Plenário, ADI nº 815, Relator Ministro Moreira Alves, julgamento no dia 28 de março de 1996).

É possível lançar os seguintes argumentos, para permitir que uma norma constitucional seja objeto do controle de convencionalidade[12]:

1º) O art. 26 da Convenção de Viena sobre Direito dos Tratados prevê o chamado *pacta sunt servanda*. De acordo com referido art. 26, "todo tratado em vigor obriga as partes e deve ser cumprido por elas de boa-fé". Portanto, proibir o controle de convencionalidade de uma norma constitucional significa deixar de reconhecer o caráter obrigatório de um tratado internacional de direitos humanos. Faltaria boa-fé do Estado, que, voluntariamente, comprometeu-se a cumprir o tratado.

2º) Segundo o art. 27 da Convenção de Viena sobre o Direito dos Tratados, "uma parte não pode invocar as disposições de seu direito interno para justificar o inadimplemento de um tratado". Assim, nem mesmo uma disposição constitucional pode ser invocada para descumprir um tratado internacional de direitos humanos.

3º) Em 1998, o Brasil reconheceu a jurisdição contenciosa da Corte Interamericana de Direitos Humanos. Isso significa que as sentenças da Corte Interamericana vinculam o Brasil não só nos casos em que o Brasil seja parte (*res judicata*), mas, também, quando a Corte Interamericana forma jurisprudência em casos nos quais nosso Estado não foi parte (*jus interpretata*). Se a Corte Interamericana tem entendido que mesmo as normas constitucionais são passíveis de controle de convencionalidade, contrariar essa orientação significa desrespeitar o entendimento da Corte Interamericana, cuja jurisprudência é vinculativa ao Brasil.

4º) Nos termos do art. 1.1 da CADH, o Estado deve garantir, sem discriminação, os direitos humanos. Para tanto, nos termos do art. 2 da CADH, é preciso que o Estado adote todas as medidas necessárias, inclusive de caráter legislativo, para que os direitos humanos sejam efetivamente garantidos. Assim, se uma norma constitucional violar a CADH, essa norma deve ser suprimida ou alterada pelo Estado, que tem o dever, repita-se, de adotar as medidas legislativas necessárias para tornar efetivos os direitos humanos. A propósito, há uma norma consuetudinária do direito internacional, de validade universal, reconhecida desde

12. MIDÓN, Mario A. R. *Control de convencionalidad*, pág. 88 a 90. 1ª ed. Buenos Aires: Astrea, 2016.

1924 pelo Tribunal Permanente de Justiça Internacional[13]. Segundo essa **norma consuetudinária**, os Estados que subscrevem um tratado devem introduzir, no direito interno, as modificações necessárias para que esse tratado seja cumprido.

5º) Reconhecer a primazia do tratado internacional de direitos humanos não significa ofender a soberania do Estado em editar normas constitucionais. É que, se em conflito com um tratado de direitos humanos, a norma constitucional só será afastada se for menos protetiva que o tratado. Se for mais protetiva, a própria norma constitucional terá preferência sobre o tratado, por força da primazia ou da preferência da norma mais favorável aos direitos humanos.

Porém, segundo o Supremo Tribunal Federal, os tratados internacionais de direitos humanos, cuja aprovação não seguiram o rito do art. 5º, §3º, da CF/88, têm natureza supralegal: acima das leis, mas abaixo da Constituição Federal.

A Convenção Americana sobre Direitos Humanos, por exemplo, é um tratado internacional de direitos humanos que não observou o procedimento do art. 5º, §3º, da CF/88. Ou seja, tal tratado não foi aprovado nas 2 Casas do Congresso Nacional, nem seguiu a aprovação em 2 turnos. Portanto, a CADH seria um tratado internacional de direitos humanos com natureza supralegal.

O argumento principal do Supremo Tribunal Federal para chegar a essa compreensão é de que o nosso sistema jurídico adota o **princípio da supremacia formal e material da Constituição.** Logo, a Constituição é um diploma normativo superior às demais normas do ordenamento jurídico – superior até mesmo aos tratados internacionais de direitos humanos que não adotaram o procedimento do art. 5º, §3º, da CF/88[14].

Assim, para o Supremo Tribunal Federal, uma norma constitucional não pode ser objeto de controle de convencionalidade, isto é, não pode ser invalidada perante um tratado internacional de direitos humanos não aprovado segundo o rito do art. 5º, §3º, da CF/88.

Referido entendimento, contudo, caso uma norma constitucional seja menos protetiva que um tratado de direitos humanos, pode implicar o descumprimento de tratados internacionais de direitos humanos pelo Estado brasileiro, possibilitando a responsabilidade internacional do Brasil perante a Corte Interamericana de Direitos Humanos.

---

13. O Tribunal Permanente de Justiça Internacional funcionou entre os anos de 1922 e 1940 e foi extinto em 1946, vindo a ser substituído pela Corte Internacional de Justiça (CIJ).
14. Confira-se: MENDES, Gilmar. Voto proferido no seguinte julgamento, pág. 5: STF, Plenário, RE 466343, Relator Ministro Cezar Peluso, julgamento no dia 3/12/2008.

Por fim, acredito que mesmo atos praticados por particulares podem ser objeto de controle de convencionalidade. Suponhamos que os funcionários de um restaurante discriminem duas pessoas em união homoafetiva. Essa conduta do restaurante pode ser objeto de controle de convencionalidade, porque viola tratados internacionais de direitos humanos.

6. PARADIGMAS OU PARÂMETROS SUPERIORES DO CONTROLE DE CONVENCIONALIDADE E O BLOCO DE CONVENCIONALIDADE

O **parâmetro superior do controle de convencionalidade** são as normas jurídicas internacionais de direitos humanos e a interpretação que a Corte Interamericana de Direitos Humanos confere a essas normas. Essas normas e essa interpretação são padrões normativos internacionais que devem ser observados pelas normas jurídicas internas.

Assim, a Convenção Americana sobre Direitos Humanos (CADH), que é um tratado internacional de direitos humanos, é parâmetro superior de controle de convencionalidade. Uma lei interna brasileira (parâmetro inferior) deve obedecer à CADH (parâmetro superior).

Por sua vez, o **bloco de convencionalidade** nada mais é do que o conjunto de elementos jurídicos que servem como parâmetros superiores de controle de convencionalidade. A Convenção Americana sobre Direitos Humanos (CADH), que é um tratado internacional de direitos humanos, serve como parâmetro superior do controle de convencionalidade e, por consequência, compõe o chamado bloco de convencionalidade.

Cumpre saber se, além das convenções ou tratados internacionais de direitos humanos, há outros elementos jurídicos normativos que também compõem o chamado bloco de convencionalidade. Todo elemento normativo que compuser o bloco de convencionalidade servirá como parâmetro superior para o controle de convencionalidade, podendo servir de fundamento para invalidar uma norma jurídica interna.

Por meio do voto fundamentado do Juiz Eduardo Ferrer Mac-Gregor Poisot, no *Caso García Montiel Flores e outros* vs. México, julgado pela Corte Interamericana de Direitos, há menção expressa ao chamado **bloco de convencionalidade**[15].

Nesse sentido, a Convenção Americana sobre Direitos Humanos (CADH), a **jurisprudência da Corte Interamericana de Direitos Humanos**, outros

15. POISOT, Eduardo Ferrer Mac-Gregor Poisot. Voto fundamentado no seguinte caso: CORTE INTERAMERICANA DE DIREITOS HUMANOS. *Caso García Montiel Flores e outros vs. México*. Sentença de 20 de novembro de 2010.

tratados internacionais de direitos humanos aplicáveis aos Estados americanos, tudo isso compõe o bloco de convencionalidade[16].

A propósito, por jurisprudência da Corte Interamericana de Direitos, devem-se compreender, além das sentenças desse tribunal, outros instrumentos decisórios, tais como: a) resoluções adotadas em medidas provisórias; b) resoluções adotadas em supervisão de cumprimento de sentença; c) resoluções adotadas em pedidos de interpretação de sentença – pedidos esses que são parecidos com os nossos embargos de declaração; d) as opiniões consultivas, as quais se destinam a interpretar a CADH e outros tratados internacionais de direitos humanos concernentes aos Estados americanos, nos termos do art. 64 da CADH[17].

Nesse sentido, o Poder Judiciário nacional deve verificar se uma norma jurídica interna observa os elementos jurídicos que compõem o bloco de convencionalidade.

Configuram **parâmetros superiores de controle de convencionalidade, compondo o bloco de convencionalidade:**

1º) Tratados internacionais de direitos humanos em vigor no Brasil: trata-se das normas jurídicas internacionais por excelência, isto é, aquelas normas com força obrigatória e capazes de gerar sanções internacionais, caso descumpridas. Não há controvérsia alguma sobre a natureza jurídica obrigatória dessas normas jurídicas internacionais.

2º) Declarações internacionais de direitos humanos: como a Declaração Americana de Direitos e Deveres do Homem (DADDH). Sobre a DADDH, é importante esclarecer o seguinte:

a) A DADDH é, segundo parte da doutrina, uma simples declaração de direitos, editada em formato de resolução na citada 9ª Conferência Interamericana (maio de 1948, Bogotá, Colômbia), e não um tratado internacional. A DADDH, portanto, é considerada uma norma de *soft law*, sem efeitos vinculativos, podendo, no entanto, auxiliar na interpretação de tratados internacionais de direitos humanos.

b) Norma de *soft law* é a norma (de Direito Internacional) sem efeitos vinculativos, capaz, contudo, de produzir alguns efeitos. Esses efeitos podem operar-se, por exemplo, no auxílio à interpretação a normas jurídicas vinculantes. Já a norma de *hard law* é a norma (de Direito Internacional) com

---

16. POISOT, Eduardo Ferrer Mac-Gregor Poisot, §§44 a 48. Voto fundamentado no seguinte caso: CORTE INTERAMERICANA DE DIREITOS HUMANOS. ***Caso García Montiel Flores e outros vs. México***. Sentença de 20 de novembro de 2010.

17. POISOT, Eduardo Ferrer Mac-Gregor Poisot, §49. Voto fundamentado no seguinte caso: CORTE INTERAMERICANA DE DIREITOS HUMANOS. ***Caso García Montiel Flores e outros vs. México***. Sentença de 20 de novembro de 2010.

efeitos vinculativos, capaz de gerar sanções ao Estado descumpridor. Essas sanções podem vir a ser aplicadas por Tribunais Internacionais ou, mesmo, por órgãos internos do próprio Estado descumpridor.

c) Segundo a Corte Interamericana, a Assembleia Geral da OEA tem entendido, reiteradamente, que a Declaração Americana é uma **fonte de obrigações internacionais para os Estados membros da OEA** (Corte Interamericana de Direitos Humanos, **Opinião Consultiva nº 10/89, §43).**

d) É possível, então, assinalar que a Declaração Interamericana contém e define aqueles direitos essenciais mencionados na Carta da OEA, que é um tratado internacional. Isso significa que não se pode aplicar os direitos humanos previstos na Carta da OEA sem que esta última seja conjugada com a Declaração, como é a prática seguida e reiterada dos Estados da OEA (Corte Interamericana de Direitos Humanos, Opinião Consultiva nº 10/89, §43).

e) A DADDH prevê direitos específicos, como o art. XV, que protege o direito ao tempo existencial: "Toda pessoa tem direito ao descanso, ao recreio honesto e à **oportunidade de aproveitar utilmente o seu tempo livre em benefício de seu melhoramento espiritual, cultural e físico**". Esse dispositivo pode fundamentar a teoria do desvio produtivo do consumidor, segundo a qual o consumidor, que perde parcela do seu tempo existencial para solucionar um problema de consumo, tem direito a ser indenizado.

3º) Jurisprudência da Corte Interamericana de Direitos Humanos: é a que resulta do julgamento de casos contenciosos (jurisdição contenciosa da Corte Interamericana). Assim, o Poder Judiciário nacional deve analisar as normas jurídicas domésticas não apenas a partir da CADH, mas, também, segundo a interpretação que a Corte Interamericana confere à CADH. **A Corte Interamericana é a intérprete última da CADH.**

Quanto às decisões da Corte Interamericana, é preciso analisar dois institutos importantes:

a) *Res judicata*: o Estado se obriga a seguir a condenação da Corte, no caso em que tal Estado foi parte **(controle de convencionalidade compulsório)**.

b) *Res interpretata*: o Estado deve seguir o entendimento que a Corte Interamericana adotou em outros casos semelhantes, mesmo que tais casos se referiram a outros Estados. A propósito, segundo a **Recomendação CNJ nº 123, de 7 de janeiro de 2022**, o Poder Judiciário brasileiro tem a obrigação de aplicar os tratados internacionais de direitos humanos em vigor no Brasil, **fazer uso da jurisprudência** e, por fim, promover o controle de convencionalidade das leis internas. Nota-se que o Conselho Nacional da Justiça (CNJ), na hipótese, entendeu como controle de convencionalidade a verificação da compatibilidade das leis internas com os tratados de direitos humanos e com a jurisprudência da Corte Interamericana. Portanto, a jurisprudência da Corte Interamericana de Direitos é parâmetro superior do controle de convencionalidade.

4º) Opiniões consultivas da Corte Interamericana de Direitos Humanos: na função consultiva, a Corte Interamericana, de maneira abstrata, isto é, sem vínculo com um caso concreto: a) emite opinião ou parecer sobre a interpretação da CADH ou de outro tratado de direitos humanos em vigor nos Estados americanos (CADH, art. 64.1) **(opinião consultiva de interpretação)**; b) emite opiniões ou pareceres sobre a compatibilidade das leis internas em relação aos tratados de direitos humanos em vigor nos Estados americanos (CADH, art. 62.2) **(opinião consultiva de compatibilidade)**.

<u>**EXEMPLO**</u>: por meio da **Opinião Consultiva nº 8/87**, solicitada pela Comissão Interamericana, a Corte Interamericana considerou que **o *habeas corpus* é uma espécie de garantia judicial que jamais pode ser suspensa, mesmo em situações de emergência**. Para chegar a essa conclusão, a Corte interpretou o **art. 27 da CADH, que cuida da suspensão de garantias em casos de emergências públicas, como guerras.**

As opiniões consultivas da Corte Interamericana são vinculantes? Duas correntes:

A) NÃO. A Corte interpreta abstratamente o tratado e realiza **aferição de convencionalidade**, e não controle de convencionalidade. Se a interpretação abstrata da Corte for descumprida, aí o Estado é acionado e a Corte, num caso concreto, ao condenar o Estado, promove o controle de convencionalidade.

B) SIM. Na opinião consultiva, a Corte Interamericana produz pareceres vinculantes. A diferença com o julgamento de casos (jurisdição contenciosa) é apenas no *modo* de realização. Nesta última, a Corte declara a violação e impõe medidas específicas contra o Estado, como a reparação econômica em favor das vítimas. Na jurisdição consultiva, a Corte apenas declara a violação, mas essa declaração vincula os Estados. Tanto que, em futuros casos concretos, a Corte segue suas próprias opiniões consultivas. Segundo a própria Corte Interamericana, "pareceres não têm o mesmo efetivo vinculante que se reconhece para suas sentenças em matéria contenciosa" (Corte IDH. Opinião Consultiva nº 1/82, §51). Tais pareceres não têm o mesmo efetivo vinculante em relação à jurisdição contenciosa porque aqueles são abstratos, e esta, de efeitos concretos. **A propósito, segundo a Unidade de Monitoramento e Fiscalização das Decisões do Sistema Interamericano (UMF/CNJ),** o Poder Judiciário nacional deve cumprir as decisões e deliberações da Corte Interamericana, isto é, não só as sentenças e medidas provisórias da Corte, mas, também, as opiniões consultivas.

A propósito da tese sobre o caráter vinculante das opiniões consultivas, a facultatividade da função consultiva faria com que a jurisdição contenciosa não fosse obrigada a aplicar as opiniões consultivas. Isso geraria incoerência no sistema, com prejuízo à segurança jurídica no entendimento dos direitos do sistema interamericano[18].

5º) Padrões internacionais aplicáveis à matéria em questão: tratados e declarações do sistema regional interamericano e do sistema global ou universal ou onusiano (Corte Interamericana. *Caso Comunidade Garífuna de Punta Piedra e seus Membros vs. Honduras.* Exceções Preliminares, Mérito, Reparações e Custas. Sentença de 8 de outubro de 2015, §§ 211 e 225). Portanto, não só os tratados e declarações do sistema regional interamericano, mas, também, os tratados e declarações do sistema universal ou global são vinculativos, podendo servir como parâmetro superior de controle de convencionalidade.

6.1. Bloco de constitucionalidade

Bloco de constitucionalidade é o conjunto de elementos jurídicos que têm hierarquia constitucional, além das próprias normas jurídicas contidas na Constituição. Ou seja, quando uma norma jurídica faz parte do bloco de constitucionalidade, essa norma tem estatura constitucional, ainda que não pertença ao texto da Constituição.

O bloco de constitucionalidade foi reconhecido pela primeira vez na decisão nº 71-44 DC, de 17 de julho de 1971, do Conselho Constitucional francês, apreciando questões relacionadas à liberdade de expressão. Reconheceu-se a estatura constitucional do preâmbulo da Constituição francesa de 1958.

Esse preâmbulo fez remissão a outras normas jurídicas, as quais, então, segundo o Conselho Constitucional francês, também passam a parte do bloco de constitucionalidade. Eis, portanto, as normas jurídicas que não estão na Constituição Francesa, mas que, devido à remissão do preâmbulo, compõem o bloco de constitucionalidade: a) preâmbulo da Constituição francesa de 1946; b) Declaração de Direitos do Homem e do Cidadão de 1789.

No ano de 2005, o preâmbulo da Constituição francesa foi alterado, de modo que tal preâmbulo passou a fazer remissão também à Carta do Meio Ambiente, a qual passou a fazer parte do bloco de constitucionalidade.

Uma norma que faça parte do bloco de constitucionalidade pode servir de parâmetro superior do controle de constitucionalidade e, assim, servir de fundamento para invalidar uma norma inferior.

---

18. LEGALE, Siddharta. Controle de convencionalidade consultivo? Um estudo em homenagem ao professor Sidney Guerra. ***In: Temas de direitos Humanos.*** Estudos sobre o Sistema Interamericano de Direitos Humanos, pág. 181.. 2ª ed. Rio de Janeiro: Núcleo Interamericano de Direitos Humanos, 2022, pág. 174 a 191.

O **bloco de constitucionalidade** se subdivide em: **a) bloco de constitucionalidade em sentido amplo**; b) **bloco de constitucionalidade em sentido estrito.**

O **bloco de constitucionalidade em sentido amplo** abrange vários tipos de normas não previstas na Constituição, por exemplo, os tratados internacionais de direitos humanos.

Na visão do Supremo Tribunal Federal, apenas os tratados internacionais de direitos humanos, aprovados segundo o rito do art. 5º, §3º, da CF/88, fazem parte do bloco de constitucionalidade. Lembremos que, por meio desse rito, o tratado é aprovado nas 2 Casas do Congresso Nacional, em dois turnos de votação, com 3/5 de votos.

Os demais tratados internacionais de direitos humanos têm força supralegal (acima das leis, abaixo da Constituição), de modo que não fazem parte do controle de constitucionalidade. Ou seja, tais tratados não têm natureza de norma constitucional.

Nesse sentido, uma lei poderia ser submetida ao controle de constitucionalidade, se violar um tratado internacional de direitos humanos aprovado segundo o rito do art. 5º, §3º, da CF/88. O controle de constitucionalidade não poderia ser exercido (via ADI, por exemplo), se a violação for a um tratado de direitos humanos com força supralegal (ex.: Convenção Americana sobre Direitos Humanos).

Portanto, o STF adotou o **bloco de constitucionalidade em sentido restrito**, de modo que os tratados internacionais de direitos humanos, que não observarem o rito do art. 5º, §3º, da CF/88, jamais farão parte do bloco de constitucionalidade.

Entendemos, contudo, que o correto seria adotar o bloco de constitucionalidade em sentido amplo, para abranger os tratados não aprovados segundo referido rito. Isso porque a própria CF/88 confere força constitucional a normas de tratados que reconheçam direitos. A propósito, segundo o art. 5º, §2º, da CF/88, os direitos e garantias expressos na CF/88 não excluem outros direitos e garantias previstos em tratados internacionais em vigor no Brasil[19].

Até hoje, temos 4 tratados internacionais de direitos humanos que compõem o bloco de constitucionalidade restrito, ou seja, com aprovação segundo o rito do art. 5º, §3º, da CF/88. Três do sistema universal e um do sistema regional interamericano:

19. Para um estudo mais aprofundado sobre o tema, confira-se: PIOVESAN, Flávia. *Direitos Humanos e o Direito Constitucional Internacional*, pág. 133 a 171. 19ª ed. São Paulo: Saraiva, 2021.

1º) Sistema Universal:

a) Convenção das Nações Unidas sobre os Direitos das Pessoas com Deficiência, assinado em Nova Iorque, no dia 30 de março de 2007. Esse tratado conta com um vasto rol de direitos conferidos às pessoas com deficiência.

b) Protocolo Facultativo à Convenção das Nações Unidas sobre os Direitos das Pessoas com Deficiência, assinado em Nova Iorque, no dia 30 de março de 2007. Por meio desse Protocolo Facultativo, o Brasil passa a submeter-se ao sistema de petição das vítimas de violação de direitos. Assim, a vítima poderá submeter petições de violações de direitos das pessoas com deficiência diretamente ao Comitê sobre os Direitos das Pessoas com Deficiência.

c) Tratado de Marraqueche para Facilitar o Acesso a Obras Publicadas às Pessoas Cegas, com Deficiência Visual ou com outras Dificuldades para ter Acesso ao Texto Impresso. Esse tratado foi celebrado em Marracheque no dia 28 de junho de 2013.

2º) Sistema Regional Interamericano: Convenção Interamericana contra o Racismo, a Discriminação Racial e Formas Correlatas de Intolerância, promulgado internamente no Brasil por meio do Decreto nº 10.932/22.

7. CONTROLE DE TRANSCONVENCIONALIDADE OU DE TRANSCONSTITUCIONALIDADE

Vimos que o parâmetro superior do controle de convencionalidade são normas jurídicas internacionais de direitos humanos, bem como a jurisprudência e as opiniões consultivas da Corte Interamericana.

Contudo, examinando a própria jurisprudência da Corte Interamericana, pude perceber que o parâmetro superior de controle das normas jurídicas internas não são só esses elementos jurídicos internacionais. Elementos jurídicos internos (CF/88, leis internas, atos normativos internos, jurisprudência de tribunais nacionais) também compõem o parâmetro superior de controle das normas internas. Por isso, em vez de controle de convencionalidade, devemos fazer o controle de transconstitucionalidade ou de transconvencionalidade, isto é, algo que vai além dos simples controles de convencionalidade e de constitucionalidade. **Exemplos:**

a) Mobilização do *corpus juris interno* e do *corpus juris internacional* para o reconhecimento de direitos dos povos indígenas. Confira-se: CORTE INTERAMERICANA. *Caso Comunidade Garífuna Trunfo de La Cruz e seus Membros vs. Honduras*. Sentença de 8 de outubro de 2015 (Mérito, Reparação e Custas), §§ 103, 106 a 109.

b) **Compreensão do direito humano a uma defesa efetiva no processo penal**: partindo das **garantias judiciais previstas no art. 8º da CADH**, a Corte Interamericana reportou-se a decisões de tribunais nacionais, para descobrir **violações ao direito de defesa afetiva**: b1) não desempenho de nenhuma atividade probatória por parte do Advogado; b2) carência de conhecimento técnico do processo penal; b3) falta de interposição de recursos em detrimento dos direitos do imputado; b4) indevida fundamentação dos recursos interpostos (CORTE INTERAMERICANA. *Caso Ruano Torres vs. El Salvador*. Sentença de 8 de outubro de 2015 (Mérito, Reparações e Custas), §§ 152 e 164)[20].

8. TEORIA DO DUPLO CONTROLE OU DO DUPLO CRIVO DE DIREITOS HUMANOS

Norma jurídica interna só será válida se passar pelo controle de constitucionalidade e pelo controle de convencionalidade, segundo propõe a **teoria do duplo controle ou do duplo crivo de direitos humanos**. Ex.: Lei da Anistia – passou pelo controle de constitucionalidade do STF, mas não pelo controle de convencionalidade da Corte Interamericana. Logo, norma inválida. Expliquemos melhor o assunto.

A Lei nº 6.683/79 (Lei de Anistia) perdoou os crimes políticos e os com eles conexos praticados durante o regime civil-militar, em período compreendido entre 2 de setembro de 1961 e 15 de agosto de 1979. Ao mencionar os crimes conexos, a citada lei acabou anistiando as graves violações de direitos humanos praticadas por agentes estatais da ditadura militar, como torturas, desaparecimentos forçados, homicídios.

O Conselho Federal da OAB, então, propôs a ADPF 153, para obter a interpretação conforme a Constituição no que toca à Lei da Anistia. Assim, pretendia-se que os agentes da ditadura militar fossem afastados do perdão dado pela referida lei. O Supremo, porém, entendeu que a Lei da Anistia não violava a CF/88. A ADPF foi julgada improcedente.

Poucos meses depois de julgada a ADPF 153 pelo STF, a Corte Interamericana, no *Caso Gomes Lund e outros vs. Brasil* (*Caso Guerrilha do* Araguaia), pela inconvencionalidade da Lei de Anistia (Lei nº 6.683/1979). Dois pontos de destaque:

a) A Corte Interamericana entendeu que a Lei de Anistia é incompatível com a Convenção Americana sobre Direitos Humanos (CADH).

20. Confira-se Capítulo 10, item 6.

b) O Brasil foi condenado a investigar e punir os agentes da ditadura militar devido às graves violações de direitos humanos ocorridas na região do Araguaia, durante o período ditatorial.

Há, portanto, um conflito entre a decisão anterior do STF (ADPF 153) e a decisão posterior da Corte Interamericana (*Caso Gomes Lund e outros vs. Brasil - Caso Guerrilha* do Araguaia).

Alguns pontos da decisão da Corte o Brasil vem cumprindo: indenização das vítimas, Comissão da Verdade. Porém, o Brasil não vem investigando e punindo os agentes da ditadura militar que violaram gravemente os direitos humanos.

Porque o Brasil não vem cumprindo integralmente a decisão da Corte Interamericana de Direitos Humanos, foi ajuizada, pelo Partido Socialismo e Liberdade (PSOL), a ADPF 320. O objetivo é que o STF reconheça a validade e o caráter vinculante da decisão tomada pela Corte Interamericana de Direitos Humanos.

Entendemos que o STF tem a obrigação de acolher a ADPF 320. Conforme a jurisprudência da Corte Interamericana de Direitos Humanos, todos os órgãos e poderes nacionais (não importa de qual hierarquia for) são obrigados a cumprir a CADH e a interpretação que a Corte Interamericana faz sobre a CADH e outros tratados de direitos humanos.

A propósito, se a Lei da Anistia pode ter passado pelo controle de constitucionalidade, tal lei não conseguiu superar o controle de convencionalidade. Logo, referida lei é inválida, por força da teoria do duplo controle ou do duplo crivo de direitos humanos.

9. TEORIA DO CONTROLE INTEGRADO OU AGREGADOR

Norma jurídica interna deve obedecer, ao mesmo tempo, aos elementos jurídicos internos e internacionais de direitos humanos. Não há separação entre os controles de constitucionalidade e de convencionalidade, que formam um amálgama, uma junção, segundo a teoria do controle integrado ou agregador[21].

Assim, no caso da Lei da Anistia, que não viola a CF/88 segundo entendeu o STF, entendemos que o STF não fez controle de constitucionalidade. Isso porque o controle de constitucionalidade deve ser feito em conjunto com o controle de convencionalidade, isto é, com a análise que a Corte Interamericana faz sobre o tema.

21. Confira-se Capítulo 10, item 6.6.

A propósito, as juízas e os juízes nacionais "devem exercer, de ofício, tanto o controle de constitucionalidade como o controle de convencionalidade, **tomados em conjunto**, porque os ordenamentos jurídicos internacional e nacional se encontram em constante interação no presente domínio de proteção da pessoa humana"[22].

10. INSTITUIÇÕES E ÓRGÃOS INTERNOS RESPONSÁVEIS PELO CONTROLE DE CONVENCIONALIDADE

Veremos, agora, conforme o entendimento da Corte Interamericana de Direitos Humanos, quais as instituições são obrigadas a fazer o controle de convencionalidade.

1º) Poder Judiciário nacional: o Estado tem o dever de cumprir os tratados e normas jurídicas internacionais. Como órgãos ou instituições do Estado que é, um verdadeiro *longa manus* ou uma verdadeira extensão do Estado, o Poder Judiciário nacional deve aplicar a normativa internacional de direitos humanos.

Assim, há uma obrigação dos juízes e tribunais internos em proceder ao exame da compatibilidade das leis domésticas com a Convenção Americana sobre Direitos Humanos (CADH). Para tanto, as juízas e os juízes levam em conta não só a CADH, mas a interpretação que a Corte Interamericana emprega sobre o tratado (CORTE INTERAMERICANA. *Caso Almonacid Arellano e outros vs. Chile.* Sentença de 26 de setembro de 2006, Exceções Preliminares, Mérito, Reparações e Custas, §124).

As juízas e os juízes brasileiros não são apenas juízes nacionais, mas verdadeiros **juízes interamericanos**, com o objetivo de guardar não só a CADH e outros tratados e documentos internacionais de direitos humanos, mas, também, a jurisprudência e as opiniões consultivas da Corte Interamericana. Por isso, o Poder Judiciário brasileiro tem o compromisso de observar a **jurisprudência interamericana**, como é o caso dos seguintes entendimentos: proibição da anistia por violações graves dos direitos humanos, a punição do feminicídio, a punição do desaparecimento forçado, a proteção especial dos migrantes, das pessoas idosas, das pessoas com deficiência, a proteção especial dos povos indígenas e afrodescendentes.

A propósito, o Poder Judiciário nacional deve realizar o **controle de convencionalidade mesmo de ofício** (CORTE INTERAMERICANA. *Caso dos Trabalhadores Demitidos do Congresso vs. Peru.* Exceções Preliminares,

---

22. Voto proferido pelo Juiz CANÇADO TRINDADE, no seguinte caso: CORTE INTERAMERICANA DE DIREITOS HUMANOS. *Caso Trabalhadores Demitidos do Congresso vs Peru*, §3º do voto.

Mérito, Reparações e Custas, §128). Pressupõe-se que as juízas e os juízes conhecem o Direito (*iura novit curia*).

2º) Todos os órgãos internos relacionados à administração da justiça: a Corte ampliou o dever de realizar o controle de convencionalidade. Além do Poder Judiciário nacional, os órgãos vinculados à administração da justiça também deverão realizar esse controle (CORTE INTERAMERICANA. *Caso Cabrera García e Montiel Flores vs. México*, sentença de 26 de novembro de 2010). Ex.: Defensoria Pública, Ministério Público, Advocacia Pública, CNJ.

3º) Todos os órgãos, instituições e poderes do Estado: a Corte fez essa nova ampliação, no seguinte caso: CORTE INTERAMERICANA. *Caso Gelman vs. Uruguai*. Mérito e Reparações. Sentença de 24 de fevereiro de 2011, §193. Ex.: Poder Legislativo e Poder Executivo também devem realizar o controle de convencionalidade. O Poder Legislativo, por exemplo, no âmbito das Comissões de Constituição e Justiça, nas quais se analisa não só a constitucionalidade, mas também a convencionalidade dos projetos de lei. O Poder Executivo, por sua vez, realiza controle de convencionalidade, na adoção de políticas públicas. Ex.: é preciso adotar ações afirmativas, para a inclusão da população negra.

11. ESPÉCIES DE CONTROLE JURISDICIONAL DE CONVENCIONALIDADE

O controle jurisdicional de convencionalidade se subdivide em: 1º) Controle jurisdicional de convencionalidade internacional; 2º) Controle jurisdicional de convencionalidade nacional ou de matriz nacional: a) difuso; b) concentrado.

11.1. Controle jurisdicional de convencionalidade internacional

É o exercido por um tribunal internacional de direitos humanos – no sistema regional interamericano, pela Corte Interamericana de Direitos Humanos.

É importante esclarecer que as Cortes Internacionais de Direitos Humanos só atuam se houver omissão ou falha dos Estados nacionais na proteção dos direitos humanos. Trata-se da **atuação coadjuvante ou complementar do controle de convencionalidade internacional,** prevista no preâmbulo da Convenção Americana sobre Direitos Humanos (CADH)[23].

A Comissão Interamericana de Direitos Humanos recebe, todos os anos, milhares de casos. Desses, pouquíssimos são enviados à Corte Interamericana.

23. Eis a parte do preâmbulo da CADH, em que se reconhece o caráter coadjuvante ou complementar da jurisdição internacional de direitos humanos: "**Reconhecendo** que os direitos essenciais do homem não derivam do fato de ser ele nacional de determinado Estado, mas sim do fato de ter como fundamento os atributos da pessoa humana, razão por que justificam uma proteção internacional, de natureza convencional, coadjuvante ou complementar da que oferece o direito interno dos Estados americanos".

Dos enviados à Corte Interamericana, poucos ainda recebem provimento. Em 2014, por exemplo, a Comissão Interamericana recebeu 1.758 petições. Contudo, enviou somente 19 casos à Corte Interamericana. Em 2016, das 2.567 petições recebidas pela Comissão Interamericana, apenas 16 casos foram submetidos à Corte Interamericana (Estatísticas da OEA, 2017) (MAZZUOLI, Valério de Oliveira. *Controle Jurisdicional da Convencionalidade das Leis*, pág. 124. 5ª ed. Rio de Janeiro: Forense, 2018).

Em razão disso, desde 2016, a Corte Interamericana inverteu as regras do jogo e conferiu aos juízes e tribunais internos que controlem, em primeira mão, a convencionalidade das leis, nos respectivos territórios. Os juízes estão mais próximos da realidade concreta. Logo, o autêntico controle de convencionalidade é o interno ou nacional. O internacional é complementar ou coadjuvante (MAZZUOLI, Valério de Oliveira. *Controle Jurisdicional da Convencionalidade das Leis*, pág. 124. 5ª ed. Rio de Janeiro: Forense, 2018).

11.2. Controle jurisdicional de convencionalidade interno ou de matriz nacional

O **controle jurisdicional de convencionalidade interno ou de matriz nacional** é a análise que os juízes(as) nacionais fazem para verificar a compatibilidade das normas internas em relação às normas internacionais de direitos humanos incorporadas ao Brasil, às opiniões consultivas e à jurisprudência da Corte Interamericana de Direitos Humanos.

Caso Almonacid Arellano e outros vs. Chile: foi o primeiro caso no qual a Corte Interamericana de Direitos Humanos usou a expressão "controle de convencionalidade" (2006).

Qual a importância do *Caso Almonacid Arellano e outros vs. Chile* para o controle de convencionalidade?

1º) A Corte Interamericana estabeleceu, aí, o dever de o Poder Judiciário nacional exercer o <u>controle de convencionalidade</u> das normas internas em relação à CADH.

2º) O Poder Judiciário nacional, ao realizar o controle de convencionalidade, deve levar em conta: a) a CADH; b) a interpretação que a Corte Interamericana faz da CADH, porque a Corte Interamericana é a <u>intérprete última da CADH</u> (§124).

A) CONTROLE DE CONVENCIONALIDADE JURISDICIONAL INTERNO <u>CONCENTRADO</u>

O **controle de convencionalidade interno concentrado** é aquele realizado exclusivamente pelo Supremo Tribunal Federal. Concentrado, porque se concentra no STF.

Essa espécie de controle adota como paradigma para o controle de convencionalidade apenas os tratados de direitos humanos com equivalência de Emenda Constitucional – aprovação segundo o procedimento previsto no art. 5º, §3º, da CF/88 (aprovação nas 2 Casas do Congresso Nacional, 3/5 dos membros, 2 turnos de votação).

Para operacionalizar o controle de convencionalidade interno concentrado de normas domésticas em relação aos tratados de direitos humanos aprovados como normas equivalentes às emendas constitucionais, devem ser utilizados os mecanismos de controle concentrado de constitucionalidade das leis (ADI, ADECON, ADPF, ADO). Em termos práticos:

a) ADI (Ação Declaratória de Inconstitucionalidade): transforma-se numa Ação Direta de *Inconvencionalidade*. Serve para invalidar uma norma doméstica que contraria o tratado de direitos humanos aprovado como norma equivalente a uma EC.

b) ADECON (Ação Declaratória de Constitucionalidade): transforma-se numa Ação Declaratória de *Convencionalidade*. Serve para garantir a compatibilidade de uma norma infraconstitucional a um tratado de direitos humanos aprovado com equivalência de emenda constitucional.

c) ADPF (Arguição de Descumprimento de Norma Fundamental): serve para declarar a inconvencionalidade de uma norma doméstica que viole preceito fundamental de um tratado de direitos humanos aprovado com equivalência de emenda constitucional. Interessante que o objeto da ADPF, no caso, poderia ser uma lei municipal ou, mesmo, um ato normativo anterior à entrada em vigor do tratado.

d) ADO (Ação Declaratória de Inconstitucionalidade por Omissão): o STF declara a inconvencionalidade, pelo fato de não existir medida destinada a tornar efetiva norma internacional de direitos humanos aprovada com equivalência de EC. Nesse caso, o STF, julgado procedente a ADO, dá ciência ao órgão competente para a adoção das providências necessárias e, no caso de órgãos administrativos, para fazê-lo em 30 dias[24].

B) CONTROLE DE CONVENCIONALIDADE JURISDICIONAL INTERNO DIFUSO

Controle interno de convencionalidade difuso é a verificação de compatibilidade de normas domésticas em relação aos tratados de direitos humanos ratificados pelo Brasil – verificação, essa, feita por todos(as) os(as) juízes(as) e tribunais nacionais, e no caso concreto.

---

24. Sobre o controle de convencionalidade interno concentrado, confira-se: MAZZUOLI, Valério de Oliveira. *Controle Jurisdicional da Convencionalidade das Leis*, pág. 167 a 175. 5ª ed. Rio de Janeiro: Forense, 2018.

Essa modalidade de controle de convencionalidade é feita no caso concreto. Ex.: o(a) juiz(a) nacional verifica, numa ação de obrigação de fazer, que uma lei municipal viola um determinado tratado internacional de direitos humanos e concede o direito pleiteado na petição inicial.

Quem realiza o controle interno de convencionalidade difuso é qualquer juiz(a) ou tribunal do Brasil. O STF, julgando um caso concreto (ex.: RE, HC), também poderá fazê-lo. Neste último caso, o controle de convencionalidade exercido pelo STF é o difuso. Não podemos nos esquecer de que o STF exerce, também, controle de convencionalidade concentrado, quando a norma paradigma é um tratado de direitos humanos equivalente às emendas constitucionais.

Os efeitos da declaração de inconvencionalidade, no controle difuso, são *inter partes*, e não contra todos. Isso porque o controle é difuso, feito num caso concreto. Não se trata de um controle concentrado abstrato, este sim com efeitos *erga omnes* (contra todos).

As normas jurídicas tidas como paradigmas no controle de convencionalidade difuso são as seguintes:

a) Tratados de direitos humanos NÃO equivalentes às emendas constitucionais – são os tratados materialmente constitucionais.

b) Tratados de direitos humanos equivalentes às emendas constitucionais – aprovados segundo o procedimento do art. 5º, §3º, da CF/88 (aprovação nas 2 Casas do Congresso Nacional, em 2 turnos e mediante 3/5 dos votos). São os tratados formal e materialmente constitucionais. Lembre-se: esses tratados também podem ser objeto de controle concentrado de convencionalidade.

Assim, um tratado internacional de direitos humanos aprovado com equivalência de emenda constitucional pode servir de parâmetro superior tanto do controle de convencionalidade interno difuso, quanto do controle de convencionalidade interno concentrado.

Já um tratado internacional de direitos humanos aprovado sem a equivalência de emenda constitucional só pode ser objeto do controle de convencionalidade interno difuso.

Sobre a existência do controle de convencionalidade interno no direito brasileiro, é importante o esclarecer o seguinte:

a) Controle de convencionalidade interno difuso: existe desde a promulgação da CF/88, em 5 de outubro de 1988, e da entrada em vigor dos tratados de direitos humanos ratificados pelo Brasil após essa data.

Isso porque compete ao Superior Tribunal de Justiça julgar, em recurso especial, as causas decididas, em única ou última instância, pelos tribunais regionais federais ou pelos tribunais dos Estados, do DF e Territórios, quando a decisão recorrida *contrariar tratado* ou lei federal, ou negar-lhes vigência (CF/88, art. 105, III, *a*). O que se observa é que esse dispositivo constitucional já previa a possiblidade de julgamentos, em casos concretos, de lides nas quais houvesse a violação de tratados. O controle de convencionalidade, portanto, realizado em caso concreto, é o difuso, e já existe desde a promulgação da CF/88 e da entrada em vigor dos tratados de direitos humanos ratificados pelo Brasil após essa data.

b) Concentrado: como tem por objeto apenas os tratados de direitos humanos equivalentes às emendas constitucionais, o controle concentrado de convencionalidade passou a existir, apenas, quando foi instituída essa espécie de tratados de direitos humanos, no Brasil. Logo, com a promulgação da EC n. 45, no dia 8 de dezembro de 2004, passou a existir, no Brasil, o controle de convencionalidade concentrado.

Pode-se, por fim, afirmar que os tratados internacionais de direitos humanos: a) equivalentes às emendas constitucionais: podem ser objeto dos controles internos de convencionalidade difuso e concentrado; b) não equivalentes às emendas constitucionais: só podem ser objeto do controle de convencionalidade difuso[25].

12. PLANOS DA VIGÊNCIA, VALIDADE E EFICÁCIA NO ÂMBITO DO CONTROLE DE CONVENCIONALIDADE DAS LEIS

Uma norma jurídica interna incompatível com um tratado internacional de direitos humanos mais protetivo é **inconvencional ou inválida, com efeitos "ex tunc"**, isto é, desde o momento em que tal norma foi editada.

A partir do Estado Constitucional e Humanista de Direito, é possível identificar os seguintes conceitos:

VIGÊNCIA ou VALIDADE FORMAL: é a adequação formal da norma jurídica interna com o procedimento constitucional legislação de formação dessa norma. Lei vigente é a lei existente, isto é, a lei que foi elaborada pelo Parlamento, sancionada pelo Presidente da República, promulgada e publicada no Diário Oficial da União.

VALIDADE ou VALIDADE MATERIAL: é a compatibilidade material da norma jurídica interna com a CF/88 e com tratados internacionais de direitos humanos em vigor no Estado. Ex.: lei interna compatível com o princípio da igualdade.

25. Sobre o controle de convencionalidade interno difuso, confira-se: MAZZUOLI, Valério de Oliveira. *Controle Jurisdicional da Convencionalidade das Leis*, pág. 159 a 167. 5ª ed. Rio de Janeiro: Forense, 2018.

EFICÁCIA: é a confiança que as pessoas têm de que a norma está sendo aplicada, está servindo na realidade social. O Poder Judiciário tem um papel fundamental para conferir eficácia à norma interna.

É importante esclarecer o seguinte:

1º) Uma norma jurídica interna pode ser vigente, mas inválida: a norma encontra-se formalmente íntegra, mas viola, por exemplo, o direito à igualdade.

2º) Uma norma pode ser vigente e válida, mas sem eficácia: a norma jurídica atendeu aos pressupostos formais de formação, atendeu aos princípios e normas substanciais da CF/88 e de tratados, mas não vem surtindo efeitos na realidade social.

Ao reconhecer a inconvencionalidade de uma lei interna, isto é, que a lei interna não observa tratados internacionais de direitos humanos, **o Poder Judiciário declara que essa lei é inválida, inconvencional**, não podendo ser aplicada. **Ataca-se o plano de validade material da lei interna.**

Por sua vez, ao reconhecer que uma lei interna está de acordo com os tratados internacionais de direitos humanos, o Poder Judiciário atua não só para declarar a VALIDADE MATERIAL da lei, mas, também, para conferir EFICÁCIA à referida lei, isto é, exigir que tal norma jurídica produza efeitos concretos na realidade social[26].

13. CONTROLE DE CONVENCIONALIDADE COMPULSÓRIO

Controle de convencionalidade compulsório é a adoção obrigatória, pelo Estado, da decisão proferida por Corte Internacional de Direitos Humanos, em caso envolvendo esse Estado específico.

Assim, quando condenado pela Corte Interamericana, o Estado, por todos os seus órgãos e instituições, deve cumprir a sentença da Corte Interamericana.

Em outras palavras, cabe ao Estado, nessa hipótese, submeter-se ao controle de convencionalidade exercido pela Corte Interamericana, controle, esse, de observância compulsória.

A propósito, no *Caso Gelman vs. Uruguai*, a Corte Interamericana de Direitos Humanos decidiu o seguinte: "quando existe uma sentença internacional ditada com caráter de coisa julgada a respeito de um Estado que tenha sido parte no caso submetido à jurisdição da Corte Interamericana, todos seus órgãos, incluídos os juízes e órgãos vinculados à administração da justiça, também estão submetidos ao tratado e à sentença deste Tribunal, o qual lhes

26. Sobre vigência, validade e eficácia das leis segundo o controle de convencionalidade, confira-se: MAZZUOLI, Valério de Oliveira. *Controle Jurisdicional da Convencionalidade das Leis*, pág. 126 a 142. 5ª ed. Rio de Janeiro: Forense, 2018.

obriga a zelar para que os efeitos das disposições da Convenção e, consequentemente, das decisões da Corte Interamericana não se vejam amesquinhadas pela aplicação de normas contrárias a seu objeto e finalidade ou por decisões judiciais ou administrativas" (§68 – supervisão de cumprimento de sentença).

14. EFEITOS NEGATIVO (OU EFEITO DESTRUTIVO OU REPRESSIVO) E POSITIVO (OU EFEITO CONSTRUTIVO) DO CONTROLE DE CONVENCIONALIDADE

Segundo o **efeito negativo ou destrutivo ou repressivo** do controle de convencionalidade, a norma interna contrária à Convenção Americana sobre Direitos Humanos (CADH) ou à jurisprudência da Corte Interamericana de Direitos Humanos é **inconvencional ou anticonvencional**, não podendo ser aplicada pelo Poder Judiciário. Desde o início de sua existência, essa norma jurídica interna inconvencional carece de efeitos jurídicos[27].

Segundo o **efeito positivo ou construtivo** do controle de convencionalidade, o direito nacional deve ser interpretado a partir da CADH e da jurisprudência da Corte Interamericana de Direitos Humanos. Trata-se de uma verdadeira reciclagem do direito local, partindo-se do pressuposto de que o direito local não se opõe à CADH e à jurisprudência da Corte Interamericana[28].

O efeito positivo ou construtivo busca manter a integridade da norma jurídica interna, de modo que esta última não seja declarada inválida, inconvencional.

Isso significa que o efeito positivo ou construtivo do controle de convencionalidade dialoga profundamente com o **princípio da interpretação conforme os direitos humanos.**

É que, segundo o **princípio da interpretação conforme os direitos humanos**, se houver vários sentidos possíveis da norma jurídica interna, o intérprete deve escolher aquele sentido que for compatível com as normas jurídicas internacionais de direitos humanos.

---

27. SAGÜÉS, Néstor Pedro. El "Control de Convencionalidad" em el sistema interamericano, e sua anticipos em el âmbito de los derechos econômico-sociales, concordâncias y diferencias com el sistema europeo, págs. 4 e 5. Disponível em: https://www.pj.gov.py/ebook/monografias/extranjero/derechos-humanos/N%C3%A9stor-Pedro-Sagu%C3%A9s-El-Control-de-Convencionalidad.pdf.

28. SAGÜÉS, Néstor Pedro. El "Control de Convencionalidad" em el sistema interamericano, e sua anticipos em el âmbito de los derechos econômico-sociales, concordâncias y diferencias com el sistema europeo, pág. 5. Disponível em: https://www.pj.gov.py/ebook/monografias/extranjero/derechos-humanos/N%C3%A9stor-Pedro-Sagu%C3%A9s-El-Control-de-Convencionalidad.pdf. Confira-se, igualmente: CORTE INTERAMERICANA DE DIREITOS HUMANOS. *Caso Cabrera García e Montiel Flores vs. México*. Sentença de 26 de novembro de 2010 (Exceções Preliminares, Mérito, Reparações e Custas), §233.

Por outro lado, se a norma jurídica tiver um sentido só, e esse sentido contrariar a Convenção Americana sobre Direitos Humanos e a jurisprudência da Corte Interamericana de Direitos Humanos, nada mais resta do que declarar a invalidade ou inconvencionalidade dessa norma jurídica interna. Opera-se, aí, então, o efeito negativo ou destrutivo ou repressivo do controle de convencionalidade.

Em razão dessas considerações, é possível afirmar que o efeito positivo do controle de convencionalidade e o princípio da interpretação conforme os direitos humanos só se aplicam em relação às chamadas normas polissêmicas ou plurissignificativas, isto é, às normas internas com mais de um sentido possível.

Se o único sentido da norma for pela convencionalidade, aí se deve aplicar o efeito negativo, declarando-se a invalidade ou inconvencionalidade da norma interna.

15. CONTROLE PREVENTIVO DE CONVENCIONALIDADE

Por meio da jurisdição consultiva, a Corte Interamericana é provocada com o objetivo de interpretar dispositivos da CADH ou de outros tratados de direitos humanos nos Estados americanos. A Corte, então, emite um parecer, denominado de **Parecer Consultivo ou Opinião Consultiva**.

Desse modo, na jurisdição consultiva, a Corte Interamericana pode, **de forma preventiva**, verificar se uma determina lei de um País está de acordo com a Convenção Americana sobre Direitos Humanos, que é um tratado internacional de direitos humanos. Trata-se de um **controle de convencionalidade preventivo**, isto é, de um controle anterior à aplicação da lei, sem vínculo ao julgamento de um determinado caso.

Esse controle preventivo, então, apresenta um determinado resultado a que chega a Corte Interamericana na interpretação do Direito. Por ex.: analisando, na jurisdição consultiva, a Convenção Americana sobre Direitos Humanos, a Corte Interamericana estabeleceu direitos decorrentes da união homoafetiva, como o direito ao matrimônio e o direito à herança (vide Opinião Consultiva nº 24/17). Os Estados submetidos à jurisdição contenciosa da Corte Interamericana devem observar esses padrões interpretativos fixados pela Corte. Tais padrões interpretativos são chamados, também, de fontes *standards* fixados pela Corte Interamericana.

Trata-se de um controle preventivo, porque, ao observá-lo, o Estado evita que, contra si, seja instaurado um caso concreto perante a Corte Interamericana de Direitos Humanos.

Segundo a Corte Interamericana entendeu na Opinião Consultiva nº 22/2016, na função consultiva, não há partes nem litígios a resolver. O objetivo é obter a interpretação dos vários dispositivos da Convenção Americana sobre Direitos Humanos e de outros tratados concernentes à proteção dos direitos humanos nos Estados Americanos. Por isso, as opiniões consultivas cumprem uma função própria de um **controle de convencionalidade preventivo**[29].

No **Exame Nacional da Magistratura (ENAM), realizado no dia 14/4/2024**, na questão nº 34, da Prova 1, o item E foi tido como CORRETO: "As Opiniões Consultivas da Corte IDH podem ser consideradas modalidades de exercício preventivo do controle de convencionalidade e são fontes *standars* que devem ser observadas pelos Estados".

16. CONTROLE DE CONVENCIONALIDADE NORMATIVO E CONTROLE DE CONVENCIONALIDADE FÁTICO

Controle de convencionalidade normativo é a tradicional verificação de compatibilidade das normas jurídicas internas com tratados, outras normas jurídicas de direitos humanos e os pronunciamentos da Corte Interamericana de Direitos Humanos. Caso incompatível com a proteção internacional de direitos humanos, tais normas jurídicas internas acabam sendo invalidadas.

Controle de convencionalidade fático é a verificação de compatibilidade da realidade com os tratados, com as demais normas internacionais de direitos humanos e com os pronunciamentos da Corte Interamericana de Direitos Humanos.

Portanto, quando se invalida uma lei violadora da proteção jurídica internacional de direitos humanos, temos o controle de convencionalidade normativo. Porém, quando se pensa em estado de coisas inconvencional (ex.: violações de direitos dos povos indígenas, violação de direitos em favelas pela polícia), a ordem estabelecida é inconvencional, inconstitucional. É algo fático, e não só normativo. Não basta ter uma lei que trate de tudo. É preciso que, em termos fáticos, o direito seja observado. O controle de convencionalidade fático é um controle sobre a realidade. No Brasil, a realidade é inconvencional. Trata-se de litígios estruturais[30].

---

29. CORTE INTERAMERICANA DE DIREITOS HUMANOS. Opinião Consultiva nº 22/2016, §26.

30. Quem, de forma brilhante, criou os institutos dos controles de convencionalidade normativo e fático foi o professor Siddharta Legale. Confira-se: LEGALE, Siddharta. Aprofundamentos sobre o controle de convencionalidade (6-9-2024). *In*: ***Estudos avançados sobre a jurisprudência da Corte Interamericana de Direitos Humanos***. Curso *on line*. Escola Paulista da Magistratura. Fernando Antônio de Lima (Coordenador). 2024-2026.

LISTA DE SIGLAS:

ADPF: Arguição de Descumprimento de Norma Fundamental

CADH: Convenção Americana sobre Direitos Humanos

CEDAW: Convenção sobre a Eliminação de todas as formas de Discriminação contra a Mulher.

CF: Constituição Federal

CADH: Convenção Americana sobre Direitos Humanos (Pacto de San Jose da Costa Rica)

CIDH: Comissão Interamericana de Direitos Humanos

Corte IDH: Corte Interamericana de Direitos Humanos

CTIDH: Constituição Transnacional Interamericana de Direitos Humanos

EC: Emenda Constitucional

ICCAL: *Ius Constitutionale Commune* na América Latina

LBI: Lei Brasileira de Inclusão

NFDH: Norma Fundamental de Direitos Humanos

OC: Opinião Consultiva da Corte Interamericana de Direitos Humanos

STF: Supremo Tribunal Federal

TEDH: Tribunal Europeu de Direitos Humanos

UMF/CNJ: Unidade de Monitoramento e Fiscalização das Decisões e Deliberações da Corte Interamericana de Direitos Humanos/Conselho Nacional de Justiça

REFERÊNCIAS BIBLIOGRÁFICAS

ADICHIE, Chimamanda Ngozi Adichie. *Para educar crianças feministas. Um manifesto*. Tradução Denise Bottmann. 1ª ed. 18ª reimpressão. São Paulo: Companhia das Letras, 2017.

AFONSÍN, Marcelo Alberto López Alfonsín. La doctrina del Margem de apreciación nacional. Su recepción em el Sistema Europeo de Derechos Humanos, em el Sistema Interamericano de Derechos Humanos y em Argentina, em relación com los derechos económicos, Sociales e culturales. *In*: Revista de la Faculdad de Derecho y Ciencia Politica de la Universidad Alas Peruanas, vol. 15, nº 19, 2017, pág. 51-76.

AGOSTINHO, Santo. *Confissões*. Tradução J. Oliveira Santos e A. Ambrósio de Pina. São Paulo: Nova Cultural, 1999.

AGRA, Walber de Moura Agra. *O entrenchment* como condição para a efetivação dos direitos fundamentais. *In*: André Ramos Tavares (coordenador). *Justiça constitucional*: pressupostos teóricos e análises concretas. Belo Horizonte: Fórum, 2007.

ALARCÓN, Pietro de Jesús Lora Alarcón. Constituição, relações internacionais e prevalência dos direitos humanos. *In*: *Doutrinas Essenciais Direitos Humanos*, volume VI, pág. 456. Proteção Internacional dos Direitos Humanos. Flávia Piovesan e Maria Garcia (organizadoras). 2011.

ALMEIDA, Silvio. *Racismo estrutural*. São Paulo: Sueli Carneiro; Pólen, 2019.

AMARAL, Francisco. *Direito Civil:* introdução. 5ª ed. Rio de Janeiro: Renovar, 2003.

ANDRADE, Gleydson. *A teoria do romance em cadeia de Dwordin e o processo penal brasileiro*. Disponível em: https://www.jusbrasil.com.br/artigos/a-teoria-do--romance-em-cadeia-de-dworkin-e-o-processo-penal-brasileiro/1109810045.

ANTONIAZZI, Mariela Morales. Estado aberto: objetivo do ius commune em direitos humanos. *In*: BOGDANDY, Armin von; ANTONIAZZI, Mariela Morales; PIOVESAN, Flávia (Coords). *Ius Constitucionale commune na América Latina*, vol. I. Curitiba: Juruá, 2016, pág. 53 a 74.

____ANTONOMAZI, Mariela Morales. Interamericanização: fundamentos e impactos. *In: Interamericanização do Direito Constitucional & Constitucionalização do*

Sistema Interamericano. Siddharta Legale, Melina Fachin e André de Carvalho Ramos (organizadores). Andradina: Meraki, 2022, pág. 322 a 350.

___ *La Interameicanizacion a la Luz del Pluralismo Dialogico: Um Aporte al Ius Constituionale Commune*. InterÁmerican and European Human Rights Journal, vol. 9, nº 1, 2016, p 138-161.

ARENDT, Hannah. *Compreender. Formação, exílio e totalitarismo. Ensaios*. Tradução Denise Bottman. São Paulo: Companhia das Letras; Belo Horizonte: Editora UFMG, 2008.

_______ *A promessa da política*. Tradução Pedro Jorgensen Jr. 2ª ed. Rio de Janeiro: Difel, 2009.

_______ *Eichmann em Jerusalém*. Um relato sobre a banalidade do mal. Tradução José Rubens Siqueira. São Paulo: Companhia das Letras, 1999.

ARRIGHI, Jean Michel. *Organização dos Estados Americanos*. Tradução por Sérgio Bath. Barueri: Manole, 2004.

AZEVEDO, Plauto Faraco de. 1989. *Crítica à dogmática e hermenêutica jurídica*. 5ª impressão, Porto Alegre, Sergio Antonio Fabris.

BARRETO, Lima. 15 de novembro. *In: Crônicas escolhidas*. Lima Barreto. Folha de São Paulo. São Paulo: Ática, págs. 45 e 46.

BARROSO, Luís Roberto. *Interpretação e aplicação da Constituição*. 6ª ed. 4ª tiragem. São Paulo: Saraiva, 2008.

_____ *O novo Direito Constitucional brasileiro*. Contribuições para a construção teórica e prática da jurisdição constitucional no Brasil. Belo Horizonte: Editora Fórum, 2013.

_____ *O Direito Constitucional e a efetividade de suas normas*. Limites e possibilidades da Constituição brasileira. 8ª ed. Rio de Janeiro, São Paulo e Recife: Editora Renovar, 2006.

_____ Voto do Ministro ROBERTO BARROSO, no seguinte julgamento: STF, ADPF nº 496, Relator Ministro ROBERTO BARROSO, julgamento entre os dias 12 a 19 de junho de 2020

BAZARIAN, Jacob. *Introdução à Sociologia*. 2ª ed. São Paulo: Editora Alfa-Omega, 1986.

BENACCHIO, Marcelo; HUDLER, Daniel Jacomelli. 2020. O direito humano fundamental ao desenvolvimento e as intervenções estatais do governo brasileiro na atividade empresarial no século XX. Disponível em: https://periodicos.unipe.br/index.php/direitoedesenvolvimento/article/view/1206. Acesso em: 16/8/2021.

BENACCHIO, Marcelo; VAILLATI, Diego. A fertilização cruzada e o redimensionamento das decisões judiciais enquanto fonte formal do direito internacional dos direitos humanos. *In:* Revista de Direitos Humanos em perspectiva,volume 2, nº 1, pág. 126. Disponível em: https://www.indexlaw.org/index.php/direitoshumanos/article/view/882/876. Acesso: 26/7/23.

BENJAMIN, Antonio Herman; MARQUES, Claudia Lima; BESSA, Leonardo Roscoe. *Manual de Direito do Consumidor*. 9ª ed. São Paulo: Thomson Reuters, Brasil, 2020.

BERCOVICI, Gilberto. *Constituição Econômica e Desenvolvimento*. 2ª. ed. São Paulo: Almedina, 2022.

_____ Constituição, direitos humanos e justiça. *In*: *Direitos Humanos no Século XXI*. Eduardo C. B. Bittar (organizador). Rio de Janeiro: Forense Universitária; São Paulo: ANDHEP; Brasília: Secretaria Especial dos Direitos Humanos 2009, pág. 188 a 193.

BEZERRA, André Augusto Salvador Bezerra. Por uma virada ontológica no Judiciário brasileiro: um novo papel a ser desempenhado por negros e indígenas. Revista Direito e Práxis, Ahead of print. Rio de Janeiro, 2022. Disponível em: https://www.e-publicacoes.uerj.br/index.php/revistaceaju/article/view/65752. Acesso: 5/8/2022.

BITTAR, Eduardo C. B. *O Direito na pós-modernidade*. 2ª ed. Rio de Janeiro: Forense Universitária, 2009.

BOBBIO, Norberto. *A Era dos Direitos*. 23ª tiragem. Tradução Carlos Nelso Coutinho. Rio de Janeiro: Elsevier, 2004. ISBN 13: 978-85-352-1561-8.

_____ *Teoria Geral da Política*. A Filosofia Política e as Lições dos Clássicos. Michelangelo Bovero (organizador). Tradução Daniela Beccacia Versiani. 19ª reimpressão. Rio de Janeiro: Elsevier, 2000.

BOBBIO, Norberto; MATTEUCCI, Nicola; Pasquino. *Dicionário de Política*, volume I. 13ª ed. Tradução Carmen C. Varrieale e outros. Brasília: Editora Universidade de Brasília, 2007, 2008 (reimpressão).

BOCK, Ana Mercês Bahia; FURTADO, Odair; TEIXEIRA, Maria de Lourdes Trassi. *Psicologias. Uma Introdução ao Estudo da Psicologia*. 13ª ed. 14ª tiragem. São Paulo: Saraiva, 2008.

BOGDANDY, Armin von. *Ius Constitutionale Commune* na América Latina. Uma reflexão sobre um constitucionalismo transformador. *In: Ius Constitutionale Commune na América Latina*, volume I, Marco Conceptual. Armin von Bogdandy, Mariela Morales Antoniazzi e Flávia Piovesan (coordenadores). Curitiba: Juruá, 2016, pág. 11 a 51.

_________ O Mandato Transformador do Sistema Interamericano de Direitos Humanos. Palestra proferida em 7 de novembro de 2022, no Supremo Tribunal Federal, inaugurando-se o projeto "Diálogos com o Supremo". Disponível em: https://portal.stf.jus.br/noticias/verNoticiaDetalhe.asp?idConteudo=497057&ori=1. Acesso: 8/11/2022.

BOGDANDY, Armin von; ANTONIAZZI, Mariela Morales; PIOVESAN, Flávia. Apresentação do livro: *Ius Constitutionale Commune na América Latina*, volume I, Marco Conceptual. Armin von Bogdandy, Mariela Morales Antoniazzi e Flávia Piovesan (coordenadores). Curitiba: Juruá, 2016. pág. 5 a 8.

BONAVIDES, Paulo. *Curso de Direito Constitucional*. 21ª ed. São Paulo: Malheiros, 2007.

BRAGA, Franciso. *Direito Constitucional grifado*. 2ª ed. São Paulo: Editora *JusPODIVIM*, 2022.

BRITO, Renata Romolo. *Os direitos humanos na perspectiva de Hannah Arendt*. Revista Ética e Filosofia Política, volume 9 nº 1, junho/2016. Disponível em: https://periodicos.ufjf.br/index.php/eticaefilosofia/article/view/27907. Acesso em: 14/5/2021.

BRITTO, Carlos Ayres. *O Humanismo como categoria constitucional*. 1ª reimpressão. Belo Horizonte: Fórum, 2010.

BURGORGUE-LARSEN, Laurence. Crónica de uma teoria de moda em América Latina – descifrando el discurso doctrinal sobre el control de convencionalidad. *In: Ius Constittutionale Commune na América Latina*, volume III. Diálogos Jurisdicionais e Controle de Convencionalidade. Armin von Bogdandy, Mariela Morales Antoniazzi e Flávia Piovesan (coordenadores). Curitiba: Juruá Editora, 2016, pág. 11 a 47.

BUZZI, Marco Buzzi, Ministro Relator, no Superior Tribunal de Justiça, dos recursos especiais que geraram a fixação de tese, na 2ª Seção, sobre a não obrigatoriedade de os planos de saúde cobrir a fertilização *in vitro*. Disponível em: https://www.stj.jus.br/sites/portalp/Paginas/Comunicacao/Noticias/15102021--Em-repetitivo--STJ-decide-que-planos-de-saude-nao-sao-obrigados-a-custear-fertilizacao-in-vitro.aspx. Acesso: 18/4/2023.

CALDAS, Roberto de Figueiredo. Voto proferido pelo juiz *ad hoc* Roberto de Figueiredo Caldas, no seguinte caso julgado pela Corte Interamericana: *Caso Gomes Lund e outros ("Guerrilha do Araguai") vs. Brasil*. Sentença de 24 de novembro de 2.010 (mérito, reparações e custas), § 177. Disponível em: https://www.corteidh.or.cr/docs/casos/articulos/seriec_219_por.pdf. Acesso: 13/6/2023.

CAMPILONGO, Celso Fernandes. Os desafios do Judiciário. *In*: *Direitos humanos, direitos sociais e justiça*. José Eduardo Faria (organizador). 1ª ed. 4ª tiragem. São Paulo: Malheiros, 2005, pág. 30 a 51.

CÂMARA, Nelson. *O advogado dos escravos*. São Paulo: Lettera.doc, 2010.

CAMBI, Eduardo. *Neoconstitucionalismo e Neoprocessualismo*. 2ª ed. São Paulo: Revista dos Tribunais, 2011.

CAMPOS, Benedicto de. *Constituição de 1988. Uma análise marxista*. São Paulo: Editora Alpa-Omega, 1990.

CAMPOS, João Mota de; CAMPOS, Luís Mota de. Teoria Geral das Organizações Nacional. *In: Organizações Internacionais*. João Mota de Campos (coordenador). Coimbra: Almedina, 2019, pág. 15 a 180.

CAMPOS MACHADO, Isabel Penido de. Defensores Públicos Interamericanos: novos horizontes de acesso à justiça. *In*: *Sistema Interamericano de Direitos Humanos*.

Jornal da Escola Superior da Defensoria Pública da União. 1º semestre de 2017. E. nº 8. Ano 3, págs. 1 e 2. Disponível em: https://www.corteidh.or.cr/tablas/r36624.pdf. Acesso: 23/3/2022.

CANÇADO TRINDADE, Antônio Augusto. *Direito das Organizações Internacionais*. 6ª ed. Belo Horizonte: Del Rey, 2014.

______ *A humanização do Direito Internacional*. 2ª ed. Belo Horizonte: Del Rey, 2015.

______ *Princípios do Direito Internacional Contemporâneo*. 2ª ed. Brasília: FUNAG, 2017.

______ Voto Concordante no Parecer nº 16, da Corte Interamericana de Direitos Humanos, sobre o *Direito à Informação sobre a Assistência Consular no âmbito das Garantias do Devido Processo Legal* (1999).

______ Voto fundamentado do Juiz Antonio Augusto Cançado Trindade, no seguinte caso julgado pela Corte Interamericana de Direitos Humanos: *Caso Trabalhadores Demitidos de Petroperu e outros vs. Peru*. Sentença de 23 de novembro de 2017 (Exceções Preliminares, Mérito, Reparação e Custas).

______ Voto concorrente no Caso "A Última Tentação de Cristo" (Olmedo Bustos e outros) vs. Chile. Sentença de 5.2.2001 (Mérito, Reparações e Custas), § 4º do voto.

______ Direito Internacional e Direito Interno: sua interação na proteção dos Direitos Humanos. *In*: São Paulo (Estado). Procuradoria Geral do Estado. Instrumentos internacionais de proteção dos direitos humanos. São Paulo: Centro de Estudos da Procuradoria Geral do Estado, 1996b, p. 7. Disponível em: http://www.egov.ufsc.br/portal/sites/default/files/anexos/22361-22363-1-PB.pdf.

CANOTILHO, J. J. Gomes. *Direito Constitucional e Teoria da Constituição*. 7ª ed. 6ª reimpressão. Coimbra: Almedina.

CÁRCOVA, Carlos María. *La opacidade del derecho*. 2ª ed. Madrid: Editorial Trotta, 2006.

CARDUCCI, Michele; MAZZUOLI, Valerio de Oliveira. *Teoria tridimensional das integrações supranacionais. Uma análise comparativa dos sistemas e modelos de integração da Europa e América Latina*. Rio de Janeiro: Forense, 2014.

CARRAZZA, Roque Antonio. *Curso de Direito Constitucional Tributário*. 31ª ed. São Paulo: Malheiros, 2017.

CARVALHO, Flávia Martins de. A "doença" da raça negra. *In*: Revista Carta Capital, 11/6/2022. Disponível em: https://www.cartacapital.com.br/blogs/zumbido-justica-antirracista/a-doenca-da-raca-negra/.

CARVALHO NETO, Menelik de Carvalho Neto. *In*: *Canotilho e a Constituição Dirigente*. Jacinto Nelson de Miranda Coutinho (organizador). 2ª ed. Rio de Janeiro, São Paulo e Recife: Renovar, 2005, pág. 124 a 130.

CHAUI, Marilena. *Convite à filosofia*. 9ª ed. São Paulo: Ática, 1997.

______ Saudação a Boaventura de Sousa Santos. *In: Direitos humanos, democracia e desenvolvimento*. Boaventura de Souza Santos e Marilena Chaui. 1ª ed. 3ª reimpressão. 2013, pág. 23 a 40.

______ Vida e obra de Leibniz. *In:* LEIBNIZ, Gottfried Wilhelm. *Novos Ensaios sobre o Entendimento Humano*. Tradução Luiz João Baraúna. São Paulo: Nova Cultural, 1999, pág. 5 a 12.

CHOMSKY, Noam. *Mídia: propaganda e manipulação*. Tradução Fernando Santos. São Paulo: Editora Martins Fontes, 2013.

______ *O lucro ou as pessoas*. Tradução Pedro Jorgensen Jr. 5ª ed. Rio de Janeiro: Bertrand Brasil, 2006.

CLÉRICO, Laura; Martín Aldao. Sobre a igualdade como pilar do direito constitucional latino americano. *In: Ius Constitutionale Commune na América Latina*, Volume II, Pluralismo e Inclusão, Armin von Bogdandy, Mariela Morales Antoniazzi e Flávia Piovesan (coordenadores). Curitiba: Juruá, 2006, pág. 77 a 116.

COMPARATO, Fábio Konder. *A afirmação histórica dos direitos humanos*. 12ª. ed. 2ª tiragem. São Paulo: Saraiva, 2019.

CORDEIRO, Cristiana de Faria. *Condenação e personalidade: considerações sobre a personalidade em sentenças criminais no Rio de Janeiro*. Dissertação de Mestrado. Orientadora Maria Helena Barros de Oliveira, Coorientadora Lúcia Regina Florentino Souzo. Fundação Oswaldo Cruz, Escola Nacional de Saúde Pública Sergio Arouca. Rio de Janeiro, 2020.

CORTE EUROPEIA DE DIREITOS HUMANOS. Corte Europeia de Direitos Humanos. Caso Golder vs. Reino Unido, sentença de 21 de fevereiro de 1975, § § 26 a 36. Disponível em: https://hudoc.echr.coe.int/#{%22itemid%22:[%22001-57496%22]}. Acesso: 4 de agosto de 2.023.

______ *Caso Valada Matos c. Portugal*, Queixa nº 73768/13. Estrasburgo, julgamento no dia 29/10/2015. [Consult 24 março 2021]. Disponível em: https://gddc.ministeriopublico.pt/sites/default/files/case_valada_matos_neves_portugal_portuguese_translation.pdf.

______ Caso Golder vs. Reino Unido, sentença de 21 de fevereiro de 1975, § § 26 a 36.

______ Caso Hannover vs. Alemanha, 2004, nº 1.

______ *A, B e C vs. Irlanda*, julgamento de 16 de dezembro de 2010, § 232.

______ *Nachova e outros vs. Bulgaria*, 43577/98 e 435/79/98, 6 de julho de 2005.

CORTE INTERAMERICANA DE DIREITOS HUMANOS. *Caso Aguinaga Aillón vs. Equador*, sentença de 30 de janeiro de 2023 (Mérito, Reparação e Custas). Disponível em: https://www.corteidh.or.cr/docs/casos/articulos/seriec_483_esp.pdf. Acesso: 19/7/2023.

______ *Caso Almonacid Arellano e outros vs. Chile*. Sentença de 26 de setembro de 2006 (Exceções Preliminares, Mérito, Reparação e Custas).

____ Caso "A Última Tentação de Cristo" (Olmedo Bustos e outros vs. Chile), Sentença de 5 de fevereiro de 2001 (Mérito, Reparações e Custas).

____ *Caso Artavia Murillo e outros ("Fecundação in vitro") vs. Costa Rica*. Sentença de 28 de novembro de 2012 (Exceções Preliminares, Mérito, Reparações e Custas).

____ *Caso Barrios Altos vs. Peru*. Sentença de 14 de março de 2001 (Mérito).

____ *Caso Benites Cabrera e outros vs. Cabrera*. Sentença de 4 de outubro de 2022 (Exceções Preliminares, Mérito, Reparações e Custas).

____ *Caso Boyce e outros vs. Barbados*. Sentença de 20 de novembro de 2007 (Exceções Preliminares, Mérito, Reparações e Custas).

____ *Caso Cabrera García Montiel Flores vs. México*. Sentença de 26 de novembro de 2010 (Exceções Preliminares, Mérito, Reparações e Custas). Disponível em: https://www.corteidh.or.cr/docs/casos/articulos/seriec_220_esp.pdf. Acesso: 16/7/23.

____ *Caso Castañeda Gutman vs. México*. Sentença de 6 de agosto de 2008 (Exceções Preliminares, Mérito e Custas.

____ *Caso Castillo Petruzzi y otros versus Peru*. Sentença de 30.5.1999, § 101. Disponível em: https://www.corteidh.or.cr/docs/casos/articulos/seriec_52_esp.pdf. Acesso: 21/6/23.

____ *Caso Comunidade Garífuna Trunfo de La Cruz e seus Membros vs. Honduras*. Sentença de 8 de outubro de 2015 (Mérito, Reparação e Custas). Disponível em: https://www.corteidh.or.cr/docs/casos/articulos/seriec_305_esp.pdf. Acesso: 13/7/2023.

____ Caso Comunidade Indígena Sawhoyamaxa Vs. Paraguai. Sentença de 29 de março de 2006 (Mérito, Reparação e Custas). Disponível em: https://www.corteidh.or.cr/docs/casos/articulos/seriec_146_esp2.pdf. Acesso: 13/7/2023.

____ *Caso Costa Cadogan vs. Barbados*. Sentença de 24 de setembro de 2009 (Exceções Preliminares, Mérito, Reparações e Custas).

____ *Caso Atala Riffo e crianças vx. Chile*. Sentença de 24 de fevereiro de 2012 (Exceções Preliminares, Reparação e Custas).

____ *Caso "Crianças de Rua" (Villagrán Morales e outros) vs. Guatemala*, Sentença de 19 de novembro de 1999 (Mérito).

____ Empregados da Fábrica de Fogos de Santo Antônio de Jesus e seus familiares vs. Brasil. Sentença de 15 de julho de 2020 (Exceções Preliminares, Mérito, Reparação e Custas).

____ *Caso Escher e outros vs. Brasil*. Sentença de 6 de julho de 2009 (Exceções Preliminares, Mérito, Reparação e Custas).

____ Caso *García y familiares Vs. Guatemala*, § 179 da sentença, julgamento no dia 29 de novembro de 2012.

______ *Caso Gelman vs. Uruguai*. Sentença de 24 de fevereiro de 2011 (Mérito e Reparações).

______ *Caso Gomes Lund e outros ("Guerrilha do Araguai") vs. Brasil*. Sentença de 24 de novembro de 2.010 (mérito, reparações e custas). Disponível em: https://www.corteidh.or.cr/docs/casos/articulos/seriec_219_por.pdf. Acesso: 14/6/2023.

______ Caso Gonzáles e outras ("Campo Algodonero") vs. México, sentença de 16 de novembro de 2009 (mérito). Confira-se: Valerio de Oliveira Mazzuoli. *Direitos humanos na jurisprudência internacional*, págs. 547 a 549. Rio de Janeiro: Forense; São Paulo: Método, 2019.

______ Caso Guerrero, Molina e outros vs. Venezuela, sentença de 3 de junho de 2021, Fundo, Reparação e Custas, § 3. Disponível em: https://www.corteidh.or.cr/docs/casos/articulos/seriec_424_esp.pdf. Acesso: 23 de abril de 2023.

______ *Caso Guevara Días vs. Costa Rica*. Sentença de 22 de junho de 2022 (Mérito, Reparação e Custas).

______ *Caso Herrera Ulloa vs. Costa Rica*. Sentença de 2 de julho de 2004 (Exceções Preliminares, Mérito, Reparação e Custas), Série C, nº 107, § 161.

______ *Caso Liakat Alibux vs. Suriname*. Sentença de 30 de janeiro de 2014 (Exceções Preliminares, Mérito, Reparação e Custas).

______ Caso Barbosa de Souza e outros vs. Brasil. Sentença de 7 de setembro de 2021 (Exceções Preliminares, Mérito, Reparações e Custas).

______ *Caso Oliveira Fuentes vs. Peru*. Sentença de 4 de fevereiro de 2023 (Exceções Preliminares, Mérito, Reparação e Custas). Disponível em: https://www.corteidh.or.cr/docs/casos/articulos/seriec_484_esp.pdf. Acesso: 13/7/2023.

______ *Caso Palamara Iribarne Vc. Chile*, sentença de 22 de novembro de 2005 (Mérito, Reparação e Custas).

______ Caso Poblete Vilches e outros vs. Chile, sentença de 8 de março de 2018, Mérito Reparação e Custas. Disponível em: https://www.corteidh.or.cr/docs/casos/articulos/seriec_349_esp.pdf. Acesso: 28/4/23.

______ *Caso Povos Indígenas Kuna de Madungandí e Emberá de Bayano*.e seus membros vs. Panamá. Sentença de 14 de outubro de 2014 (Mérito, Reparação e Custas). Disponível em: https://www.corteidh.or.cr/docs/casos/articulos/seriec_284_esp.pdf. Acesso: 13/7/2023.

______ *Caso Revéron Trujillo vs. Venezuela*. Sentença de 30 de junho de 2006 (Exceções Preliminares, Mérito, Reparação e Custas).

______ *Caso Ruano Torres vs. El Salvador*. Sentença de 5 de outubro de 2015 (Mérito, Reparação e Custas).

______ *Caso Scot Cochran vs. Costa* Rica. Sentença de 10 de março de 2023 (Excepções Preliminares e Mérito).

______ Caso Suarez Peralta vs. Equador, sentença de 21 de maio de 2013, § 134. Disponível em: https://www.corteidh.or.cr/docs/casos/articulos/seriec_261_esp.pdf. Acesso: 20/5/2023.

_____ Caso *Trabalhadores da Fazenda Brasil Verde vs. Brasil*, sentença de 20 de outubro de 2016.

_____ *Caso Trabalhadores Demitidos de Petroperu e outros vs. Peru*. Sentença de 23 de novembro de 2017 (Exceções Preliminares, Mérito, Reparação e Custas).

_____ *Caso Revéron Trujillo vs. Venezuela*. Sentença de 30 de junho de 2006 (Exceções Preliminares, Mérito, Reparação e Custas).

_____ Caso Ximenes Lopes vs. Brasil, sentença de 4 de julho de 2006. Disponível em: https://www.corteidh.or.cr/docs/casos/articulos/seriec_149_por.pdf. Acesso: 20/5/2023.

_____ *Caso Membros da Corporação Coletiva de Advogados "José Alvear Restrepo" vs. Colômbia*. Sentença de 18 de outubro de 2023. Exceções Preliminares, Mérito, Reparações e Custas.

_____ Parecer Consultivo nº 10/89. Disponível em: https://www.corteidh.or.cr/docs/opiniones/seriea_10_esp1.pdf. Acesso: 10/4/2023.

_____ Parecer Consultivo nº 2, de 24 de setembro de 1982, referente à interpretação dos artigos 74 e 75 da Convenção Americana de Direitos Humanos.

_____ *Parecer Consultivo sobre a compatibilidade de um projeto de lei com o artigo 8.2 da Convenção*. Parecer nº 12/91 de 6 de dezembro de 1991, Série A, nº 12.

_____ *Parecer relativo aos outros tratados objeto da competência consultiva da Corte* (Art. 64 da Convenção Americana de Direitos Humanos), Parecer Consultivo nº 1/82, de 24 de setembro de 1982, Série A, nº 1, § 51, pág. 25).

_____ Parecer Consultivo nº 22/2016.

COSTA, Emília Viotti da. *Da Monarquia à República*. 9ª ed. São Paulo: Editora UNESP, 2010.

CUENCA, Encarna Carmona. La perspectiva de género em la jurisprudencia de la Corte Interamericana de Derechos Humanos. *In: Ius Constitutionale Commune na América Latina*, volume II. Armin von Bogdandy, Mariela Morales Antoniazzi e Flávia Piovesan (coordenadores). Pluralismo e inclusão. Curitiba: Juruá, 2016, pág. 189 a 202.

CUEVA, Ricardo Villas Bôas. Voto proferido no seguinte julgamento: STJ, 3ª Turma, Resp 1797109/SP, Relator Ministro Ricardo Villas Bôas Cueva, julgamento no dia 21 de março de 2.023.

CUNHA JÚNIOR, Dirley da. *Curso de Direito Constitucional*. 16ª ed. São Paulo: *JusPodivm*, 2022.

CYRILLO, Carolina; LEGALE, Siddarta; FUENTES-CONTRERA, Edgar Hérnan. O Estado de Direito Interamericano no constitucionalismo sul-americano. *In*: *Interamericanização do Direito Constitucional e Constitucionalização do Sistema Interamericano*. Siddharta Legale, Melina Fachin e André de Carvalho Ramos (organizadores). Andradina: Merake, 2022, pág. 24 a 47.

CYRILLO DA SILVA, Carolina Machado. La posición jerárquica del derecho internacional de los derechos humanos em las constituciones sudamericanas. *Contextos*, Buenos Aires, n. 06, p. 124-135, set. 2013. Disponível em: https://revistas-colaboracion.juridicas.unam.mx/index.php/contextos/article/view/2852/2654.

DANTAS, Miguel Calmon. *Constitucionalismo dirigente e pós-modernidade*. São Paulo: Saraiva, 2009.

DAVIS, Angela. *Mulheres, raça e classe*. Tradução Heci Regina Candiani. São Paulo: Boitempo, 2016.

DELMAS-MARTY, Mireille. *Le pluralisme ordonné*. Paris: Seuil, 2006.

DELMAR, MARTY, Mireille; IZORCHE, Marie-Loure. Marge nationale d'appréciation et internationaliration du droit. Réflexions sur la validité formelle d'um droit comum pluraliste. *Revue Internationale de droit compare*, vol. 52, nº 4, 2000, pág. 214.

DESSAUNE, Marcos. *Teoria aprofundada do Desvio Produtivo do Consumidor. O prejuízo do tempo desperdiçado e da vida alterada*. 2ª ed. Vitória-ES, Edição Especial do Autor, 2017.

DEZEM, Guilherme Madeira. A Corte Interamericana de Direitos Humanos. *In*: PIOVESAN, Flávia; GARCIA, Maria (org.). *Doutrinas essenciais – Direitos Humanos*, volume IV. São Paulo: Revista dos Tribunais, 2011, págs. 1141 a 1163.

DOSTOIEVSKI, Fiodor Mikhailovitch. *Notas do subterrâneo*. Tradução Moacir Werneck de Castro. Rio de Janeiro: Civilização Brasileira, 1986.

DWORKIN, Ronald. *O império do Direito*. Tradução Jefferson Luiz Camargo. Revisão Técnica Gildo Sá Leitão Rios. 2ª ed. São Paulo: Martins Fontes, 2007.

ENTERRÍA, Eduardo García de. Hernenêutica e supremacia constitucional. El principio de la interpretación conforme a la Constitución de todo el ordenamento. *In*: Doutrinas Essenciais Direito Constitucional, volume 1. Clèmerson Merlin Clève. São Paulo: Editora Revista dos Tribunais, pág. 827 a 836.

EVARISTO, Conceição; RODRIGUES, Madalena. *Prefácio* à obra: A justiça é uma mulher negra. De Lívia Sant'anna Vaz & Chiara Ramos. Belo Horizonte-MG: Casa do Direito, 2021.

FACHIN, Edson. Voto do Ministro Edson Fachin no seguinte julgamento: Supremo Tribunal Federal (STF), ADI 6.852 e outras, Plenário, Relator Ministro Edson Fachin, fevereiro de 2022.

______ Voto proferido no seguinte julgamento: STF, Plenário, ADI 7.019, Relator Ministro EDSON FACHIN, julgamento no dia 13 de abril de 2.023.

______ Voto proferido no seguinte julgamento: STF, ADPF nº 496, Relator Ministro ROBERTO BARROSO, julgamento entre os dias 12 a 19 de junho de 2020.

FACHIN, Melina Girardi; MARTINS, Dilermando Aparecido Borges. Diálogo multinível: uma aproximação entre o sistema interamericano e europeu de proteção de direitos humanos no tangente à temática LGBTI. *In*: *Interamericanização do*

Direito Constitucional & Constitucionalização do Sistema Interamericano. Siddharta Legale, Melina Fachin e André de Carvalho Ramos (organizadores). Andradina: Meraki, 2022, pág. 123 a 140.

FACHIN, Melina Girardi Fachin; RICAS, Ana Carolina; CAVASSIN, Lucas Carli. Perspectivas do controle de convencionalidade do sistema interamericano de direitos humanos no Brasil: implicações para um novo constitucionalismo. *In: Ius Constitutionale Commune na América Latina*, volume III. Diálogos Jurisdicionais e Controle de Convencionalidade. Armin von Bogdandy, Mariela Morales Antoniaazi e Flávia Piovezan (coordenadores). Curitiba: Juruá, 2006, pág. 283 a 298.

FALCÓN, Jaime Gajardo Falcón. Araucaria. Revista Iberoamericana de Filosofia Política, Humanidades y Relaciones Internacionales. Ano 23, nº 46, pág. 613 a 629.

FERNANDES, Bernardo Gonçalves. *Curso de Direito Constitucional.* 14ª ed. São Paulo: JusPodivm, 2022.

FERRAZ JR., Tercio Sampaio. *Introdução ao estudo do Direito. Técnica, decisão, dominação.* 11ª ed. São Paulo: Atlas, 2019.

FIX-ZAMUDIO, Hector. La evolucion del Derecho Internacional de los Direitos Humanos em las Constituciones Latinoamericanas, Derechos Y Libertades. Revista Del Instituto Bartolome de Las Casas. Disponível em: https://e-archivo.uc3m.es/bitstream/handle/10016/1439/DL-1993-I-1-Fix-Zamudio.pdf. Acesso: 28/8/23.

FLORES, Joaquim Herrera. *Direitos humanos, interculturalidade e racionalidade de resistência.* Revista da UFSC, volume 23, nº 44, 2002, pág. 21.

FRESCA, Fabio. Voto proferido no seguinte julgamento: Colégio Recursal de São Paulo, 4ª Turma da Fazenda, Agravo de Instrumento nº 0110838-50.2024.8.26.9061, Juiz Relator FABIO FRESCA, voto proferido no dia 23 de setembro de 2024.

GALEANO, Eduardo. *As veias abertas da América Latina.* Tradução de Galeno de Freitas. 49ª ed. Rio de Janeiro: Paz e Terra, 2009.

GARCÍA, Hernán Alejandro Olano. Teoía del control de convencionalidad. *Estudios Constitucionales*, Año 14, nº 1, 2016.

GARGARELLA, Roberto. Tribunales Internacionales y Democracia: enfoques deferentes o de interferência. *Revista Latinoamericana de Derecho Internacional*, nº 4, 2016. Disponível em: http://www.revistaladi.com.ar/ladi/numero-4/.

GLUCK, David Giménez. *Juicio de igualdad y Tribunal Constitucional.* Barcelona: Bosch, 2004.

GOMES, Eduardo Biacchi Gomes e Simone dos Reis Bieleski Marques. A democracia no Sistema de Proteção Interamericano de Direitos Humanos: a importância da cláusula democrática da Organização dos Estados Americanos. Revista Direito e Liberdade, Natal, v. 19, n. 3, págs. 123-150, set./dez., 2017. Quadrimestral.

GOMES, Luiz Flávio; MAZZUOLI, Valerio de Oliveira. *Comentários à Convenção Americana sobre Direitos humanos: Pacto de San José da Costa Rica.* 3ª ed. São Paulo: Revista dos Tribunais.

GÓNGORA-MERA, Manuel Eduardo. Judicialización de la discrinación estrutuctural contra pueblos indígenas y arodescendientes em América Latina: conceptualización y tipologia de um diálogo interamericano. *In: Ius Constitutionale Commune na América Latina*, Volume II, Pluralismo e Inclusão, Armin von Bogdandy, Mariela Morales Antoniazzi e Flávia Piovesan (coordenadores). Curitiba: Juruá, 2016, pág. 145 a 188.

GRAU, Eros Roberto. Eros Roberto Grau. Resenha do Prefácio da 2ª edição da obra CANOTILHO, Constituição dirigente e vinculação do legislador. *In*: *Canotilho e a Constituição Dirigente*. Jacinto Nelson de Miranda Coutinho (organizador). 2ª ed. Rio de Janeiro, São Paulo e Recife: Renovar, 2005.

______ Palestra na Universidade Estadual do Rio Grande do Norte. Dezembro de 2010.

GROTE, Grote. Las sentencias de La Corte Europea de Derechos Humanos em el Caso Hannover contra Alemania y el diálogo permanente entre esta Corte y los Tribunales alemanes em los casos de conflitos entre libertad de prensa y derecho a la privacidad. *In*: *Ius Constitutionale Commune na América Latina*, volume III. Diálogos Jurisdicionais e Controle de Convencionalidade. Armin von Bogdandy, Mariela Morales Antoniazzi e Flávia Piovesan (coordenadores). Curitiba: Juruá Editora, 2016, pág. 189 a 199.

HÄBERLE, Peter. 2002. *Hermenêutica Constitucional – a sociedade aberta dos intérpretes da Constituição: contribuição para a interpretação pluralista e "procedimental" da Constituição*. Tradução de Gilmar Ferreira Mendes, Porto Alegre, Sergio Antonio Fabris Editor, 55p.

HÄBERLE, Peter; BOFILL, Héctor López. 2017. *Um diálogo entre Poesia e Direito Constitucional*. Tradução de Gercélia Batista de Oliveira Mendes, São Paulo: Saraiva, 2017.

______ *Hermenêutica Constitucional* – a sociedade aberta dos intérpretes da Constituição: contribuição para a interpretação pluralista e "procedimental" da Constituição. Tradução Gilmar Ferreira Mendes. Porto Alegre: Sergio Antonio Fabris Editor, 2002.

HABERMAS, Jürgen. *A Lógica das Ciências Sociais*. Tradução de Marco Antônio Casanova. Petrópolis: Editora Vozes, 2009.

______ *A inclusão do outro*. Tradução George Sperber, Paulo Astor Soethe e Milton Camargo Mota. 3ª ed. São Paulo: Edições Loyola, 2007.

HEEMAN, Thimotie Aragon. Dano ao projeto de vida e grupos vulneráveis. *In*: *Jota*, 15/7/2021. Disponível em: https://www.jota.info/opiniao-e-analise/colunas/direito-dos-grupos-vulneraveis/dano-ao-projeto-de-vida-e-grupos-vulneraveis-15072021.

HEGEL, Georg Wilhelm Friedrich. *A Estética. A ideia e o ideal*. Tradução Orlando Vitorino. São Paulo: Nova Cultural, 1999.

HEIDEGGER, Martin. *Conferências e escritos filosóficos*. Tradução Ernildo Stein. São Paulo: Nova Cultural, 1999.

HESSE, Konrad. *A Força Normativa da Constituição*. Tradução Gilmar Ferreira Mendes: Sergio Antonio Fabris Editor, 1991.

HITTERS, J. C. Son. Son vinculantes los pronunciamentos de la Comisión y de la Corte Interamericana de Derechos Humanos? (control de constitucionalidade y convencionalidad). *Revista Iberoamericana de Derecho Procesal Constitucional*, n. 10, pág. 131 a 156, 2008.

HOBSBAWN, Eric Hobsbawm. *A era dos extremos. O breve século XX. 1914-1991*, 2ª ed. 36ª reimpressão. São Paulo: Companhia das Letras, 1995.

HOEBEL, E. Adamson; FROST, Everett L. *Antropologia Cultural e Social*. 1ª ed. 8ª reimpressão. Tradução Euclides Carneiro da Silva. São Paulo: Cultrix, 2006.

HOLANDA. Aurélio Buarque de. Aurélio Buarque de Holanda. *Novo Dicionário Aurélio da Língua Portuguesa*. 2ª ed. 30ª reimpressão. Rio de Janeiro: Editora Nova Fronteira, 1986.

HOMEM, Maria; CALLIGARIS, Contardo. *Coisa de menina? Uma conversa sobre gênero, sexualidade, maternidade e feminismo*. Campinas: Papirus 7 Mares, 2019.

HUDSON, Barbara. Barbara Hudson. Direitos Humanos e "Novo Constitucionalismo": princípios de justiça para sociedades divididas. *In*: *Direitos Humanos e Democracia*. Clèmerson Merlin Clève, Ingo Wolfgang Sarlet e Alexandre Coutinho Pagliarini (coordenadores). Rio de Janeiro: Forense, 2007, pág. 11 a 28.

JESUS, Carolina de Jesus. *Quarto de despejo*. 10ª ed. 10ª reimpressão. São Paulo: Ática, 2014.

KANT, Immanuel. *Crítica da Razão Pura*. Tradução Valerio Rohden e Udo Baldur Moossburger. São Paulo: Nova Cultural, 1999.

KASHIURA Júnior, Celso Naoto. Apontamentos para uma teoria crítica acerca dos direitos humanos. *In*: *Direitos humanos no século XXI: cenários de tensão*. Eduardo C. B. Bittar (organizador). Rio de Janeiro: Forense Universitária; São Paulo: ANDHEP; Brasília: Secretaria Especial dos Direitos Humanos, 2009, págs. 3 a 17.

KELSEN, Hans. *Teoria Pura do Direito*. 5ª ed. São Paulo: Martins Fontes, 1996.

KOHN, Jerome. Introdução. *In: A promessa da política*. Tradução Pedro Jorgensen Jr. 2ª ed. Rio de Janeiro: Difel, 2009, págs. 7 a 40.

LACERDA, Jan Marcel de Almeida Freitas; FREITAS, Jeane Silva de. A atuação da Organização dos Estados Americanos (OEA) e de sua burocracia internacional na defesa da democracia no continente americano. *In*: Sociedade e Cultura. Revista de Ciências Sociais, vol. 21, nº 2, 2018, pág. 176 a 194. Disponível em: https://www.redalyc.org/journal/703/70358824035/70358824035.pdf. Acesso: 12/4/2023.

LAFER, Celso. *Direito Internacional. Um percurso no Direito no Século XXI*, volume 2. São Paulo: Atlas, 2015.

_____ *Direitos Humanos*. Um percurso no Direito no Século XXI, volume I. São Paulo: Atlas, 2015.

LEGALE, Siddharta. *A Corte Interamericana de Direitos Humanos como Tribunal Constitucional. Exposição e análise crítica dos principais casos*. 2ª ed. Rio de Janeiro: Lumen Juris, 2020.

______ A Comissão Interamericana de Direitos Humanos como um Ministério Público Transnacional. *In: A importância da jurisprudência da Corte Interamericana de Direitos Humanos para o Direito brasileiro*. Fernando Antônio de Lima (organizador). Escola Paulista da Magistratura. 6 de maio de 2022.

______ *Curso de Teoria Constitucional Interamericana*. Rio de Janeiro: Núcleo Interamericano de Direitos Humanos (NIDH), 2021.

______ Controle de convencionalidade consultivo? Um estudo em homenagem ao professor Sidney Guerra. *In: Temas de direitos Humanos*. Estudos sobre o Sistema Interamericano de Direitos Humanos. 2ª ed. Rio de Janeiro: Núcleo Interamericano de Direitos Humanos, 2022, pág. 174 a 191.

______ Aprofundamentos sobre o controle de convencionalidade (6-9-2024). *In: Estudos avançados sobre a jurisprudência da Corte Interamericana de Direitos Humanos*. Curso *on line*. Escola Paulista da Magistratura. Fernando Antônio de Lima (Coordenador). 2024-2026.

LEGALE, Siddharta; ARAÚJO, Luis Cláudio Martins de; DESCHAMPS, Luiza. O Diálogo entre a Corte Interamericana de Direitos Humanos e o Supremo Tribunal Federal: uma análise a partir do pensado de Marcelo Neves. *In: Temas de Direitos Humanos. Estudos sobre o Sistema Interamericano de Direitos Humanos.*

LEGALE, Siddharta; RIBEIRO, Raisa Duarte. Revisitando o feminismo interamericano. *In: Temas de direitos humanos.* Estudos sobre o Sistema Interamericano de Direitos Humanos. Siddharta Legale (organizador). 2ª ed. Rio de Janeiro: Núcleo Interamericano de Direitos Humanos (NIDH), 2022, pág. 281 a 337.

LEGASPI, Ana Ruiz. La cláusula de simpatia com los derechos em México: la aplicación de los tratados y la jurisprudencia internacional sobre los derechos humanos tras la reforma constitucional de 2011 (em especial, Convención y Corte Interamericana de Derechos Humanos. *Anuário Iberoamericano de Justicia Constitucional*, nº 17, Madrid, 2013, pág. 287 a 309.

LEIBNIZ, Gottfried Wilhelm. *Novos Ensaios sobre o Entendimento Humano*. Tradução Luiz João Baraúna. São Paulo: Nova Cultural, 1999.

LEONEL JUNIOR, Gladstone. *O novo constitucionalismo latino-americano: um estudo sobre a Bolívia*. Rio de Janeiro: Lumen Juris.

LEWANDOWSKI, Ricardo. Voto proferido no seguinte julgamento: STF, Plenário, RE 592.581, julgamento no dia 13.8.2015.

LIMA, Fernando Antônio de Lima. *Sentimentos em frases*. Lagoa Santa,Minas Gerais: Brunsmarck, 2023.

______ Controle de Convencionalidade na jurisprudência da Corte Interamericana de Direitos Humanos. Aula proferida no seguinte curso: *A importância da jurisprudência da Corte Interamericana de Direitos Humanos para o Direito brasileiro*. Fernando Antônio de Lima (organizador). Escola Paulista da Magistratura. 11 de novembro de 2022.

LIMA, Fernando Antônio de; LIMA Adriana Monteiro Sanches de. *Hermenêutica Tributária – a proteção constitucional dos contribuintes. Questões atuais e relevantes de ISS, ICMS, IR, Isenção, Contribuições Sociais e Planejamento Tributário*. Jales-SP: Edição especial dos autores, 2019.

LYRA FILHO, Roberto. *O que é Direito*. 17ª ed. São Paulo: Brasiliense, 2006.

LOCKE, John. *Ensaio acerca do entendimento humano*. Tradução Anoar Aiex. São Paulo: Nova Cultural, 1999.

LYRA FILHO, Roberto. *O que é Direito*. São Paulo: Brasiliense, 2016.

MACHADO, Isabel Penido de Campos. Defensores Públicos Interamericanos: novos horizontes de acesso à justiça. *In*: *Sistema Interamericano de Direitos Humanos*. Jornal da Escola Superior da Defensoria Pública da União. 1º semestre de 2017. E. nº 8. Ano 3.

MACHADO NETO, A. L. *Sociologia Jurídica*. 6ª ed. São Paulo: Saraiva, 1987.

MACIEL, Renata Mota; MARQUES, Samantha Ribeiro Meyer-Plug; RODRIGUES, Patrícia Pacheco; Alves, Samira Rodrigues P. Interpretação constitucional feminista. In: *A Constituição por elas*. A Interpretação Constitucional Sob a Ótica das Mulheres. Coordenadoras: MACIEL, Renata Mota; MARQUES, Samantha Ribeiro Meyer-Plug; RODRIGUES, Patrícia Pacheco; Alves, Samira Rodrigues P. São Paulo: Universidade Nove de Julho, UNINOVE, 2021.

MAIA, Maurilio Casas. Defensoria pode usar pedido de suspensão para defender vulneráveis, diz STF. *In*: *Consultor Jurídico*. Disponível em: https://www.conjur.com.br/2024-ago-24/defensoria-pode-usar-pedido-de-suspensao-para-defender-vulneraveis-diz-stf/.

MAIA, Tércius Godim. *Os Precedentes da Corte Interamericana de Direitos Humanos e a Responsabilidade Internacional do Estado Brasileiro por violações aos direitos humanos causadas por decisões do Supremo Tribunal Federal: uma abordagem transconstitucional*. Dissertação de Mestrado. Recife, 2014. https://repositorio.ufpe.br/bitstream/123456789/11233/1/DISSERTA%C3%87%C3%83O%20T%C3%A9rcius%20Gondim%20Maia.pdf. Acesso: 26/7/2023.

MARINONI, Luiz Guilherme; ARENHART, Sérgio Cruz; MITIDIERO, Daniel. *Código de Processo Civil* Comentado. 6ª ed. São Paulo: Revista dos Tribunais, 2020.

MARQUES, Claudia Lima. O "diálogo das fontes" como método da nova Teoria Geral do Direito: um tributo a Erik Jayme. *In: Diálogo das Fontes. Do conflito à coordenação de normas do direito brasileiro*. Claudia Lima Marques (coordenação). São Paulo: Revista dos Tribunais, 2012, pág. 17 a 66.

______ Nota sobre a proteção do consumidor no novo Código de Processo Civil (Lei 13.105/2015). Revista de Direito do Consumidor. vol. 104. ano 25. p. 555-564. São Paulo: Ed. RT, mar.-abr. 2016.

MARTINS, Ana Maria Guerra. *Curso de Direito Constitucional da União Europeia.* Coimbra: Almedina, 2004.

MARTINS, Flávio. *Curso de Direito Constitucional.* 5ª ed. São Paulo: Saraiva, 2021.

MARX, Karl e ENGELS, Friedrich. *A ideologia alemã.* Tradução Rubens Enderle e outros. São Paulo: Boitempo, 2007.

MASCARO, Alysson Leandro. *Filosofia do Direito.* São Paulo: Atlas, 2010.

MAXIMILIANO. Carlos. *Hermenêutica e aplicação do Direito.* 19ª ed. Rio de Janeiro: Forense, 2002.

MAZZUOLI, Valerio de Oliveira. *Curso de Direitos Humanos.* 8ª ed. Rio de Janeiro: Forense; São Paulo: Método, 2021.

______ *Controle Jurisdicional da Convencionalidade das Leis.* 5ª ed. Rio de Janeiro: Forense, 2018.

______ *Direitos Humanos na jurisprudência internacional.* Rio de Janeiro: Forense; São Paulo: Método, 2019.

______ *Curso de Direito Internacional Público.* 13ª ed. Rio de Janeiro: Forense, 2020.

______ O novo § 3º do art. 5º da Constituição e sua eficácia. Brasília: Revista Legislativa, a. 42, n. 167, jul/set. 2005, p. 111. Disponível em: http://www2.senado.leg.br/bdsf/bitstream/handle/id/739/R167-08.pdf?sequence=4.

______ *In:* Flávia Piovesan, Melina Girardi Fachin e Valerio de Oliveira Mazzuoli. *Comentários à Convenção Americana sobre Direitos Humanos.* 2009.

MELO, Tarso de. *Direito e ideologia: um estudo a partir da função social da propriedade rural.* São Paulo: Expressão Popular, 2009.

MELLO, Celso de. Voto proferido no seguinte julgamento: Supremo Tribunal Federal, Plenário, Relator Ministro Marco Aurélio, Redator do acórdão Ministro Moreira Alves, HC 72.131/RJ, julgamento no dia 23/11/1995.

______ Voto proferido no seguinte julgamento: STF, 2ª Turma, Agravo Regimental no RE 763667/CE, julgamento no dia 22.10.2013.

______ Voto proferido no seguinte julgamento: STF, Plenário, ADI 2.903, julgamento no dia 1.12.2005, DJe de 19;9.2008.

MCCHESNEY. Robert W. Introdução. *In*: Noam Chowsky. *O lucro ou as pessoas.* Tradução Pedro Jorgensen Jr. 5ª ed. Rio de Janeiro: Bertrand Brasil, 2006.

MELLO, Celso D. de Albuquerque. *Curso de Direito Internacional Público.* 6ª ed. Rio de Janeiro: Freitas Bastos, 1979.

MELLO, Celso de. Voto do Ministro Relator Celso de Mello, no seguinte julgamento: Supremo Tribunal Federal (STF), 2ª Turma, Agravo Regimental no RE 763667/CE, julgamento no dia 22.10.2013.

______ Voto proferido no seguinte julgamento: STF, STA 175-AgR/CE (STF, Informativo nº 582, de abril de 2010).

MENDES, Gilmar. Voto proferido no seguinte julgamento: STF, Plenário, RE 466343, Relator Ministro Cezar Peluso, julgamento no dia 3/12/2008.

MENDES, Gilmar Ferreira; BRANCO, Paulo Gustavo Gonet. *Curso de Direito Constitucional*. 16ª ed. São Paulo: Saraiva, 2021.

MIDÓN, Mario A. R. *Control de convencionalidad*, pág. 83. 1ª ed. Buenos Aires: Astrea, 2016.

MIGALHAS QUENTES. Ação no STF acende debate sobre linguagem neutra; professores divergem. Redação Migalhas Quentes. *In*: Migalhas. Disponível em: https://www.migalhas.com.br/quentes/381377/acao-no-stf-acende-debate-sobre-linguagem-neutra-professores-divergem. Acesso: 17/4/2023.

MONTEIRO, Alexandre Henrique dos Santos; REBELLO, Ilana da Silva. Fake News: um exame semiolinguístico da desinformação em ambientes sócio-interativos digitais. *Cadernos de Letras da UFF*, v. 30, n. 59, p. 33-47, 21 dez. 2019.

MORAES, Alexandre de. *Direito Constitucional*. 37ª ed. São Paulo: Atlas, 2021.

______ Voto do Ministro Alexandre de Moraes no seguinte julgamento: Supremo Tribunal Federal (STF), ADI nº 6875, Plenário, Relator Ministro ALEXANDRE DE MORAES, julgamento no dia 21/2/2022.

MOREIRA, Adilson José. *Pensando como um negro. Ensaio de Hermenêutica Jurídica*. São Paulo: Editora Contracorrente, 2019.

MOURA, Jonatham. *In*: Emily Santos. G1. Disponível em: https://g1.globo.com/educacao/noticia/2021/10/28/entenda-o-que-e-a-linguagem-neutra-que-usa-por-exemplo-todxs-e-amigues.ghtml. Acesso: 17/4/2023.

MUDROVITSCH, Rodrigo. Voto concorrente proferido no seguinte caso: Corte Interamericana de Direitos Humanos. *Caso Guevara Días vs. Costa Rica*. Sentença de 22 de junho de 2022 (Exceções Preliminares, Mérito, Reparação e Custas).

NERY JR., Nelson. *Princípios do processo na Constituição Federal*. 10ª ed. São Paulo: Revista dos Tribunais, 2010.

______ *Código de Processo Civil comentado*. São Paulo: Revista dos Tribunais, 2021.

NETO, Luísa Cristina Pinto e Netto. *O princípio de proibição do retrocesso social*. Porto Alegre: Livraria do Advogado, 2010.

NEVES, Marcelo. *Constituição e Direito na modernidade periférica. Uma abordagem teórica e uma interpretação do caso brasileiro*. Tradução Antônio Luz Costa. São Paulo: Martins Fontes, 2020.

______ *Transconstitucionalismo*. São Paulo: Martins Fontes, 2009. .

NIETZSCHE, Friedrich Wilhelm. *A genealogia da moral*. Tradução Antonio Carlos Braga. São Paulo: Lafonte, 2017.

______ *Assim falou Zaratustra: um livro para todos e para ninguém*. Tradução Gabriel Valladão Silva. Porto Alegre-RS: L&PM, 2022.

______ Sobre Verdade e Mentira no Sentido Extra-Moral. *In*: *Coleção Os Pensadores*. Tradução Rubens Rodrigues Torres Filho. São Paulo: Nova Cultural, 1999, págs. 51 a 99.

______ *Ecce Homo*. Como cheguei a ser o que sou. São Paulo: Martin Claret, 2000.

OLIVEIRA, Beatriz Mattei de Cabane. O Treaty Override no Brasil: considerações sobre a jurisprudência pátria e o art. 98 do Código Tributário Nacional. *Revista de Direito Internacional Tributário atual*, nº 6. São Paulo: IBDT, 2º semestre de 2019, págs. 57-80.

OLIVEIRA, Isabella Oliveira, Larissa Leal e Rosiane Lopes. *Eu, tu, elu: saiba mais sobre a linguagem neutra*. Jornal do Campus – USP. Disponível em: http://www.jornaldocampus.usp.br/index.php/2022/09/eu-tu-elu-saiba-mais-sobre--a-linguagem-neutra/. Acesso: 17/4/2023.

ORMENO, Gabriela Reyes e Eroulths Cortiano Junior. A violência contra a mulher. *In*: *Introdução à psicologia forense*. Paula Inex Cunha Gomide e Sérgio Said Staut Júnior (organizadores). Curitiba: Juruá, 2016, págs. 169 a 181.

OVERY, Richard. *Os Ditadores*. A Rússia de Stalin e a Alemanha de Hitler. Tradução Marcos Santarrita. Rio de Janeiro: José Olympio, 2009.

PAIVA, Caio; HEEMANN, Thimotie Aragon. *Jurisprudência internacional de direitos humanos*. 3ª ed. Belo Horizonte: CEI, 2020.

PERELMAN, Chaïm; OLBRECHTS-TYTECA, Lucie. *Tratado da argumentação. A Nova Retórica*. Tradução Maria Ermantina de Almeida Prado Galvão, 2ª ed. São Paulo: Martins Fontes, 2005.

PIOVESAN, Flávia. *Direitos humanos e o Direito Constitucional Internacional*. 19ª ed. São Paulo: Saraiva, 2021.

______ *Direitos Humanos e Justiça Internacional. Um estudo comparativo dos sistemas regionais europeu, interamericano e africano*. 9ª ed., 2ª tiragem. São Paulo: Saraiva, 2019.

______ Direitos Humanos e Diálogos entre jurisdições. Revista Brasileira de Direito Constitucional – RBDC n. 19-jan./jun. 2012.

______ *Ius Constitutionale Commune* em direitos humanos e constitucionalismo regional transformador: o impacto do sistema interamericano. *In: Ius Constitutionale Commune na América Latina*, volume I, Marco Conceptual. Armin von Bogdandy, Mariela Morales Antoniazzi e Flávia Piovezan (coordenadores). Curitiba: Juruá, 2016, págs. 75 a 95.

______ O Direito Internacional de Direitos Humanos e a Corte Interamericana de Direitos Humanos, 11/3/2022. *In*: *A importância da Corte Interamericana de Direitos Humanos*. Fernando Antônio de Lima (organizador). Curso ministrado na Escola Paulista da Magistratura em 2022.

______ O Direito Internacional de Direitos Humanos e a Corte Interamericano de Direitos Humanos. *Aula proferida, no dia 11/3/2022, no curso A importância da Corte Interamericana de Direitos Humanos da Escola Paulista da Magistratura (EPM)*. Fernando Antônio de Lima (juiz coordenador).

POISOT, Eduardo Ferrer Mac-Gregor. La Exigibilidad Directa del Derecho a la Salud y la Obrigación de Progresividad y no Regresividad (a propósito del caso Cuscul Pivaral vs. Guatemala). *In*: *Constitucionalismo transformador, inclusão e direitos sociais*. Desafios do *Ius Constitutionale* Commune Latino-Americano à luz do Direito Econômico Internacional, pág. 352. Armin von Bogdandy, Flávia Piovesan e Mariela Morales Antoniazzi (coordenadores). Salvador: Editora *JusPodivm*, 2019, pág. 341 a 366.

______Voto fundamentado, no seguinte caso: Corte Interamericana de Direitos Humanos. *Caso Cabrera García e Montiel Flores vs. México*, sentença de 26 de novembro de 2010.

______ Voto Fundamentado, no seguinte caso: Corte Interamericana de Direitos Humanos. *Caso Empregados da Fábrica de Fogos de Santo Antônio de Jesus e seus familiares vs. Brasil*. Sentença de 15 de julho de 2020 (Exceções Preliminares, Mérito, Reparação e Custas).

______ Voto Fundamentado, no seguinte julgamento: Corte Interamericana de Direitos Humanos. *Caso Lagos del Campo*. Sentença de 31 de agosto de 2017 (Exceções Preliminares, Mérito, Reparações e Custas).

______Voto Fundamentado, no seguinte julgamento: Corte Interamericana de Direitos Humanos. *Caso Suarez Peralta vs. Equador*. Sentença de 21 de maio de 2013 (Exceções Preliminares, Mérito, Reparações e Custas).

______Voto concorrente no seguinte caso: *Caso Membros da Corporação Coletiva de Advogados "José Alvear Restrepo" vs. Colômbia*. Sentença de 18 de outubro de 2023. Exceções Preliminares, Mérito, Reparações e Custas.

______La Corte Interamericana de Derechos Humanos como intérprete constitucional (dimensi´n transnacional del Derecho procesal constitucional). In D. Valadés, R. Gutiérrez Rivas (coords.). *Memoria del IV Congreso Nacional de Derecho constitucional*, Tomo III, México DF, iiJ-UNAM, 2001.

______Reflexiones sobre el control difuso de convencionalidad. A la luz del caso Cabrera Garcia y Montiel Flores vs. México. *In*: *Bol. Mex. Der. Comp.*, nº 131, 2011.

______ (coord.), *El control difuso de convencionalidad*, Santiago de Querétaro, Fundap, 2012.

______La Exigibilidad Directa del Derecho a la Salud y la Obrigación de Progresividad y no Regresividad (a propósito del caso Cuscul Pivaral vs. Guatemala). *In*: *Constitucionalismo transformador, inclusão e direitos sociais*. Desafios do *Ius Constitutionale* Commune Latino-Americano à luz do Direito Econômico Internacional. Armin von Bogdandy, Flávia Piovesan e Mariela Morales Antoniazzi (coordenadores). Salvador: JusPodivm, 2019, pág. 341 a 366.

______A. Herrera García (coords.), *Diálogos jurisprudenciales em Derechos humanos Tribunales constitucionales y Cortes Internacionales*, México DF, Tirang lo Blanch, 2013.

______ F. Silva García. *El control de convencionalidad de la jurisprudencia constitucional*. In Parlamento y Constitución, 2010.

______ Voto fundamentado, § 7º, no seguinte caso: Corte Interamericana de Direitos Humanos. *Caso Cabrera García e Montiel Flores vs. México,* sentença de 26 de novembro de 2010.

______ El Control de Convencionalidad en la Jurisprudencia de la Corte Interamericana de Derechos Humanos, pág. 13. In: Controle de Convencionalidade / Conselho Nacional de Justiça; Coordenação: Fabiane Pereira de Oliveira Duarte, Fabrício Bittencourt da Cruz, Tarciso Dal Maso Jardim - Brasília: CNJ, 2016, pág. 13 a 34. Disponível em: https://www.cnj.jus.br/wp-content/uploads/conteudo/arquivo/2016/09/2ec6678e8e725f2509d87aa661bc6926.pdf.

PRETI, Bruno Del; LÉPORE, Paulo. *Manual de Direitos Humanos*. Salvador: Editora *JusPodivm*, 2020.

PRIORE, Del Mary; VENANCIO, Renato. *Uma breve história do Brasil*. São Paulo: Planeta do Brasil, 2010.

QUEIROZ, Cristina. *Direito Constitucional*. São Paulo: Revista dos Tribunais, 2009.

RAM, Alivia; Aliya Ram; BLOOD, David. Financial Times, Londres. Ultradireita domina 'fake news' nos EUA, diz pesquisa de Oxford. Grupo supera todas as outras vertentes juntas no compartilhamento de notícias falsas. Disponível em: https://www1.folha.uol.com.br/mundo/2018/02/ultradireita-domina-fake-news-nos-eua-diz-pesquisa-de-oxford.shtml. Acesso: 2/5/2023.

RAMOS, André de Carvalho. *Curso de Direitos Humanos*. 7ª ed. São Paulo: Saraiva, 2020.

______ *Curso de Direitos Humanos*. 9ª ed. São Paulo: Saraiva, 2022.

______ *Teoria Geral dos Direitos Humanos na ordem internacional*. 7ª ed. São Paulo: Saraiva, 2019.

______ Pluralidade das ordens jurídicas: uma nova perspectiva na relação entre o direito internacional e o direito constitucional. *Revista da Faculdade Direito de Direito da Universidade de São Paulo*, v. 106/107, p. 497-524, jan./dez. 2011/2012.

______ *Processo Internacional de Direitos Humanos*. 7ª ed. São Paulo: Saraiva, 2022.

______ Supremo Tribunal Federal Brasileiro e o Controle de Convencionalidade: levando a sério os tratados de Direitos Humanos. *Revista da Faculdade de Direito da Universidade de São Paulo*, v. 104, jan/dez. 2009, p. 241-286.

______ Jurisdição internacional sobre relações de consumo no novo Código de Processo Civil: avanços e desafios. Revista de Direito do Consumidor. vol. 100. ano 24. p. 473-499. São Paulo: Ed. RT, jul.-ago. 2015.

RAWLS, John. *Uma teoria da justiça*. Nova tradução, baseada na edição americana revista pelo autor, Jussara Simões; revisão técnica e da tradução Álvaro de Vita. 3ª ed. São Paulo: Martins Fontes, 2008.

REALE, Miguel. *Filosofia do Direito*, volume I, Tomo I. São Paulo: Saraiva, 1953.

RESEK, Francisco. *Direito internacional público:* curso elementar. São Paulo: Saraiva, 1991.

RIBEIRO, Djamila. *Lugar de fala.* São Paulo: Sueli Carneiro; Pólen, 2019.

ROCA, Javier García Roca. La muy discrecional doctrine del margem de apreciación nacional según el Tribunal Europeo de Derechos Humanos: soberania e Integración. *Teoria y Realidad Constitucional*, nº 20, 2007, pág. 122.

ROIG, María Añon Roig. Princípio antidiscriminatório y determinación de la desvantaja. *Isonomía*, nº 39, México, outubro de 2013.

ROUSSEAU, Jean-Jacques. *O contrato social.* Tradução Antonio de Pádua Danesi. 3ª ed. São Paulo: Martins Fontes, 1996.

RUIZ, Óscar José Dueñas. *Lecciones de herméutica jurídica.* 3ª ed. Bogotá: Editorial Universidad del Rosario. 2006.

RUSSEL, Bertrand. *A conquista da felicidade.* Tradução Luiz Guerra. 5ª ed. Rio de Janeiro: Nova Fronteira, 2017.

SABADELL, Ana Lucia. *Manual de Sociologia Jurídica.* 7ª ed. 3ª tiragem. São Paulo: Revista dos Tribunais, 2017.

SAGÜÉS, Néstor Pedro. El "Control de Convencionalidad" em el sistema interamericano, e sua anticipos em el âmbito de los derechos económico-sociales, concordâncias y diferencias com el sistema europeo, págs. 4 e 5. Disponível em: https://www.pj.gov.py/ebook/monografias/extranjero/derechos-humanos/N%C3%A9stor-Pedro-Sagu%C3%A9s-El-Control-de-Convencionalidad.pdf.

SALDANHA, Jânia Maria Lopes Saldanha; BRUM, Márcio Morais. A margem nacional de apreciação e sua (in) aplicação pela Corte Interamericana de Direitos Humanos em matéria de anistia: uma figura hermenêutica a serviço do pluralismo ordenado? *In:* Anuário Mexicano de Derecho Internacional, vol. XV, 2015, pág. 295-238.

SANCHES, Miguel J. Arjona. A informação na Era da Internet. O caso das fake news, pág. 376-394. Revista Estudos Institucionais (UFRJ), v. 6, n. 2, p. 376, maio/ago. 2020. Disponível: file:///C:/Users/Dr%20Fernando/Downloads/445-Texto%20do%20Artigo-2091-2034-10-20200823.pdf. Acesso: 2/5/2023.

SANDEL, Michael J. *Justiça. O que é fazer a coisa certa.* Tradução de Heloísa Matias e Maria Alice Máximo. 31ª ed. Rio de Janeiro: Civilização Brasileira, 2020.

SANTANA, Anna Luisa Walter de; PAMPLONA, Danielle Anne Pamplona. Contribuições do ICCAL: o constitucionalismo transformador frente às violações de direitos humanos por empresas. *In: Constitucionalismo transformador, inclusão e direitos sociais.* Desafios do *Ius Constitutionale Commune* Latino-Ameircano à luz do Direito Econômico Internacional. Armin von Bogdandy, Flávia Piovesan e Mariela Morales Antoniazzi (coordenadores), págs. 187 e 188. 2019.

SANTOS, Boaventura de Sousa. *Direito dos oprimidos*: sociologia crítica do direito, parte 1. 1ª ed. 1ª reimpressão. São Paulo: Cortez, 2014.

_____ Direitos humanos, democracia e desenvolvimento. *In: Direitos humanos, democracia e desenvolvimento*. Boaventura de Souza Santos e Marilena Chaui. 1ª ed. 3ª reimpressão. 2013, pág. 41 a 125.

_____ *Direitos humanos, democracia e desenvolvimento*. 1ª ed. 3ª reimpressão. São Paulo: Cortez, 2013.

SANTOS, Emily. G1. "Entenda o que é a linguagem neutra, que sua, por exemplo, 'todes' e 'amigues'. G1. Disponível em: https://g1.globo.com/educacao/noticia/2021/10/28/entenda-o-que-e-a-linguagem-neutra-que-usa-por-exemplo--todxs-e-amigues.ghtml. Acesso: 17/4/2023.

SARMENTO, Daniel. *Dignidade da pessoa humana. Conteúdo, trajetórias e metodologia*. 2ª ed. 3ª reimpressão. Belo Horizonte: Editora Fórum, 2020.

SANTOS, Eduardo dos. *Manual de Direito Constitucional*. 2ª ed. São Paulo: Editora *Juspodvm*, 2022.

SARLET, Ingo Wolfgang. Direitos fundamentais sociais e proibição de retrocesso: algumas notas sobre o desafio da sobrevivência dos direitos sociais num contexto de crise. *Revista Brasileira de Direito Constitucional* (RBDC), n° 4, jul-dez/2004, São Paulo, págs. 241 a 271.

_____ Os direitos fundamentais (sociais) e a assim chamada proibição de retrocesso: contributo para uma discussão. *Revista do Instituto do Direito Brasileiro* (RIDB), ano 2, 2013, nº 1, págs. 769-820.

SCHWARCZ, Lilia Moritz; STARLING, Heloisa Murgel. *Brasil: uma bibliografia*. 1ª reimpressão. São Paulo: Companhia das Letras, 2015.

SCHÖNSTEINER, Judith. Empresas y Derechos Humanos. Lecturas a la luz del Ius Constitutionale Commune. *In*: *Constitucionalismo transformador, inclusão e direitos* sociais. Desafios do *Ius Constitutionale* Commune Latino-Americano à luz do Direito Econômico Internacional,págs. 198 e 199. Armin Von Bogdandy, Flávia Piovesan e Mariela Morales Antoniazzi (coordenadores).

SEN, Amartya. *Desenvolvimento como liberdade*. 2010. Tradução Laura Teixeira Motta. São Paulo: Companhia das Letras, 2010.

SILVA, De Plácido e. Vocabulário Jurídico, 4º volume. 11ª ed. Rio de Janeiro: Forense, 1993.

SILVA, Virgílio Afonso da. *A constitucionalização do direito. Os direitos fundamentais nas relaçãoes entre particulares*. São Paulo: Malheiros, 2008.

SILVA, Virgílio Afonso da. *Interpretação constitucional*. São Paulo: Malheiros.

SPINOZA, Benedictus de. *Ética*. Tradução e notas de Tomaz Tadeu. 2ª ed. Belo Horizonte: Autêntica Editora, 2008.

STRECK, Lenio Luiz. *Verdade e consenso. Constituição, hermenêutica e teorias discursivas*. 4ª ed. 2ª tiragem. São Paulo: Saraiva, 2012.

______ *Hermenêutica Jurídica e (m) Crise. Uma exploração hermenêutica da construção do Direito*. 10ª ed. Porto Alegre: Livraria do Advogado, 2011.

SOARES, Ricardo Maurício Freire. *Sociologia do Direito*. São Paulo: Saraiva, 2012.

SPINOZA, Benedictus de. *Ética*. Tradução e notas de Tomaz Tadeu. 2ª ed. Belo Horizonte: Autêntica Editora, 2008.

SCHÖNSTEINER, Judith. Empresas y Derechos Humanos. Lecturas a la luz del Ius Constitutionale Commune. *In*: *Constitucionalismo transformador, inclusão e direitos* sociais. Desafios do *Ius Constitutionale* Commune Latino-Americano à luz do Direito Econômico Internacional. Armin Von Bogdandy, Flávia Piovesan e Mariela Morales Antoniazzi (coordenadores). Salvador: Editora *JusPodivm*, 2019, pág. 193 a 223.

SUPERIOR TRIBUNAL DE JUSTIÇA. 3ª Turma, REsp 2.043.003/SP, Relatora Ministra Nancy Andrighi, julgamento no dia 12 de abril de 2.023.

______ 3ª Turma, REsp 2031816/RJ, Relatora Nancy Andrighi, julgamento no dia 14 de março de 2.023.

______ 3ª Turma, REsp n. 1.426.598/PR, relatora Ministra Nancy Andrighi, julgado em 19/10/2017, DJe de 30/10/2017.

______ 3ª Turma, REsp 1.737.428/RS, Relatora Ministra Nancy Andrighi, julgamento no dia 12 de março de 2019.

______ 4ª Turma, Resp 1.021.987/RN, Relator Ministro Fernando Gonçalves, DJe 9/2/2009.

______ 2ª Seção, REsp 1.639.320/SP, Rel. Ministro PAULO DE TARSO SANSEVERINO, julgado em 12/12/2018.

______ 4ª Turma, AgInt no REsp n. 2.018.402/RS, Relator Ministro Raul Araújo, julgado em 13/2/2023, DJe de 28/2/2023.

______ 2ª Seção, REsp 1.639.320/SP, Rel. Ministro PAULO DE TARSO SANSEVERINO, julgado em 12/12/2018, DJe de 17/12/2018.

______ 3ª Turma, REsp 1.737.428/RS, Relatora Ministra Nancy Andrighi, julgamento no dia 12 de março de 2019.

______ 4ª Turma, AgInt no REsp n. 2.018.402/RS, Relator Ministro Raul Araújo, julgado em 13/2/2023, DJe de 28/2/2023.

SUPREMO TRIBUNAL FEDERAL. Plenário, Pet. 3.388, Relator Ministro AYRES BRITTO, julgamento no dia 19.3.2009.

______ 2ª Turma, HC 91.361, Relator Ministro CELSO DE MELLO, julgamento no dia 23.9.2008.

______ ARE nº 803.462-AgR-MS, Relator Ministro Teori Zavascki, julgamento no dia 9-12-2014.

______ 2ª Turma, RMS 29.087, Rel. p/ acórdão Ministro Gilmar Mendes, Dj*e de* 14/10/2014.

______ Plenário, RE 592.581, julgamento no dia 13.8.2015.

______ ADI 6138, Plenário, Relator Ministro ALEXANDRE DE MORAES, julgamento em 23/3/2022.

______ Plenário, ADPF 457, Relator Ministro Alexandre de Moraes, DJe 3.6.2020.

______ Plenário, ADI 7.019, Relator Ministro EDSON FACHIN, julgamento no dia 13 de abril de 2.023.

______ 1ª Turma, Inq. 3932, Relator Ministro Luiz Fux, julgamento no dia 21/6/2016.

______ 1ª Turma, Ação Penal nº 1.021/DF, Relator Ministro LUIZ FUX, julgamento no dia 18 de agosto de 2020.

______ Plenário, Relator Ministro Marco Aurélio, Redator do acórdão Ministro Moreira Alves, HC 72.131/RJ, julgamento no dia 23/11/1995.

______ Plenário, RE 206482, Relator Ministro Maurício Corrêa, julgamento no dia 27/5/1998.

______ Plenário, HC 76.561/SP, Relator Ministro Carlos Velloso, Redator do acórdão Ministro Nelson Jobim, julgamento no dia 27/5/1998.

______ Plenário, ADC 39/DF, Relator Ministro DIAS TOFFOLI, julgamento no dia 19/6/2023.

______ Plenário, ADI 5.889/DF, Relator Ministro Gilmar Mendes, julgamento no dia 15 de setembro de 2020.

______ Plenário, RE 878694/MG, Relator Ministro Roberto Barroso, julgamento no dia 10 de maio de 2017.

TAMAYO, Carolina Loayza Tamayo. Aplicaclón de la normatividade protectora de los derechos humanos em el ordenamento interno. *In*: Doutrinas Essenciais Direitos Humanos, volume 1. Flávia Piovesan e Maria Garcia (organizadoras). São Paulo: Revistas dos Tribunais, 2011, pág. 137 a 169.

TEIXEIRA, Daniela. Discurso de posse como Ministra do Superior Tribunal de Justiça. 22/4/2023. Disponível em: https://www.stj.jus.br/sites/portalp/Paginas/Comunicacao/Noticias/2023/21112023-Daniela-Teixeira-publica-depoimento-pessoal-antes-da-posse-como-ministra-do-STJ.aspx

TOCQUEVILLE, Alexis de. *O Antigo Regime e a Revolução*. Tradução Rosemary Costhek Abílio. São Paulo: Folha de São Paulo, 2015.

TRIBE, Laurence H. *American Constitucional Law*, volume 1, 3ª ed. New York: Foundation Presse.

VALE, José Rufino do. André Rufino do Vale. *O argumento comparativo na jurisdição constitucional*. Site "Consultor Jurídico. 2014, 3 de maio de 2014. Disponível em: https://www.conjur.com.br/2014-mai-03/observatorio-constitucional-argumento-comparativo-jurisdicao-constitucional. Acesso: 26 de julho de 2.023.

VAZ, Lívia Sant'anna; RAMOS, Chiara. *A justiça é uma mulher negra*. Ilustrado por Vanessa Ferreira – Preta ilustra. Belo Horizonte-MG: Casa do Direito, 2021.

VIEHWEG, Theodor. *Tópica e jurisprudência. Uma contribuição à investigação dos fundamentos jurídico-científicos*. Tradução Kelly Susane Alflen da Silva. Porto Alegre: Sergio Antonio Fabris Editor, 2008.

VILLEY, *A formação do pensamento jurídico moderno*. Tradução Claudia Berliner. São Paulo: Martins Fontes, 2005.

WALTER, Anna Luisa; PAMPLONA, Danielle Anne. Contribuições do ICCAL: o constitucionalismo transformador frente às violações de direitos humanos por empresas. *In: Constitucionalismo transformador, inclusão e direitos sociais*. Desafios do *Ius Constitutionale Commune* Latino-Ameircano à luz do Direito Econômico Internacional. Armin von Bogdandy, Flávia Piovesan e Mariela Morales Antoniazzi (coordenadores). Salvador: Editora JusPodivm, 2019, pág. 179 a 192.

WEBER, Rosa. Voto proferido no seguinte julgamento: STF, Informativo nº 1041, de 17 de dezembro de 2021 – STF, Plenário, ADPF 747/DF e 749/DF, Relatora Ministra ROSA WEBER, julgamento virtual finalizado no dia 13.12.2021.

WEIS, Carlos. *Direitos humanos contemporâneos*. 3ª ed. São Paulo: Malheiros, 2014.

WOLKMER, Antonio Carlos. *Introdução ao pensamento crítico*. 7ª ed. São Paulo: Saraiva, 2009.

______ Pluralismo jurídico, processos de descolonização e constitucionalismo desde o sul. *In: In: Ius Constitutionale Commune na América Latina*, volume II. Armin von Bogdandy, Mariela Morales Antoniazzi e Flávia Piovesan (coordenadores). Curitiba: Juruá, 2016, pág. 117 a 127.

EDITORA
JusPODIVM
www.editorajuspodivm.com.br

COLOR
system

JUS3898